Féron - Rey

Histoire du corps des gardiens de la paix

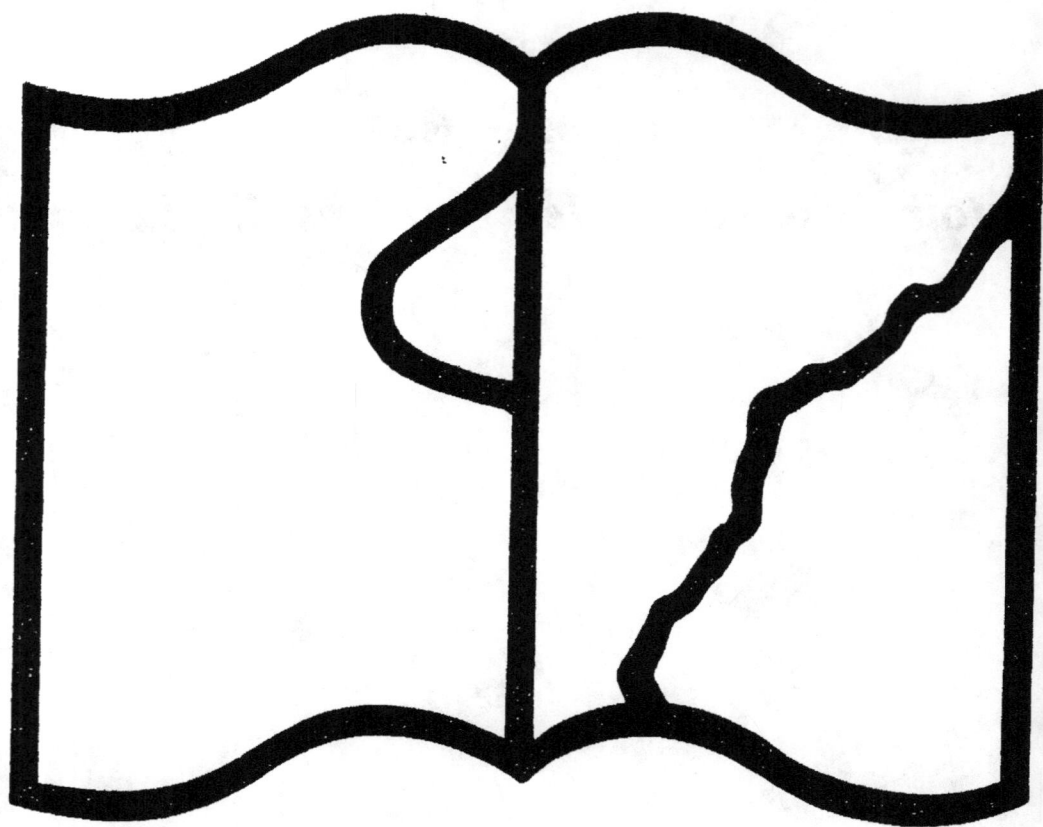

**Symbole applicable
pour tout, ou partie
des documents microfilmés**

Texte détérioré — reliure défectueuse

NF Z 43-120-11

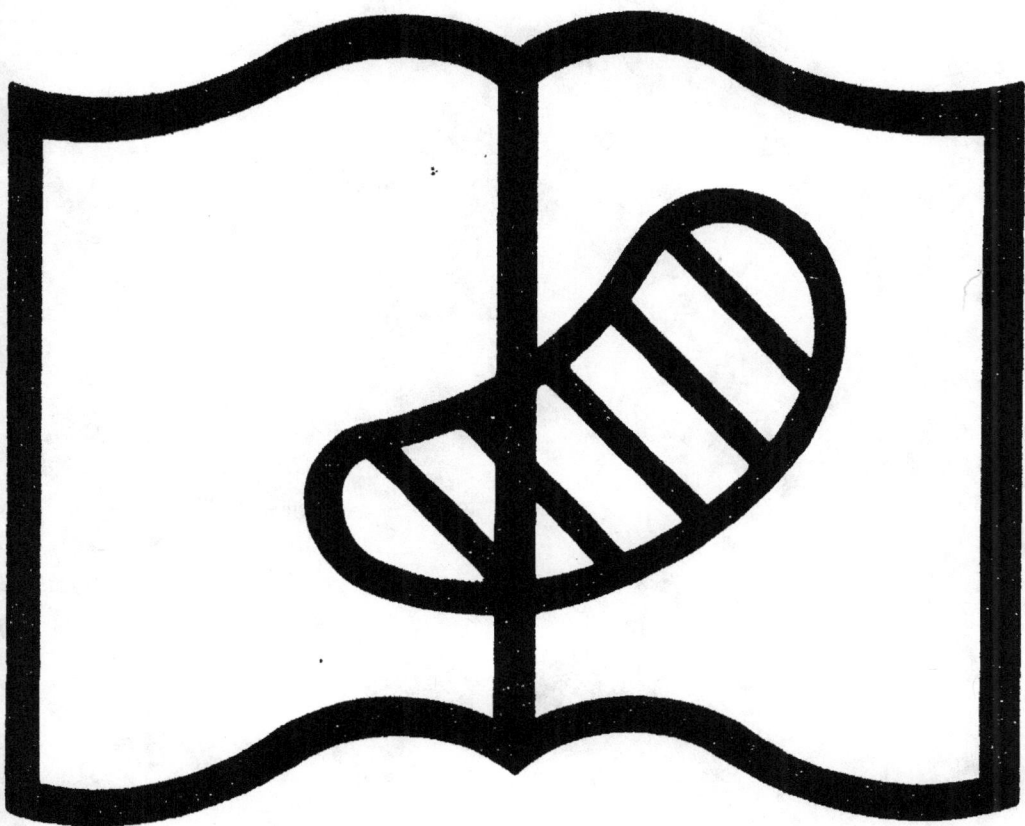

Symbole applicable
pour tout, ou partie
des documents microfilmés

Original illisible

NF Z 43-120-10

HISTOIRE DU CORPS

DES

GARDIENS DE LA PAIX

FIRMIN-DIDOT & Cie

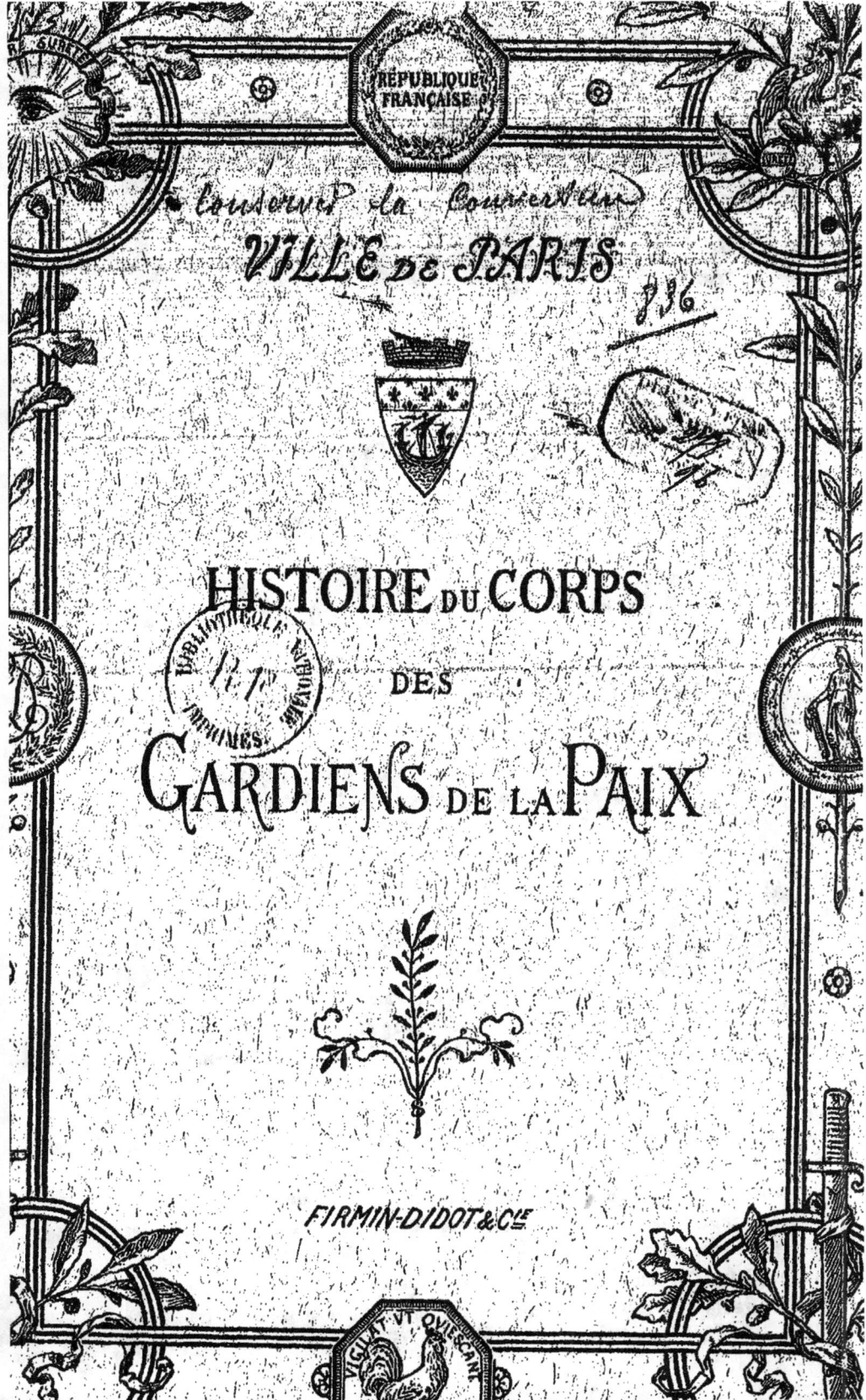

HISTOIRE DU CORPS

DES

GARDIENS DE LA PAIX

Le comte Dubois,
premier Préfet de Police
(mars 1800 — octobre 1810).

Cet ouvrage, publié avec l'approbation et sous les auspices de M. Lépine, Préfet de Police, par MM. A. Rey et L. Féron, attachés au Secrétariat général de la Préfecture de Police, est divisé en quatre parties :

La *première partie* contient un aperçu de l'histoire de la police parisienne depuis les origines de la capitale jusqu'à l'année 1829, date de la création du corps des sergents de ville. On y suit les nombreuses transformations des institutions de police, sous l'ancienne monarchie et la Révolution.

Le système de police innové par Louis XIV, les modifications fréquentes apportées, de 1789 à 1800, à l'administration municipale de Paris, la création de la Préfecture de Police au commencement de ce siècle, l'organisation et le fonctionnement de la police municipale durant les règnes de Napoléon Ier, Louis XVIII et Charles X, sont les points les plus développés de cette étude, où une large place est réservée aux magistrats et fonctionnaires de police, ainsi qu'à tous les corps de troupe et aux agents qui, sous des noms divers, ont veillé à la sécurité de la capitale jusqu'à l'apparition des sergents de ville. Dans ce rapide voyage à travers les siècles, on n'a donc pas omis de parler du guet et de tous ceux qui ont été les prédécesseurs des gardiens de la paix. Comme eux, en effet, ils ont eu l'honneur de faire le service de la police de Paris ; et, à ce titre, qu'ils s'appellent arbalétriers, archers, arquebusiers, gardes-françaises, gardes-suisses, gardes nationaux de la Révolution, soldats de la Légion de police, gendarmes, gardes municipaux ou inspecteurs de police, ils doivent

Arc de Nazareth
(ancienne Préfecture de Police).

tous être rangés sous l'étendard du guet qui portait cette devise : *Vigilat ut quiescant* (Il veille pour qu'ils reposent).

Il est à remarquer que le chef de la police municipale et les officiers de paix étaient déjà créés, lorsque M. Debelleyme, l'avant-dernier Préfet de Police de la Restauration, signa, le 12 mars 1829, l'ordonnance considérée à bon droit comme l'acte de naissance des sergents de ville. Enfin, des renseignements, puisés aux meilleures sources, sur l'uniforme des agents, officiers de paix, commissaires de police et principaux fonctionnaires de l'administration à cette époque lointaine, complètent l'Avant-propos de l'*Histoire du corps des gardiens de la paix*.

La *seconde partie* (mars 1829 à décembre 1895) se compose de sept chapitres qui forment l'histoire proprement dite du corps des sergents de ville. Tous les détails intéressant l'instruction professionnelle, l'effectif, la solde, l'habillement et l'équipement de ces modestes agents, qui, avant de porter le nom de *gardiens de la paix publique*, ont été aussi désignés sous celui de *gardiens de Paris*, y sont fidèlement rapportés d'après des pièces officielles.

On s'est particulièrement attaché à faire ressortir le fonctionnement et

Brassard de gardien de Paris en 1848 (Musée Carnavalet)
(plaque en cuivre et ruban de laine tricolore).

l'importance du service qui leur est confié, soit en temps ordinaire, soit dans les périodes troublées, ou lorsque des fêtes publiques et des expositions attirent à Paris un nombre considérable d'étrangers. Disons, à ce propos, que deux notices, précédées de la liste des expositions nationales et universelles qui ont eu lieu à Paris depuis le Directoire, sont consacrées au service de la police municipale pendant les brillantes manifestations pacifiques de 1878 et de 1889. Du reste, l'ouvrage tout entier est très documenté au point de vue parisien, et l'on est sûr d'y trouver quantité de renseignements, souvent peu connus, sur les rues, les monuments, les usages, les coutumes et l'administration de la grande ville.

Les deux chapitres relatifs aux événements de 1870-1871 ont été écrits à l'aide de témoignages, oraux ou manuscrits, émanant de fonctionnaires et d'agents retraités, mais presque tous anciens combattants du siège de Paris. Les archives du ministère de la guerre et les collections de la ville de Paris, ont été aussi mises à contribution pour établir, d'une manière incontestable, le rôle militaire des gardiens de la paix durant l'investissement de la capitale par les armées allemandes. La Commune, l'installation de la Préfecture de Police à Versailles et le service de gardiens de la paix à cette douloureuse époque, sont également l'objet d'une curieuse étude.

Dans le dernier chapitre de cette partie du volume, il est traité des règlements qui régissent aujourd'hui le corps des gardiens de la paix, et, par conséquent, des réformes introduites dans son organisation par le Préfet de Police actuel.

Le LIVRE D'OR DES GARDIENS DE LA PAIX, qui sert de début à la *troisième partie*, comprend une liste aussi complète que possible des agents tombés victimes du devoir depuis 1829, avec notes biographiques. A côté de cette glorieuse nomenclature, figurent les noms de tous ceux dont on a pu reconstituer les actes de courage et de dévouement pendant les deux sièges.

Une notice sur le tombeau des agents de la police municipale au cimetière du Montparnasse, l'état des croix de chevalier de la Légion d'honneur et des médailles militaires accordées aux gardiens de la paix après la guerre de 1870-71, font suite au Livre d'or.

Voici les titres des trois derniers chapitres : *Pensions, secours et legs; Récompenses diverses; Société amicale et de prévoyance de la Préfecture de Police.*

Dans celui des *Récompenses diverses*, sont exposés tous les faits méritoires qui ont valu aux gardiens de la paix des distinctions honorifiques, des mentions honorables et des gratifications, de la part des sociétés de bienfaisance les plus connues.

L'historique de l'Association amicale de la Préfecture de Police, société composée en majeure partie de gardiens de la paix, avait nécessairement sa place marquée dans un livre comme celui-ci, dont le but est surtout moralisateur.

La confraternité, qui a réuni dans cette société amicale tous les services de la Préfecture, se retrouve ici, sur les listes des victimes du devoir, où sont inscrits les noms des commissaires de police, fonctionnaires et employés appartenant à toutes les branches de l'administration.

La *quatrième partie* est destinée à satisfaire les chercheurs et les curieux, en quête de projets inédits sur la police municipale parisienne depuis les premières années de la Révolution.

Cet ouvrage, qui comble une lacune de l'histoire de Paris, s'adresse à tous les employés de l'administration, mais plus spécialement aux gardiens de la paix.

Ces derniers y apprendront à connaître le passé du corps dans lequel ils servent, et à s'inspirer des exemples de ceux des leurs qui sont morts victimes du devoir et dont la mémoire est si justement honorée. En comparant la situation de leurs devanciers à celle que leur a faite la troisième

Miracles de la police municipale.

Elle rend les bras aux manchots, la vue aux aveugles et les jambes aux boiteux.

(Reproduction d'une gravure du règne de Louis-Philippe.)

GARDIEN DE LA PAIX MOBILISÉ
(1870 – 71)

République, ils pourront apprécier, comme il convient, la bienveillance et la sollicitude dont ils ont été l'objet, depuis plus de vingt ans, de la part de l'État et du Conseil municipal de la ville de Paris.

Le vœu le plus cher de ceux qui ont entrepris ce travail, est que les gardiens de la paix y puisent un encouragement pour accomplir, avec un dévouement plus grand encore, leur tâche parfois si périlleuse et presque toujours si difficile.

Vue de l'entrée de l'ancienne Préfecture de Police et de la rue de Jérusalem, prise du quai des Orfèvres (1850).

Du format grand in-octavo, ce volume aura environ 750 pages de texte. En voici les principales divisions :

1° Préface.
2° Introduction.

Iʳᵉ PARTIE.

1° Avant 1789.
2° 1789 — 1800.
3° 1800 — 1829.

IIᵉ PARTIE.

1° 1829 — 1830.
2° 1830 — 1848.
3° 1848 — 1852.
4° 1852 — 1870.
5° Le Siège de Paris.
6° La Commune.
7° 1871 — 1895.

IIIᵉ PARTIE.

1° Livre d'or des gardiens de la paix.
2° Au cimetière du Montparnasse.
3° Pensions, secours et legs.
4° Récompenses diverses.
5° La Société amicale et de prévoyance de la Préfecture de Police.

IVᵉ PARTIE.

1° Recueil de projets divers sur la police municipale parisienne depuis 1791.
2° Listes chronologiques des Préfets de police, Secrétaires généraux et chefs de la police municipale.

Le soin qui sera apporté à la confection matérielle de l'ouvrage, le choix du papier et des caractères, la beauté de l'impression et le grand nombre de planches, hors texte, en couleur et en noir, lui assureront une place d'honneur parmi les livres consacrés à des sujets semblables.

Cette illustration comporte :

1° Environ 45 planches coloriées, hors texte : uniformes des officiers de paix, inspecteurs principaux et agents, aux diverses époques; projets de costumes dessinés par le peintre Raffet, en 1848, et une vue du monument des gardiens de la paix au cimetière du Montparnasse.

2° La série complète des portraits des préfets de police, hors texte et en noir.

3° Près de cent gravures en noir, dans le texte ou hors texte. Elles reproduisent des vues de l'Hôtel du Premier Président et de la Chambre des Comptes, qui ont servi de demeure aux maires de Paris et aux Préfets de police avant l'incendie de 1871, ainsi que des fac-similés d'affiches, jetons, médailles, cachets, vignettes, armes, etc., etc., provenant de collections particulières, du musée Carnavalet et des archives de la Préfecture de Police.

Insignes des Sergents de ville sous Louis-Philippe.

HISTOIRE DU CORPS

DES

GARDIENS DE LA PAIX

TYPOGRAPHIE FIRMIN-DIDOT ET Cⁱᵉ. — MESNIL (EURE).

DIPLÔME DES VICTIMES DU DEVOIR.
(Composition de M. Édouard Detaille.)

ALFRED REY et **LOUIS FÉRON**

Attachés au Sécrétariat-Général de la Préfecture de Police

VILLE DE PARIS

HISTOIRE DU CORPS

DES

GARDIENS DE LA PAIX

OUVRAGE PUBLIÉ SOUS LES AUSPICES

DE M. LOUIS LÉPINE

PRÉFET DE POLICE

Et orné de 44 planches en couleurs et de 266 gravures en noir

PRÉFACE DE M. WALDECK-ROUSSEAU

Sénateur, Ancien Ministre de l'Intérieur

PARIS

LIBRAIRIE DE FIRMIN-DIDOT ET Cie

IMPRIMEURS DE L'INSTITUT, RUE JACOB, 56

1896

PRÉFACE

L'histoire du corps des Gardiens de la Paix intéressera tous ceux que l'histoire de Paris passionne à si juste titre, parce qu'en elle se résume la genèse de notre France, et se reflètent tous les événements qui l'ont faite ou puissante ou débile, tour à tour triomphante ou meurtrie, unie, déchirée, mutilée, agrandie, toujours généreuse et fière, douée en tout cas d'une force latente dont les effets survivent aux pires catastrophes et dont le travail mystérieux, inaperçu, ne cesse point de préparer, fût-ce aux époques les plus troublées, les réparations du lendemain.

Mais ce n'est pas pour appeler l'attention sur cet aspect, si attachant qu'il soit, de l'œuvre de MM. Rey et Féron, que M. Lépine est venu me demander une préface. Préfet de Police, administrateur chez lequel perce le soldat, c'est à ses Gardiens de la Paix qu'il songeait; c'est à eux que j'ai songé en prenant l'engagement que je m'efforce de tenir. Placé pendant deux ans en un poste qui m'a permis d'apprécier les services de cette armée empruntée à l'armée, je remplis un devoir en rendant hommage et à l'organisation de la police de Paris et au dévouement toujours prêt, toujours modeste et presque toujours obscur de ceux qui la composent.

Un moraliste a dit : « Si les hommes se sont mis en société, c'est pour n'avoir pas à faire eux-mêmes leur police. » Cet apho-

risme exprime bien l'une des tendances les plus caractéristiques
de la civilisation, mais il ne laisse pas assez entendre qu'elle ne
s'est développée que lentement et à mesure que l'éducation intel-
lectuelle transformait les habitudes, la vie, la société elle-même.
Ce n'est pas seulement aux premiers temps de la barbarie féo-
dale, c'est pendant tout le moyen âge que l'homme doit avant
tout compter sur lui-même. Il est élevé dans la pensée que c'est
à lui de pourvoir à sa conservation. Batailleur par destination et
par nécessité, chacun porte, noble ou manant, une arme apparente ou cachée, toujours prêt à se défendre. Il y a bien le Guet,
celui des bourgeois, puis celui du Roi, mais il ne suffit pas à sa
tâche. Ceux qui se hasardent à sortir après le couvre-feu s'en
rapportent plus à leur initiative et à leur savoir-faire qu'à son
tardif secours. Ces mœurs, la dureté de ces temps préparent d'ailleurs des générations singulièrement fortes, toujours prêtes pour
la guerre, qui est alors un état de choses à peu près permanent.
Ainsi se forme et s'établit un atavisme qui, traversant les âges,
ne permettra pas que le courage cesse d'être la première des
vertus françaises.

Cette combativité survit aux premiers jours de la Renaissance,
elle ne s'apaise que lentement, quand le goût des arts et des
lettres, les premières révélations de la science, l'expansion du commerce ouvrent aux esprits des horizons nouveaux, rendent l'existence plus précieuse et plus douce, quand l'idée pour s'épanouir
exige impérieusement un organisme social où la paix publique
et la sécurité individuelle soient fortement garanties. Dès lors
l'institution de la Police se perfectionne en même temps que s'accroît la culture des esprits. Dans une société appelée à demander
chaque jour à la science des révélations nouvelles, à conserver
son rang dans un monde où se succèdent les révolutions écono-
miques, l'individu veut avant tout être affranchi du soin de veiller
à sa défense.

C'est là le service essentiel que rend la Police.

Les Gardiens de la Paix qui la représentent à Paris accomplissent si naturellement leur devoir qu'ils ne jugent pas avec tant d'orgueil la tâche qu'ils accomplissent. Et cependant si Paris travaille et pense, si l'ingénieur peut s'absorber dans ses recherches, l'artiste dans ses créations, le poète dans ses rêves, si la rue est paisible, si de fugitives effervescences sont aussitôt apaisées, cette tranquillité, cet ordre parfait, cette facilité de la vie, nous les leur devons.

« Vigilat ut quiescant », cette vieille devise pourrait aujourd'hui se traduire librement : « Ils veillent pour que nous travaillions ».

Le rôle du Gardien de la Paix est d'ailleurs singulièrement complexe. Sa surveillance ne s'étend pas seulement à l'ordre de la rue; il concourt à assurer presque tous les services sans lesquels Paris cesserait d'être Paris : celui des théâtres, celui des voitures, celui des promenades, celui des marchés, et ce service plus délicat encore que tous les autres, qu'on pourrait appeler le service des foules. C'est alors surtout qu'il lui faut déployer d'inépuisables ressources de patience et de fermeté, car si nous trouvons excellent que son action s'exerce sur les autres, notre naturel indépendant s'étonne toujours qu'elle s'exerce sur nous.

Le Gardien de la Paix connaît ce travers, ne prend pas au tragique ce défaut de caractère et résout toutes les difficultés en se renfermant dans sa consigne...

Choisi dans les rangs de l'armée parmi les meilleurs et les plus irréprochables, soldat par la tradition et par l'uniforme, connaissant son quartier, bientôt connu de lui, sachant fermer les yeux sur les peccadilles, énergique quand un intérêt sérieux est menacé, agissant à visage découvert, payant de sa personne, il a, par tant de qualités, conquis la confiance de Paris.

S'il fallait expliquer ce fait si naturel autrement que par un sentiment de justice, il suffirait de parcourir cette troisième partie de l'ouvrage de M.M. Rey et Féron qui s'appelle le *Livre d'or des Gardiens de la Paix*, et la liste déjà longue de ces héros tombés à leur poste de combat ou pour la défense de l'ordre ou pour celle de la Patrie : « ROBERT, tué le 13 octobre 1870 en portant secours au lieutenant Lherminier; SIMON, mort aux avant-postes, le 1er novembre 1870; ROCXIN, tué en cherchant à désarmer un fou furieux; LEBEAULT, mort en soignant les cholériques... », tous les genres de courage, toutes les formes du dévouement passent devant le regard ému de celui qui parcourt ces pages. Le livre reste ouvert et chaque semaine y voit inscrire de nouveaux noms.

Ces braves méritaient bien d'avoir leur histoire.

Il faut remercier M. Lépine, MM. Rey et Féron, de la leur avoir donnée. Le souvenir des nobles actions doit être pieusement gardé, non seulement comme une part de gloire nationale, mais aussi comme un ferment généreux qu'on ne confie pas inutilement à l'avenir.

WALDECK-ROUSSEAU.

M. L. LÉPINE, PRÉFET DE POLICE.

INTRODUCTION

Les historiens de la police ne sont pas d'accord sur son origine : les uns la font remonter à la plus haute antiquité, tandis que d'autres soutiennent qu'elle est d'institution plus récente. Si nous avions à prendre parti dans la discussion, nous n'hésiterions pas à donner la préférence à cette dernière opinion qui est, à notre humble avis, la plus près de la vérité.

En effet, la police, telle que nous la comprenons aujourd'hui, ne date guère que du douzième siècle, ou, pour être plus précis, du règne de Louis-le-Gros. Voici comment M. Anglade, un auteur que nous mettrons quelquefois à contribution, s'exprime à ce sujet, dans son *Étude sur la police* : « La police, dit-il, n'est pas venue à la suite de l'invasion des Francs ; elle aurait difficilement trouvé place dans le vaste Empire de Charlemagne, et eût été fort mal accueillie de ces barons orgueilleux qui prétendaient ne relever que de Dieu et de leur épée. Elle est le fruit de l'affranchissement des communes et de la victoire des rois sur les grands de leur royaume. C'est une institution qui, placée, dès sa naissance, entre la justice et la municipalité, touche à l'une et à l'autre, tout en gardant au milieu d'elles une existence indépendante. Elle suppose une société civile sagement

réglée, avec des administrations qui fonctionnent sans se confondre et qui se rencontrent sans se nuire; elle ne se conçoit
qu'avec la division des pouvoirs, cette division qu'on ne trouve
jamais à l'origine des sociétés et qu'on chercherait vainement
dans les premiers siècles de la monarchie. »

Si, au contraire, au lieu d'une administration distincte, on
entend seulement l'application ou l'ensemble des mesures répres-
sives édictées par les lois en usage chez tous les peuples civilisés,
il faut admettre que la police est aussi ancienne que le monde.

Au fond de ce débat, il n'y a, en somme, qu'une différence
d'interprétation sur le sens du mot police. Mais pour satisfaire
ceux qui affirment que cette institution existait déjà chez les
peuples les plus anciens, il nous faudrait faire visite aux Hébreux,
aux Grecs et aux Romains et parcourir les nombreuses contrées
que ces derniers soumirent à leur domination, notamment les
Gaules; nous devrions, en outre, nous livrer à une étude ap-
profondie de l'histoire de France pour suivre pas à pas le développement de la police dans notre pays et réunir un faisceau de
preuves à l'appui de notre thèse.

Ce serait assurément très intéressant et surtout fort utile s'il
s'agissait d'une histoire générale de la police, ou même de
l'histoire complète de la police de la ville de Paris; mais nous
n'avons à nous occuper que d'une partie de cette police : *du corps
des sergents de ville*, devenu celui *des gardiens de la paix*.

Avant d'entreprendre l'histoire de ce corps, il convient, sans
s'attacher aux arguments émis plus haut au sujet de l'origine
de la police, de rechercher, à travers le passé de l'antique Lutèce
et jusqu'à la période contemporaine, les ancêtres lointains et immédiats de nos modernes agents. Au cours de ce rapide aperçu,
nous noterons toutes les transformations qu'a subies la police

parisienne, en nous arrêtant de préférence aux dates les plus importantes, c'est-à-dire au règne de Louis XIV, à la Révolution de 1789 et au Consulat.

Nous étudierons aussi l'organisation et le fonctionnement des divers corps de troupe qui ont été successivement chargés de maintenir l'ordre dans la capitale, et dont le plus ancien et le plus connu est certainement le Guet. Mais, en donnant à cette garde célèbre une place en rapport avec son importance et sa longue durée, nous n'omettrons pas de mentionner tous ceux qui ont été les prédécesseurs des gardiens de la paix. Comme eux, en effet, ils ont eu l'honneur, trop souvent périlleux, de faire le service de la police à Paris; et, à ce titre, qu'ils s'appellent arbalétriers, archers, arquebusiers, gardes françaises, gardes suisses, gardes nationaux de la Révolution, soldats de la légion de police, gendarmes, gardes municipaux ou inspecteurs de police, tous doivent être rangés sous l'étendard du Guet (1), qui portait la devise : *Vigilat ut quiescant* (il veille pour qu'ils reposent).

Ils veillent pour la sécurité et le bon ordre de l'immense cité dont le renom d'hospitalité est universel. Paris est, on peut le dire, l'hôtellerie du monde entier; celle où le voyageur de loisir se rend de tous les points du globe, le musée de toutes les merveilles de l'art et le centre intellectuel où se donnent rendez-vous tous les savants.

Cette réputation de ville éminemment hospitalière est le plus beau fleuron de la couronne de Paris; elle lui a toujours été chère; et, pour la conserver, ses magistrats et sa municipalité se sont constamment efforcés d'améliorer la police et de rendre son action plus vigilante et plus protectrice. Du reste, la police

---

(1) Sur cet étendard, avec la devise, était peinte une grue posée sur un pied et tenant de l'autre un caillou.

des grandes villes, et surtout celle d'une capitale comme la nôtre, est, ainsi que nous essayerons de le démontrer dans cet ouvrage, une des plus importantes et en même temps des plus difficiles missions pour l'administration publique. Ses mille détails de surveillance, de prévention et de répression, exigent une attention incessante et une activité que rien ne doit ralentir.

Enfin, ce coup d'œil rétrospectif nous permettra de voir, à quelles époques et par suite de quelles circonstances, naquirent à la vie administrative les chefs des sergents de ville. Car il est à remarquer que tous leurs supérieurs hiérarchiques, depuis l'officier de paix jusqu'au préfet de police, furent créés bien avant 1829. Nous pourrons également ouvrir une parenthèse sur l'organisation de la préfecture de police, qui, à la même date, comptait déjà près de trente années d'existence.

Voilà, en résumé, les points principaux de notre étude sommaire sur la période antérieure à la création de ce corps de police ostensible, qui a porté tour à tour les noms de Sergents de ville, de Gardiens de Paris et de Gardiens de la paix.

PREMIÈRE PARTIE

CHAPITRE PREMIER

AVANT 1789

Le **Guet.** — Sous l'ancienne monarchie, la police de Paris était faite par un corps de troupe appelé *Guet*. Son origine est des plus lointaines et son extrait de naissance très difficile à trouver. On sait seulement que la première ordonnance le concernant date du sixième siècle.

Son organisation n'atteignit jamais à une bien grande perfection, si l'on considère les transformations continuelles dont il fut l'objet, ainsi que le nombre des chefs qui le commandèrent. Peut-être, dut-il à ces modifications fréquentes de fournir une longue carrière, car il fallut la Révolution pour le supprimer.

Un édit du roi Clotaire II, de l'année 595, règle le service imposé à la Garde de nuit ou Guet de Paris. — Charlemagne, dans une ordonnance du mois de mai 813, prononce la peine de l'amende (1) contre les habitants « commandés » qui ne feront pas leur service.

Sous le règne de Louis le Jeune, vers 1150, les corporations de

---

(1) Cette amende était fixée à quatre sols d'or.

marchands et d'artisans fournissaient chaque jour un certain nombre d'hommes pour veiller à la sécurité de Paris pendant la nuit. Deux inspecteurs désignés sous le nom de « clers du Guet », distribuaient les billets de garde. Munis de ces billets, les bourgeois devaient se rendre au Châtelet, à l'entrée de la nuit, en hiver, et à l'heure du couvre-feu, en été. Après l'appel, ils étaient distribués dans des postes fixes pour qu'on pût les trouver plus facilement en cas de besoin; leur service durait jusqu'à l'aube, et ils ne pouvaient ni quitter leurs armes, ni se livrer au sommeil. Toute la nuit, la sentinelle du Châtelet *cornait la guette,* c'est-à-dire sonnait du cor par intervalles.

Cette garde bourgeoise, qui ressemblait beaucoup à la garde nationale créée en 1789, prit le nom de *Guet assis* ou *Guet dormant*, par opposition au Guet royal entretenu par le roi.

Une ordonnance de saint Louis (décembre 1254) établit d'une manière bien nette la distinction qui existait alors entre les deux Guets. « Les habitants de Paris, est-il dit dans le préambule de cette ordonnance, pour la sûreté de leurs corps, biens et marchandises, et pour remédier aux périls, aux maux et aux accidents qui survenaient toute la nuit dans la ville, tant par le feu, vols, larcins, violences et ravissements de femmes, enlèvement de meubles par locataires pour frustrer leurs hôtes, ont supplié le Roi de leur permettre de faire le guet pendant la nuit, les gens d'un certain nombre de métiers se chargeant de le faire à leurs dépens les uns après les autres, de trois semaines en trois semaines, à tour de rôle; ce qui leur est accordé. »

Le commissaire et le sergent du Guet.
D'après Jeaurat.

Cette ordonnance indiquait aussi les

cas d'*excusation*, dans les termes suivants : « le service est obligatoire pour chacun des gens de métiers, *à moins que sa femme ne
soit en couches, ou qu'il n'eût été saigné ce jour-là, ou bien qu'il
fût hors la ville pour son commerce ou autrement, ou enfin qu'il ne
fût âgé de plus de soixante ans.* »   •

Plusieurs habitants, tels que les sergents du roi, avocats, procureurs, clercs-notaires, etc., étaient, en raison de leurs fonctions, dispensés de faire le service du Guet. Ce privilège avait été accordé
également à quelques corps de métiers en récompense de services
rendus au roi et aux seigneurs (1).

Le Guet royal était composé de deux compagnies : une à pied et
une à cheval. Son chef, appelé *capitaine* ou *chevalier du Guet* (2),
était placé lui-même sous la dépendance du Prévôt de Paris, qui, en
outre du Guet, avait sous ses ordres une compagnie d'ordonnances.

Déjà, à cette époque, la charge du Guet était fort peu prisée par les
habitants de Paris qui, en dehors des cas d'excuses reconnues, in-
ventaient mille ruses pour s'y soustraire. Nous voyons, en effet, par
plusieurs ordonnances émanées du roi Jean, que le rôle du Guet royal
était non seulement d'arrêter les malfaiteurs, mais aussi de surveiller
le Guet assis dont le zèle était fort suspect à l'autorité.

Nous trouvons à ce propos, dans une ordonnance du quatorzième
siècle, un passage qui va nous édifier : « Le service des gens du guet
du Roi, y est-il dit, consistait à partir du Châtelet, aussitôt après la
cloche du couvre-feu, et de (*sic*) marcher toute la nuit jusqu'au jour dans

---

(1) C'étaient les *monaiers, brodeurs de soie, courte-pointiers, faiseurs de corbeilles et de vans,
peintres, imagiers, chasubliers, selliers, libraires, parcheminiers, enlumineurs, écrivains, tondeurs
de draps, tailleurs de pierres, bateliers, étuvistes, vendeurs d'auges, d'écuelles et échelles, verriers,
faiseurs de chappiaux et de bonnets, archiers, aubergiers, bufletiers, oublaiers* (marchands d'ou-
blies), *écorcheurs, apothicaires, calendreurs, orfèvres et tapissiers.*
Les *bouchers* (buschiers), *marchands de merrains, etsauniers,* s'affranchirent du Guet en payant
une redevance annuelle. Les tonneliers ne devaient point de guet entre la Madeleine et la
Saint-Martin d'hiver, moyennant l'abandon d'une journée de travail.
(2) Voir plus loin les notices spéciales consacrées au Chevalier du Guet, au Prévôt de Paris
et à tous ceux qui, à un titre quelconque, ont eu le commandement de cette garde.

les rues de la ville et de visiter le guet des métiers, de savoir de ceux qui formaient la garde s'ils avaient besoin de secours et ce qui était arrivé à leur poste, et en cas que les sergents à cheval eussent reconnu que quelques-uns du guet assis fussent allés se coucher ou vaquer à leurs affaires, il leur était permis d'emprisonner les autres du même corps de garde pour en être ensuite rendu compte au Prévôt de Paris. »

On voit, par cette citation, que le Guet assis était d'un bien faible secours pour la défense de la ville, et que, loin de venir en aide au Guet du roi, il entravait plutôt sa surveillance ; néanmoins un certain nombre de postes étaient confiés au Guet des métiers. C'étaient, à raison de six hommes par poste : les carreaux au delà du guichet du Châtelet pour la garde des prisonniers, la cour du Palais pour les saintes reliques, la Madeleine en la Cité, la fontaine des Saints-Innocents, les piliers de la Grève, la place Baudoyer, etc., etc.

En 1558, pour renforcer les deux compagnies du Guet, on créa un nouveau service de surveillance de nuit : à chaque maison formant angle, fut placé un homme chargé d'entretenir une lumière pour éclairer la rue; il devait donner l'alarme en agitant une sonnette (1) et échanger avec les patrouilles du Guet royal les mots : « Dieu-Garde ».

Une ordonnance de 1559, rendue par Henri II, supprima le Guet assis ou bourgeois, ainsi que les « clers du Guet » qui avaient laissé s'introduire de fâcheux abus dans les dépenses dont ils avaient le contrôle. Tout le service de police fut alors remis au Guet royal dont l'effectif fut porté à 240 hommes (32 à cheval et 208 à pied), « armés et équipés de morions, gantelets et corselets complets, portant en

(1) Nous trouvons plus tard la sonnette en usage dans les commissariats de police. A certaines heures, un employé du commissariat parcourait les rues du quartier en agitant une sonnette pour prévenir les habitants d'avoir à balayer et à arroser le devant de leurs maisons ou à remplir d'autres obligations. Jusqu'en 1830, cet emploi de porte-sonnette fut tenu indistinctement par des hommes ou par des femmes. Mais, à partir de cette date et jusqu'à sa suppression en 1800, il fut confié à des hommes seulement.

mains, hallebardes, javelines, épieux, piques et autres semblables bâtons qui leur seront donnés par le chevalier du Guet. » Ces soldats étaient désignés sous le nom d'archers.

Pendant les guerres de religion, l'organisation du guet fut complètement modifiée et la tutelle de Paris passa encore une fois aux mains des bourgeois. Le Guet assis, ainsi reconstitué, fut englobé

Médaillons qui décoraient les façades occidentale et septentrionale de l'Hôtel des Premiers Présidents du Parlement de Paris.

Des tablettes en marbre noir, placées au-dessous de chaque médaillon, portaient le nom et les titres des personnages qui y étaient représentés. Ces portraits étaient peints sur un enduit de mortier, de chaux et de sable. D'après M. E. Labat, on doit reconnaître Henri de Condé dans le personnage du 5ᵉ médaillon, le cardinal du Prat, dans le 6ᵉ, et le chancelier de Chiverny, dans le 8ᵉ. Les portraits des trois premiers médaillons seraient ceux du connétable Duguesclin, du duc de Bourbon et du maréchal de Montluc.

dans des compagnies de gardes bourgeoises aux ordres de l'Hôtel-de-Ville. Mais les anciens abus reparurent bientôt; le service devint tout à fait nul, et le nombre des attentats augmenta rapidement dans des proportions inquiétantes.

Le Guet assis, qui avait bien du mal à faire seul la police de Paris, disparut en 1563. Une déclaration de Charles IX, du 20 mars de la même année, rétablit le service du Guet royal, sous la direction de César Brancho de Cèse, maréchal des logis du roi, avec 50 hommes de cheval et 100 hommes de pied (1). — Cet état de choses subsista jus-

(1) Rapportons ici cette curieuse sentence du Châtelet, du 24 février 1600, sur le service des

qu'au règne de Louis XIV sans autre changement que des variations
d'effectif. Un moment, le nombre des fantassins fut porté à 400 et
celui des cavaliers à 100.

En 1566, pour seconder plus efficacement le Guet royal, on augmenta, d'environ 1600 hommes, la garde bourgeoise qui lui servait en

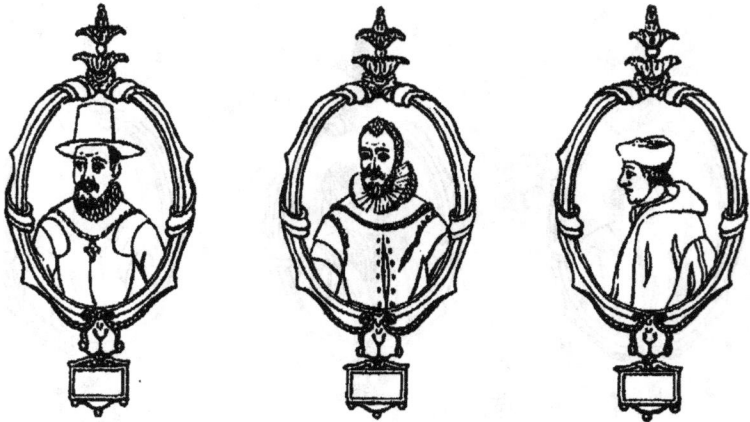

Médaillons de l'Hôtel des Premiers Présidents du Parlement de Paris; suite.

quelque sorte d'auxiliaire. Jusqu'à minuit, cette garde faisait son service dans les postes, et de minuit au matin, elle parcourait, comme
jadis le Guet du roi, les rues de Paris, sans bruit et sans fallot afin
de mieux surveiller les malfaiteurs.

Par sa déclaration du 18 décembre 1660, relative à la sûreté publique, Louis XIV créa de nouvelles compagnies. Cette augmentation
était nécessitée par l'accroissement que prenait de jour en jour la
capitale. En 1688, il y avait dans Paris 16 corps de garde permanents.
Un édit du Parlement du 19 février 1691 modifia une fois de plus le
service du Guet.

Enfin, au mois de mai 1690, Louis XIV réunit définitivement, en

archers du Guet aux funérailles des personnes appartenant à la religion prétendue réformée :
« Les personnes de la religion dite réformée seront inhumées, en été, après 9 heures de nuit,
et en hiver, après 7 heures, sans cérémonie, conduites par un archer du Guet. »
   Arch. de la Préfecture de Police.— Collection du chancelier de Lamoignon. Volume X, p. 132.

un seul corps, les trois compagnies des arbalétriers (1), archers et arquebusiers (2), et fixa leur nombre à 280 hommes. Ces compagnies, qui étaient presque d'aussi vieille origine que le Guet, avaient déjà été, en 1554, placées sous le commandement d'un seul chef appelé capitaine général. Trop peu nombreuses et insuffisantes pour maintenir

Médaillons de l'Hôtel des Premiers Présidents du Parlement de Paris; suite et fin.

l'ordre dans la capitale, elles étaient plus spécialement chargées de la défense des remparts.

(1) Les arbalétriers formèrent d'abord une confrérie composée d'un roi, d'un connétable et de maîtres.

Au nombre de soixante, ces confrères arbalétriers se réunissaient pour leurs exercices dans un lieu situé rue Saint-Denis, près la porte aux Peintres et hors de l'enceinte de Philippe-Auguste.

Ils touchaient trois sols par jour, sans compter la dépense de bouche et la nourriture du cheval. Ils étaient armés à leurs frais et jouissaient de certains privilèges.

Leur chef renonça bientôt au titre de roi pour prendre celui de grand maître. — Aux quinzième et seizième siècles, il habitait un hôtel situé rue de Grenelle, presque en face des bâtiments appelés Hôtel des Fermes.

(2) A l'origine, les arquebusiers se réunissaient dans un emplacement situé rue des Francs-Bourgeois, au Marais. En 1390, ils s'établirent entre les rues Saint-Denis et Mauconseil. En 1604, on les plaça dans le bastion situé entre les portes Saint-Antoine et du Temple.

Enfin, des lettres patentes du mois de mars 1671 les transférèrent rue de la Roquette, 90, où ils eurent une maison et un jardin pour leurs exercices. Sur la porte, on lisait : « Hôtel de la compagnie royale des chevaliers de l'arbalète et de l'arquebuse de Paris. » Cet hôtel, qui est devenu plus tard propriété particulière, portait encore cette inscription sous le règne de Louis XVI.

A partir de 1721, le Guet cessa d'être exclusivement une garde de nuit. On créa quatre postes de jour aux barrières (1) pour prêter main-forte aux commissaires du Châtelet dans leurs fonctions d'huissiers (2). Ce service de jour fut confié aux sergents du Châtelet. Supprimé de nouveau en 1733, le Guet fut réorganisé en 1765. Ce fut une de ses dernières transformations avant 1789.

En 1771, une ordonnance du roi Louis XV donna encore à la garde de la ville une nouvelle organisation. La compagnie de cavaliers était de 170 maîtres et celle d'infanterie de 890 hommes (3).

L'uniforme des soldats de cette compagnie, c'est-à-dire des archers, était composé « d'un justaucorps bleu naturel, boutons blancs marqués d'une étoile, veste et culotte de drap blanc, guêtres noires ou blanches, chapeau bordé d'un galon de fil blanc avec épaulettes blanches sur l'habit ; les agréments et les bords du chapeau des officiers étaient en argent ; le chevalier capitaine et le major portaient deux épaulettes ; les autres officiers et les sergents n'en avaient

---

(1) Ce chiffre fut porté successivement à 5 en 1723, à 6 en 1725, à 7 en 1728, à 8 en 1732, et à 20 en 1750. Voici la désignation des endroits où ils furent installés :

Sergents à pied.

1. Barrière du quartier Saint-Paul.
2.   id.   Rue Saint-Honoré.
3.   id.   du Marché Saint-Germain-des-Prés.
4.   id.   du Marché Neuf.
5.   id.   Saint-Jacques de l'Hôpital.
6. Au cimetière Saint-Jean.
7. Faub. des Porcherons.
8. Faub. Saint-Marcel.
9. En dehors de la grille du Faub.-Saint-Martin.
10. Rue de Bretagne, au Marais.
11. Près de la fontaine, encoignure des rues Faub. Saint-Antoine et Charonne.

12. Place Saint-Michel.
13. Près les Petites Maisons.
14. Rue Saint-Honoré, adossé au mur de clôture des Capucines.
15. A la pointe Saint-Eustache.

Sergents à cheval.

16. Rue du Bac, près de la rue de Sèvres.
17. Rue de la Harpe, aux bains Jules-César.
18. Rue Saint-Antoine, vis à vis l'hôtel de Beauvais.
19. Rue Neuve-Saint-Augustin, en face l'hôtel Pantin.
20. A la porte Montmartre, à l'entrée du Faubourg.

Archives de la P. de P. Collection du chancelier de Lamoignon. Vol. XXVII, pages 234 et 880. Vol. XXIX, page 391. Vol. XXX, page 434. Vol. XXXIX, pages 385 et 387.

(2) Ils étaient connus sous la dénomination de sergents à pied, dits à verge, et de sergents à cheval, dits d'épée. — Il y avait aussi les sergents à la douzaine pour la garde d'honneur du Prévôt de Paris.

(3) Ce fut l'origine d'un nouveau corps nommé Garde de Paris, qui devint bientôt la plus importante des troupes de police soldées.

qu'une seule placée sur l'épaule gauche ; les caporaux et les fusiliers étaient armés de fusils et de baïonnettes ; les sergents portaient des hallebardes, et les sergents et officiers, des espontons et hausse-cols, avec leurs bâtons de commandement les jours de service ordinaire ».

C'est, on le voit, le costume traditionnel adopté par nos théâtres pour représenter le Guet qui, dans les pièces dites *à poudre*, est tou-

Le palais de la Cité en 1600 ; d'après une gravure du temps, de Boisseau.

jours appelé à remplir le rôle protecteur de la force armée. « La garde, dit Mercier dans son *Tableau de Paris* (février 1781), monte à près de 1500 hommes ; on peut s'enrôler et vieillir dans ce corps sans craindre les blessures ; on peut y pousser sa carrière aussi loin qu'un moine qui boit, mange et digère ; on en est quitte pour dormir le jour au lieu de reposer la nuit. » Le métier est un peu plus dur aujourd'hui.

Sous Louis XVI, deux corps furent chargés de la police de la capitale : la garde de Paris proprement dite et l'ancien Guet. La garde de

Paris, payée par le roi, et le guet, soldé par la ville, comprenaient
ensemble un effectif de 1093 hommes. Outre ces deux corps, les gardes
françaises et deux compagnies de Suisses étaient encore affectés au
maintien de la tranquillité publique. Enfin, l'Hôtel-de-Ville avait
aussi une garde civile appelée *Gardes de la Ville,* qui, composée de
300 hommes, ne paraissait que dans les cérémonies auxquelles assistaient les autorités parisiennes. Quant à la banlieue, elle était sous
la surveillance de la maréchaussée de l'Ile-de-France. Cette compagnie, au nombre de 100 hommes, était commandée par le Prévôt
de l'Ile.

Pour achever cette esquisse du Guet, il nous faut maintenant consacrer quelques lignes à tous ceux qui en eurent le commandement,
depuis le Prévôt de Paris jusqu'au Lieutenant Général de Police.

Le Prévôt de Paris. — Magistrat d'épée, le Prévôt de Paris (1)
était le chef du Châtelet ou prévôté et vicomté de Paris, justice royale
ordinaire de la capitale du royaume. Il faut remonter jusqu'à Hugues
Capet pour trouver l'origine de cet office. Ce prince étant parvenu
à la couronne en 987, y réunit le comté de Paris que précédemment
il tenait en fief. Vers l'an 1032, le Prévôt de Paris fut institué pour
faire les fonctions des anciens comte et vicomte, et le titre de vicomté fut alors joint pour toujours à la prévôté de Paris.

Il avait le pas sur tous les baillis et sénéchaux. — « C'était, dit Jean
le Coq, le premier de la Ville après le Prince et Messieurs du Parlement, représentants du Prince ». — Il avait à ses ordres, huit juges
conseillers et douze gardes appelés sergents à la douzaine (2). Ses
attributions comprenaient le gouvernement politique et financier de

---

(1) Voici son costume : un habit court, le mantelet et le collet, l'épée au côté, un bouquet
de plumes sur son chapeau. Il portait un bâton de commandement recouvert de toile d'argent
ou de velours blanc.

(2) Ces gardes avaient un hocqueton ou espèce de cotte d'armes; ils étaient armés de hallebardes.

Paris et de son territoire, et une juridiction très étendue qui avait son siège au Châtelet (1).

Le Prévôt de Paris était à la fois juge, commandant militaire et chef de la police. Il ne conserva cette triple fonction que jusqu'en

Vue du Grand Châtelet. Fac-similé d'une eau-forte d'Israël Sylvestre (1650).

1321. On lui adjoignit alors le Lieutenant Civil et le Lieutenant Criminel ordinaire.

Le Lieutenant Civil présidait aux assemblées du Châtelet et connaissait seul de certaines affaires, telles que contestations sur héritages, interdictions, levées de scellés, etc. Il s'occupait aussi de la police de la capitale, dont il dut, en 1667, céder la direction au Lieutenant Général de Police.

(1) C'était un château dont on attribuait la fondation à l'empereur Julien. Philippe-Auguste y plaça le tribunal du Prévôt de Paris, et cette juridiction exista jusqu'en 1789.

Le Lieutenant Criminel ordinaire avait des fonctions purement judiciaires. Les gens arrêtés par le Guet étaient conduits devant lui, et il prononçait en dernier ressort. En 1526, on créa, pour le suppléer, le Lieutenant Criminel à robe courte.

La Révolution supprima toutes ces charges; et M. de Boulainvilliers, dont les fonctions prirent fin en 1792, clôtura la série des Prévôts de Paris.

Le Prévôt des Marchands. — C'était le premier magistrat de la bourgeoisie parisienne et le chef de l'administration municipale; ses fonctions correspondaient par conséquent à celles des maires des autres villes. Quant à son nom, il indiquait l'origine de ses fonctions. En effet, les premiers qui le portèrent ne furent que les chefs de la corporation des marchands *de l'eau* (ou bateliers de la Seine). Née sous la domination romaine, et connue sous le nom de hanse lutécienne ou parisienne, cette corporation survécut, comme beaucoup d'autres, aux désastres des invasions barbares et devint, vers le douzième siècle, la plus puissante des diverses associations qui faisaient alors le commerce dans la capitale.

Ce fut, dit-on, Philippe Auguste qui, au moment de partir pour la croisade, donna au Prévôt de la marchandise *de l'eau*, droit de juridiction sur les autres corporations de la ville. Le Prévôt des Marchands était élu par les bourgeois et pour trois ans (1).

Pendant longtemps, il réunit à ses fonctions administratives (2) d'importantes attributions judiciaires.

(1) Certains auteurs disent deux ans et attribuent la même durée aux fonctions des *échevins, conseillers, quartiniers, dizainiers* et *cinquanteniers*.
Les *conseillers* étaient chargés de contrôler les actes du Prévôt des Marchands et des échevins. Les *quartiniers*, ou *quarteniers*, veillaient au repos de la ville et à la défense des remparts; les *dizainiers* commandaient à dix hommes de la milice bourgeoise et les *cinquanteniers* à cinquante.
(2) Il répartissait la capitation, fixait le prix des denrées arrivées dans les ports, faisait la police de la Seine, ordonnançait toutes les dépenses relatives à la construction et à l'entretien des ponts, fontaines, remparts et autres édifices publics.

SERGENT DU GUET (XVIIᵉ SIÈCLE).   CHEVALIER DU GUET (XVᵉ SIÈCLE).

Il commandait aussi au Guet bourgeois. Enfin, assisté de quatre échevins (1), qui formaient le tribunal appelé Bureau de la Ville, il jugeait toutes les causes de commerce pour les marchandises expédiées par eau, celles des officiers de la ville pour fait de leur charge, les procès des marchands et des commis, et les contestations relatives aux rentes de l'Hôtel-de-Ville. Plus tard, son pouvoir fut considérablement amoindri et l'on confia ses principales attributions à d'autres magistrats, notamment au Lieutenant Général de Police, au seizième siècle. Il cessa dès lors d'être l'élu des bourgeois et fut nommé par le roi.

Jean Augier, qui mourut en 1268, passe pour avoir été le premier Prévôt des Marchands. Le dernier fut Jacques de Flesselles qui périt en 1789.

Le Chevalier du Guet. — On désignait sous ce nom l'officier qui commandait le Guet à pied et le Guet à cheval de Paris. On ne peut déterminer son origine d'une manière précise ; mais quelques historiens prétendent qu'on l'appela d'abord *Gardien du Guet*. Il devait être pris parmi les personnages de haute naissance ou dans l'ordre des chevaliers (2).

D'après une ordonnance du roi Jean, datée de l'année 1363, nous

---

(1) Les échevins étaient au nombre de quatre ; ils devaient être nés à Paris et n'avoir aucun parent dans le Conseil de Ville. Leur rôle consistait à venir en aide au Prévôt et à l'assister en toute occasion. Chacun d'eux dirigeait une branche importante de l'administration municipale. Le premier s'occupait des finances ; le second, de l'approvisionnement de la ville ; le troisième, des travaux de grande voirie et de la conservation des monuments publics ; le quatrième enfin, du personnel et de la correspondance.

(2) Les Chevaliers du Guet étaient décorés de l'Ordre de l'Étoile, institué par le roi Jean, en 1351. Voici l'origine de cette distinction : dans une assemblée de grands officiers de la couronne, tenue à Clichy en 1445, Charles VII ôta de son cou le ruban de soie noire, auquel était suspendu l'ordre de l'Étoile en or, et en décora le Chevalier du Guet, ordonnant que lui seul désormais et ses archers tant à pied qu'à cheval porteraient sur leurs casaques, tant devant que derrière, une étoile blanche.

Les armoiries du Chevalier du Guet étaient formées d'un écu d'azur, parsemé de rosaces d'argent, à la première partie d'argent semée d'hermine, timbré d'une couronne de comte et accompagné des ordres de Saint-Louis et de Saint Michel.

Sur la médaille du Chevalier du Guet, on voyait Castor et Pollux ou les Dioscures, et, au-dessus de la tête de chacun d'eux, une étoile avec cette légende : *almæ signa quietis*.

voyons que le Chevalier du Guet (1) avait « 10 sols parisis de gages par jour, ce qui représentait 20 francs de notre monnaie actuelle, et 20 livres par an (800 francs) pour manteaux ; les sergents à cheval chacun 2 sols (4 fr.) et les sergents à pied 2 deniers parisis (33 cent). »

Le Chevalier du Guet jouissait de prérogatives et de privilèges considérables. Il lui était permis de se présenter à toute heure chez le roi.

A la tête du Guet royal (2), il parcourait, la nuit, les rues de la capitale pour s'assurer si les gens du Guet assis faisaient bien leur service (3).

C'est M. de Rulhière qui, en 1789, ferma la liste des chevaliers du Guet.

Le Lieutenant Général de Police. — En 1667, par un édit demeuré célèbre, Louis XIV réforma la police de la capitale et en réunit toutes les attributions sous l'autorité d'un nouveau magistrat appelé d'abord Lieutenant du Prévôt, puis Lieutenant Général de Police (4).

(1) Au commencement de ce siècle, il y avait encore à Paris la rue et la place du Chevalier du Guet, entre la rue Saint-Denis et la rue Sainte-Opportune, près des Halles. L'hôtel du Chevalier du Guet s'élevait exactement sur l'emplacement occupé aujourd'hui par la partie neuve de la rue Jean-Lantier. Il a servi de mairie au IVᵐᵉ arrondissement jusqu'en 1860, et a été démoli en 1864.

(2) Le Chevalier du Guet avait sous ses ordres des lieutenants et des exempts. L'étendard du Guet, dont nous avons parlé dans l'*Introduction*, était confié à un guidon ou porte-drapeau.

(3) Dans son livre intitulé : « Le Châtelet de Paris », M. Ch. Desmaze raconte le fait suivant qui prouve que les fonctions de Chevalier du Guet n'étaient pas exemptes de dangers :

« En 1561, les calvinistes s'assemblaient en deux endroits, proche Paris, l'un à Popincourt, au bout du faubourg Saint-Antoine, l'autre en un lieu qu'on nomme les Patriarches, faubourg Saint-Marceau, près l'église Saint-Médard.

« Le 27 décembre, une sédition éclata dans le faubourg Saint-Marceau ; on envoya au curé de Saint-Médard un archer du prévôt de la maréchaussée pour le prier de ne pas faire sonner, avec tant de bruit, les vêpres. Le Chevalier du Guet, avec ses hommes, fit des arrestations dans l'église Saint-Médard et conduisit les prisonniers au Châtelet. Pour apaiser le peuple, on fit pendre le Chevalier du Guet et un archer, dont les cadavres furent, par les mutins, jetés à la rivière. Ces désordres motivèrent l'édit de Janvier 1562 ».

(4) Voici en quels termes Colbert fit au roi le portrait de ce nouveau magistrat :

« Il faut, lui dit-il, que notre lieutenant de police soit un homme de simarre et d'épée, et si la

Les commissaires au Châtelet étaient tenus d'exécuter ses ordres et ses mandements. Pour prêter main-forte à leur exécution, il pouvait requérir le Chevalier du Guet, le Lieu-

Jeton du Lieutenant Général de Police René de Voyer d'Argenson.

tenant Criminel à robe courte, le Prévôt de l'Ile et tous les bourgeois. Il avait son siège au Châtelet, où il entendait les rapports des commissaires et jugeait sommairement toutes les matières de police.

Il connaîtra, disait l'édit de Louis XIV, de la sûreté de la ville, prévôté et vicomté de Paris, du port d'armes prohibées par les ordonnances, du nettoiement des rues et des places publiques; il donnera les ordres néces-saires en cas d'incendies ou d'inondations; il connaîtra de toutes les provisions nécessaires pour la subsistance de la ville, amas, magasins qui en pourront être faits, du taux et prix d'icelles, de l'envoi des commissaires et autres personnes nécessaires sur les rivières pour le fait des amas de foin, botte-lage, conduite et arrivée

« La sûreté et netteté de Paris. ». Tiré des *Médailles sur les principaux événements du règne de Louis-le-Grand par l'Académie royale des Médailles et Inscriptions.*

savante hermine de docteur doit flotter sur ses épaules, il faut aussi qu'à son pied résonne le fort éperon de chevalier, qu'il soit impassible comme magistrat, et comme soldat, intrépide, qu'il ne pâlisse devant les inondations du fleuve et la peste des hôpitaux, non plus que devant les rumeurs populaires et les menaces de vos courtisans ».

On ne pouvait mieux para-phraser ces vers d'Horace :

Justum et tenacem propositi virum
Non civium ardor prava jubentium,
Non vultus instantis tyranni
Mente quatit solida, neque Auster,
Dux inquieti turbidus Hadriæ,
Nec fulminantis magna Jovis manus :
Si fractus illabitur orbis,
Impavidum ferient ruinæ.
....

(HORACE, livre III, ode III.)

d'icelui à Paris, comme faisait ci-devant le lieutenant civil exerçant la police.

Réglera les étaux des boucheries et adjudications d'iceux ; aura la visite des halles, foires ou marchés, des hôtelleries, auberges, maisons garnies, brelands, tabacs (tabagies) et lieux mal famés.

Aura la connaissance des assemblées illicites, tumultes, séditions, désordres

Gabriel de Sartine, Lieutenant Général de Police ; d'après le portrait de Vigée, gravé par Chevillet.

qui arrivent à l'occasion d'icelles ; des manufactures et dépendances d'icelles, des élections des maîtres et gardes des six corps des marchands, des brevets d'apprentissage et réception des grades, de l'exécution des statuts et règlements, et des renvois des jugements ou avis de notre procureur sur le fait des arts et métiers ; et ce, en la même forme et manière que les lieutenants civils exerçant la police en ont ci-devant usé.

Pourra établir les poids et balances de toutes les communautés de la ville et bourgs d'icelle à l'exclusion de tous autres juges ; connaîtra des contraventions qui seront commises à l'exécution des ordonnances, statuts et règlements faits pour le fait de l'imprimerie, par les imprimeurs, en l'impression des livres et libelles défendus, et par les colporteurs en la vente et distribution d'iceux.

Les chirurgiens seront tenus de lui donner des déclarations de leurs blessés, et qualités d'iceux; pourra connaître de tous les délinquants pris en fla-

Lenoir, Lieutenant Général de Police; d'après Greuze.

grant délit en fait de police; leur faire et parfaire leurs procès sommairement et les juger seul; sinon ès-cas où il s'agira de peines afflictives, et audit cas, en fera son rapport au présidial du Châtelet en la manière accoutumée; et généralement appartiendra au dit lieutenant de police, l'exécution de toutes les ordonnances, arrêts, règlements concernant le fait d'icelle, circonstances et dépendances, pour en faire les fonctions en la même forme et manière qu'ont fait ou ont été en droit de faire les ci-devant pourvus de la charge de lieutenant civil exerçant la police.

Par la suite, d'autres édits vinrent encore augmenter les attributions déjà si considérables du Lieutenant Général de Police (1).

Nommé le 29 mars 1667, M. de la Reynie (2) fut le premier Lieutenant Général de Police et conserva cette haute magistrature pendant 30 ans. Il eut treize successeurs jusqu'à la Révolution. Parmi ceux dont les noms méritent d'être tirés de l'oubli, il faut citer les deux d'Argenson (1697-1715) et (1719-1720-1722-1724) (3), M. de Sartine (1759-1774) (4) et Lenoir (1774-1775-1776-1783). — Le

(1) Des Lieutenants Généraux de Police ayant les mêmes pouvoirs que ceux de Paris furent créés dans tous les lieux où il y avait parlement, sièges présidiaux, bailliages, sénéchaussées et juridiction royale. (Édit d'octobre 1699.)

(2) En signant la nomination de M. de la Reynie, Louis XIV dit à Colbert : « Que notre lieutenant de police sache bien que si j'avais connu un plus homme de bien et un magistrat plus capable et plus laborieux que lui, il n'aurait pas cette charge. »

Dès la première heure, M. de la Reynie s'appliqua à justifier la bonne opinion que le roi avait émise sur son compte. Car, en peu de temps, il réussit à améliorer la sécurité de la capitale qui, au témoignage de Boileau, en avait le plus grand besoin. Voici, d'ailleurs, les vers bien connus de l'auteur du Lutrin :

..... Sitôt que du soir les ombres pacifiques,
D'un double cadenas font fermer les boutiques ;
Que, retiré chez lui, le paisible marchand
Va revoir ses billets, et compter son argent,
Que, dans le Marché Neuf, tout est calme et tranquille,
Les voleurs à l'instant, s'emparent de la ville.
Le bois le plus funeste et le moins fréquenté
Est, au prix de Paris un lieu de sûreté.
Malheur donc à celui qu'une affaire imprévue
Engage un peu trop tard au détour d'une rue !
Bientôt quatre bandits lui serrant les côtés :
La bourse ! il faut se rendre ; — ou bien, non, résistez,
Afin que votre mort, de tragique mémoire,
Des massacres fameux aille grossir l'histoire.

(3) Dans son éloge de l'un des d'Argenson, d'Alembert s'exprime ainsi : « Les habitans d'une grande cité, qui s'endorment le soir dans une sécurité complète, ne se rendent pas compte des veilles que le magistrat s'impose. Être l'âme toujours agissante et cachée de ce grand corps ! faire mouvoir à son gré une multitude immense ; être ici, là, partout, dans le salon du riche comme dans la chambre du pauvre, tout cela exige une de ces aptitudes, de ces intelligences hors ligne. »

(4) De concert avec le prévôt des marchands, M. de Sartine obtint des lettres patentes du Roi qui autorisaient la construction d'une nouvelle halle au blé sur l'ancien emplacement de l'hôtel de Soissons. Il organisa le service des gardes-pompes, aujourd'hui sapeurs-pompiers. Il fit établir une école de dessin qui compta jusqu'à 1500 élèves. Il forma des brigades de balayeurs chargés de nettoyer, trois fois par jour, les rues, les quais et les places de Paris. Sa réputation s'étendit à l'étranger. L'impératrice Catherine de Russie et l'impératrice Marie-Thérèse d'Autriche ayant demandé au gouvernement français des renseignements sur la po-

dernier lieutenant gé-
néral, M. Thiroux de
Crosne, périt sur l'écha-
faud le 28 avril 1794.
Il s'était démis de ses
fonctions, le 15 juillet
1789.

Jetons des Commissaires au Châtelet.

**Chambres de police. — Commissaires au Châtelet. —
Inspecteurs de police et Observateurs.** — Ayant spécialement
parlé du Guet et de ses chefs, il nous reste à dire quelques mots
sur leurs collaborateurs, ainsi que sur les institutions de police qui
fonctionnèrent à côté d'eux.

En raison de l'importance toujours croissante de la capitale, il
fallut plusieurs fois recourir aux bourgeois pour parer à l'insuffisante protection du Guet et des magistrats de police. Déjà, sous le
règne de saint Louis, on élisait, pour chaque quartier ou paroisse,
des notables qui étaient chargés de faire exécuter les règlements
de police. Au seizième siècle, on les retrouve encore avec des attributions à peu près identiques. « Il y aura, dit une ordonnance de
l'époque, dans chaque quartier de Paris, des notables habitants qui
seront élus et qui auront la charge de police. Ils pourront condamner
jusqu'à la somme d'un écu. On pourra se pourvoir, par appel, contre
leur jugement, mais seulement par voie de plainte à *l'Assemblée
Générale* de Police. Cette assemblée se tien-
dra, une fois par semaine, devant le Prévôt de
Paris ou les lieutenants, le Prévôt des Marchands et échevins obligés de s'y trouver. »

Jeton du doyenné
de M. Delamare.

lice de Paris et sur la manière dont elle était administrée,
M. de Sartine fit imprimer une collection générale des ordonnances, et un tableau des lois et règlements de police, qui furent remis à ces deux puissantes souveraines.

Jeton des Huissiers (à cheval)
au Châtelet; 1701.

Sous Louis XII, le Châtelet, dont le Prévôt de Paris était le chef, renfermait, entre autres sièges de justice, celui de la *Chambre de police* où étaient portées les causes concernant les droits des corps et communautés, des marchands et artisans de Paris, le péril des bâtiments, la police et la propreté des rues, les enrôlements forcés, la prostitution et les nourrices; c'était aussi à cette chambre que se faisaient les rapports des commissaires sur les contraventions aux ordonnances et règlements de police.

En 1572, un édit prescrivit la formation d'un bureau de police pour juger en dernier ressort les délits sans importance grave. Deux membres du Parlement, le Lieutenant civil, le Prévôt des Marchands, un échevin, quatre bourgeois du nombre de ceux qui *ne faisaient pas commerce* et les Procureurs du Roi au Châtelet et à l'Hôtel-de-Ville, furent désignés pour en faire partie.

Ce bureau fut supprimé sous Louis XIV, et Colbert institua un conseil de police qui se réunissait, chaque semaine, chez le chancelier Séguier. Il était composé de M. le Chancelier, de M. Colbert, de plusieurs Conseillers d'État, des Lieutenants civil et criminel du Châtelet et du Procureur du Roi. Ce Conseil pourvoyait à la dépense des fontaines publiques et de l'éclairage, et à l'entretien des brigades à pied et à cheval; les commissaires venaient y rendre compte de tout ce qui se passait dans la ville.

Après la création du Lieutenant Général de Police, la discussion des affaires de police fut portée à la *Chambre de la police*, présidée par ce nouveau magistrat.

Jetons des Greffiers au Châtelet.

Outre le Guet et les autres troupes de la capitale qu'il pouvait requérir pour l'exécution de ses mandements et ordonnances, le Lieutenant Général de Police avait sous ses ordres les commissaires, les inspecteurs de police et les observateurs.

Il n'est pas facile de préciser l'origine des commissaires, ou du moins celle des magistrats qu'on appela si longtemps Commissaires au Châtelet. A la fin du douzième siècle, ils étaient les auxiliaires des Lieutenants civil et criminel et du Prévôt de Paris. Ils avaient pour attributions : la surveillance des vagabonds, la recherche des maléfices, la visite des boulangeries et les enquêtes sur les procès en instance devant le Châtelet. C'est de là, sans doute, que leur étaient venus les noms de commissaires enquêteurs et de commissaires examinateurs (1).

Prévôt de la ville, prévôté et vicomté de Paris
(Marquis de Boulainvilliers, 1769).

Le Guet, auquel ils répondaient jour et nuit, leur amenait les individus arrêtés. Ils commandaient dix sergents qui leur prêtaient assistance pour l'accomplissement de leur tâche.

Ces fonctionnaires avaient le droit de porter la longue robe et de parler couverts aux audiences. Ils jouissaient du franc salé (2) et de l'admission à la vétérance, au bout de vingt ans d'exercice. Ces privilèges étaient également attribués à leurs veuves. Leur charge était héréditaire.

La Révolution leur donna le nom de commissaires de police, avec les attributions qu'ils ont encore de nos jours.

En 1708, une décision royale institua les inspecteurs de police,

(1) On les trouve cependant ainsi dénommés dans un édit de Clotaire II, du 17 octobre 615. Il y a, du reste, une bien curieuse étude à entreprendre sur ces magistrats. Peut-être, nous en occuperons-nous bientôt.

(2) On appelait *Francs salés*, des distributions de sel, tantôt gratuites, tantôt à un prix inférieur au tarif général, que le roi faisait faire à certains privilégiés.

officiers de l'ordre administratif à la disposition du magistrat de police (1). Ils avaient le titre de Conseillers du Roi et devaient acheter leur charge (édits de 1708-1749). Ils faisaient, entre eux, bourse commune pour les honoraires de leur emploi.

De quarante qu'ils étaient à leur création en 1708, leur nombre fut ramené à vingt en 1740. On les répartit dans les vingt quartiers de Paris. Ils veillaient au nettoiement des rues, à l'entretien des lanternes et lumières publiques

Jeton des Procureurs au Châtelet (1700).

et, en un mot, à tout ce qui concerne l'exécution des règlements de police. Pour signe de commandement, ils avaient une baguette d'ébène, d'environ un pied de long, avec une pomme et un bouton en or aux armes du roi. Les huissiers, sergents, gardes et archers étaient tenus de leur prêter main-forte.

Enfin, disons, pour mention, qu'il y avait aussi des agents en civil appelés observateurs dont nous reparlerons au chapitre suivant. Au moment de la Révolution, ils étaient depuis longtemps en fonctions, car on les trouve portés, au nombre de huit, sur un compte de dépenses dressé, en 1775, par le Chevalier du Guet.

---

(1) C'étaient les officiers de paix d'aujourd'hui. Pour être admis à traiter d'une charge d'*inspecteur*, il fallait justifier de huit années de service, dont deux en qualité d'officier dans les troupes du Roi, et fournir une somme qui ne pouvait être inférieure à sept mille cinq cents livres.

Armoiries de la ville de Paris pièce administrative.

1789 A 1800

A la suite des événements de 1789, l'organisation de la police parisienne fut complètement modifiée. Avec le dernier Lieutenant Général de Police, Thiroux de Crosne, on voit disparaître le guet, les Suisses et la garde de Paris. Et, dans cette courte et mémorable période qui va de la prise de la Bastille au commencement de l'an VIII, la direction de la police est successivement attribuée au Comité permanent, au Bureau municipal, aux Comités révolutionnaires, à la Commission administrative et au Bureau central, tandis que le service de la ville est fait tour à tour par la garde nationale, la gendarmerie et la légion de police.

Pour éviter toute confusion et mieux saisir le caractère de ces multiples transformations, il y a lieu, croyons-nous, de suivre la méthode adoptée par MM. Élouin et Anglade (1) dans les chapitres si

---

(1) *Nouveau dictionnaire de police*, par Élouin, Trébuchet et Labat, Paris 1835. — *Étude sur la police*, par E. Anglade, in-8°, Paris, 1847.

clairs et si précis qu'ils nous ont laissés sur l'histoire de la police pendant la Révolution. Nous allons donc, guidés par eux, étudier, dans l'ordre chronologique et séparément, chacune de ces diverses institutions.

Insigne de magistrats de Police
sous la Révolution.
(Musée Carnavalet.)

Comité permanent et Municipalité provisoire, 1789-1790. — Au lendemain du 14 juillet 1789, on créa, pour remplacer le Lieutenant Général de Police, un comité permanent composé des membres du bureau de ville présidé par le Prévôt des Marchands. Ce bureau, qui réunissait les fonctions relatives à la sûreté, à la tranquillité, aux subsistances et à la police militaire, administra jusqu'à la fin de septembre 1789.

Une municipalité provisoire (1), divisée en six départements, dont un pour la police, prit alors sa place. Chaque département eut à sa tête un lieutenant de maire; ses membres, au nombre de cinq, six ou sept administrateurs, faisaient partie du Conseil de ville. Bailly, député et premier président de l'Assemblée nationale, avait été élu maire par les soixante districts et confirmé par le Roi, le 17 juillet (2).

Un décret du 5 novembre 1789, sanctionné, le lendemain, par Louis XVI et plus connu sous le titre de *Lettres patentes sur la police de Paris,* donna au département de la police les pouvoirs qu'il réclamait pour remplir sa mission. Aux termes de cette loi, chacun des comités des soixante districts eut la police dans son arrondissement,

---

(1) Elle était composée : 1° du Conseil Général de la Commune, formé de trois cents députés élus par les 60 districts; 2° du Conseil de Ville, formé de soixante membres choisis parmi les trois cents représentants de la Commune.

(2) Sous Bailly, premier maire de Paris, le siège de l'administration de la Police fut établi dans l'ancien hôtel des Lieutenants Généraux, rue Neuve-des-Capucines. Cette installation dura du mois de juillet 1789 au 7 mai 1792, date à laquelle le maire Pétion prit possession de l'hôtel de la Présidence, qui devint, en 1800, la résidence des Préfets de Police.

Grenadier.   Vétéran.   GARDE NATIONALE. 1789.   Cavaliers.
                                      Chasseur.

sous l'autorité du corps municipal (1). Nuit et jour, au siège de chaque comité, dut se tenir un membre chargé d'entendre et d'interroger les gens arrêtés, avec pouvoir de les envoyer en prison, ou devant un commissaire au Châtelet lorsqu'il s'agissait d'un délit emportant peine afflictive.

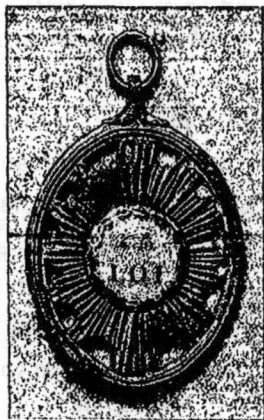

Insigne de magistrats de police
sous la Révolution.
(Musée Carnavalet.)

Le lieutenant de maire, ou l'un des administrateurs au département de la Police, devait, tous les jours, visiter les prisons et interroger les personnes qui y avaient été conduites, la veille, pour fait de police; il pouvait les mettre en liberté ou les condamner, suivant le cas, à trois jours de prison au plus et à une amende n'excédant pas cinquante francs (2).

Enfin, il fut institué, sous la présidence du maire ou d'un administrateur de police, un tribunal composé de huit notables adjoints, pouvant juger en dernier ressort jusqu'à concurrence de cent francs d'amende ou d'un mois de prison. Un des procureurs syndics adjoints de la commune remplissait auprès de ce tribunal les fonctions de ministère public. A la faveur de cette organisation provisoire, on fit rendre plusieurs règlements de police, et le département chargé de cette attribution publia même de nouveaux arrêtés, lorsque les circonstances l'exigèrent.

(1) Peuchet, le futur archiviste de la Préfecture de Police, qui était membre de l'administration municipale, s'occupait, assure-t-on, avec un goût particulier, de tout ce qui concernait la police.

(2) Il faut mentionner à cette place le décret du 14 décembre 1789, relatif aux municipalités et qui porte entre autres dispositions :

« Art 1er. — Les municipalités actuellement existantes en chaque ville, bourg, paroisse ou communauté, sous le titre d'hôtel-de-ville, mairie, échevinal, consulat et généralement sous quelque titre et qualifi-

Bureau municipal, 1790-1793. — Comme complément à la loi du 14 décembre 1789 sur les municipalités, parut celle du 27 juin 1790, visant spécialement l'organisation municipale de Paris. Elle établit une municipalité définitive et fractionna la capitale en 48 sections formant autant d'assemblées primaires pour les élections et les attributions de police municipale. En outre, elle décida qu'il y aurait, sous le nom de garde nationale, une force militaire toujours en activité.

Insigne de magistrats de Police
sous la Révolution.
(Musée Carnavalet.)

Le corps municipal était divisé en *conseil* et en *bureau*.

Le bureau, chargé de l'exécution des arrêtés du corps municipal et des règlements de police, se partageait en cinq départements, savoir :

1° Les subsistances;

2° La police;

3° Le domaine et les finances de la ville;

4° Les établissements publics;

5° Les travaux publics.

Au moment où cette nouvelle administration prit en mains la direction de la police de Paris, aucun décret n'avait encore déterminé les attributions spéciales des officiers municipaux, ni jeté les bases de la police municipale et de la police correctionnelle. Cette lacune fut comblée par les lois des 16-24 août 1790 et 19-22 juillet 1791, dont beaucoup de dispositions sont encore en vigueur.

---

cation que ce soit, sont supprimées et abolies; et cependant les officiers municipaux actuellement en exercice continueront leurs fonctions jusqu'à ce qu'ils aient été remplacés. »

ART. 2. — Le chef de tout corps municipal portera le nom de Maire. »

Par ce décret, il fut aussi décidé que la ville de Paris, en raison de son immense population, serait régie par un règlement particulier.

Comités révolutionnaires et Commission administrative. — *Fructidor an II (août 1794)* — *Brumaire an IV (octobre 1795)*. — La loi du 7 fructidor an II (24 août 1794), concernant la police générale de la République et la création de comités révolu-

Exposition annuelle, en 1780, des œuvres des peintres de l'Académie de Saint-Luc, le matin de la Fête-Dieu, auprès du reposoir de la place Dauphine; d'après un dessin du temps appartenant à la bibliothèque Carnavalet.

tionnaires, modifia de nouveau l'organisation déjà si souvent remaniée de la police municipale.

La Commune de Paris eut douze comités révolutionnaires de chacun douze membres qui devaient être renouvelés par moitié, tous les trois mois, et ne pouvaient être réélus qu'après le même intervalle. Les membres de ces comités avaient le droit de décerner des mandats d'amener et d'arrêt; il leur était alloué une indemnité de cinq francs par jour.

Cachet de la Commune de Paris; pièce administrative.

La loi du 14 fructidor an II (31 août 1794) diminua l'influence considérable que s'étaient attribuée en peu de temps les membres des comités révolutionnaires. Elle établit provisoirement une commission spéciale pour la police municipale, sous la surveillance du département de la Seine. Un agent national fut attaché à cette commission qui se composa, au début, de vingt membres nommés par la Convention, sur la proposition des comités de salut public, de sûreté générale et de législation. La loi du 26 vendémiaire suivant (17 octobre 1794) compléta cette organisation et fixa à quatre mille livres le traitement de chacun des membres de cette commission.

Grâce à cette création, la police municipale s'exerça assez régulièrement et rendit même d'utiles services pendant les jours difficiles qu'on traversait alors.

La loi du 28 thermidor an III (15 août 1795) réorganisa une dernière fois la Commission administrative de police. Le nombre de ses membres fut réduit à trois, mais leur nomination continua d'appartenir à la Convention nationale.

Bureau central du canton de Paris, 1795-1800.

— Le 15 frimaire an IV (6 décembre 1795), le Bureau central (1), établi

Cachet du Bureau central; pièce administrative.

(1) Nous trouvons dans les « *Tableaux de la Révolution Française*, par A. Schmidt », ce curieux passage sur la formation du Bureau central :

Ce fut au Ministre de l'Intérieur, de veiller à l'exécution de cet article (181 de la Constitution de l'an III), en vertu duquel il fallait établir des bureaux centraux à Paris, à Lyon, à Marseille, etc. Il n'y a, en effet, nul doute que Bénézech ne soit l'organisateur du bureau central de Paris. Car, lors de la

en vertu de la Constitution de l'an III, article 184 (1), et de la loi du 19 vendémiaire an IV (11 octobre 1795), remplaça la Commission administrative.

Le préau des hommes à la Conciergerie, au commencement du dix-neuvième siècle.

Indépendamment du *Secrétariat*, partagé lui-même en trois sections, c'est-à-dire le Secrétariat proprement dit, le bureau des Archives et

création du Ministère de la Police générale de la République (12-14 nivôse an IV) (janvier 1796), deux mois après la nomination de Bénézech, ce bureau était déjà en pleine activité; ce qui se prouve par la lettre que le Ministre de la Police adressa, le 17 nivôse (7 janvier 1796), aux membres du bureau central de la Commune de Paris. Il faut donc que ce dernier ait pris son origine entre le 14 brumaire et le 11 nivôse. Malheureusement, on ne trouve nulle part, dans les imprimés, une date plus précise de l'installation du bureau central, pas même dans l'ouvrage de Peuchet, ni dans le *Moniteur* dont la table, au contraire, confond cette institution avec le bureau central de Paris ordonné par la loi du 21 décembre 1792. Les documents que nous avons, ne nous laissent aucun doute à ce sujet. Ils prouvent : 1° que le bureau central de Paris ne fut formé que peu à peu; 2° que son installation doit être datée du 15 frimaire; 3° que son organisation se fit essentiellement, sur la base de la Commission administrative de police. En général, le bureau central n'est qu'une continuation modifiée de cette Commission. En voici les preuves.

Immédiatement après le 11 brumaire et jusqu'au 15 frimaire, nous trouvons, dans nos documents. toujours encore la formule « *Commission administrative de police* » et par conséquent la signature « *les Commissaires administrateurs* ». Dans cet espace de temps, il n'y a qu'un seul rapport, daté du 1er frimaire, qui porte la signature *les Commissaires du bureau central*; ce fait quoiqu'il prouve que la formation était déjà mise en train, ne constate évidemment qu'une anticipation illégale, désavouée par un autre rapport du même jour, et par ceux de la quinzaine suivante. Mais, dès le 15 frimaire, la signature « *les Commissaires du bureau central* » est absolument constante et par conséquent officielle. Il s'ensuit de là que la formation du bureau central fut terminée le 15 frimaire.

(1) La Constitution de l'an III, dont la garde et la direction furent confiées à un *Directoire exécutif composé de Cinq membres électifs*, portait, en son article 184, création, dans les communes divisées en plusieurs municipalités, d'un bureau central pour les objets jugés indivisibles par le Corps législatif.

Dépôts et le bureau des Rapports, le Bureau central fut divisé en dix bureaux, savoir :

Carte des employés du Bureau central ; face.
(Musée Carnavalet.)

1er *Bureau*. — Surveillance ;
2e *Bureau*. — Sûreté ;
3e *Bureau*. — Passeports ;
4e *Bureau*. — Prisons ;
5e *Bureau*. — Salubrité ;
6e *Bureau*. — Mœurs ;
7e *Bureau*. — Commerce ;
8e *Bureau*. — Hospices ;
9e *Bureau*. — Comptabilité ;
10e *Bureau*. — Nourrices.

Le Bureau central fut dirigé par trois membres *nommés par l'Administration du Département, et confirmés par elle* (1). Son personnel se recruta surtout parmi celui de la Commission administrative.

Le pouvoir du Bureau central, dont les attributions étaient en général la police et les subsistances, s'accrut bientôt. Par la loi du 21 floréal an IV (10 mai 1796), il obtint l'autorisation de lancer des mandats d'amener ; celle du 24 du même mois (13 mai) lui attribua la nomination des commissaires de police présentés par chacune des municipalités (2) ; et celle

Carte des employés du bureau central ; revers. (Musée Carnavalet.)

(1) La loi du 30 messidor an V (18 juillet 1797) fixe à trois ans la durée des fonctions des membres du Bureau central et décide qu'il sera procédé chaque année au renouvellement de l'un d'eux ; elle stipule aussi que les trois chefs de ce service pourront être réélus une fois sans intervalle, mais qu'après avoir exercé pendant six ans, ils devront attendre deux années pour se présenter à une autre élection.

(2) En vertu de la loi du 19 vendémiaire an IV (11 octobre 1795), le territoire de la ci-devant commune de Paris, circonscrit dans les limites désignées par les lois des 27 juin et 17 octobre 1790, forma un canton divisé en douze municipalités et eut un Bureau central.

du 24 brumaire an V (14 novembre 1796) lui donna le droit de suivre
les actions qui intéressaient collectivement les administrations mu-

Insigne de commissaire de Police sous le Directoire et le Consulat.
Communiqué par M. Blavier, ancien officier de paix.

nicipales. Les trois membres du Bureau central arrêtaient seuls toutes
les mesures relatives à leurs attributions; mais ils avaient le droit
d'appeler près d'eux un ou plusieurs membres de chaque municipalité, et de déléguer à ces dernières l'exécution des mesures adoptées
par eux.

Conformément à l'article 191 de la Constitution de l'an III, le Directoire nomma un commissaire exécutif près le Bureau central de
Paris. Mathieu (1), Baudin, Picquenard, Astier et Lemaire tinrent
successivement cette charge pendant les années 1798 et 1799.

_____

(1) Le 22 ventôse an VI (12 mars 1798), dans son rapport au Ministre de l'Intérieur, le commissaire du Directoire exécutif, Mathieu, s'exprimait ainsi :

Il ne peut point échapper au Ministre qu'il n'est pas du bureau central comme de l'une des municipalités de Paris. Le bureau central est le véritable point d'observation pour cette grande commune, là
seulement on peut la connaître, là seulement on peut savoir tout ce qui se passe. Les rapports de surveillance, contrôlés les uns d'après les autres, apprennent à l'administrateur attentif quelle est la véritable situation des esprits ; là seulement peuvent se recueillir les traditions, les souvenirs, les données
de l'expérience; un événement y est commenté par un autre, des bruits publics rapprochés décèlent
un plan; là, en un mot, paraît et se dessine le Paris réel; partout ailleurs, ce n'est que Paris apparent,
ce ne sont que des surfaces, ce ne sont que des traits épars.

A peine le Bureau central était-il mis en activité que l'établissement d'un Ministère de la Police Générale (1), 12-14 nivôse an IV
(2 et 4 janvier 1796), vint apporter des modifications à son fonctionnement. Il échappa dès lors à l'autorité du Ministre de l'Intérieur et
fut placé sous la direction du nouveau Ministre de la Police qui, pour
toute l'étendue de la République, avait la haute main sur les attributions de police municipale. Il se maintint sans autre changement
jusqu'au Consulat.

Les trois consuls Sieyès, Roger-Ducos et Bonaparte, nommés le
19 brumaire an VIII (10 novembre 1799), constituèrent sans délai
la nouvelle administration.

Le 20, un arrêté de la Commission consulaire renouvela intégra-
lement le Bureau central. Les trois membres d'alors : Milly, Letellier
et Champein furent destitués et remplacés provisoirement par Dubois,
Piis et Dubosc (ou Dubost), qui, le 14 frimaire (5 décembre 1799),
furent confirmés dans leurs fonctions par le Premier Consul. Le commissaire du Directoire près le Bureau central, Lemaire, y resta sous
le titre de commissaire du Consulat.

La loi de pluviôse an VIII, instituant un Préfet de Police à Paris,
mit fin, trois mois plus tard, à l'existence du Bureau central.

On voit, par cette étude sommaire, en combien de mains passa la
direction de la police pendant la période révolutionnaire. Nous al-

---

(1) Le Directoire créa, le 1er janvier 1796, un Ministère de la Police Générale. L'exécution des
lois relatives à la tranquillité et à la sûreté intérieures de la République, à la garde nationale, à
la gendarmerie, aux prisons, etc., fut confiée au nouveau ministre. Il eut aussi la direction du
Bureau central du canton de Paris.

A ce propos, donnons ici un extrait de la lettre que Merlin de Douai adressa aux membres du
Bureau central, le 17 nivôse an IV (17 janvier 1796), en prenant possession de ses fonctions de
ministre de la Police Générale.

Comptant, leur dit-il, sur vous et sur les bons citoyens, j'ai accepté; je suis en fonctions. Maintenant,
citoyens, il nous faut marcher. Nous avons une immense cité à régénérer.... Rendons Paris sûr, établis-
sons y la salubrité, donnons-lui des mœurs... Prévenez nos concitoyens de notre commune résolution;
que les commissaires de police soient avertis. Le temps de la mollesse, celui de la négligence sont
passés. C'est de l'exactitude qu'il faut, c'est de la fermeté. (*Moniteur* du 21 nivôse.)

Voilà qui s'accorde admirablement avec un curieux rapport de Piquenard, rapporté par M. Andrieux
dans ses « *Souvenirs* ».

COMMISSAIRE DE POLICE SOUS LA RÉVOLUTION.

lons constater la même instabilité en ce qui concerne les magistrats, fonctionnaires, agents et corps de troupe dont il nous reste à nous occuper.

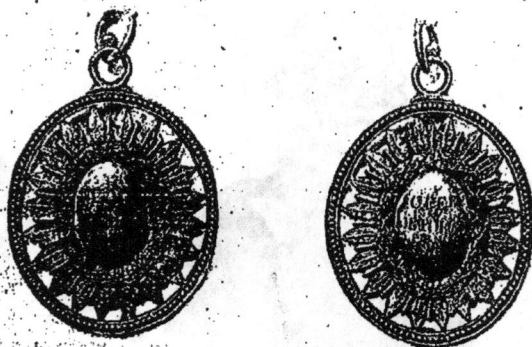

Médaille d'officier de Police pendant la Révolution.
Musée Carnavalet.

Commissaires de police. — Ainsi que nous l'avons dit plus haut, ces magistrats portaient avant 1789 le nom de commissaires au Châtelet. Supprimés au commencement de la Révolution, ils furent rétablis par les lois des 27 juin et 12 septembre 1790.

A partir de 1791, un commissaire de police fut attaché à chacune des quarante-huit sections de Paris. Il fut d'abord assisté de seize commissaires de section et d'un secrétaire-greffier.

La nomination des commissaires de police fut soumise à l'élection (1) jusqu'à la loi du 24 ventôse an III (14 mars 1795), qui l'attribua au Comité de sûreté générale. Cette prérogative fut ensuite conférée aux administrations municipales par la loi du 19 vendémiaire an IV (11 octobre 1795) et au pouvoir central par celle du 19 nivôse an VIII (9 janvier 1800).

Aux termes du décret des 19-29 juillet 1791, les commissaires de police devaient, dans l'exercice de leurs fonctions, porter sur l'épaule gauche un chaperon tricolore.

---

(1) Ils étaient élus pour deux ans.

Officiers de paix. — Voici le texte de la loi des 21-29 septembre 1791, relative à la création de ces nouveaux fonctionnaires :

Article I.

Il sera établi à Paris vingt-quatre officiers de police sous le nom d'officiers de paix, avec les fonctions ci-après.

Article II.

Les officiers de paix seront chargés de veiller à la tranquillité publique, de se porter dans les endroits où elle sera troublée, d'arrêter les délinquants et de les conduire devant le Juge de Paix.

Article III.

Ils seront nommés par les officiers municipaux et leur service durera quatre ans.

Article IV.

Ils porteront pour marque distinctive un bâton blanc (1) à la main; ils diront à celui qu'ils arrêteront : « Je vous ordonne, au nom de la loi, de me suivre devant le Juge de Paix. »

Article V.

Les citoyens sont tenus de leur prêter assistance à leur réquisition, et ceux qui refuseront d'obéir aux officiers de paix, seront condamnés pour cela seulement à trois mois de détention.

Article VI.

Les officiers de paix, pendant la nuit, pourront retenir les personnes arrêtées; elles seront conduites, au jour, devant les commissaires de police, s'il s'agit d'objets attribués à la municipalité.

Article VII.

S'il s'agit d'objets du ressort de la police correctionnelle, ou de police de sûreté, les officiers de police conduiront les prévenus soit devant le Juge de Paix du district, soit devant le Bureau central des Juges de Paix.

Article VIII.

Les officiers de paix ne pourront être destitués que par trois délibérations successives du Bureau central des Juges de Paix, émises à huit jours de distance l'une de l'autre.

Article IX.

Le traitement annuel des officiers de paix sera de 3,000 livres, aux frais de la commune.

(1) C'est le bâton reproduit à la page suivante.

Bâton et sifflet d'officier de paix, sous la Révolution. (Musée Carnavalet.)
Ces deux objets sont en ivoire. Le bâton mesure 22 centimètres de longueur.

Cette loi avait été rendue par l'Assemblée nationale, à la demande de la municipalité qui attachait la plus grande importance à sa bonne application. La commission municipale, nommée à cet effet, reconnut qu'elle ne pouvait être mise en pratique sans de sérieuses modifications et qu'il fallait la soumettre de nouveau à l'examen des représentants de la Nation (1). Entre temps, les événements se précipitèrent et l'on ne put élire les premiers officiers de paix qu'à la fin de l'année 1792.

Le décret du 19 vendémiaire au IV (11 octobre 1795) les supprima; mais ils furent rétablis peu de temps après par la loi du 23 floréal suivant (12 mai 1796).

Cette loi ne différait de celle des 21-29 septembre 1791 que par les dispositions suivantes :

Article IV.

Ils (les officiers de paix) seront nommés par le département de la Seine, sur la proposition qui en sera faite sur une triple liste, par le Bureau central.

Article V.

Ils porteront pour marque distinctive un bâton blanc sur lequel seront gravés les mots : « Force à la loi »; et sur la pomme sera peinte la Surveillance, sous la forme d'un œil. Ils diront à celui qu'ils arrêteront : Je vous ordonne, au nom de la loi, de me suivre devant le Juge de Paix.

Article VII.

Ils pourront être destitués par délibération du Bureau central, approuvée par le Département.

Article VIII.

Le traitement annuel des officiers de paix sera le même que celui des commissaires de police.

Insigne de magistrats de Police, sous la Révolution.
(Musée Carnavalet.)

(1) Le citoyen Charron, officier municipal de la Ville de Paris, fut chargé de la rédaction d'un rapport destiné à éclairer l'Assemblée nationale sur les lacunes de la loi de 1791.

Ce rapport, qui reçut la sanction du corps municipal, contenait un projet de règlement des plus curieux que nous donnons in extenso à la 4e partie de cet ouvrage.

Enfin, par la loi du 19 nivôse an VIII (9 janvier 1800), leur nomination fut retirée aux autorités du département et attribuée au Premier Consul. Plus tard, comme cela se fait encore aujourd'hui, ils reçurent l'investiture officielle par arrêté du Ministre de l'Intérieur, rendu sur la proposition du Préfet de Police.

Aux termes de la loi des 21-29 septembre 1791, la surveillance des officiers de paix doit s'étendre à toutes les branches de la police administrative. Ils ont pour mission de veiller spécialement au maintien de la tranquillité publique et d'arrêter les délinquants.

Il est à remarquer qu'aucune des lois que nous venons de citer ne leur a donné le caractère d'officiers de police judiciaire (1). Leurs procès-verbaux en matière de contravention ne peuvent donc pas faire foi jusqu'à inscription de faux; ils ne valent que comme rapports.

Nous aurons plusieurs fois l'occasion de reparler des officiers de paix, surtout lorsque nous les trouverons placés à la tête des sergents de ville. Nous donnerons alors des renseignements plus complets sur leurs attributions.

Agents de Police. — Les commissaires de Police et les officiers de paix étaient aidés dans leurs fonctions par des agents appelés inspecteurs de Police et observateurs.

Ces inspecteurs de Police, qu'il ne faut pas confondre avec les fonctionnaires du même nom qui existaient déjà avant 1789, avaient un rôle des plus modestes. Ils recueillaient les notes et les renseignements fournis par les observateurs et surveillaient, concurremment avec eux, tout ce qui pouvait être nuisible à l'hygiène et à la salubrité, ou porter atteinte au maintien de l'ordre. Ils remettaient aux commissaires leurs rapports ainsi que le résultat des recherches faites par les observateurs.

(1) Voici, à ce sujet, l'opinion de M. Faustin-Hélie : « Les officiers de paix sont comme les autres agents de police, agents de la force publique, en même temps qu'officiers de police administrative, et leurs droits sont les mêmes que ceux de ces agents; non seulement ils ne sont pas officiers de police judiciaire, mais aucune loi ne leur confère une délégation quelconque pour procéder à un acte de constatation. »

Ces derniers, dont l'origine est, comme nous l'avons dit à la fin du chapitre précédent, bien antérieure à la Révolution, avaient un service semblable à celui des inspecteurs, les seuls auxquels ils devaient rendre compte de leurs opérations.

Les observateurs disparurent peu de temps après la création de la Préfecture de Police. Quant aux

La salle des Pas-Perdus au Palais de Justice et l'entrée du tribunal révolutionnaire en 1793. D'après le tableau de Boilly. (*Le Triomphe de Marat*) au Musée de Lille.

inspecteurs, ils ont été conservés et ils occupent aujourd'hui une place importante dans les rangs de la police active.

Garde nationale. — Ce système de force armée naquit, dans les premiers jours de la Révolution, du besoin de défendre les institutions nouvelles. Le 8 juillet 1789, Mirabeau proposa à l'Assemblée Constituante l'établissement à Paris d'une garde bourgeoise. Cette proposition ne fut pas immédiatement adoptée; mais cinq jours après, le comité des électeurs,

Médaille donnée aux gardes nationaux, en 1789. (Musée Carnavalet.)

devançant le pouvoir législatif et bravant l'opposition du gouvernement, vota la formation d'une milice parisienne, forte de 4800 hommes
divisés en 16 légions et 60 bataillons. Son effectif devait être provisoirement de 12,000 hommes.

Cette milice existait donc de fait, la veille du 14 juillet 1789. Elle
porta d'abord le nom de *Garde bourgeoise* et eut pour premier commandant le marquis de La Salle. Elle adopta la cocarde rouge et
bleue qu'elle échangea bientôt contre celle aux trois couleurs, que lui
donna le marquis de Lafayette devenu son général après la prise de
la Bastille.

Les premiers uniformes de la garde nationale (1) parurent à
Paris dans le courant du mois d'août et, le 27 septembre, eut lieu
en grande pompe à Notre-Dame la bénédiction des drapeaux (2)
offerts par les communautés religieuses et les citoyennes patriotes.

Toutefois, cette garde ne fut légalement constituée que par la loi

Vignette révolutionnaire; service de la navigation. Pièce administrative.

des 6-12 décembre 1790, qui reconnut son existence, et par celle du
14 octobre 1791, qui régla son organisation.

(1) Ces uniformes se composaient d'un habit bleu de roi à revers et parements blancs, collet rouge, boutons de cuivre doré aux armes de la ville, d'une veste et d'une culotte blanches
(2) Ces drapeaux, si curieux, devaient flotter l'année suivante au Champ-de-Mars, le jour de
la fête de la Fédération, à côté de ceux de toutes les délégations des communes de France.
Ils sont reproduits dans plusieurs ouvrages, notamment dans le beau livre de MM. Coëtlogon
et Tisserand, Paris, 1875, et dans *le Directoire*, de Paul Lacroix, Paris, Didot, 1884.

De Paris, cette institution s'étendit bientôt aux provinces, et le décret du 10 août 1789 ne fit que sanctionner un fait accompli. Du reste, dans la pensée de ses créateurs, la garde nationale « était la nation armée, formant la garde permanente et populaire de chaque commune, ainsi qu'une puissante réserve pour l'armée active en cas de dangers extrêmes pour le pays. »

Ce décret fixa également le nombre des gardes nationaux de Paris auxquels furent adjoints 6000 hommes de troupe soldés (1), presque tous soldats du Guet ou anciens gardes françaises que Louis XVI avait autorisés à s'incorporer dans la milice. La commune décida qu'ils recevraient vingt sous par jour et qu'ils porteraient une médaille commémorative (2).

La garde nationale parisienne comprenait deux corps : l'un d'infanterie, l'autre de cavalerie. L'infanterie était composée de soixante bataillons portant le nom de chacun des soixante districts; il y avait dans chaque bataillon cinq compagnies de cent hommes, dont une soldée, et qu'on nommait compagnie du centre. La cavalerie, formant quatre escadrons, comptait huit compagnies de cent maîtres chacune; plus un capitaine, un lieutenant et un sous-lieutenant par compagnie. Tous ces bataillons avaient en outre une section de canonniers avec deux pièces d'artillerie.

En même temps, on rétablit la garde des ports et des quais qui avait été supprimée par l'ordonnance de 1771. Elle fut placée sous les ordres de l'état-major de la garde nationale et soldée par la municipalité.

---

(1) Les compagnies soldées, formées d'anciens soldats du Guet et de gardes françaises, excitaient les murmures. On les appelait déserteurs. Lafayette les vengea d'un mot : « Déserteurs, s'écria-t-il avec indignation, les vrais déserteurs sont ceux qui ne sont pas venus se ranger autour du drapeau de la nation. »

(2) Cette médaille, reproduite à la page 38, portait d'un côté un faisceau de chaînes brisées, avec cette légende : « La liberté conquise, 14 juillet 1789 », et au revers une épée surmontée d'une couronne de chêne et de laurier, avec cette inscription :

Ignorant ne datos, ne quisquam serviat, enses.

OFFICIER DE PAIX (1802).

Au début, la garde nationale parisienne rendit les plus grands services : infatigable et dévouée, elle maintint avec fermeté l'ordre et la

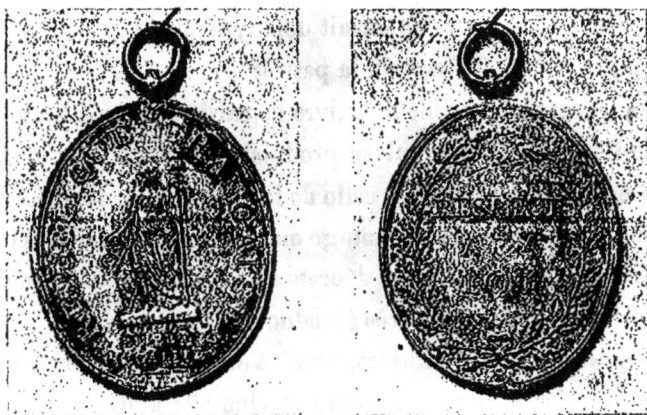

Insigne de magistrats de Police sous la Révolution; face et revers. (Musée Carnavalet).

sûreté dans la capitale. Animés du plus ardent patriotisme, tous riva-
lisèrent d'ardeur pour la cause de la liberté et l'on vit dans les rangs
de la nouvelle milice jusqu'à des enfants et des femmes. Celles-ci furent
même commandées de service, s'il faut ajouter foi au billet adressé
à la citoyenne Dubief et publié par le *Journal des Révolutions de
Paris* (1).

Des vieillards formèrent aussi des compagnies de vétérans pour
aider la garde nationale. A deux reprises, on créa des bataillons exclusivement composés d'enfants et connus, les derniers surtout, sous
le nom de bataillons de l'Espérance (2). D'ailleurs, rien de cette épo-

---

(1) Voici le texte de ce billet :

District de l'Abbaye de Saint-Germain-des-Prés.

Mademoiselle Dubief, marchande lingère, rue Dauphine, n°31, montera la garde au corps de garde, rue
Dauphine, au musée, où elle montera la garde à 10 heures précises du matin, le 3 août 1789

OUDET,
Capitaine.

(2) C'étaient des bataillons de jeunes enfants à peu près semblables aux bataillons scolaires
que nous avons tous connus en ces dernières années.

que si féconde en dévouements de toutes sortes ne doit nous surprendre : on se sacrifiait volontiers pour le triomphe des idées et des
principes que l'immortelle Révolution venait de proclamer, et cela,
avec le même courage qu'on devait déployer plus tard sur les champs
de bataille pour la défense de la patrie.

Il ne nous est pas possible de suivre la garde nationale au milieu des
événements si nombreux qui se produisirent alors. Son histoire se
confond en quelque sorte avec celle de la Révolution dont elle était issue. Nous ne pouvons pas davantage entrer dans le détail des fréquentes modifications que les divers décrets apportèrent à son organisation.

Relatons cependant la loi très étendue que la Convention Nationale,
sur le rapport du comité militaire, rendit à son sujet le 12 frimaire an III
(2 décembre 1794). Pour le nouveau service attribué à la garde nationale, Paris fut divisé en huit arrondissements de territoire. Chaque
arrondissement comprenait six sections et chaque section avait un
commandant en chef, un commandant en second, un adjudant de section et un porte-drapeau.

Malgré les améliorations réalisées dans son service et le zèle dont
elle ne cessa de faire preuve, la garde nationale ne put assurer
seule la police de Paris.

Gendarmerie nationale de Paris. — Déjà, en 1790, l'ancienne
maréchaussée avait été réorganisée sous le nom de Gendarmerie nationale. Les départements de la Seine, de Seine-et-Oise et de Seine-et-
Marne formèrent la première division. La compagnie à robe courte et
la garde judicielle étaient des corps auxiliaires de la gendarmerie parisienne : le premier destiné au service des tribunaux et des prisons
et le second chargé de la garde de l'Assemblée nationale. La gendarmerie de Paris ayant été licenciée le 6 prairial an III (25 mai
1795), les troupes placées sous le commandement du général Menou
firent le service de la capitale jusqu'à la création de la Légion de
Police.

Légion de Police générale. — Depuis le commencement de la Révolution, il n'y avait plus à Paris de corps spécial pour la police. La garde nationale et la gendarmerie en avaient insuffisamment tenu la place, car l'insécurité et le désordre étaient partout. Si l'on en croit les rapports du temps, Paris ne présenta jamais plus lamentable tableau. Les vo-

La Conciergerie et le Pont-au-Change à la fin du XVIIIe siècle.
D'après un dessin inédit de la Collection Destailleurs.
(Cabinet des Estampes.)

leurs opéraient avec la plus grande audace, et, faute de troupe de police, on ne pouvait faire la chasse aux malfaiteurs. Pour remédier à ce fâcheux état de choses, la Convention, sur la proposition d'Aubry, rendit, le 9 messidor an III (27 juin 1795), un décret portant création d'une Légion de Police générale.

Cette troupe, qui comptait 7,000 hommes, fut mise d'abord à la disposition de la Commission administrative de la police de Paris. Elle passa ensuite sous les ordres du Directoire, lors de la promulgation de la Constitution de l'an III.

La Légion de Police générale ayant, dans plusieurs circonstances, refusé d'obéir aux ordres de ses chefs, fut supprimée par arrêté du Directoire du 10 floréal an IV (29 avril 1796) (1).

(1) Tandis que quelques-uns demandaient un châtiment exemplaire pour les troupes de la Légion de Police, d'autres présentaient cette légion comme un corps entièrement composé de patriotes, et qui, semblable aux gardes françaises de 1789, dévoué au parti populaire, n'était éloigné de la capitale que parce qu'il le servait bien. — Le 11 floréal, dans la soirée, le citoyen

L'article 1er de cet arrêté porte : « Que la Légion de police ayant été entachée par la désobéissance des deuxième et troisième bataillons, et ne pouvant être que désagréable aux braves militaires de ce corps qui sont demeurés fidèles aux lois de la République, toutes les troupes, tant à pied qu'à cheval, qui la composent, cesseront de porter ce nom.

« En conséquence et conformément à la loi du 5 de ce mois, elles seront assimilées, sous tous les rapports, aux autres troupes formant la garde nationale en activité. »

Dès lors, la garde de Paris fut entièrement du ressort de l'armée de l'intérieur. La garde nationale sédentaire, des détachements de la gendarmerie de province et la garde du Corps législatif concoururent aussi au maintien de l'ordre. Cette dernière troupe, autrefois compagnie des gendarmes de l'Hôtel du roi, fut chargée, en 1789, de la garde de la Convention Nationale et prit le nom de grenadiers-gendarmes de la Convention. En 1795, on l'appela garde du Corps législatif et, après la chute du Directoire, garde des Consuls.

Leroux, adjudant de la section des Gravilliers, fit arrêter un hussard qui distribuait des papiers incendiaires dont un avait pour titre : La Légion de police à elle-même et à tous ses frères d'armes et au peuple à qui on adresse particulièrement ces mots : « Il est temps de se réveiller. » (A. Schmidt, *Tableaux de la Révolution française.*)

Armoiries de la Municipalité de Paris sous la Révolution;
pièce administrative.

CHAPITRE TROISIÈME

1800 A 1829

Préfecture de Police. — Comme toutes les institutions de police créées pendant la période révolutionnaire, le Bureau central eut une existence de courte durée. Il disparut au commencement du Consulat et fut remplacé par la Préfecture de Police, dont l'extrait de naissance, aujourd'hui presque centenaire, porte la date du 28 pluviôse an VIII (17 février 1800). En effet, l'article 16 de la loi promulguée ce jour, loi constitutive de l'organisation départementale actuelle, décide « qu'à Paris, un Préfet de Police sera chargé de ce qui concerne la police et aura, sous ses ordres, des commissaires distribués dans les douze municipalités ».

Un arrêté des Consuls du 17 ventôse an VIII (8 mars 1800) (1)

---

(1) Cet arrêté fixe le traitement du Préfet de Police et lui prescrit le port du costume suivant dans l'exercice de ses fonctions : « habit bleu; veste, culotte ou pantalon rouges; collet, poches et parements de l'habit brodés en argent; écharpe blanche, franges d'argent; chapeau français brodé en argent; arme (une épée). »

Tout d'abord, il paraît curieux de voir donner, sous le Consulat, une écharpe blanche au Préfet de Police, et l'on ne peut s'empêcher de penser aux fonctionnaires qui la portèrent au commencement de la Restauration; mais la chose s'explique très naturellement, si l'on remarque

nomma Préfet de Police de paris le citoyen Dubois, membre du Bureau central; mais les pouvoirs et les attributions du nouveau préfet ne furent déterminés que par l'arrêté du 12 messidor suivant (1er juillet 1800).

Cet arrêté dont, en raison de sa longueur, nous ne pouvons reproduire ici le texte intégral, donne au Préfet de police la direction de la police parisienne. Il le charge par conséquent de la police municipale, confiée aux maires dans toutes les autres communes de France.

Voici, du reste, quelques-uns des principaux articles de ce fameux arrêté qui est encore de nos jours la loi fondamentale de la Préfecture de Police :

ARTICLE I.

Le Préfet de Police exercera ses fonctions, ainsi qu'elles sont déterminées ci-après, sous l'autorité immédiate des ministres; il correspondra directement avec eux pour les objets qui dépendent de leurs départements respectifs.

Vignette d'une pièce administrative de la Préfecture de Police; an XI de la République française (1803).

Jeton de la Préfecture de Police; Consulat.

que le législateur de l'an VIII a eu surtout en vue de former les « trois couleurs » avec les diverses parties du costume. Ce fut ainsi, d'ailleurs, que les préfets des départements, les maires et les adjoints eurent d'abord l'habit bleu, la culotte blanche et la ceinture rouge. On abandonna plus tard, cet uniforme « tricolore » et l'on se contenta de réunir les couleurs du drapeau sur les écharpes et les ceintures.

Enfin cet arrêté (art. 11) instituait des commissaires généraux de police dans les villes de 100.000 habitants et au-dessus. Ces fonctionnaires, qui « étaient subordonnés au préfet du département », exécutaient les instructions qu'ils recevaient directement du ministre de la Police générale. Ils avaient sous leurs ordres les commissaires de police et pouvaient, pour l'exercice de la police, requérir la garde nationale, la gendarmerie, les compagnies de réserve départementale et la force armée en activité.

Vingt-six villes seulement eurent des commissaires généraux de police. Ils ne tardèrent pas à être supprimés.

Article II.

Il pourra publier de nouveau les lois et règlements de police, et rendre les ordonnances tendant à en assurer l'exécution.

Fouché, Ministre de la Police.

Article XXXV.

Il aura sous ses ordres :

Les commissaires de police ;

Les officiers de paix ;

Le commissaire de police de la Bourse ;

Le commissaire chargé de la petite voirie ;

Les commissaires et inspecteurs des halles et marchés ;

Les inspecteurs des ports.

Article XXXVI.

Il aura à sa disposition, pour l'exercice de la police, la garde nationale et la gendarmerie ;

Il pourra requérir la force armée en activité ;

Il correspondra, pour le service de la garde nationale, pour la distribution des corps de garde de la ville de Paris, avec le commandant militaire de Paris et le commandant de la dix-septième division militaire

Carte d'entrée des employés de la Préfecture de Police,
an VIII (1800); face.

Article XXXVIII.

Le Préfet de Police et ses agents pourront faire saisir et traduire aux tribunaux de police correctionnelle, les personnes prévenues de délits qui sont du ressort de ces tribunaux.

Article XXXIX.

Ils pourront faire saisir et remettre aux officiers chargés de l'administration de la police criminelle, les individus surpris en flagrant délit, arrêtés à la clameur publique, ou prévenus de délits qui sont du ressort de la justice criminelle.

Article XL.

Le Préfet de Police ordonnera, sous l'autorité du Ministre de l'Intérieur, les dépenses de réparation et entretien à faire à l'hôtel de la Préfecture de Police (1).

Carte d'entrée des employés de la Préfecture de Police,
an VIII (1800); revers.

---

(1) Les bureaux de la Préfecture de Police furent installés dans les bâtiments de l'ancien Hôtel des Premiers Présidents du Parlement de Paris. Mais laissons la parole à M. E. Labat qui, dans son livre sur l'Hôtel de la Présidence, Paris, Lottin, 1844, a ainsi résumé l'histoire de ce monument.

L'hôtel, dit-il, actuellement occupé par la Préfecture de Police, si on considère la durée entière de son existence à travers les phases de reconstructions et de modifications qu'il a subies, présente quatre

PRÉFET DE POLICE; 1800.

Article XLVII.

Il aura entrée au Conseil général du département, pour y présenter ses états de dépenses de l'année, tels qu'ils auront été réglés par les Ministres de l'Intérieur et de la Police.

Article XLIX.

Il y présentera aussi le compte des dépenses de l'année précédente, confor-

---

périodes principales : l'une où, sans porter de désignation particulière, il sert de demeure aux Concierges et aux Baillis du Palais (de 1400 environ à 1485); l'autre, où il prend le titre d'Hôtel du Bailliage et reçoit successivement les Baillis et les premiers Présidens de (1485 à 1611); une troisième où reconstruit par les Présidens Achille de Harlay et Nicolas de Verdun, il est désigné sous le nom d'Hôtel de la Présidence (de 1611 à 1671); une quatrième enfin, où par suite de l'aliénation consentie en faveur de M. de Lamoignon, il se complète par l'adjonction de plusieurs corps de bâtimens et éprouve des modifications importantes dans la disposition des cours et du jardin (de 1671 à 1780).

Les Parlemens ayant été supprimés dans le cours de cette dernière année, les scellés sont apposés sur les papiers du Parlement de Paris, et la liste des ses premiers Présidens se trouve ainsi close après le nom de M. Bochard de Saron, celui-là même qui, dans la séance du 23 juillet 1789, avait apporté à l'Assemblée nationale l'acte d'adhésion de sa Compagnie.

A partir de cette époque, l'Hôtel de la Présidence cessa d'être une résidence spéciale jusqu'en 1792, où il devint la demeure des Maires de Paris qui y établirent successivement la Commission administrative de Police et le Bureau Central du canton de Paris. Cette dernière administration l'occupait encore, quand elle dut céder la place à la Préfecture de Police.

Faisons un nouvel emprunt à M. E. Labat au sujet des rues de Jérusalem et de Nazareth :

On arrivait, dit-il encore, à l'Hôtel de la Présidence, par deux rues courtes, étroites et obscures qui aboutissant d'un côté à la cour de la Sainte-Chapelle, et de l'autre, au quai des Orfèvres, à travers une grille massive, se rencontraient à angle droit à quelques mètres de distance de la porte de l'Hôtel. De ces deux rues, l'une porte le nom de rue de Jérusalem ; l'autre a été désignée sous celui de Nazareth et de Galilée. Ces désignations ne sont pas sans importance historique, puisque elles nous rappellent, après six siècles écoulés, que là étaient logés, aux frais du roi, les pèlerins prêts à partir pour la Terre Sainte ou qui en étaient revenus, et qu'elles sont comme une émanation de la pensée qui avait présidé à la fondation de la Sainte-Chapelle. En effet, cette chapelle, construite en 1245, pour renfermer les précieuses reliques portées de Jérusalem à Constantinople et de Constantinople à Paris, devait être considérée comme le point de départ et le dernier terme de toutes les entreprises qui avaient pour objet de visiter la Terre-Sainte ou de contribuer à sa délivrance. C'était là que les fidèles venaient puiser en quelque sorte le saint enthousiasme qui devait les animer durant le cours de leur long pèlerinage; là aussi qu'ils venaient rapporter le fruit de leurs labeurs et en recevoir la récompense.

Ces pieux souvenirs ne sont pas les seuls qui se rattachent à l'existence des deux rues. Elles ont aussi leurs souvenirs littéraires.

Au mois de mars 1711, Nicolas Boileau, le chantre du *Lutrin*, fut enseveli dans la chapelle basse de la Sainte-Chapelle. On sait que la famille du poète habitait dans l'enceinte du Palais, et que le père de celui-ci, nommé Gilles Boileau, était greffier de la Grand'chambre au Parlement de Paris. Des actes authentiques établissent que l'illustre auteur des *Satires*, né le 1er novembre 1636, fut baptisé, le jour suivant, par le curé de la Sainte-Chapelle. Or, la maison où il naquit était l'ancienne maison canoniale de Gillot, et appartenait alors au sieur Tardieu, son neveu. Elle existe encore, rue de Jérusalem, et porte le n° 5..... C'est la première à main droite, en sortant de la Préfecture de Police.

En face de cette maison et dans le corps de bâtiment qui avance en angle au point d'intersection des deux rues, se trouvait un assez vaste appartement dont la pièce principale divisée en arcades, était remarquable par un haut plafond à voussures. C'était la demeure des Trésoriers de la Cour des Comptes.

mément aux dispositions de la loi du 28 pluviôse « sur les dépenses communales et départementales ».

Disons, en outre, que l'arrêté de messidor an VIII partagea en six sections différentes l'ensemble des attributions du Préfet de Police.

La première, sous le titre de *dispositions générales*, détermine ses pouvoirs, modifiés depuis comme nous le verrons tout à l'heure.

Sous la dénomination de *police générale*, l'arrêté charge le Préfet de Police de la délivrance des passe-

Fontaine Desaix, élevée en 1802 sur la place Dauphine.

C'est là aussi que logeait messire François Arouet, nommé trésorier, le 10 septembre 1696. Environ deux ans auparavant, il avait eu pour fils, François-Marie Arouet (de Voltaire) le grand et fécond écrivain.

Ainsi l'enfance de deux des hommes qui répandirent le plus d'éclat sur le dix-septième et le dix-huitième siècles, a eu pour asile deux habitations situées vis-à-vis l'une de l'autre, et contiguës toutes les deux à l'hôtel de la Présidence.

Ce rapprochement, auquel on n'a pas encore songé, nous a paru assez curieux pour que nous n'ayons pas hésité à le consigner ici :

La rue de Nazareth, dont nous avons déjà parlé, a porté aussi le nom de rue de l'Arcade, à cause de la voûte ou arcade qui sert à établir une communication entre les deux corps de bâtiment de la Cour des Comptes. Cette petite construction traitée avec le soin et la recherche d'art que, au seizième siècle, on apportait dans les moindres détails des édifices, est remarquable par la délicatesse d'exécution qu'on observe dans les consoles sculptées qui lui servent de support. Les têtes de faunes et de femmes qui forment la partie inférieure de ces consoles sont d'un fort beau travail. Entre chaque console, au plafond de l'imposte supportant l'archivolte, on trouve les monogrammes de Henri II et de Diane de Poitiers, accompagnés d'une fleur de lys et d'un croissant. Ces divers ornements sont de la main de Jean Goujon. On attribue généralement au même artiste les deux génies qui décorent les tympans. »

Cet arc de Nazareth est aujourd'hui le seul souvenir qui nous reste de tous ces bâtiments dont nous aurons à reparler plus tard. Il a été reconstruit en 1888-89, pierre par pierre, dans le jardin de l'Hôtel Carnavalet.

ports, des permis de séjour, des cartes de sûreté, de la répression du vagabondage et de la mendicité, de la surveillance des filles publiques et des maisons de prostitution, de la dispersion des attroupements, de la

Façade intérieure (côté septentrional) de la cour de l'Hôtel des Premiers Présidents, devenu la Préfecture de Police en 1800. Gravure extraite de l'*Hôtel de la Préfecture de Police*, de E. Labat; Paris, 1844.

police des cultes, des prisons, de la librairie et de l'imprimerie, de

Préfecture de Police. Façade sur la rue de Jérusalem.
(Même source.)

celle des théâtres, de la vente des poudres et salpêtre, du port d'armes, des recherches des déserteurs.

La section III, relative à la police municipale, donne au Préfet de Police la petite voirie, la liberté et sûreté de la voie publique, la salubrité, les incendies, la police du fleuve et des canaux parisiens, la police de la bourse et du change, la sûreté du commerce, les taxes et mercuriales, la circulation des subsistances, les patentes, les marchandises prohibées, la surveillance des places et lieux publics, les approvi-

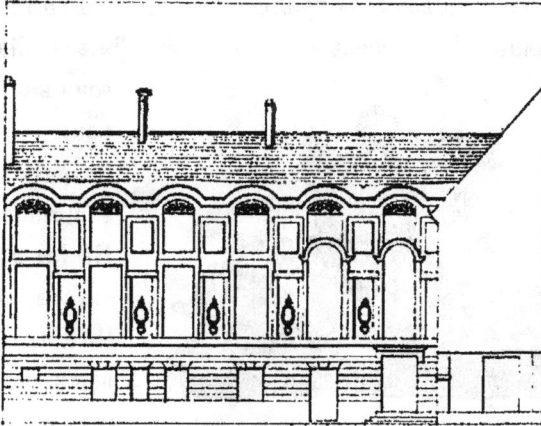

Façade intérieure (côté occidental) de la cour de l'Hôtel de la
Préfecture de Police. (Même source.)

sionnements, la protection des monuments publics.

Dans la IVe section, il est traité des agents subordonnés au Préfet de Police et de ceux qu'il peut requérir ou employer.

La Ve énumère les règles de la compétence du Préfet de Police en matière de comptabilité (recettes et dépenses).

Enfin, la VIe et dernière section a trait aux costumes que doivent porter le Préfet et les commissaires de police.

Un second arrêté du 3 brumaire an IX (25 octobre 1800) étendit à tout le département de la Seine et aux communes de Saint-Cloud, Meudon et Sèvres du département de Seine-et-Oise, pour certaines attributions seulement, l'autorité que le Gouvernement consulaire avait, par l'arrêté de messidor, conférée au Préfet de Police pour la ville de Paris.

L'article 11 de l'arrêté de brumaire stipule que le Préfet de Police aura sous ses ordres, pour la partie de ses attributions qui y sont spécifiées, les

Façade intérieure (côté méridional) de la cour de l'Hôtel
de la Préfecture de Police. (Même source.)

maires et adjoints des communes de la banlieue et les commissaires de police; qu'il correspondra directement avec eux « par l'intermédiaire des officiers sous ses ordres » et qu'il pourra requérir la garde nationale des mêmes communes.

L'article III lui attribue la délivrance des passeports à l'étranger, qui appartenait avant au préfet du département.

Une décision du Premier Consul, du 20 prairial an X (9 juin 1802), porte « que la portion de la gendarmerie d'élite, qui est de service pour la garde de Paris, est commandée par un officier qui prend directement les ordres du Préfet de Police. »

Vignette d'une pièce administrative de la Préfecture de Police; an XII (1804).

L'arrêté du 4 messidor an X (23 Juillet 1802) vint modifier (1) une partie des règles tracées au Préfet de Police pour l'établissement du budget de son administration.

En effet, il est dit au titre V de cet arrêté que l'état des dépenses de tous genres à la charge de la ville de Paris, sera dressé par le Préfet de la Seine et le Préfet de Police, chacun en ce qui le concerne; que ces deux préfets se réuniront pour présenter au Ministre de l'Intérieur les projets d'amélioration qu'ils croiront utiles et l'aperçu des re-

(1) D'autres modifications postérieures à la période dont nous nous occupons en ce moment, ont été apportées à l'organisation de la Préfecture de Police. La loi du 7 août 1850 lui a donné la commune d'Enghien (Seine-et-Oise) et celle des 10-15 juin 1853 a étendu une nouvelle partie de ses attributions à tout le département de la Seine.

Le patrimoine administratif de la Préfecture de Police a subi une première et importante diminution en 1859. En effet, le décret du 10 octobre de cette même année, lui a enlevé, sous certaines réserves, la petite voirie et plusieurs des attributions énumérées dans la section III de l'arrêté des Consuls de messidor an VIII.

Au mois de juin 1887, la direction de la police des prisons de la Seine lui a été retirée.

En 1871, le département de Seine-et-Oise fut placé temporairement sous l'autorité du Préfet de Police.

cottes et des dépenses; que le Ministre de l'Intérieur enverra au conseil général du département, faisant fonctions de conseil municipal, l'état

des recettes et des dé- sur chacun des arti- que de la dépense; par le conseil muni- par le Ministre de nement qui l'arrêtera le receveur de la com- les dépenses commu- des préfets de la Seine penses pour délibérer cles, tant de la recette que cet état, délibéré cipal, sera présenté l'Intérieur au gouver- définitivement et que mune de Paris paiera nales sur les mandats et de Police.

Depuis la loi du d'administration que

Dubois, Préfet de Police
(8 mars 1800 — 14 octobre 1810).

15 mai 1848, le compte le Préfet de Police doit

produire, chaque année, est rendu public par la voie de l'impression.

Par décret du 21 janvier 1810, des auditeurs (1), semblables à ceux du Conseil d'État, furent attachés au Ministère de la Police Générale et à la Préfecture de Police. Ils suppléaient le Préfet dans l'exercice de ses diverses fonctions et pouvaient, en cas d'empêchement ou d'absence, interroger les personnes qui étaient amenées devant lui. Mais quand le Préfet procédait lui-même à l'interrogatoire, l'auditeur de service tenait la plume pour la rédaction du rapport. Cet auditeur devait également visiter une fois par jour les chambres de police de la Préfecture. Un de ses collègues se tenait tous les matins, de 9 heures à midi, dans les bureaux du secrétariat pour recevoir tous ceux à qui le Préfet ne pouvait donner audience.

Du reste, ces auditeurs avaient la surveillance de la plupart des branches de l'administration. C'est ainsi que nous en trouvons un désigné pour inspecter chaque mois les dépôts de Saint-Denis et de Villers-Cotterets, et un autre spécialement attaché au bureau des

(1) Ces auditeurs avaient un traitement annuel de 6000 fr. et des frais de déplacement.

passeports pour contrôler la tenue des registres de comptabilité et la perception de la taxe fixée pour leur délivrance.

Il y eut aussi, à la même époque, deux inspecteurs généraux de police, dont un adjoint, créés en exécution de la loi qui divisa l'Empire français en plusieurs départements au point de vue de la police générale. Ces fonctionnaires, placés à la tête du quatrième arrondissement (2) dans lequel se trouvait compris le département de la Seine, étaient installés à la Préfecture de Police et choisis parmi les commissaires et les officiers de paix de la ville de Paris.

Après la chute de Napoléon, le Gouvernement provisoire, afin de maintenir intacte l'organisation de la police pendant la période qui précéda le retour des Bourbons, prit le 8 avril 1814, un arrêté ainsi conçu :

ART. I. — La police générale est une et tous les arrondissements sont réunis au ministère de la police générale.

ART. II. — Il y a un Préfet de police pour Paris.

ART. III. — Les attributions sont les mêmes que sous le dernier gouvernement.

Vignette d'une pièce administrative du Ministère de la Police générale; an XII (1804).

Un des premiers actes de Louis XVIII, fut de supprimer le Ministère de la Police générale et la Préfecture de Police. En vertu de l'ordonnance royale des 16-21 mai 1814, ces deux administrations formèrent la « Direction générale de la police du royaume » et le nouveau directeur général eut

(1) Cette division de l'Empire français au point de vue de la police, dut être modifiée plusieurs fois, car, d'après les pièces que nous avons eues sous les yeux, le département de la Seine a, durant cette période, successivement fait partie des 2e, 3e et 4e arrondissements.

les attributions, prérogatives et honneurs précédemment attribués au

Savary, Ministre de la Police.

Ministre de la Police générale et au Préfet de Police. En même temps, la police de Paris fut confiée à un secrétaire général adjoint, assisté de trois maîtres des requêtes.

Mais la Préfecture de Police fut définitivement rétablie le 14 mars 1815, c'est-à-dire presque au commencement de la période des Cent jours. Depuis, elle n'a pas eu d'autre interruption (1).

Quant au Ministère de la Police, reconstitué par Napoléon à son retour de l'Ile d'Elbe et conservé au début par la seconde Restauration, il ne dura que jusqu'au mois de septembre 1818 (2).

Une ordonnance royale du 16 mars 1820 donna un second inspec-

(1) C'est donc à peine une interruption de neuf mois (21 mai 1814-14 mars 1815).

(2) Ce ministère, qui devait reparaître encore une fois en 1852, a eu pour titulaires :

Camus, 2, 4 janvier 1796 (n'a pas accepté).

Merlin de Douai, 4 janvier, 3 avril 1796.

Cochon, 3 avril 1796, 16 juillet 1797.

Lenoir-Laroche, 16, 26 juillet 1797.

Sottin, 26 juillet 1797, 13 février 1798.

Dondeau, 13 février, 16 mai 1798.

Le Carlier, 16 mai, 29 octobre 1798.

Duval, 29 octobre 1798, 23 juin 1799.

Bourguignon, 23 juin, 20 juillet 1799.

Fouché, 20 juillet 1799, 14 septembre 1802. (Du 15 septembre 1802 au 10 juillet 1804, la police générale fut une division du ministère de la justice.)

Fouché, 10 juillet 1804, 3 juin 1810.

Savary, 3 juin 1810, 3 avril 1814.

Anglès, 3 avril, 13 mai 1814. (Intérim. Il remplissait en même temps les fonctions de Préfet de Police). De mai 1814 à mars 1815, le Ministère de la Police générale et la Préfecture de Police formèrent, comme nous l'avons indiqué plus haut, la Direction générale de la Police.

Fouché, 20 mars, 23 juin 1815.

Pelet (De la Lozère), 23 juin, 9 juillet 1815.

Fouché, 9 juillet, 24 septembre 1815.

Decazes, 24 septembre 1815, 21 septembre 1818.

De Maupas, 22 janvier 1852, 29 juin 1853.

teur général adjoint à l'inspecteur général chargé du 4e arrondissement de la police. En raison de la nécessité où ils se trouvaient d'être
montés, ces fonctionnaires recevaient des indemnités supplémentaires. Leur emploi fut supprimé en septembre 1821.

L'inspecteur général, dont les fonctions prirent fin exactement le 31 décembre suivant, s'occupait de la police municipale. Il eut pour successeur un chef de la police centrale pris parmi les commissaires de police et qui porta plus tard le nom de chef de la police municipale. Nous parlerons tout

Pasquier, Préfet de Police (14 oct. 1810 — 13 mai 1814).

à l'heure de ce magistrat; mais avant, disons quelques mots des commissaires de police.

La loi du 28 pluviôse an VIII (17 février 1800) plaça les commis-saires de police de la ville de Paris sous les ordres du Préfet de Police.

Indépendamment de ceux qui furent distribués dans les quartiers de la capitale, il y en eut, comme aujourd'hui, un certain nombre qui reçurent des attributions spéciales, ainsi qu'il est dit à l'article 35 du décret de messidor an VIII. En outre, ils pouvaient, dans certains cas, être chargés de remplir leurs fonctions hors du ressort de la Préfecture de Police (1).

Le costume des commissaires de Police fut modifié une première fois par l'arrêté du 17 floréal an VIII (7 mai 1800) (2), confirmé par celui du 12 messidor de la même année. Au retour des Bourbons et pendant les « Cent Jours », la couleur de leur écharpe passa du tri-

---

(1) Par ordonnance royale du 8 mai 1825, M. de Nayer, commissaire de police du quartier Bonne-Nouvelle, fut nommé commissaire de police à Reims pour y exercer les dites fonctions pendant le sacre du roi Charles X.

(2) L'arrêté de floréal an VIII décide que les commissaires de police porteront un habit noir complet à la française, un chapeau français uni et une ceinture tricolore à franges noires.

colore au blanc et du blanc au bleu, c'est-à-dire qu'elle refléta les variations politiques des événements de 1814 et de 1815 (1). En 1828, M. Debelleyme créa en quelque sorte l'organisation actuelle des commissariats de police, en nommant auprès de chaque commissaire un inspecteur et un inspecteur adjoint. Ainsi qu'on le verra plus loin, il autorisa le chef de la police centrale à se servir de ces inspecteurs.

Beugnot, Directeur général de la police du royaume, exerçant, les fonctions de Préfet de Police (13 mai 1814 — 3 décembre 1814).

Police municipale. — Officiers de paix et inspecteurs de Police. — Comme l'organisation de la police municipale, en tant que service distinct à peu près semblable à celui d'aujourd'hui, ne date guère que des dernières années de la Restauration, nous allons tout d'abord, conformément à l'ordre chronologique, nous occuper des officiers de paix et des inspecteurs de police.

Pendant toute la durée de l'Empire, sauf en 1810 où il descendit à 23, le nombre des officiers de paix fut constamment de 24, les inspecteurs généraux non compris.

De 1816 à 1822, ce nombre varia de 22 à 24. En 1825, nous trouvons un officier de paix attaché à la Fourrière et chargé de la surveillance des voitures de place.

(1) Sous l'Empire et pendant les « Cent jours » ils eurent comme insigne l'écharpe tricolore. Elle fut remplacée, au mois d'avril 1814, par l'écharpe blanche, puis, au mois d'août suivant, par une écharpe bleu de roi avec frange en torsade de soie de la même couleur. Cette écharpe fut en usage jusqu'à la Révolution de juillet 1830.

On voit au musée Carnavalet l'écharpe de Vidocq qui dirigea pendant quelques années les agents chargés des recherches faites aujourd'hui par le service de sûreté.

Cette écharpe est en soie blanche avec l'écusson fleurdelisé et les mots « Police particulière de sûreté, agent en chef », brodés en or.

L'étui en maroquin vert, aux armes de la Restauration, où se trouvait renfermée cette écharpe, en contient une autre en moire rouge avec deux larges liserés blancs.

Du reste, nous donnons pp. p. 73 et 75 les dessins de ces deux écharpes et de l'étui.

Une ordonnance du roi, du 25 février 1822, décida la réorganisation des officiers de paix suivant les besoins du service et ramena leur nombre à 18 divisés en deux classes : la première de douze (cinq à 3600 fr. et sept à 3000 fr.) et la seconde de six à 2000 fr.

Ils figurent au budget de 1826 pour la somme de 62199 fr. 36. Ils sont également portés au budget de 1827, où l'on relève qu'ils touchaient, en même temps que les agents de police, des indemnités pour surveillances extraordinaires (1).

Une ordonnance de Charles X, du 25 mai 1828, donna à la *plupart* des officiers de paix la dénomination de commissaires de police de 2ᵉ classe, afin de leur permettre la constatation des contraventions sans le concours des commissaires. Mais cette innovation, due à M. Debelleyme, ne produisit sans doute pas les bons résultats qu'on en attendait, car une nouvelle ordonnance royale rendit à ces officiers de police leur nom primitif qu'ils n'ont cessé de porter depuis. A cette époque, leur nombre fut fixé à 21.

L'arrêté du Gouvernement consulaire du 17 nivôse an X (7 janvier 1802) détermine ainsi le costume des officiers de paix : habit bleu à collet et parements écarlates, boutons unis portant : « La paix », gilet, culotte ou pantalon rouges, un galon d'argent au collet et aux parements seulement, de 2 centimètres de large (9 lignes), chapeau uni à la française avec ganse d'argent pareille au galon du collet et des parements, sans aucun autre ornement, un sabre suspendu par une bandoulière de peau blanche. Ce costume fut bientôt abandonné et les officiers de paix reprirent, pour marque distinctive, le bâton prescrit par la loi du 23 floréal an IV (12 mai 1796), auquel on ajouta un ruban tricolore.

Cachet du directeur de la Police du royaume.

(1) Ils exerçaient, en effet, des surveillances extraordinaires : 1° à Saint-Cloud, pendant les fêtes de cette commune et le séjour de la famille royale au Château; 2° à Saint-Denis, lors des grandes cérémonies funèbres; 3° à Bicêtre, au moment du départ des « chaînes ».

Au mois d'avril 1814, ce bâton fut suspendu à un ruban blanc fleurdelisé (1). Il en fut ainsi jusqu'en 1830.

Comme nous l'avons dit précédemment, les commissaires de police et les officiers de paix avaient sous leurs ordres les inspecteurs de police. De même qu'aujourd'hui, ces agents étaient commissionnés par le Préfet de Police et devaient toujours être porteurs d'une carte indicative de leur qualité et de leur droit de requérir la force armée. Ils adressaient leurs rapports aux commissaires de police et aux officiers de paix à la disposition desquels ils étaient placés, et leur amenaient les personnes qu'ils arrêtaient.

D'André, directeur général de la Police du royaume, exerçant les fonctions de Préfet de Police (3 décembre 1811 — 14 mars 1815).

Les inspecteurs de police étaient répartis dans les divers quartiers. Ils faisaient, seuls ou accompagnés de l'officier de paix, des rondes dans leurs arrondissements respectifs pour s'assurer que toutes les mesures prescrites par les lois et règlements étaient bien observées, et, en cas d'inobservation, ils constataient les contraventions.

Dans l'après-midi, ils se tenaient à des endroits déterminés, sur les places, près des ponts et des quais; et, à certaines heures, ils allaient rendre compte de leur surveillance à l'officier de paix qui avait *à ses*

(1) Voici le texte de l'arrêté relatif à cette modification :

Paris, le 11 avril 1814.

Nous Étienne Denis Pasquier, officier de Légion d'honneur, baron, Conseiller d'État, Préfet de Police du département de la Seine et des communes de Saint-Cloud, Sèvres et Meudon du département de Seine-et-Oise, etc.,

Vu l'ordre donné par le gouvernement provisoire à Monsieur le général Dessolle de faire prendre la cocarde blanche à la garde nationale de Paris;

Arrêtons ce qui suit :

Les commissaires de police porteront une écharpe blanche.

Les officiers de paix suspendront leur bâton à un ruban blanc orné de fleurs de lis.

Le Conseiller d'État, préfet et baron,

PASQUIER.

frais dans l'arrondissement un bureau pour les recevoir. C'était presque, on le voit, le service actuellement confié aux gardiens de la paix.

Le nombre de ces inspecteurs ne resta jamais le même. De 134 qu'il était en 1817, il retomba à 117 en 1822. En voici le détail :

109 sous la direction des officiers de paix ;

1 pour le transfèrement des prisonniers ;

3 dans des bureaux de commissariats ;

1 à la Bourse ;

6 attachés à titre sédentaire à la 1re et à la 2e division ;

7 employés comme porteurs de dépêches.

En 1825, on créa des inspecteurs auxiliaires destinés à rester en permanence sur les places publiques pour y maintenir l'ordre et prendre les renseignements utiles sur le service des voitures. Il leur fut alloué des subventions pour tenir les places en état de propreté, fournir gratuitement aux cochers l'eau nécessaire à l'abreuvage des chevaux et rémunérer les garçons chargés de la distribution de l'eau. Ils avaient aussi la surveillance du personnel et du matériel, et recevaient, à cet effet, des ordres de l'officier de paix des voitures et du contrôleur du matériel.

En cas de maladie ou d'empêchement, ces inspecteurs se faisaient remplacer à leurs frais par des surnuméraires. Ils relevaient directement de l'officier de paix chargé de l'attribution des voitures.

Leur service, qui durait jusqu'à minuit, commençait à cinq heures du matin, du 1er avril au 30 septembre, et à sept heures, du 1er octobre au 31 mars. Ils avaient pour s'abriter une guérite ou bureau mobile de cinq pieds de long sur quatre pieds de profondeur.

Ils devaient porter, avec le signe distinctif qui leur était attribué, un habit redingote ou carrick en drap bleu de roi, un chapeau ou

Cachet de la Préfecture de Police ; 1815.

Cachet de l'Inspection générale de la navigation et des
ports.

une casquette bleu de roi, avec un seul galon d'argent d'au moins un pouce de largeur.

Au mois de février 1828, M. Debelleyme
prit deux arrêtés pour réorganiser le corps
des officiers de paix et fixer d'une manière
générale le service des inspecteurs de police
attachés à des commissariats, et qui, en cas
de besoin, pouvaient, comme nous l'avons dit
plus haut, être mis à la disposition du chef de la police centrale.

De l'arrêté concernant les officiers de paix, nous devons retenir les
articles suivants :

Art. Ier. — Un officier de paix sera attaché à chacun des arrondissements de
Paris ; il aura sous ses ordres des inspecteurs et des inspecteurs adjoints de police, dont le nombre sera déterminé et augmenté suivant les besoins du service.
Il sera chargé de tout ce qui tient à la surveillance de l'exécution des lois et règlements de police, tant judiciaire que municipale et administrative, et de l'exécution de nos instructions spéciales.

Ils résideront dans l'arrondissement, à moins d'une dispense spéciale.

Art. II. — Les officiers de paix attachés à un arrondissement, nous rendront
compte, chaque jour, du résultat de leur travail, dans un bulletin conforme au
modèle ci-joint, déposé chaque jour au bureau spécial de police centrale et qui
sera délivré en nombre suffisant d'exemplaires à notre préfecture.

Art. III. — Ils informeront exactement les commissaires de police des
choses qui peuvent intéresser leur service et les aideront et assisteront dans
leurs opérations. Le bon esprit qui anime les fonctionnaires de l'administration garantit que ces rapports existeront sans exigence, d'une part, et sans
résistance de l'autre, et que le bien du service déterminera seul la conduite.

Art. IV. — Les inspecteurs recevront un traitement annuel de 1200 francs
sur les fonds affectés à la police centrale, avec retenue des pensions, et les inspecteurs adjoints recevront un traitement de 600 francs sur les mêmes fonds,
soumis à la même retenue.

Les inspecteurs et les inspecteurs adjoints sont tenus de demeurer dans l'arrondissement à moins d'une dispense spéciale.

Art. V. — Le nombre des inspecteurs sera augmenté selon les besoins du service sur les proposition et présentation de M. Hinaux, sous-chef du bureau

spécial à la police cen-
même pour la nomina-
joints.
nommé un inspecteur-
douze arrondissements,
000 francs par an sur
centrale avec retenue

trale. Il en sera de
tion des inspecteurs-ad-
Art. VIII. — Il sera
adjoint dans chacun des
son traitement sera de
les fonds de la police
des pensions.

Dans l'arrêté rela-
pecteurs, M. Debel-
cas où le chef de la
autorisé à disposer

De Bourrienne, Préfet de Police
(11 mars 1815 — 20 mars 1815).

tif au service des ins-
leyme énumère les
police centrale était
des inspecteurs ad-

joints de police, et, en cas d'insuffisance, des inspecteurs de police attachés spécialement à un commissariat.

Voici, à titre de curiosité, la liste de ces cas :

1° La fête du roi ;
2° La messe du Saint-Esprit à l'occasion de l'ouverture des Chambres ;
3° La procession du vœu de Louis XIII ;
4° L'anniversaire du 21 janvier ;
5° Les processions de la Fête-Dieu ;
6° La messe de minuit ;
7° Les rondes de nuit ;
8° Les spectacles et bals publics ;
9° Les promenades de Longchamps ;
10° Le carnaval ;
11° Les fêtes de Saint-Cloud ;
12° Les courses du Champ-de-Mars ;
13° Les incendies ;
14° Les services extraordinaires, tels que les révoltes, émeutes, coalitions d'ouvriers, rondes spéciales pour la répression des jeux de hasard, des filles publiques, des mendiants et vagabonds, des étalages mobiles, du nettoiement et autres de ce genre.

A l'article 11 de cet intéressant arrêté, il est dit que les inspecteurs et inspecteurs-adjoints attachés aux commissariats de police concourront au service des rondes de nuit et à celui des spectacles, avec les inspecteurs et inspecteurs-adjoints ou auxiliaires attachés à la police centrale. Ce service se trouva réglé de manière qu'un inspecteur, ou un inspecteur-adjoint, eût seulement « chaque semaine » une ronde de nuit et une surveillance de spectacle. Ainsi, en portant à 98 le nombre des inspecteurs et inspecteurs-adjoints détachés dans les commissariats des 12 arrondissements, on voit que le chef de la police centrale pouvait en requérir 28 par jour (14 pour les rondes de nuit et 14 pour le service des spectacles).

Réal, Préfet de Police
(20 mars 1815 — 3 juillet 1815).

Lorsque ces inspecteurs étaient commandés pour la surveillance des spectacles, ils cessaient leur service au commissariat de police à deux heures, et se réunissaient, à quatre heures, au bureau de la police centrale pour recevoir les instructions nécessaires.

Pour les rondes de nuit, ils quittaient leur commissariat à 6 heures et se rendaient au bureau de la police centrale à 9 heures du soir. Là, ils étaient répartis par groupes sous les ordres d'officiers de paix ou d'inspecteurs « appelés chefs de ronde ». Ils parcouraient ensuite les rues de Paris jusqu'à 5 heures du matin.

La garde nationale et le corps de troupe spécial (1) placé sous l'autorité du Préfet, faisaient aussi des rondes de nuit. Leurs patrouilles, conduites par des sous-officiers et quelquefois guidées par des inspecteurs, sillonnaient la capitale dans tous les sens.

En 1828, on organisa un service de voitures que nous pourrions

(1) Ce corps s'appela tour à tour garde municipale, gendarmerie impériale, garde royale et gendarmerie royale de Paris.

SOLDAT DE LA LÉGION DE POLICE
(1795).

GARDE NATIONAL
(1814).

SOLDATS DE LA LÉGION DE POLICE
(1795).

GARDE NATIONAL
(1814).

très justement appeler les « *silencieuses* », car les roues et les pieds
des chevaux qui les conduisaient, étaient
garnis de feutre. Ces voitures découvertes, sur
lesquelles des inspecteurs et des gendarmes
étaient assis des deux côtés, de manière à pouvoir descendre promptement et avec facilité,
traversaient sans éveiller l'attention les divers
quartiers de Paris et transportaient rapidement
une douzaine d'hommes bien armés sur les
points éloignés. Ce service ne dura que peu

Jeton de la Préfecture de Police; règne de Louis XVIII
face.

de temps, et ces voitures, connues sous le nom de voitures Wurtz,
furent, au nombre de vingt, vendues en 1834.

Après la suppression, en 1821, des deux inspecteurs généraux de
police adjoints et la mise à la retraite, le 31 décembre de la même
année, de M. Foudras, inspecteur général, un arrêté du Ministre de
l'Intérieur, en date du 26 février 1822, institua un chef de la police
centrale.

Cet arrêté portait que le chef de la police centrale « serait pris
parmi les commissaires de police » et nommait M. Ilinaux à la place
de M. Foudras.

Au mois de mars 1828, un an avant la création du corps des
sergents de ville, M. Debelleyme, poursuivant
son plan de réorganisation, remania les attributions du chef de la police municipale, à la tête
de laquelle il plaça M. Thouret. Ce fonctionnaire
prit en conséquence le titre de chef de la police
municipale que ses successeurs ont porté jusqu'au titulaire actuel (1).

Nous donnons à la fin de ce volume la liste

Jeton de la Préfecture de Police; règne de Louis XVIII;
revers.

(1) Un décret pris au mois de Juillet 1893 a donné au chef de la police municipale le titre
de directeur.

de tous les fonctionnaires qui ont dirigé cet important service. Cette nomenclature suffit à indiquer ses nombreuses transformations avant 1830. D'ailleurs, il n'entre pas dans notre cadre de pousser plus à fond les recherches sur ce point. Au fur et à mesure que nous poursuivrons l'historique du corps des sergents de ville, nous relaterons tout ce qui intéresse la police municipale.

En prenant possession de ses fonctions, la police municipale, le nouveau chef de la police municipale, M. Thouret, adressa une longue note aux officiers de paix, pour leur rappeler les règles d'une bonne police et leur indiquer comment ils devaient se conduire vis-à-vis des habitants de Paris. Il donnait aussi aux inspecteurs les indications les plus précises sur leur service aux diverses heures de la journée. Du reste, tout est à citer dans cette note inspirée par les sentiments les plus élevés et dictée par la volonté d'administrer avec bienveillance.

En voici le libellé :

Courtin, Préfet de Police
(3 juillet 1815 — 9 juillet 1815).

M. le Préfet de Police vient de terminer son organisation générale.

En me plaçant à la tête de son bureau de la police municipale, il m'a fait connaître ses intentions sur la nature du service important qu'il voulait bien me confier.

Pour comprendre ses intentions et pour travailler à les réaliser, j'ai besoin de votre concours et de votre dévouement, et il est nécessaire de rappeler ici quelques principes que nous ne perdrons jamais de vue dans l'action de notre service journalier, les voici :

Notre police municipale a pour objet essentiel la sûreté des habitants de Paris.

Ainsi, sûreté le jour et la nuit, circulation libre et commode, propreté de la voie publique, surveillance et précautions contre toute cause d'accidents, maintien de l'ordre dans les lieux publics, recherche des délits et de leurs auteurs, tels vont être les objets principaux de notre sollicitude et de nos soins constants et soutenus.

Nous nous occuperons uniquement des habitants de Paris, c'est pour eux

que s'exerce la police.
blic sera donc bienveil-
régulière, constante et
Cette action n'aura
répression et de la viol-
L'administré, contre
vir, sera obligé de ren-
tifs et à notre adminis-
La police municipale
nelle, c'est ainsi que
nous nous éloignerions
vues, si nous sortions
raux. L'approbation de
ment des habitants de

Notre action sur le pu-
lante, sans cesser d'être
uniforme.
jamais le caractère de la
lence.
lequel il aura fallu sé-
dre justice à nos mo-
tration.
est une police pater-
l'entend M. le Préfet;
essentiellement de ses
de ces principes géné-
notre chef et l'assenti-
Paris nous sont assurés;

Decazes, Préfet de Police
(9 juillet 1815 — 19 septembre 1815).

les deux grands moyens d'application de ces principes sont la discipline dans les inspecteurs et l'emploi du temps dans le service de police.

La discipline conserve la hiérarchie, prévient ou punit les fautes dans le service.

L'emploi du temps assure la régularité, l'uniformité, la constance dans le service ordinaire; c'est ce service ordinaire que nous allons régler.

RÈGLEMENT

Le service se distingue en service ordinaire et service extraordinaire, ce dernier ne peut être l'objet d'un règlement, il s'exécute d'après des ordres spéciaux.

SERVICE ORDINAIRE.

Il est du matin, de la journée et du soir.

LE MATIN.

Dans chaque arrondissement, les inspecteurs de sûreté commencent leur surveillance à 6 heures; M. l'Officier de paix leur a, la veille, distribué les parties de l'arrondissement qui leur est confié, de manière que les quatre quartiers en soient visités de 6 heures à 10 heures.

Cette première surveillance a pour objet:

1° Le balayage. Les inspecteurs notent ceux qui ne l'ont pas fait, ou qui

ne l'ont pas fait selon l'ordonnance sur l'heure et le mode de placement des produits du balayage.

2° *Les postes militaires.* Ils en font la visite pendant la tournée du balayage
et notent les arrestations et événements de la nuit.

3° *Les laitières.* Ils notent celles qui ne sont pas dans les termes de leurs
permissions pour l'étendue et la nature de l'étalage, le placement de leur voiture, la propreté de leur place au moment du départ.

4° *Les dépôts et excavations* survenus dans la nuit. Ils les signalent avec
soin et ils prennent note des avertissements qu'ils ont dû donner en passant
sur toute espèce de contraventions.

Cette première surveillance est commune à tous les inspecteurs de l'attribution jusqu'à 10 heures.

De 10 heures à midi. M. l'Officier de paix a réglé, une fois pour toutes, le
partage de deux heures entre les agents, de manière que chacun ait une heure
de repos et que l'arrondissement soit surveillé par la moitié de sa brigade.

A MIDI.

Les inspecteurs vont à l'ordre auprès de M. l'Officier de paix, soit chez
lui, soit sur un point que ce fonctionnaire désigne dans l'étendue de l'arrondissement.

On évitera, autant que possible, pour les communications, l'attention et le
regard du public.

La surveillance reprend alors jusqu'au soir et elle a pour objet :

5° *L'étalagiste.* S'il n'est pas autorisé, il doit être expulsé de la voie publique; en cas de résistance, de refus d'obéir, les marchandises ou denrées seront
provisoirement saisies et portées chez M. le Commissaire de police du quartier, qui constate la contravention ou le délit.

6° *Le dépôt* de toute espèce faisant embarras sur la voie publique. Il faut
en rechercher les auteurs et prendre une note exacte de leurs noms, qualités et
demeure.

7° *Le trottoir,* ou revers de la chaussée, ou contre-allée de boulevard. Ils les
maintiennent à l'abri de tout objet quelconque, ils font enlever à l'instant, en
leur présence, tout ce qui fait embarras; en cas de refus formel, ils déclarent que
la contravention sera constatée.

8° *L'enseigne,* fixe ou mobile. Elle ne doit pas avoir plus de six pouces de
saillie; on ne tolérera pas les viandes accrochées au-devant des murs de boucherie (ordonnance royale du 24 décembre 1823).

9° *L'écaillère.* Ne pas l'autoriser inutilement. Occupant les trottoirs, elle doit,

ainsi que les bourriches et clayères, être reçue chez le marchand de vin qui profite de sa présence.

10° *Les constructions.* Elles doivent être nettoyées chaque jour extérieurement et les matériaux contenus dans leurs li-
mites.

11° *Les loteries ou* qui les établissent sur les appareils et engins, position du commis-
tier.

roulettes. Savoir ceux la voie publique, saisir mettre le tout à la dis-
saire de police du quar-

C'est une contraven-
qu'il faut absolument
trois francs par roulette
tervenu une condamna-

tion de premier ordre, et faire cesser; je donnerai saisie, lorsqu'il sera in-
tion.

12° *Les pots à fleurs.*
avec les égards conve-
tation de supprimer les
aux fenêtres contraire-

Entrer dans les maisons nables, pour faire invi-
pots ou caisses exposés ment à l'ordonnance.

Anglès, Préfet de Police
(29 septembre 1815—20 décembre 1821).

13° *Les mendiants.* Les expulser de la voie publique avec des ménagements,
si c'est un vieillard; s'il est jeune et valide et qu'il fasse résistance, le consigner
au poste voisin, si c'est pendant la journée.

14° *La fille publique.* La faire conduire au poste à la disposition du commissaire, lorsqu'elle provoque, même sur la porte de son allée, avant la fin du jour.

15° *Les rassemblements.* Les inspecteurs doivent en connaître aussitôt la
cause, faire partir à l'instant tout baladin, chanteur, crieur, occasionnant un rassemblement dans un lieu de grande circulation, donnant lieu à un attroupement, en
donner avis sur-le-champ à l'officier de paix de l'arrondissement qui nous adresse
immédiatement rapport, et qui, au besoin, se transporte lui-même à la Préfecture.

De trois à cinq heures. M. l'Officier de paix règle, une fois pour toutes, entre
les agents le moment de repos pour chacun, de manière que la surveillance ne
soit jamais abandonnée entièrement. Ce fonctionnaire doit toujours laisser chez
lui une note du lieu où il pourra être rencontré pendant les heures de repos de
ses inspecteurs.

Il visite personnellement au moins deux fois par semaine MM. les Commissaires de police de son arrondissement, pour s'entendre sur des mesures de
service et d'exécution, et il fait mention de cette visite dans un rapport journalier.

LE SOIR.

Les inspecteurs laissés le soir au service ordinaire doivent porter leur principale surveillance sur :

16° *Les filous*. Saisir et mettre au poste voisin, avec un rapport sommaire, tout individu objet de la clameur publique, comme auteur ou complice d'un vol flagrant; prévenir sur-le-champ M. le Commissaire du quartier et toujours M. l'Officier de paix.

Delavau, Préfet de Police
(20 décembre 1821 — 6 janvier 1828).

17° *Les filles publiques*. Elles sont alors et sévèrement l'objet d'une surveillance soutenue; pendant toute la soirée, elles ne peuvent raccrocher en circulant dehors. Elles ne peuvent être plus de deux ensemble sur le pavé de la porte, elles ne peuvent impunément apostropher quique ce soit par des propos obscènes. Elles ne peuvent trouver impunément asile dans les cabarets voisins; pour toutes ces infractions elles doivent être arrêtées et mises en dépôt au poste, consignées à la disposition de M. le Commissaire de police du quartier.

18° *L'excavation*. Dans ce cas comme pour l'atelier, les inspecteurs doivent toujours pourvoir d'office à l'éclairage. Ils vont se procurer des lampions au bureau de police le plus voisin, et ils y donnent avis de ce qui se passe. L'excavation pouvant donner lieu à des accidents très graves, M. l'Officier de paix doit surveiller avec le plus grand soin le dépôt ou l'excavation, puisque le défaut d'éclairage peut compromettre chaque fois l'administration de la police.

19° *L'atelier du paveur,* ou de construction. Y veiller à l'éclairage et à la propreté.

20° *Le cabaret et l'estaminet*. En cas de rixe ou de désordre, les inspecteurs doivent s'y porter, y prendre connaissance des causes et de leurs auteurs, ils se garderont bien d'intervenir comme arbitres; si le désordre est grave, ils vont chercher la force armée et ils font déposer les perturbateurs au poste voisin à la disposition de M. le Commissaire de police du quartier.

A onze heures, ces établissements doivent être évacués, les inspecteurs ne doivent pas sans ordre de M. l'Officier de paix s'ingérer dans l'évacuation, ils doivent se borner à déclarer au marchand de vin que la contravention est constatée.

Les inspecteurs de police n'oublieront jamais que leur action doit être exempte de tous propos durs, grossiers, menaçants; elle doit être calme, sans emportement mais ferme et constante.

Ils se rappelleront toujours que la violence provoque la résistance et qu'ils peuvent ainsi compromettre l'autorité à chaque instant.

Ils obéiront ponctuellement aux ordres et aux instructions de MM. les Officiers de paix, fonctionnaires responsables, chargés de les diriger.

EXÉCUTION IMPORTANTE.

Un registre, placé sous mes yeux, recevra chaque jour, de 9 à 10 heures, les notes de MM. les Officiers de paix, sur les fautes de leurs agents comme sur les actes qui auront marqué leur zèle et leur intelligence.

Paris, le 31 Mars 1814.

CITOYENS DE PARIS!

Les événemens de la guerre ont amené à vos portes les armées des Puissances coalisées. Leur nombre et leurs forces n'ont pas permis à nos Troupes de continuer la défense de la Capitale. Le Maréchal qui la commandait a dû faire une Capitulation ; il l'a faite fort honorable. Une plus longue résistance eut compromis la sûreté des personnes et des propriétés. Elle est aujourd'hui garantie par cette capitulation, et par la promesse de Sa Majesté l'Empereur Alexandre qui a donné ce matin au Corps Municipal les assurances les plus positives de sa protection et de sa bienveillance pour les habitans de cette Capitale. Votre Garde Nationale demeure chargée de protéger vos personnes et vos propriétés. Restez donc calmes et tranquilles dans ce grand événement, et montrez dans cette occasion le bon esprit qui vous a toujours signalés.

Signé, le Baron PASQUIER, *Préfet de Police*,
Et le Baron CHABROL, *Préfet du Département de la Seine.*

Proclamation du Préfet de Police et du Préfet de la Seine à l'occasion de l'entrée des armées alliées à Paris; 31 mars 1814.

Ces notes sommaires serviront de base aux gratifications que M. le Préfet, dans sa bonté, se propose d'accorder aux inspecteurs de police.

Fait à Paris, le 21 mars 1828, sous l'approbation de M. le Préfet de Police.

Le commissaire de police, chef de la police municipale.

THOURET.

Troupes chargées du service de police. — Mentionnons en première ligne la *Garde Nationale Parisienne*. Réorganisée par Napoléon en 1805, elle forma 24 cohortes ou bataillons et 2 escadrons de cavalerie sous le nom de chevau-légers. En 1809, le maréchal Sérurier fut placé à sa tête, avec le titre de commandant général.

Après 1812, l'organisation de cette milice fut de nouveau modifiée : il y eut, par arrondissement, une légion divisée en quatre bataillons de cinq compagnies de 125 hommes ; son service consistait principalement à faire des rondes de nuit et à monter la garde devant certains monuments.

Écharpe de Vidocq (Musée Carnavalet).

En 1814, la garde nationale se montra à la hauteur des circonstances : secondée seulement par la gendarmerie impériale, elle assura le service de la police pendant l'occupation de la capitale par les troupes alliées. On lui doit les plus grands éloges pour la prudence et l'habile fermeté dont elle sut faire preuve en ces temps difficiles.

Sous la seconde Restauration, ses opinions libérales et sa conduite souvent hostile à la royauté lui valurent d'être licenciée par Charles X, en 1827. Nous la retrouverons bientôt dans les journées de juillet 1830, où elle reparut avec les couleurs de 1789.

Les Gendarmes de province, détachés temporairement à Paris pour le maintien de l'ordre, furent réunis, au mois de juillet 1801, en un corps spécial appelé Légion d'élite. L'arrêté des Consuls du 12 vendémiaire an XI (4 octobre 1802) pourvut à leur remplacement par la création d'une *Garde Municipale*.

Cette garde fut composée de deux mille cent cinquante-quatre hommes d'infanterie et cent quatre-vingts hommes de troupe à cheval. L'infanterie comprenait deux régiments : l'un destiné au service des ports et des barrières, et l'autre à celui de l'intérieur de la ville. Les troupes à cheval étaient désignées sous le nom d'escadron.

Le Préfet de la Seine, les maires et des officiers du corps furent chargés de l'administration de la garde municipale.

Le Gouvernement nommait les officiers sur la présentation du Préfet de la Seine.

Écharpe de Vidocq (Musée Carnavalet).

Outre la garde ordinaire de police, l'article 45 de l'arrêté précité portait : « La garde municipale fera le service à tous les spectacles et bals publics, ainsi qu'aux fêtes particulières. Le Préfet de Police déterminera le nombre d'individus qui seront accordés pour ces différents services. »

L'effectif de cette garde ne fut jamais au complet, car jusqu'en 1813, Napoléon ne cessa d'en extraire les meilleurs soldats pour les envoyer aux armées.

On ne tarda pas à s'apercevoir qu'elle ne rendait pas de bien grands services au point de vue de la police de la capitale.

Ce fut à la suite de la fameuse conspiration du général Malet, dans laquelle la sûreté du gouvernement et celle des principaux fonctionnaires avait été si inopinément compromise, que l'on reconnut la nécessité d'organiser une force publique qui pût faire respecter le principe d'autorité et exécuter promptement les mesures nécessaires au maintien de la sécurité et de la tranquillité publiques.

Après cette affaire, la garde municipale dut céder la place à la gendarmerie impériale; elle devint le 134e de ligne et se couvrit de gloire dans les dernières campagnes de l'Empire.

La Gendarmerie impériale fut créée par décret du 10 avril 1813 et placée sous l'autorité exclusive du Préfet de Police.

Cette nouvelle garde, divisée en quatre compagnies comprenant chacune des hommes à pied et à cheval, fut spécialement chargée de faire le service au Ministère de la Police Générale, à la Préfecture de Police, aux spectacles, dans les marchés et sur la voie publique.

Son administration appartenait : au Préfet de Police faisant fonctions de commandant, à un colonel désigné sous le nom de colonel d'armes de la ville de Paris, aux capitaines des quatre compagnies et à un trésorier choisi parmi les auditeurs alors attachés à la Préfecture de Police.

Cet auditeur n'avait pas voix délibérative; il logeait, ainsi que le colonel d'armes, à la Préfecture de Police, où se trouvait déposé le drapeau du corps. Ce colonel avait sous ses ordres les adjudants de ville (1) et dirigeait le service des corps de garde de la ville de Paris.

Indépendamment des gendarmes qui devaient être au moins âgés de trente ans, on admettait aussi, à l'âge de vingt-deux ans, comme élèves-gendarmes, des militaires comptant deux années de service.

A la première Restauration, une ordonnance royale du 31 mai 1814

---

(1) Nous donnons plus loin le détail de leurs attributions qui furent considérablement augmentées lors de la réorganisation de la gendarmerie royale, en 1816.

donna à la gendarmerie impériale le nom de *Garde de Paris*, qu'elle
échangea bientôt contre celui de *Garde royale de Paris* (14 août 1814).
Elle fut mise alors à la disposition du Directeur général de la police
du royaume remplaçant le Préfet de Police.

Organisée sur le modèle de la gendarmerie impériale, la garde
royale de Paris était commandée par un colonel d'armes, assisté d'un
major pour la police administrative et de deux lieutenants-colonels
pour le service des corps de garde. Elle comptait 1027 hommes,
dont 430 à cheval et 597 à pied.

Au retour de l'île d'Elbe, Napoléon, par décret du 14 avril 1815,
rendit à cette garde le nom de *Gendarmerie impériale* et la replaça
sous l'autorité du Préfet de Police qui venait d'être rétabli.

Après Waterloo, elle s'appela de nouveau garde royale de Paris.

En vertu d'une ordonnance du roi, du 10 janvier 1816, on procéda
à sa réorganisation et elle reçut le nom de *Gendarmerie royale de
Paris*, qu'elle porta jusqu'au mois d'août 1830.

Il y eut, comme dans l'ancienne gendarmerie impériale, des adjudants de ville qui avaient mission de veiller à tout ce qui pouvait
intéresser le maintien du bon ordre,
la sûreté et la liberté de la voie publique, le service de l'illumination, etc.
Ils constataient les contraventions et
procédaient aux arrestations en cas de
flagrant délit. Ils devaient aussi visiter
les postes desservis par la gendarmerie
et s'assurer si les patrouilles étaient
exactement faites.

Ils étaient officiers de police asser-
mentés devant le tribunal civil de
1re instance et commissionnés par le
Préfet de Police. Hors la présence des
commissaires de police ou des officiers

Étui de l'écharpe de Vidocq
(Musée Carnavalet).

de paix, soit dans une opération de police, soit dans un service établi
à poste fixe, la détermination et l'exécution des mesures à prendre,
appartenaient aux adjudants de ville.

Tous les jours, pour recevoir les ordres du colonel, ils se rendaient
à la Préfecture de Police, où l'un d'eux devait toujours être en permanence.

Le 2 septembre 1818, une ordonnance royale supprima la distinction des gendarmes en deux classes et fixa le traitement annuel des
cavaliers à 1527 francs et celui des gendarmes à pied, à 726 francs.

Des ordonnances du roi, datées des 5 avril, 28 mai et 29 octobre 1820, modifièrent encore les règlements et l'effectif de la gendarmerie royale de Paris.

A partir de cette dernière date et jusqu'à la révolution de 1830, ce
corps fut ainsi composé :

État-major. — 1 colonel, 3 chefs d'escadron, 1 major, 3 adju-
dants-majors dont 1 capitaine et 2 lieutenants.

Emplois civils. — 1 trésorier, 1 chirurgien-major, 2 aides.

Sous-officiers. — 3 adjudants sous-officiers, 1 maréchal-vétéri-
naire, 1 trompette maréchal des logis, 1 tambour-major, 4 maîtres-
ouvriers.

6 *compagnies.* — 6 capitaines, 24 lieutenants, 6 maréchaux des
logis chefs, 36 maréchaux des logis à cheval, 60 maréchaux des logis
à pied, 6 brigadiers-fourriers, 72 brigadiers à cheval, 120 brigadiers
à pied, 432 gendarmes à cheval, 720 gendarmes à pied, 12 trompettes et 12 tambours.

Nous voici parvenus au terme du voyage que nous nous étions
imposé avant de commencer l'histoire du Corps des gardiens de la
paix de la ville de Paris.

Certes, l'espace parcouru, l'a peut-être été un peu rapidement; et,
plus d'une fois, nous avons regretté de ne pouvoir faire de plus
longues stations sur les points importants du vaste domaine que

nous visitions. Mais nous n'étions pas, à proprement parler, dans notre sujet et nous ne devions pas perdre de vue qu'il fallait nous hâter d'arriver à l'année 1829, date de la création du corps qui fait l'objet de cet ouvrage. Aussi, n'avons-nous eu d'autre but que d'esquisser une sorte de vue panoramique de la police parisienne à

Entrée de la Conciergerie, en 1830.

travers les siècles et d'y mettre, en bonne place, les créations et les transformations les plus saillantes qui constituent son passé.

Bien que cette étude soit très sommaire, on nous pardonnera de penser qu'elle contient tout ce qu'il était indispensable de faire connaître :

1° Sur les institutions de police, les magistrats, officiers, soldats et agents chargés du service de la ville sous l'ancienne monarchie et la Révolution;

2° Sur l'organisation de la Préfecture de Police, les fonctionnaires, commissaires de police, officiers de paix, inspecteurs de
police et corps de troupe de police auxiliaires, au commencement
du siècle.

Ainsi, nous avons pu non seulement présenter au lecteur tous
les prédécesseurs des sergents de ville, mais encore lui donner les
indications essentielles sur les divers magistrats et fonctionnaires
de police sous les ordres desquels, comme nous allons le voir, ils
ont été placés au moment de la création de leur corps.

Disons, enfin, que notre travail sera désormais exclusivement consacré aux sergents de ville, aux gardiens de Paris et aux gardiens de
la paix, et que nous ne parlerons plus qu'accidentellement et d'une
manière accessoire, de tous ceux qui, en dehors de ce régiment,
appartiennent à la Préfecture de Police.

Armoiries de la ville de Paris; 1er Empire.

DEUXIÈME PARTIE

CHAPITRE PREMIER

1829 A 1830

URANT son court mais laborieux passage à la Préfecture de Police, M. Debelleyme s'attacha surtout à la réorganisation de la police municipale et nous donna, sous la dénomination de *sergents de ville*, un corps de police ostensible, destiné à faire le service jusqu'alors confié aux inspecteurs de police.

Pour l'époque c'était plus qu'une innovation, si l'on considère que partout, même en Angleterre (1), la police n'employait encore que des agents sans uniforme ou sans signe distinctif. Aussi, l'audacieux projet de M. Debelleyme fut-il tout d'abord désapprouvé; il eût peut-être été complètement abandonné sans la ferme insistance de son auteur qui, après l'avoir sagement mûri, ne voulut pas y renoncer. Le passage suivant d'un rapport que lui adressait à ce sujet un de ses principaux collaborateurs, démontre combien il l'avait sérieusement élaboré : « L'uniforme, disait le fonctionnaire consulté, aura pour but de signaler incessamment au public la

---

(1) Cette création détermina plus tard celle des policemen, à Londres.

présence des inspecteurs sur les points où ils seront de service, de les forcer en même temps à intervenir et à rétablir l'ordre au lieu de se dérober dans la foule, dans la crainte de se mettre en évidence, comme cela leur arrive souvent.

« D'empêcher la fréquentation habituelle des cabarets et la continuation de mauvaises habitudes, telles que celles de l'intempérance et du jeu.

« De les contraindre à faire leur service avec régularité et à apporter dans leurs actes, sans cesse contrôlés, du sang-froid et de la modération.

Debelleyme, Préfet de Police (6 janvier 1828 — 13 août 1829).

« Il est une considération morale peut-être plus déterminante encore, sur laquelle j'insiste particulièrement, ma fonction m'ayant mis à même d'en observer l'effet en diverses circonstances, c'est la répugnance manifestée par le public d'obtempérer, au moment où il s'y attend le moins, à la réquisition d'un homme dont aucun signe extérieur n'indique la qualité. »

Il n'y a pas lieu d'insister autrement sur les avantages du nouveau projet de M. Debelleyme qui rendit, à la date du 12 mars 1829, l'ordonnance portant création du corps des sergents de ville de Paris. En voici le texte :

« Nous, Préfet de Police,

« Considérant qu'il importe d'assurer l'exécution des lois et ordonnances relatives à la police municipale; que le moyen le plus efficace est d'instituer des surveillances spéciales pour chaque attribution de la police municipale; que l'autorité obtiendra plus d'exactitude dans le service et la conduite des agens; que les rapports entre les habitans et les personnes chargées de ces pénibles et utiles fonctions, seront plus faciles; que les résistances envers les agens seront plus rares et les contraventions moins fréquentes;

« Ordonnons ce qui suit :

Article I.

« Des sergens de ville seront chargés dans Paris, de l'exécution des lois et ordonnances de police municipale. Ils seront placés sous la direction d'un commissaire de police de l'attribution de la police municipale et seront assistés d'inspecteurs de police pour l'exécution des ordres et prêter main-forte au besoin..

Article II.

« Les sergens de ville seront chargés du service des rondes de nuit.

Article III.

« Les sergens de ville porteront, dans l'exercice de leurs fonctions, un habit ou redingote uniforme en drap bleu, boutons aux armes de la ville, pantalon et gilet bleus, chapeau à cornes, une canne à pomme blanche, aux armes de la ville de Paris. Dans les rondes de nuit, ils pourront porter, en vertu d'une autorisation spéciale, un sabre avec ceinturon noir.

Article IV.

« Les réclamations relatives aux divers services de la police municipale seront adressées au chef de la police municipale, qui nous en fera rapport dans les vingt-quatre heures, ou d'urgence, s'il y a lieu. »

Cette ordonnance préfectorale est le véritable acte de naissance des sergents de ville qui firent, sans grand bruit, leur entrée dans le monde parisien, ainsi qu'il est facile de s'en convaincre en parcourant les journaux du temps. A l'exception du *Moniteur* et

Vignette d'une pièce administrative de la Préfecture de Police ; 1827.

de *La Quotidienne*, tous donnent à peu près le même article.

Voici comment s'exprime la première de ces feuilles dans son numéro du 17 mars : « Le service des sergens de ville a commencé le 16 mars. Ils sont chargés du service des rondes de nuit et successivement de la surveillance de la voie publique.

« Ils seront recrutés parmi les militaires congédiés et porteurs de bons certificats. »

on lisait dans les *Quotidienne* : Le lendemain 18, colonnes de *La*

Sceau de la Préfecture de Police;
Restauration.

« M. le Préfet de police vient de publier l'ordonnance qui institue les sergens de ville. Cette ordonnance, en date du 12 de ce mois, porte que les sergens de ville seront chargés de la surveillance des voitures en circulation dans Paris, et leur service commencera le 16 de ce mois.

« Ils seront chargés, à compter de la même époque du service des rondes de nuit et successivement de la surveillance de la voie publique sous le rapport de la propreté et de la salubrité.

« Nous savons que les sergens de ville seront recrutés parmi les militaires congédiés et porteurs de bons certificats.

« Leur uniforme et leur service peut se comparer à celui des surveillants actuels des jardins des Tuileries, du Palais-Royal et du Luxembourg. »

L'article se termine par la désignation du costume tel qu'il est détaillé dans l'ordonnance de création.

Il est curieux de remarquer que personne ne semble s'être alors occupé de rechercher l'étymologie du mot sergent de ville, ni les motifs qui avaient pu déterminer le Préfet de Police à faire choix de ce nom.

Ce n'était pourtant pas une dénomination absolument nouvelle, car on trouve, sous l'ancienne monarchie, des officiers subalternes

d'abord appelés « servientes » (1), puis sergents. Ils étaient chargés
d'exécuter les ordres et mandements de justice ou de seconder les
officiers municipaux. C'est de là sans doute qu'est venue la qualifica-
tion populaire de valets de ville, qu'ils ont conservée presque jusqu'à
nos jours dans certaines localités. Mais cette humble origine ne
s'accorde guère, il faut en convenir, avec les fonctions que leur attribue l'édit du mois de mai 1709, enregistré au Parlement et qui érige
ces places en titre d'offices (2).

Pour faire droit aux plaintes qu'avait soulevées cette disposition,
un nouvel édit du mois d'avril suivant permit aux maires et aux officiers municipaux d'acquérir les dites charges de sergents de ville et
par conséquent de les nommer.

Indépendamment des droits de leur charge, les sergents de ville avaient
aussi ceux des huissiers de police créés par l'édit de novembre 1699.

L'ordonnance dite de Moulins (art. 34) défend à tout sujet sous peine
de la vie, « d'outrager ou excéder aucun des officiers, huissiers, ou sergents faisant ou exploitant acte de justice. » Cette garantie contre les
violences envers les sergents de ville et autres agents de l'autorité est
restée inscrite dans toutes les ordonnances publiées successivement par
l'administra-   tion de la justice et de la   police.

Rappelons   aussi, au sujet
des fonctions   exercées par
les sergents   de ville, qu'un
arrêt de la   cour du Parlement,   du   Jeton de la Préfecture de Police; règne de Charles X.   10 juin 1689,

---

fait « défense à tous sergens et records d'entrer sous quelque prétexte que ce soit, sans permission de justice, pour mettre à exécution une sentence dans la maison des particuliers qui n'y sont pas dénommés ».

Les nouveaux sergents de ville furent probablement appelés ainsi à cause de la similitude de leur service avec celui qu'exerçaient les agents municipaux dont nous venons de parler.

Les hommes désignés, au nombre de cent environ, pour faire partie du corps des sergents de ville, appartenaient déjà à l'Administration comme inspecteurs de police. Leur traitement resta fixé au taux annuel de 1200 francs; et il n'y eut conséquemment d'autre dépense supplémentaire que celle résultant des frais de leur habillement et de leur équipement.

Pour ne rien changer au chiffre du budget de la ville qui était alors voté (1), le conseil municipal retira une somme de 24,000 francs du crédit du matériel du corps de la gendarmerie. En même temps, M. Debelleyme réduisit de 5,000 fr. les allocations anciennement accordées aux officiers et gendarmes pour le service particulier aux divers théâtres.

Ces modifications furent approuvées par l'ordonnance royale qui régla et arrêta le budget de la ville pour l'année 1829.

Voici la composition de la dépense :

Fourniture et confection d'habits, capotes, pantalons et gilets d'uniforme (2)...	17.868 fr.	50 c.
Fourniture de chapeaux d'uniforme..........................	1.942	50
id. d'épées demi-espadon pour équipement.............	792	»
id. de ceinturons d'épée.............................	264	»
id. de cannes en jonc, à pomme plaquée en argent aux armes de la ville.............................	1.080.	»
	21.947	»
Indemnités d'habillement à divers inspecteurs de police auxquels, attendu la nature de leurs fonctions, on ne peut faire porter l'uniforme de sergent de ville.............................	3.060	»
Total...	25.007	»

(1) On était au mois de mars, c'est-à-dire qu'un quart de l'exercice était déjà écoulé.

(2) M. Debois, nommé maître tailleur de la préfecture par arrêté du 18 décembre 1824 pour l'habillement des huissiers, garçons et gens à gages, fut chargé de la fourniture des nouveaux uniformes.

En dehors de ces difficultés d'ordre budgétaire, l'organisation du nouveau corps donna lieu à de nombreux tâtonnements, surtout au point de vue de l'effectif.

C'est ainsi qu'on mit d'abord trois sergents de ville dans chaque arrondissement, soit 36 pour la ville. Quelques semaines plus tard, on en comptait 48 et, au mois d'août suivant, 85. Toutefois, il y a lieu de penser que ces deux premiers chiffres doivent s'appliquer seulement aux agents auxquels on avait donné l'uniforme, car nous avons trouvé une note officielle portant que 71 inspecteurs avaient été nommés sergents de ville, le 21 mars.

Les fêtes, les grandes réunions publiques, les événements imprévus nécessitant souvent une centralisation de moyens d'action, on organisa à la Préfecture une brigade centrale commandée par deux commissaires de police, dont chacun avait huit sergents de ville sous ses ordres (1).

De plus, la brigade des voitures qui devait, jour et nuit, exercer une surveillance incessante sur les douze points les plus fréquentés de la capitale, employait 20 sergents de ville placés sous la direction d'un commissaire de police adjoint et d'un officier de paix.

M. Debelleyme choisit les sergents de ville parmi les inspecteurs de police anciens militaires et, de préférence, d'une taille au-dessus de la moyenne (2). Il n'osa pas leur

Cachet de la Préfecture de Police; Restauration.

(1) Un arrêté préfectoral du 14 mars 1829 ordonna aux commissaires de police de faire, au moins une fois par semaine, de 10 à 11 heures du soir, une ronde pour visiter les postes, maisons publiques et lieux devant être l'objet d'une surveillance spéciale.

En outre, les commissaires de police de l'attribution de la police municipale et deux inspecteurs étaient, à tour de rôle, de service permanent à la préfecture pendant 24 heures, de 9 heures du matin jusqu'au lendemain à la même heure.

(2) Dans une note adressée au Préfet, le 24 avril 1829, au sujet de la nomination de douze sergents de ville, nous voyons qu'on a fait choix de beaux hommes « dont les qualités physiques importaient peu au service auquel ils étaient attachés ».

donner tout de suite l'épée qu'ils ne tardèrent pas cependant à porter, et se contenta de les armer d'un sabre pour le service des rondes de nuit.

Officiellement, ils entrèrent en fonctions le 16 mars; mais il est à supposer qu'on ne put de suite leur faire endosser à tous le nouvel uniforme.

Voici, sans doute, la minute du premier ordre du jour qui leur fut adressé :

« Monsieur le Préfet vient d'instituer des sergents de ville. Il importe, dès le début, de rendre ce service digne de son objet et de le faire apprécier des habitants de Paris; le succès de cette institution est assuré si les sergents de ville se font remarquer par une bonne tenue, une conduite régulière, un langage et des procédés honnêtes et modérés avec le public.

« Toute faute est grave dans l'homme revêtu de fonctions ostensibles et municipales et couvert de l'uniforme de la ville; le sergent de ville peut compromettre, à chaque instant, l'administration, s'il agit sans prudence, avec passion et emportement.

« A compter de ce jour, le sergent de ville ne peut agir sans son uniforme; il ne peut jamais le quitter sans une permission écrite du chef de la police municipale.

« Il doit ajouter pour complément à l'uniforme qui lui est fourni, le col noir et les bottes. Un nouvel ordre du jour réglera les époques des revues que je me propose de passer fréquemment pour reconnaître l'état de conservation et de propreté de toutes les parties de l'habillement ».

Cette pièce, datée du 17 mars, ne porte pas de signature. Il est à présumer qu'elle émane de M. Thouret, chef de la police municipale.

Il faut croire qu'ils suivirent les instructions contenues dans cet ordre du jour, car la population ne tarda pas à leur faire bon accueil.

SERGENTS DE VILLE; 1829-30.

Le commerce, nous dit Canler dans ses « Mémoires », se montra particulièrement satisfait de la création des sergents de ville. Ils présentaient plus de sécurité aux négociants qui étaient alors certains de s'adresser à des agents de la force publique, tandis que souvent d'adroits filous usurpant le titre d'inspecteur de police pénétraient dans une maison où l'un de leurs complices avait été pris en flagrant délit, et, au moyen de cette imposture, facilitaient sa fuite.

Ils eurent aussi l'approbation de la presse libérale qui s'empressa d'applaudir au remplacement des inspecteurs en bourgeois par des agents dont le caractère ostensible était manifeste. Plusieurs journaux prônèrent même beaucoup cette institution et contribuèrent, pour un temps du moins, à la rendre populaire. Si l'on ajoute foi à certain document de l'époque, le Préfet était très flatté de l'opinion que le public avait des nouveaux agents et il lui était également très agréable d'avoir à sa disposition une espèce de corps militaire.

En réalité cependant, les sergents de ville n'étaient que des inspecteurs ayant changé de nom et revêtu un uniforme. Toutefois, comme nous le disions tout à l'heure, cette modification suffit à les faire accepter de la population qui ne voyait en eux que des agents militarisés.

De même que les gardiens de la paix actuels, ils avaient une surveillance matérielle et de détail, tendant surtout à empêcher ou à constater les contraventions. Ils devaient procéder de leur chef à l'arrestation en cas de flagrant délit et pouvaient, pour cette opération, requérir main-forte auprès des simples citoyens « qui étaient tenus d'obtempérer à leur réquisition ». Ils avaient, en un mot, le même service que les inspecteurs de police (1), et leur caractère

(1) Nous avons donné, dans le chapitre précédent, de longs détails sur le service des inspecteurs de police, ce qui nous dispense d'y revenir maintenant.

légal (1) était identique. Ils ne pouvaient par conséquent que faire
des rapports.

A l'avènement du ministère Polignac, M. Debelleyme (2) donna
sa démission et fut remplacé par M. Mangin, le 13 août 1829.

Loin de continuer l'œuvre entreprise par son prédécesseur, le
nouveau Préfet de Police réduisit de beaucoup l'effectif du corps des
sergents de ville, qui fut presque ramené au chiffre du mois de mars
précédent. Les deux tiers de ces agents redevinrent inspecteurs de
police et reprirent le costume civil; le reste fut maintenu pour ne
pas, a-t-on dit, froisser les sentiments de la population parisienne.

Cette concession, faite en apparence à l'opinion publique, le fut
peut-être aussi aux exigences du service et sur les sages avis de
M. Thouret, le dévoué collaborateur que M. Debelleyme avait placé
à la tête de la police municipale. En effet, le 18 août, au moment
même où M. Mangin entrait en fonctions, il lui adressa un rapport
très détaillé pour lui exposer l'insuffisance numérique du personnel
mis à sa disposition et faire ressortir qu'à l'exception de 7 gendarmes

---

(1) Le caractère légal des agents a été parfaitement défini dans un arrêt du 29 août 1829, par
lequel la Cour de cassation a décidé que « la loi reconnaît l'existence d'appariteurs ou agents de
police institués par l'autorité municipale pour exercer sous ses ordres, la surveillance qu'elle
croit devoir leur confier sur les diverses parties du service; que si les lois postérieures à la loi
du 22 juillet 1791 ont retiré aux agents le droit de dresser des procès-verbaux faisant foi en justice, elles n'empêchent pas que leurs rapports aient autorité devant les tribunaux quand ils
sont appuyés par des preuves légales, puisque ces rapports sont regardés comme des éléments
de poursuite et comme des documents utiles aux investigations de la justice; que l'article 78
du règlement du 11 juin 1811 assimile les agents de police aux agents de la force publique et
leur impose les mêmes obligations, soit lorsqu'ils sont requis de prêter main-forte à l'exécution
des jugements, soit lorsque, porteurs eux-mêmes de mandements de justice, ils sont chargés
d'arrêter les prévenus et de les conduire devant le magistrat compétent; qu'aussi ils sont
agents de la force publique lorsqu'ils procèdent en vertu de mandats ou jugements, et agents
de l'autorité publique lorsqu'ils exercent la surveillance prescrite par l'autorité; et que dans
l'un comme dans l'autre cas, leur caractère légal est protégé soit par l'art. 224 du code pénal,
soit par l'art. 10 de la loi du 17 mai 1819. »

(2) Rappelons seulement les plus importantes de ses ordonnances, c'est-à-dire celles relatives
à la création de dépôts pour les mendiants libérés, aux bornes-fontaines, aux diligences ur-
baines (les omnibus) et au gaz dont la première expérience eut lieu dans la nuit du 1er janvier
1829. On donne quelquefois à M. Debelleyme le nom de père des omnibus et des sergents de
ville.

en bourgeois attachés à la brigade du Château (1) et de 22 inspecteurs auxiliaires pour le service des rondes de nuit, les sergents de
ville et les inspecteurs de police devaient suffire à tout. Il concluait
en demandant avec instance un plus grand nombre de sergents de
ville et d'inspecteurs.

Au mois d'octobre suivant, il n'y avait, outre les 16 sergents de

Rue de Jérusalem; entrée du Dépôt. Eau-forte du Musée Carnavalet.

ville de la brigade centrale, que 4 de ces agents et un inspecteur
dans chaque arrondissement.

Ce service de police était assurément beaucoup trop restreint, et
M. Thouret ne put s'empêcher d'appeler de nouveau l'attention du
Préfet sur les moyens qui, selon lui, pouvaient y apporter un remède
efficace. Comme dans son précédent rapport, il réclamait l'augmentation de l'effectif des inspecteurs et des sergents de ville, et expliquait,

(1) Les Tuileries.

comment et par suite de quelles circonstances Paris se trouvait privé
de toute surveillance pendant la soirée. « A 4 heures, disait-il, les sergents de ville et leurs chefs se reposent et puis gagnent les théâtres;
les bureaux de police des quartiers se ferment; commissaires et
secrétaires dînent, et vont ensuite chercher quelques distractions.
Les uns se rendent au théâtre pour leur service, d'autres y vont en
amateurs, quelques-uns se livrent aux douceurs de la promenade,
en un mot, peu de bureaux sont occupés le soir malgré les arrêtés et
faute d'un contrôle. De là, invasion des filous et des filles sur la voie
publique, vols aux boutiques dans les longues soirées, désordres,
murmures de la force armée qui ne trouve personne dans les bureaux
de la police, détentions prolongées dans les postes jusqu'au lendemain matin pour des affaires sans importance, plaintes du public, etc. »

En terminant, il proposait la création de petites rondes destinées
à parcourir la ville, de 5 heures à 10 heures, et se résumait de la
manière la plus heureuse par ces mots : « Ainsi la police de *jour*
conserve son organisation; la police du *soir,* qui n'existe pas, est
créée, et la police de *nuit* continue ses rondes qui ont produit tant
de bien depuis quelques années. »

A la suite de ce rapport, M. Mangin adopta le système des petites
rondes qui commencèrent aussitôt.

Ces nouvelles rondes, organisées comme les grandes rondes de
nuit, étaient faites par des sergents de ville et par des inspecteurs
qui quittaient, à quatre heures, leur service auprès des commissaires.
A 5 heures, six escouades de cinq hommes chacune partaient de la
Préfecture pour se rendre sur les points de Paris qui réclamaient le
plus cette surveillance; elles étaient relevées, à 10 heures, par les
rondes de nuit.

L'un des cinq hommes était chef d'escouade ou brigadier; il était
désigné tous les jours par le chef de la police municipale qui le prenait parmi les inspecteurs de choix. Il avait une feuille à faire viser
dans les bureaux de police de l'arrondissement qui lui était confié.

Il devait, par conséquent, se présenter dans chaque bureau pour rece-voir les observations et recommandations spéciales du commissaire du quartier, ou de son secrétaire qui était tenu d'apposer son visa sur la feuille. Par ce moyen, il était facile de contrôler la marche des petites rondes (1) et de s'assurer de l'ouverture des bureaux em-de police.

Les agents, em-ployés au service des petites rondes, rece-vaient une indemnité d'un franc par jour, et il était alloué pour le même motif 1 fr. 50 à chaque chef d'es-couade. Les brigades d'ar-rondissement étaient placées sous les or-dres des commissai-res de police de 2e classe créés, en 1828, par M. Debel-leyme pour rempla-cer les officiers de

Mangin, Préfet de Police
(13 août 1829 - 30 juillet 1830).

paix. Mais, pour des motifs que l'on ignore, il n'y avait de commis-saires que dans les 1er, 2e, 3e, 4e, 5e, 6e, 8e, 9e et 10e arrondissements, tandis que les officiers de paix avaient conservé la direction des 7e, 11e et 12e arrondissements. L'expérience ayant démontré le besoin d'uniformité dans les situations de ces fonctionnaires, une ordonnance royale du 15 novembre 1829 supprima les commissaires de police de deuxième classe et rétablit partout les officiers de paix.

Un arrêté préfectoral du 27 du même mois régla leur service ainsi qu'il suit :

Un officier de paix attaché à chacun des 12 arrondissements était chargé *de la police municipale* sous la direction du chef de la po-lice municipale et avait sous ses ordres un nombre suffisant de ser-gents de ville et d'inspecteurs.

Les officiers de paix étaient tenus de déférer aux invitations et aux

---

(1) Outre ces rondes, des agents de la sûreté, habillés en bourgeois avec chapeau rond, en-veloppés de grands manteaux couleur de muraille, faisaient des patrouilles qu'on appelait *patrouilles grises.*

réquisitions des commissaires de police de leur arrondissement et de se rendre, une fois par jour, chez eux pour y recevoir leurs instructions.

Lorsque les officiers de paix, même ceux placés à la tête des services spéciaux, ou les agents sous leurs ordres, relevaient des contraventions ou découvraient des délits de nature à être constatés, ils devaient en faire sur-le-champ la déclaration aux commissaires de police, qui étaient tenus de dresser de suite leurs procès-verbaux.

Les commissaires inscrivaient ces déclarations sur un registre et délivraient au déclarant un bulletin contenant le numéro d'ordre sous lequel la déclaration était inscrite et un sommaire de cette déclaration.

Les agents informaient aussi, par un rapport, leurs officiers de paix respectifs des délits et contraventions dont ils avaient fait la déclaration aux commissaires de police et leur remettaient les bulletins qu'ils avaient reçus de ces derniers.

Ces bulletins étaient envoyés par les officiers de paix au cabinet du Préfet, où ils étaient collationnés avec les procès-verbaux transmis par les commissaires de police.

Cet arrêté porta le nombre des officiers de paix à 26, savoir :

12 pour chacun des arrondissements de la ville ;

2 chargés de la direction de la brigade centrale ;

1 à la tête de l'attribution des mœurs ;

2 pour le service des voitures ;

1 pour l'attribution du Château ;

1 pour la brigade des jeux ;

4 spécialement chargés d'attributions confidentielles ;

2 attachés à la 2e division ;

1 détaché au service de la fourrière.

A l'exception du dernier, placé sous les ordres du chef de la 4e division, et de ceux attachés au service de la 2e division, tous les autres relevaient directement du chef de la police municipale.

Cette réorganisation fut complétée par l'arrêté suivant, pris à la date du 1er janvier 1830 :

Nous conseiller d'État, Préfet de Police,

Vu les états n° 1 et 2 ci-annexés, présentés par notre chef de la police municipale pour la réduction des sergents de ville dans différentes parties du service dont il est chargé;

Avons arrêté ce qui suit :

ARTICLE I.

Le tableau nominatif et le classement des sergents de ville sous le n° 2 est adopté.

ARTICLE II.

Les sergents de ville supprimés par la présente réorganisation reprendront le titre d'inspecteurs de police et continueront d'être répartis dans les cadres du service de la police municipale.

ARTICLE III.

Il n'est rien changé dans la qualité des traitements dont jouissent actuellement ces employés.

Vignette d'une pièce administrative de la Préfecture de Police; Restauration.

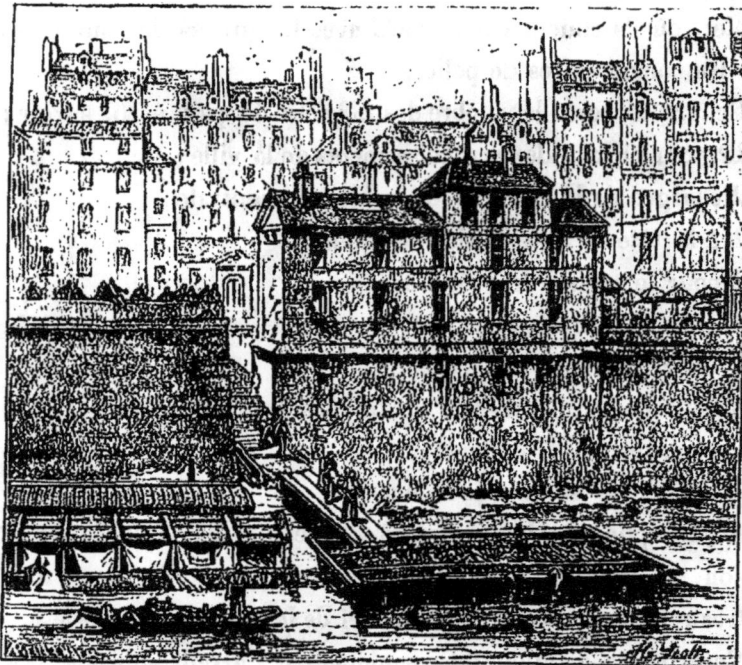

La Morgue en 1830; d'après une lithographie de l'époque.

ARTICLE IV.

Les noms des nouveaux inspecteurs, ex-sergents de ville, sont indiqués au tableau n° 3 ci-annexé et approuvé.

ARTICLE V.

M. le Secrétaire général et MM. les Chefs de la police municipale, du personnel et de la comptabilité sont chargés, chacun en ce qui le concerne, de l'exécution du présent arrêté.

Le Conseiller d'État, Préfet de Police,

MANGIN.

C'était enfin la réalisation du plan cher à M. Mangin qui, à l'encontre de son prédécesseur, de la presse et du public, n'eut jamais une bien grande tendresse pour les sergents de ville.

Ils furent entièrement supprimés six mois plus tard par le nouveau gouvernement issu de la révolution de Juillet.

Armoiries de la ville de Paris; Restauration.

1830 A 1848

A lendemain des « Trois Glorieuses », le duc d'Orléans, accompagné d'un grand nombre de députés, se rendit à l'Hôtel-de-Ville. « Messieurs, dit-il en entrant, c'est un garde national qui vient rendre visite à son ancien général, M. de La Fayette ». En réalité, il venait renouveler publiquement, devant la commission administrative de Paris et les représentants de l'armée et de la garde nationale, son adhésion à la proclamation qui lui avait donné, la veille, le titre de lieutenant général du royaume.

Le même jour, des adresses émanant du général Lafayette (1) et des deux nouveaux préfets de la Seine et de Police, MM. de Laborde et Bavoux, étaient placardées sur les murs de Paris.

M. Bavoux s'exprimait ainsi :

Parisiens,

Investi par la commission administrative de Paris, de cette magistrature

---

(1) C'est ainsi qu'on écrivait alors son nom.

qui veille à votre sécurité, j'ai pris toutes les mesures nécessaires à votre libre
circulation.

Continuez et régularisez votre service dans la garde nationale; remettez-

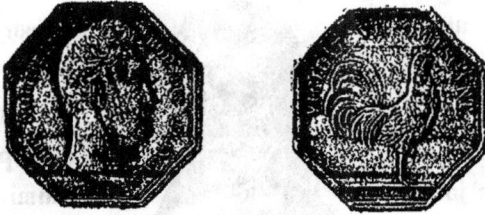

Jeton de la Préfecture de Police; monarchie de Juillet.

vous à la disposition de vos mairies. Peu de choses restent encore à faire pour
achever la conquête de la liberté!

La cause sacrée de la patrie est gagnée.

Elle appelle votre dévoûment.

N'ayez aucune inquiétude sur la conservation de vos propriétés, la vigilance
la plus active de ma part vous en donne la garantie.

Peuple éminemment généreux, braves citoyens! continuez vos efforts; la
paix publique, les institutions protectrices de l'honneur français, de la liberté
que vous avez conquise par un courage au-dessus de tout éloge, en seront bientôt le prix.

Paris, le 30 juillet 1830.

Le Préfet de Police, député de la Seine,

BAVOUX.

En dépit des fameuses ordonnances et par une étrange coïncidence,
ce fut le 3 août, c'est-à-dire le jour fixé un mois auparavant par
Charles X pour cette cérémonie, que la chambre ouvrit ses séances.

Après avoir modifié la charte de 1814 dans un sens libéral, elle
vota, par 210 voix contre 33, la transmission de la couronne au
duc d'Orléans. Ces décisions furent aussitôt adoptées par la chambre des Pairs; et, le 9 août, Louis Philippe Ier, roi des Français,
prêta serment devant les deux chambres réunies au Palais-Bourbon.

Le soir, on illumina. Ce n'était pas la première fois depuis le commencement de cette révolution. En effet, dès le 27, Paris étant complètement dépourvu de reverbères, M. Mangin (1) avait vainement invité les habitants à placer des lampions sur leurs fenêtres pour éclairer la voie publique ; mais le 29, la confiance ayant fait place à la crainte, la capitale fut pendant plusieurs jours illuminée du rez-de-chaussée à la mansarde.

Du reste, à partir du 1er août (2), tout s'était passé avec le plus grand calme. Des manifestations patriotiques et les cérémonies funèbres en l'honneur des citoyens morts pour la liberté avaient seules occupé la population.

Bavoux, Préfet de Police (30 juillet — 1er août 1830).

Ce même jour, M. Girod (de l'Ain), nommé Préfet de Police à la place de M. Bavoux, s'adressait en ces termes aux Parisiens :

Habitans de Paris !

Le lieutenant général du royaume vient de me confier les fonctions de préfet de police, que M. Bavoux avait bien voulu remplir provisoirement, et dont il s'est acquitté avec tout le zèle et le patriotisme dont il a donné tant de preuves.

M'oubliant moi-même, et n'écoutant que mon dévouement à mon pays, j'ai accepté ces fonctions.

Habitans de Paris, vous me connaissez comme député, comme l'un de vos magistrats, comme vieil ami de la liberté... A ces titres, je vous demande une confiance que je ne tromperai jamais.

Continuez à donner l'exemple de toutes les vertus civiques, après avoir montré votre intrépidité dans le combat. Maintenez l'ordre. Demeurez calmes, mais conservez avec soin tous vos moyens de défense, augmentez-les même,

(1) Dans la nuit du 28 au 29, M. Mangin quitta la Préfecture de Police. Le matin, le drapeau tricolore y fut arboré en même temps qu'au Palais de Justice.

(2) Le dimanche 1er août, toutes les églises de Paris, même celles qui avaient été transformées en ambulances, furent rouvertes.

et si l'on pensait encore à tenter de vous arracher les fruits de votre victoire, qu'on vous retrouve tels que vous étiez dans ces immortelles journées des 27, 28 et 29 juillet.

                    Le Préfet de Police,

                              A. Girod (de l'Ain).

               Par le Préfet :

                              P. Malleval,
                         Secrétaire général provisoire.

Aux premiers jours du règne de Louis-Philippe, le service de la ville fut confié à l'armée et à la garde nationale qui s'était si spontanément reconstituée pendant les événements de Juillet. Elle partagea alors la popularité de son chef, le vieux général Lafayette qui était redevenu l'idole de la capitale. Nous n'en voulons pour preuve que les vers suivants de Casimir Delavigne, dans « La Parisienne » (1) :

> Pour briser ces masses profondes,
> Qui conduit nos drapeaux sanglans?
> C'est la Liberté des Deux-Mondes,
> C'est Lafayette en cheveux blancs!
> O jour d'éternelle mémoire!
> Paris n'a plus qu'un cri de gloire :
> « En avant! marchons, etc. »

Toutefois, la garde nationale ne pouvait pendant longtemps, même avec le concours de l'armée, rester chargée d'une pareille tâche sans péril pour la sécurité de Paris; aussi le nouveau gouvernement, une fois assis, s'empressa-t-il de réorganiser les forces de police qui avaient été supprimées quelques semaines auparavant.

Une ordonnance royale du 16 août 1830 créa la garde municipale en remplacement de la gendarmerie royale de Paris, qui fut définiti-

_____

(1) Paris, août 1830.

vement dissoute. Ce corps fut mis à la disposition immédiate du Préfet de Police (1).

Les sergents de ville furent ensuite rétablis par M. Girod (de l'Ain) qui rendit à cet effet, le 8 septembre, l'ordonnance dont voici le texte :

Girod (de l'Ain), Préfet de Police
(1er août — 7 novembre 1830).

Nous conseiller d'État, Préfet de police, Vu l'ordonnance du roi, du 16 août dernier, concernant la garde municipale de Paris;

Considérant que si l'administration de la police doit scrupuleusement s'abstenir de toute mesure vexatoire, de tout acte arbitraire et même de toute intervention que l'accomplissement de ses devoirs ne rendrait pas nécessaires, le maintien de l'ordre, dans une ville telle que Paris, exige de la part de cette administration, une action vigilante, continuelle et suffisamment appuyée;

Que l'organisation de la garde municipale est assez avancée pour qu'elle puisse dès ce moment concourir au service extraordinaire auquel, avec un patriotisme et un zèle au-dessus de tout éloge, la garde nationale s'est dévouée;

Que l'expérience a démontré l'utilité d'un corps de sergents de ville revêtus d'un uniforme qui puisse les désigner aux citoyens et les rendre plus circonspects eux-mêmes dans l'exercice de leurs fonctions;

Que le soin avec lequel ces corps ont été composés garantit leur bonne conduite, et que d'ailleurs il serait fait droit, à l'instant, à toute plainte qui serait formée contre eux;

---

(1) La garde municipale était commandée par un colonel, et son effectif complet était de 1443 hommes organisés en deux bataillons d'infanterie de quatre compagnies chacun et en deux escadrons de cavalerie formant quatre compagnies.

A l'exception des lieutenants d'infanterie, les officiers de la garde municipale étaient montés. Le roi nommait les officiers sur la proposition du Ministre de la Guerre, d'après la présentation du Ministre de l'Intérieur. Pour la nomination du capitaine-trésorier, la présentation appartenait au Préfet de Police. Enfin, les sous-officiers et les soldats étaient nommés et commissionnés par le Ministre de la Guerre, sur la proposition du Préfet de Police.

L'uniforme de cette troupe d'élite était : habit de drap bleu, revers en drap bleu, retroussis en drap écarlate; collet bleu, boutons jaunes aux armes de la Ville de Paris, hongroise blanche en peau de mouton et bottes demi-fortes pour la cavalerie; contre-épaulette et aiguillettes en laine aurore; casque à la dragonne, plumet rouge.

Infanterie : pantalon en drap bleu, épaulettes en laine rouge, shako orné d'un galon en laine aurore et d'une aigrette rouge.

Ordonnons ce qui suit :

1° La garde municipale commencera immédiatement son service.

2° Le corps des sergents de ville est rétabli.

Ils porteront dans l'exercice de leurs fonctions l'uniforme ci-après déterminé :

Carte d'inspecteur de police ; face et revers.

habit de drap bleu de roi, fermé sur le devant par neuf gros boutons, collet ouvert, le vaisseau des armes de Paris aux retroussis et au collet (1). En hiver, redingote croisée, collet droit, même drap et mêmes boutons. Pantalon de drap bleu, épée et ceinturon.

3° La présente ordonnance sera imprimée et affichée. Des exemplaires en seront transmis aux autorités civiles et militaires, et particulièrement à M. le Colonel de la garde municipale.

Notre Secrétaire Général et le Chef du service central sont chargés de son exécution, en ce qui concerne le corps des sergents de ville.

Le conseiller d'État, Préfet de police,

A. GIROD (de l'Ain).

Les considérants de cet arrêté sont curieux à retenir, car ils nous donnent une notion des plus exactes des idées du moment et des précautions que l'autorité crut devoir prendre pour ne pas froisser l'opinion publique. Cette rentrée des agents fut cependant bien accueillie de la population qui n'avait pas gardé d'eux un mauvais souvenir,

_____
(1) Au collet, le vaisseau fut remplacé par une patte de casimir blanc.

en raison, sans doute, des services qu'ils avaient rendus depuis leur récente création.

Ainsi que nous allons le voir, l'organisation du corps des sergents

Poste de la place de la Bastille (Musée Carnavalet).

de ville fut continuée par MM. Treilhard, Baude, Vivien et Saulnier qui se succédèrent à la Préfecture de Police jusqu'au mois d'octobre 1831, et complétée par leurs successeurs : MM. Gisquet (1831-1836) et Delessert (1836-1848).

Rien ne fut changé au service qui continua d'être partagé entre les sergents de ville et les inspecteurs de police. Pour combler les vides de l'ancien personnel, on fit quelques nominations et le choix se porta de préférence sur les ex-militaires qui avaient pris part aux combats de Juillet. Mais ce titre, tout glorieux qu'il fût, ne dispensait pas d'être un homme robuste et de taille élevée, car il n'est pas rare de relever, en regard des noms des candidats alors proposés, des mentions comme celle-ci : « 5 pieds 7 pouces et d'une force prodigieuse. »

Un arrêté préfectoral du 29 septembre 1830 (1) créa des bri-

_____

(1) Cet arrêté porte qu'il y aura douze brigadiers dans le service des inspecteurs de police, détachés dans les 12 arrondissements de Paris, et cinq pour le corps des sergents de ville. Cependant le budget de 1831 ne mentionne que deux brigadiers de sergents de ville; mais par contre, on y trouve 14 brigadiers pour les inspecteurs de police.

gadiers au traitement annuel de 1500 francs. Sous les ordres des officiers de paix, ces nouveaux gradés eurent mission de diriger et de surveiller les mille détails du service.

Comme aujourd'hui, ce grade fut réservé aux sergents de ville ou aux inspecteurs qui s'étaient fait re- marquer par leur zèle, leur bonne conduite et leur intelligence.

Ce n'est que quel- ques années plus tard qu'on songea à leur adjoindre des sous- brigadiers. En 1839, en effet, ces derniers figurent pour la pre- mière fois au budget, où ils sont portés, au nombre de trois, pour la somme de 4799 fr. 88 centimes (1).

Treilhard, Préfet de Police
(7 novembre — 13 décembre
1830).

En 1831, les sergents de ville, y compris les deux brigadiers récemment nommés, n'étaient encore que 94. Au budget de l'année suivante, leur dépense est inscrite, pour la dernière fois, sous la rubrique « brigadiers, sergents de ville, inspecteurs »; elle s'élève pour ces deux catégories d'agents, à la somme de 395.195 fr. 27 centimes. A partir de 1833, ils ont un compte spécial et il est dès lors un peu plus facile de suivre les variations de leur effectif. Nous disons un peu plus facile, car c'est seulement au budget de 1839 que leur nombre est indi- qué d'une manière exacte, en face du montant de leurs traitements. Voici, d'ailleurs, les chiffres que nous avons relevés pour les années 1833, 1839 et 1846 :

Exercice 1833. — Brigadiers.	35.920.84
Sergents de ville.	210.023.47
Exercice 1839. — 33 Brigadiers.	50.574.94
3 Sous-brigadiers.	4.799.88
282 Sergents de ville.	337.963.31
Exercice 1846. — 38 Brigadiers et sous-brigadiers. . . .	59.516.06
292 Sergents de ville.	350.400 »

(1) Trois inspecteurs principaux étaient également portés sur ce budget; mais ils étaient destinés à diriger les services spéciaux.

SERGENTS DE VILLE (RÈGNE DE LOUIS-PHILIPPE).

Les frais d'habillement s'étant, pour cette période, accrus dans les mêmes proportions, nous ne ferons qu'un emprunt au budget de 1833 :

Fourniture et réparation d'objets d'habillement (1)	. . . . . .	31.205.25
d°	de chapeaux militaires (2)	3.250.25
d°	de ceinturons d'épée en cuir verni. .	150 »
		34.605.50

Par arrêté du 31 décembre 1830, le Préfet de Police détermina ainsi la durée des effets :

Le 1er habit et la 1re redingote.	15 mois.
Le 2e habit et la 2e redingote.	18 mois.
Le 1er pantalon.	6 mois.
Et les suivants.	8 mois.
Le 1er gilet.	1 an.
Et les suivants.	15 mois.
Le chapeau renouvelé tous les ans	

En vertu d'un autre arrêté du 15 mai 1832, le gilet fut remplacé par deux pantalons de toile grise, à délivrer tous les ans au 1er mai.

---

(1) Voici quelques indications au sujet de ces effets :

M. Debois, qui fut, tout d'abord après 1830, chargé de l'habillement des sergents de ville, fournissait les effets ci-dessous désignés, pour la somme de 151 fr., savoir :

1° Un habit confectionné (uniforme d'officier) en drap d'Elbeuf bleu, avec passe-poil de drap de Sedan écarlate, collet orné de casimir blanc, boutons aux armes de la Ville, retroussis formés de quatre vaisseaux brodés en argent (61 fr. 75) ;

2° Une capote ou redingote (uniforme d'officier) en drap d'Elbeuf bleu, passe-poil de même couleur, avec boutonnières en drap (61 fr. 25).

3° Un pantalon en drap d'Elbeuf bleu, doublé jusqu'au genou (28 fr.).

Le prix de ces vêtements varia peu pendant cette période. En effet, M. Schwébich, le successeur de M. Debois, les livrait, en 1838, pour 164f. 75. Soit :

La capote..	70f »
L'habit..	57f »
Le pantalon drap...................................	28f. 75
Le pantalon coutil.................................	9f »

En 1833, les ceinturons en cuir verni étaient confectionnés au prix de 1 fr.50 par M. Auclère ceinturonnier, rue de la Barillerie 7. (L'emplacement occupé par le boulevard du Palais, où sont aujourd'hui installés les bureaux de la Préfecture de Police).

(2) Il est à remarquer que sur tous les budgets du règne de Louis-Philippe, ce chapeau est désigné sous le nom de chapeau militaire. Il était fabriqué à Lyon et devait porter une estampille indélébile, indicative de la fourniture pour empêcher tout échange. En 1845, l'adjudicataire M. Pénotet, chapelier, rue Saint-Honoré 251, les vendait 13 fr. 45 à l'Administration.

Des chiffres que nous venons de donner, il ressort que le nombre des sergents de ville augmenta sensiblement pour la première fois en 1832. Ce fut à la suite d'une délibération du Conseil munici- pal, prise à la date du 30 décembre 1831 et qui accordait au Préfet de Police les fonds nécessaires pour la création de 100 nouveaux agents, de 4 brigadiers et d'un contrôleur du service. Ce dernier emploi fut supprimé, le 1er mars 1834. Au cours de cette même année 1832, les dépenses (1) du service de sûreté, jusqu'alors soldées sur les fonds mis à la disposition du Pré-

Baude, Préfet de Police (20 décembre 1830 — 21 février 1831).

fet de Police par le Ministre de l'Intérieur, furent inscrites au budget de la Préfecture. Outre les inspecteurs chargés comme aujourd'hui de la recherche des malfaiteurs et de la découverte des crimes et délits, la sûreté fournissait un certain nombre d'hommes pour le service des rondes de nuit, et, détail à retenir, c'étaient des agents ostensibles.

En 1833, la police spéciale de sûreté, qui avait été placée d'abord sous la direction exclusive du chef de la 1re division, passa en partie sous les ordres du chef de la police municipale (2).

(1) Ces dépenses furent portées, pour la première fois, au budget de la Préfecture en 1832. En voici le détail pour cet exercice :

Appointements de l'officier de paix et des agents ostensibles à	9,511,77
Appointements des chefs de ronde et agents du service des rondes de nuit	53,342,39
Indemnités mensuelles aux agents en bourgeois	65,548,20
Indemnités éventuelles destinées aux agents et indicateurs	3,719,80
Indemnités ou primes proportionnelles accordées aux divers agents du service pour arrestations, etc.	1,410,38
	133,588⁶,81

Ajoutons que, dans le courant de la même année, les bureaux de ce service furent transférés de la petite rue Sainte-Anne dans des locaux situés quai des Orfèvres et rue de Jérusalem.

(2) A cette époque le service actif de la sûreté passa définitivement sous les ordres du chef de la police municipale.

En raison de cet accroissement de dépenses, l'effectif du corps des sergents de ville fut légèrement réduit ; mais, à partir de l'année suivante et jusqu'à la fin du règne de Louis-Philippe, il ne fit que suivre une marche ascendante. A plusieurs reprises, des agents spéciaux pour la surveillance des hôtels et des maisons garnies furent attachés à la police municipale. On y avait déjà adjoint, en 1831, les inspecteurs du dispensaire et les sergents de ville de la brigade des voitures (1).

C'est seulement en 1832 que la dépense du service des rondes de nuit fut mise à la charge du budget communal. Auparavant, elle était payée par le Ministre de l'Intérieur sur les fonds de police secrète. Il y avait, en 1834, douze chefs de ronde à 1,200 francs (un par arrondissement) et une quarantaine d'agents à 1,000 francs (2). Ce service fut réuni à la police municipale, le 16 janvier 1836.

Du reste à cette époque, plus peut-être que sous le régime précédent, l'Administration se préoccupa de la question des rondes de nuit (3) comme du moyen le plus efficace pour assurer la tranquillité et la sécurité des Parisiens.

Une ordonnance du 4 mars 1831, relative au service de la garde nationale, enjoignit aux commandants des postes de faire sortir pendant la nuit des patrouilles commandées par un sous-officier ou un caporal. Ces patrouilles, qui commençaient au déclin du jour et se succédaient jusqu'à l'aube,

Insignes des sergents de ville sous
Louis-Philippe.

(1) Ces sergents de ville étaient alors payés sur les fonds provenant de la perception des droits sur les fiacres et cabriolets.

(2) En effet, une somme de 55,227ᶠ, 76 est inscrite au budget de 1834 pour le traitement des chefs et agents des rondes de nuit.

(3) Dans certaines villes, à Montpellier notamment, il y avait des crieurs de nuit. Leur service commençait à 11 heures du soir et finissait à 4 heures du matin, en été, et à 5 heures, en hiver. Ils parcouraient la ville dans tous les sens et, de demi-heure en demi-heure, criaient l'heure qu'il était. Ils avaient pour arme un sabre-briquet et devaient arrêter tous les gens qui leur paraissaient suspects.

Carte du service des commissariats de police.

devaient parcourir les rues et les places du quartier, en changeant souvent de direction et en observant le plus grand silence. Les personnes qu'elles arrêtaient, ne pouvaient être mises en liberté qu'après avoir été amenées devant un commissaire de police qui avait seul qualité pour statuer sur leur cas. En outre, tout poste, détachement, piquet ou patrouille, était tenu de prêter main-forte aux adjudants de place, à la garde municipale, aux agents de la police militaire, aux commissaires de police, officiers de paix, sergents de ville, inspecteurs de police, etc., agissant dans l'exercice de leurs fonctions respectives, revêtus de leur uniforme ou porteurs de marques distinctives et de cartes.

Conformément à une délibération du Conseil municipal du 11 décembre 1835, M. Gisquet prit, le 11 janvier suivant, un arrêté pour réorganiser le service de nuit. Les chefs et agents des rondes de nuit furent supprimés, et l'on créa 5 brigadiers et 40 sergents de ville (1) pour renforcer le personnel de la police municipale, auquel devait incomber désormais cette surveillance nocturne. A partir du 16 janvier, les patrouilles furent faites par les sergents de ville et les inspecteurs de police. Le contrôle de ce service était exercé chaque nuit, à tour de rôle, par l'un des officiers

Carte du service de la salubrité et de l'éclairage.

(1) Les sergents de ville, chargés du service des rondes de nuit, portaient un manteau imperméable du prix de 50 francs.

Miracles de la police municipale.
Elle rend les bras aux manchots, les yeux aux aveugles et les jambes aux boiteux.

(Reproduction d'une lithographie déposée au Cabinet des Estampes en 1836.)

de paix des brigades d'arrondissement et des brigades centrales.

Au commencement de l'hiver rigoureux de 1836, M. Gabriel Delessert, qui venait d'être nommé Préfet de Police (1), s'occupa tout particulièrement des rondes de nuit. Il sut si bien combiner les heures auxquelles sortaient les différentes patrouilles qu'il parvint à les faire passer l'une ou l'autre, toutes les demi-heures, sur les voies les plus désertes des quartiers excentriques. Grâce à ce système, on faisait, paraît-il, ample moisson de malfaiteurs et de rôdeurs de barrière. La police munici-

Vivien, Préfet de Police
(21 février — 17 septembre 1831).

pale avait en outre des agents spécialement préposés à la garde de nuit du canal Saint-Martin. Ils portaient une capote et un chapeau en cuir verni avec cocarde.

Les gardes municipaux faisaient aussi des patrouilles dans l'appareil suivant : sans fusil, armés seulement d'un sabre, le shako recouvert d'une coiffe et entièrement enveloppés d'un manteau de toile cirée, ils marchaient presque invisibles, glissant lentement le long des maisons. Souvent, ils arrivaient ainsi à l'improviste au détour d'une rue et tombaient sur des malfaiteurs qui étaient loin de s'attendre à pareille surprise.

---

(1) M. Gabriel Delessert, qui conserva pendant 12 ans les fonctions de Préfet de Police, prit possession, le 1er novembre 1844, de l'ancien Hôtel de la Cour des Comptes. Mais en quittant la vieille et sombre demeure des premiers présidents et des préfets de police, il ne voulut pas laisser disparaître ces étranges bâtiments sans en avoir fait conserver auparavant le souvenir par la lithographie et par un texte habile. Il chargea de cette tâche difficile M. Labat, archiviste de la Préfecture, qui fit un travail intéressant et curieux, dont nous avons donné un ong extrait dans la première partie de cet ouvrage, pages nos 48, 49, 50.

Dans son livre intitulé *Histoire de la Maison de Nicolaï*, in-4°, Nogent-le-Rotrou, imprimerie Gouverneur, 1884, M. A. de Boislisle a fait une remarquable description de l'Hôtel de la la Chambre des Comptes qui servit de résidence aux Préfets de Police jusqu'à sa destruction par l'incendie, en mars 1871. Nous aurons, du reste, à propos de cet événement, l'occasion de parler de cet Hôtel dont l'histoire est aussi intéressante que celle de l'Hôtel des Premiers Présidents du Parlement.

Il faut bien le reconnaître, ces patrouilles et les rondes de nuit faites par les sergents de ville étaient celles qui rendaient le plus de servi-ces aux habitants de Paris. Il ne restera certainement aucun doute à ce sujet lorsqu'on aura lu le passage suivant d'un article intitulé : *Le sergent de ville*, que nous avons découpé dans *les Français peints par eux-mêmes* (1).

Saulnier, Préfet de Police (17 septembre — 15 octobre 1831).

Il y a quelques années, dit l'auteur, lorsqu'un bon habitant de Paris rentrait chez lui longtemps après l'heure antique du couvre-feu, il rencontrait parfois sur sa route une escouade d'hommes se glissant avec lenteur le long des maisons, ne trahissant leur présence par aucun bruit, et le brave homme pouvait continuer son chemin en toute sûreté; la patrouille grise avait passé par là. Aujourd'hui la patrouille grise n'existe plus, elle a été remplacée par les rondes de nuit qui font ce service de concert avec la garde municipale et les patrouilles de la garde nationale. Lorsque le jour a fini, quand onze heures ont sonné à l'horloge de la Préfecture, vous voyez sortir et se diriger en tous sens dans les quartiers les plus déserts, ces agents ténébreux chargés de veiller à la sûreté commune. Un honnête citoyen vient-il à passer, leur présence le rassure; un ivrogne a-t-il roulé dans le ruisseau, ils le relèvent et le couchent au violon. Le malheureux, sans ce secours, pouvait être écrasé par les nombreuses voitures qui arrivent approvisionner la ville entre deux et trois heures du matin. Mais survienne un voleur, ah! comme de bons limiers, les voilà sur sa piste. Ils se lancent à sa poursuite : laissez-les faire, il n'échappera pas.

Ce sont, du reste, les seules patrouilles vraiment utiles avec celles de la garde municipale, les hommes qui composent ces rondes nocturnes se répandent si-lencieusement au nombre de sept, et s'échelonnent de distance en distance de manière à pouvoir facilement se porter secours en cas d'attaque; ils ont soin également de ne point éveiller les soupçons des voleurs, de ne jamais donner l'alarme à ces travailleurs de sinistre passage, et de pouvoir les envelopper sans difficulté dans leurs rangs, qu'ils resserrent au premier signal. Leur costume est simple, léger surtout, pour leur permettre de courir plus facilement lorsque le

(1) *Les Français peints par eux-mêmes.* Paris, article signé : A. Durantin.

Officier de paix — (1841-1848).

voleur tente de s'échapper. Leurs armes se composent d'un sabre qu'ils tiennent caché sous le bras; leur marche
est toujours lente et mesurée. Laissons donc passer ces agents protecteurs, la terreur des assassins,
la sécurité des citoyens attardés; et
si, comme je le pense, vous vous êtes
parfois trouvé seul au milieu des
rues de la capitale entre une heure
et trois heures du matin, regardant
avec soin autour de vous chaque
visage qui passe dans l'obscurité,
vous tenant prêt à tout instant
pour l'une de ces attaques moins
rares qu'on ne le suppose, vous
avez dû souvent, à cette heure, remercier dans votre pensée la ronde

Médaille décernée à M. Blavier, commissaire
de police; 1833. Face.

nocturne qui se glissait en silence auprès de vous et vous rassurait par sa
seule présence. Quant aux patrouilles que la troupe de ligne et la garde nationale envoient se promener à travers la ville endormie, elles sont assurément très
bonnes pour remettre dans leur route les Trinquefort qui reviennent de la
barrière la tête légèrement émue par
les fumées du vin à six; mais il suffit
de jeter un coup d'œil sur leur costume et sur leur allure pour se convaincre de leur insuffisance.

Et un peu plus loin :

Même médaille. Revers.

Les patrouilles de nuit sont d'une
utilité incontestable; sans elles, Paris
serait livré au pillage et au meurtre
comme au quatorzième siècle. Depuis
quelques années, on s'est efforcé d'apporter des améliorations à ces rondes
vigilantes, et la police a compris la
première qu'il était moins nécessaire
d'avoir des hommes armés jusqu'aux dents, que des agents vêtus à la légère
pour ne perdre aucun de leurs avantages sur les voleurs. Voilà pourquoi, tour à

tour ont disparu la patrouille grise, le chariot découvert qui porta la nuit une escouade de la police dans les rues de Paris, pendant une année au plus, pour faire place à des agents plus utiles. Depuis quelque temps, on remarque un nou-

Carte d'inspecteur de police ; face et revers.

veau service : c'est celui que font les patrouilles de jour. Ces agents, envoyés par la police, circulent sur les boulevards de distance en distance; dans peu d'années, on espère pouvoir les répandre dans toutes les rues de Paris, et principalement sur les boulevards extérieurs, où leur présence est trop souvent nécessaire.

C'était une espérance qui ne devait se réaliser qu'en 1854, lorsqu'on réorganisa la police parisienne sur le modèle de celle de Londres. Ce fut en vain que M. Delessert essaya plusieurs fois de faire aboutir un projet dans lequel il réclamait l'augmentation du nombre des sergents de ville, dont l'effectif ne dépassa guère trois cents sous la monarchie de Juillet. Si à ce corps de police ostensible, on ajoute environ 180 inspecteurs (1), on obtient à peine un total de 600 hommes pour le service de la police municipale, y compris le cadre et le personnel des bureaux.

Nul, mieux que M. Vivien dans sa magistrale étude parue en 1844 (2), n'a défini, avec plus de concision et de clarté, les rouages de cette importante attribution.

(1) C'est le chiffre officiel pour l'année 1837.
(2) Le *Préfet de Police*, par M. Vivien, Paris, Lottin, 1844.

La police municipale, dit-il, est la source de toute la surveillance de la cité : c'est elle qui répartit, dans les douze arrondissemens, les brigades attribuées à cha-

cun, et met en mouve-
tances et les besoins de
des centrales réunies
sans affectation spéciale,
titre de renfort général,
tributions distinctes,
les prostituées, les voi-
hôtels garnis ; toutes
à pouvoir se réunir à la
même lieu, pour inter-
dans tout ce qui menace
Plus de six cents la
police municipale ; elle
manente et une réserve
sation est telle que, sans
pense perdue, elle four-
pour les temps ordinai-

Gisquet, Secrétaire général de la Préfecture de Police, chargé par intérim des fonctions de Préfet, du 15 octobre au 26 novembre 1831. Préfet de Police, du 26 novembre 1831 au 10 septembre 1836.

ment, selon les circons-
chaque jour, les briga-
autour d'elle, les unes
toujours disponibles à
les autres chargées d'at-
surveillant les filous ou
tures publiques ou les
constituées de manière
fois en un instant, sur le
venir, au nom de la loi,
le repos des citoyens.
agens (1) dépendent de
constitue une force per-
éventuelle ; son organi-
superfétation, sans dé-
nit ensemble, à Paris,
res, les agens néces-

saires à l'exécution des lois, et, pour les jours d'agitation, une troupe active. courageuse, facile à mouvoir et toujours prête à saisir les auteurs ou les complices du désordre.

Dans cet ensemble de mesures d'ordre et de moyens de préservation contre le mal, la tâche du sergent de ville est immense. A toute heure de jour et de nuit, été comme hiver, il est partout : sur les voies fréquentées, sur les points où un danger est signalé, dans les rues désertes et aux environs des barrières (2) ; sans compter les services

---

(1) Dans ce chiffre, avec les sergents de ville et les inspecteurs de police, il faut comprendre le personnel des bureaux de la police municipale et les officiers de paix, brigadiers et sous-brigadiers.

(2) A titre de curiosité et comme souvenir du Paris de cette époque, donnons la liste de quelques cabarets mal famés que nous trouvons dans un ouvrage de Vidocq. *Quelques mots sur une question à l'ordre du jour*, 1844, Paris, chez l'auteur, galerie Vivienne, 131.

• Tous les quartiers de Paris, affirme Vidocq, ont leur établissement de ce genre, et sans parler de *Paul Niquet*, que tout le monde connaît, on pourrait citer, en ne comprenant que les plus célèbres (car les énumérer tous serait une nomenclature interminable), on pourrait citer, dis-je *Le Chapeau Rouge*, rue de la Vannerie ; *l'Auvergnat*, rue Planche-Mibray ; *l'Abattoir*, quartier de l'Arsenal ; *le Cassis*, rue du Plâtre-Saint-Jacques ; *le Petit bal Chicard* de la rue Saint-Jacques ;

prolongés dans les théâtres (1), les bals et les fêtes (2), comme le dit si justement M. Durantin que nous citions tout à l'heure :

Le sergent de ville à Paris, c'est le gendarme en province; c'est la providence du citoyen paisible, la terreur des criminels. Sans lui, ajoute-t-il, vos femmes, vos mères, vos sœurs seraient à chaque instant exposées aux grossièretés du premier manant. A qui s'adressent-elles dans la rue, en votre absence, pour faire cesser ces lâches insultes? Au sergent de ville seul, car cet homme, c'est la loi en costume officiel.

A ces agents, les travaux, les ennuis, les dégoûts; à nous les plaisirs et la

---

le *Drapeau tricolore* de la rue Galande; *la maison Muraille* de la rue des Marmousets; *le Grand Saint-Michel* ou *Grand bal Chicard* de la rue de Bièvre, et *l'Hôtel de la Modestie*, de la rue de la Tacherie. »

(1) Une circulaire du 6 janvier 1835, adressée aux directeurs de théâtres et bals, fixe ainsi qu'il suit l'indemnité due aux officiers de paix et agents de service aux spectacles et dans les bals de nuit :

Officier de paix... 6 fr.
Brigadier.. 3 fr.
Sergent de ville.. 2 fr.

Au mois de décembre 1838, une allocation d'un franc fut accordée à tout sergent de ville de service dans un théâtre ou dans un bal, après minuit.

(2) Parmi les principales, citons :

Les cérémonies commémoratives des *Trois Glorieuses*, célébrées, chaque année, les 27, 28 et 29 juillet.

La Saint-Philippe, fête du Roi (1er mai).

Les fêtes pour le mariage du duc d'Orléans (31 mai 1837).

Le retour des Cendres de Napoléon Ier (15 décembre 1840).

Dans son livre intitulé : « *Les Rues du Vieux Paris* », Firmin-Didot, Paris, 1879, M. Victor Fournel nous dit que le règne de Louis Philippe fut l'âge d'or des fêtes des jours gras.

C'est, assure-t-il, « de cette époque que datent la grande vogue et la renommée *sui generis* de la descente de la Courtille. Les masques populaires, qui avaient passé la nuit du mardi gras dans tous les cabarets et les bals de Belleville, particulièrement chez Desnoyers, aussi fameux en son genre que jadis Ramponneau, descendaient tumultueusement à Paris le matin du mercredi des Cendres, au petit jour, et les curieux venaient assister à ce spectacle hideusement pittoresque, à ce Longchamp du carnaval. Pendant deux ou trois heures, tout le long du faubourg du Temple, le flot infect coulait sans interruption. C'était comme un débordement d'égout, un déballage immense d'oripeaux en haillons, un vomissement de masques avinés, débraillés, sauvages, les uns à pied, les autres en voitures découvertes, ou juchés sur le siège et sur le haut des voitures, comme sur un piédestal d'où ils insultaient les passants. Les disputes ignobles, les cris dégoûtants, les ripostes poissardes, les chansons obscènes, les hurlements, les vociférations de tout genre s'élevaient de cet océan fangeux de pierrettes, de laitières, de vivandières, de marquises, de bergères, de paillasses, de chiffonniers, de turcs, de débardeurs, de chicards, de flambards, d'arlequins, enfarinés, souillés de vin et de boue, coiffés de perruques en étoupe ou en filasse, de casques, de toquets, de claques prodigieux, de plumets gigantesques, de panaches ondoyants, remués tout à coup par des houles profondes et où les sergents de ville plongeaient parfois pour en rapporter une cauchoise écrasée, un polichinelle ou un troubadour dont la poitrine venait d'être trouée par un coup de couteau.

joie. Lorsque Paris voit s'éloigner les beaux jours de l'été; lorsque les fêtes, les bals se succèdent; quand le carnaval déroule dans les salles publiques ses longs chaînons de masques bigarrés; quand tout Paris danse sous les transports d'une fièvre chaude, un seul homme est impassible au milieu du tourbillon. Debout, immobile, pendant toute une longue nuit il voit le plaisir voltiger en riant autour de lui sans pouvoir jamais y prendre part.

Mais son rôle ne se borne pas là. Y a-t-il une catastrophe, un incendie, une inondation, un fléau quelconque, il doit accourir et exposer sa vie pour protéger celle de ses concitoyens. Sous ce rapport, nous aurions de quoi glaner à travers les dix-huit années de la monarchie de Juillet, si nous dressions une nomenclature détaillée de tous les événements importants qui marquèrent cette période, surtout de 1830 à 1840. Le choléra en 1832, la grande inondation de 1836, et dans la série des émeutes, des manifestations ou des complots : le sac de Saint-Germain-l'Auxerrois, l'affaire de la rue des Prouvaires, les obsèques du général Lamarque (1), l'attentat

Types de sergents de ville; règne de Louis-Philippe.

(1) Au cours des scènes de désordre, auxquelles donnèrent lieu les funérailles du général Lamarque, plusieurs agents furent très grièvement blessés, et le commissaire de police du quartier du Marais, M. Gournay d'Arnouville, tomba mortellement frappé, rue Jean-Jacques-

Fieschi (1), les troubles d'avril 1834, de mai 1839 et de septembre 1840 (2), suffisent à nous faire pressentir l'énergie et le dévouement dont firent preuve alors les sergents de ville et la garde municipale (3).

Ils remplirent courageusement leur devoir pendant que le choléra (4) décimait la population parisienne et l'affolait au point de la rendre injuste et cruelle même envers ceux qui essayaient de la préserver des atteintes de l'horrible fléau. Des bruits absurdes d'empoisonnement amenèrent dans quelques quartiers de déplorables massacres, et les sergents de ville, aidés de la troupe, durent plus d'une fois épuiser leurs efforts pour défendre ceux que la fureur du peuple voulait frapper.

Au cours des manifestations et des troubles énumérés plus haut, ils eurent plusieurs morts et quantité de blessés. Nous ne nous y arrêtons pas pour le moment, nous réservant de traiter le sujet, avec le développement qui lui convient, dans la troisième partie de cet ouvrage, où l'on trouvera la liste de tous les agents tombés victimes de leur dévouement. Mais sans insister autrement, il nous est

Rousseau, à la tête d'un corps de troupe qui l'accompagnait pour faire les sommations exigées par la loi.

M. Gournay d'Arnouville, décoré de juillet, ancien officier de cavalerie en retraite, membre de la Légion d'honneur, avait reçu la croix des braves sur le champ de bataille, de la main de Napoléon Ier.

(1) On conserve encore dans une des salles des archives de la Préfecture de Police, ce qui reste de la machine infernale de l'attentat Fieschi. Les flammes de l'incendie de 1871 ne l'ont guère épargnée. Elle fit, comme l'on sait, quarante et une victimes sur le boulevard du Temple, alors que le roi passait une revue.

(2) Dans ces diverses manifestations, plusieurs agents furent tués. Nous donnerons, au chapitre des victimes du devoir, leurs noms et les circonstances dans lesquelles ils ont succombé.

(3) A part la modification apportée à son organisation par l'ordonnance royale du mois d'août 1838, qui la fit passer de nouveau dans la gendarmerie, la garde municipale fut maintenue jusqu'à la révolution de Février.

(4) Voici le curieux passage que nous avons trouvé dans l'*Histoire de la monarchie de Juillet* par M. Thureau-Dangin, Paris, Plon, 1884 : « Sur toute la ville régnait une sorte de terreur plus horrible, disait un témoin, que celle de 1793, car les exécutions avaient lieu avec plus de promptitude et de mystère : « C'était, ajoutait-il, un bourreau masqué qui marchait dans Paris, escorté d'une invisible guillotine. » Pour symboliser ce règne de la mort, le peuple avait mis un drapeau noir aux mains de la statue d'Henri IV. »

bien permis de dire qu'en ces circonstances douloureuses, ils ne reculèrent pas devant le danger et qu'ils restèrent jusqu'au bout les fidèles serviteurs de la loi.

A cette époque, ils étaient pourtant déjà en butte aux attaques passionnées qu'on leur a si peu épargnées depuis. L'accomplissement de leur devoir, une faute, même légère, dans le service, un fait d'ordre privé, tout était prétexte pour leur infliger les douceurs d'une critique mordante et souvent exagérée.

Médaille commémorative du choléra décernée en 1833, à M. Blavier, commissaire de police. Face.

Aussi bien, puisque l'occasion se présente, expliquons-nous, une fois pour toutes et avec la plus entière franchise, à ce sujet. Certes, nous sommes loin de prétendre que tout était alors, comme aujourd'hui, pour le mieux dans le corps des sergents de ville ; mais on ne peut attendre de nous qui sommes de la maison, que nous nous fassions leurs détracteurs. Ce rôle ne saurait nous convenir pas plus que celui d'apologistes à outrance. Avec tout le

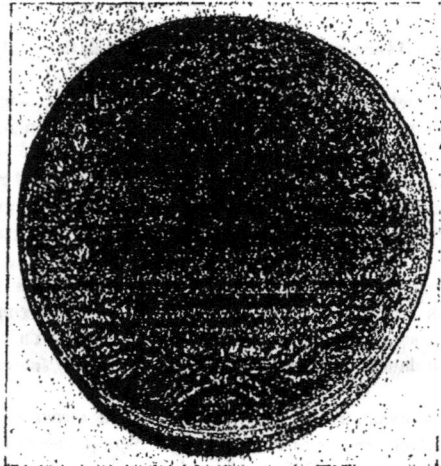

Même médaille. Revers.

monde, nous reconnaissons qu'ils ont eu des défaillances, des excès de zèle et qu'ils ont quelquefois, pour des fautes personnelles, mérité le juste blâme de l'opinion. Mais cela se rencontre partout : dans l'armée, comme dans les différentes réunions d'hommes groupés sous des règles spéciales. S'il en est de peu méritants, faut-il pour cela que le corps tout entier soit rendu responsable des fautes de quelques-uns? Nous ne le pensons pas. Et d'ailleurs, si les sergents de ville ont eu quelques négligences ou même des torts graves qui aient besoin d'être effacés ou rachetés, ils ont été punis comme les autres citoyens et, peut-être, plus sévèrement encore.

Carte du service des bois et charbons
et du poids public.

Mais laissons là ces choses, et revenons au but moralisateur que nous poursuivons et qu'il nous serait si agréable d'atteindre, c'est-à-dire à l'amélioration morale des agents. Nous croyons qu'il est plus facile d'obtenir ce résultat, en cherchant à mettre en pleine lumière leurs actes méritoires et en exaltant, dans une juste mesure, leur conduite parfois si courageuse et si pleine d'abnégation. Il nous semble, en effet, que plus leur mission leur apparaîtra entourée de respect et de considération, plus ils s'y dévoueront et plus ils y apporteront de tact et de mesure.

Voilà les motifs qui nous guideront jusqu'à la fin de ce livre. Nous avons tenu à les faire connaître dès maintenant pour qu'on ne puisse nous accuser de partialité. Nous n'y reviendrons pas.

C'est à dessein que nous avons omis de parler des officiers de paix, afin de réunir en quelques lignes, à la fin de ce chapitre, tout ce que nous avons pu recueillir d'indications à leur sujet pour la durée du règne de Louis-Philippe.

Par arrêté du 3 septembre 1830, le Ministre de l'Intérieur réduisit

de 21 à 16, le nombre des officiers de paix. Quelques semaines plus tard,
ce chiffre fut porté à 17, et les circonstances politiques ayant donné
à la surveillance une exten-
sion plus considérable, il fallut en nommer sept autres. Un
arrêté ministériel du 28 juillet
1831 créa donc 24 officiers de
paix et leur alloua un traitement
de 3000 francs. En 1840, il y eut
encore une nouvelle création,
ce qui fait qu'on en relève 25
sur les budgets de 1841 à 1848.

Carte du service des places de stationnement
de voitures.

Aucune modification sérieuse ne fut apportée à leur service qui
resta à peu près le même que sous le précédent gouvernement. Ils
touchaient des indemnités pour le loyer du bureau qu'ils étaient
tenus d'avoir chacun dans leur arrondissement, ainsi que pour les
frais de chauffage et d'éclairage de ce local.

Ces fonctionnaires avaient pour marque distinctive une écharpe ou
ceinture en ruban bleu moiré (1). Cette ceinture était ostensible quand
ils assistaient à une cérémonie ; mais, dans l'exercice ordinaire de
leurs fonctions, ils la portaient sous l'habit noir de manière à pouvoir

---

(1) Sur le budget de 1830, on trouve une somme de 242 francs pour fourniture, au mois de
décembre, de nouveaux insignes d'officier de paix (bâtons d'ivoire). Ces bâtons étaient sans
doute les mêmes que ceux en usage sous la Restauration. On avait seulement remplacé le ruban fleurdelisé par le ruban tricolore.

D'après un manuel de la Garde nationale, édité à Paris en 1832, les officiers de paix avaient,
pour marque distinctive, un large ruban bleu moiré, ou ceinture, portant au milieu trois
vaisseaux brodés en argent et placés sur la même ligne, celui du milieu double de la grosseur
des autres.

En outre, dans une lettre adressée par l'Administration, le 7 janvier 1830, au maire de
Montpellier, il est dit que les officiers de paix n'ont d'autre insigne qu'une ceinture bleue
sur laquelle sont brodées en or les armes de la Ville de Paris.

Enfin, d'anciens fonctionnaires de la Préfecture de Police, qui ont eu des membres de leur
famille officiers de paix avant 1848, nous ont assuré que ceux-ci avaient porté une écharpe
bleue à franges tricolores, ce qui ferait supposer qu'il y eut plusieurs modifications pendant
le règne de Louis-Philippe, surtout dans les dix premières années.

la montrer sur-le-champ, si leur qualité de représentant de l'autorité était méconnue.

En 1841, pour rehausser le prestige des officiers de paix toujours en contact avec la po- pulation parisienne et appelés fréquem- ment à commander les sergents de ville, M. Delessert prit, la date du 20 février, l'arrêté suivant :

ARTICLE I.

les officiers de paix des Les 12 officiers de l'officier de paix de l'at- paix d'arrondissement, porteront, à compter du brigades centrales et forme de sergent de tribution des voitures, blanche; ils auront au 1er mai prochain, l'uni- à la taille, une broderie ville, moins la patte modèle arrêté par nous; collet, aux parements et sis sera brodé en argent. en argent conforme au le vaisseau des retrous-

Gabriel Delessert, Préfet de Police
(10 septembre 1830 — 21 février 1848).

ARTICLE II.

Les officiers de paix ci-dessus désignés auront le pantalon bleu en hiver et le pantalon blanc en été. Ils porteront l'épée et auront la ganse du chapeau en torsade d'argent.

ARTICLE III.

Le Secrétaire général et le Chef de la police municipale sont chargés, chacun en ce qui le concerne, de l'exécution du présent arrêté.

Le conseiller d'État, Préfet de Police.

G. DELESSERT.

Un an plus tard, le Préfet donna aussi un uniforme aux commissaires de police qui, depuis plusieurs années, portaient, dans l'exercice de leurs fonctions, les costumes les plus variés (1).

---

(1) Voici ce que M. Delessert écrivait, à la date du 4 août 1837, au comte de Montalivet, ministre de l'Intérieur:

« Il est devenu nécessaire de rappeler les commissaires de police à l'uniformité du costume. Les uns ont la ceinture avec franges en or à torsades, d'autres avec franges d'argent, et d'au-

Le 31 août 1830, une ordonnance royale avait établi deux classes de commissaires de police : 28 appartenaient à la 1re classe et 20 à la seconde. Un arrêté préfectoral du 1er septembre suivant fixa les deux catégories de commissariats.

Ce sont là les principales modifications qui furent apportées aux attributions de ces magistrats sous la monarchie de Juillet.

---

tres avec franges noires ou tricolores. Il y en a qui portent l'épée et le chapeau à plumes noires avec bouton et ganse en acier. Quelques-uns ont une broderie de soie noire sur leur habit. Le plus grand nombre porte l'habit croisé et le chapeau rond. Il y a entre eux de si grandes différences de costume qu'on ne les prendrait jamais pour des fonctionnaires d'une même classe. •

L'arrêté préfectoral du 26 août 1842 mit fin à cet état de choses, en déterminant, comme suit, le costume officiel des commissaires de police :

Habit noir, collet, parements, poches, écusson au bas de la taille, (broderie composée de feuilles de chêne et d'olivier), neuf boutons en soie noire;

Gilet en soie noire, uni;

Pantalon noir, uni;

Ceinture tricolore en soie, avec frange noire, entremêlée de torsades également en soie;

Chapeau français, avec ganse et bouton d'acier et cocarde tricolore;

Épée d'acier à fourreau blanc (un mois plus tard, on décida que le fourreau serait noir).

Armoiries de la Ville de Paris; monarchie de Juillet.

CHAPITRE TROISIÈME

1848 A 1852

'AGITATION soulevée à l'annonce de l'interdiction du banquet réformiste du XII° arrondissement, fut le prélude de la révolution de Février 1848. L'opiniâtre résistance du ministère Guizot et la sanglante collision du boulevard des Capucines dans la soirée du 23, consommèrent la chute de Louis-Philippe. En effet, le 24 au matin, les combattants qui fraternisaient déjà avec l'armée et la garde nationale, ne voulurent plus se contenter du renvoi des ministres et de la dissolution de la Chambre. La lutte recommença avec plus d'acharnement; et, vers 11 heures, le roi abdiqua en faveur de son petit-fils, le comte de Paris. Il prit immédiatement le chemin de l'exil et parvint, après beaucoup de difficultés, à gagner l'Angleterre, où, dix-huit ans auparavant, s'était réfugié son cousin Charles X.

Pendant que la famille royale quittait les Tuileries, la duchesse d'Orléans, accompagnée de ses deux enfants, se rendait au Palais-Bourbon où les députés devaient proclamer la régence et reconnaître les droits de son fils aîné, à qui Louis-Philippe venait de laisser la couronne. On sait comment finit cette mémorable séance : plusieurs fois interrompue par l'arrivée de gardes nationaux et de citoyens en armes, elle aboutit à l'effondrement de la monarchie et à la nomination d'un Gouvernement provisoire. Les acclamations populaires désignèrent, pour faire partie du nouveau gouvernement, MM. Dupont (de l'Eure), Arago, Lamartine, Ledru-Rollin, Marie, Crémieux et Garnier-Pagès. Pendant que ceux-ci se dirigeaient en toute hâte vers l'Hôtel-de-Ville, la duchesse d'Orléans se retirait aux Invalides et des bandes armées portaient le trône, arraché des Tuileries, devant la colonne de Juillet et l'y brûlaient (1).

Quand les élus du Palais-Bourbon arrivèrent à l'Hôtel-de-Ville, ils y trouvèrent MM. Marrast, Flocon, Louis Blanc et Albert en train d'organiser le nouveau pouvoir. Ces derniers avaient déjà lancé leur manifeste et nommé Caussidière Préfet de Police et Étienne Arago Directeur général des Postes. Caussidière, à qui on adjoignit Sobrier, n'accepta qu'après une longue résistance et sur les instances particulièrement pressantes de Flocon et de Beaune. Avec une petite troupe de combattants choisis parmi ses amis, il alla prendre possession de la Préfecture de Police.

Avant d'y pénétrer avec lui, ouvrons une parenthèse au sujet de l'attaque dont elle venait d'être le théâtre. Une colonne de combattants, partie d'une barricade de la rue Rambuteau pour délivrer les prisonniers faits la veille sur le peuple, s'était, à son arrivée devant le quai aux Fleurs, divisée en deux corps dont l'un devait se porter vers la cour de Harlay et l'autre, rue de Jérusalem. Au moment où le feu allait commencer, le grand portail de l'Hôtel s'ouvrit à deux battants

(1) Le trône fut porté des Tuileries à la place de la Bastille par quatre hommes du peuple qui, malgré leur grande fatigue, ne voulurent pas être remplacés. C'est du moins ce qui est attesté par un certificat délivré à l'un de ces quatre citoyens et dûment légalisé, que nous avons trouvé aux archives de la Préfecture de Police.

Cette pièce doit à son petit format d'avoir été épargnée par les flammes de l'incendie de 1871, car tous les autres papiers de la liasse dans laquelle nous avons eu la bonne fortune de la découvrir, ont été à demi brûlés. Le feu les a capricieusement encadrés de dentelures qui s'effritent au toucher. Nous donnons à la page suivante le fac-similé de ce certificat.

et laissa voir dans l'intérieur les sergents de ville et les gardes municipaux rangés en bataille.

Devant le flot populaire qui grossissait d'instant en instant, la résistance était impossible. Pour éviter une nouvelle effusion de sang,
les agents et les gardes municipaux se rendirent et déposèrent leurs

Certificat de combattant de Février 1848.

armes au fond de la cour. Quelques-uns cependant préférèrent les briser
que de les laisser entre les mains de leurs adversaires. Toutefois, ils
réussirent à s'échapper revêtus de blouses prises dans les magasins
de la Préfecture, ou sous des vêtements mis à leur disposition par les
habitants des maisons voisines. On s'empressa alors de remettre en
liberté les prisonniers victimes de la guerre civile, et la Préfecture,
restée au pouvoir des combattants, fut gardée par un bataillon de
gardes nationaux.

Caussidière put donc entrer sans obstacle. Son premier soin fut de faire afficher la proclamation suivante :

Citoyens,

Un gouvernement provisoire vient d'être installé : il est composé, de par la volonté du peuple, des citoyens F. Arago, Louis Blanc, Marie, Lamartine, Flocon, Ledru-Rollin, Recurt, Marrast, Albert, ouvrier mécanicien.

Pour veiller à l'exécution des mesures qui seront prises par ce Gouvernement, la volonté du peuple a aussi choisi pour ses délégués au département de la police les citoyens Caussidière et Sobrier.

La même volonté souveraine du peuple a désigné le citoyen Étienne Arago pour la direction générale des postes.

Comme première exécution des ordres du Gouvernement provisoire, il est ordonné à tous les boulangers et fournisseurs de vivres, de tenir leurs magasins ouverts à tous ceux qui en auraient besoin.

Il est expressément recommandé au peuple de ne point quitter ses armes, ses positions, ni son attitude révolutionnaire. Il a été trop souvent trompé par la trahison ; il importe de ne pas laisser la possibilité à d'aussi terribles et d'aussi criminels attentats.

Pour satisfaire au vœu général du peuple souverain, le Gouvernement provisoire a décidé et effectué, avec l'aide de la garde nationale, la mise en liberté de tous nos frères détenus politiques ; mais en même temps il a conservé dans les prisons, toujours avec l'assistance honorable de la garde nationale, les détenus pour crimes ou délits contre les personnes et les propriétés.

Les familles des citoyens morts ou blessés pour la défense des droits du peuple souverain, sont invités à faire parvenir aussitôt que possible aux délégués au département de la police, les noms des victimes de leur dévouement à la chose publique, afin qu'il soit pourvu aux besoins les plus pressants.

Les délégués au département de la police,

Caussidière et Sobrier.

Il n'est pas sans importance de remarquer que, dans cette proclamation de la première heure, la liste des membres du Gouvernement provisoire se compose de neuf noms : quatre (1) appartiennent aux parlementaires qui devaient réunir les suffrages dans l'enceinte du

---

(1) C'étaient ceux des citoyens F. Arago, Marie, Lamartine et Ledru-Rollin.

Palais-Bourbon et les cinq autres (1) sont ceux des citoyens que la faveur populaire avait acclamés à l'Hôtel-de-Ville, pendant la fameuse séance de la Chambre où se jouait le sort de la monar- chie.

La prise de posses- sion du pouvoir ne devait, d'ailleurs, pas être chose facile pour les élus du Palais- Bourbon. Le trajet de la Chambre à l'Hôtel- de-Ville fut une véri- table odyssée. L'inci- dent suivant, arrivé à M. de Lamartine, et dont M. Sarrans (2) nous fournit le récit, est plus que suffisant pour nous renseigner à ce sujet :

Sobrier, délégué avec Caussi- dière au Département de la Police, du 24 au 27 février 1848.

Devant la caserne du quai d'Orsay, où venait de rentrer un régiment de dragons, un frémissement de colère parcourut la foule. L'irritation du peuple sembla se rallumer à l'aspect de ces soldats qu'il avait vus combattre plusieurs fois à côté de la garde municipale, objet privilégié de ses haines. Lamartine s'en aperçut, et, comprenant les conséquences d'un nouveau conflit, au lieu de hâter sa marche pour l'éviter, il s'arrêta en face de la ca- serne. Et voici comment il conjura, en l'affrontant, un malheur qu'une attitude moins franche et moins virile eût fait éclater peut-être. C'est lui-même qui parle :

« Exténué depuis le matin de pensées, de paroles et d'actions, j'avais soif. Je feignis cependant plus d'altération que je n'en éprouvais, et m'adressant aux soldats pressés devant la grille : Soldats, dis-je, un verre de vin? Cette demande, répétée à l'instant par le groupe qui m'entourait, fut entendue des dragons. Ils apportèrent un verre et une bouteille. »

Lamartine élevant le verre dans sa main avant de boire, sourit et, faisant allusion au banquet, prélude et cause de la révolution : « Amis, s'écria-t-il, voilà le banquet! Que le peuple et les soldats y fraternisent ensemble! » Et il but. A ce geste, à ces mots, les dragons et le peuple crièrent de concert : Vive Lamartine! vive le Gouvernement provisoire. Les mains serrèrent les mains, et la paix fut scellée.

A l'Hôtel-de-Ville, bien d'autres difficultés les attendaient encore.

(1) Voici leurs noms : Louis Blanc, Flocon, Recurt, Marrast et Albert.
(2) *Histoire de la Révolution de Février 1848*, par B. Sarrans jeune, représentant du peuple à la Constituante, Paris, 1851-1853.

MONTAGNARDS (1848). — GROUPE DE COMBATTANTS.
Reproduction d'un dessin exécuté à la demande de LEDRU-ROLLIN dans la cour de la Préfecture
par le peintre RAFFET, le 28 février 1848.

D'abord dispersés, perdus, découragés, ils parvinrent non sans peine à se rejoindre et à se montrer à la foule qui emplissait la place de Grève. A travers les clameurs, les coups de feu, les blessés et les mourants qui obstruaient les couloirs, ils purent enfin gagner le cabinet du Préfet de la Seine, que M. de Rambuteau venait de quitter. Là seulement, le Gouvernement provisoire se trouva réuni au complet « au milieu de ces dix ou douze hommes, dit M. Sarrans que nous venons de citer, on remarquait avec étonnement une femme du peuple entourant de ses pieuses sollicitudes le vénérable Dupont (de l'Eure), dont rien ne put la déterminer à se séparer avant la fin de la soirée. Puis arrivèrent successivement Bethmond, Bixio, Recurt, Carnot, Pagnerre et Guinard. Il était sept heures. Tous étaient épuisés de fatigue et de faim. Un huissier alla chercher, par une porte secrète, un broc de vin chez le marchand du coin et un fromage de Gruyère chez l'épicier. Un verre et deux couteaux composaient tout le luxe de ce banquet dictatorial. Voilà, dit Lamartine, en rompant gravement un morceau de pain, voilà du moins un repas qui promet à la France un gouvernement à bon marché! »

Aux sept membres du Gouvernement provisoire, élus pendant la séance de la Chambre, on adjoignit d'abord avec le titre de secrétaires (1), MM. Flocon, Louis Blanc, Marrast et Albert. La mairie de Paris fut confiée à Garnier-Pagès. Caussidière et Sobrier étaient maintenus à la Préfecture de Police, placée provisoirement sous les ordres du maire de Paris en attendant sa réorganisation sous un autre titre. On désigna ensuite les titulaires des divers départements ministériels qui furent pris presque tous parmi les membres du nouveau gouvernement. Et l'on compléta cette première organisation par l'arrêté suivant :

    République Française,

Le Gouvernement provisoire de la République arrête :

Le général Subervie est nommé ministre de la guerre ;

_____

(1) Deux jours après, ils devinrent membres du Gouvernement provisoire.

Le général Bedeau est nommé commandant de la 1re division militaire ;

M. Étienne Arago est nommé commissaire du Gouvernement provisoire près la direction générale des postes ;

M. Guinard est nommé chef d'état-major général de la garde nationale de Paris ;

M. Buchez est nommé adjoint au maire de Paris ;

M. Recurt, adjoint au maire de Paris, est délégué du maire de Paris près la préfecture (1) ;

M. le général Duvivier (2) est chargé de l'organisation de la garde nationale mobile dont il est nommé commandant général.

Cachet du Département de la Police; 1848.

Hôtel-de-Ville de Paris, le 25 février 1848.

(Suivent les signatures des membres du Gouvernement provisoire de la République Française.)

Ce même jour (3), fut décidée l'organisation immédiate de vingt-quatre bataillons de garde nationale mobile (4). Une solde de un franc cinquante centimes par jour était allouée à chacun de ces gardes nationaux qui devaient être habillés et armés aux frais de la patrie. Cette ordonnance était signée par Lamartine et Garnier-Pagès.

Toutes les pièces, émanant de l'Hôtel-de-Ville et datées du 25, portent les mots République française ; mais c'est seulement le 26 que le Gouvernement provisoire proclama officiellement la République dans les termes suivants :

Au nom du Peuple français !

Citoyens,

La royauté, sous quelque forme que ce soit, est abolie. Plus de légitimité, plus de bonapartisme, pas de régence.

(1) La Préfecture de Police.

(2) En 1830, le général Duvivier avait organisé les volontaires parisiens, dits régiment de la Charte.

(3) Le Gouvernement provisoire rendit aussi un décret aux termes duquel les Tuileries devaient désormais servir d'asile aux invalides du travail.

M. Imbert, condamné politique, directeur de l'hôpital des blessés de Février, et M. Leroy d'Étioles, médecin en chef, furent installés dans la salle des maréchaux.

(4) C'est dans les rangs de la garde nationale mobile que furent recrutés les gardes de l'Hôtel-de-Ville, qui firent un service des plus pénibles pendant deux mois.

Le Gouvernement provisoire a pris toutes les mesures nécessaires pour rendre impossible le retour de l'ancienne dynastie et l'avènement d'une dynastie nouvelle.

La République est proclamée.

Le peuple est uni.

.   .   .   .

.   .   .   .

Deux jours plus tard, au pied de la colonne de Juillet ornée de drapeaux aux trois couleurs, devant une foule immense et en présence des représentants de l'armée et de tous les grands corps de l'État, le Gouvernement provisoire renouvela solennellement cette proclamation. Le temps qui jusque-là avait été pluvieux, s'éclaircit. Le soleil parut vouloir éclairer de ses rayons cette première fête de la République (1).

L'apaisement commençait déjà à se faire et l'on démolissait les barricades. Le jour où M. de Lamartine annonça l'ouverture des ateliers nationaux (2), le peuple fit entendre les refrains patriotiques des « *Enfants de Paris* » et les chants des « *Girondins* » et de la « *Marseillaise* »; dans la soirée, une illumination générale enflamma, de la Madeleine à la Bastille, les maisons des boulevards. Les cœurs aussi s'enflammaient au contact des idées nouvelles, emportés vers un idéal de justice et de fraternité. La fraternité semble avoir été, en effet, la caractéristique de cette révolution, au cours de laquelle il est facile de relever de nombreux actes de désintéressement et de probité à l'actif des combattants (3).

(1) Escortés des élèves de St-Cyr et de l'École polytechnique, les membres du Gouvernement provisoire, en habit noir avec l'écharpe tricolore et la rosette rouge à la boutonnière, marchaient dans le cortège qui se rendit directement de l'Hôtel-de-Ville à la Bastille.

On voit au musée Carnavalet, dans une vitrine spécialement consacrée aux souvenirs de la révolution de 1848, plusieurs de ces rosettes rouges sur lesquelles sont brodées en or les lettres G. P.

(2) Les ateliers furent ouverts immédiatement aux ouvriers inoccupés, et la commission des travailleurs se réunit pour la première fois, le 1er mars, sous la présidence de Louis Blanc au palais du Luxembourg, dans la salle même où siégeait naguère la chambre des Pairs.

(3) Voici un fait qui a paru à M. Sarrans digne d'être rapporté et que nous lui empruntons à notre tour : « Rentré aux Tuileries, le général de Courtais fait transporter à l'État-major de la

Maintenant que nous avons à peu près indiqué tout ce qui a trait à la révolution de Février et aux premières dispositions prises par le Gouvernement pro- visoire, revenons à la Préfecture de Police, où nous avons laissé, au moment de leur entrée, Caussidière et Sobrier.

Dans ses mémoi- res (1), Caussidière a fait ainsi le curieux récit de cette en- trée : « Je me rendis à la Préfecture, ac- compagné de Sobrier et Cahaigne, sans or- gueil ni défiance de moi-même.

« Je remis mon fusil et mes pistolets à Sobrier et à Ca- haigne, qui avaient déposé leurs armes, et je ne gardai qu'un sabre, attaché au-

Caussidière, Délégué au Département de la Police, du 24 fé-vrier au 15 mars 1848. Préfet de Police, du 15 mars au 16 mai 1848.

tour de mon corps avec un cordon rouge. C'était le sabre d'honneur de mon père.

« J'étais affublé d'une casquette, d'une redingote crottée, d'un pantalon noir et d'une paire de bottes, hachées par les nombreuses pérégrinations que, depuis 24 heures, je n'avais cessé de faire au travers des barricades. J'avais sur moi une centaine de francs.

« Lorsque j'entrai dans la cour principale de la Préfecture avec mes deux camarades, tout était désordre et confusion. La terre était

garde nationale les diamants de la couronne, trouvés dans l'armoire de fer. En visitant ensuite tous les réduits du palais, il arrive devant un caveau souterrain, dans l'intérieur duquel règne un profond silence. Il frappe à la porte; un caporal d'invalides vient le reconnaître, le prie d'écarter les quatre citoyens qui le suivent, et l'introduit seul dans un second caveau où il trouve trois hommes du peuple, armés jusqu'aux dents et qui gardent cinq cents kilogrammes de vaisselle plate. Ces braves gens étaient exténués de fatigue et de faim. Cependant interpellés sur l'état de leurs ressources, ils répondirent au général qu'ils n'avaient besoin de rien pour eux-mêmes; « mais, ajoutèrent-ils, nos femmes et nos enfants sont peut-être sans un morceau de pain, car voilà trois jours que nous combattons. »

« Dans ce cas; mes amis, voilà chacun quarante francs que je vous prie de leur envoyer. »

« C'est trop, général; cinq francs par famille suffisent. »

« Et rien ne put déterminer ces *pillards* à recevoir un centime de plus. C'était assez, disaient-ils, pour attendre le moment où ils reprendraient leurs travaux habituels. »

(1) *Mémoires de Caussidière*, 1 volume, Paris, Michel-Lévy, 1849.

Rue de Jérusalem.

Le quai des Orfèvres; bâtiments de la Préfecture do Police. D'après une aquarelle du Musée Carnavalet.

jonchée de casques, de selles de chevaux et de divers objets d'équipement militaire. 2,700 hommes environ, garde-municipale et troupe de ligne (1), venaient d'évacuer l'enceinte de la Préfecture. Une compagnie de la 11ᵉ légion présentait seule quelque apparence d'ordre militaire. C'étaient les officiers de cette compagnie, secondés par l'adjudant Caron et aussi par M. Carteret, je crois, qui, pour éviter un conflit, avaient obtenu le retrait de la garde municipale et de la ligne. Grand nombre de citoyens plus ou moins armés et encore dans l'ivresse d'un succès obtenu sans effusion de sang, se promenaient dans les cours aux cris de : Vive la liberté! Vive la République! et au chant de la Marseillaise. Le coup d'œil était vraiment pittoresque; c'était un véritable délire. »

Aussitôt installé, Caussidière songea à organiser une garde spécialement destinée au service de la Préfecture de Police et fit convoquer sur-le-champ les chefs de groupe et les chefs de barricade, dont le dévouement lui était connu.

Quelques instants après, informé des résultats de la séance de la Chambre et de la nomination de Garnier-Pagès à la mairie de Paris, il témoigna son mécontentement en termes assez vifs et invita les amis qui l'entouraient, à faire tous leurs efforts pour se maintenir là où leur courage et la victoire du peuple venaient de les placer. « Mais d'abord, leur dit-il, faisons de l'ordre, rassurons ceux qui tremblent, et prouvons à la bourgeoisie que la République ne veut pas la dévorer..... à la besogne. »

Il réunit ensuite ceux des employés qui n'avaient pas déserté les bureaux et leur adressa cette courte harangue, avec un geste de sabreur et une voix d'ogre :

« Si l'un de vous se rend coupable de trahison, je le fais fusiller à l'instant même dans la cour de la Préfecture. »

Ce langage énergique, une brusquerie peut-être simulée et l'acti-

(1) Il y avait aussi des sergents de ville.

vité dévorante qu'il déploya pendant les premières heures qui suivirent son installation, terrorisèrent le personnel peu habitué à de
pareils procédés. Il n'avait voulu cependant qu'en imposer aux employés et nous verrons par la suite qu'il ne tarda pas à se faire aimer
d'eux (1).

Le Gouvernement provisoire, qui avait tout d'abord décidé de confier
la direction de la Préfecture de Police à M. Recurt abandonna ce
projet pour ne pas affronter un conflit que l'attitude résolue de Caussidière et de Sobrier semblait faire pressentir.

Sa confiance en eux ne fut jamais bien grande, si nous en jugeons
par les deux extraits suivants du livre de M. Sarrans, relatifs aux
visites que firent à la Préfecture de Police MM. de Lamartine et
Bethmont, au lendemain de la révolution :

Avec ses bivouacs, ses feux allumés, ses faisceaux d'armes, ses soldats en
haillons, ses gardes avancées, ses vedettes, ses patrouilles, la Préfecture de
Police offrait la véritable image de ce commencement d'ordre, sortant avec désordre du chaos d'une société en lambeaux. Rien de plus merveilleux, en effet, que
les effets spontanés et les résultats immédiatement obtenus par ce magistrat
d'une heure, pour protéger et rassurer tant d'intérêts menacés. On eût dit que,
fier de la victoire du peuple et bien décidé à briser toute tentative de contre-
révolution, Caussidière mettait son orgueil à démentir les craintes et les calomnies des ennemis de la République. Toutefois, le Gouvernement provisoire ne
voyait pas sans inquiétude un antagonisme qui s'était déjà manifesté par le refus
d'obéir aux ordres du maire de Paris, dans la dépendance duquel on s'était hâté
de placer l'administration de la police. Lamartine, qui voulait à tout prix sortir
de cette incertitude, alla trouver Caussidière au milieu de ses bandes. Il vit
aussitôt à la physionomie de ces hommes et comprit à leurs propos, qu'ils étaient
à la fois les instruments d'une révolution accomplie et d'un ordre nouveau à
créer. « L'énergie soldatesque mais humaine de Caussidière me plut, dit-il, et je
vis que ce chef de parti avait le cœur aussi généreux qu'il avait la main forte. »
Le membre du Gouvernement provisoire ne dissimula pas au chef populaire les
craintes que lui inspiraient les intentions d'une partie du peuple insurgé.

(1) Il s'empressa de renvoyer à M. Delessert son prédécesseur, l'argenterie, les meubles,
chevaux et équipages qu'il avait laissés en partant et qui étaient sa propriété personnelle. Il
en fut très courtoisement remercié.

Vous pouvez, répondit Caussidière, compter sur la magnanimité du peuple tout entier, aussi longtemps qu'on n'attentera pas à ses droits ; mais, si l'on essayait de trahir la révolution, il serait difficile, je le reconnais, de prévoir les conséquences de ses ressentiments. Jusque-là j'espère bien, avec l'aide de Dieu et de mes amis, empêcher le peuple de se donner les premiers torts. Du reste, ajouta-t-il, le danger ne saurait naître que de la composition un peu hétérogène du Gouvernement provisoire, c'est de vous rallier à la minorité démocratique du conseil, et d'établir un équilibre sans lequel je ne prévois que des désastres.

J'y songerai, répondit Lamartine, en pressant la main du préfet de police auquel il promit et donna son appui dans le Conseil.

Voyons maintenant comment M. Bethmont rendit compte de la visite qu'une fraction du Gouvernement provisoire l'avait chargé de faire à Caussidière dans la journée du 27 février :

Il (M. Bethmont) raconta en termes tantôt alarmés, tantôt plaisants, la manière dont il avait été accueilli par les terribles auxiliaires du ministre de l'Intérieur. Il traça un tableau tour à tour sérieux et risible de ce camp de bohémiens couverts de haillons, noirs de poudre et armés jusqu'aux dents, dans lequel grondait et menaçait un gouvernement tout prêt à se déclarer le rival de l'Hôtel-de-Ville. La distribution des postes qui gardaient les avenues, encombraient les cours, les escaliers, les antichambres et les salons de la Préfecture de Police ; l'accoutrement grotesque de cette armée bizarre, les regards soupçonneux et sinistres que les groupes et les sentinelles épars çà et là avaient jetés sur lui, les murmures et les ricanements provoqués par son habit noir, les interrogatoires et les admonitions civiques qu'il avait dû subir avant de pénétrer jusqu'à Caussidière, l'attitude formidable de ce chef entouré de ses gardes du corps, armé de deux pistolets à la ceinture et d'un sabre en sautoir ; les regards farouches et les paroles menaçantes de Sobrier, qui voulait une République *de sa façon :* tout cela fut peint, raconté, commenté par Bethmont avec des couleurs et une verve d'ironie qui, sans calmer les inquiétudes du comité secret, le jetaient souvent dans des accès d'hilarité.

Tout en blâmant les hésitations du Gouvernement provisoire, en contestant son homogénéité et en témoignant peu de confiance dans la sincérité et l'énergie de son patriotisme, Caussidière s'était néanmoins abstenu de toute manifestation hostile. Il avait exprimé, pour son compte, plus de craintes que de menaces, et imposé silence aux soupçons et aux irritations qui éclataient autour de lui, pendant son entretien avec l'envoyé de l'Hôtel-de-Ville.

Cependant la réserve même de Caussidière n'inspirait qu'une confiance très limitée au ministre du Commerce. Il y voyait, au contraire, une raison de plus pour que le Gouvernement provisoire se tînt sur ses gardes à l'égard de ce chef qu'il appelait plaisamment une espèce de Spartacus grec. Enfin, Bethmont concluait de tout ce qu'il venait de voir et d'entendre à la Préfecture de Police, qu'il était urgent d'en éloigner ce terrible tribun, mais de l'en éloigner avec grâce, c'est-à-dire en lui confiant une mission qui chatouillât agréablement ses appétits et son orgueil.

Malgré ces appréhensions et ces craintes, l'accord finit par se faire entre le Gouvernement provisoire et Caussidière. Nous disons Caussidière seulement, parce que Sobrier, malade (1), se démit de ses nouvelles fonctions, le 27 février.

Plaque de ceinturon de sergent de police; 1848.

Le même jour, Caussidière fit placarder l'avis suivant :

Le citoyen Sobrier, délégué de la République au département de la Police, vient de déposer les fonctions qu'il devait au suffrage spontané de ses concitoyens : si grand que soit mon regret de perdre le concours de ce dévoué patriote, je dois applaudir à sa résolution, puisqu'elle lui permettra d'accomplir une mission de la plus haute importance.

Le délégué de la République française au département de la Police.

CAUSSIDIÈRE.

L'accord, auquel nous faisions allusion tout à l'heure, fut sans doute facilité par l'abandon du projet qu'avait d'abord formé le Gouvernement provisoire, de reconstituer la Préfecture de Police sous un autre nom et de la placer en attendant sous l'autorité du maire de Paris. En la circonstance, Caussidière montra une grande fermeté et beaucoup d'habileté; il gagna à sa cause le ministre de l'Intérieur Ledru-Rollin, et la querelle, ou plutôt le dissentiment, se termina par le

---

(1) Sa démission acceptée, Sobrier se retira dans une maison de la rue de Rivoli dépendant de la liste civile. Il réunit autour de lui quelques amis qui formèrent sa garde du corps et fonda le journal *La Commune de Paris*, imprimé à l'encre rouge.

décret des 20 et 22 mars qui conservait à la Préfecture de Police toutes les attributions qu'elle possédait avant la révolution de Février.

Du reste, on aurait tort de voir en Caussidière, un sectaire à l'esprit étroit, et dépourvu des qualités qui sont l'apanage de l'homme délicat et fin. Le portrait qu'en trace M. Sarrans, va nous le faire connaître sous son vrai jour :

Républicain de première race, tour à tour fabricant, voyageur, négociant, mais toujours conspirateur, Caussidière, avait, dit-il, combattu dans toutes les luttes de la démocratie contre la royauté de Juillet. C'était lui qui avait arboré à Lyon cette formidable devise : *Vivre en travaillant, ou mourir en combattant.* Depuis cette époque, il avait partagé tous les revers de son parti, retrempé sa foi et ses espérances dans la captivité, et recommencé en sortant de prison, l'œuvre de la propagande républicaine. La taille athlétique (1) de Caussidière, ses mâles allures, ses instincts démocratiques, sa réputation de martyr, ses accents de soldat, sa parole brève et métallique, tout concourait à son ascendant sur la foule. Cependant cette enveloppe exaltée et bouillonnante, recouvrait un esprit fin et habile, un caractère loyal, modéré dans son effervescence et naturellement disposé à la conciliation entre les citoyens. Plus imbu des idées conventionnelles que des doctrines socialistes, les systèmes compliqués lui répugnaient. Le sien se réduisait à une République démocratique, qui améliorât le sort du peuple par l'égalité des droits et le travail. Vigilant et courageux, ce qui le touchait le plus, après l'orgueil de la victoire, c'était l'orgueil du commandement et l'ambition de donner au désordre même le caractère de l'ordre, de la discipline et de l'obéissance. Sa coquetterie était de paraître loyal dans son triomphe sur ses ennemis, et de se poser en protecteur de tous les droits et de tous les foyers. Il mettait sa gloire à prouver qu'il n'était pas moins capable de réédifier que de détruire, de pousser ses complices à tous les vertiges et de les ramener à toutes les modérations. En un mot, Caussidière était un démocrate effervescent et audacieux, mais il avait une âme sincère, un bon cœur (2) et une main intrépide, qui faisaient de lui l'homme de l'époque le plus propre à contenir l'anarchie qui grondait sur Paris.

Tel était l'homme politique qui devint, le 24 février, le chef de la

---

(1) Il avait près de six pieds.

(2) L'anecdote suivante, relative à sa captivité, donne la mesure de son caractère noble et généreux :

Ayant réussi à tromper la surveillance de ses gardiens et à préparer une évasion avec un de

police parisienne. Il se mit, comme nous l'avons dit, immédiatement à l'œuvre et prit sur-le-champ des mesures énergiques pour rassurer la population (1).

Dès le matin du 25 février, les chefs de groupe, convoqués par ordre du nouveau délégué au département de la Police, se présentèrent avec leurs hommes à la Préfecture, où on leur donna les

Carte d'inspecteur de police; face.

armes qu'avaient laissées, la veille, la garde municipale et les sergents de ville.

Aidé de Sobrier, de Chenu, de Pornin et de Delahodde, Caussidière

---

ses camarades, il ne voulut pas abandonner celui-ci qui, en sautant le dernier obstacle, s'était cassé la jambe. « Va-t-en, lui disait le malheureux, sauve-toi. » Au lieu de suivre ce conseil, Caussidière appela du secours et se fit reprendre.

(1) Voici l'affiche qu'il fit placarder le 27 février pour rassurer les habitants de Paris :

RÉPUBLIQUE FRANÇAISE.
Liberté, Égalité, Fraternité.

« Des rumeurs alarmantes répandues par des esprits timorés ou malintentionnés, et accueillies trop légèrement, peut-être, ont, dans la journée d'hier, jeté un certain émoi parmi la population.

« Des rapports annonçant le projet formé d'attaques contre les Propriétés, et de dévastation, éveillaient la crainte de ceux qui se croyaient menacés.

Carte d'inspecteur de police; revers.

« A son tour, le Peuple des Barricades se montrait tourmenté par des bruits de réaction monarchique.

« La police a dû se préoccuper de ces nouvelles étranges, et elle a pris tous les moyens de vigilance nécessaires pour s'assurer de la vérité.

« Le Délégué au Département de la Police est heureux d'annoncer aux citoyens de Paris et de la Banlieue, qu'après des explorations faites avec le plus grand soin, il a acquis la certitude que rien de tout ce qui avait été dit n'était fondé.

« Vigilance, Énergie et Dévouement.

« Le Délégué de la République Française au département de la Police.

« CAUSSIDIÈRE. »

s'occupa d'organiser ces recrues qui n'avaient jusque-là combattu que dans les rangs de l'opposition ou sur les barricades, et en forma le corps des Montagnards.

Mais laissons-lui la parole, il va nous apprendre lui-même dans les premières pages de ses *Mémoires* comment il procéda à cette organisation :

Je formai, dit-il, le corps des Montagnards, composé en partie d'ouvriers sans travail, et qui, tous, avaient donné des preuves de civisme et de courage sur les barricades.

Plusieurs patriotes connus furent de suite chargés de recruter, pour l'organisation de la *Garde du peuple*. Le premier titre exigé pour en faire partie, était un certificat d'écrou d'ancien détenu politique; le deuxième un certificat de combattant de Février; le troisième, enfin, un congé et un certificat de bonne conduite, constatant que le candidat était un ancien et honorable militaire.

Il fut entendu que tous les grades, jusqu'à celui de capitaine inclusivement, devraient être le résultat de l'élection.

Quatre compagnies furent immédiatement créées. La Montagnarde, la compagnie de Saint-Just, la compagnie de Février et la compagnie Morisset.

Ces quatre compagnies, d'environ six cents hommes, furent renforcées plus tard de compagnies formées dans les casernes de Tournon et des Célestins, et portées, sous le nom de Garde républicaine, tant à pied qu'à cheval, au chiffre de 2700 hommes environ.

Cette garde primitive ne reçut qu'à partir du 1er avril, une solde régulière de 2 fr. 25 par jour, pour chaque citoyen quel que fût son grade.

L'uniforme fut d'abord une cravate et une ceinture rouge. On y ajouta ensuite une blouse bleue. Je fis en même temps une distribution de souliers et de bottes à ceux qui étaient dans la plus grande pénurie; et certes, ce n'était pas inutile, car durant plusieurs jours, bon nombre d'entre eux montèrent la garde en sabots.

Pendant six semaines, la plupart de ces braves citoyens couchèrent sur des lits de camp, ou plutôt ils étaient sur pied nuit et jour, et ne firent jamais défaut aux différents services qui leur furent imposés. Ils nommaient leurs chefs et exerçaient en général la justice entre eux. J'ajouterai que, dans les premières semaines, je n'ai pas eu une seule punition à infliger.

Leur esprit d'indépendance les poussait souvent à l'indiscipline; mais jamais cependant ils ne refusèrent d'acquiescer à une chose juste.

Jusqu'à la seconde quinzaine d'avril, il n'y eut jamais parmi les Montagnards, aucune rivalité jalouse; c'est à partir de cette époque seulement, et lorsque leur nombre se fut accru, que les suggestions de Blanqui engendrèrent quelques divisions.

Nous faisions bien réellement de l'ordre avec le désordre.

Brassard de gardien de Paris en 1848 (Musée Carnavalet)
(plaque en cuivre et ruban de laine tricolore).

C'est là un résultat dont on ne saurait trop apprécier la valeur, si l'on se reporte au lendemain de la révolution de Février. En effet, les sergents de ville et la garde municipale (1) ayant été licenciés et l'armée éloignée de Paris, la police fut pendant quelques jours, confiée aux Montagnards, aux Lyonnais et à d'autres bandes révolutionnaires dont les costumes bizarres excitent encore notre étonnement.

Ce fut à la fois une floraison d'uniformes variés (2) et de noms les plus divers.

---

(1) La garde municipale fut licenciée le 25 février.

(2) A la demande du ministre de l'Intérieur, Ledru-Rollin, le grand peintre d'histoire Raffet a dessiné, le 28 février (quatre jours après la révolution), dans la cour de la Préfecture de Police, un groupe de combattants où cette variété d'uniformes est admirablement rendue.

C'est son fils M. A. Raffet, sous-conservateur au département des Estampes à la Bibliothèque

Mais le costume et le nom importent peu. Il faut seulement retenir que ces nouveaux défenseurs de l'ordre, la veille encore parmi
les combattants du régime déchu ou dans les rangs des sociétés se-
crètes, donnèrent, comme nous l'avons déjà dit, des preuves incontestables de courage et d'honnêteté. Ils y eurent d'autant plus de mérite,
qu'ils étaient presque tous des déshérités de la fortune.

On doit donc être reconnaissant à Caussidière d'avoir su les faire
concourir avantageusement au maintien de l'ordre.

Il les avait, d'ailleurs, sous la main à la Préfecture de Police et savait fort à propos les encourager à la modération et à l'accomplissement de leurs devoirs. Le court récit que nous trouvons dans ses
mémoires au sujet de la plantation d'un arbre de la liberté, suffit à le
prouver : « La Préfecture de Police inaugura, dit-il, un des premiers
arbres de la liberté. Mon discours à la foule exaltée qui se pressait
autour du moi, s'il ne fut pas dit dans les règles, partait bien réellement du cœur. Moi aussi, semblable au prêtre du Christ, je prêchai
la fraternité dans l'ordre, en rappelant que la Préfecture, autrefois
lieu de terreur pour le peuple, n'était plus désormais que le sanc-
tuaire d'une justice permanente, et ne pourrait plus inspirer de
crainte qu'à ceux qui enfreindraient les lois du pays.

« Une ardente sympathie, la plus vive émotion et des promesses de
fraternité accueillirent mes paroles. Ces hommes des barricades,
jurant, les larmes aux yeux, de contribuer à la police de conciliation
que je cherchais à fonder, m'encouragèrent encore à remplir ces devoirs que m'imposaient ma conscience et les besoins publics. »

Les exhortations et les bonnes paroles n'étaient pas ses seuls
moyens de persuasion à l'égard des Montagnards. Il les récompensait
parfois d'une manière plus matérielle et leur avait même réservé le
service des théâtres, dont ils s'acquittèrent à la satisfaction des directeurs et du public.

Nationale, qui a eu la gracieuse obligeance de nous communiquer une copie de cette pièce
dont l'original se trouve en Amérique. Il a bien voulu nous autoriser à la reproduire ici.

La mauvaise impression qu'ils avaient d'abord produite sur les habitants de Paris, impression due surtout à leur singulier costume, fit place à un tout autre sentiment, quand on les vit, divisés en patrouilles, parcourir les rues de la capitale pour traquer les malfaiteurs et les voleurs.

C'est grâce à leur intervention protectrice, que la maison de banque de M. de Rothschild fut préservée des fureurs du peuple qui voulait la mettre à sac.

Enfin, ils achevèrent la conquête des plus timorés, en s'installant pendant la semaine sainte aux portes des églises pour assurer le libre exercice du culte.

Du 28 février au 1er avril, les Montagnards ne touchèrent qu'une solde insignifiante; mais ils furent nourris et habillés aux frais de la Ville qui eut aussi à sa charge, durant cette même période, les dépenses de bouche pour les tables du Préfet et de l'état-major.

Sur une note adressée, le 1er avril 1848, au Secrétaire général de la Préfecture de Police, nous trouvons le détail suivant qui s'applique à ces frais de nourriture :

Pain.	3 010f 61
Vin.	9 998 25
Viande de boucherie.	11 045 90
Charcuterie.	5 020 08
Épicerie.	200 00
Volailles, poissons.	364 00
Légumes, beurre et œufs.	282 55
A un restaurateur.	538 10
Salaires de cuisiniers et cantiniers.	2 302 00
TOTAL.	33 361f 49

C'est le montant des dépenses faites pour la nourriture de 452 personnes pendant 36 jours (du 25 février au 1er avril), savoir :

Citoyens affectés au service du corps de garde.	400
id. id. de l'état major.	32
Le citoyen Préfet et son entourage.	20
TOTAL.	452

Divisé par homme et par jour, ce chiffre de 33,361 fr. 49 donne une moyenne quotidienne de 2 fr. 05 pour chaque personne, ce qui, on en conviendra sans peine, n'a rien d'exagéré pour deux repas.

Sur cette note est également mentionnée une dépense d'environ 1,000 fr. pour divers achats de pipes, de tabac à fumer et de tabac à priser. Ce tabac et ces pipes, de dimensions différentes, étaient destinés aux Montagnards, ainsi que les fournitures suivantes relevées sur la même pièce :

20 mètres d'étoffe rouge pour ceintures ;

200 chemises en calicot ;

100 paires de souliers et 1 paire de bottes ;

200 paires de chaussons de laine et des sabots (sans indication du nombre, pour cette dernière fourniture) ;

220 matelas et des couvertures de laine (sans indication du nombre des couvertures) ;

15 drapeaux ;

4 tambours (pour le prix de 212 fr. 50).

Nous avons tenu à rapporter ici cet état de frais, parce qu'il jette un jour particulier sur cette curieuse époque et qu'il pourrait être facilement contrôlé avec la liasse si considérable de bons de vivres qui se trouve encore aux archives de la Préfecture de Police. Ces bons, écrits sur du papier de tous les formats, la plupart maculés de taches, sont signés par les principaux chefs de compagnies. Voici les noms qui reviennent le plus souvent au bas de ces petites pages volantes : J. Beaume, capitaine de la compagnie de Lyon ; Boileau, chef du poste des Montagnards ; Chenu, commandant-capitaine (pour le poste du 24 février sous la voûte) ; L. Delahodde, secrétaire général (pour les Montagnards) ; Ch. Dorme (pour le poste des Droits de l'homme) ; Ducret, lieutenant à la compagnie du Mont-Saint-Michel ; Fontelle, commandant de la compagnie Saint-Just.

Nous avons aussi dépouillé un certain nombre de bons pour rations de vin et de nourriture, émanant des officiers de l'armée et de

S.W.

MONTAGNARDS (1848).

la garde nationale placés à la tête des troupes qui bivouaquèrent alors à la Préfecture de Police. Et, pour en finir avec les trésors contenus dans cet intéressant dossier, ajoutons qu'il renferme une grande quantité d'ordres de service imprimés pour les gardes nationaux combattants de Février.

Bon de rations de vivres; Département de la Police; 1848.

Par les renseignements que nous venons de donner, on voit que les Montagnards étaient à peu près dénués de tout et qu'il fallut, dès le début, pourvoir à leur nourriture aussi bien qu'à leur habillement. Loin de faire obstacle à des demandes de cette nature, Caussidière y donna toujours son approbation; il les encouragea même dans la mesure du possible et ce fut encore pour lui un moyen de s'attacher davantage ses fidèles gardes du corps.

Aimé des Montagnards, il sut aussi conquérir les sympathies de tout le personnel de son administration. Canler nous a laissé, dans ses *Mémoires*, quelques lignes absolument concluantes à cet égard : « Je me plais, dit-il, à rendre à Caussidière cette justice que, sous

son administration, personne ne fut révoqué à la préfecture de police
et que chacun put y conserver sa position. Il y a plus : pendant
longtemps, les sergents de ville durent se cacher pour échapper à
certaines menaces de vengeance et cependant ils furent toujours inté-
gralement payés. Aussi, je ne crois pas qu'aucun agent de police, soit
chef, soit subalterne, ait eu à se plaindre de lui. (1) »

Mais Canler ne se contente pas de cette affirmation, car il nous
dit un peu plus loin que Caussidière savait parfaitement discerner
les services qu'il était en droit d'attendre de l'ancien personnel, et
que, lorsqu'il y avait une opération importante à faire, il en chargeait de préférence les officiers de paix. De même que les sergents
de ville, ces fonctionnaires s'abstinrent alors de paraître pendant
quelque temps dans les bureaux et dans les cours de la Préfecture. Ils
se réunissaient, malgré cela, chaque jour, de midi à trois heures,
au bureau des mœurs qui avait une entrée spéciale dans la cour de
Harlay.

Caussidière eut donc l'habileté de réconcilier les serviteurs du passé
avec ceux qu'il avait amenés, et nous découpons, dans *le National*
du 6 avril 1848, l'entrefilet suivant qui prouve bien que tout le monde
à la Préfecture de Police était à ce moment de cœur avec le Gouvernement républicain :

« Dès le 22 mars, dit ce journal, les employés des bureaux de
la Préfecture de Police ont spontanément fait don au Gouvernement
provisoire, d'un jour de leurs appointements du mois de mars. »

L'entente serait même devenue générale, si l'on en croit Chenu (2)
qui, dans son livre intitulé : *Les Conspirateurs*, raconte que les
Montagnards et les sergents de ville finirent par signer un traité de
paix; mais il est prudent de se méfier, car cet acte de concorde

(1) Le fait nous a été confirmé par un ancien fonctionnaire de l'administration, dont le
père était alors commissaire de police.
(2) *Les Conspirateurs*, par A. Chenu, Paris, Garnier frères, 1850.

aurait eu, d'après lui, le terrible commandant Pornin pour négo-
ciateur.

Quoi qu'il en soit, amis ou ennemis des Montagnards et bien que
payés par le citoyen Préfet, les sergents de ville ne faisaient plus
de police ostensible. Cette tâche incombait à leurs successeurs qui
au bout de quelque temps ne purent plus y suffire. Du reste, on tra-

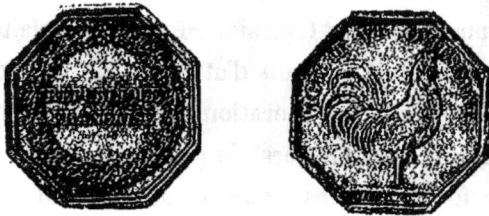

Jeton de la Préfecture de Police; 1848.

versait une période des plus agitées et il y avait urgente nécessité
à leur adjoindre, en attendant une réorganisation, la garde nationale et la garde mobile. Ces deux corps s'acquittèrent de leur
mission avec zèle et dévouement; mais, outre qu'ils n'étaient pas
destinés à tenir la place des agents, on ne pouvait leur imposer
continuellement un service aussi pénible.

Pour remédier à cette situation, Caussidière proposa de reconstituer la police municipale, en portant le nombre des employés à 1,600,
dont 1,250 répartis dans les brigades centrales et les 12 brigades
d'arrondissement divisées en sections. Ce projet allait recevoir sa
sanction, lorsque le Gouvernement décida la création du corps des
gardiens de Paris.

Vers la même époque, on organisa un corps de 1,500 hommes à
pied et de deux escadrons de cavalerie. Les cadres en furent ouverts aux patriotes et aux anciens militaires munis de bons certificats. 250 chevaux de la garde municipale servirent à monter les
escadrons qu'on vit bientôt, non sans étonnement, circuler dans les
rues de Paris. Ces gardes, avec leur simple bourgeron bleu et leur

képi rouge pour tout uniforme (1), avaient, paraît-il, une allure régulière et martiale.

Il fut convenu que cette garde civique figurerait sur les cadres de l'armée. Chaque enrôlé devait contracter un engagement de trois ans. Toute élection jusqu'au grade de capitaine était attribuée aux compagnies, sauf réserve d'incapacité. On y fit entrer, à titre numérique, les Montagnards et la compagnie des Lyonnais, ainsi que la garde de l'Hôtel-de-Ville. Toutefois, celle-ci, qui portait aussi le nom de garde républicaine, forma, dès le 24 avril, un bataillon spécial composé de 600 hommes.

D'ailleurs, au cours de cette période d'environ deux mois, les règlements, le costume et le nom de ces différentes troupes ne cessèrent d'être l'objet de changements fréquents, exécutés quelquefois sur un ordre verbal seulement.

Après l'attentat du 15 mai, la Commission exécutive ordonna le licenciement de ces corps de troupe. La Garde républicaine (2), organisée par un décret du 16, prit leur succession; son effectif fut porté à 2600 hommes.

Cette malheureuse affaire fut également funeste à Caussidière qui dut céder la place à M. Trouvé-Chauvel. Le 16, la garde mobile, la ligne et l'artillerie de la garde nationale reçurent l'ordre de désarmer les Montagnards qui, à l'exception de 30 hommes chargés du service du poste de la Préfecture de Police, occupaient (3) depuis le

---

(1) L'armement fut le pistolet et le sabre pour la cavalerie, le fusil et le sabre-poignard pour l'infanterie. Ce corps adopta plus tard l'uniforme bleu à bandes et revers rouges et le bicorne avec aigrette rouge flottante. Quelques gravures du temps nous montrent même ces soldats de l'ordre avec le pantalon rouge.

(2) Cette garde portait à peu près le même uniforme. Jusqu'au mois de février 1849, elle fut exclusivement aux ordres du ministre de l'Intérieur et du Préfet de Police; mais, à partir de cette date, elle fut placée sous l'autorité du ministre de la Guerre.

(3) Le 19 avril, 400 Montagnards quittèrent, en effet, la Préfecture de Police pour se rendre à la caserne Saint-Victor.

Beaucoup étaient entrés au corps des gardiens de Paris; c'est ce qui explique la différence entre ce chiffre de 400 et celui donné par Caussidière dans ses *Mémoires*.

19 avril la caserne Saint-Victor. Ils y attendirent jusqu'au 20 mai le décret qui les supprima définitivement.

Trouvé-Chauvel, Préfet de Police
(18 mai 1848 — 19 juillet 1848).

Nous ne pouvons laisser partir Caussidière, dont cependant nous aurons encore à parler à propos des gardiens de Paris, sans ajouter un mot au sujet de son administration. Elle a été si diversement jugée, qu'il nous semble équitable de mettre sous les yeux du lecteur une petite note parue dans le *Constitutionnel*, du 9 avril 1848 :

Chaque jour, dit ce journal, les rues de Paris deviennent plus tranquilles. On n'y voit plus de promenades, drapeau et tambour en tête; plus de pétards, plus de chants inattendus au milieu de rassemblements. Des étalagistes n'encombrent plus les rues fréquentées et n'entravent plus la circulation. Nous félicitons sincèrement le citoyen Caussidière de ces progrès très marqués vers l'ordre public. Qu'il persévère et il contribuera plus qu'on ne pense à ranimer la confiance et le crédit.

Comme il ne devait pas à coup sûr compter beaucoup d'amis parmi les rédacteurs du *Constitutionnel*, l'éloge n'a que plus de valeur. Caussidière s'en montra touché et en attribua, dit-on, le mérite à ses fidèles Montagnards.

Revenons maintenant aux derniers jours de mars, c'est-à-dire au moment où l'on créa les gardiens de Paris.

Ainsi que nous l'avons vu dans le précédent chapitre, on songeait depuis longtemps à doter Paris d'agents semblables aux policemen de Londres, et le Gouvernement provisoire crut avoir trouvé la réalisation de ce projet dans le décret suivant rendu à la date du 22 mars :

Le Gouvernement provisoire, considérant qu'il est du plus grand intérêt d'organiser sur de nouvelles bases un corps spécial chargé de veiller à la sécurité publique, à l'ordre, à la circulation des rues, au maintien, jusqu'à nouvel ordre, des règlements relatifs à la grande et petite voirie ;

Décrète :

Article I.

Il sera créé par les soins du ministre de l'Intérieur et du maire de Paris, un corps spécial sous le titre de *gardiens de Paris*.

Article II.

Ces gardiens ne seront point armés.

Article III.

Ils auront pour mission de veiller à la paix publique, à la conservation des établissements nationaux et des propriétés privées. Ils exerceront une protection bienveillante envers toutes les personnes qui en auront besoin, leur caractère devant être en général, aux yeux du Gouvernement provisoire, une sorte de magistrature populaire.

Article IV.

Ces gardiens seront assez nombreux pour que chacun d'eux puisse veiller à la sûreté de 60 à 100 maisons.

Article V.

Une taxe spéciale fournira aux frais de création et d'entretien des gardiens de Paris. Cette taxe sera établie de manière à peser seulement sur les propriétaires et les locataires dont le loyer s'élève à plus de 1,000 francs par an.

Article VI.

Le maire de Paris et le ministre de l'Intérieur sont chargés de l'exécution du présent décret.

Il faut reconnaître que ce décret ne fait même pas mention du Préfet de Police et que, par conséquent, il ne pouvait officiellement revendiquer la mission de recruter les gardiens de Paris. Néanmoins, Ledru-Rollin, qui était le véritable auteur du projet, chargea verbalement Caussidière de l'organisation de ce nouveau corps. Mais M. A. Marrast, le successeur de Garnier-Pagès à la mairie de Paris, ne voulut pas abandonner les droits que le Gouvernement provisoire venait de lui conférer, et le ministre de l'Intérieur, vivement sollicité des deux côtés, trancha la question en faveur du Préfet de Police.

Un décret du 29 mars dernier dans ses prénant entre ses mains prérogatives de pole maire de Paris allons voir combien agents fut laborieuse elle donna lieu entre Caussidière. gardiens de Paris arrêté à 2,000, au trai confirma, en effet, ce tentions, en mainte toutes les anciennes lice municipale que voulait retenir. Nous l'organisation de ces et à quels démêlés MM. Marrast et Le nombre des fut tout d'abord ar tement annuel de

Ducoux, Préfet de Police
(19 juillet 1848 — 14 octobre 1848).

1,200 francs. On décida, en même temps, la création de 50 brigadiers
à 1,500 francs par an.

Pour édifier ceux qui pourraient supposer qu'il y eut pénurie de
candidats et que ce fut là l'origine des nombreux tâtonnements qui
entravèrent la formation de cette milice, donnons la parole au
citoyen Préfet :

Au bout de quelques jours, dit Caussidière, plus de quatre mille hommes
demandaient à garder Paris. Une commission, nommée pour examiner leurs
titres, devait admettre de préférence les patriotes ayant souffert précédemment
pour leurs convictions politiques. Les dossiers judiciaires des solliciteurs devaient être purs de toute condamnation. Aucun ex-sergent de ville ne pouvait
faire partie de cet honorable corps.

Nous avions déjà quelques centaines de gardiens de Paris, admis par la
commission; leurs costumes étaient commandés et un certain nombre d'entre
eux fonctionnaient auprès des commissaires de police, lorsque j'appris que
M. Marrast avait fait ouvrir des bureaux à l'Hôtel-de-Ville, dans lesquels on
formait également cette organisation en double. M. Marrast savait pourtant
qu'elle était du ressort de la police municipale, et qu'on y travaillait sans relâche.

Je dus mettre ordre à cette tentative d'escamotage, en publiant que je ferais
arrêter et punir, conformément au code civil, quiconque paraîtrait sur la voie
publique en usurpation de fonctions.

Bien déterminé à sévir rigoureusement, je transmis cet ordre aux commissaires de police (1).

En même temps, j'annonçai ma résolution au ministre de l'Intérieur, qui dut s'expliquer sur cette affaire avec M. le maire de Paris. M. Marrast argua de son ignorance; il avait cru que les gardiens de Paris devaient dépendre de son administration. Il ne paraissait pas disposé à céder son prétendu droit. La discussion fut vive. La prétention erronée de M. Marrast y fut traitée de mauvaise foi, et le ministre vint m'annoncer que le corps des gardiens de Paris resterait, comme de juste, dans les attributions de la Préfecture de Police.

Comme on le voit, l'attitude de Caussidière fut très énergique. La note dont il parlait tout à l'heure et qu'il fit insérer dans les journaux de la capitale, était conçue en ces termes :

Le citoyen Préfet de Police avise qu'il a, dans ses attributions, la formation du corps des gardiens de Paris et qu'un bureau spécial est ouvert à la Préfecture de Police pour l'enregistrement des demandes.

Tout citoyen, qui prétendrait faire partie de ce corps sans pouvoir justifier de son inscription sur l'état dressé à cet objet à la Préfecture de Police, serait poursuivi comme s'étant immiscé dans des fonctions militaires et ayant porté un costume qui ne lui appartenait pas, délits prévus par les articles 258 et 259 du code pénal.

Et le 7 avril, il avait adressé au ministre de l'Intérieur la lettre suivante :

Citoyen Ministre,

L'organisation du personnel de la police, en ce qui concerne les gardiens de Paris, a éprouvé des retards que je déplore, qui sont indépendants de ma volonté

---

(1) Le 1er avril, le journal *la Liberté* s'exprimait ainsi à ce sujet :
« Le Préfet de Police, chargé par décret du gouvernement provisoire des attributions déterminées par l'arrêté organique de messidor an VIII, s'occupe avec sollicitude de la formation du corps des gardiens de Paris, dont la mission protectrice doit s'exercer le jour comme la nuit sur les personnes et sur les propriétés. Il trouve, nous le savons, dans cette institution une compensation aux devoirs que lui impose l'obligation de réprimer l'infraction aux lois qui garantissent l'ordre social et la sûreté individuelle. Ce système d'organisation qu'il a étudié avec un soin particulier, assure à toutes les parties de la voie publique une surveillance bienfaisante qui l'autorise à espérer que la Préfecture de Police aura désormais les moyens de prévenir les méfaits, plutôt que de les réprimer. Entendre ainsi la police de Paris est d'un heureux augure, et permet de croire que la reconnaissance publique s'attachera à une administration qui jusqu'à ce jour a inspiré de tout autres sentiments. »

et qui, s'ils se prolongent encore, auront les plus déplorables conséquences.

Nonobstant les ordres verbaux que vous m'avez transmis pour hâter le recrutement et l'organi- Paris, dont le service de rentre incontestable- tions, je sais que la mai- recruter ce même corps préoccuper de son or-

Déjà cependant un citoyens, admis par moi de Paris,. fonctionnent, commissaires de police, ainsi que la sûreté dans était réclamé par la produit un excellent drez, citoyen Ministre,

Gervais (de Caen), Préfet de Police (14 octobre 1848 — 20 décembre 1818).

sation des gardiens de surveillance et d'ordre ment dans mes attribu- rie de Paris continue à et n'a pas cessé de se ganisation.

assez grand nombre de en qualité de gardiens sous la direction des pour assurer l'ordre la ville; ce concours population et il a déjà effet. Vous compren- que ce n'est point avec

quelques centaines d'employés qu'on peut songer à réaliser le système d'organisation que je vous ai proposé et qui a obtenu votre suffrage; lorsque le nombre des personnes admises présentera un chiffre suffisant, ce système sera appliqué. Jusque-là j'utilise les gardiens de Paris au profit de l'ordre public; un brassard apparent les fait reconnaître de la population qui les accueille avec une satisfaction marquée.

Un tel état de choses ne peut se prolonger, le conflit d'attributions que vous avez tranché n'est vidé que par des communications verbales et je suis autorisé à penser qu'on n'y a point égard à la mairie de Paris.

Il devient indispensable, citoyen Ministre, que je reçoive *d'urgence* vos ordres officiels pour continuer à recruter et à organiser les gardiens de Paris; ceux qui exercent, doivent être payés à dater du jour de leur mise en activité. Je dois songer à faire confectionner les uniformes et, indépendamment des obligations financières déjà contractées, il est de mon devoir de m'engager encore et pour des sommes considérables. Je suis complètement à découvert jusqu'ici et vos ordres officiels peuvent seuls couvrir ma responsabilité; je les sollicite, avec instance, tant dans l'intérêt de mon administration que pour mettre un terme au conflit déplorable, dans lequel les deux premières autorités de Paris paraissent se trouver encore engagées.

C'est ainsi que Caussidière triompha des prétentions du maire de Paris et qu'il put procéder avec un peu moins de lenteur à l'organisation des nouveaux agents.

De son côté, la presse s'intéressait à la création des futurs gardiens de Paris, et, au commencement d'avril, *le National* publiait l'article suivant découpé dans *le Droit* :

La formation du corps des gardiens de Paris n'est pas encore définitivement arrêtée au ministère de l'Intérieur. Les études ont été faites relativement à la dépense et à l'habillement. Ce corps se composera, dit-on, de 2,000 hommes et de 50 brigadiers qui feront le service de jour et de nuit.

Le service de contrôle et d'inspection sera fait en outre par 4 ou 500 hommes, qui serviront en quelque sorte d'intermédiaires entre les gardiens de Paris et les commissaires de police et officiers de paix (1).

Chacun des gardiens de Paris, selon la catégorie à laquelle il appartient, aura la surveillance d'un nombre déterminé de maisons, dans une ou plusieurs rues.

Les brigadiers auront sous leurs ordres, chacun, une escouade de gardiens.

La dépense d'équipement et d'entretien de ce corps ne doit pas s'élever, assure-t-on, à moins de quatre millions. Ces frais seront supportés, dans une proportion déterminée, par la ville de Paris et par l'État.

Mais la dépense ne devait jamais s'élever à un pareil chiffre, parce que, à aucun moment, l'effectif ne fut au complet. On renonça à créer la taxe municipale destinée à solder les gardiens de Paris et il ne fut pas non plus donné suite à l'idée d'affecter un de ces agents à la surveillance de soixante à cent maisons. On se borna à leur confier le service précédemment fait par les sergents de ville.

L'uniforme des nouveaux agents fut ainsi déterminé : tunique bleue à collet et parements amarantes, boutons de cuivre avec le vaisseau parisien et la légende « Gardiens de Paris », pantalon à basane (2), ceinturon noir en cuir verni avec plaque semblable aux boutons, chapeau tyrolien à larges bords et cocarde tricolore (3). Pendant la

(1) La création des gardiens de Paris faisait, du reste, partie du plan de réorganisation de la police municipale dont l'effectif devait être porté à 2,800 hommes; mais ce projet n'aboutit pas.

(2) Presque tous ces pantalons furent, au début, confectionnés avec des basanes aux jambes.

(3) Cette cocarde fut, pendant les premiers temps, surmontée d'une plume de coq. Ce renseignement nous a été donné par la veuve d'un ancien gardien de Paris, aujourd'hui octogénaire et cependant toujours pourvue d'une excellente mémoire.

nuit, ils portaient un grand manteau caban en drap doublé d'é-
toffe de couleur amarante (1). Bien qu'ils ne dussent pas être armés,
ils eurent, chacun, un couteau-glaive à poignée noire en corne, avec
cette inscription : *La Loi.*

Carte d'inspecteur de Police; 1848.

Il était difficile de faire confectionner immédiatement ces uniformes.
Pour obvier à cet inconvénient, on donna, comme marque distinctive,
aux premiers agents qui firent le service, une plaque bombée, en
cuivre, sur laquelle était gravée l'inscription suivante : « République
Française — Liberté, Égalité, Fraternité — Préfecture de Police —
Gardiens de Paris » (2). Cette plaque était attachée au bras gauche
par un ruban de laine tricolore.

C'est donc avec cet insigne et le costume des Montagnards, parmi
lesquels la plupart avaient été recrutés au début, que les gardiens de
Paris se firent connaître des habitants de la capitale. Dès le 8 avril,
en effet, *La Liberté* écrivait :

« Les gardiens de Paris, nouvellement institués, ont commencé à

(1) On confectionna une grande quantité de ces manteaux avec manches et capuchon. Un
certain nombre au contraire, simplement ajustés et de forme arrondie, se portaient drapés
autour de la taille, un pan rejeté en arrière.

(2) Cette plaque est exposée au musée Carnavalet, dans la vitrine des souvenirs de 1848. Nous
en donnons un fac-simile à la page 141.

entrer en fonctions dans le quartier des Halles. Leur costume consiste en une blouse bleue, une ceinture tricolore et un pantalon rouge. Ils portent pour marque distinctive une plaque de cuivre au bras gauche. »

Il y eut, d'ailleurs, pendant près de trois mois, peu d'uniformité dans la tenue.

Pour le drap, on s'adressa à des manufacturiers d'Elbeuf, et M. Dalmais, tailleur, fut chargé de la confection. Il fut autorisé à établir ses ateliers à la caserne des Célestins, où il s'installa le 13 avril.

Il lui fallut compter tout de suite avec les ateliers nationaux qui, par l'entremise de Louis Blanc, réclamèrent leur part de travail. Il fit donc transporter 500 mètres de drap et les modèles à l'atelier national de la rue de Clichy ; mais il ne vit jamais rien revenir, ce drap ayant servi, paraît-il, à la confection d'autres uniformes. Malgré ce contre-temps, M. Dalmais, de concert avec M. Decaux, fabricant de drap à Elbeuf, parvint à faire face aux difficultés de l'entreprise qui prit fin le 30 juin. Un peu plus tard, on utilisa 346 pantalons de drap bleu foncé, provenant de l'ancienne garde municipale et qui se trouvaient sans emploi dans les magasins d'habillement de la garde républicaine, ainsi que 3,000 mètres de drap cédés par l'Intendant militaire de la garde nationale, au prix de 10 fr. 20 le mètre.

Les commandes de chapeaux tyroliens firent le tourment de l'administration. En effet, par suite de la grève des ouvriers chapeliers, les soumissionnaires ne purent, jusqu'au mois de juillet, en livrer une grande quantité. En attendant, on dut se contenter de casquettes ou képis en cuir, dont la fabrication ne marcha guère plus vite. La fourniture de ces fameux chapeaux ne fut terminée qu'en octobre (1).

MM. Lepage-Moutier (2) et Devismes, arquebusiers-armuriers, menèrent les choses plus rapidement. Au mois de juillet, ils

(1) Au dire d'un ancien fonctionnaire, ces coiffures en cuir étaient semblables aux shakos portés pendant longtemps par les sergents de ville de Versailles et les facteurs des postes.
(2) Les magasins de cet armurier, sis rue de Richelieu, en face le théâtre, furent mis au pillage dans la journée du 22 février 1848.

avaient terminé leurs livraisons de ceinturons et de couteaux-poignards. Et cependant, au cours de la première réception de ces armes, la commission d'exper- tise avait soulevé des objections au sujet de la faiblesse de la lame qui était en fer. Les fournis- seurs firent observer, avec raison, qu'elle était semblable à celle de l'échantillon fourni par le minis- tère de l'Intérieur, où l'on n'avait pas voulu choisir des lames d'acier parce que ces armes n'é- taient pas destinées à un service de guer- re. Le différend fut rapidement aplani et rien n'arrêta plus la fabrication de ces armes qui ont tour à tour été appelées couteaux de chasse, glaives et couteaux-poignards.

Colonel Rebillot, Préfet de Police (20 décembre 1848 — 8 nov. 1849).

Voici, à titre d'indication, les prix de ces diverses fournitures :

Habillement	Drap bleu d'Elbeuf...................... le mètre..	15f 60
	Drap amarante........................ id.	13 »
	Tunique en drap bleu à collet et parements amarantes.	45 20
	Pantalon en drap bleu.............................	22 72
	Caban doublé.................................	50 »
	Boutons de cuivre aux armes { les gros à 8f le cent...	8 »
	de la Ville.............. / les petits à 4f le cent...	4 »
Coiffures	Chapeaux tyroliens en feutre à larges bords avec co-carde tricolore............................	12 50
	Casquettes ou képis en cuir......................	3 50
Armes	Ceinturons en cuir verni avec plaque en cuivre......	5
	Poignards à manche en corne noire, avec inscription « La Loi »..............................	9 »

Il est inutile de rappeler que Caussidière quitta la Préfecture de Police avant d'avoir pu mener à bien tous les détails de cette organisation (1).

---

(1) Cette organisation était cependant très avancée, si l'on s'en rapporte aux deux lettres écrites, le 6 mai, par Caussidière au ministre de l'Intérieur et au maire de Paris, pour les informer que le classement des candidats était terminé et qu'il allait incessamment donner satisfaction à leurs protégés.

Il laissa ce soin à ses successeurs MM. Trouvé-Chauvel, Ducoux et Gervais (de Caen) qui occupèrent ce poste, du 18 mai 1848 au 20 décembre suivant, c'est-à-dire sous la Commission exécutive et le gouvernement du général Cavaignac.

Comme nous l'avons déjà fait remarquer, le corps des gardiens de Paris ne fut jamais organisé suivant les prescriptions du décret du 22 mars. Le manque de fonds nécessaires au paiement et à l'habillement de ces nouveaux agents fut le seul obstacle qui empêcha l'Administration de poursuivre leur recrutement jusqu'au chiffre de 2,000, primitivement fixé. Pour rendre hommage à la vérité, nous devons ajouter que les gardiens de Paris n'entretinrent que de bons rapports avec la population parisienne qui ne manifesta jamais des sentiments de sérieuse hostilité contre eux (1), même après les sanglantes journées de juin provoquées par la suppression des ateliers nationaux. C'était donc de l'argent qu'il eût fallu trouver, et malgré des demandes réitérées jusqu'à l'importunité, MM. Trouvé-Chauvel et Ducoux ne purent y parvenir. Nous reconnaissons aussi qu'à cette époque, l'état des finances de la Ville était tel qu'il ne permettait guère aux membres de la Commission municipale de prêter une oreille attentive aux réclamations du Préfet de Police.

Non seulement l'opinion publique n'était pas défavorable à ces agents, mais on insistait dans les journaux pour que leur organisation reçût sa complète exécution. Voici ce que disait, à ce sujet, *la Revue municipale*, dans son troisième numéro daté du 1er juillet 1848 :

Sur 2,500 hommes (2) dont ce corps doit se composer, il n'y en a pas la moitié qui aient reçu leur commission. D'où peut venir un pareil retard? Il y a pour-

---

(1) En effet, elle manifesta plus tard, mais contre leur costume, ainsi que nous le verrons plus loin.

(2) Ce chiffre est supérieur à celui qui fut tout d'abord arrêté; il a été pris sans doute dans le plan de réorganisation de la police municipale, qui portait l'effectif à 2,800 hommes, y compris les gardiens de Paris et des agents civils.

tant urgence à mettre sur pied une force suffisante pour assurer la sûreté publique et rétablir la libre circulation dans nos rues.

Il serait bien à désirer que les gardiens de Paris ne fussent jamais soumis à un service en bourgeois. C'est le service en bourgeois qui a déconsidéré le sergent de ville. La même cause produirait le même effet pour les gardiens de Paris. Leur rôle est la surveillance de la voie publique, sous le triple rapport de la salubrité, de la circulation et de la sûreté. Il faut que, sous aucun prétexte, ils ne puissent être distraits de cette attribution spéciale. Elle est assez étendue pour les occuper activement jour et nuit.

Carlier, Préfet de Police (8 novembre 1849 — 26 octobre 1851).

Il serait bien à désirer aussi qu'on fît pour le corps des gardiens de Paris, ce qu'on faisait pour celui des sergents de ville, c'est-à-dire qu'on n'admît aux places qui sont encore vacantes que des hommes alliant à une force physique suffisante, cette force morale qui y supplée quelquefois et sans laquelle la première est un instrument sans emploi.

C'était aussi certainement la manière de voir de M. Trouvé-Chauvel qui ne pouvait rien contre l'obstacle que nous venons d'indiquer. M. Ducoux, qui prit sa succession le 19 juillet, proposa de suite à la Commission municipale de revenir au projet déjà présenté par Caussidière et qui comprenait un effectif de 1,600 hommes. Il ne fut pas plus heureux que le père des fidèles Montagnards et dut pourvoir au maintien du bon ordre avec les gardiens qu'il avait trouvés à son entrée en fonctions. Il eut donc sous ses ordres un personnel de 1,314 agents qui se décomposait ainsi :

549 sergents de ville que M. Trouvé-Chauvel avait rappelés à la Préfecture après le départ de Caussidière et qui étaient chargés d'un service inostensible ;

27 agents admis immédiatement après la révolution de Février ;

738 gardiens de Paris.

Il ne put même pas léguer pareille armée à son successeur

lorsqu'il quitta la Préfecture (1), car il fut obligé de ramener le nombre des agents à 1,170 hommes. C'était une diminution de près de 150, en trois mois. Dès le mois d'août, pour couper court aux espérances des candidats aux fonctions de gardien de Paris, il fit insérer la note suivante dans *les Débats, le Constitutionnel, la Presse,* et *la Gazette des tribunaux :*

Un journal a annoncé que le corps des gardiens de Paris allait être augmenté et qu'il s'agissait d'y adjoindre une brigade à cheval. Rien de semblable n'a été décidé.

Mais en supposant que le fait avancé fût réel, comme il existe en ce moment à la Préfecture de Police plus de 1,500 demandes d'admission dans ce corps, toute pétition nouvelle tendant au même but serait absolument sans objet.

Nous croyons devoir donner cet avertissement aux personnes qui auraient la pensée de se mettre en instance auprès de l'Administration.

Voilà un communiqué qui, malgré tout, fait bien connaître la pensée de l'Administration. Non seulement, elle ne voulait pas augmenter le nombre des gardiens de Paris, mais elle était au contraire disposée à le diminuer.

A la fin d'octobre, sous M. Gervais (de Caen), cette tendance était encore plus à l'ordre du jour. A la date du 30, le Secrétaire général adressait, en effet, à une certaine catégorie de postulants la lettre que voici :

Citoyen,

Pour des motifs fondés sur l'intérêt du service, je viens de décider que les conditions premières pour l'admission dans le personnel de la police municipale seraient désormais :

1° L'âge de 35 ans au plus;

2° La taille de 1^m,73 au moins.

Vous ne réunissez pas ces conditions, citoyen; il m'est donc impossible de donner suite à votre candidature et je viens vous en exprimer mon regret.

Si vous avez joint à votre demande des papiers qu'il vous convienne de retirer, vous pouvez vous présenter au bureau du personnel de ma Préfecture,

_____

(1) Le 14 octobre 1848.

GARDIENS DE PARIS; 1848-49.

au premier jour de 10 heures à midi. Ils vous seront remis sur un récépissé signé de vous.

        Salut et fraternité.

                   Pour le Préfet de police :
                   Le Secrétaire Général,
                      O' Reilly.

Si l'on ajoute foi aux journaux du temps et à l'article suivant paru dans l'*Opinion Nationale* du 11 octobre 1866, M. Gervais (de Caen) aurait trouvé un moyen ingénieux pour amener les gardiens de Paris à donner eux-mêmes leur démission :

En 1848, lorsqu'aux sergents de ville dissous, et qu'on était bien obligé de remplacer, vinrent se substituer les gardiens de Paris avec leurs chapeaux pointus; ce furent de toutes parts des barbes à faire trembler les petits enfants.

Il y avait beaucoup de braves gens parmi ces gardiens de Paris; mais la plupart avaient plus de vertus patriotiques que d'aptitude réelle à leurs fonctions. On ne savait trop comment les réformer sans mécontenter l'opinion du moment. Un préfet de police, homme d'esprit, imagina un beau jour de leur ordonner de se raser. Jamais mesure d'épuration ne fut plus efficace. Pas un farouche ne voulut sacrifier sa barbe; et quant à ceux qui se soumirent à l'ordonnance, une fois rasés, ils se montrèrent tout aussi débonnaires que Samson après la fameuse coupe de cheveux opérée par Dalila.

Le nombre des gardiens de Paris alla en diminuant jusqu'à la fin de l'année 1848. Ils traversèrent sans encombre l'élection présidentielle qui donna le pouvoir au prince Louis-Napoléon; mais leurs jours étaient comptés, et le budget de 1849 fut en quelque sorte établi en prévision de leur disparition.

Avant de donner le détail de ce budget, relevons les indications suivantes sur celui de l'exercice de 1848 :

1160 agents (y compris les gardiens de Paris créés en vertu du décret du Gouvernement provisoire du 22 mars 1848, et dont le nombre fut porté à 700 dans le mois de juin)...............	1.125.809.31
Un nombre de 39 brigadiers ou sous-brigadiers, mais sans désignation pour le corps des sergents de ville ou celui des gardiens de Paris, y figure pour la somme de................	61.100 »
L'habillement pour les deux corps s'élève à...................	84.705.92

Enfin, il est dit dans une note placée au-dessous du total de cet exercice, « qu'il n'y avait eu jusqu'en 1848 qu'un médecin à la police municipale, mais qu'à partir du mois de mai de la dite année, il en avait été créé un en plus pour les gardiens de Paris. »

Au mois de décembre 1848, lors de la discussion du budget pour l'exercice 1849, la Commission municipale fixa l'effectif à 940 employés et agents, et affecta à leur traitement une somme de 1.368.420 francs, dont voici le détail :

1 chef de la police municipale.	10.000	»
1 sous-chef —	4.000	»
14 commis	24.220	»
1 commissaire.	3.000	»
25 officiers de paix.	86.100	»
7 inspecteurs principaux (1).	14.000	»
42 brigadiers à 1800 (2).	75.600	»
42 sous-brigadiers à 1600.	67.200	»
807 inspecteurs ou agents (3). { 25 à 1500. . . . . 302 à 1400. . . . . 480 à 1300. . . . . }	1.084.300	»
Total.	1.368.420	»

Mais comme au 1er janvier 1849 l'effectif dépassait de beaucoup les propositions arrêtées par le budget (4), il fut convenu qu'il y serait ramené au fur et à mesure des extinctions.

En juin 1849, par suite des vacances survenues depuis le commencement de l'année, le nombre des employés et agents de la

---

(1) Tous compris dans les services spéciaux (sûreté, garnis, mœurs et recherches).

(2) Sur les 84 brigadiers ou sous-brigadiers, 63 seulement étaient affectés au service des arrondissements, aux brigades centrales et à l'attribution des voitures, et portaient l'uniforme ; les autres appartenaient aux services spéciaux et opéraient sans signe distinctif.

(3) Sur le budget imprimé, ce chiffre est ramené à 751 inspecteurs ou sergents de ville, divisés en cinq classes, savoir :

93 à 1500	225 à 1200	
195 à 1400	36 à 600	..
202 à 1300		

(4) Ce budget mentionnait, pour la première fois, le traitement des deux médecins de la police municipale. Le premier touchait 2,400 fr. par an et le second, 1600.

Mais cette somme de 2,400 fr. attribuée annuellement à l'un de ces médecins, comprenait un traitement de 1900 fr. et une indemnité de 500 fr. pour la fourniture à forfait de tous les médicaments nécessaires.

police municipale était rentré dans les limites fixées par la Commission municipale; mais pour couvrir l'excédent de dépenses

fait dans les pre-
treignit l'effectif au-
adopté.
née 1849, la tenue
n'était déjà plus goû-
la population. Comme
naux ne leur ména-
tiques les plus acer-
qui suffira, nous le
donner une idée de
sait alors l'uniforme

De Maupas, Préfet de Police
(20 octobre 1851 — 22 janvier
1852).

miers mois, on res-
dessous du chiffre
Au début de l'an-
des gardiens de Paris
tée de la majorité de
le public, les jour-
geaient pas les cri-
bes. Voici une lettre
croyons du moins, à
la faveur dont jouis-
de ces agents :

Paris, le 24 janvier 1849.

Monsieur le Préfet,

Je ne suis ni anarchiste ni révolutionnaire, car j'ai toujours aimé l'ordre avec
la liberté, comme le comprennent les gens de bien. Mais de grâce, Monsieur,
faites-nous disparaître le plus tôt possible les chapeaux tyroliens de dessus la
tête des gardiens de Paris ; car chaque fois que j'en rencontre dans les rues, je
crois toujours me trouver en face des brigands de la Calabre, si habiles à détrous-
ser les honnêtes voyageurs.

La France a fait une révolution, il est vrai; mais aujourd'hui que le calme
commence à renaître, tout doit rentrer dans son état normal et régulier afin que
l'ordre et la confiance reprennent.

Un de vos plus dévoués serviteurs, attaché à l'administration de la ville,

Signé : D...

L'Administration, à la tête de laquelle venait d'être placé M. Rébillot, s'était déjà occupée de ces réclamations. En effet, une commission (1), instituée le 13 janvier, avait tenu deux séances, les 17

(1) Voici les membres de cette commission :
Le secrétaire général, *président;* | Le chef de la police municipale ;

et 18 du même mois, sous la présidence du Secrétaire général et décidé l'adoption d'un nouvel uniforme. La question est, d'ailleurs, parfaitement exposée dans le procès-verbal suivant qui a trait à la dernière séance :

Les vêtements, dont M. le Secrétaire général avait prescrit la confection, sont apportés et essayés. La commission les adopte définitivement pour l'uniforme des gardiens de Paris.

Un membre reproduit les observations présentées par lui, dans la séance du 17, sur les inconvénients que peut faire naître le retour pur et simple à l'ancien uniforme des sergents de ville.

La commission persiste dans ses résolutions.

En conséquence, l'uniforme des gardiens de Paris est fixé comme suit :

Chapeau à cornes, bas de forme (1);

Habit bleu sans revers, collet droit, passe-poil rouge, aux pointes du collet un vaisseau en passementerie d'argent aux armes de la ville de Paris; aux basques, quatre vaisseaux découpés en drap rouge;

Col d'uniforme;

Capote bleue unie, vaisseaux en argent au collet;

Boutons blancs en métal aux armes de la ville de Paris;

Pantalon en drap bleu uni;

Pour l'été :

(Petite tenue) Pantalon en toile grise;

(Grande tenue) Pantalon en toile blanche.

Les brigadiers et les sous-brigadiers seront distingués par des vaisseaux en passementerie d'argent aux basques de l'habit et des galons en argent, doubles pour les premiers, simples pour les seconds. Ces galons seront disposés comme dans l'infanterie légère.

Ce projet reçut l'approbation du ministre de l'Intérieur, et le Préfet

---

Le chef du 1er bureau du secrétariat général (comme chargé du personnel et du matériel);
Le doyen des commissaires de police (M. Bruzelin);
Le doyen des officiers de paix des brigades d'arrondissement (M. Roussel);
Un employé du bureau du secrétariat général, secrétaire (sans voix délibérative).

(1) Ce léger changement dans la forme du chapeau, le remplacement de la patte blanche du collet par les vaisseaux aux armes de la ville, et la suppression des retroussis furent les seules modifications apportées à l'ancien costume des sergents de ville.

Le prix de ces chapeaux fut augmenté de 1 fr. 55 et fixé par conséquent à 15 fr., à cause du bord en tissu dit poil de chèvre ajouté au nouveau modèle.

de Police s'empressa de prendre les dispositions nécessaires à son
exécution la plus prochaine. A cet effet, un marché fut passé, le
16 février, avec M. Schwebisch, l'ancien adjudicataire d'avant la révolution de Février (1), qui, n'ayant pu, en temps utile, faire confectionner tous les nouveaux uniformes, utilisa ceux qu'il n'avait pu
livrer au moment de la chute de Louis-Philippe.

Quelques semaines plus tard, l'organisation du corps des gardiens
de Paris fut définitivement abandonnée. Ce fut un coup d'État admi-

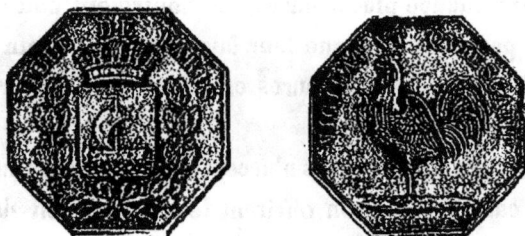

Jeton de la Préfecture de Police; 1851.

nistratif. Ni *le Moniteur,* ni les journaux judiciaires, ni la collection
officielle des ordonnances de la Préfecture de Police ne font mention
de cette mesure. Toujours est-il que le 8 avril 1849, jour de Pâques,
les sergents de ville furent rétablis avec le bicorne et l'épée tradi-
tionnels, tandis que les chapeaux tyroliens, les couteaux de chasse et
les tuniques à collet et à parements de couleur amarante, mis hors de
service, étaient relégués dans les magasins de la ville, où ils furent
vendus plus tard au profit de la caisse municipale (2).

_____

(1) Par cet acte M. Schwebisch s'engagea à confectionner les uniformes des nouveaux agents
aux prix stipulés sur son précédent marché du 4 novembre 1844, sauf une indemnité supplémentaire pour l'imperméabilisation du drap et une allocation de 2 fr. par vêtement, pour les
vaisseaux en argent fin placés au collet de l'habit et de la capote.

(2) Toutefois, on ne vendit pas tous les couteaux-poignards; car au mois de septembre 1850,
il en restait encore une certaine quantité dans le magasin d'habillement de la Préfecture de
Police. A cette époque, on mit à la disposition du Préfet de la Seine, sur sa demande, 30 de ces
couteaux-poignards pour remplacer les sabres-briquets dont étaient alors armés les surveillants des cimetières de Paris.

Ainsi, ces glaives servirent à la fois à assurer le repos des vivants et des morts.

C'était, en somme, la substitution de l'ancien corps des sergents de ville à celui des gardiens de Paris : on changeait le nom et l'uniforme des agents que l'on organisait comme sous le précédent régime.

Cette brusque réapparition des sergents de ville souleva quelque agitation parmi la population parisienne. Les journaux ne manquèrent pas de commenter l'événement et d'y attribuer une certaine importance. Tandis que les feuilles d'opinion modérée y applaudissaient, d'autres, de nuance plus avancée, se montraient peu satisfaites et ne cachaient pas le regret que leur faisait éprouver un abandon aussi prématuré d'une des meilleures créations du Gouvernement provisoire.

Tous les gardiens de Paris n'acceptèrent pas non plus leur nouvelle situation, car 250 environ offrirent leur démission dans le courant d'avril.

Mais cette légère effervescence se calma bientôt et les sergents de ville purent continuer sans autre incident le service qu'ils faisaient auparavant sous le nom de gardiens de Paris.

Du reste, pendant les années qui suivirent et jusqu'à la fin de 1852, terme de la période qui nous occupe, le corps des sergents de ville ne fut l'objet d'aucune modification sérieuse.

Un arrêté du 24 décembre 1849 alloua, à partir du 1er octobre précédent, une augmentation de traitement à un certain nombre d'inspecteurs de police et de sergents de ville. 240 de ces derniers figurent dans les proportions suivantes sur le tableau de répartition :

> 51 à 1.500 fr. ;
> 83 à 1.400 fr. ;
> 106 à 1.300 fr.

Ceux qui ne bénéficièrent pas de cette augmentation, furent maintenus au traitement de début, c'est-à-dire à 1.200 fr.

Le budget de l'année 1850, sur lequel furent calqués ceux de 1851 et 1852, va nous donner le chiffre des dépenses résultant des modifications apportées, en 1849, au service de la police municipale. Voici seulement ce qui concerne les officiers de paix et les agents placés sous leurs ordres :

25 officiers de paix		85.000 »
12 inspecteurs principaux		26.000 »
40 brigadiers . . . . { 72.000 » }		168.000 »
60 sous-brigadiers . . . . { 96.000 » }		
750 inspecteurs ou sergents de ville . { 100 à 1500		990.000 »
{ 200 à 1400		
{ 200 à 1300		
{ 250 à 1200		
Soit		1.209.000 »

Si, à cette somme, on ajoute 42,000 fr. pour les traitements des chef et chef-adjoint de la police municipale, du commissaire de police et des employés de bureau, on a un total général de .... 1.311.000.

En 1851, l'Administration traita de nouveau avec la maison Schwebisch pour la fourniture des effets destinés aux agents.

Par suite de ce marché, le montant de l'uniforme de sergent de ville s'éleva à 191 fr., savoir (1) :

1 habit	54.50
1 redingote	65.50
1 pantalon drap	27 »
2 pantalons à 8.50	17 »
1 chapeau	15 »
1 épée en sautoir	12 »
Total	191 »

Le budget municipal avait donc à supporter une dépense de 191 fr.

---

(1) Voici la durée de ces effets :

Le premier habit	15 mois.	Le premier pantalon de drap	6 mois
Les suivants	18 —	Les suivants	8 —
La première redingote	15 —	Le pantalon de coutil	12 —
Les suivantes	18 —	Le chapeau	12 —

On remarquera qu'il n'est pas fait mention du képi.

pour l'habillement de chacun des agents ostensibles, à leur entrée en fonctions.

Aux termes du décret du 31 août 1852 sur le costume des commissaires de police, l'uniforme du chef de la police municipale fut composé comme suit (1), :

Habit bleu, broderie à trois rangs en argent au collet, parements, écussons, boutons à l'aigle et pattes brodées ;

Écharpe tricolore avec frange en argent à petites torsades ;

Épée à poignée noire, garde argentée ;

Chapeau à la française avec ganse brodée et plume noire.

Les officiers de paix portaient comme signe distinctif une écharpe bleue à franges tricolores.

Sylvain Blot, Secrétaire général de la Préfecture de Police. Préfet de Police Intérimaire (23 Janvier — 27 Janvier 1852).

Quant au service de police, il fut organisé à peu près dans les mêmes conditions qu'avant la révolution de Février.

Les 12 officiers de paix d'arrondissement dirigeaient, chacun, une brigade qui comprenait un brigadier, quatre sous-brigadiers (un par section), 30 ou 35 sergents de ville en uniforme et plusieurs inspecteurs en costume bourgeois.

Des rondes, formées de 3 hommes au moins et conduites par un sous-brigadier ou simplement par un agent qu'on désignait sous le nom de chef de ronde, circulaient toute la journée dans chaque arrondissement. Parties en même temps du bureau de l'officier de paix, elles y revenaient à des heures fixes pour rendre compte à ce fonctionnaire

(1) Cet uniforme était le même que celui des commissaires de police. Nous devrions dire est le même, car le décret du 31 août 1852 n'a pas été abrogé et a toujours force de loi. L'ornementation de la poignée de l'épée et des boutons sont les seules modifications qui y ont été apportées.

Un décret du 28 mars 1852 avait remanié l'organisation des commissariats de police.

du résultat de leurs investigations. Les renseignements, ainsi recueillis, étaient transmis, de 3 heures en 3 heures, au chef de la police
municipale.

Quatre brigades centrales, dont l'effectif s'élevait à 120 hommes,
étaient placées chacune sous les ordres d'un officier de paix. Elles se

Vue de l'entrée de l'ancienne Préfecture de Police et de la rue de Jérusalem,
prise du quai des Orfèvres (1850).

tenaient à la Préfecture de Police et avaient mission de se porter immédiatement partout où les circonstances les réclamaient.

Les voitures, déjà en si grand nombre à Paris, exigeaient un service spécial de 40 sergents de ville, dirigé par un officier de paix (1).

(1) Les huit autres officiers de paix avaient la direction des services spéciaux. (Mœurs, garnis,
sûreté et recherches. Ainsi que nous l'avons dit à propos du budget de 1850, les inspecteurs
inostensibles en faisaient seuls partie.

Indépendamment de la surveillance qu'ils exerçaient pendant le jour, les sergents de ville faisaient des rondes de nuit dans tous les quartiers de Paris. Ces patrouilles, qui avaient leur point de départ à la Préfecture de Police, étaient commandées à tour de rôle par l'un des officiers de paix d'arrondissement ou des brigades centrales.

Cette organisation (1), œuvre du colonel Rébillot et de M. Carlier, fut conservée jusqu'au commencement du second Empire par leurs successeurs MM. de Maupas (2) et Piétri, dont le passage à la Préfecture de Police eut une si grande influence sur les graves événements qui marquèrent les années 1851 et 1852.

---

(1) Le corps des sergents de ville de Lyon fut créé en 1851, sur le modèle de cette organisation.

(2) Rappelons que M. de Maupas devint Ministre de la Police, le 12 janvier 1852. Il occupa ce poste important jusqu'au 21 juin 1853, date où ce ministère fut définitivement supprimé.

Armoiries de la ville de Paris, deuxième République.

CHAPITRE QUATRIÈME

1852 A 1870

Au cours de la période si curieuse et si mouvementée, dont nous avons, dans le précédent chapitre, essayé de tracer un tableau exact et fidèle, de nombreuses modifications furent, ainsi qu'on l'a vu, apportées à l'organisation du corps des sergents de ville. L'institution, il faut bien le dire, faillit sombrer et ne revint complètement à la vie qu'après une série de transformations qui durèrent plus d'une année. C'est donc la longueur de l'épreuve, et non l'épreuve elle-même, qui, seule, nous a paru marquer la différence entre la révolution de Février et celles de 1830 et de 1870. Car autrement, si l'on jette un simple coup d'œil sur les bouleversements politiques des 65 dernières années, il est facile de voir que cette milice si utile, protectrice naturelle de l'ordre, est toujours la première victime que les révolutions immolent fatalement à la vengeance du peuple, et qui renaît bientôt après sous une autre forme, lorsque le calme est revenu et qu'il faut songer à la sécurité de la ville et au repos de ses habitants. Mais ce qui nous imposait

presque une excursion dans le domaine historique, c'est la suppression prolongée de ceux dont nous nous occupons et le rôle important que joua Caussidière au commencement de la deuxième République. Si ces motifs n'étaient pas suffisants, nous avouerions
sans détour que l'attirance particulière de cette époque originale et
pittoresque nous a entraînés hors de notre sujet.

Comme nous ne trouvons rien de pareil pendant les dix-huit années du règne de Napoléon III, nous nous attacherons à exposer et
à faire ressortir, le mieux possible, les points principaux de la nouvelle organisation qui fut donnée aux sergents de ville sous ce régime. Pour faciliter cette étude, nous allons la diviser en trois parties
correspondant, chacune, à la durée des fonctions qui furent confiées,
de 1852 à 1870, à MM. P. Piétri (27 janvier 1852 — 16 mars 1858), Boitelle (16 mars 1858 — 21 février 1866) et J. Piétri (21 février 1866 —
4 septembre 1870). Nous aurons ainsi une délimitation plus rationnelle et plus favorable aux longs développements que comportent
la réorganisation de 1854 et les importantes modifications qui furent
la conséquence de l'annexion des communes de la banlieue parisienne comprises dans l'enceinte fortifiée.

1852-1858.

Au début du second Empire et jusqu'aux derniers mois de 1854,
le service de la capitale resta tel qu'il avait été organisé à la fin
de l'année 1849. Un décret du 11 janvier 1852 modifia l'ensemble
des règlements qui régissaient la garde nationale, et, le 10 décembre suivant, la garde républicaine prit le nom de garde de Paris,
qu'elle porta durant toute la période du régime impérial. Ces deux
corps de troupe, aidés de la garnison, secondaient la police municipale dans la tâche beaucoup trop lourde qui lui était assignée. Il n'y
a pas, sur ce sujet, de document plus instructif que le budget préparé

et voté pour l'exercice 1854, où cet important service ne figurait encore que pour une somme de 1.535.100 francs, destinée à solder les traitements, les indemnités, les primes, l'habillement et l'équipement de 915 fonctionnaires, employés et agents de tous grades. En regard de ces chiffres, on relevait l'énumération suivante :

Maintien de la tranquillité publique et du bon ordre dans Paris; exécution des lois et des ordonnances de police; surveillance générale des douze arrondissements municipaux; recherches dans l'intérêt général et dans l'intérêt des familles; recherches des maisons de jeu; sur-

P. Pietri, Préfet de Police
(27 janvier 1852 — 16 mars 1858).

veillance des voitures, des brocanteurs, de la prostitution, du transfèrement des détenus, des maisons et des hôtels garnis.

Recherche, surveillance et capture des malfaiteurs dans les affaires d'assassinats, d'incendies, de fausse-monnaie, de vols et faux, d'escroqueries, de vagabondage; recherches relatives aux condamnés évadés, aux libérés en surveillance ou ayant rompu leur ban; exécution des mandats, perquisitions, etc.; surveillance et recherche dans les communes rurales autour de Paris; rondes de nuit.

Cette longue énumération, qui pourrait encore se subdiviser en une série infinie de sous-détails, explique suffisamment quelles étaient alors les fonctions des agents de la police municipale, dont le nombre beaucoup trop restreint ne permettait pas de doter Paris du système de surveillance exercé par la police de Londres.

C'était depuis longtemps, la préoccupation constante de l'administration et du gouvernement qui, devant la disproportion existant entre le fardeau énorme imposé à la police municipale et les moyens d'action mis à sa disposition, songeaient à créer de nouvelles forces permettant d'adopter l'organisation de la police anglaise. On parait à l'insuffisance numérique des agents en les faisant assister, comme nous l'avons dit, par l'armée et la garde de Paris; mais cette manière d'opérer n'était pas sans présenter de graves inconvénients, car on détournait la garde municipale de ses attributions normales et l'on fatiguait la garnison de Paris par l'occupation d'une multitude de postes. Ce dernier service, il faut l'avouer, convenait peu à l'armée qui n'a pas précisément pour cela l'aptitude spéciale nécessaire.

Malgré des conditions aussi défectueuses, la police de Paris était relativement bien faite, et tout le monde était d'accord pour le reconnaître. Toutefois, on attribuait ce résultat au zèle et à l'intelligence des agents qui se multipliaient pour accomplir au gré des habitants un service de jour en jour plus pénible. L'humanité défendait de continuer à surmener ainsi un personnel dévoué, et l'intérêt bien entendu de la capitale exigeait impérieusement la formation d'une nouvelle police plus en harmonie avec les besoins du moment (1).

Le système des plantons et la surveillance stationnaire avaient fait leur temps. Il fallait trouver une autre organisation et augmenter dans une certaine proportion le nombre des sergents de ville. C'étaient là les deux points essentiels de la réforme qui s'imposait, en raison de l'agrandissement de Paris, de l'accroissement rapide de sa population et de la préparation de l'Exposition universelle de 1855.

On n'était pas encore habitué à ces grandes assises du travail, qui ont pris, depuis quarante ans, une extension si considérable. Aussi, ne voyait-on pas sans quelque appréhension la grande affluence de visiteurs que les merveilles réunies au Palais de l'Industrie allaient

---

(1) C'est à peu près à la même époque que furent créés les sergents de ville des communes suburbaines du département de la Seine.

Ils ont, en effet, pour extrait de naissance, la loi du 10 juin 1853 et le décret du 23 novembre suivant. Mais ils ne furent organisés qu'en 1854.

Au début il y avait, paraît-il, dans chaque commune des sergents de ville et des inspecteurs. Ceux-ci étaient sans doute d'anciens appariteurs dont on avait seulement changé le titre pour les conserver en fonctions.

En 1860, les sergents de ville des communes annexées furent rattachés au service de la police municipale.

attirer et retenir pendant de longs mois à Paris. Et cependant, elle nous paraît maintenant bien modeste cette exposition qui tenait tout entière dans ce Palais, aujourd'hui à la veille de disparaître pour céder la place à des constructions plus grandioses. Du reste, pour avoir une idée du développement donné à chacune des trois expositions qui ont eu lieu depuis, il suffit de rappeler les divers terrains qu'elles ont successivement occupés : le Champ de Mars, en 1867 ; le même espace, le parc du Trocadéro et le quai d'Orsay, en 1878, et toutes ces surfaces plus l'esplanade des Invalides, en 1889. Nous savons déjà que l'on veut faire plus grand en 1900 et que la démolition du seul souvenir de l'Exposition de 1855, est déjà chose absolument décidée. Toujours est-il qu'en 1854, pendant qu'on édifiait le Palais de l'Industrie, le service (1) de la future exposition n'était pas sans inquiéter l'Administration qui se savait dans l'impossibilité d'y pourvoir convenablement avec le personnel dont elle disposait.

On se mit donc à l'œuvre et après de longues études et un minutieux examen des différents systèmes de police adoptés chez les nations voisines et notamment de l'organisation de la police de Londres (2), M. Billault, ministre de l'Intérieur, présenta à l'Empereur le rapport suivant :

---

(1) S'il est intéressant de relever la progression toujours ascendante des surfaces attribuées à chacune de ces expositions, il eût été aussi curieux de dresser un tableau comparatif du nombre des agents employés pour les services de police qu'elles ont nécessités. Malheureusement, l'incendie de 1871 ne nous a pas permis de réunir les premiers éléments nécessaires à la confection de ce travail.

(2) L'effectif de cette police dont l'organisation est due à sir Robert Peel, s'élevait alors à 5.153 agents, savoir : 20 surintendants (commissaires de police), 128 inspecteurs (officiers de paix), 511 sergents de police (brigadiers) et 4.764 policemen.

Depuis 1841, ce service était centralisé et placé sous les ordres d'un bureau de police, composé de trois magistrats, soumis eux-mêmes au contrôle du secrétaire d'État de l'Intérieur.

A retenir aussi ces curieux renseignements que nous trouvons dans un journal de l'époque au sujet des agents de la police anglaise : « Dans ce pays, le gouvernement met souvent à profit leur intelligence et leur activité pour ses besoins personnels. Ainsi, en 1845, ils furent employés dans le bureau des contributions, à contrôler le rôle des impôts sur les diligences. En 1851, ce sont eux qui remirent et reçurent les formules à remplir pour le recensement. En Irlande, outre leurs fonctions de protecteurs de la paix publique, ils ont encore à s'occuper de nom-

Sire,

Dans votre constante sollicitude pour le bien être et la sécurité des citoyens, vous avez porté votre attention sur l'état actuel de la police municipale de Paris. Frappé de l'excellente organisation de celle de Londres, de son efficacité contre les malfaiteurs, des services de chaque instant et de toute sorte qu'elle rend aux habitans, vous avez désiré que la police parisienne ne lui restât pas inférieure ; vous avez particulièrement voulu que, dans les détails de son service quotidien, elle pût, au grand avantage de tous, pratiquer à chaque pas cette bienveillante protection des propriétés et des personnes dont l'incessant bienfait rend en Angleterre l'intervention du policeman si populaire et si respectée. Dans ce but, vous avez ordonné qu'il fût fait une étude comparative des deux institutions, et que les améliorations relevées par cette étude vous fussent proposées : je viens soumettre à Votre Majesté les résultats de ce travail.

Ce que l'on remarque dès l'abord dans l'organisation de la police à Londres, et ce qui constitue en effet le principe fondamental de son action, c'est la présence partout, jour et nuit, à toute heure, de nombreux agens dont chacun, chargé de la surveillance exclusive d'un espace très circonscrit, le parcourt constamment, en connaît à fond la population et les habitudes, se trouve toujours là, prêt à donner son appui à quiconque le réclame, et, par ses allées et venues continuelles, ne laisse aux malfaiteurs le loisir ni de consommer, ni même de préparer sur place leurs coupables projets. Il y a incontestablement, dans les mailles si serrées de cette vigilance tutélaire, une grande garantie de sécurité pour les citoyens. En doter Paris serait un incontestable bienfait. Mais l'œuvre serait impossible si l'on maintenait au chiffre actuel le personnel de la police municipale. Ce personnel donne à peine aujourd'hui un effectif réel de 750 sergens de ville ; 300 environ sont employés à des services spéciaux ou extraordinaires ; 450 seulement restent pour la surveillance des douze arrondissemens, et encore y a-t-il à en déduire les absens pour maladies, congés ou autres causes. S'il fallait affecter ces 450 hommes à une surveillance par circulation continue, chaque homme ne pouvant guère marcher que huit-heures sur vingt-quatre, cent

breux objets subsidiaires qui sont d'une grande importance. Ils distribuent et recueillent les bulletins de vote pour l'élection des administrateurs de la loi des pauvres ; font le recensement dans toute l'Irlande ; escortent les prisonniers, excepté dans les comtés de Cork et de Tipperary, où ce soin est confié à l'armée. Ils escortent aussi tous les condamnés, perçoivent et règlent les innombrables comptes auxquels donnent lieu les amendes et les diverses pénalités.

Enfin, ils dressent tous les ans, pour le gouvernement, des relevés statistiques de la quantité et de la qualité des différentes espèces de récoltes.

cinquante seulement seraient à la fois sur pied. Pour les quarante-huit sections de Paris, ce serait trois hommes par section. Un pareil service ne serait pas sérieux. Aussi, dans l'organisation actuelle, a-t-on dû se borner à n'avoir pendant

Arc de Nazareth
(ancienne Préfecture de Police).

le jour que des plantons sur les points principaux de la cité, et pendant la nuit, qu'un certain nombre de rondes dont on appréciera l'inefficacité quand on saura que chacune doit, en moyenne, surveiller et protéger 825,000 mètres carrés de terrain et 26,325 habitans. A Londres, les constables seuls, sans compter les surintendans, les inspecteurs, les sergens ni les auxiliaires dont le chiffre varie, sont au nombre de 4.764. C'est un effectif quintuple de l'effectif parisien pour une population qui ne dépasse pas le double de la population parisienne. En

présence de ces chiffres, je crois devoir demander à Votre Majesté une augmentation du personnel qui permette une organisation plus efficace. La police
municipale de Paris comprendrait alors, sous la direction d'un commissaire de
police chef, assisté comme aujourd'hui d'un sous-chef et de douze commis :
1° pour les services généraux, tels qu'ils sont actuellement organisés, 12 officiers de paix, 12 inspecteurs principaux, 18 brigadiers, 31 sous-brigadiers,
401 sergens de ville et 20 auxiliaires ; en tout, 554 hommes; 2° pour la surveillance continue des douze arrondissemens, 12 officiers de paix, 36 brigadiers,
228 sous-brigadiers, 2.415 sergens de ville et 241 auxiliaires, en tout, 2.992 hommes.

Il y aurait en outre, sous l'autorité du préfet, un commissaire de police
chargé du contrôle général des services extérieurs de la préfecture, et assisté à
cet effet d'un secrétaire, d'un officier de paix, d'un brigadier, de deux sous-brigadiers et de vingt agens.

Le service de surveillance continue des douze arrondissemens (le seul qui
dans cette combinaison soit pour Paris une création nouvelle) se baserait sur la
division topographique des sections en un certain nombre d'îlots. Chaque îlot
serait parcouru sans interruption par un agent affecté à la surveillance exclusive de son périmètre ; si cet agent avait besoin d'aide, à un signal donné, les
agens des îlots voisins accourraient lui prêter main-forte, et, s'il le fallait, ils
seraient appuyés par la double réserve d'agens et de gardes de Paris, établie
au poste central de la section.

Dans chaque section, deux sous-brigadiers seraient toujours de service, l'un
restant au poste avec la réserve, l'autre parcourant tout le ressort pour vérifier
si les agens s'acquittent avec soin et exactitude de leurs devoirs. Dans chaque
arrondissement enfin, trois brigadiers se partageraient l'inspection continuelle
du service, dont l'ensemble, pour l'arrondissement et toutes les sections qui en
dépendent, serait sous la direction et la responsabilité d'un officier de paix.

Par cette combinaison, sans compter les petits postes, qui comme bureaux
de renseignemens, pourraient être disséminés dans les quartiers, il y aurait
dans chaque section un poste central pour lequel une construction spéciale pourrait, indépendamment du local destiné aux hommes de service, aux pompes à
incendie, et à une réserve fournie par la garde de Paris, contenir le logement
du commissaire de police de la section, celui de l'officier de paix, et de tout ou
partie des hommes attachés avec lui à la surveillance de cette section. Les loyers
payés par ces fonctionnaires ou agens couvriraient certainement l'intérêt de la
dépense, et cette centralisation permanente de la force publique offrirait, sur
les inconvénients de la dissémination actuelle, des avantages évidens.

Telles sont, Sire, les conditions fondamentales de l'organisation que j'ai l'honneur de proposer à Votre Majesté ; avec les accessoires qui s'y rattachent, elle entraînera une dépense annuelle d'environ 5 millions 600,000 francs (c'est 3 millions de moins qu'à Londres).

La ville de Paris n'affecte aujourd'hui à la police municipale qu'un crédit d'environ 1 million 535,000 francs; et cependant quoiqu'elle doive naturellement supporter dans ce surcroît de dépense la part principale, cette grande cité n'en accueillera pas moins avec satisfaction cette combinaison nouvelle; elle comprend de quel prix seront pour ses habitans, pour les nombreux étrangers qui la visitent et la vivifient, cet immense bienfait d'une sécurité absolue, et aussi cette présence continue dans ses rues populeuses d'hommes dévoués, toujours prêts à donner, au premier appel, aide, renseignement ou protection.

Le département de la Seine trouvera d'ailleurs dans l'impuissance forcée à laquelle seront presque toujours réduits les malfaiteurs une notable diminution dans le personnel de ses prisons, et conséquemment dans la dépense qu'elles entraînent.

Mais il ne serait pas juste que l'État restât étranger aux charges de cette organisation nouvelle : nos lois ont déjà consacré cet équitable principe, que là où l'ordre et la paix dans la cité impliquent plus ou moins directement l'ordre et la tranquillité dans l'Empire, ces deux intérêts solidaires se défendent à frais communs; il en est ainsi pour la police municipale de Lyon, dont l'État paye les deux tiers; il doit à bien plus forte raison en être de même pour Paris : la tranquillité de la ville où réside l'Empereur, où sont concentrés les ressorts du gouvernement, d'où l'autorité rayonne et se communique à tous les fonctionnaires de l'Empire, est incontestablement un intérêt général de premier ordre. L'État, d'ailleurs, y trouvera d'amples compensations : en présence de cette organisation puissante, présente toujours et partout, les fauteurs de troubles, dès leurs premiers pas, seraient arrêtés dans leurs coupables tentatives, et l'un des résultats les plus évidens de ce nouvel état de choses serait, indépendamment de la suppression d'une foule de petits postes militaires désormais inutiles, la disponibilité d'une portion notable de la garnison qu'il faut aujourd'hui entretenir dans la capitale.

Quelques mille hommes de moins dans cet effectif militaire couvriraient et au delà la quote-part de dépense que l'État prendrait à sa charge. En réalité, cette transformation donnerait pour le maintien de la paix publique, à moins de frais, une force plus efficace.

Si ce système, dont les détails pratiques seraient réglés par des ordonnances spéciales du Préfet de Police, était adopté par Votre Majesté, je la prierais de signer le projet de décret joint à ce rapport. La même volonté qui fait si rapidement de Paris la ville la plus magnifique, en aurait bientôt fait la ville la plus tranquille et la plus sûre; or, ce bienfait vaut au moins l'autre, et serait tout aussi apprécié de la France et de l'Europe.

Je suis avec le plus profond respect, Sire, de Votre Majesté, le très humble, très obéissant serviteur et très fidèle sujet.

Le ministre, secrétaire d'État au département de l'Intérieur,

BILLAULT.

L'Empereur donna son approbation à ce rapport et signa, le 17 septembre 1854, le décret organisant la police municipale. A ce décret est joint un tableau détaillé du personnel et des traitements alloués aux agents de ce service. Voici ces deux documents :

Napoléon, par la grâce de Dieu et la volonté nationale, Empereur des Français, à tous présents et à venir, salut.

Sur le rapport de notre ministre secrétaire d'État au département de l'Intérieur ;

Avons décrété et décrétons ce qui suit :

Art. 1er. — Le personnel de la police municipale de la ville de Paris est fixé, quant au cadre et aux traitemens, conformément au tableau annexé au présent décret.

Art. 2e. — Les traitemens déterminés par l'article précédent seront payés dans la proportion de trois cinquièmes par la ville et de deux cinquièmes par l'État.

Art. 3e. — Notre ministre secrétaire d'État au département de l'Intérieur est chargé de l'exécution du présent décret.

Fait au palais des Tuileries, le 17 septembre 1854.

NAPOLÉON.

Par l'Empereur :

Le ministre secrétaire d'État au département de l'Intérieur,

BILLAULT.

OFFICIER DE PAIX; GRANDE TENUE « SECOND EMPIRE ».

TABLEAU PORTANT RÈGLEMENT DU CADRE ET DES TRAITEMENS
DE LA POLICE MUNICIPALE A PARIS.

CADRE DU PERSONNEL.	TRAITEMENT.
1° Police municipale.	
1 Commissaire de police, chef de la police municipale.........	10.000
1 Sous-chef...............................	5.000
12 Commis...............................	24.000
24 Officiers de paix.	
12 d'arrondissement à 3.000 fr............... 36.000 fr.	
4 de brigades centrales à 3.500 — .... 14.000 —	
4 de services divers à 4.000 — .... 16.000 —	87.000
3 id. à 5.000 — .... 15.000 —	
1 de sûreté à 6.000 — .... 6.000 —	
12 inspecteurs principaux...........................	26.000
54 brigadiers à 1.800 fr...........................	97.200
319 sous-brigadiers à 1.000 fr...........................	510.400
2876 sergents de ville ou inspecteurs de police, dont :	
500 — à 1.500 fr................ 750.000 fr.	
600 — à 1.400 — .... 840.000 —	
800 — à 1.300 — .... 1.040.000 —	3.801.200
976 — à 1.200 — .... 1.171.200 —	
261 auxiliaires à 3 fr. par jour (1.095 fr. par an)................	285.795
1 médecin chef du service médical........................	3.500
12 médecins d'arrondissement à 1.600 fr.................	19.200
2° Contrôle général.	
1 commissaire de police contrôleur des services extérieurs de la Préfecture.................................	8.000
1 secrétaire.................................	2.000
1 officier de paix.................................	4.000
1 brigadier.................................	1.800
2 sous-brigadiers.................................	3.200
20 inspecteurs dont 10 à 1.500 fr. et 10 à 1.400 fr............	29.000

Vu pour être annexé au décret de ce jour.
Fait au palais des Tuileries, le 17 septembre 1854.

NAPOLÉON.

Par l'Empereur : Le ministre secrétaire d'État au département de l'Intérieur,

BILLAULT.

Le même jour, comme conséquence du décret dont nous venons de donner le texte, le ministre de l'Intérieur soumit à l'Empereur ce nouveau rapport :

Paris, le 17 septembre 1854.

Sire,

Votre Majesté vient de décréter une nouvelle organisation de la police municipale de Paris : il importe qu'au printemps prochain l'immense affluence qu'attirera l'Exposition trouve cette utile institution en pleine activité. J'ai en conséquence l'honneur de proposer à Votre Majesté, sur l'exercice 1854, l'ouverture d'un crédit extraordinaire de 491,730 francs.

Je suis avec le plus profond respect, Sire, de Votre Majesté, le très humble, très obéissant serviteur et très fidèle sujet.

Le ministre secrétaire d'État au département de l'Intérieur,

BILLAULT.

Par le décret suivant, l'Empereur adopta les propositions contenues dans ce rapport :

Napoléon, par la grâce de Dieu et la volonté nationale, Empereur des Français, à tous présents et à venir, salut.

Vu le décret en date de ce jour portant organisation de la police municipale de Paris ;

Sur le rapport de notre ministre, secrétaire d'État au département de l'Intérieur,

Avons décrété et décrétons ce qui suit :

Art. 1er. — Il est ouvert à notre ministre de l'Intérieur, sur l'exercice 1854, un crédit extraordinaire de quatre cent quatre-vingt onze mille sept cent trente francs, pour concourir au payement de la dépense résultant de la nouvelle organisation de la police municipale de Paris, pendant l'année 1854.

Art. 2. — Ce crédit, imputable sur les ressources ordinaires de l'exercice 1854, sera ultérieurement soumis au Corps législatif.

Art. 3. — Nos ministres secrétaires d'État au département de l'Intérieur et au département des Finances sont chargés, chacun en ce qui le concerne, de l'exécution du présent décret.

Fait au palais des Tuileries, le 17 septembre 1854.

NAPOLÉON.

Par l'Empereur :

Le ministre secrétaire d'État au département de l'intérieur,

BILLAULT.

Le ministre secrétaire d'État au département des Finances,

BINEAU.

Nous avons tenu à rapporter textuellement ces documents parce qu'ils sont en quelque sorte la base fondamentale de l'organisation de la police parisienne depuis cette époque.

En effet, les principales dispositions qui régissent la police actuelle sont tirées du décret de 1854. Ce ne fut pas un simple remaniement, mais une réforme presque radicale du système suivi jusqu'alors.

Voici comment le journal *La Patrie* s'exprimait dans son numéro du 12 octobre 1854, au sujet de la nouvelle organisation :

Les éléments, dont se composait la police de Paris, avaient donné jusqu'ici de trop bons résultats malgré leur insuffisance, pour qu'on pût avoir la pensée de les supprimer dans la réorganisation. Si le constable de Londres a surtout un caractère civil,

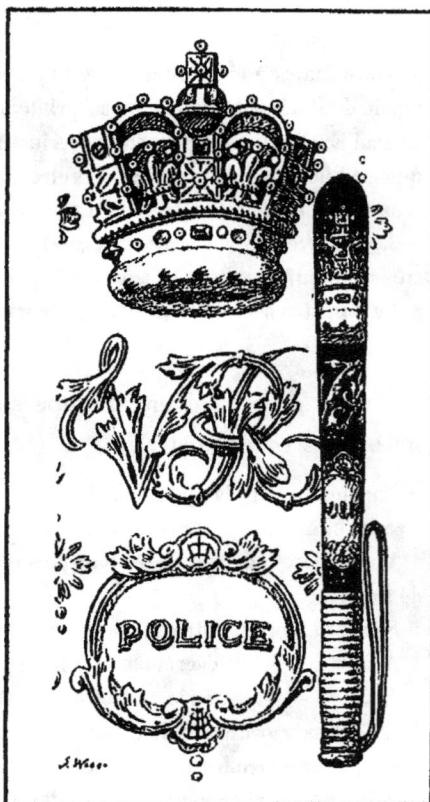

Bâton des agents de la police anglaise. (Communiqué par M. Roudil, officier de paix.)

c'est qu'il répond aux besoins d'une population qui se distingue par le méthodisme de ses habitudes.

En France, pays essentiellement militaire, l'agent de la police municipale doit emprunter aussi son caractère à l'esprit national ; le mode de recrutement des sergents de ville jette en outre un reflet militaire sur ce corps, composé en grande partie d'anciens sous-officiers.

M. le ministre de l'Intérieur a proposé en conséquence et l'Empereur a adopté dans son décret du 17 septembre 1854, le maintien des bases anciennes, en les développant sur une large échelle. Ainsi la police municipale de Paris se divisera en deux grandes sections : la première comprendra 12 officiers de paix, 12 inspecteurs principaux, 18 brigadiers, 31 sous-brigadiers, 461 sergents de ville et 20 auxiliaires, en tout 554 hommes chargés des services généraux existant déjà, tels que théâtres, spectacles, fêtes publiques, etc. La seconde section, à laquelle sera confiée la surveillance continue des 12 arrondissements, sera formée de 12 officiers de paix, 36 brigadiers, 288 sous-brigadiers, 2.415 sergents de ville et 241 auxiliaires, en tout 2.992 hommes ; les deux services seront placés sous la direction d'un commissaire de police, assisté d'un sous-chef et de 12 commis.

L'organisation sera complétée par la création d'un commissaire de police investi du contrôle général des services extérieurs de la Préfecture de police, assisté d'un secrétaire, d'un officier de paix, d'un brigadier, de deux sous-brigadiers et de vingt agents.

Au moyen de ce personnel, relativement aussi nombreux que celui des constables, Paris jouira d'une sûreté complète et n'aura plus rien à envier à Londres.

Divisée en 8 ou 900 îlots, comprenant chacun en moyenne 1000 à 1200 habitants (1), la ville sera parcourue, pendant toute la nuit, par un nombre égal de sergents de ville, assez rapprochés pour se prêter main-forte, et pouvant dans tous les cas réclamer l'appui des postes d'arrondissement. Leur action vigilante et protectrice s'étendra à tous les points, même les plus reculés de la capitale. Ils maintiendront l'ordre dans le jour, assureront la tranquillité, la liberté de circulation ; ils préviendront et réprimeront au besoin les actes coupables.

Pendant la nuit, ils donneront l'éveil en cas d'accidents, d'incendie ; ils préserveront de tout attentat les personnes et les propriétés ; ils fourniront des renseignements aux citoyens ; ils rempliront, enfin, tous les devoirs de cette autorité pour ainsi dire paternelle. Disons-le encore une fois cependant, les nouveaux agents que nous verrons bientôt fonctionner, pour exécuter leur mission dans de rigoureuses conditions de surveillance et de fermeté, n'auront qu'à suivre l'exemple des agents actuels. Depuis longtemps déjà les habitants de la capitale rendent pleine justice à ces infatigables et modestes veilleurs du repos public.

Le décret du 17 septembre 1854 apportait donc des modifications profondes à l'ancienne organisation de la police municipale qui devait désormais se suffire à elle-même et envelopper, en quelque sorte, dans une action incessante toutes les parties de la capitale.

---

(1) À Londres, chaque constable avait alors à surveiller 850 habitants.

Le système des îlots, si excellemment pratiqué par la police anglaise, était introduit à Paris et remplaçait avantageusement les rondes de nuit et les surveillances à poste fixe, exercées pendant le jour sur des points déterminés par des agents stationnaires. En revanche, on donnait à chaque circonscription un gardien pour ainsi dire attitré, qui devait la parcourir constamment. C'était là, peut-être, une des meilleures innovations du nouveau décret, car l'agent se met vite au courant de tous les petits intérêts du quartier et sait bientôt le fort et le faible de sa population. Il parvient ainsi à rendre de plus utiles services et à vivre en bonne intelligence avec les habitants qui le voient sans cesse occupé à remplir sa mission protectrice. Cette localisation du service devait forcément donner au sergent de ville un caractère plus paternel et plus conciliant, et le porter à surveiller sa propre conduite dont les écarts auraient eu désormais trop de témoins. Il n'est pas besoin d'insister davantage sur le bénéfice moral et matériel que le public et les agents étaient appelés à retirer de cette réforme.

La mesure était excellente et séduisait tout le monde; mais il fal-

Sergents de ville; 1851.

lait trouver les fonds nécessaires à sa réalisation et l'on ne pouvait pas demander la somme intégrale au conseil municipal. L'organisation nouvelle élevait, en effet, tout d'un coup l'effectif du service à 3.599 fonctionnaires et agents, et la dépense à 5.893.295 francs. Pour ne pas obérer le budget communal, le décret du 17 septembre disposa, comme nous l'avons vu, que les traitements de tout ce personnel seraient payés dans la proportion de 3/5 par la ville et de 2/5 par l'État, ce qui réduisait la dépense à 3.927.177 fr. Il en résultait qu'un agent qui, en 1854, coûtait à la ville 1.677 fr., ne lui revenait plus, après le décret de septembre, qu'à 1.094 francs.

A la date du 10 octobre, le Préfet de Police introduisit un mémoire au Conseil municipal pour obtenir un crédit supplémentaire de 555.005 francs, nécessaire pour solder les dépenses du 4e trimestre de l'exercice 1854, dont l'équilibre avait été rompu par la récente réorganisation. Dans ce document (1), que nous regrettons de ne pouvoir reproduire en entier, M. Piétri traitait d'une façon très détaillée la question budgétaire et donnait de longs et intéressants développements sur la réforme administrative qui venait d'être décidée. Mais nous utiliserons les précieux renseignements qu'il contient, lorsque nous parlerons de l'habillement des agents.

---

(1) Voici un extrait de ce mémoire au sujet des gratifications accordées aux agents :

On peut dire que le zèle et une spontanéité disciplinée sont l'essence même de la police municipale; il faut solliciter ce zèle, donner l'élan du dévouement à ces hommes qui ont la religion du devoir; à côté du salaire légitime pour celui qui fait bien, mettre la récompense et l'encouragement pour celui qui fait mieux. Sur ce point, un accord de vues parfait a toujours existé entre vous et mes prédécesseurs. Dès 1840, époque à laquelle on complétait l'organisation du service de la police municipale, vous allouiez 50,600 fr. de gratifications pour un effectif de 510 brigadiers, sergents de ville et inspecteurs, soit par homme, près de 100 francs en moyenne.

En 1847, pour le même effectif,

Vous faisiez monter le crédit à... 55,000 fr.

Et, par conséquent, la moyenne à.. 108 ·

Enfin, depuis 1851, date du dernier remaniement, le crédit a reçu une nouvelle augmentation de 20.000 fr. et bien que le personnel ait été accru dans une proportion plus forte, la moyenne s'est néanmoins maintenue à 87 fr.

Aujourd'hui que l'effectif en hommes est porté à 3.545, un crédit de 300.000 fr. fera descendre la moyenne à 83 fr.; c'est 25 fr. de moins qu'en 1847, avec les fatigues et les dangers du service de nuit en plus.

Voici la copie de la délibération par laquelle, le Conseil municipal approuva, dans sa séance du 19 du même mois, les propositions que lui avait soumises le Préfet de Police :

Séance du 19 octobre 1854.

Présents : MM. d'Argout, Bayvet, Boissel, Bonjean, Chaix d'Est-Ange, Chevalier, Delangle, Devinck, Dumas, Eck, Fouché-Lepelletier, baron Foucher, Frémyn, Hermans, Ledayre, Legendre, Moreau (Léon), E. Moreau, Pécourt, Périer, Peupin, de Royer, Ségalas, G. Thibaut, Thierry et Tronchon.

Réorganisation du service de la police municipale.

La Commission municipale,

Vu le décret en date du 17 septembre dernier, qui a fixé le cadre et les traitements du service de la police municipale de la ville de Paris ;

Vu au même décret les dispositions portant que la réorganisation du service commencerait à partir du 1er octobre de la présente année ;

Vu enfin le mémoire, en date du 10 octobre courant, par lequel M. le Préfet de Police demande divers crédits s'élevant ensemble à 555.005 fr., pour les dépenses résultant de la nouvelle organisation dudit service pendant le 4e trimestre de 1854,

Délibère :

ART. 1er. — Il est ouvert au budget des dépenses de la Préfecture de Police, exercice 1854, pour les dépenses résultant de la réorganisation de la police municipale pendant le quatrième trimestre de 1854, les crédits additionnels ci-après désignés :

CHAPITRE Ier. {	ART. 2. — Traitement de 3 commis à la comptabilité.	1.575 fr.
	ART. 7. — Frais de bureau des dits commis	180 »
	ART. Ier.— Traitements de la police municipale....	200.000 »
	ART. 2. — Gratifications, indemnités et primes....	15.000 »
CHAPITRE III. {	ART. 4. — Frais de bureau.....................	3.250 »
	ART. 5. — Habillement et équipement.............	285.000 »
	ART. 6. — Et enfin un crédit supplémentaire pour l'ameublement de 48 postes de police et du bureau du contrôle général	50.000 »
	Total.........	555.005 »

ART. 2. — Ces crédits seront imputés sur les fonds libres du budget de l'exercice 1854.

Signé au registre : DELANGLE, *président,*

Germain THIBAUT, *secrétaire.*

D'autre part, le Préfet de Police avait, dès le 2 octobre, pris l'arrêté suivant pour assurer le plus rapidement possible l'exécution du décret de réorganisation :

Nous, Préfet de Police,

Vu le décret du 17 septembre 1854 portant réorganisation de la police municipale de Paris ;

Attendu qu'il importe que le recrutement des hommes destinés à compléter le corps de police soit fait avec le plus grand soin et de manière à remplir le but du décret sus-énoncé,

Arrêtons ce qui suit :

ART. I. — On ne pourra être admis dans la police municipale de Paris, si l'on ne réunit les conditions suivantes :

1° Être âgé de vingt et un ans au moins et de trente ans au plus ;

Les anciens militaires seront reçus jusqu'à 35 ans, pourvu qu'ils justifient, indépendamment de leur congé, d'un certificat de bonne conduite au corps ;

2° Avoir au moins la taille de 1^m,66 ;

3° Être de bonne constitution ;

4° Savoir lire et écrire et avoir l'intelligence et l'aptitude nécessaires pour faire un bon service ;

5° Être porteur d'un certificat de moralité et de bonne conduite délivré sous la forme des certificats exigés par la loi sur le recrutement de l'armée ;

ART. II. — Les candidats seront visités par le médecin en chef de la police municipale qui vérifiera s'ils sont de bonne constitution et propres au service ;

ART. III. — Ils seront ensuite examinés par une commission de recrutement qui donnera son avis sur la capacité et l'aptitude des candidats ;

ART. IV. — Cette commission sera composée :

Du secrétaire général de la Préfecture, président ;

Du chef de la police municipale ;

Du contrôleur général ;

Du secrétaire particulier du Préfet ;

Du chef du 1er bureau du secrétariat général, remplissant les fonctions de secrétaire ;

ART. V. — Le certificat de médecin, l'avis de la commission, ensemble les pièces produites par le candidat à l'appui de sa demande, seront transmis à M. le Préfet de Police qui statuera.

ART. VI. — Le Secrétaire général est chargé de l'exécution du présent arrêté.

Le Préfet de police,

PIÉTRI.

On apporta la plus grande activité dans l'exécution des nombreux détails que comportait cette réorganisation. Elle nécessitait pourtant un travail préparatoire considérable : indépendamment du recrutement et de l'habillement des sergents de ville, il fallait procéder à la division de Paris en sections et en îlots, trouver des locaux pour les postes et les aménager d'urgence; enfin, et ce n'était pas chose facile avec le peu de temps dont on disposait, préparer les agents au fonctionnement du nouveau service.

Les difficultés de la première heure furent cependant promptement résolues, parce qu'on s'attacha surtout à rechercher les moyens les plus propres à assurer l'exécution immédiate, plutôt que définitive, de cette mesure. On savait qu'elle était impatiemment attendue par le public et par le gouvernement, et on ne voulait pas mentir aux promesses faites.

On se hâta donc; et, le 15 novembre, le Préfet de Police pouvait pleinement rassurer le Ministre de l'Intérieur qui lui avait écrit pour savoir où en était cette réorganisation.

A cette date, en effet, 3.500 demandes étaient déjà instruites, et la commission de recrutement qui se réunissait, les lundis, mercredis et vendredis à 8 heures du matin, dans la salle du conseil de salubrité, avait examiné environ 1.200 candidats, dont 1.000 étaient définitivement admis par le Préfet.

Dans ce chiffre, les quatre cinquièmes étaient d'anciens militaires dont le plus grand nombre avaient été sous-officiers. A la demande de M. Piétri et avec l'approbation de leur colonel (1), 82 gardes de Paris entrèrent aussi au corps des sergents de ville.

On pressait également les commandes d'habillement et d'équipement, et, en attendant, on familiarisait les hommes avec le service

---

(1) Le 18 octobre 1854, le colonel de la garde de Paris écrivit au Préfet de Police pour mettre 82 hommes à sa disposition. Il terminait en disant : « C'est tout ce que je puis faire en ce moment, car après leur départ, mon infanterie se trouvera réduite au-dessous de l'effectif complet, et il me sera impossible, vu cette réduction, de faire face au service exigé par le général commandant la Place. »

des flots. Chaque officier de paix avait reçu une carte de son arrondissement, et chaque homme, une fiche contenant la place et la désignation de l'îlot qu'il avait à parcourir. Des affiches rapportant les
principaux articles du règlement étaient placardées dans tous les
postes, et l'on faisait, comme à Londres, imprimer des formules de
rapports journaliers pour les officiers de paix.

On ne négligeait pas pour cela l'installation des 48 postes de police,
qui devait être achevée au 1ᵉʳ janvier 1855. Les postes, occupés
jusque-là par la troupe de ligne, furent évacués, et le Préfet de la Seine
les mit aussitôt à la disposition de la Préfecture de Police.

Quelques-uns, notamment celui de la place de la Bastille furent
maintenus pendant plusieurs années. Il en existe encore aujourd'hui
dans certains édifices, tels que le Palais de l'Élysée, la Chambre
des Députés, le Sénat, l'Hôtel de la Banque, les Prisons, etc.

Voici, à titre de curiosité et comme souvenir d'un Paris déjà loin-
tain, une nomenclature de ces postes :

INDICATION DES POSTES MILITAIRES OU DE POLICE DÉSIGNÉS POUR LE DÉPÔT DES INDIVIDUS
ARRÊTÉS DANS PARIS AVANT LEUR TRANSPORT A LA PRÉFECTURE.

ARRON-DISSEMENTS.	SECTIONS.	SITUATION DES POSTES.
1ᵉʳ	Tuileries	Rue des Moineaux, 10.
	Madeleine	Rue d'Anjou-Saint-Honoré, 22.
	Élysée	
	Champs-Élysées	Place Monceau.
	Roule	Rue de Laborde, 35.
2ᵉ	Palais-Royal	Rue des Moineaux, 10.
	Italiens..................	Rue Richelieu (Bibliothèque).
	Opéra....................	Rue Rossini.
	Saint-Georges............	Place Bréda, 15.
	Montholon	Place Cadet.
3ᵉ	Saint-Eustache............	Pointe Saint-Eustache.
	Saint-Joseph	Bibliothèque.
	Hauteville................	Prison de Saint-Lazare.

ARRON-DISSEMENTS.	SECTIONS.	SITUATION DES POSTES.
4e	Banque..................... Louvre..................... Marchés...................	Halle au blé. Halle aux toiles.
5e	Saint-Sauveur.............. Bonne-Nouvelle............ Saint-Laurent............. Faubourg Saint-Martin..... Douane....................	Pointe-Saint-Eustache. Bonne-Nouvelle. Prison de Saint-Lazare. Mairie du 5e arrondissement.
6e	Bourg-l'Abbé.............. Arts-et-Métiers............ Temple.................... Théâtres..................	Aux Arts-et-Métiers. Marché du Temple. Quai Valmy, 57.
7e	Saint-Merry............... Mont-de-Piété............. Archives..................	Mont-de-Piété, rue des Blancs-Manteaux. Marché du Temple.
8e	Marais .... Popincourt .... Roquette .... Faubourg Saint-Antoine..... Quinze-Vingts	Mairie du 8e arrondissement. Rue des Amandiers, 28. Rue de Charonne, 87. Carrefour de Montreuil. Place Mazas.
9e	Hôtel de Ville............ Arsenal .... Iles	Port au blé. Boulevard Bourdon. Dépôt près la Préfecture de Police.
10e	Monnaie.................. Ministères............... Babylone................. Invalides	Marché Saint-Germain. Boucherie des Invalides. Barrière de Sèvres. Boucherie des Invalides.
11e	Palais-de-Justice .... École-de-Médecine......... Sorbonne................. Luxembourg..............	Dépôt près la Préfecture de Police. Place Saint-André-des-Arts. Rue des Grès. Rue de Chevreuse.
12e	Place Maubert............ Observatoire.............. Jardin-des-Plantes......... Saint-Marcel	Quai Montebello. Mairie du 12e arrondissement. Port aux vins. Barrière Fontainebleau.

Comme la plupart de ces postes étaient beaucoup trop exigus, on dut louer des locaux dans tous les arrondissements pour y installer le nouveau service. En parcourant la correspondance échangée à ce sujet, nous avons trouvé une lettre du 6 octobre 1854, dans laquelle un sieur G..., ancien avoué, proposait au Préfet de la Seine l'achat d'un immeuble connu sous le nom de « Brasserie Lyonnaise » et situé à l'angle des rues Madame et Jean-Bart, près du jardin du Luxembourg. Ce terrain, d'une superficie de 17,000 mètres, couvert en partie de constructions, « pourrait, disait le vendeur, être facilement approprié à toute destination d'habitation, notamment au logement de compagnies organisées militairement, telles que sergents de ville. »

C'était le projet que faisait étudier au même moment le Préfet de Police qui espérait pouvoir bientôt remplacer les postes si hâtivement aménagés, par des édifices spéciaux renfermant les divers services de police et des sapeurs-pompiers, ainsi qu'un poste médical et un local pour le casernement d'un certain nombre d'agents. Ce curieux projet, dont nous reparlerons dans la quatrième partie de ce volume, fut abandonné à cause de la dépense qu'il entraînait.

Le crédit demandé au Conseil municipal par le Préfet de Police pour l'établissement des premiers postes s'élevait à 50,000 francs, soit, par poste, un peu plus de 1000 francs en moyenne. A la veille de l'Exposition de 1855, le prix des loyers était, on le voit, plus abordable qu'aujourd'hui.

A la fin de 1854, le travail relatif aux multiples détails de cette importante réorganisation était assez avancé pour qu'on pût tenter l'expérience de sa mise en pratique. Les débuts du nouveau système coïncidèrent donc avec l'ouverture de l'Exposition; ils furent particulièrement concluants. En dépit des exigences de cette période exceptionnelle et du surcroît de fatigues qui en était la conséquence, les sergents de ville s'acquittèrent de leur service à la satisfaction du public.

Durant l'année 1855, l'Administration termina le recrutement des

Entrée du Prado. Place. Portail des Barnabites. Rue de la Barillerie.

Démolition de la rue de la Barillerie et de la place du Palais-de-Justice.

agents et l'installation des postes. Au commencement de 1856, le service fonctionnait régulièrement, et le personnel (1) était ainsi réparti dans les 12 arrondissements :

DIVISIONS.	Sections.	Ilots.	VOIE PUBLIQUE.					RÉSERVE.	
			Officiers de paix.	Inspecteurs principaux.	Brigadiers.	Sous-brigadiers.	Sergents de ville.	Sergents de ville.	Auxiliaires
1er	5	84	1	»	3	30	252	35	29
2e	5	68	1	»	3	30	204	35	26
3e	3	40	1	»	3	18	120	21	15
4e	3	24	1	»	3	18	82	21	17
5e	5	52	1	»	3	30	156	35	24
6e	4	48	1	»	3	24	144	28	21
7e	3	32	1	»	3	18	96	21	15
8e	5	76	1	»	3	30	228	35	27
9e	3	28	1	»	3	18	86	21	17
10e	4	64	1	»	3	24	192	28	19
11e	4	40	1	»	3	24	120	28	19
12e	4	56	1	»	3	24	168	28	22
	48	612	12	»	36	288	1848	336	251
								2184	

En résumé, 12 officiers de paix, 36 brigadiers, 288 sous-brigadiers, 2,184 sergents de ville et 251 auxiliaires, étaient affectés au service ordinaire des arrondissements. Sur les 2,184 sergents de ville, 1,848 étaient chargés spécialement de la surveillance des îlots et le restant (soit 336) formait, avec les 251 auxiliaires, une réserve de 587 hommes.

De minuit à 7 heures du matin, 154 rondes, composées chacune de deux sergents de ville, sillonnaient Paris dans tous les sens. Les brigadiers et les sous-brigadiers faisaient aussi de nombreuses rondes pendant le même laps de temps.

(1) Il est bien entendu que nous ne nous occupons que des agents ostensibles.

Les brigades centrales et les services spéciaux avaient à leur tête
11 officiers de paix. Le douzième était placé sous les ordres du con-

Sergent de ville en service sur les boulevards.

trôleur général des services extérieurs qui venait d'être créé par le
décret du 17 septembre 1854.

Nous ne reviendrons pas sur l'organisation de ces différents services, dont nous avons déjà parlé à la fin du chapitre précédent, et au
sujet de laquelle le lecteur trouvera, d'ailleurs, tous les renseignements utiles dans les articles du *Règlement général sur le service*

ordinaire de la police de la Ville de Paris, que nous donnons ci-dessous :

Paris, le 14 avril 1856.

Nous, Préfet de Police.

Vu : 1° la loi du 28 pluviôse an VIII, article 16;
         2° L'arrêté du gouvernement du 12 messidor an VIII, article 35 et suivants;
         3° Le décret impérial du 17 septembre 1854 ;
     Considérant qu'il importe, dans l'intérêt de la sûreté publique, d'établir sur des bases régulières le service ordinaire de la police dans la ville de Paris, et d'assurer ainsi par un règlement général la meilleure exécution du décret du 17 septembre 1854,
     Arrêtons ce qui suit :

CHAPITRE PREMIER

Division de Paris sous le rapport de la police.

Art. 1er. — La ville de Paris est divisée en douze divisions de police, correspondant aux douze arrondissements municipaux.
     Chaque division est subdivisée en sections.
     On continuera, jusqu'au jour où une nouvelle délimitation des arrondissements municipaux permettra de subdiviser uniformément chaque arrondissement en quatre sections, d'exécuter les dispositions de l'arrêté de l'un de nos prédécesseurs, du 27 décembre 1849; ainsi les 1er, 2e, 5e et 8e arrondissements continueront, provisoirement à avoir chacun cinq sections; les 6e, 10e, 11e et 12e en auront quatre, et les 3e, 4e, 7e et 9e en auront chacun trois.
     Chaque section comprend un certain nombre d'îlots.
     Le nombre et l'étendue des îlots varient suivant la nature des localités et la population.
     Un plan indiquant les limites des douze divisions, la circonscription des sections et la composition des divers îlots, approuvé par nous, sera annexé au présent arrêté.
     Art. 2. — Il y aura dans chaque section un commissariat et un poste de police.
     Ces deux établissements seront le plus rapprochés possible ; ils seront placés dans des maisons particulières, jusqu'au moment où, dans chaque section, un édifice spécial pourra être affecté à la police.

CHAPITRE II

Des commissariats de Police.

Art. 3. . . . .

. . . .

CHAPITRE III

De la Police municipale.

Art. 36. — Le personnel de la police municipale de la ville de Paris est fixé, conformément au décret du 17 septembre 1854, ainsi qu'il suit :

Un commissaire de police, chef de la police municipale,

Un sous-chef,

Douze commis,

Vingt-quatre officiers de paix,

Douze inspecteurs principaux,

Cinquante-quatre brigadiers,

Trois cent dix-neuf sous-brigadiers,

Deux mille huit cent soixante-seize sergents de ville ou inspecteurs de police,

Deux cent soixante-un auxiliaires.

Il comprend, en outre, un service médical composé de :

Un médecin, chef du service,

Et douze médecins d'arrondissement.

Art. 37. — Le chef de la police municipale est institué, comme commissaire de police de la ville de Paris, par décret de l'Empereur.

Il est chargé de la direction de la police municipale, par arrêté signé de nous.

Art. 38. — Avant d'entrer en fonctions, il prêtera entre nos mains le double serment professionnel et politique exigé par les lois et la constitution.

Art. 39. — Ses bureaux sont situés à la préfecture de police.

Un sous-chef, qui le supplée en cas d'absence ou autre empêchement, et douze commis y sont attachés.

Art. 40. — Les officiers de paix sont nommés, sur notre proposition, officiers de paix de la ville de Paris, par arrêté du ministre de l'Intérieur.

Ils sont attachés à une division ou à un service spécial, par arrêté signé de nous.

Art. 41. — Toutes les autres personnes appartenant à la police municipale sont nommées par arrêté signé de nous.

ART. 42. — Nul ne pourra être admis dans le corps de la police de Paris, s'il ne réunit les conditions suivantes :

1° Être âgé de 21 ans au moins et de 30 ans au plus (les anciens militaires seront admis jusqu'à 35 ans, pourvu qu'ils justifient, indépendamment de leur congé, d'un certificat de bonne conduite au corps);

2° Avoir au moins la taille de 1^m 70 centimètres;

3° Être de bonne constitution;

4° Savoir lire et écrire, et avoir l'intelligence et l'aptitude nécessaires pour faire un bon service;

5° Être porteur d'un certificat de moralité et de bonne conduite délivré dans la forme des certificats exigés par la loi sur le recrutement de l'armée.

ART. 43. — Les candidats seront visités par le médecin en chef de la police municipale qui vérifiera, s'ils sont de bonne constitution et propres au service.

ART. 44. — Ils seront ensuite examinés par le chef de la police municipale qui donnera son avis sur la capacité et l'aptitude du candidat.

ART. 45. — Le certificat du médecin, l'avis du chef de la police municipale, ensemble les pièces produites par le candidat à l'appui de sa demande, nous seront transmis pour être par nous statué.

ART. 46. — Les traitements et appointements des fonctionnaires et employés de la police municipale, seront réglés conformément au tableau annexé au décret du 17 septembre 1854.

Un arrêté signé de nous fixera les appointements et traitements de chaque fonctionnaire ou employé.

ART. 47. — Les brigadiers, sous-brigadiers et les sergents de ville continueront à recevoir, en sus de leur traitement, les effets d'habillement et d'équipement dont le détail suit :

Une capote,
Un habit,
Un caban,
Un chapeau,
Un képi,
Un pantalon de drap bleu,
Un pantalon de coutil,
Une épée,
Un ceinturon ou porte-épée.

La durée de ces effets devra être telle que la dépense d'habillement, à la charge de la préfecture de police, n'excède pas 12 fr. 49 par mois, pour chaque homme.

On se conformera pour tout ce qui concerne les fournitures d'habillement, à notre arrêté du 31 décembre dernier, qui organise à cet égard une comptabilité en matière.

Art. 48. — L'ordre de service de chaque jour indiquera la tenue que devront porter les sergents de ville, de manière à ce qu'elle soit uniforme dans toute la ville.

Art. 49. — Les officiers de paix attachés aux diverses divisions, ceux des brigades centrales et celui chargé du service des voitures, seront habituellement en uniforme.

L'uniforme de grande tenue est maintenu tel qu'il a été fixé par l'arrêté de l'un de nos prédécesseurs du 20 février 1841.

Dans la petite tenue, l'habit sera remplacé par la capote, et le chapeau par le képi.

Art. 50. — Les sergents de ville, sous-brigadiers et brigadiers devront entretenir en bon état leur uniforme ainsi que leur équipement.

Les vêtements et objets d'équipement détériorés par négligence, seront réparés et pourront même être remplacés aux frais des contrevenants.

Art. 51. — Tout sergent de ville, sous-brigadier ou brigadier qui quittera le service par démission, révocation ou autrement, sera tenu de restituer l'épée et le porte-épée qui lui auront été confiés. Il remettra également les boutons et autres insignes des vêtements laissés en sa possession dans le cas prévu par l'article 4 de notre arrêté du 31 décembre dernier.

Art. 52. — Le service de la police municipale se divise en deux parties principales :

Le service ordinaire et les services spéciaux.

Art. 53. — Le service ordinaire a pour but la surveillance habituelle de jour et de nuit dans les diverses divisions.

Art. 54. — Un officier de paix est attaché à chacune des divisions de police. Il aura, sous ses ordres trois brigades commandées chacune par un brigadier.

Chaque brigade se composera d'autant de sous-brigades qu'il y aura de sections dans la division.

Chaque sous-brigade sera composée de deux sous-brigadiers et d'autant de sergents de ville qu'il y aura d'îlots dans la section.

Il y aura en outre, dans chaque division, quelques hommes de réserve et un certain nombre d'auxiliaires.

L'état des diverses brigades, des réserves et des auxiliaires de chaque division est annexé au présent arrêté.

Art. 55. — Le service de police dans chaque division sera partagé entre les brigades, de manière à ce que chacune d'elles ait en moyenne huit heures de service sur la voie publique pour vingt-quatre heures.

Sergents de ville; 1850.

La moyenne sera prise sur soixante-douze heures.

Chaque brigade se succédera dans le service, de manière que la brigade entière soit toujours de service dans la division.

Les mêmes sous-brigades seront affectées aux mêmes sections, et les mêmes hommes seront toujours, autant que possible, chargés de la surveillance des mêmes îlots.

Art. 56. — Les trois brigades de chaque division seront désignées par les lettres A, B, C.

Les sergents de ville, sous-brigadiers et brigadiers porteront, d'une manière ostensible sur le collet de l'habit et de la capote, le numéro de la division, la lettre de la brigade et un numéro d'ordre.

Dans chaque brigade, le premier numéro appartiendra au brigadier, les suivants, aux sous-brigadiers, et ensuite, aux sergents de ville.

Les hommes de réserve, dans chaque division, seront portés sur les contrôles de la brigade A.

Art. 57. — Le service des brigades sera réglé de la manière suivante :

	1er jour.	2e jour.	3e jour.	4e jour.
De 7 heures du matin à 10 heures............	A	B	C	A
De 10 heures du matin à 2 heures de relevée...	C	A	B	C
De 2 heures à 5 heures du soir..............	A	B	C	A
De 5 heures à 9 heures du soir..............	B	C	A	B
De 9 heures du soir à minuit.........	A	B	C	A
De minuit à 7 heures du matin...............	C	A	B	C

Et ainsi de suite.

OFFICIER DE PAIX PETITE TENUE « SECOND EMPIRE ».

Le service de 7 heures du matin à minuit sera considéré comme service de jour, et celui de minuit à 7 heures du matin, comme service de nuit.

Pendant le service de jour, un sergent de ville fera le service de chaque îlot.

Le service de nuit sera divisé en deux périodes : pendant chaque période moitié de la sous-brigade restera au poste de police comme réserve, et l'autre moitié sera reportée dans les divers îlots. Les hommes marcheront deux par deux.

Art. 58. — Lorsqu'une brigade devra prendre le service, les hommes de chaque sous-brigade se réuniront au poste de leurs sections respectives dix minutes avant l'heure fixée pour le relevé. Le plus ancien sous-brigadier fera l'appel des hommes, vérifiera si leur tenue est convenable et s'ils sont en état de faire un bon service. Il leur fera connaître les recommandations ou instructions nouvelles, s'il y en a. Si l'un des hommes de service manque à l'appel, il le fera remplacer immédiatement par un homme de la réserve et le signalera sur son rapport. Les hommes se rendront ensuite à leurs îlots respectifs et relèveront ceux qui les précédaient dans le service.

Art. 59. — Les sergents de ville devront, pendant tout le temps de leur service, parcourir, sans discontinuer, l'îlot auquel ils sont attachés.

Ils feront ce parcours dans le sens et dans l'espace de temps qui aura été déterminé.

Ils ne pourront s'arrêter pour causer, soit entre eux, soit avec des particuliers, si ce n'est pour les besoins du service.

Toute conversation avec les filles publiques leur est particulièrement interdite.

Pendant le service de nuit, les sergents de ville de ronde se tiendront : l'un, d'un côté; le second, de l'autre côté de la rue; ils ne causeront pas et mettront toute leur attention à la surveillance dont ils sont chargés.

Art. 60. — Chaque sergent de ville devra s'attacher à connaître les habitants de son îlot, afin de pouvoir protéger d'une manière utile leurs personnes et leurs propriétés.

Art. 61. — Pendant la durée de son service, il surveillera avec soin toute personne inconnue, dont la conduite et les allures lui paraîtront suspectes, de manière à prévenir tous crimes et délits contre la chose publique, contre les personnes et les biens des particuliers.

Ils devront également veiller à l'exécution des lois et règlements de police, et notamment de ceux qui ont pour objet la liberté et la sûreté de la voie publique et la salubrité.

Art. 62. — Les sergents de ville devront connaître parfaitement toutes les rues, places, passages, impasses, etc. de la division à laquelle ils sont attachés.

Ils devront également s'étudier à connaître toutes les rues, passages, etc., de la ville de Paris, de manière à pouvoir donner aux habitants et aux étrangers des indications utiles.

Art. 63. — Les sergents de ville devront se rappeler sans cesse que leur premier devoir est de chercher à prévenir les crimes, délits et contraventions, et que la police n'est appelée à réprimer que lorsqu'il lui a été impossible de prévenir.

En matière de contravention principalement, ils devront toujours prévenir tout particulier qu'ils verront sur le point de commettre une infraction aux lois et règlements, et ils ne la constateront que lorsque leurs avertissements seront demeurés sans résultat ou que la mauvaise volonté sera évidente.

Art. 64. — Les sergents de ville feront des rapports des contraventions qu'ils auront constatées, et l'officier de paix transmettra ces rapports au chef de la police municipale qui leur donnera la suite convenable.

Les officiers de paix déposeront ou feront déposer chaque jour au commissariat de police de chaque section une note indicative des contraventions qui auraient été constatées dans la dite section contre des personnes y établies ou domiciliées, afin que, s'il y a lieu, les commissaires de police puissent nous transmettre leurs observations.

Art. 65. — Les sergents de ville se rappelleront qu'il n'y a jamais lieu d'arrêter l'auteur d'une contravention.

Ils devront se contenter de lui demander ses nom, prénoms et domicile.

Dans le cas où l'auteur de la contravention refuserait de faire connaître ses noms, ou si, n'étant pas connu et n'étant porteur d'aucune pièce pouvant établir son individualité, il paraissait avoir donné un faux nom et un faux domicile, le sergent de ville pourra l'inviter à l'accompagner chez le commissaire de police de la section, pour y faire les justifications nécessaires.

Art. 66. — Si, pendant le cours de son service, un sergent de ville opère une arrestation pour crime ou délit, il conduira aussitôt la personne arrêtée chez le commissaire de police de la section et, dans le cas où il ne pourrait retourner immédiatement dans son îlot, il préviendra ou fera prévenir le sous-brigadier de permanence au poste de police, afin que celui-ci pourvoie à la vacance.

Dans le cas où l'arrestation serait faite pendant les heures de fermeture du commissariat de police, la personne arrêtée sera consignée au poste le plus voisin, avec un rapport indicatif des faits, et elle sera conduite à la première heure chez le commissaire de police de la section.

Art. 67. — Il sera fait, sous notre approbation et par les soins d'une commission nommée par nous, un *manuel* qui indiquera de la manière la plus claire et la plus concise possible les crimes, délits et contraventions que les sergents de ville ont à prévenir.

Un exemplaire de ce *manuel* sera remis à chaque sergent de ville qui devra en étudier et en connaître parfaitement le contenu.

ART. 68. — Toutes les fois qu'une personne sera trouvée blessée ou malade sur la voie publique, ou retirée de l'eau en état de suffocation, et en général, dans toute circonstance d'accident arrivé aux personnes, le sergent de ville de service fera transporter immédiatement la personne blessée ou malade au poste de secours le plus voisin.

Démolition du Pont-Saint-Michel, en 1857. Vue de la Morgue.

Il préviendra en même temps un médecin, ainsi que le commissaire de police de la section, afin que tous les secours nécessaires puissent être donnés.

ART. 69. — Un état des médecins qui peuvent être appelés pour donner des secours aux blessés, asphyxiés, etc., dressé par le commissaire de police de la section, sera toujours affiché dans les postes de police, et chaque sergent de ville devra connaître le nom et l'adresse des médecins les plus voisins de l'îlot où il est de service, afin de pouvoir les appeler en cas de besoin.

ART. 70. — Aussitôt qu'un sergent de ville aura connaissance d'un feu de cheminée, il en donnera avis au plus prochain poste de sapeurs-pompiers et en rendra compte au commissaire de police de la section.

ART. 71. — S'il s'agit d'un incendie, il en informera immédiatement le poste des sapeurs-pompiers, le poste de police et le commissaire de police de la section.

Le sous-brigadier de permanence se transportera aussitôt sur les lieux avec sa réserve et fera prévenir sans délai l'officier de paix de la division, ainsi que les agents des eaux de Paris.

Si l'incendie présente un caractère alarmant, des exprès seront envoyés au chef de la police municipale, qui nous avertira sans délai, et au général commandant la place de Paris.

Le chef de la police municipale enverra sur les lieux tous les renforts nécessaires.

Le commissaire de police de la section et, sous ses ordres, les officiers de paix, brigadiers etc., devront, aussitôt leur arrivée sur le théâtre de l'incendie, veiller à ce que l'eau soit fournie en abondance, organiser les chaînes, et, en général, prendre toutes les mesures utiles dans l'intérêt de l'ordre, de la sûreté des individus et de la conservation des propriétés; quant à la direction des secours et de toutes mesures prises pour combattre l'incendie, elle devra être laissée au corps des sapeurs-pompiers.

Ils rechercheront tous renseignements de nature à faire connaître les causes de l'incendie.

Ils signaleront les personnes qui se seront fait remarquer par leur zèle et leur dévouement, etc.

Les sergents de ville de service dans les îlots voisins du lieu de l'incendie, ou qui y auraient été appelés dans les premiers moments pour donner leur concours, devront, aussitôt après l'arrivée des renforts, retourner dans leurs îlots respectifs.

ART. 72. — Un des sous-brigadiers parcourra, pendant la durée du service de la sous-brigade, la section dont la surveillance lui est confiée. Il examinera la manière dont les hommes s'acquittent de leurs devoirs, et rendra compte au brigadier de toutes les infractions qu'il aura remarquées.

ART. 73. — L'autre sous-brigadier restera au poste de police avec les hommes de la réserve et les auxiliaires, prêt à se porter partout où sa présence serait nécessaire.

Lorsque le service sera terminé, il recevra des hommes relevés le rapport des faits qui se sont passés pendant la durée de ce service, et le portera au brigadier, au poste central de la division.

ART. 74. — Le sous-brigadier de permanence est responsable de la bonne tenue des hommes de réserve au poste de police.

Il devra veiller, d'une manière particulière, à ce qu'on ne dégrade pas le mobilier du dit poste, ainsi que les divers objets qui y sont déposés.

Art. 75. — *De 7 heures du matin à minuit,* la réserve sera formée par les sergents de ville attribués à chaque division en dehors du nombre nécessaire pour la surveillance des îlots et par les auxiliaires.

La durée du service sera de huit heures et demie sur vingt-quatre heures, pour les hommes qui seront de réserve dans les postes.

L'officier de paix distribuera, chaque jour, les sergents de ville de réserve et les auxiliaires dans les postes des diverses sections, selon les besoins.

De minuit à 7 heures du matin, la réserve sera fournie naturellement par les hommes qui, aux termes de l'art. 57, doivent rester au poste.

Art. 76. — Il y aura dans chaque poste de police :

Une boîte de secours,

Un brancard et ses accessoires,

Un tableau indiquant le service d'alternat des commissaires de police,

Un tableau indiquant les noms et adresses des médecins de la section qui peuvent être appelés en cas de besoin,

Un tableau indiquant les noms et adresses des agents des eaux de Paris,

Un tableau indiquant les lieux de remisage des tonneaux de porteurs d'eau dans la section.

Enfin, un état des postes de sapeurs-pompiers.

Art. 77. — Le brigadier, au moment où sa brigade prendra le service, se trouvera à l'un des postes de la section.

Il prendra alternativement chaque poste, de manière à s'assurer que le relevé se fait partout d'une manière convenable, et que les sous-brigadiers s'acquittent avec zèle de leurs fonctions.

Il parcourra ensuite tout ou partie de la division, pour contrôler le service, et rentrera au moment du relevé, au poste central de la division pour recevoir les rapports des sous-brigadiers. Il remettra ces rapports et le compte rendu de sa surveillance à l'officier de paix.

Art. 78. — L'officier de paix est responsable du bon service de jour et de nuit de la division à laquelle il est attaché.

Il devra donc veiller continuellement à ce que le service soit fait et surveillé avec régularité et intelligence dans toute l'étendue de la division.

A cet effet, il visitera, une fois au moins pendant les vingt-quatre heures, les postes de police, et parcourra les diverses sections pour se rendre compte personnellement de la conduite des hommes placés sous ses ordres.

Il verra, chaque jour, deux au moins des commissaires de police établis dans sa division, afin de recueillir tous les renseignements qui pourraient être utiles à la bonne administration de la police.

Art. 79. — Il transmettra au chef de la police municipale, tous les matins avant huit heures, un rapport indicatif des opérations qui se seront faites, des crimes, délits ou contraventions qui auront été prévenus ou constatés, des accidents qui auront eu lieu, enfin de tout ce qui se sera passé dans sa division pendant la journée précédente.

Il indiquera en même temps, dans ce rapport, si les faits lui ont été signalés par le sergent de ville de service dans l'îlot où ils ont eu lieu, et, dans le cas de la négative, les motifs qui ont empêché le sergent de ville de les signaler.

ART. 80. — Indépendamment de ce rapport quotidien, il transmettra au chef de la police municipale, aussitôt après le relevé de chaque brigade, un rapport sommaire indiquant qu'il n'y a rien de nouveau ou signalant les faits importants qu'il serait urgent de faire connaître.

ART. 81. — Tous les jours à midi, il se rendra à la préfecture de police pour prendre les ordres que lui transmettra le chef de la police municipale.

S'il reçoit quelques instructions relatives au service, il les fera connaître et les expliquera aux brigadiers sous ses ordres : ceux-ci les transmettront à leur tour aux sous-brigadiers et l'officier de paix devra s'assurer avec le plus grand soin que les instructions sont régulièrement transmises et parfaitement comprises par tous les hommes.

ART. 82. — Le devoir de l'officier de paix est de s'attacher à connaître tous les hommes placés sous ses ordres, et de veiller à ce que les brigadiers et sous-brigadiers les connaissent parfaitement.

Il interrogera souvent les hommes placés sous ses ordres et s'assurera qu'ils comprennent la nature des fonctions qui leur sont confiées; enfin, il devra se rendre compte de la conduite, du zèle et de l'intelligence de chacun, de manière à pouvoir signaler au chef de la police municipale ceux qui lui paraîtraient dignes d'avancement.

ART. 83. — L'officier de paix devra demeurer dans la division à laquelle il est attaché

Les brigadiers devront également demeurer dans la division.

Les sous-brigadiers et sergents de ville devront loger dans leurs sections respectives.

Lorsque des maisons spéciales auront été adoptées pour le logement de la police, les officiers de paix, brigadiers, sous-brigadiers et sergents de ville seront tenus de prendre leur logement dans ces maisons.

Jusque-là, si la cherté des loyers dans certaines sections empêche les sous-brigadiers et sergents de ville d'y trouver un logement, ils pourront, sur leur demande, être autorisés par le chef de la police municipale à prendre leur logement dans la section la plus voisine.

ART. 84. — Les services spéciaux comprennent :

1° Le service des résidences impériales;

2° Les brigades centrales;

3° Le service des voitures;

4° Le service de sûreté;

5° Le service des garnis;

6° Le service du dispensaire;

7° Les services politiques.

Art. 85. — Une brigade composée :

D'un brigadier,

De deux sous-brigadiers,

Et de vingt-six inspecteurs de police,

Est placée sous les ordres de l'inspecteur-général des résidences impériales.

Art. 86. — Les brigades centrales sont au nombre de cinq :

Elles sont composées chacune :

D'un officier de paix,

D'un brigadier,

De quatre sous-brigadiers (sauf la brigade du bois de Boulogne qui n'en aura que deux),

Et de cinquante sergents de ville.

Elles forment à la préfecture de police, sous l'autorité du chef de la police municipale, une réserve toujours prête à se porter où il est nécessaire pour le maintien de l'ordre.

Elles sont chargées du service des théâtres, bals, fêtes publiques, etc.

Une d'elles est spécialement affectée à la surveillance des Champs-Élysées et du Bois de Boulogne.

Art. 87. — Une brigade composée :

D'un officier de paix,

D'un brigadier,

De quatre sous-brigadiers,

Et de soixante sergents de ville,

Est chargée de veiller à l'exécution des lois et règlements concernant les voitures publiques et autres.

Elle fournit chaque jour un certain nombre d'hommes pour assurer l'arrivée et le défilé des voitures aux théâtres, bals et dans les fêtes et cérémonies publiques.

L'officier de paix de la brigade des voitures a, en outre, sous l'autorité du chef de la police municipale, la direction des agents chargés de la surveillance spéciale des voitures de place et des places désignées pour le stationnement de ces voitures sur la voie publique.

Ces agents sont au nombre de quatre-vingt-six, savoir :

Quatre contrôleurs ambulants,

Quatre contrôleurs suppléants,

Soixante-dix-huit surveillants.

L'arrêté du 15 janvier 1841, relatif à l'organisation d'un service permanent de surveillance sur les stations de voitures de place continuera à être exécuté, sauf ce qui vient d'être dit pour la direction du service.

ART. 88. — La brigade dite de *sûreté*, composée :

D'un officier de paix,

De cinq brigadiers,

De deux sous-brigadiers,

Et de quatre-vingt-seize inspecteurs de police,

Est chargée de la recherche des malfaiteurs, des libérés en surveillance ou ayant rompu leur ban, de l'exécution des mandats de justice, jugements et arrêts.

L'officier de paix fournira tous les mois au chef de la police municipale, pour nous être transmis, un état des mandats d'amener ou d'arrêt, des extraits de jugements et arrêts, réquisitoires, etc., dont l'exécution lui aura été confiée ; il indiquera la suite qui aura été donnée à ces mandats ou extraits, et, à l'égard de ceux restés en souffrance, il mentionnera les causes de la non-exécution.

ART. 89. — Une brigade, composée :

D'un officier de paix,

De deux brigadiers,

De cinq sous-brigadiers,

Et de cent dix inspecteurs de police,

Est chargée de veiller à l'exécution des règlements concernant les hôtels et les maisons garnis ;

Elle a la surveillance des réfugiés et des étrangers en général.

Elle est en outre chargée de la recherche des maisons de jeu et loteries clandestines.

ART. 90. — Une brigade, composée :

D'un officier de paix,

D'un brigadier,

Et de trente inspecteurs de police,

Sergent de ville; 1857.

Est chargée de la surveillance des maisons de tolérance, de la répression de la prostitution clandestine, et, en général, de l'exécution de tous les règlements concernant les filles publiques.

Art. 91. — Trois brigades, composées chacune :

D'un officier de paix,

D'un brigadier,

Et de vingt inspecteurs de police,

Sont chargées spécialement de la police politique.

Nous nous réservons la direction de ce service, et les officiers de paix remettront leurs rapports soit à nous-même, soit à la personne que nous leur désignerons.

Art. 92. — Soixante hommes et dix auxiliaires restent hors cadres, détachés dans divers services, ainsi, par exemple, au ministère de l'intérieur, aux chemins de fer, à l'état-major de la division, etc., etc.

Ils fourniront, si le chef de la police municipale le juge convenable, une ou deux brigades spéciales, placées sous la direction d'inspecteurs principaux, pour les recherches dans l'intérêt des familles.

Ils fourniront aussi le bureau de permanence.

Ce bureau, dont le chef de la police municipale réglera le service et la composition, est placé à la préfecture de police. Il est ouvert jour et nuit pour la réception des individus arrêtés et des procès-verbaux et pièces à conviction qui les concernent.

Si, en dehors des services particuliers qui dépendent de la police municipale, il était nécessaire, par suite de besoins momentanés, de mettre quelques hommes à la disposition des commissaires de police, chefs de bureau, etc., le chef de la police municipale pourra détacher des auxiliaires pris dans les réserves des arrondissements, mais il ne donnera ni sergents de ville ni inspecteurs de police.

Art. 93. — Les inspecteurs principaux ne seront attachés d'une manière définitive à aucun service. Ils seront, selon les circonstances, soit chargés de missions particulières, soit employés dans les diverses brigades spéciales, ou même dans les brigades d'arrondissement.

Art. 94. — Les officiers de paix, inspecteurs principaux, brigadiers, sous-brigadiers, sergents de ville et inspecteurs de police attachés aux services spéciaux, seront tenus de se loger aux abords de la Préfecture de Police.

CHAPITRE IV

Du contrôle général.

Art. 95. . . . .

. . . .

CHAPITRE V

Dispositions générales.

Art. 104. — Les divers employés et agents appartenant au service des commissariats de police, de la police municipale et du contrôle prêteront, avant d'entrer en fonctions, le serment exigé par la constitution.

Art. 105. — Les inspecteurs de police, sergents de ville, sous-brigadiers, brigadiers, et, en général, toutes les personnes appartenant au service de la police, doivent tout leur temps à ce service. Ils peuvent donc être appelés à toute heure, en dehors du service ordinaire, et doivent être prêts à répondre au premier appel.

Art. 105 *bis*. — Les inspecteurs de police, sergents de ville, etc., doivent obéir immédiatement et ponctuellement à tous les ordres qui leur sont donnés par leurs supérieurs.

Art. 106. — Les inspecteurs de police, sergents de ville, sous-brigadiers et brigadiers ne peuvent être concierges, ni tenir boutiques. Il est également interdit à leurs femmes d'être concierges, et elles ne pourront tenir boutiques dans la division à laquelle leurs maris seront attachés.

Art. 107. — Il est expressément interdit aux inspecteurs de police, aux sergents de ville, sous-brigadiers et brigadiers de service, d'entrer dans les boutiques de marchands de vins débits de liqueurs, cafés, etc., à moins qu'ils n'y soient appelés pour l'exercice immédiat de leurs fonctions, et, dans ce cas, ils devront toujours rendre compte à leurs chefs des motifs de leur présence dans ces établissements.

Les inspecteurs, sergents de ville, sous-brigadiers, brigadiers, etc., de service dans les bals publics, cafés, concerts, etc., ne devront ni s'attabler, ni prendre aucun rafraîchissement dans les dits établissements.

En dehors du service, les sergents de ville, brigadiers et sous-brigadiers ne pourront entrer en uniforme dans aucun café, débit de vin et de liqueurs ou autres établissements de même nature.

Art. 108. — Il est également interdit de fumer en uniforme sur la voie publique ainsi que dans les bals et autres établissements, où le public serait autorisé à fumer.

Art. 109. — Toute tenue négligée, tout fait d'ivresse seront sévèrement punis.

Art. 110. — Les inspecteurs de police, sergents de ville, sous-brigadiers, brigadiers, inspecteurs principaux et officiers de paix de service dans les théâtres, bals, concerts et autres lieux publics, ne devront, sous aucun prétexte, solliciter ni accepter des billets ou entrées de faveur des directeurs des dits établissements.

Ils ne pourront non plus favoriser indûment l'entrée de qui que ce soit dans les mêmes établissements.

ART. 111. — Il est expressément défendu à toute personne appartenant au service de la police, de recevoir de l'argent ou des gratifications de qui que ce soit, sans notre autorisation.

Ancienne barrière des Champs Élysées.

ART. 112. — Les inspecteurs de police, sergents de ville, sous-brigadiers, brigadiers, etc., devront toujours se montrer polis et convenables vis-à-vis du public.

Lorsqu'ils auront à intervenir, soit pour l'exécution des lois et règlements, soit pour l'exécution d'un mandat, ils devront agir avec fermeté, mais, en même temps, avec calme et modération.

Nous ne laisserons impuni aucun acte d'impolitesse, de grossièreté ou de violence.

ART. 113. — Le chef de la police municipale nous rendra compte de toute plainte portée par les inspecteurs, sergents de ville, sous-brigadiers, brigadiers, etc., pour outrages et violences envers eux dans l'exercice, ou à l'occasion de l'exercice de leurs fonctions, et nous nous réservons de transmettre ces plaintes, s'il y a lieu, à M. le procureur impérial.

ART. 114. — L'état de maladie ou de congé sont les deux seuls motifs valables qui puissent empêcher toute personne appartenant à la police de se rendre à son service.

ART. 115. — Les inspecteurs, sergents de ville, sous-brigadiers et brigadiers qui, par maladie, se trouveraient hors d'état de faire leur service, seront tenus d'en donner avis immédiatement à leur officier de paix.

L'officier de paix transmettra cet avis au chef de la police municipale qui informera de la maladie le médecin en chef, et celui-ci préviendra le médecin de la division où demeure le malade.

ART. 116. — Les officiers de paix remettront tous les matins au chef de la police municipale, avec le rapport de la journée précédente, l'effectif de leurs brigades respectives et l'état des malades.

ART. 117. — Les inspecteurs, sergents de ville etc., qui, pour cause de maladie, auront cessé leur service, devront garder la chambre, à moins qu'ils ne soient autorisés à sortir par le médecin en chef. Dans ce cas, l'autorisation indiquera les heures de sortie.

ART. 118. — Ils devront reprendre leur service au jour indiqué par le médecin, et, dans le cas où ils voudraient le reprendre avant le jour fixé, ils devront l'en prévenir.

ART. 119. — Des congés peuvent être accordés par nous, lorsqu'il y a cause valable et que les exigences du service le permettent.

Ils ne peuvent, en général, excéder quinze jours.

Toutes les demandes de congés nous seront adressées par la voie hiérarchique, avec l'avis du chef de service.

ART. 120. — Toute infraction aux dispositions du présent règlement peut entraîner, suivant les circonstances :

La réprimande, avec ou sans mise à l'ordre du jour ;

La retenue du traitement, avec ou sans suspension de service, pendant un temps déterminé ;

La privation de grade, pour les sous-brigadiers, brigadiers et inspecteurs-principaux ;

La révocation.

ART. 121. — Le secrétaire général de la Préfecture de Police, le chef de la police municipale et le contrôleur général des services extérieurs sont chargés, chacun en ce qui le concerne, de l'exécution du présent arrêté.

Paris, le 14 avril 1856.

Par le Préfet :

Le Secrétaire général,

A. DE SAULXURES.

Le Préfet de Police,

PIÉTRI.

Jusqu'à la fin du second Empire, ce règlement fut l'objet de plusieurs modifications que nous ferons connaître en leur temps. La plupart des dispositions que nous venons d'énumérer ont pris place dans le règlement actuel; c'est pourquoi il nous a paru utile de les rapporter dans leur texte original.

Par l'arrêté du 17 décembre 1857, M. Piétri compléta cette

organisation en nommant quatre inspecteurs spéciaux qui avaient chacun la surveillance de 3 arrondissements.

Il nous reste maintenant à passer en revue les principales transformations que le décret du 17 septembre 1854 fit subir au costume des sergents de ville. Ce costume, qui coûtait à cette époque 155 fr. par an, était déterminé comme suit :

Une capote	65 fr. 50, durée 18 mois, soit pour 1 an.,		43 fr. 65
Un habit	54 fr. 50,	id. 18 mois, id.	36 fr. 35
Un pantalon en drap..	27 fr. »,	id. 8 mois, id.	40 fr. 50
Un pantalon en coutil.	8 fr. 50,	id. une saison, id.	8 fr. 50
Un chapeau	15 fr. »	id. 12 mois, id.	15 fr. »
Armement, moins-value dans la durée des premiers vêtements, entretien, etc., par aperçu			11 fr. »
	Total		155 fr. »

La nouvelle réorganisation entraîna l'adoption immédiate du képi et du caban (1).

En effet, le chapeau convenable pour la grande tenue et à la rigueur même pour le service de jour, ne pouvait être conservé dans la tenue du service de nuit. Indépendamment de la fatigue qu'il aurait occasionnée aux hommes, il se serait détérioré très promptement; et il aurait fallu pourvoir à son renouvellement au moins tous les six mois. On décida donc de donner aux sergents de ville un képi de forme droite, du prix de 11 fr. 50 pour les brigadiers, de 8 fr. 50 pour les sous-brigadiers et de 6 fr. 50 pour les agents. La durée de ce képi fut fixée à 8 mois et, par compensation, celle du chapeau, réservé pour la grande tenue et pour les services de jour, fut portée de un an à deux ans (2).

Jusqu'alors, les sergents de ville n'avaient reçu ni manteaux ni cabans. Exposés dans les services de ronde et de planton à toutes les intempéries des saisons, ils étaient obligés de se pourvoir eux-mêmes

(1) Le caban coûtait 60 francs.
(2) Nous donnons pages 200 et 208 des spécimens de l'uniforme porté à cette époque par les sergents de ville.

des vêtements propres à les défendre du froid et de la pluie. Il en résultait dans la tenue d'hiver de ceux qui pouvaient se procurer ces vêtements, un manque d'uniformité, des disparates choquantes; et quant à ceux que leurs charges de famille obligeaient à reculer devant cette dépense, leur santé était trop souvent compromise de la manière la plus grave. La convenance et l'humanité imposaient en quelque sorte à l'Administration le devoir de prendre une mesure nouvelle, qui empruntait, du reste, à la réorganisation du service un caractère d'opportunité bien marqué. Le stationnement de jour et de nuit sur la voie publique devenant permanent, il était indispensable, d'une part, que l'habitant et l'étranger attardés, qui ont besoin de secours ou de renseignements, reconnussent toujours sans hésitation les agents de la sûreté publique, et d'autre part, que ceux-ci fussent vêtus de manière à résister en tout temps aux fatigues de leur service.

Chaque homme devant faire huit heures de service actif sur vingt-quatre, il n'était pas possible d'avoir seulement un certain nombre de cabans déposés dans les postes, pour les passer des uns aux autres, comme cela a lieu par exemple pour le vêtement militaire dit capote de guérite. On accorda donc un caban à tous les sergents de ville.

L'achat de ces deux effets porta de suite le montant des frais de premier habillement à 244 fr. par agent. Au bout de quelques années, cette dépense devait donner une moyenne de 175 fr., soit 20 fr. de plus qu'en 1854.

Mais ce résultat ne pouvait pas être atteint avant cinq ans, et il fallait, en attendant, faire face aux exigences du service et les concilier avec les crédits alloués. C'était d'autant moins facile qu'on traversait une période de transition qui n'était guère favorable aux économies. Toutefois, pour apporter un contrôle plus strict dans les dépenses d'habillement et d'équipement, le Préfet de Police prit, le 31 décembre 1855, l'arrêté suivant :

Nous, Préfet de Police,

Vu le rapport du Secrétaire Général ;

Considérant qu'il importe d'organiser un mode de comptabilité en matière, pour constater les fournitures d'habillement et d'équipement faites à chaque sergent de ville et maintenir les dépenses dans les limites des crédits ouverts à chaque exercice du budget,

Arrêtons ce qui suit :

ART. Ier. — A partir du 1er janvier prochain, il sera ouvert à chaque sergent de ville un compte au passif duquel sera inscrite une somme de 150 fr., représentant les habillements dont il est porteur.

On inscrira ensuite, chaque mois, à l'actif de ce compte une somme de 12 fr. 30 destinée à faire face aux frais de son habillement et de son équipement.

Les candidats qui seront admis dans le corps des sergents de ville après le 1er janvier auront leur compte débité :

1° Des vêtements ayant déjà servi et dont la valeur sera fixée par experts ;

2° Des vêtements neufs à délivrer à prix de factures.

ART. II. — Les sommes portées à l'actif ou au passif de chaque homme seront inscrites sur un livret dont il sera porteur.

ART. III. — Chaque semestre, les comptes seront arrêtés et signés par le sergent de ville. Lorsque l'avoir excédera de cinquante francs le débet, cet excédant sera remis en espèces au titulaire.

Si après l'expiration de deux années, le compte du titulaire est en débet, une retenue de 12 fr. 30 sera faite chaque mois sur ses appointements, jusqu'à extinction du déficit.

ART. IV. — Lorsqu'un sergent de ville quittera le corps, il sera procédé à la liquidation de son compte ainsi qu'il suit :

Dans le cas où l'avoir égalera le débet, il restera en possession des effets qui lui auront été délivrés.

L'administration fera compte de la différence, si l'avoir excède le débet.

Si au contraire le débet excède l'avoir, les effets seront estimés et retirés jusqu'à concurrence du débet, et en cas d'insuffisance une retenue sera faite sur les appointements qui pourront être dus.

ART. V. — Chaque mois, les officiers de paix passeront des revues d'habillement.

Ils dresseront un état comprenant les noms des hommes qu'ils jugeront avoir besoin de vêtements et l'indication de ces vêtements.

Cet état, visé par le chef de la police municipale, sera transmis au Secrétaire général qui prescrira la délivrance des objets demandés.

ART. VI. — Chaque objet sera marqué du numéro matricule attribué au sergent de ville, il portera en outre le millésime et l'indication du trimestre de sa mise en service.

Art. VII. — Tous les effets seront reçus par trois personnes désignées par un conseil d'administration présidé par le Secrétaire général et composé des chefs de la police municipale, du personnel, de la comptabilité, du matériel et du contrôleur des services extérieurs.

Ce conseil élaborera les projets de marchés ou d'adjudications.

Le contrôle de la comptabilité en matière d'habillement et d'équipement est attribué au Secrétaire général.

Art. VIII. — Un inventaire des objets d'habillement et d'équipement existant en magasin sera dressé par le commissaire-priseur de l'administration et sera pris en charge par le chef du matériel.

Art. IX. — Le Secrétaire général, le chef de la police municipale et le chef de la comptabilité sont chargés, chacun en ce qui le concerne, de l'exécution du présent arrêté.

Le Préfet de Police,

PIÉTRI.

Au mois de mars 1856, en raison de l'augmentation de l'effectif, on dut cesser de faire confectionner sur mesure les vêtements destinés aux sergents de ville. Un arrêté préfectoral prescrivit de procéder par fortes commandes et de centraliser la distribution de tous les effets au magasin d'habillement. Le 1er janvier suivant, on organisa une commission (1) chargée de l'examen et de la réception de ces fournitures.

Une innovation très importante, réalisée dans le courant de l'année 1855 et mentionnée sur le règlement général du 14 avril 1856, fut l'adoption, suivant l'usage anglais, des numéros de collet. En effet, en faisant broder ces chiffres sur les vêtements des agents, l'Administration eut surtout en vue de leur imposer la responsabilité

---

(1) Cette commission avait été créée par arrêté du 31 décembre 1855. Elle fut, au début, composée comme suit :

1° Le chef du matériel,

2° Le commissaire-priseur de l'administration ;

3° L'expert tailleur.

Les arrêtés des 1 septembre 1860 et 16 décembre 1866 ne modifièrent pas l'organisation de cette commission qui fut maintenue par décision préfectorale du 19 octobre 1872.

de leurs actes et d'offrir au public une garantie contre leurs velléités d'arbitraire ou leurs excès de zèle. Si nous ajoutons foi aux indications qui nous ont été verbalement données à ce sujet par une por-

Rue de Constantine, en 1855.

sonne alors bien placée pour être exactement renseignée, l'Empereur aurait été le véritable instigateur de cette mesure dont il avait, paraît-il, apprécié les avantages pendant son séjour à Londres, lors de sa visite à la reine Victoria, au mois d'avril 1855 (1).

(1) Au mois d'août suivant, la reine Victoria vint à Paris pour rendre à son tour visite à l'Empereur et à l'Impératrice.

En 1854, au moment de la réorganisation du service, on délivra aux sergents de ville des cornets d'appel pour donner l'alarme pendant la nuit. Les agents qui se trouvaient à une faible distance étaient tenus d'accourir immédiatement et de prêter main-forte à leur camarade.

Ces cornets d'appel, de forme un peu aplatie, étaient en corne brune et avaient environ 10 centimètres de longueur. La première année, on en acheta 1144, et une commande de 1356, au prix de 1035 fr. 29, est inscrite au budget de l'exercice 1855 (1).

On ne tarda pas à abandonner l'emploi de ces cornets d'appel, qui devaient cependant rendre aux sergents de ville de Paris les mêmes services que les crécelles aux policemen de Londres.

Le costume des officiers de paix resta réglé par l'arrêté de 1841; mais on leur donna, comme aux agents, deux uniformes. L'un, dit de grande tenue, se composait d'un habit bleu à retroussis avec parements et collet garnis d'une broderie de branche de chêne en argent, d'un chapeau à cornes (2) et d'une épée (3). L'autre, désigné sous le nom de petite tenue, était composé d'une capote bleue croisée sur la poitrine avec parements et collet garnis d'une broderie de branche de chêne, d'une épée et d'un képi bleu orné de trois galons d'argent et d'une broderie de feuilles de chêne en argent, avec les armes de la ville de Paris au centre.

Ils conservèrent, comme signe distinctif, l'écharpe bleue à franges tricolores.

---

(1) Le prix de la douzaine de ces cornets d'appel fut d'abord de 11 francs; il descendit ensuite à 7 fr. 50 et à 6 fr. 25.

(2) C'était le chapeau qu'ils ont porté jusqu'en 1870.

(3) Voici ce que coûtait alors les effets d'officier de paix :

Un habit drap bleu.....................	160 fr.
Une capote — id —.....................	150
Une épée à poignée dorée..............	25
Un chapeau...........................	43
Un képi.............	21

Pour en finir avec les costumes de cette période, donnons celui du docteur Hébray, la police munici- de fantaisie compre- noire, très ample lettes, galons de broderie en or sur collet de velours talon rouge avec pi rouge avec galons de velours grenat médecin en chef de pale. Cet uniforme nait : une tunique de jupe, avec aiguil- grade et une petite les parements et le grenat foncé; pan- bande noire, et ké- or et tour de tête foncé.

Boitelle, Préfet de Police
(10 mars 1858 — 21 février 1866).

1858-1866.

M. Boitelle poursuivit l'œuvre entreprise sous son prédécesseur et y apporta de nombreuses modifications dont les plus importantes furent, il est vrai, celles qu'entraîna l'annexion de la banlieue pari- sienne, en 1860.

A la date du 31 mai 1858, il prit un arrêté aux termes duquel Paris fut partagé, sous le rapport de la police, en douze divisions fractionnées chacune en quatre sections. Il fit ainsi disparaître la dé- limitation arbitraire et parfois si préjudiciable au bien du service, qui avait scindé les divers quartiers en un nombre inégal de sections. Cet arrêté abrogeait trois paragraphes de l'article 1er du réglement du 14 avril 1856, qui avait, comme nous l'avons vu, maintenu cette étrange division. La nouvelle mesure n'eut, d'ailleurs, qu'une durée éphémère, car Paris ne fut pas longtemps à s'agrandir et il fallut, dans le courant de l'année 1859, procéder à un autre remanie- ment.

Voici quelle était, à la veille de l'annexion, la division de la police municipale.

DIVISIONS.	SECTIONS.	ILOTS.	VOIE PUBLIQUE.				RÉSERVE.	
			OFFICIERS DE PAIX.	BRIGADIERS.	SOUS-BRIGADIERS.	SERGENTS DE VILLE.	SERGENTS DE VILLE.	AUXILIAIRES
1^e	4	64	1	3	24	192	28	10
2^e	4	44	1	3	24	132	28	10
3^e	4	44	1	3	24	132	28	10
4^e	4	47	1	3	24	141	28	10
5^e	4	45	1	3	24	135	28	10
6^e	4	48	1	3	24	144	28	15
7^e	4	52	1	3	24	156	28	15
8^e	4	60	1	3	24	180	28	10
9^e	4	44	1	3	24	132	28	10
10^e	4	55	1	3	24	165	28	15
11^e	4	52	1	3	24	156	28	15
12^e	4	56	1	3	24	168	28	15
	48	611	12	36	288	1833	336	187

Ces agents étaient répartis dans les postes mentionnés sur l'état suivant :

DIVISIONS.	SECTIONS.	ADRESSES DES POSTES.
1re	Des Champs-Élysées	Rue Sainte-Geneviève, 2.
	De l'Élysée.	Rue de Ponthieu, 34.
	De la Ville-l'Évêque........	A la mairie du 1er arrondissement. (*Poste central.*)
	De la place de l'Europe.....	Rue de Laborde, 35.
		Barrière de Passy. (*Ex-poste militaire.*)
		Barrière du Roule. — id —
		Barrière de Monceau. — id —
2^e	De la Madeleine...........	Rue de Suresnes, 8.
	Des Tuileries.............	Rue Boucher (à la mairie).
	Des Italiens	Marché Saint-Honoré. (*Poste central.*)
	Du Palais-Royal	Rue Villedo, 2.
3^e	Du Helder...............	Rue Mogador, 11.
	De l'Opéra	Rue de la Boule-Rouge, 8. (*Poste central.*)
	Montholon...............	Place Cadet. (*Ex-poste militaire.*)
	Saint-Georges............	Rue Bréda, 13.

Le Pont au Change, en 1858.

DIVISIONS.	SECTIONS.	ADRESSES DES POSTES.
4°	Vivienne................	Rue Richelieu, à la Bibliothèque. (*Ex-poste militaire.*)
	Saint-Joseph..............	Rue de la Banque, 8, à la mairie du 3° arrondissement. (*Poste central.*)
	Saint-Eustache............	Rue Coq-Héron, 10.
	De Bonne-Nouvelle........	Boul.Bonne-Nouvelle. (*Ex-poste militaire.*) Halle au blé. — id —
5°	Du Palais-de-Justice........	Quai Napoléon, 11. (*Poste central.*)
	De l'Hôtel-de-Ville........	Poste du Port-au-Blé. (*Ex-poste militaire.*)
	Sainte-Avoie..............	Rue Quincampoix, 54.
	Des Halles................	Rue Saint-Honoré, 12.
6°	Des Arts-et-Métiers........	Rue Mongolfier.
	Saint-François............	Rue Vieille-du-Temple, 87.
	Du Temple................	Rue de Vendôme, 10 et 11. (*Poste central.*)
	De la Douane.............	Quai Valmy, 125.
7°	Saint-Vincent-de-Paul......	Rue des Petites-Écuries, 17. (*Poste central.*)
	De Strasbourg............	Impasse Lafayette.
	De la Porte-Saint-Martin....	Mairie du 5° arrondissement, rue du faubourg Saint-Martin, 72. (*Ex-poste militaire.*)
	De l'Hôpital-Saint-Louis	Rue Bichat, 10.
8°	Popincourt................	Rue des Amandiers, 30.
	De la Roquette............	Rue de Charonne, 87. (*Poste central.*)
	Faubourg Saint-Antoine	Carrefour de Montreuil.
	Des Quinze-Vingts........	Place Mazas. Marché Beauveau. (*Ex-poste militaire.*)
9°	Saint-Paul................	Rue des Rosiers, 2. (*Poste central.*)
	Du Mont-de-Piété..........	Rue Sainte-Croix-de-la-Bretonnerie, 2, à la mairie.
	De l'Arsenal..............	Place royale (mairie).
	Du Marais................	Rue Saint-Claude, 16.

DIVISIONS.	SECTIONS.	ADRESSES DES POSTES.
10e	Des Ministères............ Babylone................. École militaire........... Invalides..................	Boul. des Invalides (à l'archevêché). Rue Mayet, 15. (*Poste central.*) Rue Bertrand, 10. Rue Duvivier, 15. Boucherie des Invalides (rue Saint-Dominique, 147). (*Ex-poste militaire.*) Barrière de Sèvres. (*Ex-poste militaire.*)
11e	De l'École-de-Médecine..... Du Luxembourg........... De la Monnaie............ Des Beaux-Arts...........	Rue Racine, 15. (*Poste central.*) Rue de Fleurus, 5. Rue de Furstenberg, 4. Rue Neuve-de-l'Université, 18. Marché Saint-Germain (rue Saint-Sulpice). (*Ex-poste militaire.*)
12e	De la Sorbonne........... De la place Maubert....... Du Jardin-des-Plantes...... Saint-Marcel.............	Mairie du 12e arrondissement. (*Ex-poste militaire.*) Quai Montebello, 1. (*Poste central.*) Place Saint-Victor, 24 bis. Carrefour Mouffetard. (*Ex-poste militaire.*) Manufre impériale des Gobelins. — id —

Les quatre inspecteurs spéciaux, créés naguère, furent supprimés par décision préfectorale du 4 novembre 1858. Le décret de 1859 les rétablit bientôt après (1).

La loi du 26 mai 1859 ayant décrété l'extension des limites de Paris jusqu'au pied de l'enceinte fortifiée, le Préfet de Police demanda au Conseil municipal les crédits nécessaires pour augmenter le personnel de la police municipale, qui allait être appelé à exercer sa surveillance sur tous les points du nouveau périmètre.

A cette époque, Paris comptait un agent de police pour un hectare et pour 360 habitants; il ne pouvait être question de doter aussi largement le territoire annexé, surtout au point de vue des superficies.

(1) Voir à la page 227.

Il fallait aussi tenir compte des charges de tout genre que la mesure allait faire peser sur les finances municipales.

La question fut l'objet d'études préparatoires, tant à la Préfecture de Police qu'au sein d'une commisssion spéciale choisie en majorité parmi les conseillers municipaux; et le projet adopté fut soumis à l'approbation de l'Empereur qui rendit le décret suivant :

Napoléon, par la grâce de Dieu et la volonté nationale, Empereur des Français.

A tous présents et à venir salut.

Vu le décret du 17 septembre 1854 sur l'organisation de la police municipale de Paris;

Vu la loi du 10 juin 1859 qui porte les limites de Paris jusqu'au pied de l'enceinte fortifiée;

Vu la délibération du Conseil municipal de Paris, en date du 28 octobre 1859;

Sur le rapport de notre ministre, secrétaire d'État au département de l'Intérieur,

Avons décrété et décrétons ce qui suit :

Article I.

A partir du 1er janvier 1860, le personnel de la police municipale de la ville de Paris est fixé, quant aux cadres et aux traitements, conformément au tableau annexé au présent décret.

Article II.

Notre ministre, secrétaire d'État au département de l'Intérieur, est chargé de l'exécution du présent décret.

Fait au palais de Compiègne, le 27 novembre 1859.

NAPOLÉON.

Par l'Empereur :

Le ministre, secrétaire d'État au département de l'Intérieur,

BILLAUT.

SERGENTS DE VILLE (SECOND EMPIRE).

TABLEAU

PORTANT RÈGLEMENT DU CADRE ET DES TRAITEMENTS DE LA POLICE MUNICIPALE DE PARIS.

SERVICE ANCIEN.	AUGMENTATION.	SERVICE NOUVEAU.	CADRE DU PERSONNEL.	TRAITEMENTS ANNUELS.	
			1° Police municipale.		
1	»	1	Commissaire de police, chef de la police municipale à...	12,000	»
»	1	1	Chef adjoint à...............................	8,000	»
1	»	1	Sous-chef, dont le traitement pourra varier de 3,000 à 5,000 fr., au traitement actuel de....	3,500	»
12	8	20	Commis, dont :		
			2 commis principaux de 2,400 à 4,000 fr., au traitement actuel, l'un de.................	2,700	»
			l'autre de..................................	2,400	»
			9 commis de 1re classe dont le traitement pourra varier de 2,100 à 3,000 fr., au traitement actuel de.............................	2,100	»
			9 commis de 2e classe, dont le traitement pourra varier de 1,500 à 2,400 fr., au traitement actuel de.............................	1,500	»
»	4	4	Inspecteurs spéciaux à............................	6,000	»
24	8	32	Officiers de paix dont 12 d'arrondissement à ...	3,500	»
			— 8 d° à ...	3,000	»
			— 4 de brigades centrales à	3,500	»
			— 4 de services divers à ...	4,000	»
			— 3 d° à ...	5,000	»
			— 1 de sûreté à...........	6,000	»
12	4	16	Inspecteurs principaux à..........................	2,500	»
54	24	78	Brigadiers à...................................	1,800	»
319	108	427	Sous-brigadiers à..............................	1,600	»
2876	800	3676	Sergents de ville dont 650 à..................	1,500	»
			— 775 à.................	1,400	»
			— 1020 à.................	1,300	»
			— 1231 à.................	1,200	»
261	60	321	Auxiliaires à 3 fr. par jour..................	1,095	»
1	»	1	Médecin chef du service médical à...........	3,500	»
12	»	12	Médecins d'arrondissement à.................	1,600	»
			2° Service du Contrôle.		
1	»	1	Commissaire de police, contrôleur des services extérieurs de la Préfecture à..............	10,000	»
1	»	1	Secrétaire à..................................	2,000	»
1	»	1	Officier de paix à............................	4,000	»
1	»	1	Brigadier à...................................	1,800	»
2	»	2	Sous-brigadiers à............................	1,600	»
20	»	20	Inspecteurs dont 10 à.........................	1,500	»
			— 10 à.........................	1,400	»
3599	**1017**	**4616**			

Arrêté par nous, ministre secrétaire d'État au département de l'Intérieur.

Compiègne, le 27 novembre 1859.

BILLAULT.

L'État, de plus en plus favorable au partage de la dépense nécessitée par ce service, prit à sa charge la moitié du crédit total, au lieu des 2/5 dont il avait consenti le payement en 1854. Ainsi la dépense de la ville de Paris pour chaque agent se trouva réduite à la somme de 833 fr., qui, avant 1854, s'élevait au double de ce chiffre. C'était un allégement sensible pour les finances municipales. Malgré cette économie, il fallut inscrire au budget de la ville une annuité d'un million environ pour assurer aux communes annexées le bénéfice d'une partie de l'organisation de police dont était doté l'ancien Paris.

En effet, on n'installa que deux postes de police dans chacun des huit nouveaux arrondissements, alors que les douze autres en avaient quatre. Il en fut de même pour les commissariats de police (1), dont quelques unes des circonscriptions administratives furent formées de deux quartiers. C'est à cette époque seulement que disparurent les dénominations de « divisions et de sections », employées jusque-là pour désigner le sectionnement de Paris au point de vue de la police. L'Administration adopta alors pour cet usage la division de la capitale en arrondissements et en quartiers.

La réorganisation de la po-

Sonnette en usage dans les Commissariats de Police avant 1800. (Voir la note de la page 4.)

_____

(1) Actuellement les 80 quartiers de Paris, ne sont pas tous pourvus d'un commissariat de police. Mais, à la suite d'un accord intervenu récemment entre la Préfecture de Police et le Conseil municipal, il a été décidé qu'on en créerait deux, chaque année, jusqu'à exécution complète de la mesure.

lice municipale fut une des premières conséquences de l'annexion.
Le sous-chef prit le titre de chef-adjoint et l'on créa un sous-chef,
8 commis de bureau, 4 inspecteurs spéciaux, 8 officiers de paix,
4 inspecteurs principaux, 24 brigadiers, 108 sous-brigadiers, 800
sergents de ville et 60 auxiliaires. Dans ce nombre figurait une brigade
de 36 sergents de ville, exclusivement affectée au service de surveillance dans les Halles centrales (1), dont la plupart des vastes pavillons
venaient d'être édifiés sous la direction de l'architecte Baltard (2).

Par suite de cette augmentation de personnel, l'effectif de la police
municipale s'éleva à près de 4700 hommes. Ce chiffre et l'agrandissement de Paris, dont la superficie avait été doublée par l'annexion
des communes de la banlieue, décidèrent M. Boitelle à proposer au
Conseil municipal la création de 4 inspecteurs spéciaux. Voici
comment il s'exprimait à ce sujet dans son mémoire du 17 octobre 1859 (3) :

Dans un corps si nombreux, réparti sur une si grande étendue de territoire, la
surveillance directe de l'autorité centrale devient difficile, disons le mot, impossible. Il faut une inspection permanente qui s'exerce sur tous les points de la
cité, sur les plus excentriques notamment, où le relâchement et la négligence
sont plus à craindre, qui fasse passer dans l'exécution l'uniformité qui est dans
les instructions, qui apporte à l'administration, avec les observations de détail,
des vues d'ensemble, et qui s'acquitte de cette mission assidûment, rapidement,
de manière à ce que sur tous les points le mal soit signalé aussitôt qu'il se produit, et le remède appliqué sans retard.

Pour atteindre ce but, je me suis arrêté à la création de 4 inspecteurs spéciaux,
qui se partageront les vingt arrondissements, et dont les tournées, comprenant

---

(1) Ce service était fait précédemment par les brigades centrales.
(2) On sait que les travaux de reconstruction des Halles commencèrent en 1851 et que la
première pierre de cet immense édifice fut posée, à cette époque, par le prince Louis-Napoléon Bonaparte, alors président de la République.
(3) Dans ce mémoire, M. Boitelle disait, au sujet des gratifications accordées aux sergents de ville :
« Dans l'ordre du budget, le crédit des gratifications se présente d'abord. Pour l'effectif actuel de 3599 fonctionnaires, employés et agents, il a été fixé à 300.000 fr., ce qui donne par
tête une moyenne d'environ 83 fr. Appliquée au nouveau personnel, cette moyenne justifierait
une augmentation de 100.000 fr.; je la réduis à 60.000 fr.

les services de nuit aussi bien que les services de jour, rendront l'administration centrale en quelque sorte présente sur tous les points du territoire confié à sa sollicitude. Ces fonctions exigeront beaucoup de tact, de fermeté, de jugement; elles ne pourront être confiées qu'à des hommes de valeur; elles demanderont une activité exceptionnelle et imposeront de grandes fatigues.

Ces fonctionnaires, nommés comme les officiers de paix par le Ministre de l'Intérieur sur la présentation du Préfet de Police, furent créés par le décret impérial du 27 novembre 1859. Ils reçurent un traitement annuel de 6000 francs.

Au mois de mai 1860, le décret suivant changea le titre qui leur avait été donné l'année précédente :

Napoléon, par la grâce de Dieu et la volonté nationale, Empereur des Français.

À tous présents et à venir, salut.

Sur le rapport de notre ministre, secrétaire d'État au département de l'Intérieur,

Avons décrété et décrétons ce qui suit :

ARTICLE I.

Les inspecteurs spéciaux de la police municipale de Paris, créés par notre décret du 27 novembre 1859, prendront le titre d'inspecteurs divisionnaires de la police municipale.

ARTICLE II.

Notre ministre, secrétaire d'État au département de l'Intérieur, est chargé de l'exécution du présent décret.

Fait au palais des Tuileries, le 9 mai 1860.

NAPOLÉON.

Par l'Empereur :

Le ministre, secrétaire d'État au département de l'Intérieur,

BILLAULT.

Ils avaient chacun la surveillance d'une division de Paris, qui comprenait cinq arrondissements (1). Ils faisaient leur service à cheval (2) et toujours en costume civil.

Une fois cependant, ils revêtirent l'uniforme. Le fait nous a été

Entrée de la rue de la Cité, avant la construction de la caserne de la Cité.

affirmé de la manière la plus formelle par un ancien fonctionnaire aujourd'hui à la retraite. Ce témoin oculaire se rappelle parfaitement que ce fut le 3 juillet 1860, aux obsèques du prince Jérôme, ex-roi

(1) Chacune de ces divisions correspondait à un corps d'armée. En cas d'évènements graves, l'inspecteur divisionnaire devait se replier avec ses hommes sur la caserne désignée et se mettre à la disposition du général commandant le corps d'armée.

(2) Une somme de 2000 francs était allouée annuellement à chaque inspecteur divisionnaire pour les frais du cheval.

de Westphalie et le dernier survivant des frères de Napoléon Iᵉʳ. Il a même ajouté que les inspecteurs divisionnaires, commandés pour cette cérémonie, y parurent avec l'uniforme d'officier de paix, sur lequel ils avaient, de leur propre autorité, ceint l'écharpe tricolore. Suivant notre aimable narrateur, l'exhibition de cette écharpe souleva quelques critiques parmi les fonctionnaires présents, et une discussion assez vive s'ensuivit.

Ce qui n'empêcha pas, paraît-il, les inspecteurs divisionnaires de continuer à porter dans l'exercice de leurs fonctions, pendant un certain temps du moins, l'écharpe tricolore sur leur costume civil.

L'Administration se préoccupa, d'ailleurs, de la question, et sur le rapport de M. Nusse, chef de la police municipale, le Préfet prit, à la date du 3 octobre 1860, un arrêté pour déterminer leur uniforme.

Voici la copie de ces deux pièces :

Rapport.

La nécessité de donner aux inspecteurs divisionnaires un uniforme qui les fasse reconnaître dans les cérémonies publiques est constatée depuis longtemps. J'ai l'honneur de proposer à Monsieur le Préfet d'attribuer à ces fonctionnaires l'uniforme fixé pour les officiers de paix par l'arrêté du 20 février 1841; ils porteraient, en outre, une ceinture de soie bleue légèrement mêlée de fils d'argent, avec franges d'argent.

On supprimerait l'écusson à l'uniforme des officiers de paix qui conserveraient, comme insigne, la ceinture de soie bleue avec franges tricolores.

Le chef de la police municipale,

NUSSE.

Ce rapport est daté du 18 septembre 1860 et porte en marge la mention : *Approuvé*.

L'arrêté préfectoral est ainsi conçu :

Paris, le 3 octobre 1860.

Nous, Préfet de Police,

Vu l'arrêté du 20 février 1841, qui règle l'uniforme des officiers de paix de la ville de Paris;

Sur le rapport du chef de la police municipale,
Arrêtons :

Article 1er.

L'uniforme des officiers de paix de la ville de Paris, réglé par l'arrêté sus-visé, est attribué aux quatre inspecteurs divisionnaires du service de la police municipale.

Ils porteront, en outre, une ceinture de soie bleue légèrement mêlée de fils d'argent, avec franges d'argent, conforme au modèle par nous adopté.

Article II.

L'écusson, porté à la taille par les officiers de paix de la ville de Paris, est et demeure supprimé.

Ils conserveront, comme insigne, la ceinture de soie bleue avec franges tricolores.

Article III.

Le Secrétaire général et le chef du personnel sont chargés, chacun en ce qui le concerne, de l'exécution du présent arrêté.

Le Préfet de Police,
BOITELLE.

Nous avons donc la preuve qu'un costume officiel a été donné, sous le second Empire, aux inspecteurs divisionnaires. Nous savons, il est vrai, qu'ils ne l'ont jamais porté ; mais, et c'est là le point essentiel, les documents que nous venons de rapporter, tranchent définitivement une question très souvent discutée dans notre milieu administratif. En outre, ils établissent d'une manière non moins certaine que l'écusson porté à la taille par les officiers de paix, leur fut retiré au profit des inspecteurs divisionnaires.

En 1860, on accorda aux officiers de paix un pantalon de drap et une pelisse (1). Un arrêté préfectoral du 1er septembre de la même année décida que l'écharpe, jusqu'alors fournie par l'Administration,

_____

(1) La pelisse, qui remplaçait la capote actuelle, était un vêtement semi-civil, en drap bleu d'argent, collet rabattu, sans capuchon, avec un rang de boutons noirs. Sa forme rappelait exactement celle du « raglan » dont la mode dura pendant plusieurs années sous le second Empire.

serait désormais à la charge de ces fonctionnaires. Pour édifier le lecteur sur les variations auxquelles fut soumise la durée de leurs effets, disons qu'elle fit, en moins de deux ans, l'objet de trois arrêtés (1).

Nous avons trouvé pour la première fois, en 1866, le détail des effets qui composaient l'uniforme officiel (2) du médecin en chef de la police municipale. Cet uniforme fut porté jusqu'en 1877 par le docteur Roudil, successeur de M. Hébray.

A leur tour, les sergents de ville reçurent un pantalon de coutil blanc, en juillet 1858, et des jambières, en 1860 (3). A l'écusson brodé qui ornait leur képi, fut substitué un écusson mobile en métal représentant les armes de la ville de Paris. La ganse fixe des chapeaux fut remplacée par une ganse mobile d'un dessin et d'une broderie entièrement semblables. On procéda à ces deux dernières modifications en vertu d'une décision préfectorale du 1er mai 1863 (4).

Du 25 mai 1858 au 1er octobre 1864 (5), nous avons relevé

---

(1) Ce sont ceux des 1er septembre 1860, 30 mars et 30 avril 1861.

(2) Voici les renseignements que nous avons recueillis au sujet de ce costume :

Le médecin en chef portait l'uniforme en drap bleu des officiers de paix, dont les broderies étaient remplacées par celles de médecin principal ou d'inspecteur de l'armée.

L'habit de grande tenue était orné des dites broderies en argent fin au col, aux parements de velours noir, à la taille et sur les épaules; son prix était de 250 francs.

La capote à taille, avec jupe longue et large plastron, avait les mêmes broderies; elle coûtait 230 francs.

La pelisse (57 francs) et le pantalon (27 fr. 50) n'étaient autres que ceux des officiers de paix.

Les broderies et les galons étaient pareils à ceux des médecins militaires.

L'épée était la même que celle des officiers de paix, avec cette différence que la poignée était argentée.

Ajoutons, enfin, que le docteur Roudil agrémentait cet uniforme d'aiguillettes en argent.

(3) L'essai de ces jambières ne dura qu'une année. Elles étaient en cuir et attachées avec une tige de fer.

(4) En 1860, on distribua également aux inspecteurs de police des bretelles tricolores avec plaque en métal, pour remplacer les cartes d'identité. Ces bretelles étaient en soie et avaient une largeur d'environ cinq centimètres; la plaque mobile était en cuivre et de forme carrée.

Un arrêté du 20 mars 1861 retira ces insignes aux inspecteurs et leur rendit les cartes précédemment en usage.

(5) Deux portent la date du 25 mai 1858, le troisième celle du 1er septembre 1860, et le dernier est du 1er octobre 1864. Un quatrième visant les précédents, fut pris, le 26 décembre 1866, pour modifier encore la durée du chapeau.

Façade des bureaux de l'ancienne préfecture de Police, rue de Harlay.

quatre arrêtés relatifs à la durée des vêtements (1) des agents et au mode de comptabilité adopté pour l'établissement de la masse. Le troisième, daté du 1er septembre 1860, reproduit la plupart des dispositions contenues dans celui du 31 décembre 1855, dont nous avons donné le texte intégral.

Mais les transformations apportées à l'uniforme des sergents de ville et les règlements déterminant sa durée, ne sont pas les seules remarques intéressantes que nous ayons à faire pour cette période. En effet, sur la proposition du Préfet de Police, la Ville de Paris (2) loua, en 1865, une maison sise rue des Anglaises, n° 28 (dans le 13e arrondissement), pour servir d'habitation à un certain nombre d'agents.

Cette tentative de casernement, préparée par M. Boitelle, ne fut mise à exécution que sous son successeur, parce que le bail du dit immeuble ne put commencer à courir avant le 1er avril 1866. Il fut signé, à cette date, pour une période de 9, 12 ou 15 années, moyennant un loyer annuel de 16.000 francs.

Le logement était facultatif pour les sergents de ville; mais ceux qui en bénéficiaient, devaient abandonner l'indemnité pour frais de loyer, votée par le Conseil municipal dans sa séance du 20 juillet 1866 (3).

Cet essai ne donna pas de bons résultats. Il dura néanmoins près de huit ans, car ce ne fut qu'à la fin de l'année 1872 que l'Administration proposa à la Ville d'y renoncer (4). La maison, définitivement évacuée au mois d'octobre 1873, fut mise à la disposition de la régie des propriétés communales pour en tirer le meilleur parti possible jusqu'au 1er avril 1876, date de l'expiration de la première période du bail.

---

(1) Aux termes d'un nouveau marché passé avec la maison Schwebisch, l'uniforme des sergents de ville ne coûta plus que 150 francs, à partir du 1er janvier 1866.

(2) On avait installé au rez-de-chaussée de cette maison un fourneau du Prince Impérial.

(3) Les indemnités de logement ont été allouées aux sergents de ville, en vertu d'une délibération du Conseil municipal du 20 juillet 1866, approuvée par décision ministérielle du 30 du même mois. Une somme de 776.809f,05 est, en effet, mentionnée sur le budget de l'exercice 1866.

(4) Délibération du Conseil municipal, du 3 décembre 1872.

1866 — 1870.

M. J. Piétri, Préfet du Nord, remplaça M. Boitelle, le 21 février 1866 (1). Il porta tout d'abord son attention sur le fonctionnement

Hôtel du Chevalier du Guet, ayant servi de mairie au IVe arrondissement jusqu'en 1860.

de la police municipale dans les territoires annexés, que son prédécesseur n'avait encore pu doter d'une organisation semblable à

(1) Pendant les années 1865 et 1866, une violente épidémie cholérique sévit dans toute la France. Paris ne fut pas épargné et le nombre des victimes atteignit un chiffre considérable (5751 décès). Six sergents de ville furent frappés par l'horrible fléau dans l'exercice de leurs fonctions. Voir au premier chapitre de la 3me partie.

colle dont jouissaient les arrondissements de l'ancien Paris. L'approche de l'Exposition de 1867 lui faisait un devoir de hâter la solution de cette question, afin de pouvoir, au moment de l'ouverture de l'immense palais du Champ-de-Mars (1), assurer dans tous les quartiers de la capitale une protection égale et le même degré de sécurité. Dans le mémoire qu'il adressa, le 6 décembre 1866, au Conseil municipal, il ne craignit pas de faire l'aveu suivant sur l'état d'infériorité dans lequel se trouvaient, sous le rapport de la police, les arrondissements de la périphérie :

Sur un grand nombre de points de la banlieue annexée, disait-il, la protection manque, la sécurité n'est pas garantie. Depuis un an ou deux, on a vu renaître ces attaques nocturnes contre les personnes, ces vols sur la voie publique qu'on regardait presque comme impossibles à Paris, tant la nouvelle organisation de la police municipale avait été efficace pour en prévenir le retour. En ouvrant leurs colonnes au récit de ces faits, les journaux sans distinction de nuances politiques, ont fait appel à l'action administrative, à une intervention plus vigoureuse de la police, et il y a à cet égard une sorte de cri de l'opinion qu'il faut écouter et qu'il faut faire taire.

Vous ne doutez pas, Messieurs, que cet intérêt ne se soit imposé à mes plus vives préoccupations et que je n'aie cherché d'abord, avec les ressources actuelles, à faire face à toutes les nécessités; mais j'ai promptement acquis la conviction de mon impuissance. Le système lui-même du décret de 1854 est en question; reculer devant son application complète, ce serait le détruire; on ne saurait, en effet, maintenir, entre l'ancien et le nouveau Paris, cette inégalité choquante dans la répartition des moyens de protection, et on serait promptement amené à dégarnir le centre, à porter ses forces aux extrémités, aujourd'hui sur un point, demain sur un autre, à rendre, en un mot comme autrefois, la surveillance des malfaiteurs, la protection des personnes et des biens, en quelque sorte intermittentes, et à leur enlever ce caractère de généralité et de permanence qui, dans l'ordre administratif, est pour la ville de Paris un des plus grands bienfaits du gouvernement.

M. J. Piétri rappelait aussi que les huit arrondissements annexés

---

(1) Ce palais de forme circulaire, construit en fer et en fonte, occupait la partie centrale du Champ-de-Mars. Il était entouré de jardins.

avaient chacun deux postes de moins que les douze autres et que le personnel de police y était insuffisamment réparti.

Pour mieux démontrer au Conseil municipal l'intérêt urgent et d'ordre purement moral qu'il avait à adopter son projet et la demande du crédit annuel qui en était la conséquence (1), il fit ainsi le tableau des forces de la police municipale (2) :

Piétri (Joseph), Préfet de Police (21 février 1866 — 4 septembre 1870).

J'ai dit plus haut que, dans les douze arrondissements qui composent l'ancien Paris, l'organisation comprend 50 postes et 529 circonscriptions de surveillance, qui ont reçu le nom d'îlots. Dans chaque poste, le service est fait par six sergents de ville et deux sous-brigadiers, qui se relèvent par moitié, de douze en douze heures, de façon à ce qu'un poste soit toujours occupé par trois hommes sous le commandement d'un sous-brigadier. On attache, en outre, six hommes à chaque quartier pour les services extraordinaires, tels que bals, théâtres, soirées, etc., etc. Le service des îlots se divise en trois gardes de huit heures chacune, ce qui exige trois hommes par îlot. Ainsi, le service des douze premiers arrondissements emploie :

Pour 50 postes, à 6 hommes	300	sergents de ville.
Pour réserve de 48 quartiers, à 6 hommes par quartier.	288	id.
Pour 529 îlots, à 3 hommes par îlot	1.587	id.
Ensemble.	2.175	id.

Les auxiliaires, alloués à raison de 10 pour cent du personnel normal, assurent la régularité des services en comblant les vides faits par la maladie, les vacances d'emploi et toutes les causes d'absence.

Je ne sais si je ne m'abuse, Messieurs, mais il me semble que ces combi-

---

(1) Ces propositions avaient été préalablement étudiées par une commission prise exclusivement dans le sein du Conseil municipal. Cette commission se composait de MM. F. Barrot et Chaix d'Est-Ange, vice-présidents, Devinck, Merruau et Onfroy, qui donnèrent tous leur complète adhésion à la mesure projetée.

(2) C'était l'effectif de la police municipale à la fin de l'année 1866, pour le service ordinaire des arrondissements, non compris les cadres.

naisons sont à l'abri de la critique. La réserve de vingt-quatre sergents de ville par arrondissement ne peut paraître exagérée, pour peu que l'on soit familiarisé avec les exigences auxquelles doit faire face la police de Paris. La proportion de douze heures de présence au poste sur vingt-quatre ne souffre aucune comparaison avec le service de l'armée; enfin la station de huit heures sur la voie publique atteint l'extrême limite de ce qu'on peut exiger de l'homme le plus robuste et le mieux préparé. L'expérience ne laisse malheureusement aucun doute à cet égard. Le recrutement des sergents de ville se fait avec le plus grand soin, presque exclusivement parmi des hommes d'élite qui ont subi l'épreuve du service militaire et que des habitudes d'ordre et de régularité placent dans des conditions d'hygiène très favorables; et cependant la mortalité dans ce corps est exceptionnelle, et les plus heureux se retirent, au bout de dix ou quinze années de service, accablés d'infirmités précoces et sans autres moyens d'existence qu'une modique pension dont ils jouissent à peine pendant trois à quatre ans.

On ne peut donc exiger des sergents de ville plus qu'on a fait jusqu'ici, et les nouveaux services, pour être efficaces, devront être organisés sur le même pied que les anciens.

Douze arrondissements, avons-nous dit, sont complètement dotés; huit restent à pourvoir, mais en partie seulement. — Une étude attentive a permis d'y réduire à 422 le nombre des circonscriptions de surveillance; ces circonscriptions emploieront 1.266 sergents de ville, ci 1.266

Il faut compter, en outre, pour 32 postes à 6 hommes.   192

Et pour réserve, à raison de 6 hommes par quartier, dans 32 quartiers.   192

Au total.   1650

La réorganisation incomplète de 1860 ayant permis d'affecter à ces services 742 hommes, ci.   742

Il reste à créer, pour les compléter.   908

sergents de ville nouveaux, commandés par 96 sous-brigadiers, soit 1 sous-brigadier pour 9 ou 10 hommes.

En terminant, il sollicitait une augmentation de personnel de 58 hommes pour le service de sûreté, alors composé de 120 inspecteurs, sous-brigadiers et brigadiers (1).

Toutes ces propositions et le crédit de 960.479 fr. 06 demandé à la fin du mémoire, furent votés par la Commission municipale.

Par suite de cette réorganisation, l'effectif de la police municipale

_____

(1) Soit: 2 brigadiers, 6 sous-brigadiers et 50 inspecteurs.

se trouva porté de 4.616 à 5.768, chiffre qui ne fut pas modifié jusqu'à la fin de l'Empire.

Ce contingent était bien nécessaire pour assurer le service de la capitale qui avait pris une grande extension, et qui, déjà à cette époque, présentait un aspect presque semblable à celui d'aujourd'hui. C'étaient à peu près les mœurs actuelles : bals, concerts, fêtes (1),

---

(1) Parmi ces fêtes, il convient de rappeler celles qui furent données à l'occasion du mariage de Napoléon III (30 janvier 1853), de la naissance et du baptême du Prince Impérial (16 mars et 14 juin 1856), du séjour de la reine d'Angleterre à Paris au mois d'août 1855, et des visites du Sultan, du roi de Prusse et des empereurs de Russie et d'Autriche pendant l'Exposition universelle de 1867.

On sait, en outre, que, de 1853 à 1870, la fête de l'empereur fut, comme sous Napoléon Iᵉʳ, célébrée le 15 août de chaque année.

Dans un autre ordre de réjouissances, nous devons rappeler la cavalcade du bœuf gras, qui fut, durant le second empire, un des divertissements les plus en vogue.

Sans remonter à l'origine de cette vieille coutume, disons que c'est vers le seizième siècle que la corporation des bouchers commença à donner un certain éclat au cortège qui accompagnait le bœuf choisi pour la promenade traditionnelle.

Cette fête fut supprimée en 1790 et rétablie par ordonnance du 23 février 1805. Dans ce curieux document, le Préfet de Police, Dubois, déterminait de la manière la plus précise l'ordre du cortège, le nombre des personnes et leurs costumes.

Du reste, nous n'avons qu'à suivre l'exemple de M. Victor Fournel à qui nous empruntons ces renseignements, et à donner, comme il l'a fait dans *Les rues du Vieux Paris*, un extrait de cette pièce administrative :

ARTICLE V. — Le costume que porteront les marchands bouchers de première classe, et choisis par les syndics et doyens d'âge de la boucherie de la Commune de Paris, est réglé ainsi qu'il suit : 1° ils seront coiffés et poudrés en tresses, couverts d'un chapeau à la Henri IV, fond violet, panache aux couleurs nationales... 2° cravate blanche de mousseline, mise élégamment et très large, avec des nœuds pendants, collet de chemise débordant... 3° gilet, pantalon et veste en bazin rayé, le tout fait à la hussarde... 4° bottes également à la hussarde, auxquelles on ajoutera des glands d'or ou d'argent... 6° le manteau écarlate brodé d'or... 7° gants à la crispin, noirs et piqués de blanc ; une cravache d'uniforme sans pomme plombée.

ARTICLE VI. — Il y aura six chevaux montés...

ARTICLE VII. — Quatre mameluks en velours brodés en pierres ; six autres mameluks ordinaires sans broderies.

ARTICLE VIII. — Il n'y aura pas plus de six sauvages et six Romains.

ARTICLE IX. — Quatre grecs cuirassés et six chevaliers français.

ARTICLE X. — Quatre costumes polonais et quatre costumes espagnols.

ARTICLE XI. — Deux coureurs et huit turcs ordinaires.

ARTICLE XII. — Un tambour-major, petite tenue de la garde impériale ; six tambours costumés en gladiateurs, deux fifres en Chinois ; dix-huit musiciens de toutes sortes en habits dits de *caractère*.

ARTICLE XIII. — Un enfant, magnifiquement mis en amour, et soutenu par deux sacrificateurs ornés de haches et de massues.

ARTICLE XIV. — Un bœuf d'environ treize à quatorze cents pesant, richement panaché et décoré.

ARTICLE XV. — Douze garçons bouchers, habillés comme il est dit à l'article V, porteurs de tous les attributs de la boucherie.

Suspendue en 1814, la promenade du bœuf gras fut autorisée de nouveau l'année suivante.

théâtres, réunions mondaines, cérémonies publiques, solennités sportives (1); toutes choses que nous avons considérablement développées depuis, mais qui, telles qu'elles étaient alors, constituaient pour les sergents de ville un service très fatigant.

Épée d'officier
de paix.

On aimait aussi les expositions; un peu moins cependant que de nos jours, car il n'y en avait pas encore une régulièrement, chaque année, au Palais de l'Industrie. Mais il faut rappeler que deux grandes manifestations de ce genre eurent lieu en 1855 et en 1867. Cette dernière surtout, si brillante et si visitée, imposa aux agents un service des plus pénibles. Ils s'en acquittèrent bien, et M. Maxime du Camp, dans son livre intitulé : *Paris, ses origines, ses fonctions et sa vie*, n'hésite pas à affirmer qu'ils rendirent de réels services. « On n'a constaté, dit-il, en sept mois, que 169 vols dont un seul important : celui de 36.800 fr., dans la vitrine de M. Froment Meurice (2). »

En 1821, l'organisation de cette cavalcade cessa d'être exclusivement le monopole des bouchers, et les éleveurs furent admis à présenter leurs produits. Un jury se réunit à Poissy et désigna le bœuf gras. C'est là l'origine des concours agricoles qui, tous les ans, se tiennent à Paris.

Il faut encore mentionner une nouvelle interdiction en 1848. Grâce à l'initiative de M. Arnault, directeur de l'Hippodrome, qui demanda et obtint l'autorisation de faire les frais de la cavalcade du bœuf gras, cette coutume fut reprise en 1851. De cette date à 1870, ce divertissement devint chaque année plus fastueux.

Ce n'est pourtant pas dans cette période qu'on trouve le plus beau bœuf gras qui ait été exhibé avant la guerre. Aucun n'a dépassé celui de l'année 1842, qui pesait 1900 kilos.

En 1896, on a repris la tradition et la promenade du bœuf gras a eu pour beaucoup de Parisiens l'attrait d'une véritable nouveauté.

(1) Le grand prix de Paris a été fondé en 1863.

(2) C'est une aigrette en diamants, qui fut dérobée le dernier soir de l'Exposition.

Démolitions devant le Boulevard du Palais. Emplacement de la Préfecture de Police actuelle.

Dans ce même ouvrage, paru après la guerre (1) mais achevé avant 1870, M. Maxime du Camp a décrit minutieusement l'intérieur d'un poste de police à cette époque, et a esquissé du sergent de ville du second Empire un portrait très ressemblant. Comme ces lignes résument bien les points principaux de la réforme de la police municipale entreprise en 1854, et poursuivie jusqu'à la fin du régime impérial, nous croyons utile de les mettre sous les yeux du lecteur. Voici celles qui vont nous initier à la vie et aux habitudes des agents dans les postes de police :

Les quatre-vingts postes de sergents de ville sont, dit-il, intéressants à visiter; au premier abord, ils ne révèlent rien de curieux. C'est dans la plupart des cas une grande chambre grisâtre, mal carrelée, munie de lits de camp où s'étalent des matelas sans oreiller; une table en bois noirci, un ou deux becs de gaz et un poêle en fonte complètent cet ameublement. Un examen moins superficiel montre bien vite l'utilité multiple des hommes qui habitent là et se délassent de leurs fatigues en fumant leur pipe, en lisant le journal ou en jouant aux dames. Une civière à sangles est accrochée dans un coin, prête à se déplier pour recevoir le maçon tombé de son échafaudage, l'homme écrasé par une voiture, l'enfant qui s'est cassé la jambe. Cette précaution n'est point nouvelle, et Mercier raconte que c'est de son temps qu'on mit des civières dans les postes, afin de remplacer les échelles dont on se servait auparavant, en guise de brancards, pour transporter les malades ou les blessés dans les hôpitaux. Sur une planche sont systématiquement rangés des seaux de toile, des lampions et des torches; puis contre la muraille sont appendus, côte à côte avec les proclamations, les règlements et les ordres du jour manuscrits, des tableaux qui contiennent les adresses des médecins, des pharmaciens, des sages-femmes, des vétérinaires, des commissionnaires, des postes de pompiers et des porteurs d'eau du quartier. On y lit aussi celle des agents fontainiers qui seuls ont le droit d'ouvrir les bornes-fontaines . . . .
. . . .

A presque tous les postes sont annexés *des violons*, sortes de prisons provisoires destinées à garder momentanément les malfaiteurs, et qui sont au nombre de deux, l'un pour les femmes et l'autre pour les hommes. C'est un cachot plus

---

(1) *Paris, ses organes, ses fonctions et sa vie dans la seconde moitié du XIX⁰ siècle*, par Maxime du Camp; Paris, Hachette, 1869-1875.

ou moins grand, garni de bancs de bois scellés dans la muraille, éclairé par une lucarne placée très haut, de manière qu'on ne puisse se pendre aux barreaux de fer qui la protègent, et muni d'un immonde baquet destiné à toutes sortes d'usages. Ces geôles sont infectes; de plus elles sont tellement glaciales qu'il est cruel d'y laisser séjourner quelqu'un pendant les nuits d'hiver. Les terrains coûtent cher à Paris; il est donc bien difficile de donner aux postes de police l'ampleur qui leur serait nécessaire pour être convenables. . . . .
. . . .

Aussi qu'arrive-t-il? Les sergents de ville, à moins qu'ils ne soient en présence d'énergumènes exaspérés, font venir les prisonniers dans le poste pendant les heures de grand froid et les laissent se réchauffer autour du poêle. Lorsqu'ils ont affaire à des enfants perdus, abandonnés ou mêmes coupables, le côté sentimental des vieux troupiers ne tarde point à se montrer. Le pauvre petit diable est roulé dans un manteau, couché sur un matelas et souvent il passe là une bonne nuit tiède et réconfortante, comme il n'en a pas eu depuis longtemps. En tout cas, jamais, sous aucun prétexte, pour des motifs de moralité que la sagacité du lecteur devinera, on ne réunit dans le même cachot les enfants et les hommes.

Voyons maintenant ce que le même auteur dit du sergent de ville et de l'organisation de la police municipale parisienne :

Préfecture de Police. Cachet du Conseil d'Hygiène publique et de Salubrité.

Un décret du 17 septembre 1854, réorganisant la police urbaine de Paris, a donné une grande extension aux sergents de ville qui, jadis assez rares, étaient devenus insuffisants en présence de l'accroissement de la population. On les a distribués dans Paris tout entier, et ils ont pris la place de ces détachements de soldats qui s'étageaient jadis de quartier en quartier. Chacun des vingt arrondissements de Paris est gardé par trois brigades de sergents de ville, composant une division qui obéit à un officier de paix. Tous les jours, ce dernier va réglementairement à l'ordre auprès du chef de la police municipale; de 4 heures en 4 heures, il expédie à la préfecture un rapport obligatoire, qui le plus souvent se compose des trois mots si connus dans les administrations : Rien de nouveau. De plus, lorsqu'un fait anormal se produit, assassinat, vol important, incendie, rupture d'une conduite d'eau, effondrement d'égout, écroulement de maison, un exprès est envoyé à toute vitesse rue de Jérusalem. Cette mesure est bonne et permet d'être renseigné sans grand délai sur tous les accidents graves qui se manifestent incessamment dans une ville aussi populeuse que Paris; néanmoins elle pourrait être plus complète encore et plus radicale (1).

. . . .

Qui ne connait les sergents de ville? Qui ne les a vus stationner sur les boulevards pour mettre un peu d'ordre dans le défilé des voitures, se promener lentement dans nos rues, monter la garde devant leur poste? Qui n'a remarqué leur uniforme, composé en hiver d'une longue capote et en été d'un frac disgracieux, au collet duquel apparaissent en broderies d'argent le numéro de leur division, la lettre de la brigade et un chiffre qui, leur étant particulier, permet en toute circonstance de faire remonter jusqu'à eux la responsabilité de leurs actes. Tous, ou bien peu s'en faut, sont d'anciens sous-officiers, sortis de l'armée avec des états de services irréprochables. Il n'y a pas de corps qui se recrute avec de plus sévères précautions. Nul n'en peut faire partie s'il n'a donné preuve de moralité et de sobriété. La discipline, malgré une forme extérieure assez large, est très dure. Deux infractions aux règlements dans la même année, deux cas d'ivresse par exemple, entraînent l'expulsion. Cette rigueur n'est que légitime, et elle doit servir de frein à des hommes qui sont dépositaires d'une autorité limitée, mais encore considérable, destinée à assurer la sécurité urbaine.

Épée de sergent de ville.

L'indice apparent de leur mission et du pouvoir qu'ils représentent est une épée à poignée de cuivre aux armes de la ville de Paris. Bien des gens, fort calmes du reste, s'élèvent avec une certaine chaleur contre cette arme confiée aux sergents de ville, et qui le plus souvent reste inoffensive au fourreau. Le

_____

(1) Le télégraphe, dont se servait déjà la police de Londres, ne reliait pas encore les postes de police à la Préfecture.

jour où on les désarmera, les malfaiteurs deviendront leurs maîtres et nos rues seront le théâtre d'ignobles luttes à coups de poing et à coups de pied. La vue seule de l'épée est un réfrigérant pour bien des colères et a paralysé plus d'une velléité de résistance. On a souvent proposé de leur donner le bâton des *police-*

Les Halles Centrales.

men anglais, qui, dit-on, n'est simplement qu'un emblème d'autorité. Emblème à tête de plomb qui tue un homme aussi sûrement qu'un coup de feu; casse-tête orné, il est vrai, du chiffre de la reine et de la devise : Honny soit qui mal y pense! mais casse-tête redoutable, qui dans les bagarres donne lieu à des contusions infailliblement mortelles.

On n'entre pas d'emblée dans ce corps d'élite mi-partie civil et militaire, il faut un apprentissage qui dure près d'une année, pendant laquelle on est admis à titre d'auxiliaire avec une paye fixe de 3 francs par jour; si au bout de ce temps d'épreuve, nul reproche n'a été mérité par le candidat, il est nommé sergent de ville et il peut aspirer légitimement aux grades de sous-brigadier et de brigadier; après 25 ans de services consécutifs, il prendra sa retraite et obtiendra une pension de 586 fr. 02. Bien peu y atteignent; un sur dix tout au plus. Au premier abord, l'existence de ces hommes paraît assez douce; ils sont bien vêtus, ils ont des abris convenablement chauffés, et leur promenade régulière ne semble pas trop fatigante. L'apparence est trompeuse; il n'y a pas de métier plus pénible. En temps normal, le service est réglé de façon à occuper les agents huit heures par jour. L'irrégularité forcée des heures de repos, les brusques transitions de température, lorsque pendant l'hiver on rentre au poste après la faction, la nécessité de rester dans des vêtements mouillés les jours de pluie, les longues et énervantes stations sur les ponts, au coin des rues, à l'angle des carrefours, par le vent, le soleil, la grêle ou la neige, finissent par ébranler les tempéraments les plus solides et par jeter sur des lits d'hôpital, des hommes qui semblaient destinés à vivre centenaires. Aussi les vacances sont fréquentes et le corps se renouvelle incessamment.

Cela est extrêmement fâcheux, car l'éducation d'un tel service ne s'acquiert que par une longue pratique. Le soldat qui sort de son régiment arrive avec des principes d'autorité excessifs; par cela même qu'il a été forcé d'obéir sans pouvoir raisonner, il est enclin à contraindre les autres à l'obéissance passive. A moins d'aptitudes exceptionnelles, il faut trois années et plus pour faire d'un excellent soldat un sergent de ville passable qui ne durera guère que douze ou quinze ans. Leur devoir — et chacun des ordres du jour qui leur sont adressés le leur répète sous toutes les formes — est de faire respecter les règlements sans jamais mécontenter la population, tâche spécialement difficile avec un peuple aussi nerveux que celui de Paris, et dont cependant on doit reconnaître qu'ils ne se tirent pas trop mal. A force de vivre dans les mêmes quartiers — et c'est là que la mesure inaugurée après le décret de 1854 est excellente, — ils en connaissent tous les habitants, peuvent faire plusieurs observations aux délinquants avant de leur déclarer contravention; aux habitudes agressives d'autrefois, excusables jusqu'à un certain point chez nos agents clair-semés, se hâtant trop parce que le temps leur manquait toujours pour prévenir et qu'ils avaient à peine celui de réprimer, a succédé, grâce au nombre et à la diffusion raisonnée des sergents de ville, une sorte de gronderie familière qui avertit plutôt qu'elle ne menace. . . . .
. . . .

En somme, ils vivent en bons termes avec la population, quoiqu'ils soient en horreur aux vieilles commères dont ils forcent les chiens à être muselés. Ils doivent veiller à la sûreté de la voie publique; ils n'y manquent guère; combien en a-t-on vu se jeter à la tête de chevaux emportés, poursuivre les chiens enragés, secourir les blessés, contraindre les débitants à ne pas vendre à faux poids et détourner les yeux pour ne pas voir une marchande des quatre-saisons fatiguée qui arrête sa charrette pour prendre un peu de repos?

Leur honnêteté est proverbiale, et tout objet trouvé par eux est remis entre les mains du commissaire de police; ces traits de probité sont si fréquents, qu'on ne les signale même plus dans les ordres du jour. *La correspondance secrète* sur la fin du règne de Louis XVI, publiée par M. de Lescure, raconte qu'un joueur chargé d'or se mit pour rentrer chez lui sous la protection d'une patrouille qui le dévalisa. Ces temps là ne sont plus et l'on peut se confier aux sergents de ville . . . .

. . . .

Le quartier dévolu à leur surveillance est divisé en zones déterminées qui doivent être incessamment visitées par eux. Ils vont deux à deux, marchant sur les trottoirs et parfois s'enfonçant tout à coup dans une ombre portée où ils restent immobiles, guettant autour d'eux et prêts à courir où leur présence est nécessaire; dans les endroits mal habités, fréquentés par les vide-goussets et les coupeurs de bourse, dans les parages des maisons en construction, des terrains vagues qui offrent de faciles abris aux chercheurs d'aventures, la petite patrouille de deux hommes est ordinairement précédée par deux agents vêtus en bourgeois, dont le costume ne donne pas l'éveil; ce système produit de bons résultats et permet parfois de faire des captures importantes. Tout fait anormal remarqué par les hommes de ronde est inscrit au livre des rapports. La collection de ces documents si, comme il faut l'espérer, elle est conservée avec soin, sera plus tard une lecture des plus curieuses et donnera l'histoire de Paris heure par heure et minute par minute (1).

Un peu plus loin, M. Maxime du Camp s'occupe des brigades centrales qui formaient, dit-il, une réserve à la Préfecture. Ces brigades dites centrales, composées de 50 hommes chacune, étaient, ainsi que celle des voitures, surnommées les « vaisseaux », parce que ceux qui en faisaient partie, au lieu des numéros et des lettres d'ordre, portaient les armes de la Ville brodées au collet.

---

(1) On ne devait pas les conserver longtemps, car, en 1871, toutes les archives de la police municipale devinrent la proie des flammes, ainsi que beaucoup d'autres documents précieux pour l'histoire de la police au siècle dernier.

Tel est, en résumé, le sergent de ville de cette époque, au sujet duquel on nous reprochera peut-être d'avoir passé sous silence plusieurs incidents ou événements du règne de Napoléon III.

Si nous n'avons pas parlé des attentats et des complots qui marquèrent la période comprise entre 1853 et 1858, non plus que des manifestations des dernières années, c'est que, fidèles au rôle que nous nous sommes imposé, et sur lequel, on s'en souvient, nous nous sommes très franchement expliqués dans le chapitre relatif à la monarchie de Juillet, nous n'avons pas cru devoir franchir les limites de notre sujet pour nous occuper de faits politiques trop rapprochés de notre temps.

Armoiries de la ville de Paris ; second Empire.

CHAPITRE CINQUIÈME

LE SIÈGE DE PARIS

Ne heure après la signature de la capitulation de Sedan, dans la matinée même du 2 septembre, les armées du prince royal de Prusse et du prince royal de Saxe recevaient l'ordre de marcher sur Paris : la première par Reims, Épernay, Montmirail, Coulommiers et Créteil; la seconde par Soissons, Compiègne et Creil. Le prince de Prusse devait, d'après ce plan, passer la Seine sur un pont de bateaux à Villeneuve-Saint-Georges et opérer à Argenteuil sa jonction avec l'armée du prince de Saxe.

Ainsi la déroute de Sedan, le plus grand désastre de cette malheureuse guerre, était un fait accompli, ainsi l'ennemi avait, dès le 3 au matin, commencé sa marche sur Paris qu'il devait investir quelques semaines plus tard, et le Gouvernement n'avait pas encore donné la nouvelle de ces graves événements, sous prétexte qu'il n'avait reçu que des dépêches de source officieuse.

Cependant, dit M. Claretie, dans son *Histoire de la Révolution de 1870-*

1871 (1) le bruit d'une défaite complète, de la capitulation et de la captivité de l'Empereur, se répandait peu à peu dans le monde officiel.

Le samedi, 3 septembre, à l'issue de la séance de jour, le Corps législatif fut convoqué pour une séance de nuit. Il était une heure du matin, lorsque les députés entrèrent en séance. Le moment était solennel. Un silence profond régnait dans l'Assemblée, et l'on entendait, au contraire, sur la place, sur le pont, sur les quais, le sourd bourdonnement de la foule, pareil au vent dans les peupliers ou au mugissement de la mer. L'aspect de la salle, éclairée par le plafond de verre d'une lumière livide, prenait quelque chose de funèbre. Les députés, sous ce jour jaunâtre, ressemblaient à des spectres. Pâle et d'une voix émue, le président Schneider déclara à la Chambre « qu'une nouvelle douloureuse lui avait été annoncée dans la soirée, et qu'il avait cru devoir convoquer aussitôt l'Assemblée ». Il donna ensuite la parole à M. le ministre de la guerre, pour faire une déclaration à la Chambre.

Messieurs les députés, dit alors M. de Palikao, j'ai la douloureuse mission de vous annoncer ce que mes paroles de ce matin avaient pu vous faire pressentir, ce que j'espérais encore n'être qu'une nouvelle officieuse, et qui, malheureusement, est devenue une nouvelle officielle. L'armée, après d'héroïques efforts, a été refoulée dans Sedan; elle a été environnée par une force tellement supérieure, qu'une résistance était impossible. *L'armée a capitulé* et l'Empereur a été fait prisonnier...

Après la déclaration du Ministre de la Guerre, Jules Favre déposa sur le bureau de la Chambre une proposition de déchéance, signée par 30 membres de l'opposition, au nombre desquels nous trouvons le comte de Kératry, député du Finistère et futur préfet de police. La discussion de cette proposition fut renvoyée à la séance de midi, et les députés se retirèrent, à 2 heures du matin, pendant que la foule immense, qui stationnait aux alentours du Corps législatif, réclamait la déchéance et criait : « A bas la droite! »

Le lendemain, ou plutôt le même jour, car on était au dimanche 4 septembre, les députés se réunirent à 1 heure de l'après-midi pour délibérer sur la proposition de Jules Favre. La foule massée au dehors était encore plus considérable que dans la nuit; elle était plus impatiente et surtout plus irritée, car le doute ne lui était plus permis, le gouvernement ayant fait dès le matin placarder cette proclamation :

(1) *Histoire de la Révolution de 1870-1871*, par Jules Clarette; Paris, 1875.

Français,

Un grand malheur frappe la patrie.

Après trois jours de luttes héroïques soutenues par l'armée du maréchal

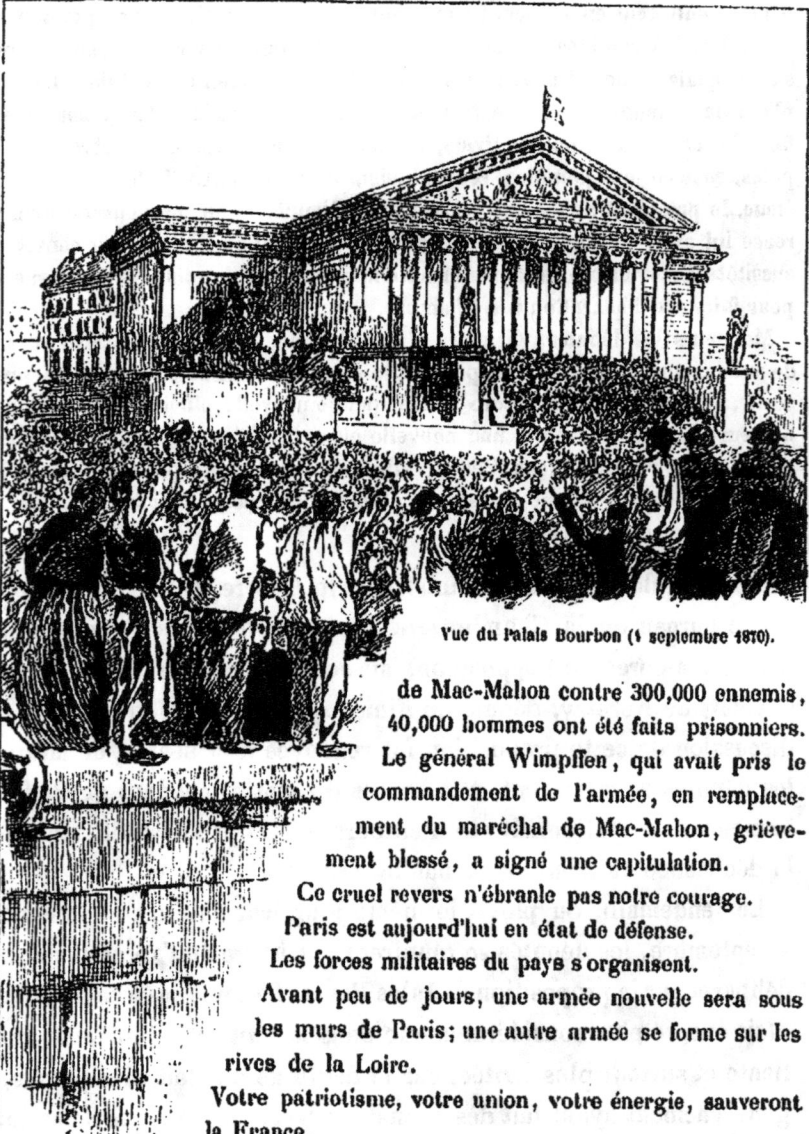

Vue du Palais Bourbon (4 septembre 1870).

de Mac-Mahon contre 300,000 ennemis, 40,000 hommes ont été faits prisonniers. Le général Wimpffen, qui avait pris le commandement de l'armée, en remplacement du maréchal de Mac-Mahon, grièvement blessé, a signé une capitulation.

Ce cruel revers n'ébranle pas notre courage.

Paris est aujourd'hui en état de défense.

Les forces militaires du pays s'organisent.

Avant peu de jours, une armée nouvelle sera sous les murs de Paris; une autre armée se forme sur les rives de la Loire.

Votre patriotisme, votre union, votre énergie, sauveront la France.

L'Empereur a été fait prisonnier dans la lutte.

Le gouvernement, d'accord avec les pouvoirs publics, prend toutes les mesures que comporte la gravité des événements.

A la suite de ces poignantes nouvelles, l'irritation de la population parisienne ne connut plus de bornes; et, comme à son gré, les députés tardaient trop à prononcer la déchéance de la dynastie impériale, elle fit irruption dans le Palais législatif aux cris de « Vive la République ! »

C'est en vain que Gambetta et plusieurs membres de la gauche exhortèrent le peuple à attendre le résultat des délibérations de la Chambre. A trois heures, la salle des séances était complétement envahie, et les cris de « Vive la République ! la déchéance ! » rendaient toute discussion impossible. Pour mettre fin à cette scène qui menaçait de se prolonger indéfiniment, Gambetta, accompagné de M. de Kératry, monta à la tribune, et, après avoir obtenu le silence, prononça les paroles suivantes :

Citoyens,

Attendu que la patrie est en danger;

Attendu que tout le temps nécessaire a été donné à la représentation nationale pour prononcer la déchéance ;

Attendu que nous sommes et que nous constituons le pouvoir régulier issu du suffrage universel libre;

Nous déclarons que Louis-Napoléon Bonaparte et sa dynastie ont à jamais cessé de régner sur la France.

Les applaudissements couvrirent cette déclaration. Sur les conseils de MM. Jules Favre et Gambetta, on se rendit à l'Hôtel-de-Ville pour proclamer la République et constituer le nouveau gouvernement.

Cette révolution s'accomplit sans effusion de sang et en quelques heures seulement. Les députés de Paris, présents à l'Hôtel-de-Ville, décidèrent la formation d'un gouvernement de « *Défense Nationale* », qui reçut aussitôt la consécration populaire. En effet, les citoyens

et les gardes nationaux, réunis autour de la maison commune, accla-
mèrent les noms de MM. Emmanuel Arago, Crémieux, Jules Favre,
Jules Ferry, Gam- betta, Garnier-Pagès,
Glais-Bizoin, Eugène Pelletan, Ernest Picard, Rochefort et Jules Simon, désignés
pour prendre le pou- voir, mais surtout
pour soutenir la lutte à outrance contre l'é-
tranger.

On donna la prési-
dence du Gouverne- ment de la défense
nationale au général Trochu. Les ministères et les principales administrations furent immédiatement pourvus de nouveaux
titulaires. Tandis que la plupart des mem-

De Kératry, Préfet de Police
(4 septembre — 11 octobre
1870).

bres du gouvernement prenaient la direction des divers départements
ministériels, M. Étienne Arago était placé à la tête de la Mairie de
Paris et le comte de Kératry recueillait la succession de M. J. Piétri.

Le soir de cette mémorable journée, les boulevards présentèrent
une animation extraordinaire. Pour un moment, la population parisienne, si douloureusement impressionnée depuis Wissembourg,
se livra tout entière à la joie d'avoir si pacifiquement substitué la République à l'Empire. Peut-être aussi, son enthousiasme était-il provo-
qué par les espérances que les succès de nos pères en 1792 devaient
tout naturellement faire naître en un pareil jour. Elle se rappelait
sans doute, avec orgueil et confiance, que la première République
avait décrété la patrie en danger et chassé l'ennemi du sol national.
Ces souvenirs militaires, dont le culte est encore aujourd'hui si vivace
parmi nous, ranimèrent les courages abattus et contribuèrent pour
beaucoup à entretenir cet esprit de sacrifice qui anima tous les habitants de la capitale pendant les longs mois du premier siège.

Certes, la victoire ne vint pas récompenser d'héroïques efforts;
mais l'évocation de ce glorieux passé eut un résultat dont le souvenir
est, à l'heure présente, une consolation pour tous ceux que n'aveu-

gle pas l'esprit de parti et qui mettent l'amour de la patrie au-dessus de leurs préférences personnelles.

Il y eut alors, à Paris et dans les provinces, comme un souffle de patriotisme qui gagna tous les cœurs. En de patriotiques et superbes harangues que le granit et le bronze ont déjà fixées, Gambetta sut grouper tous les dévouements. Les partisans du régime déchu, les fervents de la monarchie légitime et les fidèles de la branche cadette répondirent aux chaleureux appels de l'éloquent tribun, avec le même empressement que les républicains. Dans les rangs improvisés de ces armées de la défense nationale, admirable synthèse de la France, toutes les classes de la société étaient représentées : on y vit des enfants de quinze ans et des vieillards septuagénaires, également dévoués à cette cause sacrée. Sous les murs de Paris, dans les plaines du Mans ou sur les rives de la Loire, en Normandie comme en Franche-Comté, ces vaillants défenseurs firent noblement leur devoir. L'élan fut général. Pour ne parler que de Paris, où nous attache notre sujet, tout le monde voulut combattre; et dans ce concert de bonnes volontés, de dévouements obscurs et ignorés, nous devons citer les gardiens de la paix, ou plutôt les ex-sergents de ville, qui tous acceptèrent de prêter leur concours à la défense. La plupart, anciens soldats de Crimée, d'Italie et des expéditions de Chine et du Mexique, étaient mariés et pères de famille; et cependant pas un n'hésita à s'enrôler dans les compagnies qui furent organisées, au lendemain du 4 septembre, pour repousser les Prussiens en marche sur Paris.

Non seulement, ils eurent à faire un service militaire en dehors des remparts, mais encore ils furent chargés d'assurer l'ordre dans la capitale. Afin d'exposer avec plus de clarté les événements qui font l'objet de ce chapitre, nous allons diviser notre récit en deux parties. Dans la première, nous relaterons les faits se rapportant au rôle des agents comme gardiens de la paix publique, et, dans la seconde, nous les suivrons aux avant-postes jusqu'à la conclusion de l'armistice.

Service dans Paris.

Dès qu'il eut pris possession de la Préfecture de Police, M. de Kératry adressa aux habitants de Paris la proclamation suivante :

Après dix-huit ans d'attente, sous le coup de cruelles nécessités, les traditions

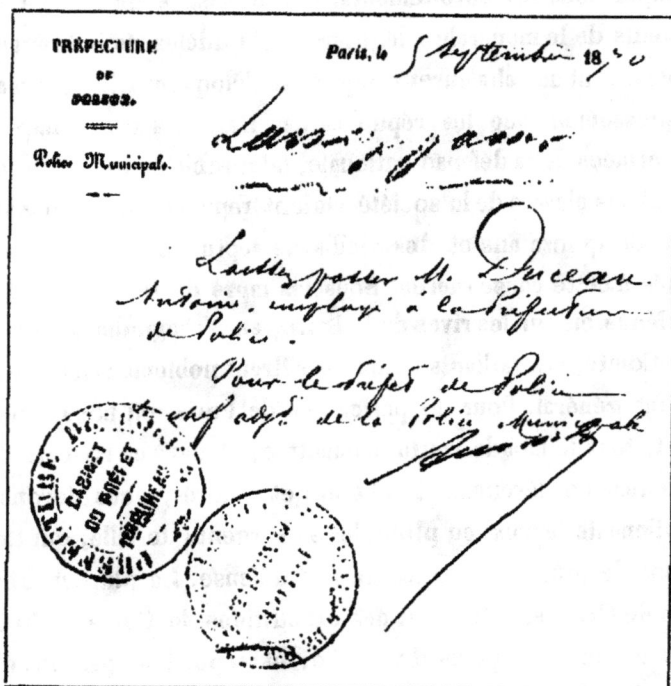

Laissez-passer délivré par la Préfecture de Police.

interrompues au 18 Brumaire et au 2 Décembre sont enfin reprises. Les députés de la gauche, après la disparition de leurs collègues de la majorité, ont proclamé la déchéance. Quelques instants après, la République était acclamée à l'Hôtel-de-Ville.

La Révolution qui vient de s'accomplir est restée toute pacifique; elle a compris que le sang français ne devait couler que sur le champ de bataille. Elle a pour but, comme en 1792, l'expulsion de l'étranger.

Il importe donc que la population de Paris par son calme, par la virilité de son attitude, continue de se montrer à la hauteur de la tâche qui lui incombe, à elle et à la France.

C'est pour cette raison qu'investi par le Gouvernement de pouvoirs dont on a tant abusé sous les régimes antérieurs, j'invite la population parisienne à exercer les droits politiques qu'elle vient de conquérir dans toute leur plénitude, avec une sagesse et une modération qui soient de nature à montrer à la France et au monde qu'elle est vraiment digne de la liberté.

Notre devoir à tous, dans les circonstances où nous sommes, est surtout de nous rappeler que la patrie est en danger.

Au moment où, sous l'égide des libertés républicaines, la France se dispose à vaincre ou à mourir, j'ai la certitude que mes pouvoirs ne me serviront que pour nous défendre contre les menées de ceux qui trahiraient la patrie.

Cette proclamation, datée du 4 septembre, est contre-signée par le nouveau Secrétaire général, M. Antonin Dubost.

S'inspirant des nécessités du moment et tenant compte des sentiments d'hostilité qu'une partie de la population avait alors contre les sergents de ville que beaucoup confondaient, pour ainsi dire, dans la haine qu'ils avaient vouée à l'Empire, M. de Kératry créa le corps des gardiens de la paix publique.

Voici l'arrêté qu'il prit, à cet effet, le 7 septembre 1870 :

Art. Ier. — Le corps des sergents de ville est licencié.

Art. II. — Il est remplacé par un corps de police, dont la mission exclusive est de veiller au maintien du bon ordre et de la sécurité des personnes et des propriétés.

Art. III. — Les hommes faisant partie de ce corps, choisis parmi les anciens militaires, seront appelés gardiens de la paix publique.

Art. IV. — Ils ne seront point armés.

Art. V. — Si les circonstances l'exigent, les gardiens de la paix publique concourent à la défense nationale. Ils recevront, en ce cas, l'armement du soldat.

En réalité, les sergents de ville avaient été licenciés dans la journée du 4 septembre. Pour se venger des dernières mesures prises par le Gouvernement impérial, le peuple, très surexcité par les désastreuses nouvelles reçues du théâtre de la guerre, maltraita plusieurs agents qui, avec des gendarmes à cheval et un bataillon de la garde

GARDIENS DE LA PAIX (1ᵉʳ SIÈGE DE PARIS — 1870-71).

nationale, composé en grande partie des habitants des rues Lafayette, Laffitte et du Helder, avaient mission de maintenir l'ordre sur le pont et sur la place de la Concorde, ainsi qu'aux abords du Corps législatif.

Près de la porte des Feuillants, nous dit madame Adam, dans son livre sur le siège de Paris (1), un groupe de sergents de ville fut assailli par la foule qui criait : A la Seine! On les désarma et leurs bi-

Gardiens de la paix publique.

cornes servirent à coiffer les candélabres d'alentour. En même temps, M. Toquenne, officier de paix du premier arrondissement, de service sur le pont de la Concorde, refusait de rendre son épée que l'on voulait lui arracher de force. Il réussit à la conserver, mais il eut ses vêtements déchirés, et, pendant toute la durée du siège, on put voir un parement de sa capote sur la statue de Strasbourg. Dans la bagarre, il perdit son portefeuille contenant des papiers et 150 francs en argent. Protégé par M. Abel Leroux, chemisier de l'avenue de l'Opéra, officier de la garde nationale, à qui M. Thiers décerna plus tard pour ce fait une médaille d'or, il pénétra non sans peine dans le ministère des finances (2), d'où il parvint à s'échapper en costume civil (3).

(1) *Le Siège de Paris. Journal d'une Parisienne*, par Juliette Lamber; Paris, Michel-Lévy, 1873.
(2) Où s'élève actuellement l'Hôtel Continental.
(3) La veille, avait eu lieu la malheureuse collision de *La Galiote*, boulevard Bonne-Nou-

M. Blavier, qui commandait le même jour la brigade centrale de service à la Préfecture de Police, faillit être victime d'un pareil traitement. Chargé, quelques instants après l'arrivée de M. de Kératry, d'une mission qu'il devait remplir en compagnie d'un élève de l'École polytechnique que le nouveau Préfet avait amené comme secrétaire, il fut, aux cris de « enlevez-le », pris à parti par la foule nombreuse qui barrait l'angle du quai des Orfèvres et de la place Dauphine. Un incident des plus regrettables allait certainement se produire, lorsque le jeune polytechnicien eut l'idée de tirer son épée du fourreau et de la présenter à M. Blavier qui lui remit la sienne. Cet acte si simple suffit à calmer les plus exaltés. On applaudit et on laissa passer l'officier de paix et son compagnon.

Des scènes du même genre eurent lieu sur d'autres points de Paris et les agents ne purent regagner la Préfecture. Beaucoup parvinrent à s'échapper et à rentrer chez eux, à l'aide de vêtements que leur avaient donnés des habitants qui réprouvaient ces représailles.

Pendant les quelques jours qui suivirent, les anciens sergents de ville habitant les quartiers excentriques eurent à supporter les tracasseries de la population. Leurs domiciles furent envahis ; et, à la suite de perquisitions faites chez eux sans ordre et sans mandat, par des individus restés pour la plupart inconnus, on leur enleva les effets d'habillement et d'équipement qui leur appartenaient (1).

---

velle. C'est avec l'affaire des pompiers de la Villette, un des incidents les plus regrettables qui se soient produits à Paris depuis l'annonce des premiers désastres.

(1) Après leur licenciement, les sergents de ville déposèrent, dans les mairies et dans d'autres endroits spécialement désignés à cet effet, tous les objets d'habillement et d'équipement qui étaient en leur possession.

Ces objets, dont la plus grande partie était cependant leur propriété personnelle, furent ensuite transportés dans les magasins de la Préfecture de Police.

Leurs épées furent modifiées dans des ateliers installés au pavillon de Flore : on enleva l'aigle qui décorait la poignée et on le remplaça par une étoile. Pour quelques-unes, on se contenta de faire disparaître l'emblème impérial. D'autres furent pourvues de la poignée du sabre

Du reste, le passage suivant de la déposition de M. de Kératry devant la commission d'enquête sur les actes du Gouvernement de la défense nationale, va nous renseigner à ce sujet :

Pendant six semaines, j'ai dû, a-t-il déclaré, suffire à la police de la capitale avec 70 agents de la sûreté et moins de 300 sergents de ville que j'avais baptisés du nom de gardiens de la paix. On a blâmé leur nouveau nom et leur costume inoffensif. Les laisser armés dans Paris, c'était les exposer à une mort certaine, tant était grande la fureur méritée vis-à-vis de certains, imméritée vis-à-vis la majorité, que ressentait la population parisienne à leur égard. Plusieurs avaient failli être égorgés chez eux par les agents des clubs, les 5, 6 et 7 septembre; leurs maisons étaient pillées et leurs femmes traquées; pour les sauver et en même temps pour sauver une institution de police municipale, dont, soit dit en passant, je n'ai jamais proposé la suppression, je résolus de les former en un régiment de marche subdivisé en 6 bataillons.....

d'officier d'infanterie. La majeure partie de ces épées fut utilisée pendant le siège et la Commune, ainsi qu'en témoignent les deux reçus ci-après :

GARDE NATIONALE   RÉPUBLIQUE FRANÇAISE.
DU
DÉPARTEMENT DE LA SEINE.
ÉTAT-MAJOR GÉNÉRAL.   Paris, le 11 novembre 1870.

Reçu de la Préfecture de Police quatorze cents épées des anciens sergents de ville, que M. le Préfet veut bien mettre à la disposition de la garde nationale de Paris.

Le colonel chargé de l'armement et du tir,
CASTÉJA.

GARDE NATIONALE   RÉPUBLIQUE FRANÇAISE.
DU
DÉPARTEMENT DE LA SEINE.
ÉTAT-MAJOR GÉNÉRAL.   Paris, 7 décembre 1870.

Reçu de M. le Préfet de Police six cents épées, qu'il veut bien mettre à la disposition de la garde nationale pour l'armement des officiers des compagnies de marche ou autres officiers des compagnies sédentaires.

Le colonel chargé de l'armement,
CASTÉJA.

Le 28 décembre 1870, le général Clément Thomas, commandant supérieur des gardes nationales de la Seine, écrivit au Préfet de Police pour le prier de vouloir bien mettre encore à sa disposition quatre cents épées provenant des anciens sergents de ville, « pour achever l'armement des officiers des compagnies de marche. »

On ne put répondre favorablement à cette nouvelle demande d'épées, parce que le peu qu'il en restait en magasin, était indispensable pour les officiers du corps des gardiens de la paix et notamment pour les agents des communes de la banlieue, dont la réorganisation s'effectuait en ce moment.

Dans les premiers jours du siège, la Préfecture de Police avait aussi délivré un certain nombre de ces épées à plusieurs commandants des bataillons de la garde nationale.

Comme nous le disions tout-à-l'heure, c'étaient bien des représailles que le peuple exerçait contre les agents, parce qu'il voyait en eux des serviteurs de l'Empire plutôt que des serviteurs de la loi : s'il eût moins cédé à l'amertume de souvenirs récents, il se fût montré plus juste envers ceux qui étaient chargés du soin de veiller à son repos et à sa tranquillité.

De même qu'après les révolutions de 1830 et de 1848, les sergents de ville et la garde de Paris disparurent pendant quelque temps. Le service fut fait durant cette période par la garde nationale et les mobiles (1).

Le corps des gardiens de la paix publique, institué par l'arrêté préfectoral du 7 septembre que nous avons rapporté plus haut, fut organisé sans délai. Recruté, au début, en dehors des ex-sergents de ville, il n'eut qu'un faible effectif que l'on augmenta bientôt en enrôlant les anciens agents.

Du 17 au 19 septembre, ces derniers furent, sur l'ordre de M. de Kératry, convoqués à la Préfecture de Police ou dans leurs postes respectifs, et on leur demanda s'ils voulaient reprendre du service. Au 5° arrondissement, la garde nationale assista, baïonnette au canon, à la délibération des sergents de ville. Mais là, comme dans les autres quartiers, tous firent une réponse affirmative.

La plupart furent, dès le commencement du siège, affectés au service des avant-postes. Nous verrons dans la partie consacrée aux opérations militaires, comment ils furent organisés et quelles fatigues ils eurent à supporter.

On répartit dans les services spéciaux et dans quelques arrondissements seulement, ceux qui furent chargés de la police de Paris. On laissa de préférence dans la capitale les nouveaux gardiens qui

(1) Ils furent, paraît-il, aidés dans leur tâche par une troupe due à l'initiative privée et commandée par M. Jules Aronssohn. Ce corps, qui n'avait reçu de l'État que des armes, portait le nom de francs-tireurs de la Ville de Paris; il eut souvent la garde des postes du Ministère de l'Intérieur, de la Préfecture de la Seine, de la Préfecture de Police, des Archives nationales et du Mont-de-Piété.

n'avaient pas porté l'uniforme de sergent de ville. Les officiers de paix échangèrent leur titre contre celui de capitaine, et les brigadiers et sous-brigadiers furent appelés chefs et sous-chefs de section.

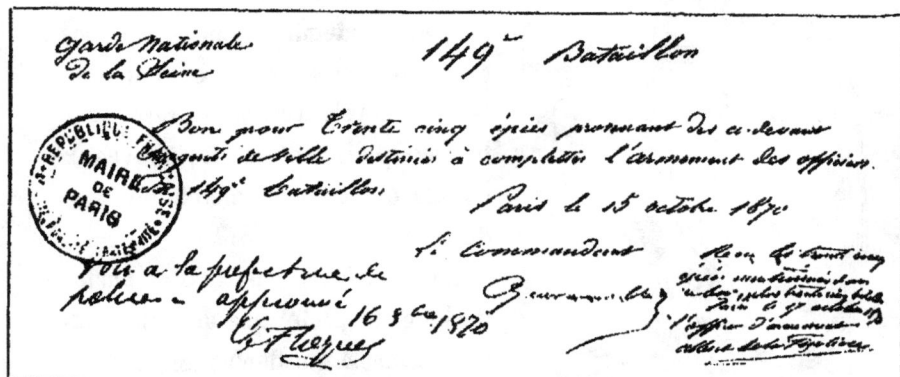

Bon de la Mairie de Paris.

Au bout de quelques jours, on leur donna l'uniforme suivant (1) :

1° Une vareuse avec poches et capuchon, en étoffe dite ratine, de couleur bleu foncé, bordée d'un liséré de laine bleu clair pareil à la doublure, garnie sur le devant de quatre boutons en métal blanc aux armes de la ville de Paris et ornée, sur le côté gauche de la poitrine, d'une cocarde tricolore également en métal ;

2° Un gilet droit en drap bleu foncé, avec boutons de métal comme ceux de la vareuse, et manches doublées de flanelle ;

3° Un pantalon en drap de même couleur ;

4° Une casquette en drap semblable, dite américaine, avec visière en cuir verni et cocarde tricolore.

Les officiers de paix avaient aux manches et à la casquette des galons de capitaine et aux épaules des pattes brodées en argent.

(1) Ils firent pendant les premiers jours seulement leur service en costume civil, car on ne tarda pas à les habiller. Voici à, titre d'indication, les prix des effets qu'on leur délivra : la vareuse, 18 fr. 20, et ensuite 19 francs; le gilet, 12 fr. 35; le pantalon, 20 fr. 45. Le prix de la casquette varia de 3 francs à 4 fr. 50.

La vareuse d'officier de paix coûtait 46 fr. 50; la casquette, semblable à celle des gardiens, avait des galons de grade du prix de 4 francs.

Quant aux chefs et sous-chefs de section, ils portaient sur les manches et autour de la casquette les insignes de leur grade.

Pour compléter la métamorphose, on les fit tous raser. Cette mesure fut prise évidemment pour que la population les reconnût avec moins de facilité. On s'y trompa, du reste, car beaucoup disaient que les nouveaux agents étaient bien mieux que ceux de l'Empire.

Ils voulaient, sans doute, parler de leur air plutôt que de leur nouvel uniforme qui déplut en général. Les lignes ci-dessous, découpées dans le *Dictionnaire Larousse*, résument admirablement les critiques que nous avons trouvées à ce sujet dans les journaux du temps : « Les gardiens de la paix publique, préposés à la garde intérieure de Paris, pendant le Siège, portaient, dit l'auteur de l'article, un costume des plus simples : leur uniforme était une casquette à visière carrée; un long caban à capuchon (1) les enveloppait de la tête aux pieds; une simple cocarde posée sur la poitrine indiquait la nature pacifique de leurs fonctions. A les voir tête baissée, les mains enfoncées dans leurs longues manches, on les eût pris pour des anabaptistes prêts à entonner, comme dans le *Prophète*, les psaumes religieux sur un ton mélancolique. »

S'il y a peut-être un peu d'exagération dans cette manière de les dépeindre, il faut bien reconnaître cependant que les moyens mis à

Épée de sergent de ville, modifiée après le 4 septembre.

(1) C'était une vareuse.

leur disposition pour assurer la sécurité de leurs concitoyens n'étaient pas suffisants. C'est pourquoi, dès son arrivée à la Préfecture de Police, M. Cresson, sous prétexte que ces gardiens de la paix avaient quelquefois à franchir les lignes extérieures, décida de leur donner l'uniforme que portaient les agents mobilisés. Cette mesure ayant été réalisée de suite dans trois arrondissements, on vit dès lors dans les rues de Paris un certain nombre de gardiens de la paix faire leur service avec un sabre-baïonnette au côté.

Edmond Adam, Préfet de Police
(11 octobre — 2 novembre 1870).

Car ils n'avaient aucune arme et ne pouvaient même pas se défendre contre les rôdeurs de nuit. Quand ils revenaient chez eux dans leurs quartiers, ils étaient à peu près certains d'être fouillés chaque soir, et malheur à celui sur lequel on aurait découvert une arme quelconque, un revolver par exemple.

Jusqu'à la conclusion de l'armistice, leur service fut très dur. Trop peu nombreux, souvent brutalisés par des habitants et des gardes nationaux, que les mécomptes du siège avaient aigris, ils apportèrent toujours dans l'accomplissement de leur tâche une patience digne d'éloges.

Le 25 novembre 1870, des gardes nationaux s'emparèrent du poste de police du quai de Gesvres (1), et le Gouvernement, pour éviter un conflit, ordonna de le leur laisser. A la suite de cet incident, M. Cresson demanda au général commandant la garde nationale une lettre d'excuses qu'il fit lire devant les gardiens de la paix assemblés.

A chaque instant, des bataillons de gardes nationaux descendaient

(1) C'était un des postes dont M. Cresson avait obtenu la remise, à son arrivée à la Préfecture de Police.

de Belleville, de Ménilmontant ou de Charonne, et, tambour en tête, se rendaient place de la Concorde au pied de la statue de Strasbourg. Un jour, boulevard des Italiens, ils firent un mauvais parti à deux agents qu'on dut conduire sur le champ à l'ambulance du Grand-Hôtel.

Lorsque les premiers obus tombèrent dans Paris (1), deux gardiens de la paix furent attachés à chaque commissariat avec la mission exclusive de s'occuper de tout ce qui avait trait au bombardement (2).

Voici comment M. Cresson s'exprimait, à ce sujet, dans sa circulaire aux commissaires de police :

Je tiens, disait-il en commençant, à ce qu'on les voie partout où il y aura des services à porter, des malheurs à réparer ou à constater, des accidents à prévenir.

Il terminait ainsi :

Je ne suis pas sans espérer, d'ailleurs, que cette œuvre, toute de dévouement et de patriotisme, contribuera efficacement à faire apprécier, de la population de votre quartier, le mérite de ces serviteurs du bien public qu'on doit retrouver partout où il y a un danger et qui donnent tous les jours, aux avant-postes, la mesure de leur courage et de leur abnégation.

On organisa aussi un service de veilleurs de nuit, qui fut confié à des inspecteurs du contrôle général et à des gardiens de la paix. Parmi les monuments où furent placés ces guetteurs, citons : Notre-Dame, la sainte Chapelle, l'église de la Trinité, l'école Turgot, l'église Saint-Pierre-de-Montrouge, l'église Saint-Jacques-du-Haut-Pas,

---

(1) Le 15 janvier 1871, les obus prussiens mirent le feu à l'entrepôt des vins. Malgré la grêle de projectiles lancés par l'ennemi, 300 gardiens de la paix et quelques pompiers, sous les ordres de M. Cresson, se rendirent maîtres de cet incendie en jetant de la terre mouillée sur les flammes.

(2) De son côté, pour assurer le sort des veuves et des orphelins des victimes du bombardement, le Gouvernement rendit, le 11 janvier 1871, le décret suivant :

Le Gouvernement de la Défense nationale,

Considérant que les devoirs de la République sont les mêmes à l'égard des victimes du bombardement de Paris qu'envers ceux qui succombent les armes à la main pour la défense de la patrie,

Décrète :

Tout Français atteint par les bombes prussiennes est assimilé au soldat frappé à l'ennemi.

Les veuves de ceux qui auront péri par l'effet du bombardement de Paris, les orphelins de pères ou de mères qui auront péri de même, sont assimilés aux veuves et aux orphelins des soldats tués à l'ennemi.

l'église Saint-Augustin, l'église Saint-Vincent-de-Paul, etc., etc. (1).
Pendant tout le siège et jusqu'au 18 mars, la brigade des voitures

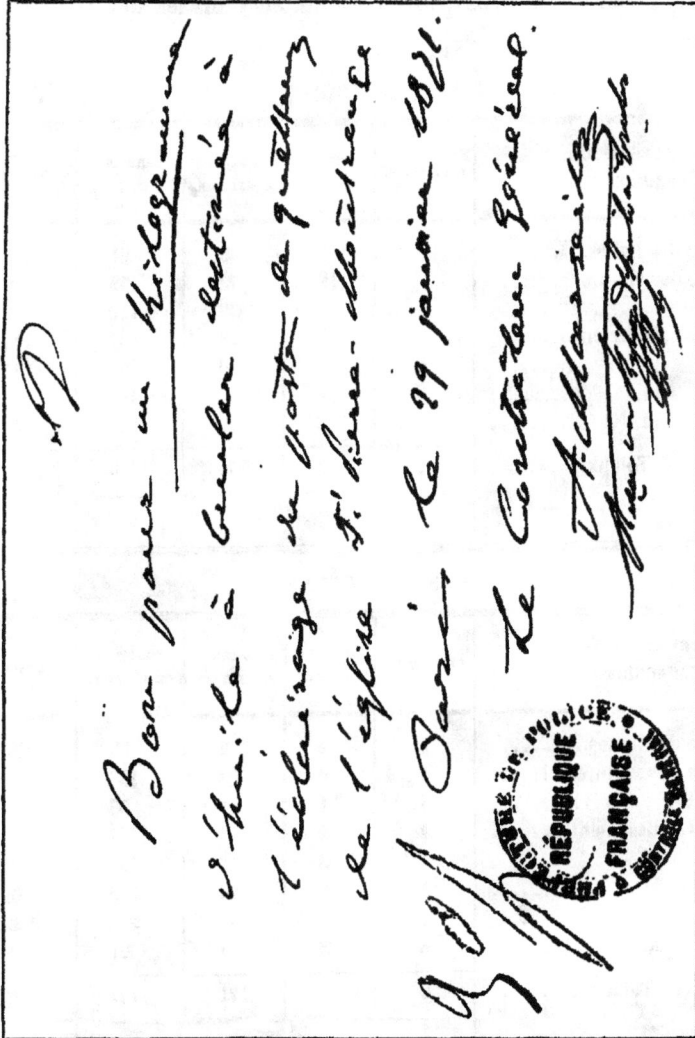

et celle des halles firent constamment leur service comme en temps
ordinaire.

(1) Dans chacun de ces postes, la Préfecture de Police avait fait déposer six matelas, une table,

Il est à remarquer que le nombre des agents affectés à ces deux brigades ne varia presque pas durant cette période. Ce point est, en effet, établi par les chiffres que nous donnons dans les quatre tableaux suivants (1) :

MOIS D'OCTOBRE

SERVICES SPÉCIAUX ET ARRONDISSEMENTS.	CAPITAINES.	CHEFS DE SECTION.	SOUS-CHEFS DE SECTION.	GARDIENS DE LA PAIX.	TOTAUX.
Brigade des halles.........	1	2	9	91	103
Brigade des voitures.......	1	12	73	132	218
Préfecture...............	»	1	12	119	132
1er arrondissement........	1	2	28	187	218
2e id.	1	1	16	193	211
8e id.	1	2	14	160	177
16e id.	1	2	19	218	240
Totaux..	6	22	171	1100	1299

1299

MOIS DE NOVEMBRE

SERVICES SPÉCIAUX ET ARRONDISSEMENTS.	CAPITAINES.	CHEFS DE SECTION.	SOUS-CHEFS DE SECTION.	GARDIENS DE LA PAIX.	TOTAUX.
Brigade des halles.........	1	2	9	90	102
Brigade des voitures.......	1	4	43	137	185
Préfecture...............	»	1	1	56	58
1er arrondissement........	1	2	24	187	214
2e id.	1	3	22	195	221
8e id.	1	3	24	163	191
16e id.	1	3	24	218	246
17e id.	»	3	24	91	118
Totaux..........	6	21	171	1137	1335

1335

une chaise et deux lanternes (l'une pour l'éclairage du poste et l'autre pour l'éclairage des hommes, pendant les ascensions).

Il y avait six guetteurs de nuit par poste.

(1) D'après les feuilles de solde de l'époque, qui ont été conservées aux archives de la Préfecture de Police.

MOIS DE DÉCEMBRE

SERVICES SPÉCIAUX ET ARRONDISSEMENTS.	CAPITAINES.	CHEFS DE SECTION.	SOUS-CHEFS DE SECTION.	GARDIENS DE LA PAIX.	TOTAUX.
Brigade des halles..........	1	2	9	87	99
Brigade des voitures........	1	4	30	107	142
1er arrondissement.........	1	3	23	192	219
2e id.	1	3	22	199	225
4e id.	1	1	23	140	165
7e id.	1	3	22	138	164
8e id.	1	3	24	175	203
9e id.	1	3	24	167	195
16e id.	1	3	24	206	234
17e id.	1	3	24	180	208
TOTAUX............	10	28	225	1591	1854

1854 (1)

MOIS DE JANVIER (1871)

SERVICES SPÉCIAUX ET ARRONDISSEMENTS.	CAPITAINES.	CHEFS DE SECTION.	SOUS-CHEFS DE SECTION.	GARDIENS DE LA PAIX.	TOTAUX.
Brigade des halles..........	1	2	9	88	100
Brigade des voitures........	1	4	29	100	134
1er arrondissement.........	1	3	24	200	228
2e id.	1	3	24	198	226
4e id.	1	1	23	138	163
7e id.	1	3	24	153	181
8e id.	1	3	24	203	231
9e id.	1	3	23	203	230
16e id.	1	3	24	204	232
17e id.	1	3	14	199	217
TOTAUX............	10	28	218	1686	1942

1942 (1)

(1) Dans ces deux derniers tableaux, on remarquera qu'il n'est pas fait mention d'agents pour la garde de la Préfecture de Police. Ce service était assuré par plusieurs compagnies de gardiens de la paix mobilisés.

Nous avons dressé ces tableaux afin de montrer la répartition alors adoptée pour le service des gardiens de la paix chargés de la police de Paris. Ils constituent, en quelque sorte, une vue d'ensemble sur l'organisation de la police municipale à cette malheureuse époque.

Ce personnel était dirigé par M. Ansart qui avait, au 4 septembre, remplacé M. Nusse (1). En même temps, M. Lambquin avait été désigné pour remplir les fonctions de chef-adjoint. Un commis principal et 14 commis étaient placés sous les ordres de M. Caullier, chef des bureaux.

Le service médical, composé de M. Roudil, médecin en chef, et des docteurs Barbe, Belouino, Coqueret, Deschamps, Feulard, Hervé de Lavaur, Levrat, Mathieu, Peschier, Rougon, Raynaud et Worbe, portait le nom de « service des ambulances ». Avec le brassard blanc à croix rouge, ces médecins se multiplièrent pour donner indistinctement leurs soins à tous les blessés. Leur dévouement et leur désintéressement ne sauraient être trop loués.

Nous nous occuperons un peu plus loin du rôle purement militaire que les événements assignèrent aux inspecteurs divisionnaires et aux gardiens de la paix mobilisés.

Ces derniers, dont le centre de ralliement était au Champ-de-Mars, rentraient à peu près tous les 20 jours à Paris, pour faire, pendant une période de même durée, le service de garde aux remparts et dans les diverses administrations.

Ils apportaient ainsi un concours des plus utiles à la police parisienne dont l'effectif, comme le démontrent les états donnés plus haut, était tout à fait insuffisant.

M. de Kératry quitta la Préfecture de Police le 11 octobre, et partit en ballon avec M. Antonin Dubost pour remplir une mission en province. En se retirant, il adressa au Gouvernement un mémoire dans

---

(1) M. Ansart, qui était chef adjoint de la Police municipale, fut nommé chef de ce service par arrêté du 9 septembre 1870.

GARDIEN DE LA PAIX MOBILISÉ; 1870-71.

lequel il concluait à la suppression de l'administration dont il avait été le chef pendant six semaines.

Il fut remplacé par M. Edmond Adam, ancien représentant du peuple; ce qui permit à l'écrivain bien connu sous le nom de Juliette Lamber d'habiter l'ancien hôtel de la Cour des Comptes qui servait alors de demeure aux Préfets de Police. Quelques jours à peine avant la nomination de son mari, et bien ignorante encore des destinées qui l'attendaient, Mme Adam vint, en compagnie d'une de ses amies, faire visite à Mme de Kératry. Ces dames ne purent être reçues par la préfète qui était le matin même accouchée d'une fille; mais ce court passage à travers les salons et les couloirs de la Préfecture de Police laissa à Mme Adam une impression pénible dont elle eut bien de la peine à se défendre, lorsqu'elle se vit peu de temps après obligée de s'y installer à son tour.

Dans ses souvenirs du siège, elle fait ainsi le tableau du vieil hôtel préfectoral :

Quel affreux endroit que la préfecture de police! Brr! on dirait un vieux palais italien arrangé en auberge. C'est triste, c'est froid, c'est morne. Pauvre madame de Kératry, une créole! Je ne voudrais pas être à sa place. Et ces grandes cours où tous les malheureux et tous les misérables jettent une plainte, une imprécation! L'air qu'on respire ici est malsain; j'ai besoin de secouer cette atmosphère qui m'enveloppe et me navre.

Bon du service des guetteurs de nuit.

M. Adam avait conservé Raoul Rigault qui était entré à la Préfecture de Police sous M. de Kératry. Il était attaché au Cabinet du Préfet comme commissaire de police et occupait, ostensiblement du moins, les fonctions de chef de la police politique.

Lors de l'échauffourée du 31 octobre, Raoul Rigault essaya de s'emparer de la Préfecture de Police (1). En l'absence du Préfet, il fut habilement éconduit par le Secrétaire général, et Mme Adam, témoin invisible de la scène, en a retracé les péripéties dans les lignes suivantes, également empruntées à son livre sur le siège de Paris :

M. Pouchet, Secrétaire général, a consenti à recevoir M. Rigault, seul, bien entendu.

La porte du cabinet est entr'ouverte et je m'approche pour écouter.

Ce matin encore, M. Raoul Rigault était un simple employé à la Préfecture de Police. Il est entré là au 4 septembre, et on l'y a laissé sans l'utiliser beaucoup. Car je ne me souviens pas qu'Adam l'ait vu une seule fois. Il était occupé à chercher les clefs de je ne sais quelles grilles, de je ne sais quels dossiers. On le dit très rusé. Je suis curieuse de savoir comment il va se tirer d'affaire avec M. Pouchet, qui est du pays de sapience, comme Adam. Il s'agit pour nous de gagner du temps.

M. Raoul Rigault entre. Il tient un papier qu'il ouvre et présente, par-dessus la table de travail du préfet, à M. Pouchet qui demeure assis. M. Pouchet prend le papier, le lit avec soin, lentement.

Durant cette lecture, M. Raoul Rigault tire une écharpe rouge de sa poche, la déploie, et se prépare à la ceindre.

« Monsieur, lui dit le Secrétaire général, j'ai déjà reçu, il y a une heure, un ordre semblable, revêtu du même sceau, nous enjoignant d'accepter comme préfet de police, en remplacement de M. Edmond Adam, un autre que vous. Cet ordre était signé Flourens. Sa signature vaut bien celle que vous me présentez. Veuillez retourner auprès de votre gouvernement et vous entendre avec M. Flourens. »

M. Raoul Rigault s'attendait probablement à un refus, mais il ne s'attendait pas à cette réponse. Il en reste un instant tout surpris, malmène son écharpe dont la soie résiste, qu'il froisse, roule et renfonce au plus profond de sa poche.

---

(1) Lorsqu'il demanda à voir M. Edmond Adam, il y avait sur le quai 3 à 4000 hommes armés, prêts à commencer l'attaque.

Puis il s'emporte contre M. Flourens, l'appelle idiot, brouillon, imbécile, dit qu'il le secouera de la belle façon et sort en avertissant M. Pouchet qu'il va revenir dans une heure avec des forces plus considérables, pour s'emparer de la préfecture de police, de gré ou de force.

M. Cresson fut nommé Préfet de Police, le 2 novembre 1870, en remplacement de M. Edmond Adam.

Comme on le voit, Mᵐᵉ Adam ne s'éternisa pas à la Préfecture de Police dont quelques semaines auparavant, lors de la nomination de son mari, elle disait en pensant à sa visite à Mᵐᵉ de Kératry : « L'affreuse prison ! Moi qui me sentais plus forte, sans responsabilité dans mon colombier du boulevard Poissonnière, jamais je n'aurai le courage d'entrer dans la maison de M. Piétri. »

C'est donc à M. Cresson qu'incomba le soin de diriger la police parisienne jusqu'à la fin du siège. Son entrée à la Préfecture de Police devança de quelques jours seulement celle de M. Jules Ferry à la mairie centrale de Paris (1).

M. Cresson s'attacha surtout à relever l'effectif de la police municipale. Il rendit, dans ce but, leurs anciennes fonctions à tous les agents qui avaient appartenu aux brigades dissoutes après le 4 septembre, et dont la situation lui parut mériter cette faveur.

A son entrée en fonctions, il exigea du général Trochu, pour assurer le service d'ordre, la rentrée à Paris de 1.200 gardiens de la paix armés. Il négocia avec les maires des arrondissements la remise des postes de police qui étaient aux mains de la garde nationale. Quelques maires seulement consentirent à les rendre (2).

Dans les arrondissements où le service de la police municipale put être rétabli, les gardiens de la paix occupèrent les postes en armes. Des patrouilles de cinq hommes, armés du sabre-baïonnette et

---

(1) M. Jules Ferry remplaça M. Étienne Arago, le 15 novembre 1870.

(2) Dépêche parvenue à la Préfecture de Police, le 28 novembre 1870 :
Dans certains quartiers où le service des gardiens de la paix se fait de jour, les municipalités expriment le désir qu'il continue de nuit.

d'un revolver dissimulé sous la vareuse, circulaient dans les rues.

M. Cresson proposa au Ministre de l'Intérieur de répartir un certain nombre d'agents dans tous les arrondissements et d'organiser des rondes, c'est-à-dire d'établir un service de police municipale en rapport avec les circonstances dans lesquelles on se trouvait. Il demanda également que le nom de sergent de ville fût rendu aux agents.

Voici la réponse que lui fit, à ce sujet, M. Jules Favre (1) :

Paris, 25 novembre 1870.

Monsieur le Préfet,

Je vous renvoie votre projet avec deux ou trois insignifiantes variations. Je crois que le nom de sergent de ville doit être remplacé par celui de *Garde de Paris*.

Recevez toutes mes amitiés.

Jules FAVRE.

Dans la crainte d'une confusion avec les soldats de la garde républicaine, le nom de gardien de la paix fut maintenu.

M. Cresson s'occupa aussi de la solde des gardiens de la paix et augmenta leurs gratifications.

Cela ne l'empêcha pas d'user avec la plus sage économie des fonds mis à sa disposition ; car il écrivait, le 11 décembre, la lettre suivante à M. Jules Favre, Ministre de l'Intérieur :

Monsieur et cher Ministre,

Lorsque je suis entré à la préfecture de police, le 3 novembre dernier, la caisse des fonds secrets avait une avance de 1.680 fr. 55. J'ai eu la satisfaction d'élever ce chiffre de telle façon que je puisse disposer, dès à présent, d'une somme de trente mille francs, sans gêner les services actuels. Si la meilleure police est, comme nous le pensons tous, celle de la charité, il faut la faire.

Je vous demande donc l'autorisation, dans les douloureuses circonstances que nous traversons, d'employer en secours les fonds secrets de la République. La somme de 30.000 francs serait partagée, si vous y consentez, entre les œuvres charitables des vingt arrondissements de Paris et de la banlieue.

Veuillez agréer. Monsieur et cher Ministre, l'hommage respectueux de votre tout dévoué

CRESSON.

---

(1) Depuis le départ de Gambetta en ballon, M. Jules Favre était Ministre de l'Intérieur.

Le même jour, le ministre s'empressa de répondre :

Mon cher Préfet,

Je vous remercie au nom de la ville de Paris de votre détermination. Vous avez raison, le meilleur emploi de fonds secrets est de prévenir le mal, et, de tous les maux, la misère est le plus grand. Il est vrai qu'aujourd'hui elle est anoblie par l'épreuve que notre chère cité supporte avec tant de courage.

Mais elle n'en appelle pas moins tous les dé- vouements et tous les efforts. J'ai la plus ferme confiance que, grâce à ce concours, nous dimi- nuerons cette redoutable crise, et je suis heureux que votre souvenir reste associé à ce grand ré- sultat.

Préfet, l'expression de Recevez, mon cher mes bien affectueux sen- timents.

Jules Favre.

Cresson, Préfet de Police
(2 novembre 1870 — 11 février 1871).

M. Cresson, dont la mission prit fin le 11 février 1871, presque au lendemain de l'armistice, porta cons- tamment sa sollicitude sur les agents détachés aux avant-postes. A plusieurs reprises, il essaya d'en faire rentrer définitivement une partie dans Paris, afin d'assurer d'une manière plus convenable le service de la police.

Il n'y parvint pas; mais il ne laissa jamais passer l'occasion de rappeler à la population parisienne la courageuse conduite des gar- diens de la paix mobilisés.

Service aux avant-postes.

Dans sa déposition devant la commission d'enquête sur les actes du Gouvernement de la défense nationale, M. de Kératry, après avoir énuméré les forces de la police qu'il avait organisées en vue d'un service militaire, ajoute :

J'eus le regret, après avoir formé un magnifique régiment composé de solides soldats, après avoir passé deux nuits à leur remettre des chassepots et à les organiser dans l'École militaire où je les avais réunis, après les avoir offerts au gouvernement de Paris, j'eus le regret de découvrir que, malgré l'invitation du général Trochu, presque personne ne voulait utiliser leurs services et leur dévoûment. Je fus obligé de les conduire moi-même au Point-du-Jour, en costumes de bourgeois, car les anciens costumes, abandonnés comme trop dangereux, n'étaient pas encore remplacés.

De son côté, M. Cresson s'exprime ainsi, devant la même commission, au sujet des gardiens de la paix :

Comme ils se sont toujours montrés courageux soldats et qu'ils se sont toujours très bien conduits, les généraux tenaient beaucoup à leur présence, de telle sorte que ce fut avec beaucoup de peine qu'on me les rendit successivement; et, pour ma part, je n'obtenais pas toujours qu'on fit droit à mes demandes. D'abord le général gouverneur de Paris et ensuite les officiers généraux cherchaient à les retenir: ils les ont conservés, pour le plus grand nombre, jusque dans les derniers moments de mon rôle de Préfet. La plupart de ceux qui les réclamaient en avaient besoin, c'étaient surtout des amiraux commandant des secteurs au mois de janvier. Un des amiraux, qui m'avait demandé 150 gardiens de la paix, me montrait et me prouvait qu'il en avait le plus grand besoin pour assurer le service et défendre sa vie dans un jour d'attaque.

Ces paroles prouvent que le sentiment qui avait, dès la première heure, fait hésiter certains généraux à utiliser le dévouement des ex-sergents de ville, disparut aussitôt qu'on les vit à l'œuvre. Si M. de Kératry eut quelques difficultés à obtenir leur admission parmi les combattants, M. Cresson en rencontra bien davantage lorsqu'il réclama leur retour définitif à Paris. Les nombreux refus qu'essuya le successeur de M. Edmond Adam démontrent, mieux que tous les ordres du jour, comment se conduisirent ces anciens soldats pendant le siège.

Comme nous ne les trouvons pas seulement dans les rangs de l'infanterie et qu'ils servirent aussi à former une compagnie de canonniers auxiliaires, il nous a semblé utile de faire pour chacun de ces deux corps de troupe un récit séparé.

Infanterie. — Les gardiens de la paix, c'est le nom que nous leur donnerons désormais, furent, après avoir acquiescé à la demande de M. de Kératry, convoqués à la Préfecture de Police, où leur organisation se fit assez rapidement. On procéda d'abord à la division par compagnies et ensuite à la nomination des officiers (capitaines en premier, capitaines en second (1), lieutenants et sous-lieutenants), sous-officiers et clairons. Pour ces divers grades, on choisit des employés appartenant à toutes les branches de l'administration, des officiers de paix, des brigadiers, des sous-brigadiers et même de simples agents. Sauf de rares exceptions, ceux qui furent désignés pour remplir ces fonctions, étaient d'anciens militaires dont la plupart avaient à leur actif plusieurs campagnes (2). Néanmoins, chacun conserva sa situation administrative, et à la fin de chaque mois, les états de paiement étaient établis comme en temps ordi-

La boutique d'un boucher pendant le Siège.

(1) Quelques compagnies seulement eurent un capitaine en second. Ce grade fut donné de préférence à des brigadiers.

(2) M. Toquenne, aujourd'hui commissaire de police de la ville de Paris, nous a dit que tous les hommes de sa compagnie avaient précédemment appartenu à l'armée. D'autre part, le clairon Jurand, gardien de la paix actuellement retraité, a déclaré que, parmi les anciens sergents de ville détachés aux avant-postes, douze cents au moins avaient des médailles militaires ou commémoratives.

naire, c'est-à-dire suivant l'ordre hiérarchique du tableau des divers services de la Préfecture.

Le 19 septembre (1), on conduisit dans la cour de l'École militaire les agents destinés à la garde des avant-postes et on leur distribua des fusils Chassepot (2). Puis, ils bivouaquèrent dans des baraquements construits au Champ-de-Mars.

Durant tout le siège, l'administration des compagnies mobilisées, le dépôt et le magasin restèrent installés dans ce camp improvisé. En rentrant dans Paris, les gardiens de la paix devaient s'y présenter pour déposer leurs armes. Dès le 22 septembre, M. de Kératry adressait, à ce sujet, la circulaire suivante à tous les commissaires de police :

Monsieur, le Gouvernement a donné l'ordre d'armer tous les anciens sergents de ville et de les conduire au feu. Au retour de leurs services respectifs, ces hommes doivent déposer leurs armes dans les locaux à ce désignés.

Avant-hier, par suite d'une erreur, un certain nombre d'entre eux ont emporté leurs armes et leur fourniment dans leur domicile particulier.

A partir d'aujourd'hui, tous les sergents de ville, qui seraient trouvés chez eux porteurs de leurs armes, seront sur le champ désarmés par vous et dirigés sur le dépôt de la Préfecture de Police. Quant aux armes, vous les ferez également transporter à la Préfecture.

Je compte que cette prescription absolue sera, par vous, mise à exécution avec la dernière rigueur.

On avait dû, cependant, faire exception pour la compagnie du 13e arrondissement, en raison de l'attitude hostile de la population et des gardes nationaux qui, chaque fois qu'ils reconnaissaient un ancien sergent de ville, criaient : A mort! à l'eau!

M. J..., commandant la compagnie du 18e arrondissement, jugeant que ses hommes étaient tout aussi exposés, leur avait, de sa propre autorité, ordonné de conserver leurs armes. M. de Kératry le

---

(1) M. Rochut, capitaine-adjudant-major, s'occupa des premiers détails de cette organisation.
(2) On donna cinquante cartouches à chaque homme.

Combat de Bagneux 13 octobre 1870.

déféra à une cour martiale qui prononça son acquittement.

Chacun des quatre inspecteurs divisionnaires reçut le titre de commandant et fut placé à la tête de l'un des quatre bataillons de gardiens de la paix. Aux avant-postes, le commandement était délégué à un officier nommé par le Gouvernement. Ce fut d'abord M. Véret. Peu aimé de ses hommes, il dut bientôt céder la place à M. Nassoy, capitaine de la garde municipale.

Le nombre et l'effectif des compagnies de gardiens de la paix mobilisés ayant varié pendant toute la durée du siège, nous avons réuni dans le tableau ci-dessous les chiffres détaillés pour chacun des cinq mois de cette douloureuse période (1) :

MOIS.	COMPAGNIES.	CAPITAINES.	CHEFS DE SECTION. (1)	SOUS-CHEFS DE SECTION. (1)	GARDIENS.	TOTAUX.
Septembre.......	20	11	36	327	2698	3072
Octobre.........	21	21	33	295	2697	3046
Novembre	20	20	32	283	2699	3034
Décembre.......	18	18	25	226	2301	2570
Janvier.........	18	18	24	218	2198	2458

(1) Les chefs et sous-chefs de section remplaçaient les brigadiers et sous-brigadiers.

Ainsi que nous l'avons déjà dit en parlant de ceux qui étaient chargés de la police de la capitale, les gardiens de la paix détachés aux avant-postes devaient y rester une vingtaine de jours et rentrer ensuite à Paris, où ils séjournaient pendant le même temps (2). Ils avaient un service réglementaire de 24 heures, après lequel il leur était accordé un repos équivalent.

---

(1) Pendant toute la durée du siège, l'adjudant Langlois fut attaché auprès du commandant du bataillon des gardiens de la paix de service aux avant-postes. Il seconda avec zèle et dévouement MM. Véret et Nassoy.

(2) Pendant les 20 jours qu'ils passaient à Paris, ils faisaient le service concurremment avec leurs camarades chargés de la police de la ville.

Ils touchaient la solde de gardien de la paix et on leur donnait, en outre, des bons de pain et de tabac (1).

Pendant quelque temps, on leur fit monter la garde sans uniforme : les uns avaient le képi des ex-sergents de ville et les autres portaient des chapeaux bourgeois. On put les voir de faction aux remparts avec ce costume qui n'avait rien de militaire.

C'est vers Passy, Vanves, Issy et Montrouge que furent dirigées leurs premières sorties.

Un jour, qu'ils avaient été envoyés aux fortifications du côté de Passy, un officier d'artillerie de service sur ce point vint demander au capitaine qui les conduisait, quelques hommes de bonne volonté pour escorter une voiture destinée à des mobiles aux prises avec l'ennemi sur la route de Versailles. Comme on n'avait pas de chevaux, les gardiens de la paix traînèrent eux-mêmes le fourgon jusqu'à l'endroit désigné, où ils firent la distribution des cartouches. Ils reçurent, pour ce fait, les félicitations de l'autorité militaire.

Ce fut également au début du siège et alors qu'ils étaient encore pourvus de vêtements civils, qu'eut lieu cet incident dans les environs du château d'Issy, entre le capitaine Blavier et le commandant Boulanger dont le nom devait plus tard faire tant de bruit. Ce dernier ayant assigné aux agents un poste de combat, M. Blavier, qui les commandait, lui tint ce langage énergique : « Les hommes placés sous mes ordres sont de braves soldats ayant tous fait un ou deux congés de sept ans ; ils ne craignent pas le feu et sont prêts à vous en donner des preuves. Mais actuellement, sans uniforme, s'ils sont pris par l'ennemi, ce n'est pas la fusillade qui les attend, c'est la pendaison appliquée par les Prussiens aux combattants non reconnus. Je ne peux pas exposer mes hommes à cette chose-là. »

Le capitaine Blavier eut gain de cause. On pressa la confection

---

(1) Ils ne reçurent aucune indemnité supplémentaire durant tout le siège.

des effets d'habillement, et, en attendant, on plaça, en pareil cas, chaque gardien de la paix entre deux soldats de l'armée régulière. Ils commençaient déjà à y être avantageusement connus, surtout depuis que l'amiral Chaillé, qui les avait eus sous son commandement, en faisait les plus grands éloges.

Dans la première semaine d'octobre, c'est-à-dire presque à la veille du combat de Bagneux, on délivra à quelques gardiens de la paix seulement des uniformes ainsi composés :

Une vareuse drap gris noir avec parements rouges;

Un pantalon drap gris noir à bande rouge;

Un képi drap bleu avec bandeau rouge;

Une capote grise;

Une couverture grise (1).

Les premières capotes qui furent distribuées provenaient, paraît-il, d'un wagon à destination de l'Allemagne, capturé au début de la guerre. Grises et vertes, avec un grand collet et des poches sur le devant, ces capotes, qu'on baptisa des noms de bavaroises et de saxonnes, n'avaient rien de l'uniforme français et pouvaient exposer à des méprises ceux qui les portaient. Aussi, comme personne n'en voulut, on les donna aux gardiens de la paix, après avoir, il est vrai, changé les boutons. A l'exception du képi, il n'y eut, d'ailleurs, aucune uniformité dans la tenue : chacun s'habillait comme il pouvait; et, dans certaines compagnies, on compta jusqu'à six costumes différents, y compris celui de garde national, que beaucoup d'agents mobilisés ne quittèrent pas jusqu'à la fin des hostilités. D'autres avaient des capotes bleues et couleur lie de vin, et quelques-uns firent coudre des galons de grade sur des pardessus civils. On peut difficilement se faire une idée de la variété qui présida à l'habillement et à l'équipement de ces braves agents. Les armes même étaient rares, et M. Blavier, malgré son grade de capitaine, n'eut,

---

(1) Elles n'étaient pas toutes de même couleur, car on en avait aussi distribué un certain nombre de blanches, de vertes et de bleues.

GARDIEN DE LA PAIX MOBILISÉ; 1871.

dans les premiers jours, qu'un couteau de chasse qui fut plus tard
remplacé par un sabre pareil à celui donné aujourd'hui aux briga-

Une vue des avant-postes.

diers. Dans ces conditions, il
ne nous est pas possible de faire
ici la description et l'énumération de ces nombreux uniformes,
non plus que de rapporter la nomenclature des armes et des effets
qui furent successivement délivrés par les soins de l'administration.
On trouvera au bas de la page une note dans laquelle nous avons
groupé tous les renseignements que nous avons pu recueillir à ce
sujet (1). Après le combat de Clamart, quelques gardiens mobilisés

(1) La plupart des vêtements furent fournis par le Ministère de la Guerre. L'administration
paya la fourniture et la pose des galons de grade et acheta, aux prix suivants, les clairons
et les sabres d'officiers : sabre d'officier d'infanterie, poignée dorée et dragonne cuir, 39f,50;
ceinturon en cuir verni avec plaque dorée, 13f,50; sabre d'officier d'artillerie, poignée dorée
et dragonne cuir, 44f,50; clairons avec cordon tricolore, 18f.

furent pourvus de sacs pris aux Allemands et ayant appartenu à l'armée française, ce qui établit encore une nouvelle différence, puisqu'on ne put, par la suite, en donner à tous.

Les quatre bataillons de gardiens de la paix, organisés au commencement du siège, faisaient, à tour de rôle et chaque fois pour une période de 20 jours, le service aux avant-postes. Ces bataillons, ou plutôt ce bataillon faisait pendant ce temps brigade avec les autres troupes (1). Il fut incorporé, au début, dans la 3ᵉ armée de Paris placée sous le commandement du général Vinoy (division du général Blanchard; brigade du général Susbielle).

Au mois de novembre, à la suite de modifications dans la répartition des troupes, le général Blanchard (2) devint commandant en chef du corps de la rive gauche, et les gardiens de la paix furent versés à la 1ʳᵉ brigade (colonel Porion) (3) de la 1ʳᵉ division (général Corréard).

Le quartier général de la brigade Porion, d'abord établi à Malakoff, fut ensuite transporté au lycée de Vanves, où il resta jusqu'à la fin de la campagne.

A l'ouverture des hostilités, plusieurs compagnies de gardiens de la paix mobilisés furent, pendant une semaine environ, détachées à Montrouge. Ces agents étaient logés dans les maisons évacuées par les habitants (4).

---

(1) Ainsi que nous le verrons plus loin, un autre bataillon, placé sous les ordres de M. Archer, fut détaché d'une façon permanente dans le 6ᵉ secteur.

(2) Le général Blanchard aimait beaucoup les gardiens de la paix, parce qu'il retrouvait parmi eux ses anciens soldats d'Afrique et d'Italie.

(3) Le colonel Porion fut nommé général quelques mois plus tard. Il était entré au service en 1830, à la suite des journées de Juillet, pendant lesquelles il fut blessé.

(4) Dès les premiers jours du siège, les habitants de la banlieue s'étaient en très grand nombre réfugiés dans Paris, où ils occupaient les locaux laissés vacants par les personnes parties en province. Ils y avaient été, d'ailleurs, invités par le gouvernement.

Les commissaires de police des communes suburbaines du département de la Seine et le personnel placé sous leurs ordres, étaient rentrés à Paris et suppléaient les commissariats de la périphérie, où le service était plus pénible en raison de la surveillance qui devait être exercée aux alentours des fortifications et aux avant-postes.

Neuilly, considéré comme faubourg de Paris, fut la seule localité des environs de la capitale

Aussitôt arrivés dans ce village, les gardiens de la paix durent remplacer aux avant-postes le 35° régiment d'infanterie, qui prit part à l'attaque du Moulin-Saquet et aux combats de Villejuif et des Hautes-Bruyères (22 et 23 septembre 1870). Durant ces engagements, les agents furent de grand'garde sur la ligne du chemin de fer de Sceaux, en face le couvent des Dominicains d'Arcueil (1).

Une nuit, on les fit travailler aux tranchées sous le feu de l'ennemi.

Le 29 septembre, ils quittèrent le village de Montrouge pour aller rejoindre leurs camarades à Vanves, où se trouvait le commandant Véret.

C'est aussi, on se le rappelle, à Issy et à Vanves qu'étaient cantonnées, depuis les premiers jours de l'investissement, les autres compagnies de gardiens de la paix mobilisés. A leur arrivée, on les employa à des travaux de défense qu'ils exécutèrent avec les mobiles de la Somme. Le capitaine Dufour, commandant la 4° compagnie des gardiens de la paix, fut blessé dans le cimetière d'Issy que ses hommes avaient mission de garder (2).

Outre ce cimetière, ils occupaient principalement le parc et le château d'Issy et le village de Vanves, mais ils étaient aussi souvent de service dans les divers postes fournis par la 1re brigade.

La ligne de ces postes, au nombre de dix environ, se développait de la Seine à Montrouge, c'est-à-dire sur une étendue de plus de 3 kilomètres. Ils avaient été établis au pont de Billancourt, sur la route des Moulineaux, dans le parc du château d'Issy, au cimetière et au fort d'Issy, sur le chemin de Vanves et la route de Clamart, au

---

qui conserva son commissariat de police pendant les deux sièges. Nous verrons plus loin que le ravitaillement et le service des laissez-passer donnèrent, au moment de l'armistice, beaucoup de mal aux employés de ce commissariat, notamment au secrétaire, M. Prélat, aujourd'hui commissaire de police de la ville de Paris, à qui nous devons ces renseignements.

(1) L'adjudant Langlois nous a déclaré que la section qu'il commandait fut de service à ce poste avancé, pendant 24 heures.

(2) Le capitaine Dufour fut transporté à l'ambulance du Châtelet, où il reçut les soins nécessaires.

fort de Vanves et dans le parc et le fort de Montrouge. Chacun de ces postes était desservi par une compagnie. En cas d'attaque sur un point quelconque de la ligne, une compagnie de soutien venait renforcer la compagnie de garde. Les postes se reliaient entre eux par une chaîne de sentinelles placées dans les tranchées à des intervalles fort rapprochés, et ils étaient éclairés par une série de postes à demeure et de sentinelles volantes dont les emplacements avaient été choisis avec soin. Les postes étaient relevés chaque matin, à 5 heures 1/2, et restaient doublés par la garde descendante jusqu'à 7 heures.

Tous les matins, un rapport sur les événements de la nuit devait être adressé au général de brigade par les chefs de poste; ce rapport, transmis ensuite au général de division, parvenait avant midi au gouverneur. Les généraux et leurs officiers d'ordonnance inspectaient fréquemment les avant-postes. De plus, chaque jour, un des officiers supérieurs était de garde comme major de tranchée.

Pour assurer ce service si important et si considérable, il n'y avait que 11 compagnies de garde et 8 compagnies de soutien (quatre bataillons de garde mobile, un bataillon de garde nationale et un bataillon de gardiens de la paix; en tout 4824 hommes présents).

Dans la nuit du 12 au 13 octobre, le général Trochu, gouverneur de Paris, ordonna au général Vinoy, commandant en chef du 13e corps, d'opérer une reconnaissance offensive sur Bagneux et Châtillon, où l'ennemi était, croyait-on, en très petit nombre par suite de l'envoi en province d'une partie des troupes assiégeantes.

Le 13, dès 6 heures du matin, le général Vinoy se transporta au fort de Montrouge, où il arrêta avec le général Blanchard les dernières dispositions d'attaque. A neuf heures précises, toutes les troupes étaient postées aux points qui leur avaient été assignés en exécution des instructions données pendant la nuit.

Le commandant Véret reçut du général Vinoy l'ordre de se porter à la gare de Clamart, avec les gardiens de la paix détachés à Vanves. Il devait suivre cet itinéraire :

1° Rue de la Mairie de Vanves ;

2° Boulevard d'Issy, à gauche ;

3° Route des Moulineaux ;

4° Rue du château d'Issy (monter la colline qui se trouve à droite du chateau et venir s'établir sur la route de Clamart, près de la station).

Le commandant Véret devait ensuite occuper le village de Clamart « où, disait le général Vinoy, il sera appuyé sur sa droite par deux compagnies de chasseurs à pied et sur sa gauche par deux compagnies du 35° de ligne ; deux mitrailleuses seront à sa disposition pour être placées immédiatement à son arrivée sur la grand'rue de Paris, à l'angle de la rue du Rocher.

« Il enverra immédiatement une compagnie de gardiens de la paix à la lisière du bois qui se trouve à droite et au bout de la rue du Rocher ; une deuxième compagnie se portera au pied de la colline de la rue de Paris. Ces deux compagnies, qui seront de grand'garde et postes avancés, se tiendront toujours sur le qui-vive afin de ne pas être surprises par l'ennemi.

« A 4 heures, tout le monde battra en retraite et en ordre. »

Les troupes se mirent en mouvement à un signal convenu : deux coups de canon tirés du fort de Montrouge.

La 3° division du 13° corps (général Blanchard), à laquelle on adjoignit la brigade Dumoulin (division Maud'huy) et la brigade La Charrière (division Caussade), fut spécialement chargée de soutenir le combat.

Deux bataillons du 13° de marche, une compagnie du génie et 500 gardiens de la paix, sous les ordres du lieutenant-colonel Pottier, devaient s'emparer de Clamart et pousser les avant-postes jusque sur le plateau de Châtillon.

Le général Susbielle, avec le reste de sa brigade (le 14° de marche et un bataillon du 13°) renforcée par 500 gardiens de la paix, avait mission d'attaquer Châtillon par la droite ; les mobiles de la Côte-

d'Or et un bataillon des mobiles de l'Aube étaient chargés d'enlever
Bagneux et de s'y installer solidement, tandis que le 35ᵉ de ligne,
avec un autre bataillon de la Côte-d'Or, tenterait d'aborder Châtillon
de front et d'occuper Fontenay, pour surveiller la route de Sceaux.

Le 42ᵉ de ligne et le 3ᵉ bataillon de l'Aube avaient reçu l'ordre de
rester en réserve en arrière de Châtillon, vers le centre des opérations, au lieu dit la Baraque.

La brigade La Charrière devait se porter sur la route de Bourg-la-
Reine et contenir les forces que l'ennemi dirigerait de ce côté pour
essayer de tourner notre gauche.

Telles furent les principales positions assignées aux divers corps
de troupe qui prirent part à l'action (1).

La colonne de droite, dirigée par le lieutenant-colonel Pottier,
s'empara de Clamart sans coup férir et refoula les avant-postes
ennemis jusque sur les pentes du plateau de Châtillon. Chargés de se
maintenir dans Clamart, les gardiens de la paix eurent à livrer une
série de petits combats dans les rues et jusque dans l'intérieur des
maisons.

Vers 10 heures du matin, le sous-lieutenant Lherminier, avec le
sergent Gantois et un détachement de 30 hommes, gravit la rue de
Chevreuse : le clairon Jurand sonnait la charge, les balles sifflaient de
tous côtés et l'on avançait difficilement. Arrivé au haut de la rue, le
sous-lieutenant Lherminier reçut un coup de feu et tomba en tournant deux fois sur lui-même. Un instant après, le gardien Robert,
accouru à son secours, était frappé d'une balle en pleine poitrine
et son corps allait rouler dans le fossé au bas du talus (2).

(1) C'était un ensemble de 25,000 hommes, avec plus de 20 pièces d'artillerie.
(2) Le 17 octobre 1894, M. Jurand écrivit la lettre suivante au directeur du journal *Lyon Républicain* :

Monsieur,

Dans votre numéro du 17 octobre dernier, je vois, sous la signature de M. E. Lepelletier, un article « L'anniversaire de Bagneux ».

M. Lepelletier a omis de citer la présence du bataillon des gardiens de la paix mobilisés qui se trou-

Devant la place de l'église, les gardiens de la paix, dont quelques-uns furent blessés, firent un certain nombre de prisonniers. Le capitaine Blavier, commandant de la 8ᵉ compagnie, arrêta lui-même un soldat bavarois qui, au dire de plusieurs témoins, avait une stature de géant; il s'empara aussi d'une vingtaine de femmes allemandes qui pillaient Clamart. Le gardien de la paix Fraisse (1), en embuscade rue de Bièvre, se saisit également d'un soldat ennemi. En même temps, un bataillon du 13ᵉ de marche, envoyé en reconnaissance du côté de Fleury, fouillait les bois environnants et constatait la présence des Prussiens sur la terrasse du château de Meudon.

Soutenu par son artillerie de campagne et par celle des forts d'Issy et de Vanves (2), le général Susbielle attaqua vigoureusement Châtillon. A l'entrée de ce village, il fut arrêté par des barricades qui se succédaient de distance en distance et par une vive fusillade dirigée par l'ennemi fortement retranché dans les maisons et dans les jardins, autour desquels avaient été élevés de véritables travaux de défense. Le général Susbielle se vit forcé d'entreprendre le siège de toutes ces maisons crénelées et de faire un chaleureux appel à l'énergie et à la prudence de ses troupes, parmi lesquelles se trouvaient, on s'en souvient, 500 gardiens de la paix. Blessé légèrement à la jambe par

---

vait à Clamart, de 4 heures du matin jusqu'à 4 heures 1/2 du soir, où le clairon Jurand a été cité à l'ordre du jour pour sa conduite et son sang-froid dans cette journée. Son sous-lieutenant Lherminier a été tué à ses côtés en lui donnant l'ordre de sonner la charge dans la rue de Chevreuse, et le gardien Robert a été tué en se portant au secours de Lherminier. Cinq gardiens ont été blessés. Deux jours après, l'enterrement des victimes eut lieu au cimetière Montparnasse aux frais du gouvernement.

M. Dufour, capitaine, a prononcé un discours très énergique, où, en terminant, il jurait que le bataillon des gardiens de la paix serait vengé.

J'ai bien l'honneur d'être, avec respect, votre tout dévoué

JURAND,

Ex-gardien de la paix.

Cette lettre est reproduite dans le numéro de ce journal, daté du 19 octobre 1891.

(1) Le gardien de la paix Fraisse est encore en service dans les bureaux de la police municipale.

(2) Deux batteries prussiennes : l'une près de la Tour-à-l'Anglais, l'autre vers Châtillon, faisaient pleuvoir des obus sur nos troupes, mais les canons de Vanves et d'Issy les mirent bientôt dans l'impossibilité de continuer le feu.

un coup de feu, il n'abandonna pas le commandement de sa brigade et tint tête à l'ennemi jusqu'à la fin du combat.

La colonne de gauche enleva Bagneux après une énergique résistance. Dans cette attaque, les mobiles de la Côte-d'Or et de l'Aube, sous la conduite du lieutenant colonel de Grancey, se montrèrent aussi solides que de vieilles troupes. C'est là que fut tué le commandant de Dampierre, chef du 1er bataillon des mobiles de l'Aube (1).

Le 35e de ligne et un bataillon de la Côte-d'Or sous les ordres du colonel de La Mariouse, aidés par la brigade Dumoulin, occupèrent le bas de Bagneux et forcèrent la position de Châtillon.

La brigade de La Charrière se conduisit aussi très vaillamment et son artillerie rendit de précieux services.

Après 5 heures de combat, le général Vinoy donna l'ordre de battre en retraite. Voici ce que dit, à ce sujet, le général Blanchard dans son rapport au commandant en chef du 13e corps :

Pendant la lutte qui se présentait avantageuse pour nos troupes, malgré les renforts que recevait l'ennemi et qui accentuaient sa défense, puisque nous avancions lentement, il est vrai, mais sûrement, une dépêche du général de Maud'huy nous fit connaître que de fortes colonnes d'infanterie se dirigeaient de notre côté avec une nombreuse artillerie. Vous m'avez ordonné de faire battre en retraite, ce qui s'est exécuté avec un ordre parfait et sans perte.

En résumé, la reconnaissance offensive qui a été exécutée avait pour mission de tâter fortement l'ennemi, afin de reconnaître avec précision la position générale et d'apprécier ses forces et ses moyens matériels de défense. Le but a été atteint et vos ordres remplis.

Nous avons fait subir à l'ennemi des pertes sensibles, tandis que les nôtres sont minimes et en grande disproportion avec celles de l'ennemi. Nous l'avons forcé à déployer ses forces et à nous montrer ses moyens de défense, et nous vous avons prouvé, mon général, que nos troupes, toutes jeunes qu'elles sont, savent montrer l'énergie et la constance des vieux soldats.

L'ennemi voulut reprendre ses positions. Il fut maintenu par l'artillerie des forts, et la retraite s'effectua, comme le dit le général

(1) A ses côtés, au premier rang de ceux qui firent le plus vaillamment leur devoir, se trouvait M. J. Casimir Périer qui est devenu depuis Président de la République.

Blanchard, dans le plus grand ordre. A la demande des Allemands, une suspension d'armes fut accordée le 14 octobre, de 11 heures du matin à 5 heures du soir, pour leur permettre d'enterrer leurs morts (1).

De notre côté, on comptait environ trente hommes tués et une

Combat de Clamart.

centaine de blessés. Dans le tableau dressé à ce sujet, on relève, pour le corps des gardiens de la paix, deux morts et quinze blessés.

Les obsèques du sous-lieutenant Lherminier et du gardien Robert eurent lieu, le lendemain, aux frais de l'État. Ces deux braves, qui laissaient chacun une veuve, furent inhumés au cimetière du Montparnasse (2).

(1) L'ennemi, trouvons-nous dans le *Memento du Siège de Paris*, laissa plus de 300 morts dans Bagneux et un grand nombre dans Châtillon. Le total des prisonniers est évalué à 100.

(2) Le corps de Lherminier fut exhumé le 10 juillet 1871, et transporté à Coucy-les-Heppes (Aisne).

Quant à celui de Robert, il fut également exhumé le 15 mars 1879, mais pour être déposé

Le même jour, le général Trochu adressa aux troupes l'ordre du jour suivant :

Dans le combat d'hier, la division Blanchard, du 13ᵉ corps, les bataillons de la garde mobile et le corps des gardiens de la paix qui y sont attachés, ont acquis de nouveaux droits à la reconnaissance du Gouvernement de la Défense nationale et du Pays.

Les troupes ont montré de la vigueur, de l'aplomb, des habitudes d'ordre et de discipline, dont j'ai à les féliciter.

Le 35ᵉ régiment d'infanterie et les bataillons de la Côte-d'Or, qui déjà s'étaient brillamment conduits au combat de Villejuif, les bataillons de l'Aube, qui abordaient l'ennemi pour la première fois, les gardiens de la paix, qui ont perdu un officier et plusieurs hommes, se sont hautement distingués.

Le lieutenant-colonel de Grancey, des bataillons de la Côte-d'Or, a énergiquement contribué, à la tête de la garde mobile, au succès de la journée. Le commandant de Dampierre, des bataillons de l'Aube, entraînant sa troupe à l'attaque de Bagneux, où il est entré le premier, a succombé glorieusement, et je donne ici, à ce vaillant officier des regrets que l'armée partagera tout entière.

Paris, le 14 octobre 1870.

Le Gouverneur de Paris,
Général TROCHU.

De son côté, le général Vinoy (1) écrivit au commandant Véret pour lui demander la liste des gardiens de la paix qui méritaient d'être proposés pour des récompenses.

Voici la réponse qu'il en reçut :

Commandant des gardiens de la paix au général Vinoy.

Vanves, 14 octobre 1870.

En réponse à votre note en date de ce jour, je m'empresse de vous informer que, de l'avis de mon corps d'officiers que j'ai réuni à cet effet, et de l'assen-

---

dans le monument élevé dans le même cimetière aux victimes de la guerre de 1870-1871. Ce monument, qui se trouve à l'angle de la 26ᵉ division, 1ʳᵉ ligne nord, contient les restes de 124 soldats français et allemands. Robert occupe la place n° 1, par l'est.

(1) Dans son *Traité du Siège de Paris*, le général Vinoy omet, en racontant l'affaire du 13 octobre, de mentionner les gardiens de la paix. A leur place, il indique les gardes forestiers qui ne prirent aucune part à ce combat.

timent unanime des hommes de mon bataillon, il n'y a pas lieu de faire en ce moment de propositions de récompenses. Tous les gardiens placés sous mes ordres sont heureux d'avoir fait leur devoir et d'avoir pu donner une preuve de leur dévouement; ils espèrent qu'à la prochaine occasion, qu'ils désirent ardemment, ils feront davantage pour la défense de la patrie.

Pour être l'interprète de leurs sentiments auprès de vous, j'ai l'honneur, mon général, d'appeler votre bienveillante attention sur les veuves de nos malheureux camarades tombés sous les coups de l'ennemi.

Veuillez agréer, etc.

VÉRET.

Jusqu'au mois de janvier, les gardiens de la paix ne participèrent à aucun autre combat. Le 29 novembre, cependant, lors de l'attaque du village de l'Haÿ et de la Gare-aux-Bœufs par le général Vinoy et du passage de la Marne tenté par le général Ducrot, ils prêtèrent leurs concours à un mouvement de troupes destiné à occuper l'ennemi. Plusieurs gardes nationaux qui faisaient partie de cette colonne furent tués par des éclats d'obus.

Le service des gardiens de la paix aux avant-postes fut très dur pendant cet interminable siège. Toujours en face de l'ennemi, obligés la plupart du temps de passer une nuit sur deux aux tranchées, ils eurent, outre les fatigues et les veilles, à subir des froids d'une rigueur extrême, car le thermomètre descendit jusqu'à 14 degrés au dessous de zéro. A l'encontre des jeunes troupes (1) avec lesquelles ils bivouaquaient, quelques-uns d'entre eux seulement furent atteints de maladies. La variole et la fièvre typhoïde sévirent relativement très peu dans leurs rangs, parce que leurs anciennes campagnes et leur habitude de la vie militaire les rendaient plus aptes à supporter les longues gardes, les privations de

(1) Dans le 3ᵉ bataillon des mobiles de la Somme, par exemple, la moyenne des hommes en traitement à l'hôpital était de 150 pendant les mois de décembre et de janvier, et celle des malades à la chambre, de 50 à 60 par jour. Les officiers eux-mêmes furent très éprouvés et quelques-uns eurent la variole.

toutes sortes (1) et la température sibérienne de ce terrible hiver.

Durant la nuit, les alertes étaient fréquentes et voici, d'après le journal *La Vie parisienne* (numéro du 27 avril 1872), comment les gardiens de la paix accueillaient ces peu agréables surprises :

Le commandant, un superbe officier qui sortait de la garde de Paris (2), envoyait, dit l'auteur de l'article, des plantons réveiller les officiers. Et puis les sergents frappaient aux portes des maisons; ils jetaient en passant un mot : « Tout le monde debout. » A peine apercevait-on aux croisées la lueur rapide d'une allumette. Les hommes sortaient sans mot dire, se rangeaient devant les maisons. Et puis un « Numérotez-vous! » rapidement prononcé par un officier. Et le bruit bas et éteint des voix allait se dégradant et se perdant dans le loin.

Le commandant disait : « Marche! » et tout filait dans la nuit, sans bruit; on n'entendait que le pas régulier et calme des hommes sur le pavé encombré de neige. Leur place de bataille était derrière le fort d'Issy, un mauvais endroit, où le vent fouettait la figure, où la neige s'amoncelait de préférence. Là, les obus se donnaient rendez-vous. Pas un arbre pour arrêter les flocons de neige, pas une maison derrière laquelle s'abriter un peu. Le vent arrivait comme les obus, sans rencontrer un obstacle. On faisait halte et on rompait les rangs; les hommes, le fusil en bandoulière, la couverture en sautoir (ils n'avaient pas de sacs) (3), les mains dans les poches, se promenaient. Ces formes grises, remuant silencieusement sur le blanc mat de la neige, avaient quelque chose d'effrayant. Quelques-uns, assis sur des tas de cailloux, causaient à voix basse avec les lanciers de l'escorte, tandis que d'autres qui avaient servi dans la cavalerie, tout heureux de retrouver des chevaux, flattaient de la main ces pauvres bêtes, dont le poil long avait au bout des mèches comme des petits glaçons. La nuit se passait ainsi et ces nuits-là revenaient souvent.

C'était sur eux qu'on comptait; quand on faisait un mouvement, qu'il fallait des gens décidés pour marcher en avant, faire tête de colonne, on ne demandait pas chez eux des hommes de bonne volonté : c'était au tour de telle compagnie, et, sans forfanterie, calmes, sûrs d'eux-mêmes et de leur courage, ils

---

(1) Dans les derniers jours du siège, on diminua les rations de vivres. Au 27 janvier, la ration de pain n'était plus que de 500 grammes.

(2) M. Nassoy.

(3) Comme nous l'avons dit, quelques-uns seulement en furent pourvus après l'affaire de Clamart.

GARDIENS DE LA PAIX MOBILISÉS — ARTILLERIE — (1870-71).

venaient prendre la tête des mobiles; presque tous avaient femme et enfants.

Dans les premiers jours de janvier, le bombardement des forts
de Montrouge, Vanves et Issy, vint encore aggraver les fatigues et
les dangers qu'en-
duraient, depuis
des mois déjà, ces
vaillants défen-
seurs. Ils faisaient
alors partie de la
division Cor-
réard (1). Non seu-
lement ils avaient à

Médaille commémorative du Siège de Paris.

essuyer le feu de l'ennemi, mais ils étaient encore exposés à recevoir
des coups de fusil tirés des remparts (2).

L'ennemi se rapprochait sensiblement de nos positions et cherchait à nous déloger de notre première ligne de défense.

Quelques jours avant l'affaire du Moulin de Pierre, se place un
petit épisode que le clairon Jurand nous a raconté en ces termes :

Le capitaine Rochut, qui commandait ma compagnie, ayant entendu une
vive fusillade dans la direction de Fleury et constaté, à l'aide d'une longue
vue, qu'elle provenait d'une escarmouche entre des mobiles et des Allemands,
demanda des hommes de bonne volonté pour porter secours à nos camarades en danger. Le clairon Blondel et moi offrîmes de nous rendre à Fleury.
Après avoir gravi le talus du chemin de fer de Versailles, comme nous arri-
vions dans le village, nous rencontrâmes un Bavarois couché à terre et ne paraissant pas donner signe de vie. Nous nous trompions, car lorsque nous l'eûmes
dépassé de quelques mètres, il nous tira un coup de fusil qui heureusement ne

(1) Ainsi que nous l'avons indiqué plus haut, le général Corréard prit le commandement de
la 1re division, lorsque le général Blanchard fut placé à la tête du corps d'armée.
(2) Le fait est raconté dans plusieurs brochures relatives au premier siège.

nous atteignît pas. Au même instant, les mobiles débouchèrent d'une rue voisine : ils avaient perdu deux des leurs et laissé trois blessés sur le terrain. Ils ramenaient cinq prisonniers, auxquels nous joignîmes notre aimable Bavarois. Il était grièvement blessé, et il nous fallut le transporter jusqu'au fort d'Issy, sur une méchante civière faite de deux bouts de planche. Notre conduite le toucha sans doute, car il nous serra fortement les mains, lorsque nous l'eûmes déposé en lieu sûr. De retour aux tranchées, M. Rochut nous complimenta chaudement. Le lendemain, il adressa, à ce sujet, un rapport à M. Ansart qui le chargea de nous transmettre ses félicitations.

Les Allemands avaient établi de nouvelles batteries sur plusieurs points, notamment sur le viaduc de Fleury, d'où ils balayaient la route des Moulineaux et envoyaient des projectiles qui allaient tuer, dans les maisons, les hommes du poste de réserve.

Le bombardement devenait tellement violent que les défenseurs du fort d'Issy ne pouvaient même plus donner la sépulture à leurs morts. La dépêche suivante, datée du 8 janvier 1871, que nous avons prise au hasard parmi beaucoup d'autres semblables, en fournit malheureusement la preuve :

Commandant fort d'Issy au général gouverneur de Paris, ou à M. Auger, ambulance du quartier général de la 2ᵉ armée.

Nous avons 4 hommes à évacuer, un a besoin d'être couché. Le tir de l'ennemi étant incessant, nous sommes dans l'impossibilité d'enterrer nos morts. Prière de les faire prendre, en même temps que les hommes malades, par une voiture spéciale. Il y en a trois.

A Clamart, au Moulin de Pierre surtout, la situation devenait de plus en plus critique, et il fallait se hâter de s'assurer quels étaient en cet endroit les travaux entrepris par l'armée assiégeante.

Dans la nuit du 9 au 10 janvier, à 3 heures du matin, une attaque fut dirigée contre le Moulin de Pierre.

Les troupes, sous les ordres du colonel Porion, commandant la brigade, formaient un effectif d'environ 1,800 hommes, parmi lesquels on comptait 400 tirailleurs. A la tête de la colonne, furent placés 300

fusiliers-marins, arrivés, dans la journée, de l'un des forts du nord. Le
reste se composait de gardiens de la paix et de gardes mobiles de la
Somme et de la Seine. Les troupes, massées à la barricade du chemin
de fer de Clamart, se divisèrent en trois colonnes. La première fila à
droite, le long de la profonde tranchée du chemin de fer de
Paris à Versailles, et alla occuper, à droite du Moulin de Pierre,
une série de plis de terrain et d'entrées de carrière, où, malgré la
neige, elle se dissimula parfaitement. Cette première colonne ne fit
la rencontre d'aucun poste ennemi; mais la conduite de ses hommes
est digne d'éloges, en raison de la difficulté qu'ils eurent à tromper
la vigilance de l'ennemi. Une seconde colonne suivait pendant ce
temps la Grande rue de Clamart et s'y heurtait à des postes bavarois. Les gardiens de la paix, qui en formaient la tête, furent courageusement secondés par les mobiles de la Seine. Un combat corps
à corps s'engagea dans les rues du village, mais la colonne parvint à
s'installer en arrière d'une barricade, où elle tint bon.

Enfin, la colonne d'attaque, composée de marins, de gardes-mo-
biles de la Somme, de gardiens de la paix, de tirailleurs et d'ouvriers
du génie auxquels on avait adjoint des gardes nationaux comme travailleurs, prit diagonalement le chemin du Moulin de Pierre. Dirigée
par un officier d'ordonnance du colonel Porion et par M. Gervais, lieutenant de vaisseau, elle arriva, sans tirer un coup de fusil, au bas de
la position ennemie. Le poste bavarois fut cerné et on s'empara de
tout ce qui se trouvait dans la redoute. Nos troupes se retirèrent en
bon ordre, après avoir détruit la plus grande partie des ouvrages qu'y
avaient construits les Allemands.

Cette reconnaissance, dont il n'y a pas lieu évidemment d'exagérer
l'importance, avait cependant parfaitement réussi puisqu'elle retar-
dait de quelques jours l'établissement de la batterie ennemie. Nous
avions fait 22 prisonniers; mais nous comptions deux tués et onze
blessés. Dans un ordre du jour des plus flatteurs pour la brigade, il
fut publiquement constaté que, pendant cet engagement, l'entrain

des mobiles de la Somme (1) avait été excellent et que les gardiens
de la paix et les marins s'étaient montrés à la hauteur de leur réputation (2).

Une nouvelle tentative, qui échoua cette fois, eut lieu sur le même
point dans la nuit du 13 au 14 janvier. Un retard de quatre heures
dans l'arrivée d'une partie des troupes et le peu de silence qu'obser-
vèrent nos soldats et qui donna l'éveil à l'ennemi, furent cause de cet
insuccès. Les Allemands laissèrent la colonne de droite s'engager le
long de la tranchée du chemin de fer et dirigèrent sur elle un feu de
mousqueterie des plus vifs. Nos soldats, aveuglés par le froid et fatigués par une longue marche, ne purent résister à ce choc et se jetèrent dans la tranchée. Quelques gardiens de la paix et des mobiles
de la Seine parvinrent heureusement à arrêter un instant l'élan des
Allemands, dont les cris avaient achevé de démoraliser nos troupes.

Ce fut le dernier combat auquel prirent part les gardiens de la
paix, mais ils n'en avaient pas encore fini avec les épreuves et les
fatigues du siège. Dans la journée du 15 janvier, l'ennemi bom-
barda avec acharnement le fort d'Issy et ouvrit une brèche dans
la courtine faisant face à ses positions. Plusieurs casemates s'effon-
drèrent ; mais, par un simple hasard, l'une d'elles, renfermant plus de
8,000 projectiles, fut épargnée par les obus. Il fallut aussitôt réunir
une armée de travailleurs, dont firent partie tous les gardiens de la
paix de service aux avant-postes, pour opérer l'enlèvement de ces
projectiles et des matières explosibles qui se trouvaient en réserve
dans la poudrière. Ce travail, accompli sous d'incessantes décharges
des batteries prussiennes et par un verglas épouvantable, demanda
deux nuits. Les hommes, placés presque côte-à-côte, étaient obli-

(1) Le 3e bataillon des mobiles de la Somme était placé sous les ordres du commandant
Duhan, qui, au cours de cet engagement, fit déployer 100 gardiens de la paix pour protéger
le mouvement général des troupes. Par leur feu nourri, ceux-ci contribuèrent au succès de
l'attaque.
(2) Ce résultat ne fut pas étranger à la nomination du colonel Porion au grade de général
de brigade.

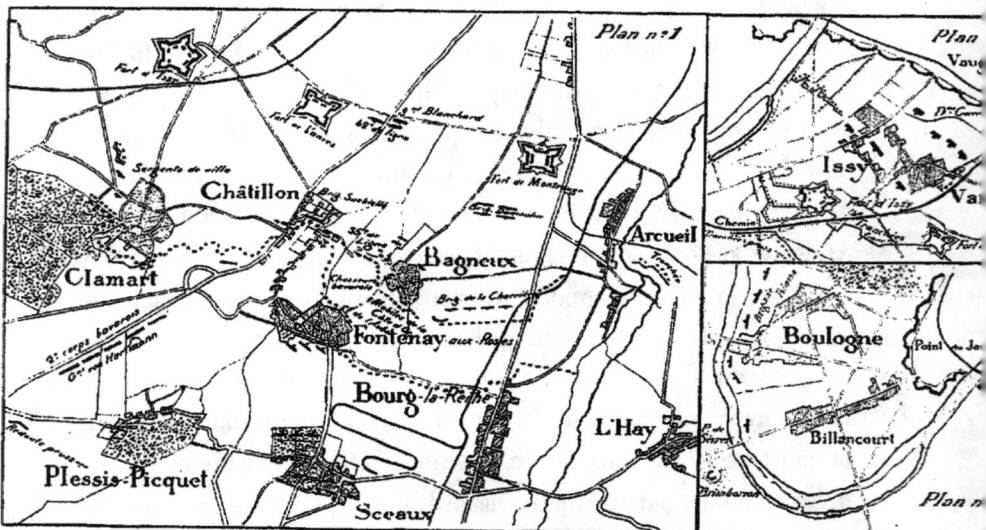

Plan des opérations militaires.

Plan n° 1. Combat de Bagneux, 13 octobre 1870. — Plan n° 2. Travaux exécutés par les gardiens de la paix et emplacements occupés par eux. — Plan n° 3. Batterie du Point-du-Jour, occupée par la compagnie de canonniers auxiliaires (gardiens de la paix).

gés de se passer les projectiles de main en main. La poudre fut transportée dans l'église d'Issy, et les obus, d'abord déposés en tas dans
le parc de la maison d'aliénés du docteur Falret, furent ensuite
emmagasinés au fort de Montrouge (1).

Le 17 janvier, le général Javain donna l'ordre de creuser une tranchée autour du fort d'Issy pour le garantir d'une attaque de vive
force. Partant de la route des Moulineaux et contournant le cimetière
d'Issy, cette tranchée se dirigeait brusquement à gauche, passait devant le fort et allait rejoindre la batterie établie sur la route de Clamart.

Les gardiens de la paix, rappelés à Paris quelques jours avant l'armistice, furent, au début seulement, employés à ce travail qui dut être
exécuté sous une pluie d'obus. Il n'était pas encore complètement
terminé le 26 janvier, lorsqu'arriva l'ordre de suspendre le feu.

---

(1) Voici, du reste, sur le service des agents détachés aux avants-postes pendant les derniers
jours du siège, de curieux renseignements que nous avons trouvés dans un carnet de notes
appartenant à M. Marguet, ancien gardien de la paix mobilisé :

Le 14 janvier, à 1 heure de l'après-midi, on nous réunit à la Préfecture de Police, et nous partîmes
pour Vanves où nous arrivâmes à 5 heures du soir, presque aveuglés par la neige qui tombait en abondance. On nous logea dans les salles de l'école, à la Mairie.

Le lendemain 15, à 5 heures du matin, nous prîmes la tranchée en avant du fort d'Issy, c'est-à-dire
au cimetière. Nous fûmes exposés toute la journée aux projectiles ennemis. Le froid était très vif et les
vivres manquaient. Nos cuisiniers s'étant égarés dans les chemins en nous apportant la soupe, les Prussiens les avaient empêchés d'arriver jusqu'à nous. Le pain et le vin que nous portions avec nous
étaient gelés. Ceux qui avaient de l'eau-de-vie pouvaient seuls se réconforter. Nous étions obligés de
nous tenir couchés dans les tranchées : les balles et les obus faisaient rage au-dessus de nos
têtes.

Le 16. — Repos.

Le 17. — A 5 heures du matin, départ pour la gare de Clamart où nous devions servir de réserve. Nous
occupâmes jusqu'au soir une briqueterie située derrière le chemin de fer et sur laquelle pleuvait une
grêle d'obus et de balles. A 6 heures, retour à la gare de Clamart où nous passâmes la nuit dans les
caves. Le lendemain, nous retournâmes à Vanves.

Du 20 au 21, c'est-à-dire durant vingt-quatre heures, nous fûmes, par une pluie battante, de garde
à la tranchée du cimetière d'Issy. Il y avait dans la tranchée 30 centimètres d'eau et de boue. Impossible
de se tenir debout à cause des balles prussiennes.

Le 22, on nous plaça au fond du parc de la maison d'aliénés pour garder les projectiles déménagés
du fort d'Issy. Chacun de nous était de faction pendant six heures. Continuation du bombardement.

23 et 24. — Même garde.

25. — Rentrée à Paris sous la conduite du commandant Nassoy, en passant par le village d'Issy.
Arrivée à la Préfecture de Police à midi ; on nous fit ranger dans la cour de Harlay où, après une station
de deux heures, on nous donna l'ordre de monter dans les bâtiments neufs pour former les faisceaux.
Puis, on nous congédia jusqu'au lendemain.

En quittant les rangs de l'armée, où ils avaient bravement fait leur devoir, les gardiens de la paix emportaient l'estime et la considération de tous ceux sous les ordres desquels ils avaient servi.

Un officier supérieur qui les avait vus à l'œuvre, s'exprimait ainsi à leur sujet :

Pendant toute la durée du siège, les gardiens de la paix ont fait preuve d'un dévouement au-dessus de tout éloge, d'une intrépidité et d'une discipline admirables. . . . .

Mariés et pères de famille, ces hommes ne firent jamais entendre une plainte, bien qu'à tous les points de vue ils fussent fort mal traités. Il suffira d'un mot pour montrer ce qu'ils sont au point de vue de la discipline : une seule punition fut infligée dans ce corps, pendant toute la campagne.

C'est la constatation que nous avons faite au cours de nos recherches aux archives du Ministère de la guerre. En parcourant, en effet, les documents relatifs aux troupes de la 3ᵉ armée de Paris, nous n'avons relevé que des appréciations élogieuses sur la conduite des gardiens de la paix durant ce long siège.

Artillerie. — Dès les premiers jours qui suivirent la proclamation de la République, la plus grande activité fut apportée dans les préparatifs de la défense de Paris. Des mesures prises dans ce but par le Gouvernement de la défense nationale, nous n'avons à retenir ici que celles qui ont trait à l'organisation de nouvelles batteries d'artillerie. Le matériel manquait, et, parmi les troupes massées autour de la capitale, il était difficile de réunir un personnel suffisant pour ce service spécial. En quelques semaines pourtant, on pourvut à tout (1) :

---

(1) Voici comment le général Ducrot parle de cette organisation dans son livre intitulé la *Défense de Paris :* « Grâce à l'admirable élan et au dévouement absolu de tous, on arriva, dit-il, à constituer ainsi une nouvelle artillerie, qui, à la fin du siège, se montait à 92 batteries de campagne. »

D'autre part, dans le *Mémorial du Siège de Paris* (Paris, Curot, 1871), l'auteur, M. J. d'Arsac, rapporte que de nombreux ateliers avaient été installés pour la fabrication des cartouches et qu'on était arrivé à en confectionner deux millions par semaine.

des souscriptions s'ouvrirent pour l'achat de canons, et des compagnies d'artilleurs furent formées avec des anciens soldats de cette arme, appartenant à la gendarmerie, aux corps des douaniers et des gardes forestiers, à celui des gardiens de la paix et au régiment des sapeurs-pompiers de la ville de Paris. A leur tête, on plaça des officiers de l'artillerie de marine et de la flotte, des ingénieurs et des élèves des écoles ; on utilisa même des officiers en non-activité et ceux qui avaient pu s'échapper des places tombées au pouvoir de l'ennemi.

Pour déterminer la situation de ces divers corps de troupe et encourager le recrutement des militaires de tout grade ayant servi dans l'artillerie, le Gouvernement, sur la proposition du Ministre de la Guerre, rendit, à la date du 23 octobre, le décret dont voici le texte :

ARTICLE Ier. — Les militaires en activité appartenant à la gendarmerie républicaine ou départementale et au régiment des sapeurs-pompiers, qui ont antérieurement servi dans l'artillerie, peuvent être appelés à concourir à la formation des nouvelles batteries qui s'organisent pour la défense de la capitale.

ART. II. — Les anciens militaires d'artillerie faisant partie des corps des gardiens de la paix, des préposés des douanes et des gardes forestiers, mis jusqu'à la paix à la disposition du département de la guerre, peuvent également être incorporés dans les batteries en formation.

ART. III. — Les uns et les autres resteront titulaires de leur grade ou emploi dans le corps de l'administration dont ils sont détachés et ils conserveront, en outre, dans leur position provisoire, la solde spéciale qui leur est actuellement affectée.

Cette solde spéciale sera payée aux gardiens de la paix, aux préposés des douanes et aux gardes-forestiers par les soins du département de la guerre, sauf remboursement ultérieur par les départements de l'Intérieur et des Finances.

ART. IV. — Le général Le Flô, ministre de la guerre, est chargé de l'exécution du présent décret.

Conformément à ce décret, un certain nombre de gardiens de la paix qui avaient quitté l'armée peu de temps avant la guerre, y rentrèrent de nouveau, et d'autres furent désignés pour instruire les bataillons de mobiles et de gardes nationaux enfermés dans Paris.

Mais la plupart des gardiens de la paix ayant fait partie de régiments d'artillerie (1), servaient déjà au commencement d'octobre (2)

Une casemate.

dans une compagnie de canonniers auxiliaires organisée par M. Archer, officier de paix.

Cette compagnie, dont nous avons relevé le premier effectif sur

(1) « On eût, dit le colonel Hellot, trouvé dans cette compagnie de nombreux et excellents éléments pour organiser les cadres inférieurs des batteries en formation. J'eus, à plusieurs reprises, l'occasion d'en faire la proposition qui fut repoussée par le Gouverneur de Paris. L'hostilité d'une partie de la population parisienne contre ces braves et dignes soldats était telle que je dus, dans plusieurs circonstances, faire appel à toute mon énergie pour empêcher des canonniers auxiliaires d'être maltraités par des gardes nationaux. »

(2) Elle fut formée exactement le 4 de ce mois.

une pièce datée du 10 octobre (1), comprenait alors 3 officiers et
189 hommes répartis en deux listes. 139 occupaient le bastion 63
(6ᵉ secteur) (2) et 50 étaient détachés provisoirement route de
Versailles, n° 160, sous les ordres de M. Duclavel, chef d'escadron.
Sur ce double état nominatif, nous avons même trouvé une demande
de 20 capotes de guérite, pour le service des bastions, signée par
M. Archer.

Quelques jours plus tard, l'autorité militaire fit procéder officiellement à la reconnaissance de la compagnie de canonniers
auxiliaires formée par les gardiens de la paix. Voici le texte du
procès-verbal (3) dressé à cette occasion :

Défense de Paris. — 6ᵉ Secteur.

L'an mil huit cent soixante-dix, le dix-huit octobre.

Nous,

Fages, Joseph Henri, adjoint de l'Intendance militaire, délégué par l'Intendance générale de l'armée de la défense nationale pour constater, en vertu des
ordres du Gouverneur de Paris,

L'effectif des canonniers auxiliaires de la compagnie d'artillerie formée par
les gardiens de la paix,

Nous nous sommes rendu au bastion 63, où nous avons trouvé le corps
réuni.

Les officiers dont les noms suivent ont répondu à l'appel :

NOMS ET PRÉNOMS.	GRADES.	OBSERVATIONS.
Archer, Henri.	Capitaine commandant	à la solde de la Préf.ʳᵉ de Police.
Vanelle, Alfred Joseph.	Lieutenant	id.
Arthaud, Jean Pierre.	id.	id.

Puis, procédant à l'appel des hommes de troupe, nous avons reconnu que
leur effectif était le suivant :

---

(1) (2) Archives du Ministère de la Guerre.
(3) Le 6ᵉ secteur comprenait Passy, Auteuil et le Point du Jour.

(Suit une liste de 189 noms qu'il n'y a pas lieu de rapporter ici et en face desquels se trouve la mention : Tous les hommes à la solde de la Préfecture de Police.)

Fait et clos en triple expédition, les jours, mois et an que dessus, le présent acte que le commandant du corps a signé avec nous.

ARCHER.   FAGES.

Arrêté l'effectif aux quantités suivantes :

Officiers.	3
Maréchaux de logis-chefs.	2
id fourrier.	1
id	8
Sous-chef artificier.	1
Brigadiers.	12
Artificiers.	9
Trompettes.	2
Canonniers.	154
	192

Comme leurs camarades versés dans l'infanterie, les canonniers auxiliaires de la compagnie des gardiens de la paix firent, au début, leur service avec des vêtements civils. A la date du 20 octobre, le colonel Hellot, qui avait 700 pantalons en magasin, demandait à être autorisé à leur en délivrer 192; il réclamait aussi pour eux le même nombre de capotes, de ceintures de flanelle, de paires de souliers et de paires de guêtres. La Préfecture de Police leur avait donné des képis. On parvint difficilement à les pourvoir tous des vêtements nécessaires; et même, au dire de plusieurs de ces anciens canonniers, quelques-uns n'auraient jamais eu de capote spécialement affectée à leur usage personnel (1). Cependant, dans un rapport de la fin d'octobre, l'autorité militaire déclare qu'il y a urgence à faire délivrer des capotes aux gardiens de la paix, parce qu'ils font un service pénible sur les remparts qu'ils ne quittent jamais.

Relevons aussi, sur la même pièce, cette constatation relative aux

(1) Ces vêtements étaient noirs avec ornements rouges, comme ceux de l'artillerie.

difficultés qu'ils avaient à se nourrir eux-mêmes. « Baraqués au pied
des fortifications, ne rentrant pas dans Paris, comme les hommes
des autres troupes, ils ont de la peine à se procurer leur subsistance;
par suite, ils demandent également l'allocation des vivres en nature
à M. Schmitz, intendant militaire au Palais Royal. »

La compagnie des gardiens de la paix, organisée en batterie à
pied et placée sous les ordres du général Pélissier et du colonel Hellot, fut commandée, au point de vue disciplinaire et administratif, par
MM. Archer, Daumas et Vanelle. Celui-ci, lieutenant en premier (1),
remplit les fonctions de capitaine pendant presque toute la durée du
siège. M. Archer, promu inspecteur divisionnaire le 16 novembre 1870
(grade qui lui donnait le titre de commandant), conserva néanmoins la haute main sur l'administration de cette troupe auxiliaire.

Ce n'était, d'ailleurs, qu'un corps franc (2), formé par la Préfecture
de Police et mis à la disposition du Ministre de la Guerre; outre les
officiers que nous venons de citer, il eut pour chefs les commandants des bastions dans lesquels il fut détaché.

Ces canonniers auxiliaires étaient de service pendant 24 heures et
avaient ensuite un repos d'égale durée. Ils exécutèrent tous les travaux de terrassement et autres ouvrages nécessaires à la défense
des positions dont ils eurent la garde.

M. Archer, leur commandant, nous a raconté l'anecdote suivante,
qui emprunte aux circonstances un certain intérêt :

---

(1) Aux termes d'une décision prise, à la date du 10 octobre 1870, par le général Frébault,
commandant l'artillerie de la rive droite, toute compagnie dont l'effectif s'élevait à 150 hommes pouvait avoir un capitaine en premier et un capitaine en second, un lieutenant en premier et un lieutenant en second.

(2) A la page 113 de son livre intitulé « Défense de Paris », le général Ducrot donne la liste
d'un certain nombre de corps francs, dits canonniers volontaires auxiliaires, dont disposa la
défense. Au numéro 16, nous relevons la mention suivante :

« Canonniers volontaires (gardiens de la paix) 2e et 4e secteur. — Commandant CADIAT. »

Si les gardiens de la paix ont été détachés dans ces secteurs, ils n'y ont pas séjourné longtemps assurément, car nous n'avons trouvé aucune indication à ce sujet dans les documents
conservés aux Archives du Ministère de la Guerre.

Commandants des gardiens de la paix mobilisés. (Inspecteurs divisionnaires.)

M. FOUCAULT. — M. GIOBERGA. — M. VASSAL. — M. ARCHER.

« Dans le courant d'octobre, au cours d'une reconnaissance faite du côté des bois de Saint-Cloud, un détachement commandé par cet officier arriva à une faible distance d'une batterie prussienne parfaitement dissimulée à l'aide de broussailles.

« L'officier supérieur prussien allait donner l'ordre de commencer le

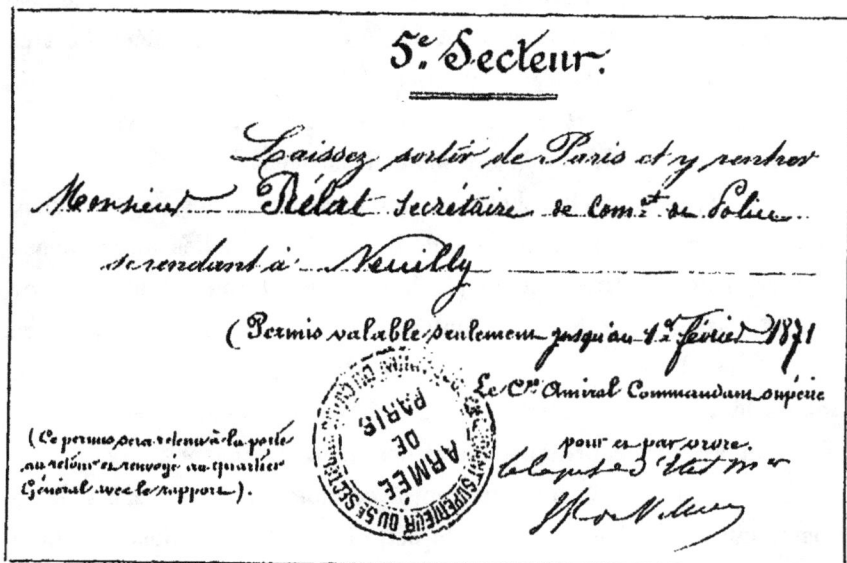

Laissez-passer du 5e secteur.

feu contre les nôtres, lorsqu'il reconnut M. Archer dans le commandant qui était à leur tête. Il se rappela alors combien ce fonctionnaire avait été obligeant pour lui, pendant qu'il dirigeait le service de l'Exposition universelle de 1867. Ce souvenir, joint probablement au peu de nécessité d'engager le combat, le décida à s'abstenir. »

Ce fait a été rapporté, sept ou huit mois après la guerre, par l'officier supérieur prussien à un député français.

Au 20 octobre, 130 bouches à feu constituaient l'armement du 6e secteur (1).

Cet armement suffit pour répondre aux attaques de l'ennemi, lors

(1) Au dernier jour du siège, l'armement du 6e secteur se composait de 173 bouches à feu.

du commencement du bombardement, les 5 et 6 janvier 1871. Il fallut alors ouvrir un feu nourri contre les batteries de Breteuil, dont s'étaient emparés les Allemands, et contre celles qu'ils avaient installées sur le plateau de Meudon. Durant ce premier engagement, les canonniers auxiliaires secondèrent admirablement la défense des forts et des ouvrages avancés. Aussi le colonel qui commandait le fort d'Issy envoyait-il le 7 janvier, à 9 h. 50 du soir, cette dépêche aux commandants des 6e et 7e secteurs :

« Vos batteries ont bien tiré et nous ont beaucoup servi. »

Toutefois, afin de combattre plus efficacement la batterie de Breteuil (1), trois nouvelles batteries furent commencées, le 9 janvier, sur la butte Mortemart au bois de Boulogne (2). Elles furent construites, sous la direction de M. Suzane, capitaine adjudant-major au 1er régiment de la garde nationale mobile de la Seine, par des détachements de la 3e batterie de la Seine, de la 2e du Rhône (3) et de la compagnie d'artillerie formée par les gardiens de la paix. Ceux-ci fournirent principalement des ouvriers charpentiers.

Le bastion 67, où se trouvaient à ce moment les gardiens de la paix, eut à soutenir le feu de la batterie de Breteuil pendant toute la durée du bombardement.

Le 19 janvier, à la bataille de Buzenval (4) ou plutôt au combat de Montretout, ils prêtèrent un précieux concours aux troupes engagées dans cette malheureuse affaire.

---

(1) Les avant-postes de Boulogne, gardés par les mobiles de l'Aube et par les troupes du général Dumoulin, étaient exposés à un feu incessant, qui, en raison de la situation dominante de l'ennemi, passait par-dessus leur tête.

(2) Deux de ces batteries ne furent pas armées. Une seule reçut deux canons.

(3) Commandée par le capitaine Jules Grand.

(4) Après ce combat, le Préfet de Police délégua M. Macé, commissaire de police, pour aller reconnaître nos morts et faire procéder à leur inhumation.

Reconnu à certains indices par ce magistrat pendant cette terrible information, le corps d'Henri Regnault, qui ne pouvait être réclamé par son illustre et malheureux père, en ce moment prisonnier des Prussiens, fut transporté dans une des salles de la clinique de l'École de Médecine.

C'est là que la dépouille mortelle du peintre de « La Salomé » reçut les derniers hommages de tout ce que Paris comptait alors d'hommes distingués dans les arts et dans les lettres.

L'effectif de la compagnie des canonniers auxiliaires varia souvent. Au 1er décembre, elle comptait 3 officiers et 184 hommes. Un
mois plus tard, il y avait 4 officiers et le chiffre de la troupe des-
cendait à 176. On relève encore, pour des intervalles beaucoup plus
rapprochés, des différences de 20 et même de 35 hommes. Mais pour
cela, elle ne resta pas inactive, et rien ne pourra mieux compléter
les renseignements donnés à son sujet que les lignes suivantes, extraites de l'historique de l'artillerie du 6e secteur pendant le premier siège de Paris (1) :

Commandant du 6e secteur, le colonel Virgile, de l'artillerie de marine (quartier particulier, 7, boul. Montmorency).

Compagnie auxiliaire des anciens sergents de ville.

Il se trouvait au 6e secteur un bataillon formé d'anciens sergents de ville;
beaucoup de ces soldats d'élite avaient servi dans l'artillerie. On en prit environ
200 de bonne volonté, qui formèrent une compagnie de canonniers auxiliaires.
Ces troupes restèrent attachées à leur bataillon et continuèrent à y percevoir
leur solde et à être administrées par leurs officiers.

La compagnie des anciens sergents de ville fut chargée du service au
cavalier et au bastion 63. 45 hommes de cette compagnie allèrent néanmoins
remplir le vide laissé à l'extrême-gauche par le détachement d'artillerie de la
marine, lorsque ce détachement fut transporté au bastion 62. La compagnie eut
pour officiers au bastion 63 : d'abord le lieutenant Tourneur, détaché de la 6e batterie de la garde mobile de la Seine pour commander le bastion ; puis M. Boucher, ancien lieutenant d'artillerie de la garde mobile de la Seine, qui n'avait
pas voulu se soumettre à la réélection et qui remplaça le lieutenant Tourneur,
le 12 octobre 1870.

MM. Cucherat et Feys, tous deux lieutenants dans l'artillerie de la garde
mobile du Rhône, furent détachés au même bastion : le premier, le 6 octobre 1870 ;
le second, le 3 janvier 1871.

Indépendamment de ces officiers, MM. Vanelle et Arthaud, lieutenants au
bataillon des sergents de ville, chargés d'administrer la compagnie, faisaient
également le service des remparts (2).

_____

(1) Archives du Ministère de la Guerre.
(2) On omet ici le nom de M. Archer qui, comme nous l'avons dit, eut pendant toute la campagne la direction et le commandement de ces canonniers auxiliaires.

Le 31 décembre, les 45 anciens sergents de ville quittèrent les bastions
67 et 67 *bis* pour aller renforcer la 1re batterie du 2e régiment, dont l'effectif était
trop faible pour la garde des bastions 60 et 61. Le 31 janvier, ils passèrent aux
bastions 55, 56 et 57, dont ils partagèrent le service avec la 6e compagnie de
canonniers auxiliaires.

Les anciens sergents de ville ont fourni au 6e secteur des artilleurs parfaitement au courant des travaux de batteries, d'excellents pointeurs et ont
donné l'exemple de la tenue, du travail et de la discipline. Ils ont pris une part
très active dans les tirs du 6e secteur.

A ces paroles si élogieuses pour les gardiens de la paix, nous
avons à ajouter les félicitations que leur adressèrent le général Pélissier et l'amiral Fleuriot de Langle (1).

Après l'armistice, ils rentrèrent dans Paris, à l'exception d'un petit
détachement qui fit, jusqu'à la conclusion de la paix, le service au
viaduc d'Auteuil.

---

(1) Indépendamment des gardiens de la paix artilleurs, l'amiral Fleuriot de Langle avait obtenu, pour la garde de son secteur, un certain nombre d'anciens sergents de ville appartenant
aux compagnies d'infanterie.

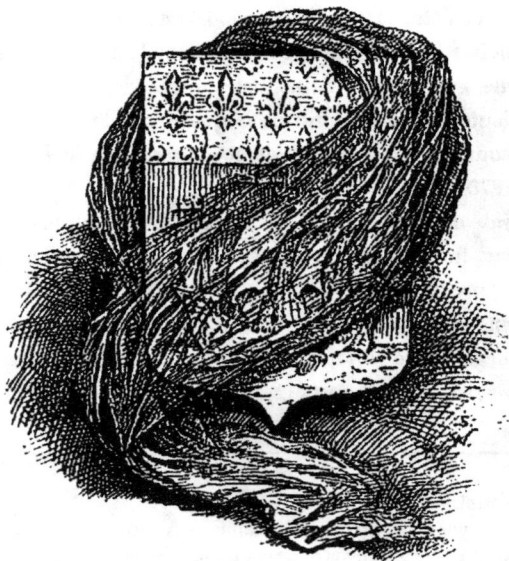

CHAPITRE SIXIÈME

LA COMMUNE

D u 28 janvier au 18 mars, en ces quelques semaines si remplies par les événements qui furent la conséquence de l'armistice (1), l'agitation, qui avait, dans les derniers jours du siège, gagné une partie de la population parisienne et un certain nombre de bataillons de la garde nationale, s'aggrava et finit par donner naissance à l'insurrection communaliste. Les privations qu'on venait d'endurer, la situation précaire de beaucoup d'ouvriers et de petits commerçants, et la déception patriotique qui était au fond de tous les cœurs, furent certainement les causes principales de cette révolution dont l'étude, même rapide, ne saurait trouver place ici.

---

(1) Voici les principaux : La remise des forts, la démission de Gambetta, les élections, la formation d'un nouveau gouvernement sous la présidence de M. Thiers, l'occupation de Paris par les Allemands, le vote de la paix, le retour des pouvoirs publics dans la capitale et l'installation de l'Assemblée nationale à Versailles.

Nous n'avons, en effet, qu'à grouper dans ce chapitre les faits intéressant les gardiens de la paix, ou ceux auxquels ils prirent part pendant cette période si douloureusement dramatique de notre histoire contemporaine.

En quittant les avant-postes, les gardiens de la paix mobilisés furent immédiatement affectés au service de Paris.

Outre la brigade des halles et celle des voitures, quatre compagnies furent casernées à la Préfecture de Police. Elles occupèrent pendant quelques jours les postes, les couloirs et les escaliers du vieil édifice. Au dire même d'un témoin, ce pêle-mêle aurait duré jusqu'au 18 mars.

Huit autres compagnies restèrent au Champ-de-Mars, et le complément de l'effectif fut réparti dans les 1er, 2e, 4e, 5e, 6e, 7e, 8e, 9e, 13e, 14e, 15e, 16e, 17e et 19e arrondissements.

C'était un ensemble de 4425 hommes qui se décomposait ainsi :

PRÉFECTURE DE POLICE ET BARAQUEMENTS DU CHAMP-DE-MARS.	Chefs de section	23	1.719
	Sous-chefs de section.	163	
	Gardiens de la paix.	1.533	
ARRONDISSEMENTS.	Chefs de section	31	2.706
	Sous-chefs de section.	282	
	Gardiens de la paix	2.393	

Ils furent chargés de la garde des monuments publics, et employés surtout à faire des patrouilles. Leur rôle fut, d'ailleurs, presque exclusivement militaire.

Lorsque l'armistice (1) eut ouvert les portes de Paris, l'Administration dut, en raison du nombre considérable de demandes (2) qui

---

(1) 30 janvier 1871 — 7 h. 55 m.

(2) N° 6056. — Préfet de police à M. Picard, ministre des finances.

• Trois mille demandes de laissez-passer arrivées par un seul courrier de la poste.

• Prière de mettre demain, conformément à la promesse faite au préfet, un ou deux services à la disposition de la préfecture de police pour faire le nécessaire. S'entendre, pour les détails, au secrétariat.

Sur un état de dépenses de l'année 1871, nous trouvons l'achat de képis en drap bleu avec galons et broderies en argent fin pour 5 secrétaires de commissariats, chargés d'un service de police en avant des lignes allemandes pendant l'armistice.

lui parvenaient tous les jours, attacher deux gardiens de la paix à chaque commissariat, afin d'activer la délivrance des laissez-passer exigés pour traverser les lignes prussiennes (1).

Mais ce qui rendait leur service de jour en jour plus difficile, c'est l'ef-

Le parc d'artillerie de Montmartre.

fervescence continuelle dans laquelle les Parisiens vivaient alors. Les manifestations et les troubles, qui se succédaient avec la même rapi-

(1) Dans la nomenclature des documents brûlés ou disparus en mai 1871, M. L. Labat s'exprime ainsi au sujet de ce laissez-passer : « Enfin une pièce fort curieuse et toute récente, celle-là, a également disparu; elle avait été remise à l'archiviste par M. Cresson qui venait de la rapporter de Versailles. C'était l'épreuve du laissez-passer nécessaire à tout habitant de Paris qui, pendant les négociations de la paix, voulait traverser l'armée prussienne pour aller en province voir les membres absents de sa famille, M. Cresson en avait fourni le libellé français. Entre autres mentions, il y avait celle-ci : « Objet du voyage », le traducteur allemand avait rendu le mot objet par « Gegenstand ». M. de Bismarck, à la lecture de cette épreuve, prit une plume et, biffant le mot Gegenstand, écrivit celui de « Zweck », exprimant plus exactement l'idée française et qui figura sur les exemplaires du tirage définitif. (Voir la Gazette des tribunaux, nº du 10-11 juillet 1882.) Nous donnons le fac-simile de ce laissez-passer à la page suivante.

dité que les événements dont ils étaient la conséquence, mettaient les agents dans l'impossibilité de suffire à leur tâche.

RÉPUBLIQUE FRANÇAISE.

LAISSEZ-PASSER.

Nom : _____

Prénoms : _____

Profession : _____

Domicile : _____

Age : _____

Objet du voyage : _____

Aller et retour : _____

Direction suivie : _____

Paris, le *11 février* 1871.

Vu par le Préfet de police.

Par autorisation du Général en chef :

Le Général, Chef d'État-Major général.

Art. 10 de la Convention :

Toute personne qui voudra quitter la ville de Paris devra être munie de permis réguliers délivrés par l'autorité militaire française et soumis au visa des avant-postes allemands. Ces permis et visas seront accordés de droit aux candidats à la députation en province et aux députés à l'Assemblée.

La circulation des personnes qui auront obtenu l'autorisation indiquée ne sera admise qu'entre six heures du matin et six heures du soir.

Art. 2 du Règlement militaire.

Les personnes qui auront obtenu la permission de franchir les avant-postes allemands ne pourront le faire que par les lignes suivantes : routes de Calais, Lille, Metz, Strasbourg, Bâle, Antibes, Toulouse, n° 189 (Essy).

Ponts de la Seine comprenant ceux de Sèvres, de Neuilly, d'Asnières et de Saint-Cloud.

Modèle de laissez-passer pour traverser les lignes prussiennes.

Déjà le 22 janvier (1), ils avaient, sous les ordres de M. Foucault,

(1) Tentative pour s'emparer de l'Hôtel-de-Ville et renverser le Gouvernement de la défense nationale.

inspecteur divisionnaire (1), démoli la barricade élevée près du square de la Tour-Saint-Jacques.

Französische Republik.

***

Passirschein.

—

Name : ....

Vornamen : ....

Stand : ....

Wohnsitz : ....

Alter : ....

Zweck der Reise : ....

Hin- und Rückreise : ....

Richtung : ....

Paris, den *Februar* 1871.

Gesehen von dem Polizei-Präfekten,

Im Auftrage des Oberbefehlshabers :

Der Chef des Generalstabes der Armee,

Artikel 10 der Uebereinkunft über einen Waffenstillstand.

Jedwede Person, welche die Stadt Paris zu verlassen gedenkt, muß mit einer regelmäßig von der französischen Militärbehörde ausgestellten Erlaubniß versehen sein; dieselbe untersteht dem Visa der deutschen Vorposten. Besagte Erlaubniß und besagtes Visa sind von Rechtswegen den Persönlichkeiten die sich als Candidaten zur nächsten französischen Nationalversammlung präsentiren, respective den Mitgliedern der Nationalversammlung, zu ertheilen.

Das Ueberschreiten der deutschen Linien ist nur von 6 Uhr Morgens bis 6 Uhr Abends gestattet.

Artikel 2 des Militärreglements.

Die Personen, denen die Erlaubniß ertheilt sein wird die deutsche Vorpostenlinie zu überschreiten, können dieselbe nur nach folgenden Richtungen benutzen: Straße nach Calais, Straße nach Lille, Straße nach Metz, Straße nach Straßburg, Straße nach Basel, Straße nach Antibes, Straße nach Toulouse, Straße N° 189 (Issy).

Brücken über die Seine bei Sèvres, bei Neuilly, bei Asnières und bei Saint-Cloud.

Modèle de laissez-passer pour traverser les lignes prussiennes. (Texte allemand.)

(1) Voici une lettre de M. Foucault, au sujet de cette affaire :

Des incidents graves se produisirent dans la nuit du 27 au 28 du même mois, et M. Cresson fit arrêter Brunel et Piazza qui en étaient les principaux instigateurs.

Paris, le 23 novembre 1874,

Monsieur Cresson,

Vous m'avez prié de me rappeler un des incidents qui se sont produits dans la journée du 22 janvier 1871, et ayant trait aux gardiens de la paix; je n'ai aucun effort de mémoire à faire et voici la vérité :

Je commandais le bataillon de garde à la Préfecture de Police; ce bataillon, composé de dix compagnies, était fort d'environ quinze cents hommes.

Vers deux heures de relevée, ayant sans doute été informé des mauvaises dispositions de certains groupes qui entouraient l'Hôtel de Ville, vous me fîtes appeler et me donnâtes l'ordre de mettre la Préfecture de Police à l'abri d'un coup de main.

Je fis, à cet effet, prendre les armes à six compagnies; je fis garder les ponts, le dépôt, la Conciergerie, l'hôtel du Préfet et je plaçai en réserve une compagnie, place Dauphine et deux dans la cour du Palais de Justice.

Ces dispositions étaient à peine prises que des coups de feu retentirent. Vous sortîtes de la Préfecture, accompagné de MM. Ansart, chef de la police municipale, Daube, chef de la deuxième division, et deux autres personnes que je ne connais pas (A). En passant devant le Palais de Justice, vous dîtes quelques paroles d'encouragement aux compagnies qui s'y trouvaient (B). Puis, vous fûtes abordé par le colonel Alavène de la garde républicaine, qui, comme nous, prenait des dispositions défensives; il vous conduisit vers sa troupe.

Dans cet intervalle, on vint me prévenir qu'on commençait une barricade au carrefour du boulevard Sébastopol et de la rue de Rivoli. Je vous en fis part lorsque vous vîntes près de nous. En tête du pont au Change, vous vous écriâtes spontanément : « Monsieur, il faut enlever cela. »

Je pris une section de la dix-neuvième compagnie qui était en réserve, commandée par le lieutenant Frappa, et nous partîmes après avoir reçu vos instructions de ne pas tirer les premiers, précédés par vous et par M. Ansart jusqu'à la hauteur du théâtre Lyrique; là, nous prîmes les devants et nous nous élançâmes sur la barricade dont les quelques défenseurs prirent la fuite dans toutes les directions, à l'exception toutefois d'un seul, qui, caché dans le coffre d'un omnibus, nous ajustait, mais n'avait pas l'énergie de tirer. Je détournai son fusil et, le saisissant énergiquement, je le désarmai; je m'aperçus alors qu'il était complètement ivre, mais néanmoins qu'il voulait encore faire usage contre moi d'une hachette qu'il portait à la ceinture; je m'opposai à ce mouvement en me servant de la main gauche; de la droite je tenais le fusil, mais plus je faisais d'efforts et plus je sentais le tranchant qui m'entrait dans la paume de la main.

Le caporal Billt, aujourd'hui brigadier au 20e arrondissement, voyant mon embarras, vint m'aider à enlever ce forcené; mais il se heurta également contre le tranchant de la hachette et eut une des phalanges de la main droite presque coupée, alors que je n'avais qu'une légère égratignure. Maître enfin de ce vaurien, je le fis conduire au poste du Palais de Justice, et le caporal Billt fut conduit à l'ambulance du Châtelet, où on le pansa.

La barricade était composée de plusieurs omnibus renversés et d'un haquet chargé d'une douzaine de pièces de vin qui avaient été roulées contre les roues des omnibus afin de les assujettir. J'employai mon détachement à relever les omnibus, et, aidés du public qui s'était groupé autour de nous, on les roula dans la cour du Palais de Justice. Les pièces de vin furent également roulées et rangées le long des grilles du jardin de la Tour-Saint-Jacques, d'où le charretier, qui, paraissait-il, ne s'était pas éloigné, les a rechargées et portées à leur destination.

Ceci terminé, et alors qu'il n'y avait plus trace de ce commencement de barricade, je me disposais à regagner la Préfecture avec mon détachement, lorsqu'à la hauteur du pont au Change, je vis arriver,

A. Ces personnes étaient M. Lefèvre de Viéville et M. Complen, substitut du procureur de la République.

B. M. Cresson leur dit : « Vous vous êtes battus comme de braves soldats devant l'ennemi; je vais vous en montrer un autre et vous conduire... »

A la suite de ces désordres, le journal *la Patrie* publia, dans son numéro du 30 janvier, l'entrefilet suivant :

Nous reconnaissons que le préfet de police actuel, M. Cresson, a fait d'heureux efforts pour réorganiser les services de son administration dans lesquels ses prédécesseurs avaient tenu à honneur d'apporter la perturbation la plus complète.

C'est dans un moment comme celui-ci qu'il lui faut déployer toute l'activité et toute l'énergie dont il est capable pour maintenir l'ordre dans Paris. La confrérie ambulante à capuchon et à cocarde, imaginée par M. de Kératry avant qu'on le mit à la tête des armées, n'a pas répondu à ce qu'on en attendait. Ce sont de paisibles promeneurs, à la vérité inoffensifs, mais qui ne prennent pas une part assez active aux spectacles de la rue, qu'ils suivent d'un œil distrait. Tout, en ce pays, n'est qu'action et réaction. On trouvait que les sergents de ville de l'Empire arrêtaient trop; les gardiens de la paix sous la République semblent avoir eu pour consigne de n'arrêter personne et de ne se mêler en rien des scènes tumultueuses auxquelles le hasard de leur promenade peut les faire assister.

Cette milice péripatéticienne est donc absolument insuffisante, et il importe qu'on utilise les éléments que la convention conclue avec l'état-major prussien laisse à la disposition des autorités françaises.

La garde nationale y entre pour une part considérable. A ce propos, nous voyons que la garde nationale mobilisée est versée de nouveau dans la sédentaire et appelée à concourir avec elle au maintien de l'ordre public. Nous croyons être l'écho de justes réclamations en demandant que les bataillons sédentaires aient une part plus considérable dans le service qui incombe à notre milice...

Au commencement de février, M. Cresson eut à vaincre une difficulté d'ordre intérieur, qui mérite d'être signalée. Il dut intervenir

suivant les quais, le corps d'armée qui venait au secours de la municipalité; je restai sur ce point pour faciliter le passage des troupes et je vis défiler artillerie, gendarmerie à cheval, infanterie, etc.; mais aucune de ces troupes n'a contribué à enlever la barricade de la rue de Rivoli, dont il ne restait plus que des traces, lorsqu'elles ont paru sur ce point.

Il était environ cinq heures, lorsque je suis rentré à la Préfecture.

Voilà la vérité dans toute sa nudité et je me fais un plaisir en même temps qu'un devoir de vous l'écrire.

Le lieutenant Frappa est aujourd'hui brigadier-chef au 13e arrondissement.

Billt occupe le même grade au 20e arrondissement.

Je suis, avec un profond respect, Monsieur Cresson, votre très humble et très dévoué serviteur.

FOUCAULT,
Inspecteur divisionnaire à la police municipale.

de la manière la plus pressante auprès du Gouvernement, afin d'obtenir les fonds nécessaires pour le paiement de la solde des gardiens de la paix. En voici la preuve :

Paris, 3 février 1871 — 12 h. 35, soir — n° 6413, Préfet de Police à MM. le Ministre des Finances, le Ministre des Affaires Étrangères, le Maire de Paris, le général Trochu.

Nouvelle complication plus étrange que toutes les autres : refus de payer les gardiens de la paix. Sur l'heure, le paiement doit être fait. Le rôle de la caisse municipale serait étrange dans tous les temps, il est plus extraordinaire dans un moment comme celui que nous traversons. (Article 39 de l'arrêté du Gouvernement, 4 thermidor an X.)

Outre cette dépêche, M. Cresson fit une démarche personnelle auprès du Ministre des Finances. Grâce à son attitude énergique, il obtint immédiatement satisfaction.

Le ravitaillement, insuffisamment organisé, fut aussi l'occasion de troubles graves ; et le 7 février, il fallut le concours des agents et de la gendarmerie pour contenir la foule au pont de Neuilly (1). Le

---

(1) Paris, 5 février 1871, 9 h. matin.

N° 6584, Préfet de Police à MM. le général Vinoy, le Ministre de l'Intérieur, le Ministre des Affaires Étrangères.

Les gardiens de la paix, très nombreux à Neuilly, ne peuvent contenir la foule qui assiège le pont de Neuilly.

Dix mille personnes au moins : mesures à prendre. Peut-être, cavalerie. Donnez des ordres immédiats. Réponse.

Aujourd'hui dimanche, tout à craindre aux portes.

Paris, 7 février 1871, 9 h. 25, matin.

N° 6795. — Préfet de Police à M. le général Vinoy et à M. le général de la Garde Nationale.

Je vous rappelle qu'il est impossible de faire la police aux portes. Par patrouille sérieuse et sans armes, il faut protéger les voitures et les propriétés. Gendarmes nécessaires.

« Pendant un mois qu'a duré l'armistice, dit M. Prélat (a) dans une note que nous avons sous les yeux, je suis resté seul au commissariat de Neuilly, tandis que mon chef représentait officiellement le Gouvernement français sur le pont de Neuilly, auprès des autorités prussiennes. . . . .
. . . .

Les voies de communication étant coupées, le ravitaillement se faisait, au moment de l'armistice, par des maraîchers amenant des voitures chargées de vivres de toutes sortes, et il a été l'objet, de la part de malheureux affamés, de scènes impossibles à décrire. Ces gens, qui n'avaient pas vu de pain, de légumes et de viande depuis des mois, se ruaient sur les voitures à la sortie du Pont de Neuilly, c'est-à-dire après avoir traversé les lignes prussiennes de Courbevoie, et les dévalisaient malgré mon inter-

(a) M. Prélat, ancien secrétaire du commissariat de Neuilly, actuellement commissaire de police du quartier Saint-Thomas d'Aquin.

lendemain, on saisit à Belleville 600 bombes système Lepet et Orsini.

RÉPUBLIQUE FRANÇAISE.
Französische Republik.

LAISSEZ-PASSER. — Passirschein.

Nom :
Name :

Prénoms :
Vornamen :

Profession :
Stand :

Domicile :
Wohnsitz :

Âge :
Alter :

Objet du voyage :
Zweck der Reise :

Aller et retour :
Hin und Rückreise :

Direction suivie :
Richtung :

Paris, le   Février 1871.

Vu par le Préfet de police :

Par autorisation du Général en chef :

Le Général, Chef d'État-major général.

Laissez-passer communiqué par M. Prélat, commissaire de police de la Ville de Paris.

vention et celle de M. Oyon, capitaine des gardiens de la paix, détaché sur ce point, avec bon nombre de gardiens, pour assurer l'entrée des vivres dans Paris. »

M. Cresson quitta la Préfecture de Police le 11 février. Il fut remplacé, à titre intérimaire, par M. Choppin, chef du Cabinet, qui exerça les fonctions de préfet jusqu'au 15 mars, date à laquelle le général Valentin fut placé à la tête de la police parisienne.

M. Choppin, administrateur remarquable, n'eut pas le temps d'achever l'œuvre de réorganisation entreprise par M. Cresson. Toutefois, il fit face aux événements avec beaucoup d'énergie.

Mais la catastrophe s'annonçait prochaine, et les manifestations allaient se succéder presque sans interruption jusqu'au 18 mars.

L'anniversaire de la révolution de 1848 fut célébré, les 24 et 25 février, sur la place de la Bastille et donna lieu à des démonstrations d'un caractère fort curieux. « Avec un art infini, dit M. Claretie dans son *Histoire de la Révolution de* 1870-71, la colonne de Juillet avait été garnie de couronnes d'immortelles qui descendaient en guirlandes ou en grappes jusqu'à mi-hauteur, et de drapeaux rouges qui flottaient aux pieds et au-dessus du génie de la Liberté. Des bataillons défilaient devant la colonne, jouant la « Marseillaise », tandis que des orateurs, montant par une échelle sur le soubassement de la colonne, jetaient à cette foule remuée par tous les sentiments de colère et de déception aigrie, des paroles enflammées. Le soir, la colonne de Juillet était illuminée de verres de couleur et de lanternes. » Pour compléter cette description, M. Claretie emprunte les lignes suivantes (1) au journal *le Rappel :* « Bataillons de garde nationale, délégation des clubs, de l'Internationale, de toutes les sociétés ouvrières, de toutes les corporations, c'est à qui viendra affirmer sa foi républicaine. Les drapeaux qui flottent, les airs patriotiques joués par les fanfares militaires, les acclamations, la multitude innombrable, les remous de ces vagues humaines, la colonne pavoisée, les fenêtres fourmillantes de têtes, disent à ceux qui en auraient douté quelle fête c'est pour Paris que l'anniversaire de République.

_____

(1) C'est le récit de la manifestation du 24 février.

« Quand la nuit est venue, le spectacle a été encore plus émouvant. La colonne s'est illuminée. Cette grande clarté dominant les fleurs funèbres et le drapeau noir du piédestal, était comme l'image matérielle d'une consolation et d'une promesse, et comme le rayonnement de l'avenir sur le deuil du présent. »

Le dimanche 26 février, à la nouvelle, fausse d'ailleurs, que les Allemands refusaient la prorogation de l'armistice, les esprits s'enflammèrent et une foule menaçante se porta vers la Bastille. Et là, sur cette même place, où la veille encore le peuple avait fraternisé en l'honneur de la Patrie et de la République, se passa un véritable drame dont la malheureuse victime fut le brigadier Vincensini, du service de sûreté (1).

La scène est tellement horrible qu'il nous a semblé préférable d'en prendre le récit dans le livre de M. Claretie qui la raconte d'après le journal *le Temps* et l'accompagne de réflexions empreintes de la plus grande impartialité :

« C'est un Prussien ! » criaient mille voix. D'autres : « C'est un sergent de ville déguisé ! » Puis, de toutes parts : « A l'eau ! à l'eau ! Ne le conduisez pas au poste ; c'est trop bon pour lui : à l'eau ! à l'eau ! » Les baïonnettes cependant protégeaient l'homme, et il put arriver au poste adossé au canal. En une minute, toute la foule avait couru de ce côté. Les cris sauvages retentissaient dans l'air comme ces clameurs poussées au printemps ou à l'automne par des milliers d'oiseaux changeant d'habitacle. Jusqu'à la Seine, les deux parapets du canal s'étaient bordés de spectateurs impatients. Des soldats y couraient comme les autres. Un certain nombre de mobiles faisaient la soupe sur le trottoir ; ils se levèrent pour ne pas manquer l'évènement. Des enfants, des femmes, mais quelles femmes ! avaient la joie dans les yeux : « Il ne l'a pas volé ! à l'eau ! à l'eau ! »

Chose incroyable, il y avait là, sur cette place vingt mille personnes peut-

---

(1) M. ......, commissaire de police, et l'inspecteur qui se trouvait avec lui, ayant voulu intervenir en faveur de Vincensini, furent reconnus et maltraités ; ils durent même se réfugier à la caserne des Célestins.

Bien que la victime ne soit pas un gardien de la paix, nous avons pensé qu'il ne nous était pas possible de passer sous silence une scène aussi navrante. Elle donne, d'ailleurs, la note malheureusement trop exacte de la surexcitation de la population à cette époque et fait mieux comprendre les incidents qui vont suivre.

être; ceux qui demandaient la mort de cet homme n'étaient pas plus de cinq cents, et pourtant on laissa faire. Des chasseurs à pied demandaient à la foule si elle permettait au prisonnier, qu'ils tenaient au collet, *de se brûler la cervelle avec son revolver?* « Non! Non! A l'eau! » On garrotta l'homme sur le quai Henri IV et, jambes et bras attachés, on le jeta, on le lança dans la Seine. Le courant emportait le corps. On lui jetait des pierres. Des pilotes de bateaux-mouches voulaient sauver le malheureux. On les menaça à leur tour. Cette agonie dura deux heures et le corps ne fut point retrouvé.

Dans la soirée du 28 février, M. Pinel de Grandchamp (1), commandant la batterie de mitrailleuses installée à la Préfecture de Police, reçut de l'autorité militaire (2) l'ordre de se rendre dans le jardin des Tuileries. Il y pénétra par la porte du quai avec sa batterie et un escadron de la garde républicaine. En même temps, un régiment de la 3ᵉ brigade de la division Faron était chargé de garder les avenues et les rues adjacentes. Il devait disperser tout rassemblement qui se formerait dans le voisinage et ne se laisser approcher par aucun groupe armé. Une compagnie de gardiens de la paix, mise à la disposition du colonel de ce régiment, fut, à raison d'une escouade, répartie dans chaque bataillon pour faire des patrouilles et surveiller un périmètre déterminé.

Le 1ᵉʳ mars, jour de l'entrée des Prussiens, la foule manifesta de nouveau contre les agents. Deux compagnies de gardes nationaux attaquèrent le poste de la rue de l'Ouest, où les gardiens de la paix, en trop petit nombre, ne purent se maintenir. Néanmoins, ils ne cédèrent la place qu'après une vive résistance, au cours de laquelle quelques-uns d'entre eux furent blessés (3). Rue de Cam-

(1) Ainsi qu'en témoigne la dépêche suivante, M. Pinel de Grandchamp commandait cette batterie depuis quelques jours :

Nº 5120. — Préfet de police à M. le général Vinoy et à M. le Ministre de l Guerre.

Deux sections d'artillerie et mitrailleuses (3ᵐᵉ batterie du 11ᵐᵉ régiment, 11ᵐᵉ batterie du 21ᵐᵉ régiment) sont dans la Cité à côté de l'artillerie de la division. Voulez-vous l placer sous l'autorité du commandant d'artillerie Pinel de Grandchamp, ou les renvoyer au général Ducr ' Tout tranquille.

(2) Archives du Ministère de la Guerre.

(3) Ils se replièrent sur la caserne de la rue de Tournon.

Capitaines des compagnies de gardiens de la paix mobilisés.

M. TOQUENNE.   M. ROUSSEAU.   M. MEYNIER.   M. ROCHUT.   M. THOMAN.   M. BLAVIER.

bronne, un gardien de la paix tomba mortellement frappé par trois gardes nationaux restés inconnus, et des agents furent retenus comme prisonniers au poste de la rue du Château.

Depuis quelques jours, M. Chevreul, alors directeur des teintures de la manufacture des Gobe- lins, était sollicité par la garde nationale du quartier de faire éloigner les anciens sergents de ville en- régimentés qui gar- daient les galeries de cet établissement concurremment avec les douaniers. On sa- vait que des armes, de la poudre et des car- touches étaient em- magasinées dans ces bâtiments. Le 3 mars,

Choppin, Préfet de Police intérimaire (11 février — 15 mars 1871).

dans la journée, on vit sortir deux fourgons d'artillerie, et on s'imagina que l'on enlevait furtivement des munitions que les gardes nationaux de cet arrondissement considéraient comme leur propriété; aussitôt plusieurs officiers, à la tête des détachements des 102°, 176°, 184° et 185° bataillons, se présentèrent chez l'illustre chimiste qui fit tous ses efforts pour les calmer. Il ne put les empêcher de s'emparer des muni- tions et de quelques fusils chassepots qui furent portés à la mairie, où se trouvaient déjà dix-huit pièces de canon gardées par la garde nationale.

Finalement, sur les instances pressantes de M. Chevreul qui, les larmes aux yeux, les adjura de ne pas résister, les gardiens de la paix, pour éviter toute effusion de sang, consentirent à laisser leurs armes et à quitter la manufacture.

Dès qu'elle eut connaissance du danger que couraient les agents, la Préfecture de Police réunit (1), pour les envoyer à leur secours,

---

(1) Pour former ces renforts, la Préfecture de Police envoya toutes les troupes dont elle dis- posait. Elle dut aussitôt adresser à l'autorité militaire la dépêche suivante que nous avons trou- vée aux Archives du Ministère de la Guerre :

Au général commandant la 3° brigade (3° division, 13° corps), n° 350.

Paris, 3 mars 1871.

La Préfecture de Police a dû envoyer des troupes au secours du poste des Gobelins. Elle s'est donc

plusieurs compagnies de gardes républicains des casernes de la Cité, Mouffetard et des Célestins; mais lorsqu'ils arrivèrent, tout était déjà rentré dans le calme.

Le 4 mars, les gardiens de la paix du 6ᵉ arrondissement (1) durent évacuer leurs postes et se concentrer à la caserne de la rue de Tournon. Le même jour, ceux des 5ᵉ et 13ᵉ arrondissements se replièrent sur la Préfecture de Police.

Dans son numéro du 5 mars, *la Patrie* insérait les lignes suivantes :

Les faits les plus regrettables, dit le *Journal Officiel*, se sont produits depuis quelques jours et menacent gravement la paix de la cité. Ces désordres, nous les connaissons : ce sont des agents de la force publique jetés à l'eau, des réunions en armes et le pillage de plusieurs postes. On ne saurait mettre cette surexcitation sur le compte de la présence des Prussiens, car ils étaient sortis de Paris hier dans la matinée, et hier au soir, d'après l'*Officiel* lui-même, le poste des Gobelins était pillé.

Loin de diminuer, cette effervescence prit, dans les jours qui suivirent, un caractère plus grave encore. La situation des agents devint des plus critiques dans certains quartiers, et ce ne fut qu'à force de prudence, de patience et de courage que beaucoup purent continuer leur service.

Voici, d'ailleurs, le récit d'une scène qui nous dispense d'insister davantage sur les dangers auxquels ils étaient exposés.

Le 14 mars, vers 4 heures du soir, plusieurs officiers de la garde nationale se trouvaient réunis au café situé à l'angle des boulevards Beaumarchais et Richard-Lenoir.

---

entièrement dégarnie de troupes, et je vous prie de diriger immédiatement sur la Préfecture le bataillon de piquet.

Je vous prie de donner immédiatement aussi l'ordre à votre deuxième bataillon de piquet, de se tenir prêt à remplacer le premier à la Préfecture, dans le cas où celui-ci serait appelé à marcher. Ce bataillon sera placé au boulevard du Palais.

(1) D'après le gardien de la paix Marguet, alors détaché dans cet arrondissement, les agents fournissaient un service de vingt-quatre heures, pendant lequel ils devaient faire trois patrouilles d'une durée de deux heures quarante minutes chacune.

L'un d'eux remarqua, assis au fond de la salle, et prenant des notes sur un calepin, un individu vêtu d'un pantalon de garde national, d'une tunique d'artilleur et d'un képi sans numéro. Il alla aussitôt lui demander à quel bataillon il appartenait. Sur la réponse un peu évasive de l'individu, l'officier, qui l'avait interpellé, lui prit le calepin des mains et lui dit : « Puisqu'il ne vous est pas possible de me faire connaître votre bataillon, et que vous portez l'uniforme de garde national, vous ne pouvez être qu'un mouchard. »

« Je ne suis pas un mouchard, commandant, répondit-il, je suis gardien de la paix. »

Au même instant, entrait un mobile de Paris, qui crut reconnaître en lui un ex-sergent de ville dont il avait eu à se plaindre l'année précédente. Il l'injuria de la manière la plus grossière et lui asséna un vigoureux coup de poing sur la figure.

Le gardien de la paix, qui était un solide gaillard, riposta de la même façon, et une rixe s'engagea dans l'établissement. Les officiers s'interposèrent immédiatement et firent sortir les deux hommes.

La foule immense qui était à cette heure sur la place de la Bastille, apprenant qu'on venait d'arrêter un ancien sergent de ville, ne tarda pas à s'amasser autour des combattants et s'empara de l'agent en proférant contre lui des menaces de mort.

A ce moment, deux de ses collègues, l'un habillé en mobile, l'autre en artilleur, voulurent le délivrer. On se saisit immédiatement des nouveaux venus et on les traîna tous les trois au poste de la garde nationale près de la Bastille. Le chef de poste refusa de les recevoir. La foule s'en retourna alors avec ses prisonniers qui étaient déjà meurtris de coups de toutes sortes.

Sur le parcours du boulevard Richard-Lenoir, les forcenés ne cessaient de réclamer à grands cris la mort des trois agents qu'il fallait, disaient-ils, jeter à l'eau.

Au coin de la rue du Faubourg-du-Temple, un individu cracha au visage de celui des gardiens de la paix qui portait le costume de mobile et lui arracha sa tunique. A cette vue, l'exaspération de la foule ne connut plus de bornes : on frappa les malheureux avec plus de cruauté, et les cris : « A l'eau ! à l'eau les roussins, à l'eau ! » devinrent plus nombreux et plus menaçants. On s'acharna surtout après celui des agents qui venait d'être si lâchement insulté, et on le poussa plus mort que vif sur le bord du canal. Il allait y être précipité, lorsqu'un capitaine de la garde nationale s'écria : « Ne faisons pas de crime ! Menons-les au Comité central qui les jugera séance tenante. »

Cette proposition fut accueillie favorablement et l'on se remit en route pour la salle du Waux-Hall, en contournant la caserne du Château-d'Eau.

Le Comité central de la rue de la Douane déclara qu'il n'avait pas qualité pour les juger, mais que, pour maintenir la tranquillité publique, on ferait bien de les conduire dans une mairie quelconque.

On laissa entre les mains du Comité celui des prisonniers qui était presque mort et dont le corps était tout couvert de blessures, et l'on reprit le chemin de Belleville.

En repassant sur les bords du canal, les plus exaltés voulaient à toute force noyer les deux autres agents. Mais aux cris des femmes et des enfants qui demandaient grâce pour eux, la foule, qu'on pouvait évaluer à 2 ou 3000 personnes, se décida à les amener jusqu'à l'endroit désigné.

Des gardes nationaux armés, qui se trouvaient devant le café de l'Indépendance, se jetèrent sur le prisonnier habillé en artilleur. Celui-ci essaya de faire usage du revolver qu'il avait dans sa poche, mais il fut promptement désarmé. On le traîna ensuite au poste de la rue Rébeval.

La foule s'acharna alors sur le seul qui lui restât, le premier, celui qui avait été arrêté au café de la place de la Bastille, et le conduisit à la mairie du 20° arrondissement.

La figure pleine de sang, le corps déchiré de coups, cet agent n'avait sur lui que des morceaux de sa chemise et de son pan-

talon. On le transporta enfin dans l'intérieur de la mairie de Belleville, où il fut
gardé à vue. Sur la place, on se partagea
les lambeaux de ses habits, et lorsqu'on
enleva la bande rouge qui entourait son
képi, on retrouva sur l'étoffe les armes de
la ville de Paris, telles que les sergents de
ville les portaient sous l'Empire. C'était un
vieux képi utilisé pendant la guerre.

Cachet d'une pièce
administrative.

On devine dans quel état furent laissés ces gardiens de la paix
qui, au cours de ce long et douloureux trajet, avaient reçu de si graves
contusions.

Le lendemain, en présence de l'hostilité toujours croissante de la
population, les agents du 14ᵉ arrondissement se retirèrent à leur
tour dans les baraquements du Champ-de-Mars.

Du reste, trois jours après, le Gouvernement quittait la capitale
et l'ère de la Commune commençait.

« *Le 18 mars* », « *Événements dans Paris* » et « *Opérations
de l'armée de Versailles* », sont les titres sous lesquels nous avons
groupé séparément tous les faits de cette période néfaste, se rapportant à notre sujet.

Le 18 mars.

Quelques jours avant l'entrée des Prussiens dans la capitale, plusieurs bataillons de la garde nationale allèrent en armes chercher les
canons remisés au Champ-de-Mars et au parc de l'avenue de Wagram,
pour les soustraire, disaient-ils, aux soldats ennemis et empêcher
que le Gouvernement ne les livrât en vertu de la convention. La
plupart de ces pièces d'artillerie étaient dues à l'initiative privée
et avaient été fondues avec le produit de souscriptions. Une fois
enlevés, ces canons furent ornés d'immortelles et voilés de crêpe :

une foule considérable les escorta, musique en tête, sur divers points de Paris (1) et jusqu'aux buttes Montmartre.

Nous n'avons pas à rechercher les motifs qui poussèrent les gardes nationaux à agir ainsi, pas plus que les raisons qui déterminèrent le Gouvernement à faire reprendre ces canons. Tout cela a été maintes fois expliqué par les nombreux auteurs qui ont écrit sur la Commune ; et, si tous ne se sont pas montrés impartiaux, quelques-uns ont apporté, à l'appui de leur récit, des renseignements extraits de documents authentiques, qui ont donné à leur œuvre un caractère d'indéniable vérité.

Ce débat écarté, nous n'avons plus qu'à raconter une partie des opérations militaires de cette triste journée.

Le général Vinoy chargea la division Susbielle de s'emparer des canons placés dans les tranchées des buttes Montmartre.

Cette division (2), composée de deux brigades, comprenait :

1° Pour la première brigade, commandée par le général Paturel :

1 détachement de gardiens de la paix ;

1 compagnie de gendarmerie ;

1 compagnie du génie ;

Le 17ᵉ bataillon de chasseurs à pied ;

Le 76ᵉ de marche.

2° Pour la deuxième, sous les ordres du général Lecomte :

1 détachement de gardiens de la paix ;

1 compagnie de gendarmerie ;

1 compagnie du génie.

Le 18ᵉ bataillon de chasseurs à pied ;

Le 88ᵃ de marche.

Une batterie de quatre suivait la colonne Paturel ;

(1) Il y avait des batteries d'artillerie aux Buttes-Chaumont, à la place des Vosges, à Ménilmontant, à la barrière d'Italie, etc., etc.

(2) Extrait de l'historique de la division Susbielle pendant le 2ᵉ siège. (Archives du Ministère de la Guerre.)

Les gardiens de la paix, conduits par le commandant Vassal et l'officier de paix Tabaraud, étaient, au nombre de 80, attachés à ces deux brigades.

Partis de la Préfecture de Police le 18 mars, à 2 heures du matin, ils arrivèrent à trois heures à la hauteur du parc Monceau et se mirent à la disposition du général Lecomte qui attendait le général Paturel.

A 4 heures, le général Lecomte fit placer des gardiens de la paix en tête des troupes qui se dirigèrent vers Montmartre par les boulevards extérieurs.

Place Clichy, on rencontra le général Paturel. Il réclama 40 gardiens de la paix pour servir d'éclaireurs à la colonne d'expédition qui devait se porter, par la rue des Saules, au moulin de la Galette. M. Tabaraud et 40 hommes furent mis à sa disposition, et le général Lecomte conserva le commandant Vassal avec les 40 autres gardiens.

La brigade Paturel s'engagea par l'avenue de Clichy, et la brigade Lecomte, par les boulevards extérieurs et Ornano, pour arriver à la rue Marcadet, au bas de la rue du Mont-Cenis.

Là, le général Lecomte, d'après les indications qui lui furent fournies sur la topographie des lieux, divisa ses troupes en deux colonnes, formées chacune de 3 compagnies à l'effectif de 80 hommes. Il donna le commandement de l'une à M. de Pousargues, chef du 18e bataillon de chasseurs à pied, et confia l'autre au commandant Vassal. En tête de chacune de ces colonnes, ouvrant la marche, se trouvaient 20 gardiens de la paix. Le général Lecomte resta rue Marcadet, avec un bataillon en réserve comme soutien.

A 5 h. 30 minutes, la colonne du commandant Vassal, composée de : 20 gardiens de la paix, 1 compagnie de gardes républicains, 1 compagnie de chasseurs à pied et 1 compagnie du 88e de ligne, commença, la première, l'ascension de la rue du Mont-Cenis. Elle devait gagner la rue des Rosiers, garder l'église pour empêcher de sonner le tocsin, puis redescendre la rue Saint-Éleuthère et s'emparer vivement des batteries établies sur le plateau inférieur des buttes.

Le commandant de Pousargues avait reçu l'ordre de prendre les buttes à revers (côté des fortifications) pour déboucher à la Tour Solférino, sur le plateau supérieur.

Le mouvement était combiné de telle sorte que les deux colonnes devaient arriver simultanément sur les points désignés ; il fut exécuté avec précision et réussit complètement.

Les gardiens de la paix qui marchaient devant la colonne Vassal surprirent plusieurs sentinelles avancées. Quelques coups de feu furent tirés cependant ; mais le capitaine Picault, commandant la garde républicaine, suivait de près les éclaireurs. En un instant, il envahit avec sa troupe le plateau, s'empara des canons et fit prisonniers tous ceux qui dirigeaient le feu.

Le jour commençait à peine à poindre. Aussi, les gardes nationaux assaillis sur le plateau supérieur par la colonne de Pousargues n'avaient pu se rendre compte de ce qui se passait au-dessous d'eux. En apercevant le commandant Vassal sur le plateau inférieur, ils le prirent pour un des leurs et lui crièrent : « Vous n'avez donc pas de tambours ? » — « Si ; leur répondit-il. » — « Pour battre la générale, n'est-ce pas ? » — « Soyez tranquilles, je vais la faire battre comme il faut. » — Mais leur méprise dura peu et ils firent feu aussitôt : un chasseur fut blessé et un garde républicain eut la manche de sa capote déchirée par une balle.

Complètement maître du plateau inférieur, le commandant Vassal en confia la garde aux chasseurs à pied et se porta au secours du commandant de Pousargues.

La fusillade continuait sur le plateau supérieur : le capitaine Picault fit embusquer ses gardes derrière les pièces d'artillerie et soutint le feu contre les gardes nationaux retranchés dans une maison de la rue des Rosiers. Ceux-ci, se voyant entourés de tous côtés, mirent un mouchoir blanc au bout d'un fusil ; mais on leur cria : « Pas de parlementaire, bas les armes, ou nous continuons le feu ». Force fut de se rendre, et 120 gardes nationaux commandés par un capi-taine - adjudant - ma-

Général Valentin, Préfet de Police
(15 mars — 18 novembre 1871).

jor se constituèrent

prisonniers.

A 5 h. 45 minu-

tes, les troupes étaient maîtresses des deux plateaux et des bat-teries qui y avaient été installées. Cependant le rap-pel et la générale étaient battus dans les rues aboutissant à la chaussée Cli-gnancourt. Des fenê-tres des maisons fai-sant face aux buttes et même de la chaus-sée, des coups de feu étaient dirigés contre les troupes qui y répondaient chaque fois. A 6 heures, la lutte avait pris fin et tout semblait terminé.

La maison de la rue des Rosiers où s'étaient réfugiés les gardes nationaux était le siège du Comité central. Ils y furent provisoire-ment détenus. Le capitaine Picault s'empara de tous les papiers qu'il trouva et les remit à un de ses gardes qui les plaça dans son sac. Quelques heures plus tard, ce malheureux tombé au pouvoir des insurgés se brûla la cervelle pour échapper aux mauvais traitements qu'aurait pu lui attirer ce précieux dépôt.

Le général Lecomte se rendit alors sur le terrain où venait d'avoir lieu le combat; il se montra satisfait et demanda les noms des hommes qui s'étaient distingués. Le commandant Vassal lui désigna le lieu-tenant Sentenac et le sergent Jeannoutot, tous deux appartenant à la 4ᵉ compagnie des gardiens de la paix.

En haut des buttes tout était tranquille, mais dans le bas on en-tendait encore battre le rappel et la générale. Une compagnie du génie survint et combla les tranchées en attendant les avant-trains nécessaires à l'enlèvement des canons.

Le commandant Vassal fit reconnaître les pièces d'artillerie placées sur les plateaux supérieur et inférieur. Leur nombre, qui fut relevé par le lieutenant Sentenac, s'élevait à 171 canons, mitrailleuses, mortiers ou obusiers. Il y avait aussi un grand nombre d'avant-trains.

Le temps s'écoulait et les attelages n'arrivaient pas; à 8 h. 45 minutes seulement, les premiers apparurent sur le plateau supérieur.

A ce moment, des clameurs s'élevèrent du bas des buttes, et des gardes nationaux commencèrent à gravir les pentes. Par la rue des Rosiers, s'avança une députation d'environ 50 d'entre eux, en armes, la crosse en l'air, et qui avaient franchi les lignes malgré les consignes données aux troupes. Le général Lecomte refusa de les entendre et les invita à se retirer. Ils lui dirent alors : « Rendez-vous, vos troupes se sont rendues », et s'en allèrent en lui jetant cette menace : « Vous en descendrez plus vivement que vous n'y êtes monté. »

Le général Lecomte voulut immédiatement reconnaître le chemin par lequel la députation était passée. Il était gardé par un détachement du 88e de ligne. Aussitôt, le commandant Vassal reçut l'ordre de renforcer ce poste avec 20 gardiens de la paix et d'envoyer d'autres agents sur tous les points occupés par le 88e.

Comme on voyait de tous côtés les gardes nationaux se rapprocher, le général cria : « Retirez-vous! Retirez-vous! », et un clairon, sur l'ordre de M. de Pousargues, sonna plusieurs fois : « Garde à vous. » Cette menace ne produisit aucun effet sur les insurgés qui continuèrent leur ascension et parvinrent jusqu'au plateau inférieur. M. de Pousargues, qui s'y trouvait, demanda : « Qu'ordonnez-vous général : « Feu », lui fut-il répondu. Ce commandement fut donné de suite, mais les soldats ne l'exécutèrent pas.

Le flot des émeutiers grossissait sans cesse; ils étaient plus de 1500 qui cernaient les troupes dont la plupart fraternisaient avec eux. Tout à coup, le général Lecomte fut violemment séparé de son état-major, enlevé de son cheval et fait prisonnier.

De son côté, le général de division Susbielle, après avoir fait commencer l'enlèvement des canons de la terrasse Saint-Pierre (1), n'avait pu rejoindre le général Lecomte. Obligé de regagner son poste du boulevard de Clichy (2), il descendit la rue Lepic sous les huées et les menaces de la foule qui cherchait à entraver sa marche : les gamins coupèrent les traits des attelages de quelques pièces d'artillerie que ramenait la colonne Paturel.

Place Pigalle, le général Susbielle rencontra un fort détachement de gardes nationaux. Une collision eut lieu, et le capitaine Saint-James, du 9e chasseurs, qui s'était porté en avant pour charger, fut tué par les insurgés. En même temps arrivaient, la crosse en l'air, le 88e de ligne et de petits groupes de soldats provenant des bataillons chargés de la garde des abords nord de Montmartre. Ils étaient tous escortés par des gardes nationaux avec lesquels ils fraternisaient. A la tête de son état-major, le général tenta de disperser cette foule; mais une vive fusillade l'arrêta, et le désordre se mit dans le premier escadron de gendarmes dont les chevaux effrayés renversèrent plusieurs cavaliers. Il donna alors l'ordre de se replier sur la place Clichy et la fit déblayer pour prendre position. Après avoir sauvé une vingtaine de pièces qu'il avait dû, malgré la foule, faire passer par la rue Lepic, le général Paturel battit aussi en retraite; il avait la figure ensanglantée par un coup de crosse de fusil que lui avait asséné un garde national.

Le général de division Faron, qui avait occupé Belleville (3) avec le 42e de ligne, quelques soldats du génie et un détachement

Cachet d'une pièce administrative.

(1) Cette opération dura près de deux heures, par suite du manque d'avant-trains et de l'obligation où l'on fut d'établir des rampes. (Historique de la division Susbielle. — Archives du Ministère de la Guerre.)

(2) Le général Susbielle avait reçu mission de garder les boulevards de Clichy et Rochechouart avec une batterie de quatre et une batterie de mitrailleuses. (Historique de la division Susbielle. — Archives du ministère de la Guerre.)

(3) A Belleville, les gardiens de la paix sauvèrent la plus grande partie des canons.

de gardiens de la paix et de gardes républicains, était également
obligé de se retirer après l'échec de Montmartre. Enfin, la brigade de La Mariouse (1) devait abandonner les buttes Chaumont
et rentrer dans le centre de Paris.

Du reste, le danger augmentant de minute en minute et les renforts annoncés n'arrivant pas, le général Susbielle donna l'ordre à
ses soldats de regagner leurs cantonnements. Il alla aussitôt chez
le général Vinoy pour lui exposer ce qui venait de se passer, et
tous deux se rendirent de suite au Ministère des Affaires étrangères
où se trouvait M. Thiers (2). On décida immédiatement que toutes
les troupes passeraient sur la rive gauche de la Seine et se concen-
treraient au Champ-de-Mars.

Mais, qu'était devenu le général Lecomte après son arrestation?
Conduit au Château-Rouge et au Comité de la rue des Rosiers (3),
il était détenu dans cette maison avec d'autres prisonniers, notamment avec M. de Pousargues (4) à qui il confia ses dernières volontés. Il était là, enfermé, attendant la mort, lorsqu'on lui donna
pour compagnon un de ses frères d'armes, le général Clément Thomas. Au bout de quelques instants, on les fit sortir dans le jardin
et on les fusilla l'un après l'autre (5).

Les officiers de l'état-major du général Lecomte, ainsi que les
soldats qui étaient tombés au pouvoir des insurgés au moment de
la prise des buttes Montmartre, avaient été d'abord entraînés avec
leur malheureux chef à la maison de la rue des Rosiers. Quelques-
uns furent ensuite amenés, comme lui, au Château-Rouge, et d'autres transférés à la mairie du 18e arrondissement, d'où ils ne sorti-

---

(1) Des gardiens de la paix servaient aussi d'éclaireurs à la brigade de La Mariouse.

(2) Le Ministère des Affaires étrangères était gardé à ce moment par deux compagnies de
gardiens de la paix (la 12e et la 13e, nous a-t-on affirmé).

(3) C'était au n° 6.

(4) Le commandant de Pousargues put remplir sa douloureuse mission, car il parvint quelques jours après à gagner Versailles.

(5) Le général Clément Thomas fut fusillé le premier. Il était environ 4 heures de l'après-
midi.

rent que pour aller en prison. Il y avait parmi eux un certain nombre de gardiens de la paix que nous retrouverons bientôt comme otages de la Commune.

On mit seulement en liberté quelques officiers ; d'autres réussirent à s'échapper, grâce au désordre qui régnait dans la foule. Le commandant Vassal dut son salut à un garde national, demeuré inconnu, qui se saisit de sa personne alors qu'on le conduisait rue des Rosiers, et

Cachet de la police municipale,
sous la Commune.

le présenta à ses camarades en leur disant : « C'est un de mes amis, un officier de la mobile. »

Il le fit aussitôt entrer dans la maison portant le n° 8, c'est-à-dire à côté de celle où siégeait le Comité central et où furent tués les généraux Lecomte et Clément Thomas. Cette maison était fort heureusement habitée par deux braves femmes qui procurèrent à M. Vassal des vêtements civils et firent disparaître ses habits militaires. Son épée, cachée dans un tuyau de poêle, lui fut rendue après la chute de la Commune. Pendant qu'il se préparait à tromper la vigilance des gardes nationaux, ceux-ci se présentèrent pour fouiller la maison dans laquelle ils avaient vu, disaient-ils, se réfugier le commandant. L'une des femmes, Mme Vigne, leur déclara qu'il était déjà parti. Cette courageuse réponse permit à M. Vassal d'attendre le moment propice pour gagner la rue et quitter Montmartre. Il ne descendit pourtant dans Paris qu'après avoir parcouru les buttes et cherché vainement à savoir ce qu'étaient devenus les agents placés sous ses ordres. Il rentra à la Préfecture de Police vers 10 heures du matin.

Dans le rapport qu'il adressa, quelques jours après, à l'Administration au sujet de ces événements, le commandant Vassal déclarait que tous les gardiens de la paix qui avaient pris part à l'attaque des buttes s'étaient admirablement conduits.

Je crois cependant devoir, disait-il, signaler à votre attention, d'une manière toute spéciale, le lieutenant Sentenac et le sergent Jeannoutot, appartenant tous deux à la 4ᵉ compagnie du 4ᵉ bataillon.

Le lieutenant Sentenac (Jacques), avec un détachement de 20 gardiens de la paix, tenait la tête de la colonne de gauche placée sous le commandement de M. de Pousargues, chef de bataillon du 18ᵉ chasseurs à pied. En arrivant à 50 mètres à peu près de la Tour de Solférino, ce lieutenant se jeta tout seul sur un poste occupé par 30 gardes nationaux environ. Il fut immédiatement entouré, et, sans un gardien accouru à son aide, il recevait sur la tête un coup de sabre. Il rallia tous ses hommes, et les gardes nationaux furent faits prisonniers. Un lieutenant de la garde républicaine m'a lui-même raconté ces faits qui ont du reste été confirmés par les renseignements que j'ai recueillis.

Le sergent Jeannoutot (Claude-Hubert) était, avec 20 gardiens de la paix, en avant de la colonne de droite, dont le général Lecomte m'avait confié le commandement. Arrivés à l'église du Calvaire, nous avons, en courant, descendu la pente rapide de la rue Saint-Éleuthère, et nous avons débouché sur le plateau inférieur. Les gardiens de la paix ont, les premiers, pris position sur ce plateau. Les gardes nationaux, placés en sentinelle, ont fait feu, et Jeannoutot a dû lutter avec plusieurs d'entre eux dont il s'est emparé.

Sur les 40 gardiens de la paix qui avaient combattu avec la brigade du général Lecomte, 18 seulement étaient parvenus à se soustraire aux poursuites des insurgés. Les 22 autres devaient rester dans les prisons de la capitale jusqu'aux derniers jours de mai.

Des scènes horribles se passèrent au coin des rues Feutrier et Müller. Un sergent de ville mobilisé, reconnu par un garde national, fut assommé à coups de crosse de fusil. Le pauvre homme s'affaissa dans le ruisseau, où des gamins, dont le plus âgé pouvait avoir 17 ans, eurent encore la cruauté de le frapper.

Dans la matinée, vers 8 heures et demie, la foule avait fait un mauvais parti à un agent qui était tombé du haut des buttes. Ce malheureux demandait inutilement grâce, lorsque des officiers s'interposèrent. Néanmoins, il fut traîné à la mairie, sanglant, défiguré et à moitié nu (1).

_____

(1) *Paris insurgé*, par Balathier-Bragelonne ; Paris, 1872.

Un peu plus tard, deux autres furent laissés pour morts au coin
de la rue des Rosiers (1).

Toute la journée, les agents furent poursuivis, injuriés et maltraités par la foule. Les gardes nationaux leur firent aussi la chasse, et,
vers 5 heures du soir, un peu après l'assassinat des généraux Lecomte
et Clément Thomas, le bruit se répandit avec persistance, boulevard
de Clichy, qu'on venait d'en fusiller deux. Cette nouvelle était fausse,
mais les événements du matin et la rage avec laquelle on s'attaquait à
tout ce qui représentait l'autorité, la rendaient vraisemblable. Du
reste, on n'attendit pas au lendemain pour commencer les arrestations, et MM. André, Boudin et Dodiau, commissaires de police, et
le personnel placé sous leurs ordres, furent conduits, dans la soirée,
à la prison du 9e secteur (2), d'où ils furent extraits, le 23, pour
être transférés à la Santé. Nous verrons plus loin, par l'énumération des otages écroués dans cette maison, qu'ils ne furent malheureusement pas les seuls.

Le 18 mars, à l'heure même où se produisaient ces événements,
le Gouvernement quittait la capitale, « car, nous dit Maxime
du Camp dans *les Convulsions de Paris* (3), à midi nul espoir
ne subsistait. La journée était perdue. M. Thiers se rappelant que
le feld-maréchal Windischgraetz avait pris Vienne de haute lutte
en 1848, après en avoir été chassé, fit transmettre l'ordre à toutes
les administrations d'avoir à se rallier à Versailles où le siège

---

(1) *Histoire intime de la Commune*, par Audebrand; Paris, 1871, in-12.

(2) Dans son ouvrage intitulé : *Souvenirs historiques sur le siège de Paris et le commencement de la commune* (Paris, 1873), M. J. Roufflac donne d'intéressants détails sur l'arrestation de ces magistrats et de leurs employés.

Cette prison du 9e secteur, située avenue d'Italie, 38 (13e arrond¹), avait servi pendant longtemps d'école aux enfants du quartier. Au commencement du 1er siège, elle avait été convertie
en prison disciplinaire pour les gardes nationaux.

C'était un grand bâtiment composé de 5 pièces, construit au fond d'une longue cour, étroite
et mal pavée.

Les généraux Chanzy et de Langourian, plusieurs officiers, M. Turquet, député de l'Aisne
et les Dominicains d'Arcueil, furent aussi conduits dans cette prison après leur arrestation.

(3) Maxime du Camp, *Convulsions de Paris*; Paris, Hachette, 1878-1879.

du Gouvernement allait s'établir en permanence. Lui-même s'y rendit, après avoir prescrit l'évacuation des forts du Sud et la concentration à Versailles de la brigade Daudel, ce qui impliquait l'abandon du Mont-Valérien. Cet ordre verbal fut répété et écrit par lui, au moment où il allait traverser le pont de Sèvres. »

Cet ordre parvint dans la soirée à toutes les administrations qui prirent immédiatement leurs dispositions pour aller s'installer à Versailles. C'est M. Choppin, prédécesseur du général Valentin, qui l'apporta, lui-même, à ce dernier. On trouva le général en train d'inspecter ses troupes pour parer à toute attaque contre la Préfecture qu'il devait défendre tant qu'il le pourrait.

Vers 8 heures, on réunit dans la cour de la Préfecture de Police 8 ou 900 gardiens de la paix. Ils furent aussitôt dirigés sur le Champ-de-Mars, où ils devaient rejoindre les troupes et un certain nombre de leurs camarades qui y étaient casernés depuis quelques jours (1). La 2ᵉ compagnie, qui marchait en tête de la colonne et formait l'escorte du Préfet (2) et des principaux fonctionnaires, s'engagea sur les quais de la rive gauche, après avoir traversé la place Dauphine et le Pont-Neuf (3).

A 4 heures du matin, toutes les troupes se mirent en route pour Versailles, et la 2ᵉ compagnie de gardiens de la paix fut de nouveau placée à l'avant-garde. Arrivés au viaduc d'Auteuil, ces agents défoncèrent les portes donnant accès sur la voie du chemin de fer et se

---

(1) Deux compagnies de gardiens de la paix avaient été placées à la manutention du quai de Billy pour faciliter la sortie des troupes et des employés des diverses administrations publiques. Ces deux compagnies partirent pour Versailles le 19, à 5 heures du matin.

(2) Nous avons trouvé dans l'ouvrage déjà cité de M. de Balathier-Bragelonne, ce curieux épisode : « A 1 heure (le 18 mars), le général Valentin, Préfet de Police, monte en voiture le faubourg du Temple ; il est accompagné par deux aides de camp.

« Mais comme il a eu la malencontreuse idée de faire asseoir sur le siège de sa voiture un « ex-sergent de ville mobilisé, il est très mal accueilli. Quelques pierres lui sont jetées ; enfin il « parvient à gagner la rue Saint-Maur et à s'échapper. »

(3) En partant pour Versailles, on emporta 100,000 francs en or et en billets de banque et on laissa dans la caisse de la Préfecture 50.000 francs en pièces de 5 francs en argent.

On ne trouve aucune trace de cette somme dans le budget des recettes de la Commune.

déployèrent tout le long des arcades pendant le passage de l'armée et de ceux qui l'accompagnaient. Ils avaient ordre de tirer sur les patrouilles de gardes nationaux qui chercheraient à retarder ce départ.

Lorsque le trésor escorté par les gardiens de la paix, les voitures, les fourgons et les troupes de toutes armes eurent franchi le viaduc, les hommes de la 2º compagnie se placèrent à l'arrière-garde et protégèrent ainsi la retraite jusqu'à Versailles.

Le 18 mars, à 11 heures 20 minutes du soir (1), le 101º bataillon de la garde nationale, sous les ordres du citoyen Jollivet, vint s'emparer de la place Dauphine et pénétra dans la Préfecture de Police, où se trouvaient cachés, disait-on, 40,000 fusils. En même temps arrivait, à la tête d'une troupe de fédérés, Charles Lullier qui venait d'être nommé commandant en chef de la garde nationale par le Comité central. Il prit possession de l'Hôtel et des bureaux, et ses hommes fraternisèrent avec ceux qu'avait conduits Jollivet.

Malheureusement, le départ ordonné par le Gouvernement s'était effectué avec trop de précipitation et tout le monde n'avait pu être prévenu. Des oublis très regrettables furent commis, qui eurent des conséquences funestes pour plusieurs gardiens de la paix. En effet, quelques-uns, qui n'étaient pas au courant des événements de la veille, se présentèrent, dans la matinée du 19 mars, à la Préfecture de Police et furent faits prisonniers par les fédérés.

COMMUNE DE PARIS
Vᵉ Légion

Bⁿ   Cⁱᵉ
Nom :
Adresse :

SIGNALEMENT
Age   ans
Cheveux et Barbe :
Yeux :
Nez :
Bouche
Menton :
Signes particuliers

Carte d'identité ; Commune.

(1) Cette heure nous a été donnée par un ancien employé, aujourd'hui à la retraite, qui était présent au moment de l'arrivée des fédérés.
On les attendait depuis 6 heures.

Il n'y en eut cependant qu'un petit nombre, car la plupart de ceux qu'on avait laissés, réussirent, après bien des difficultés, à s'échapper et à regagner Versailles. L'un d'eux, aujourd'hui brigadier dans une compagnie de réserve, s'y rendit en costume d'ouvrier. Il portait à la main ses effets militaires roulés en un petit paquet qui renfermait, disait-il, quelques méchantes hardes.

Un autre, actuellement brigadier au 6° arrondissement, était de garde, le 18 mars, au Ministère de l'Intérieur. Ce poste et celui du Palais de l'Élysée, composés chacun de 20 hommes, étaient commandés par un officier de paix ou plutôt par un capitaine, nom sous lequel on désignait alors ces fonctionnaires. N'ayant reçu aucun ordre (1), ces gardiens de la paix continuèrent leur service et passèrent la nuit du 18 au 19 dans la plus vive inquiétude et au milieu d'alertes continuelles. Le matin vers huit heures, un monsieur d'un âge avancé se présenta aux agents du poste du Ministère de l'Intérieur et leur dit : « Sauvez-vous vite, mes enfants, car vous êtes perdus. Deux bataillons d'insurgés viennent pour vous faire prisonniers ». L'officier rassembla aussitôt ses hommes et remonta le faubourg Saint-Honoré pour gagner le Champ-de-Mars, où il espérait trouver encore des gardiens de la paix. Arrivée au Trocadéro, la petite troupe rencontra une brigade d'infanterie commandée par le général de La Mariouse. Cet officier supérieur fit avancer le capitaine des gardiens de la paix et lui demanda où il allait. Ce dernier lui ayant répondu qu'il conduisait ses agents au Champ-de-Mars, le général lui apprit que la Préfecture de Police et les autres administrations avaient quitté Paris pendant la nuit et que les insurgés occupaient le point vers lequel il se dirigeait. « Si vous voulez me suivre, ajouta-t-il, je pars de suite pour Versailles. » Un quart d'heure après, les gardiens de la paix et la brigade d'infanterie sortaient de la capitale, où quelques jours plus tard il ne devait plus rester que des troupes dévouées à la Commune (2).

(1) Beaucoup d'autres postes furent oubliés, ou bien l'ordre de partir ne leur parvint pas.
(2) Les dernières troupes qui quittèrent Paris furent le 69° de marche, un détachement

Événements dans Paris.

Après le 18 mars, il n'y eut plus de sécurité pour les quelques gardiens de la paix qui n'avaient pu quitter Paris. Jusqu'à la fin de cette lutte fratricide, ils furent, en effet, exposés à tous les dangers d'une persécution incessante qui ne leur laissa ni trêve ni repos. Reconnus dans la rue, ils étaient aussitôt arrêtés et conduits en prison, où ils arrivaient le plus souvent après avoir subi les injures et les violences de la foule. On vit, d'ailleurs, se renouveler des scènes semblables à celles du mois de février; et la note suivante (1), trouvée dans les journaux du 20 mars, nous fait voir que les sentiments d'hostilité, tant de fois déjà manifestés contre les agents, n'avaient rien perdu de leur acuité :

Un gardien de la paix, reconnu pour être un ancien sergent de ville du quartier, est appréhendé au corps au moment où il traverse le carrefour Notre-Dame-de-Lorette; on l'entraîne vers la rue Lamartine à une sorte de comité, qui décide qu'il sera immédiatement transféré à Montmartre pour être jugé. Une douzaine d'hommes le conduisent dans cette direction. « On va le fusiller! » Tel est le cri de la foule.

Voici d'autre part ce qu'écrivait dans son *rapport* du 20 au 21 mars, le nommé Ganier d'Abin, général improvisé, qui commandait alors à Montmartre :

Rien de nouveau.

Pièce administrative de la Commune.

du 43ᵉ et une section d'artillerie campés au Luxembourg. Ils se rendirent à Versailles le 23 mars.

C'est grâce à l'énergie du lieutenant-colonel Périer du 60ᵉ, que ces soldats purent traverser Paris sans incident.

(1) *Écharpes rouges*, par Marforio; Paris, 1871, in-12.

J'ai reçu les rapports des différents chefs de poste. La nuit a été calme et sans incidents.

A dix heures cinq minutes, deux sergents de ville, déguisés en bourgeois, sont amenés par des francs-tireurs et fusillés immédiatement.

A midi vingt minutes, un gardien de la paix, accusé d'avoir tiré un coup de revolver, est fusillé (1).

A sept heures, un gendarme, amené par des gardes du 28°, est fusillé.

Quelques jours plus tard, le gardien de la paix Rotte, du 19° arrondissement, qu'une maladie avait empêché de partir pour Versailles, se trouvait à sa fenêtre en train de respirer sans doute un air plus pur que celui de sa chambre de convalescent, lorsqu'il fut reconnu par des fédérés. Ceux-ci l'arrêtèrent et le mirent à mort.

Les gardiens de la paix furent obligés de se cacher. On leur fit la chasse jusque dans leurs maisons (2). Ces perquisitions jetaient le trouble et la terreur dans la famille de ceux qu'on recherchait. Plusieurs femmes, dont les maris avaient gagné Versailles comme celle dont nous allons parler, succombèrent aux suites des cruelles émotions qu'elles avaient ressenties au cours de ces épouvantables visites.

Ignorant des événements de la veille, nous a dit l'ancien gardien de la paix Fl..., je me rendis, le 19 au matin, à la Préfecture de Police, où je ne pénétrai pas, parce que, à une faible distance du quai des Orfèvres, on m'avertit de la présence des gardes nationaux (3). Je rentrai aussitôt chez moi pour donner des soins à ma femme qui était accouchée depuis quelques heures seulement. En arrivant, j'appris que les fédérés s'étaient déjà présentés pour m'arrêter. Comme ils avaient laissé entendre que cette visite ne serait pas la dernière, je me réfu-

---

(1) *Histoire de la Révolution de 1870-1871*, par M. Claretie. Malgré nos recherches, nous n'avons pu retrouver les noms de ces trois agents.

(2) Deux gardiens de la paix du 15° arrondissement, les frères Sauvageot, furent poursuivis à coup de fusil par les fédérés jusque sur les toits.

(3) Plusieurs femmes, qui venaient apporter des vivres à leurs maris, furent arrêtées. Grâce à l'intervention de la foule, elles furent mises en liberté et reconduites jusqu'au Pont-Neuf ou jusqu'au boulevard Sébastopol.

Du reste, la lutte n'était pas complètement terminée. Un piquet avait été établi sur la place Dauphine. A l'intérieur de la Préfecture, des plantons étaient postés devant chaque porte, et partout circulaient des gardes nationaux armés de fusils. Un certain nombre de garibaldiens et de mobiles, auxquels on avait donné les épées des anciens sergents de ville, faisaient aussi le service.

GARDIEN DE LA PAIX PENDANT LE SECOND SIÈGE (1871).

giai à **Passy**, où je restai caché pendant trois jours au bout desquels je parvins
à sortir de Paris. Je me dirigeai sur Versailles et je fus immédiatement admis
à reprendre mon service. Peu après, je reçus une lettre de ma femme m'infor-
mant que les fédérés, furieux de n'avoir pu se saisir de moi, l'avaient incarcérée
avec mon enfant à Saint-Lazare, où elle se trouvait dans un état de santé déplorable. Trois semaines s'écoulèrent ensuite, et mon attente me paraissait interminable, lorsque enfin une nouvelle lettre m'annonça que ceux qu'on persécu-
tait à cause de moi avaient été remis en liberté.

Ils étaient en Lorraine, pays natal de ma malheureuse femme; mais leur état
inspirait de telles craintes qu'on m'invitait à les rejoindre en toute hâte.

Je soumis le cas à M. le chef de la police municipale, qui, tout en approu-
vant ma démarche, ne put m'accorder le congé que je lui demandais. Je démis-
sionnai alors et je partis pour la Lorraine, où j'arrivai juste à temps pour conduire au cimetière ma femme et mon enfant. Revenu à Versailles quelques jours
après, je fus, suivant la promesse de M. le chef de la police municipale, réintégré
dans mes fonctions.

Comme nous le verrons par les listes que nous avons relevées sur
les registres d'écrou des diverses prisons de Paris, on s'attaqua à tout
le personnel de la Préfecture de Police. Il y avait, en effet, parmi les
otages, des commissaires de police, le chef de la sûreté, un commis-
principal des bureaux de l'administration centrale et des inspecteurs
de police (1).

On n'épargna même pas les officiers de
paix et les sergents de ville retraités (2).
Trois d'entre ces derniers, dont nous avons
pu retrouver les noms, périrent dans les circonstances suivantes :

HUMBERT, Jean-Pierre, ancien sergent de
ville. Admis à la retraite le 11 janvier 1870,
après 21 ans de services militaires et civils.

Pièce administrative
de la Commune.

_____

(1) Nous donnerons plus loin les noms de tous ces otages.

(2) Il y a eu certainement parmi eux un nombre assez considérable de victimes; mais il est
très difficile d'en établir le chiffre exact, parce que, à leur entrée en prison, beaucoup de ces
malheureux n'indiquaient que leur profession actuelle. Ils espéraient ainsi écarter, ou tout
au moins diminuer, le danger qui les menaçait.

Nommé, au début de la guerre, lieutenant au 161ᵉ bataillon de la garde nationale, il avait, au mois de février 1871, obtenu le grade de capitaine. Au 18 mars, il devint suspect aux hommes de sa compagnie, parce qu'il avait imprudemment manifesté devant eux son intention de se retirer. On le surveilla et on apprit qu'il avait été sergent de ville. Il fut accusé d'avoir des intelligences avec Versailles.

Le 21 mai 1871, les fédérés du bataillon du père Duchêne se présentèrent au domicile d'Humbert, rue Mongo, 35, pour s'emparer de sa personne. Ne le trouvant pas, ils arrêtèrent sa femme et sa fille et les conduisirent à la caserne de la Cité.

La femme Humbert fut retenue comme otage et sa fille obligée de rechercher son père, escortée par quatre fédérés.

Mis en état d'arrestation, ce malheureux fut amené à son tour à la caserne de la Cité. Le lendemain, son corps fut découvert parmi d'autres cadavres sur la place du Panthéon.

MERTZ, Étienne, ancien sergent de ville. Arrêté quatre fois pendant la Commune, il ne parvint à s'échapper qu'après avoir couru les plus grands dangers. Mais les violentes émotions par lesquelles il venait de passer altérèrent rapidement sa santé, et il mourut le 17 septembre 1871.

SONNET, Jean-Baptiste, ancien sergent de ville. Retraité le 21 novembre 1868, après 29 ans de services militaires et civils. Marié, père de quatre enfants, il était resté à Paris pendant l'insurrection. Dans la nuit du 23 au 24 mai 1871, il fut arrêté à la porte de son domicile avec l'un de ses fils : on les sépara, et celui-ci tomba aussitôt frappé d'un coup de feu. Il fut transporté à l'ambulance de la Pitié, où il succomba le 13 juin 1871.

Quant à Sonnet, son cadavre fut reconnu, le lendemain, sur la place du Panthéon (1).

_____

(1) Ainsi que nous le verrons dans la troisième partie de ce volume, des pensions nationales et des secours furent accordés aux familles de ces victimes.

Tout ce qui appartenait ou avait appartenu à la police était donc suspect aux partisans de la Commune. Déjà le 28 mars, le Comité central avait confié le service de la capitale aux bataillons de la garde nationale mobilisée et décrété la suppression des gardiens de la paix, des gendarmes et des gardes de Paris.

Depuis le 19 mars, le nouveau pouvoir avait nommé des délégués à l'ex-Préfecture de Police (1). On vit d'abord s'y installer E. Duval, comme général commandant, délégué militaire, et Raoul Rigault, comme délégué civil. Resté seul délégué après la mort de Duval (2), tué, le 5 avril, à Châtillon, Raoul Rigault fut remplacé par Cournet, le 28 du même mois. Ce dernier eut pour successeur Théophile Ferré, qui occupa ce poste du 13 au 24 mai.

Dans sa proclamation du 20 mars, le Comité central disait, sans doute pour rassurer la population :

« Tous les ministères sont constitués.

« La Préfecture de Police fonctionne, toutes les administrations reprennent leurs habitudes. »

C'était trop se hâter, car il n'était pas possible de tout reconstituer en quelques heures.

On sait que, pendant les premiers jours, Raoul Rigault et son chef de cabinet Dacosta s'occupèrent de réorganiser le personnel des divers services de l'ex-Préfecture.

Il fallut pourvoir au remplacement des commissaires de police et de leurs secrétaires. On créa des officiers de sûreté, auxquels on donna les attributions des anciens officiers de paix (3). La Commune embrigada aussi des agents en bourgeois (4). Les gardes nationaux (5)

(1) C'est le nom qu'on donnait à la Préfecture de Police pendant la Commune.
(2) Pris les armes à la main, Duval fut fusillé sur le plateau de Châtillon. Il affronta la mort avec un grand courage.

Il s'était montré très brave homme à la Préfecture de Police.
(3) Ils pouvaient requérir la force armée, mais ils n'avaient pas de costume ostensible comme les officiers de paix.
(4) Ils avaient pour se faire reconnaître une carte d'agent fédératif.
(5) On lit dans le numéro du *Petit Journal*, daté du 20 mars 1871 : « Parmi les bataillons

furent chargés du service auparavant confié aux gardiens de la paix.

Voilà les éléments dont se composa la police parisienne pendant le second siège (1). Du 20 mars au 30 avril, elle ne coûta pas moins de 235.039 fr. 40 cent.

Dans les bureaux, le service des laissez-passer avait pris une certaine importance, car dès le 31 mars, Raoul Rigault avait fait placarder l'ordre suivant :

« Nous délégué civil à l'ex-Préfecture de Police,
« Attendu que la délivrance des laissez-passer exige une surveillance spéciale;

Décrétons :

« Il ne sera délivré de laissez-passer qu'à la Préfecture de Police, bureau des passe-ports.

Le délégué civil,

Raoul RIGAULT.

Vu : le général délégué,

E. DUVAL.

Maxime du Camp, dans les « *Convulsions de Paris* », raconte qu'il n'était pas prudent d'aller à la Préfecture de Police demander un laissez-passer. Malgré le bon vouloir de quelques employés du bureau des passe-ports, c'était un endroit où on faisait du zèle afin de plaire

qui ont monté la garde à la Préfecture de Police, le 101ᵉ (barrière de Fontainebleau) s'est particulièrement signalé par une tenue honteuse.

« Les autres bataillons ont été insultés et voulaient protester par la voie des journaux contre les déplorables excès auxquels s'est livré le 101ᵉ. La plupart des gardes étaient ivres; ils ont non seulement brûlé les dossiers des filles soumises, mais encore de bons et beaux volumes reliés; ils ont cassé des pendules, des cheminées, des glaces.

« Cela se passait dans la nuit; des cris de bêtes féroces accompagnaient ces actes de sauvagerie qui feraient rougir des Prussiens.

« C'est seulement le matin, au jour, que les autres gardes nationaux se sont aperçus du désordre et en ont profondément gémi. »

(1) La commune était partagée en dix commissions correspondant aux anciens ministères. L'une d'elles était spécialement chargée de tout ce qui intéressait la sûreté générale, et Raoul Rigault en fit partie, à titre de délégué, jusqu'au 28 avril.

La commission de Sûreté générale était, comme toutes les autres commissions, installée à l'Hôtel-de-Ville. Elle occupait la galerie du conseil municipal, n° 2.

à Raoul Rigault qui ne se gênait pas pour donner l'ordre d'arrêter
les gens.

Les plus avisés, dit-il, allaient chez les petits boutiquiers des environs de la
place Dauphine, et quand ils savaient bien s'y prendre, il était rare qu'ils n'en

RÉPUBLIQUE FRANÇAISE.

POLICE MUNICIPALE DE LA VILLE DE PARIS.

Laissez passer et circuler librement dans les bâtiments
de l'ex-Préfecture de Police, le nommé

LE DÉLÉGUÉ CIVIL,   LE COMMANDANT MILITAIRE,

Raoul Rigault   *E. Duval*

Laissez-passer et permis de circulation; Commune de Paris.

rapportassent pas le sauf-conduit désiré. Cela tient à un fait peu connu et qu'il
est possible de divulguer aujourd'hui sans péril, à la condition de ne soulever
aucun masque. Trois ou quatre agents intelligents avaient été laissés à Paris
par certains chefs de service de la Préfecture de Police, au moment où ceux-ci
avaient dû rallier le gouvernement réfugié à Versailles. Comme l'on se doutait
que toute violence serait exercée sur les gens de bien, ces inspecteurs avaient
pour mission de les aider à quitter Paris. Deux de ces agents s'étaient fait admettre en qualité d'employés ou d'expéditionnaires dans le bureau des passe-
ports; la quantité de laissez-passer qu'ils distribuèrent et d'innocents dont ils
assurèrent le salut est considérable.

L'ex-Préfecture était plus hospitalière pour les gardes nationaux
et les amis de Raoul Rigault. Les premiers, qui désiraient beaucoup y
faire leur service, l'appelaient « le campement de la ribotte ». Quant
aux seconds, le farouche délégué les accueillait de la façon la plus
charmante. Il donnait fréquemment des diners de 20 et 30 couverts.
Ces réunions se terminaient par de véritables concerts. On y entendait, paraît-il, de la très bonne musique et les conversations y étaient

souvent pleines d'entrain. En un mot, on ne s'y ennuyait pas.

Dans le cabinet du Préfet de Police, occupé par Raoul Rigault, on avait réuni une curieuse collection d'armes ayant appartenu à des généraux de l'armée régulière ou à des notabilités de la politique. A côté d'une épée de M. de Gallifet et d'un fusil de M. Ernest Picard, on y voyait des boîtes de conserves, des brassards tricolores et quantité d'autres objets qui encombraient même le magnifique bureau orné de bronze doré, placé au centre de cette vaste pièce (1).

C'est là que Raoul Rigault faisait comparaître devant lui les malheureux arrêtés comme otages. Ceint de l'écharpe rouge (2) et le revolver au côté, il procédait à leur interrogatoire avec une brutalité et un sans-gêne sur lesquels nous préférons ne pas insister.

Nous ne le suivrons pas davantage dans les diverses fonctions (3) qu'il occupa jusqu'à la chute de la Commune.

Frédéric Cournet (4) et Théophile Ferré, ses successeurs, ne changèrent rien au semblant d'organisation dont il avait doté l'ex-

(1) Ces renseignements nous ont été donnés par un ancien employé. On les trouve aussi dans l'ouvrage de M. Lucien Lechevalier, intitulé *La Commune*; Paris, 1871, in-12.

(2) Jamais peut-être le rouge ne fut plus à la mode. Tous ceux qui, à un titre quelconque, faisaient partie des comités de l'Hôtel-de-Ville, avaient l'écharpe, la ceinture ou le sautoir de couleur rouge, à franges d'or ou d'argent, selon les grades. Ils portaient aussi des insignes ayant la forme d'un triangle, attachés à un ruban rouge traversé d'un liséré noir. On voit au musée Carnavalet une de ces écharpes à franges d'or, dans la même vitrine que ces insignes.

Ce sont des écharpes de cette couleur qui firent reconnaître des troupes de Versailles MM. Billon, officier d'ordre du 8ᵉ arrondissement, et Boudée, secrétaire de commissaire de police, montés imprudemment sur une barricade au plus fort de la lutte. Ils furent fusillés.

C'était surtout la couleur adoptée par les fédérés et par les femmes dévouées à la Commune.

Parmi les costumes plus ou moins excentriques de cette triste et curieuse période, il n'en est certainement pas de plus original que celui qu'avait revêtu la cantinière d'un bataillon de gardes nationaux de service à l'ex-Préfecture. Une vareuse de fédéré, une jupe à traîne de satin clair et un chapeau à cornes de garçon de banque, composaient, paraît-il, son uniforme.

(3) Il fut aussi procureur de la Commune. Arrêté, le 24 mai, rue Gay-Lussac il fut, à la suite d'incidents, tué par les soldats qui le conduisaient à la prévôté installée au Luxembourg. Un passant aurait, dit-on, placé auprès de son cadavre un écriteau sur lequel on lisait :

Respect au mort.
Pitié à son malheureux père.

(4) Frédéric Cournet était le fils du capitaine Cournet qui, en juin 1848, aida à la construction de la fameuse barricade du faubourg Saint-Antoine.

Préfecture de Police. Du reste, la fin approchait et il fallait surtout

Façade de l'hôtel des Préfets de Police après l'incendie. Cour de la Sainte-Chapelle.

songer à la défense et prendre les mesures extrêmes qu'exigeait le salut de la Commune.

Nous sommes aux premiers jours de mai et déjà le triomphe de la cause que soutiennent les fédérés ne laisse plus beaucoup d'espoir. On craint surtout la défection et la trahison. La plupart des grands jour-

naux parisiens sont supprimés. Il est enjoint à tout citoyen d'être muni
d'une carte d'identité, afin, disent les considérants de l'arrêté du comité
de Salut public, d'empêcher le gouvernement de Versailles d'introduire
des agents secrets parmi « la population de Paris, assiégée depuis
plus de 40 jours pour avoir revendiqué des franchises communales ».

On fait appel à toutes les énergies et on envoie des commissaires
civils auprès des troupes qui défendent la capitale. La plus grande
activité est déployée pour retarder l'heure de la défaite, qui va
pourtant bientôt sonner.

La lutte commença dans Paris le 21 mai, jour où l'armée de Versailles franchit l'enceinte et s'empara de l'École militaire et du Trocadéro. Les incendies allumés pendant la semaine sanglante n'épar-
gnèrent pas le Palais de Justice et la Préfecture de Police. Malgré le
dévouement avec lequel les habitants du quartier (1) et les prisonniers
échappés du Dépôt (2) organisèrent les premiers secours, rien ne put
être sauvé du magnifique mobilier qui décorait les appartements (3) du
Préfet de Police dans le vieil hôtel de la Chambre des Comptes (4).

---

(1) Ils réussirent, paraît-il, à mettre à l'abri de l'incendie 3 tonneaux de poudre et une
quantité considérable de cartouches.

(2) C'étaient de malheureux otages.

(3) Dans son *Histoire de la Commune*, M. Lucien Lechevalier raconte, d'après un témoin
oculaire, les faits suivants :

Un drapeau tricolore, que les insurgés prétendaient avoir pris à l'armée, est placé au milieu du grand salon.
Les fauteuils et les canapés sont rangés autour. Des insurgés répandent sur le tout pétrole et cartouches.
Dans le cabinet du Préfet, le délégué Ferré distribue à tous ses fidèles de l'argent pour le porter aux
barricades. Néanmoins, il a dû rester des sommes considérables que l'on trouvera en lingots. Tous les
objets du culte : ciboires, couronnes, etc., en or et en argent, se trouvaient là tordus, brisés, fondus.

(4) Pour compléter les renseignements que nous avons donnés sur l'Hôtel de la Présidence
au chap. III de la 1re partie, et présenter au lecteur un résumé succinct de l'histoire de
l'hôtel de la Chambre des Comptes, si bien décrit par M. A. de Boislisle, nous allons rapporter
ci-dessous un article découpé dans la *Gazette des tribunaux* (numéro du 6 juin 1871) :

LES INCENDIES.

La Préfecture de Police. — *L'Hôtel du Préfet.*

L'histoire de la Préfecture de Police et de l'hôtel du Préfet est intimement liée à celle du Palais de
Justice. On sait que les nécessités du service criminel exigent le voisinage immédiat de ces deux administrations.

Les bureaux de la Préfecture sont, depuis une vingtaine d'années environ, installés à titre provisoire
rue de Harlay-du-Palais, dont ils occupent toutes les maisons, à l'exception de celles portant les premiers et derniers numéros impairs.

Dans l'origine, deux îles séparaient le Palais de l'extrémité occidentale de la Cité; les murailles du

Les pompiers de Maisons-Laffitte, de Rambouillet, de Nogent-le-

Palais servaient de quai ; il n'y avait ni chemin ni passage, le long du fleuve, et les deux quais construits depuis ont été pris sur le lit de la rivière ; le quai des Orfèvres fut commencé en 1580, le quai de l'Horloge (des Morfondus ou des Lunettes) le fut en 1584 ; on y travailla en même temps qu'on édifiait le Pont-Neuf ; le pont et les quais furent achevés en 1611. Quelques années auparavant, en 1607, Henri IV, voulant récompenser généreusement les importants services d'Achille de Harlay, premier président au Parlement de Paris, auquel il devait l'accès et l'entrée de sa capitale, lui fit donation du terrain entre les deux bras du fleuve, *depuis le bas du jardin du bailliage jusqu'au Pont-Neuf et le long des deux quais.*

Parmi les conditions et clauses du contrat sous forme d'adjudication, qui porte la date du 10 mars 1607, ratifié par lettres-patentes du 28 mai, enregistrées le 15 novembre de la même année, le premier président de Harlay s'obligeait à construire la place Dauphine et la rue de Harlay et à border ces voies publiques de maisons bâties avec symétrie, suivant les plans annexés au dit contrat. L'incendie a détruit presque en entier le côté de cette rue voisine du Palais ; il n'a pas épargné davantage les constructions provisoires qui reliaient à l'hôtel du Préfet les bureaux de la Préfecture de Police et qui s'élevaient en partie sur l'emplacement de l'ancienne Préfecture de Police, autrefois hôtel du premier président au Parlement de Paris, et, sous la Révolution, mairie de Paris. On se rappelle la configuration de ces bâtiments et de la cour rectangulaire qu'ils encadraient, ornée de portraits à fresque des premiers présidents au Parlement ; le jardin s'étendait à gauche de l'entrée, depuis les bâtiments jusqu'au quai des Orfèvres ; ils étaient fermés de ce côté par une grille en fer. Il n'y avait pas de communication directe entre cet hôtel et le Palais ; pour se rendre à la Grand' Chambre du Parlement, le premier Président devait s'engager dans la rue de Jérusalem et pénétrer sous une arcade placée sur le flanc gauche de l'Hôtel de la Chambre des Comptes. Cette arcade, sculptée par Jean Goujon, a été fort heureusement préservée en 1871 comme elle l'avait déjà été une première fois en 1737 ; elle donnait accès dans la cour de la Sainte Chapelle.

Outre les curieuses archives du Palais qui, sous l'enveloppe supérieure de la grand'salle, contenaient, non pas la collection des arrêts du Parlement, qui est déposée aux archives générales, mais les décisions rendues par le Châtelet et tous les papiers relatifs à cette juridiction, il faut déplorer la perte irréparable de la bibliothèque de la Préfecture de Police, qui contenait, entre autres, des documents très précieux sur l'histoire de la Révolution française.

Les constructions nouvelles du quai des Orfèvres, commencées il y a quelques années, et non encore terminées, ont été préservées des flammes, ainsi que la façade du Palais de Justice du côté de la rue de Harlay.

L'Hôtel du Préfet de Police, dont il ne reste que des pans de murailles et des débris fumants, était de construction récente ; il datait de 1737, mais il a remplacé un monument commencé par les ordres de Louis XII, en 1504 et terminé en 1505.

L'architecture et la disposition nous en ont été conservées par des gravures et des descriptions ; quelques auteurs ont critiqué la façade, qui tenait à la fois de l'art gothique et des tâtonnements du style de la Renaissance. Cette alliance bâtarde devait produire, au premier abord, un singulier effet ; mais les détails des sculptures offraient un large dédommagement à l'œil de l'artiste et de l'amateur.

Voici en quoi consistait cette façade : la porte d'entrée, placée à l'encoignure du bâtiment en arrière de la Sainte Chapelle, était surmontée d'un portail avec trois petits clochetons. Sur ce portail, on voyait gravées les armes de France au dessus d'un porc-épic couronné par deux cerfs-volants ; dessous serpentait l'inscription suivante :

Regia Francorum probitas ; Ludovicus honesti
Cultor et aethereæ religionis apex.

La porte d'entrée donnait accès à un palier, rehaussé de quelques marches, au bas duquel, sur la gauche, commençaient les degrés d'un escalier extérieur et couvert, qui venait aboutir au palier du premier étage de la droite du monument. Cet escalier était, comme tout l'édifice à partir du premier étage, orné de fleurs de lys et de riches sculptures. Neuf fenêtres disposées en étage et paraissant n'en former que trois, y compris celles de l'entresol, auquel on accédait par une petite porte au dessous du perron, éclairaient l'intérieur. Entre chacune des fenêtres du premier étage et celles qui donnaient sur le perron, étaient cinq statues, dans des niches. Celle du milieu représentait Louis XII vêtu d'un manteau au fond d'azur avec des fleurs de lys d'or ; il tenait d'une main le sceptre, de l'autre la main de justice. On lisait au bas ces deux inscriptions superposées :

LUDOVICUS HUJUS NOMINIS DUODECIMUS
ANNO ÆTATIS 40.
*Quatuor has comites foveo, cælestia dona ;
Innocuæ pacis prospera sceptra gerens.*

Rotrou et de Chartres, accoururent même sans attendre la dépêche

Les autres statues représentaient : la Tempérance tenant une horloge et des lunettes; au dessous on lisait :

TEMPERANTIA
Mihi spreta voluptas.

La Prudence, tenant un miroir et un crible, avec ces mots dessous :

PRUDENTIA
Consiliis verum speculor.

La Justice, tenant une balance et une épée, au dessous :

JUSTITIA
Sua cuique ministro.

Enfin, la Force, embrassant une tour d'une main et de l'autre un serpent, avec cette inscription :

FORTITUDO
Me dolor atque metus fugiunt.

Les trois fenêtres du second étage étaient surmontées d'ornements et de clochetons sculptés. Une petite tourelle gothique joignait le bâtiment à la hauteur du premier étage, dont elle formait l'encoignure gauche.

Ce monument, dans lequel siégeait la Chambre des Comptes, fut entièrement détruit par le feu en 1737; on pouvait donc déjà dire avant l'incendie de cette année que toutes les constructions comprises dans l'ancien enclos du Palais avaient été tour à tour la proie des flammes.

On remarquera que la moitié au moins de ce curieux article est consacrée à la description de l'hôtel de la Chambre des Comptes. Nous remplaçons les deux paragraphes qui le terminent, par les détails suivants que nous avons trouvés dans l'intéressant travail de M. de Boislisle (déjà cité au chap. II de la IIᵉ partie).

Deux fois déjà le feu avait atteint l'hôtel de la Chambre des Comptes, lorsqu'un violent incendie éclata de nouveau dans la nuit du 26 au 27 octobre 1737. Le personnel était absent à l'occasion des fêtes de la Toussaint. A l'arrivée des premiers secours, toute la partie nord-est des bâtiments et une moitié de la façade ne formaient plus qu'un vaste foyer.

Les services furent provisoirement installés au couvent des Grands-Augustins, et les travaux de reconstruction commencèrent aussitôt. Ils ne furent terminés qu'en 1740, et la Chambre des Comptes en prit possession le 3 mai.

Cette construction occupait à peu près l'emplacement de l'ancienne; mais on ne conserva de celle-ci que les fondations et les caves qui correspondaient aux chambres de France et d'Anjou, une partie des murs du quinzième siècle qui bordaient la rue de Galilée jusqu'à l'Arcade, enfin l'Arcade elle-même et le pavillon Henri II, qui n'avait pas été atteint et dont on remplaça le comble par un toit mansardé.

La façade sur la cour du Palais avait 24 toises de longueur sur 8 et demie de profondeur. Elle n'avait rien de remarquable, et son unique ornement était un portail monumental de vingt et un pieds et demi de largeur sur vingt-deux de haut, encadré entre deux couples de colonnes d'ordre dorique, avec une corniche et un tympan destiné à recevoir la plaque à inscription de marbre noir, soutenue par deux enfants. Au-dessus des corps de colonne, Adam l'aîné sculpta deux figures assises, de grandeur naturelle, représentant la Justice et la Prudence, en réminiscence des quatre vertus et du Louis XII qui décoraient l'ancien bâtiment. La croisée de l'avant-corps se couronna d'une corniche aux armes de France avec colliers et trophées, et chacune des huit fenêtres du rez-de-chaussée fut ornée d'une tête avec cartouche.

Le rez-de-chaussée, traversé par la voûte du portail, était tout entier voûté et destiné au dépôt des Comptes, y compris les deux ailes latérales et la galerie à arcades qui ferma la cour du côté de l'hôtel de la Première Présidence. A droite de l'entrée, se déployait un grand escalier monumental où l'on put utiliser une partie des marches de la montée de Fra Giocondo.

suivante que le Ministre de l'Intérieur envoya, dès le 25 au matin, à tous les maires des communes environnantes (1) :

Intérieur à maires : Sèvres, Meudon, Saint-Germain, Rueil, etc., etc.

Insurrection vaincue à Paris se venge par l'incendie. Réunissez d'urgence les pompiers de votre commune et faites-les venir à Paris.

Rendez-vous au Trocadéro, avec pompes et costumes de feu. Mettez-vous à la disposition du maréchal de Mac-Mahon.

Prévenez-moi télégraphiquement.

Il en vint de tous les points de la France (2) et même de l'étranger. Des compagnies de pompiers furent, en effet, envoyées par les villes de Londres, d'Anvers et de Bruxelles.

Ceux de Riom (Puy-de-Dôme) furent aussi employés à éteindre l'incendie de la Préfecture de Police et du Palais de Justice.

Tous ces courageux sauveteurs s'attachèrent surtout à circonscrire le feu et à préserver certaines parties des bâtiments, qui heureuse-

---

Le premier étage, où s'arrêtait l'escalier, fut partagé entre la salle des procureurs, le grand bureau, le second bureau, le cabinet du conseil, etc., etc.

La boiserie du grand bureau fut ornée de quatre colonnes cannelées d'ordre ionique, le pavé était en pierre de liais et pierre de Caen, et la cheminée en marbre de Rance fut surmontée d'un ouvrage de menuiserie sculptée, entourant le portrait du roi. On remit la vieille horloge qui fut remplacée, seulement en 1766, par une autre exécutée par Berthoud.

Le 2ᵉ bureau reçut un antique lambris fleurdelisé sauvé des flammes. L'académicien Dumont (le Romain) peignit trois crucifix pour les deux bureaux et la chambre du Conseil.

Les architectes prirent un soin tout particulier des pièces des étages supérieurs, voûtées comme celles du bas et également destinées aux dépôts du greffe des Fiefs et des Terriers.

Sous la Révolution, ce nouvel hôtel fut occupé par le bureau de comptabilité et plus tard par la Cour des Comptes qui y résida jusqu'en 1842.

A cette époque, une ordonnance royale transféra le siège de la Cour des Comptes au palais du quai d'Orsay; et M. Delessert, alors Préfet de Police, fit approprier à son usage les vastes salles du premier étage, sans cependant altérer absolument leur aspect primitif. En mars 1871, on pouvait encore y retrouver les principales dispositions adoptées en 1738. Deux mois plus tard, tout était détruit par l'incendie, à l'exception du portail d'Adam et de l'arcade construite sous Henri II.

Cette porte a été démolie quelques années après, et l'Arc de Nazareth transporté, comme nous l'avons dit, au musée Carnavalet.

(1) C'est aux pompiers de Rambouillet et de Chartres qu'on doit la conservation de la Sainte-Chapelle. Il y a peu de temps, on voyait encore au magasin de la Préfecture de Police une lanterne en forme de bonnet phrygien, que ces derniers avaient laissée en quittant Paris.

(2) Le détachement de pompiers envoyé par la municipalité du Havre était conduit par M. Félix Faure, alors chef de bataillon de la garde mobile, aujourd'hui Président de la République.

ment ne furent pas atteintes. On put ainsi dérober aux flammes une
quantité considérable de documents (1).

(1) Dans le numéro de la *Gazette des tribunaux* du 22 juillet 1875, M. L. Bonneville de Marsangy fait à ce sujet les réflexions suivantes, avant de donner la liste des papiers sauvés :

L'incendie des bâtiments de la Préfecture de Police a, en effet, détruit des trésors historiques que
rien ne pourra remplacer.

Toutefois, nous sommes heureux de constater que la perte, si déplorable qu'elle soit, n'est pas aussi
complète que le pensait le regretté rédacteur des *Débats* (M. Amédée Achard). Les archives de la Préfecture de Police n'ont pas disparu, comme il l'affirme à tort, « sans qu'il en restât un seul vestige ».

Il est vrai que ces immenses archives se trouvaient autrefois placées dans les combles, comme celles de
l'ancien Hôtel-de-Ville; mais, grâce à une heureuse et prévoyante initiative, la flamme n'a pas tout dévoré.

Dès le 4 janvier 1871, un incendie accidentel ayant éclaté dans les bureaux de la Sûreté générale,
M. le Préfet de Police d'alors, l'honorable M. Cresson, avait été frappé du danger que, par leur situation
même, pourraient, en cas de sinistre, courir les archives de son administration.

En conséquence, le lendemain, il chargeait M. Diet, architecte, de trouver au fond des caveaux voûtés,
situés sous l'Hôtel, un emplacement favorable pour y cacher, derrière une construction en briques, solidement murée, les pièces historiques et administratives les plus importantes, en vue de les mettre à
l'abri des désastreuses éventualités qu'il redoutait déjà dans l'avenir.

En même temps, on devait y déposer la perle du Louvre, la Vénus de Milo, que la direction des Beaux-
Arts venait de confier à ce magistrat, en lui recommandant de la soustraire à toutes les recherches.

Les prescriptions de M. le Préfet de Police furent ponctuellement exécutées. Le plus grand secret fut
gardé par tous ceux qui concoururent à cette œuvre de préservation publique. C'est ainsi qu'une notable partie des documents des archives a été sauvée; c'est ainsi que le chef-d'œuvre de la statuaire antique, après avoir échappé aux ruines d'un autre âge, a pu sortir sain et sauf des ruines amoncelées par
les nouveaux barbares du dix-neuvième siècle.

A ce propos, les nombreuses personnes qui s'occupent de travaux d'histoire nous sauront gré de leur
faire connaître la liste exacte des *papiers* et *cartons* qui ont été conservés. Nous empruntons cette intéressante nomenclature, encore inédite, au procès-verbal remis à M. le Préfet de Police Valentin, au mois
de juillet 1871, par M. Labat, archiviste.

L'honorable fonctionnaire s'exprime ainsi :

Grâce à la prévoyante sollicitude de M. Cresson, Préfet de Police, notre administration a du moins la
consolation, bien faible, il est vrai, d'avoir pu sauver une partie de ses archives au milieu de l'incendie
qui a presque entièrement anéanti la Préfecture de Police.

Les documents préservés du feu, quoique n'étant qu'une minime fraction de ceux qui composaient
l'ensemble des Archives, aujourd'hui détruites, forment cependant encore une masse assez importante,
tant par leur quantité que par leur valeur historique et administrative.

L'archiviste a l'honneur de donner la liste ci-jointe de ces documents, qui viennent d'être retirés en
bon état de conservation du caveau muré, où, par ordre de M. Cresson, ils avaient été déposés.

État des registres et papiers sauvés.

Livres d'écrou de la Conciergerie, de 1500 à 1794; — de la prison du Châtelet, de 1651 à 1792; — de la
prison Saint-Martin, de 1649 à 1791; — de la prison Saint-Éloy, de 1603 à 1743; — de la prison de la Tour-
nelle, de 1607 à 1775; — de la prison de la Tour Saint-Bernard de 1716 à 1792; — de la prison de Bicêtre,
de 1780 à 1795; — de la prison de la Force, de 1790 à 1800; — de la prison de Port-Libre (Port-Royal), de
l'an II à l'an III; — de la prison de Saint-Lazare, de l'an II; — de la prison de l'Égalité (collège Plessis), de
l'an II à l'an IV; — de la prison de Sainte-Pélagie, de 1793 à l'an VII; — de la prison de l'Abbaye, de 1793 à
l'an II; — de la prison du Luxembourg, de 1793 à l'an II; — de la prison des Carmes, de 1793 à l'an II;
— de la prison de la maison de santé de Folie-Regnault, de l'an II; — de la prison de la maison de santé
Belhomme, de l'an II; — de la prison du Temple, de l'an IV à 1808; — de la prison de Vincennes, de
1808 à 1811.

Registres d'interrogatoires des individus arrêtés pour émigration et contre-révolution, de 1793 à l'an II;
— de divers commissariats de police, de 1790 à l'an II; — des prisonniers en vertu d'ordres du roi, de
1750 à 1790; — des prisons de Paris et de province, de 1728 à 1772; — des procès criminels, de 1785 à 1789.

État des prisonniers en vertu d'ordres du roi (généralité de Paris; généralités du royaume autres que
celles de Paris).

Arrêts des conseils supérieurs des provinces.

Sentences et arrêts du Parlement de Paris, de 1767 à 1791.

Collection manuscrite des lois et règlements de police, dite Collection Lamoignon, de 1182 à 1762.

Registres des bannières et *de couleur* du Châtelet.

Lois, ordonnances et édits de Saint-Louis à Henri II.

Dans la matinée du 24 mai, jour de l'incendie de la Préfecture de

Cartons.

Notes sur les prisonniers de la Bastille, de 1661 à 1750. — Lettres de cachet de 1741 à 1789. — Procès-verbaux des commissariats de police, de 1790 à 1810. — Mandats d'arrêt, ordres de transfèrement, ordres de mise en liberté, de 1789 à l'an V. — Notes de Topino-Lebrun, relatives aux individus traduits devant le tribunal révolutionnaire. — Services funèbres et inhumations des princes. — Dossier de l'affaire de la machine infernale de la rue Saint-Nicaise. — Dossier de l'affaire Georges Cadoudal. — Dossier de l'affaire du général Malet. — Dossier de l'affaire Fauche-Borel et Perlet. — Dossier de l'affaire Lavalette. — Dossier de l'affaire des Fédérés de Paris. — Dossier de l'affaire Maubreuil. — Dossier de l'affaire des Patriotes. — Dossier de Ceracchi. — Dossier des ex-conventionnels. — Dossier de la conspiration de 1820. — Dossier de la conspiration de Louvel. — Dossier de la conspiration de Mathurin-Bruno. — Dossier de la conspiration de La Rochelle, etc., etc.

(signé) L. LABAT,
archiviste.

M. de Marsangy énumère ensuite très rapidement les pertes irréparables causées par l'incendie.

En 1882, M. L. Labat a donné, dans la *Gazette des tribunaux* (numéros des 6, 10, 11 juillet), la liste complète et très détaillée des documents détruits par le feu. A la fin de cette précieuse nomenclature, il raconte les faits suivants :

Vers le milieu du mois de décembre 1870, M. Cresson ayant mandé l'archiviste, le prévint qu'un caveau allait être fait et l'invita à y déposer tout ce qui méritait d'être mis à l'abri. Dans les derniers jours du même mois, le bombardement par les Prussiens s'accentuant de plus en plus, leurs obus arrivaient jusque sur les bords de la Seine, et le caveau n'était pas encore terminé. L'archiviste crut devoir, par mesure de prudence, faire descendre la plupart des cartons et registres dont nous avons fait plus haut le dénombrement, dans la cave où l'on mettait les vieux papiers destinés au pilonnage. En cet endroit, ils se trouvaient préservés de tout risque, dans le cas d'un incendie allumé par les projectiles, que l'on pouvait s'attendre à voir, d'un instant à l'autre, pénétrer dans les combles des Archives. Cette précaution, certainement justifiée, fut précisément cause de la perte de tout ce que l'on avait voulu préserver d'une destruction possible.

Le 24 janvier, seulement, le caveau fut prêt, et l'on mit à la disposition de l'archiviste une douzaine de gardiens de la paix ; ils furent immédiatement employés à descendre les registres et cartons qui n'avaient pas été placés dans la cave du pilonnage, tout en méritant cependant qu'on veillât à leur conservation : le recueil connu sous le nom de *Collection Lamoignon*, les registres du Châtelet, ceux de l'ancienne Conciergerie, etc., etc. Malheureusement, on était au surlendemain de l'inutile sortie de Buzenval, l'effervescence était grande parmi la population, et surtout dans certains quartiers. Aussi, le travail était-il commencé depuis à peine une heure, lorsque le commandant des gardiens de la paix, prévoyant qu'il pouvait être d'un moment à l'autre mis dans l'obligation de faire prendre les armes à ses hommes, fit rappeler ceux dont il avait bien voulu prêter le concours.

Il fallut alors recourir à l'assistance des hommes de peine pour continuer l'opération, ce qui apporta beaucoup de retard dans son exécution. Enfin, on se préparait à retirer de la cave aux vieux papiers ce qui s'y trouvait, lorsque l'on vint, du service de la Sûreté générale, donner l'ordre à l'archiviste, de la part du Préfet, dit-on, de placer dans le caveau une foule de liasses et de cartons achevèrent de le remplir. On dut donc laisser avec le pilonnage les papiers importants qu'on y avait déposés provisoirement. En cet endroit encore, ils auraient pu échapper à la destruction, si, avant de mettre le feu à l'hôtel du Préfet, on n'eût inondé de pétrole tout ce que contenait la cave ; nous y avons pénétré le 28 mai, et il nous a été facile de nous convaincre de ce que nous avançons là. La voûte était intacte, donc le feu ne pouvait être la conséquence de l'incendie des appartements et des bureaux : les sacs, cartons et registres étaient dans le fond et abrités par une clôture en planches de chêne d'environ 5 centimètres d'épaisseur, éloignée d'au moins cinq mètres du soupirail. De plus, on avait fortement liassé, par six ou sept, les registres qui devaient avoir acquis un certain degré d'humidité par leur séjour de cinq mois dans cet endroit. Cependant, malgré toutes ces causes de préservation, il ne restait sur le sol de la cave qu'un monceau de cendres incandescentes, dans lesquelles, en les remuant avec une tige de fer, il ne fut pas possible de retrouver le moindre débris solide.

Les journaux du temps font le plus grand éloge du sieur Charvet, concierge de la Préfecture de Police, qui, avec l'aide de quelques autres employés restés comme lui fidèles à leur poste, opéra le sauvetage d'une grande partie des sommiers judiciaires, au moment où les flam-

Police, Th. Ferré était en train de procéder à l'appel des détenus, lorsqu'un feu de peloton bien nourri se fit entendre sur le Pont-Neuf et l'avertit de la présence des troupes de Versailles. Il se retira aussitôt, non sans avoir donné aux siens l'ordre d'évacuer les bâtiments que les flammes n'avaient pas encore atteints.

Les événements qui suivirent sont

Porte de l'hôtel des Préfets de Police après l'incendie; cour de la Sainte-Chapelle.

mes envahissaient les bureaux de la 1re division.

Ce qui n'empêche pas M. L. Labat de déclarer que les documents modernes ayant un caractère purement administratif, détruits par l'incendie, formaient une masse d'au moins douze mille cartons et de presque autant de registres.

Quant à la Vénus de Milo, son transport du Louvre à la Préfecture de Police s'effectua de la manière suivante :

Le 8 janvier 1871, à minuit, M. Cresson fut appelé au Louvre, où M. Jules Simon lui annonça qu'il allait lui confier, avec mission de la cacher, une caisse contenant un objet d'art de très grande valeur. Le Préfet de Police fit placer la précieuse caisse sur une voiture que des gardiens de la paix conduisirent dans la cour d'isolement située entre les bâtiments de la caserne de la Cité et l'hôtel habité aujourd'hui par le Préfet de Police.

Pendant quelques jours, les gardiens de la paix en armes firent bonne garde autour de la mystérieuse caisse qui renfermait, disait-on, des matières explosibles récemment saisies.

Cette caisse fut ensuite transportée par les agents dans les caves de la Préfecture et déposée, avec les documents dont il vient d'être question, dans un caveau construit en maçonnerie dont le fond en béton avait, ainsi que les murs, 0m,60 d'épaisseur.

trop connus pour qu'il soit besoin de les mentionner ici. Du reste, le moment est venu de présenter au lecteur le résultat des recherches que nous avons faites dans toutes les prisons de Paris pour retrouver les noms des gardiens de la paix et des employés de la Préfecture de Police arrêtés pendant la Commune.

Nous allons suivre l'ordre dans lequel nous avons visité ces prisons et rapporter, séparément pour chacune d'elles, tous les renseignements que nous avons pu recueillir au sujet de nos prisonniers. Un grand nombre d'entre eux ont passé par le Dépôt avant d'être transférés dans les autres prisons. Nous aurions voulu dresser un état général des noms relevés sur les différents registres d'écrou; mais il ne nous est malheureusement pas possible de le faire, à cause de la manière défectueuse avec laquelle certains de ces livres ont été tenus par les greffiers d'alors. Des feuillets déchirés, des noms effacés, des mentions insuffisantes et des omissions nombreuses ayant souvent rendu nos vérifications très difficiles, nous ne pouvons certifier complètes les listes d'écrou rapportées ci-dessous.

Le Dépôt près de la Préfecture de Police (1).

C'est par cette prison, qui est en quelque sorte l'antichambre de toutes les autres, que nous avons commencé nos recherches. Presque tous les agents y furent conduits avant d'être transférés à Mazas et à la Grande Roquette. C'est aux Archives de la Préfecture de Police que se trouve actuellement le registre d'écrou du Dépôt, de l'année 1871. C'est un document des plus curieux, disons même des plus précieux, car il contient certainement la nomenclature la plus complète des personnes arrêtées sous la Commune. A côté des noms de ceux qui faisaient l'objet de notre vérification, nous y avons trouvé les écrous du président Bonjean, de l'archevêque de Paris,

---

(1) Le dépôt près la Préfecture de Police, créé par Pétion, s'appela d'abord *Prison de la Mairie.*

de l'abbé Deguerry, curé de la Madeleine, et des principaux otages.

En parcourant ce registre, nous avons relevé les noms des gardiens de la paix et des anciens sergents de ville portés sur la liste suivante (1) :

N° D'ORDRE.	NOMS ET PRÉNOMS.	QUALITÉS.	DATES D'ÉCROU.	PRISONS. DATES DES TRANSFÉREMENTS.
1	MASSON, Alexandre-Isidore.	Gardien de la paix.	19 mars.	Roquette, 9 avril.
2	DAUDIN, Étienne.	Id.	20 mars.	Liberté, 31 mars.
3	GIRARD, Nicolas.	Id.	Id.	Roquette, 9 avril.
4	REGNIER, Joseph-Étienne.	Id.	Id.	Id.
5	RICHARD, Louis.	Id.	Id.	Id.
6	ALLARD, Camille.	Id.	Id.	Id.
7	BAUDRY, Gustave-François.	Id.	Id.	Id.
8	KŒNIG, Pierre.	Id.	Id.	Id.
9	DESBADE, Antoine.	Id.	Id.	Id.
10	RENAUD, Nicolas.	Id.	Id.	Id.
11	SOISSONS, Laurent.	Id.	Id.	Id.
12	DAUSSIN, Alfred-Joseph.	Id.	Id.	Id.
13	VIEUX, Valentin.	Id.	Id.	Id.
14	GROSNON, André-Augustin.	Id.	Id.	Id.
15	BURDET, Bertin-Jean-Pierre.	Id.	Id.	Id.

(1) Sur cette liste figure aussi le nom de l'officier de paix Derest.

Comme nous le ferons pour les autres prisons, nous donnons ci-dessous, groupés dans une liste spéciale, les noms des commissaires de police, employés et agents de la Préfecture de Police, qui furent écroués au Dépôt avec les gardiens de la paix.

N° D'ORDRE.	NOMS ET PRÉNOMS.	QUALITÉS.	DATES D'ÉCROU.	MISES EN LIBERTÉ ET TRANSFÉREMENTS.
1	MOULVADO, Dominique.	Ex-garçon de bureau.	20 mars.	Roquette, 9 avril.
2	JALLIET, Michel.	Inspecteur.	Id.	Mazas, 5 mai.
3	RENARD, Mathieu-Nicolas.	Inspecteur de sûreté.	29 mars.	Mazas, 5 mai.
4	FLAMAND, Louis-Auguste.	Id.	30 mars.	Mazas, 27 avril.
5	LOCIS, Joseph.	Inspecteur des recherches.	1er avril.	Mazas, 6 mai.
6	ARCHAMBAUD, Constant.	Ex-inspecteur de police.	Id.	Mazas, 27 avril.
7	NECTOUX, Hippolyte.	Sous-chef à la Préfecture de Police.	2 avril.	Liberté, 5 mai.
8	LAFARGUE, Jean.	Commissaire de police.	5 avril.	Mazas, 6 mai.
9	ZABEL, Auguste-Édouard.	Inspecteur des garnis.	9 avril.	Mazas, 27 avril.
10	Richard, Eugène.	Inspecteur de sûreté.	16 avril.	Liberté, 10 avril.
11	DUBOIS, Gustave.	Ex-commissaire de police.	Id.	Mazas, 28 avril.
12	FROSSART, François.	Id.	Id.	Liberté, 3 mai.
13	BOULLET, Auguste.	Id.	27 avril.	Mazas, 3 mai.

Nᵒˢ D'ORDRE.	NOMS ET PRÉNOMS.	QUALITÉS.	DATES D'ÉCROU.	PRISONS. DATES DES TRANSFÉREMENTS.
16	COINTET, Claude.	Gardien de la paix.	20 mars.	Roquette, 9 avril.
17	NIODOT, Joseph.	id.	id.	id.
18	DELÉPLACE, Edouard.	id.	id.	id.
19	LAINÉ, Jules-Marie-Joseph.	id.	id.	id.
20	RENAULO, Jacques.	id.	id.	id.
21	GUÉNET, Charles.	id.	id.	id.
22	FAIVRE, François-Séraphin.	id.	id.	id.
23	WALD, Pierre.	id.	id.	id.
24	VULLIOD, Anthelme-Louis.	id.	id.	id.
25	PAGÈS, Paul-Antoine.	id.	id.	id.
26	CUÉNOT, François-Joseph.	id.	id.	id.
27	ROUGÉ, Antoine.	id.	id.	id.
28	DEVILLERS, Claude-Joseph.	id.	id.	id.
29	CRÉTIN, Jean-Paul.	id.	id.	id.
30	PADRONA, Laurent.	id.	id.	id.
31	FAGOT, François.	id.	id.	id.
32	DEREST, Charles-Auguste.	Ex-officier de paix.	id.	Mazas, 27 avril.
33	AMOUDRU, Jean.	Gardien de la paix.	22 mars.	Roquette, 8 avril.
34	GUÉNARD, Louis.	id.	23 mars.	Roquette, 9 avril.
35	STOACKEN, Antoine-Augustin.	id.	23 mars.	id.
36	LAFEUILLADE.	id.	30 mars.	id.
37	SCHOSMANN, Jean.	Ex-sergent de ville.	1ᵉʳ avril.	id.
38	GAILLARD, Pierre.	Gardien de la paix.	2 avril.	Roquette, 8 avril.
39	DOMBOIS, Claude-Marie.	Gardien de la paix.	2 avril.	Roquette, 8 avril.
40	FLEUROT, Hippolyte.	Ex-sergent de ville.	3 avril.	Roquette, 9 avril.
41	GILLE, Dominique.	Ex-sergent de ville (sortait de l'hôpital).	id.	id.
42	CAVIN, Antoine.	Ex-sergent de ville.	6 avril.	Mazas, 27 avril.
43	STOCK, Aimé.	Gardien de la paix.	id.	Roquette, 8 avril.
44	MICHEL, Louis-Pierre.	id.	9 avril.	Mazas, 6 mai.
45	LANO, Pierre.	id.	id.	id.
46	BONNEFOY, Alexandre-Alphonse.	id.	11 avril.	id.
47	MARIE, Jean-Lucien.	Ex-sergent de ville.	12 avril.	Mazas, 27 avril.
48	LETAILLEUR, Jean-Pierre.	Gardien de la paix.	id.	Mazas, 25 avril.
49	LIEUTET, Joseph.	id.	13 avril.	Mazas, 27 avril.
50	GOULET, Lucien-Joseph-Victor.	id.	14 avril.	Mazas, 8 mai.
51	BONNEFOY, Jean-Pierre.	id.	id.	Mazas, 27 avril.
52	JUNKER, Nicolas.	id.	id.	id.
53	FAUROT, Jean-Baptiste.	id.	id.	Mazas, 8 mai.
54	TROUX, Auguste-François.	id.	15 avril.	Mazas, 16 avril.
55	MAUJOT, Louis.	Ex-sergent de ville.	17 avril.	Mazas, 27 avril.
56	MOIREAU, Jean-Simon.	id.	18 avril.	id.
57	LEXCELLENT, Zéphirin.	id.	20 avril.	id.

N.° D'ORDRE.	NOMS ET PRÉNOMS.	QUALITÉS.	DATES D'ÉCROU.	PRISONS. DATES DES TRANSFÈREMENTS.
58	BARD, Louis.	Gardien de la paix.	24 avril.	Charité, 5 mai.
59	JEBSER, Mathurin.	Id.	20 avril.	Liberté, 5 mai.
60	VARIN, Louis-Casimir.	Id.	27 avril.	Mazas, 8 mai.
61	COULON, François-Florentin.	Ex-sergent de ville.	5 mai.	Mazas, 20 mai.
62	GALLET, Frédérick.	Id.	5 mai.	Id.
63	SCHWALM, Jacques.	Id. (brigadier.)	5 mai.	Id.
64	PAHIN, Joseph.	Id.	8 mai.	Mazas, 17 mai.
65	FOUCHARD, Julien.	Id.	9 mai.	Mazas, 12 mai.
66	SCHMITT, Achille.	Id.	16 mai.	(sans indication.)
67	SALLERIN, Jean.	Id.	17 mai.	Mazas, 17 mai.
68	BAUD, François.	Id.	18 mai.	(sans indication.)
69	SÉGUIN, François.	Id.	Id.	Id.
70	MICHEL, Henri-Louis.	Id.	Id.	Id.
71	BERBEY, Charles.	Id.	Id.	Id.
72	LANDEAU, Michel.	Id.	19 mai.	Id.
73	JUNOT, Etienne.	Id.	21 mai.	Id.
74	VIDAU, Jean.	Id.	22 mai.	Id.
75	TIXADOR, Joseph.	Id.	Id.	Id.

Ne quittons pas le Dépôt, sans dire quelques mots de ce qui s'y passa le 24 mai. A l'exception du sieur Veysset, commandant de la garde nationale, qui fut fusillé pour avoir correspondu, dit-on, avec le gouvernement de Versailles (1), tous les otages purent s'échapper.

Un peu avant son départ de la Préfecture de Police, vers 8 heures du matin, Th. Ferré se rendit au Dépôt pour dresser la liste des détenus qui devaient passer en jugement. Il lisait à haute voix sur le registre d'écrou les noms de ceux qu'il voulait interroger, et le sous-brigadier Bracquond était chargé de les lui amener. Mais l'affaire n'alla pas toute seule, grâce à l'habileté et à la présence d'esprit de ce gardien. Ferré lui ayant demandé d'aller chercher un nommé Michel, Bracquond se mit à feuilleter le registre et lui désigna Michel Louis-Pierre, gardien de la paix; Michel Louis-Alfred, vidangeur; Michel Xavier, employé; Michel Henri-Louis, ex-sergent de ville. Sur

(1) Son corps, jeté à la Seine, ne fut pas retrouvé.

l'ordre de Ferré, on appela ce dernier, mais avec la certitude qu'il ne répondrait pas. En effet, cet homme, arrêté le 18 mai, était depuis deux jours en proie à un accès de délire nerveux; on avait dû le revêtir de la camisole de force et l'enfermer dans une cellule de sûreté à l'infirmerie spéciale du Dépôt. Cette recherche inutile et d'autres faits du même genre prirent un certain temps, et Ferré ne put établir sa liste.

La Conciergerie (*Maison de Justice*) (1).

C'est vainement que nous avons feuilleté le registre d'écrou de cette prison.

On sait, cependant, qu'un certain nombre de sergents de ville, de gendarmes et de gardes de Paris furent amenés à la Conciergerie le 18 mai, et reconduits, le lendemain, au Dépôt des condamnés (2). Le 20, le greffier, M. D..., reçut trente-quatre autres gendarmes; et, le 23, un officier fédéré, suivi de quelques hommes armés, lui remit un ordre d'extraction collectif. Pour gagner du temps, M. D... répondit qu'il ne pouvait livrer les détenus qu'en échange d'ordres de remise nominatifs. Lorsqu'on revint annoncer au courageux greffier qu'il n'avait pas été possible de trouver les renseignements nécessaires à la confection de ces pièces, il déclara que tous les gendarmes avaient été transférés à la Roquette (3). Il les avait cachés dans le quartier des cochers.

---

(1) La Conciergerie était, comme son nom l'indique, l'habitation du concierge à l'époque où les rois résidaient au palais de la Cité.

(2) Dans son *Histoire de la Conciergerie* (Paris, Quantin, 1887), M. E. Pottet, chef du 1er bureau de la 1re division à la Préfecture de Police, dit à ce sujet :

« Dans les journées des 19 et 20 mai 1871, suivant un état officiel que nous avons sous les yeux, quatre-vingt-quatre otages appelés à passer devant le jury d'accusation de la Commune furent écroués à la Conciergerie. Ces otages étaient des sergents de ville, des gardes de Paris, un inspecteur de police, etc. »

Voilà un document que nous aurions bien voulu parcourir pour y relever les noms de nos sergents de ville.

(3) A l'appui de son dire, il montra l'ordre qui avait servi, le 19 mai, pour le transfèrement des prisonniers à la Roquette.

Voici les noms des agents qui furent conduits à la Conciergerie le 18 mai :

N°⁵ D'ORDRE.	NOMS.	N°⁵ D'ORDRE.	NOMS.
1	Angot.	9	Cointet.
2	Dubon.	10	Déléplace.
3	Gaillard.	11	Habert.
4	Niodot.	12	Marcotte.
5	Padrona.	13	Vieux.
6	Richard.	14	Tournauer.
7	Soissons.	15	Vaugand.
8	Dombois.		

A l'exception de Dubon et de Dombois, tous ces otages étaient encore écroués à la Roquette le 27 mai.

Ces agents ne sont sans doute pas les seuls qui aient été incarcérés à la Conciergerie durant la Commune. Mais il nous est impossible de rien préciser à cet égard, parce que tout espoir de retrouver des indications a disparu avec les feuilles volantes sur lesquelles avaient été inscrits les écrous.

Sainte-Pélagie (1).

Aucun des nôtres n'a été détenu dans cette prison pendant la période insurrectionnelle (2). C'est du moins ce qui résulte de l'examen du registre d'écrou et des renseignements que nous avons recueillis en visitant les sombres bâtiments de la rue de la Clef.

(1) Ce sont les bâtiments de l'ancien couvent du même nom, fondé, en 1605, comme maison de réclusion pour les filles ou femmes de mauvaise conduite. C'est aujourd'hui une prison d'hommes, la seule où soit aménagé un quartier spécial pour les détenus politiques.

(2) Les écrous du malheureux Chaudey et des gardes de Paris exécutés à Sainte-Pélagie par ordre de Raoul Rigault sont incomplètement libellés.

En parcourant le pavillon « des Princes », réservé, comme on sait, aux détenus politiques, nous avons trouvé dans la cellule appelée : « La Grande Sibérie », le nom de Raoul Rigault avec le millésime 1869, tracé à l'aide d'un couteau sur la pierre de l'une des fenêtres.

On relève, du reste, dans les diverses pièces de ce pavillon, de nombreuses inscriptions rappelant les noms des écrivains et des hommes politiques qui y ont été enfermés.

Vue, après l'incendie, des galeries affectées aux Archives de la Préfecture de Police. (D'après une photographie du Musée Carnavalet.)

La Santé (1).

Sur le livre d'écrou de cette prison, d'ailleurs parfaitement tenu sous la Commune, le premier nom que nous avons trouvé est celui du gardien de la paix Bosch (Michel), écroué comme otage le 19 mars, et mis en liberté, le 24 mai, par les troupes de Versailles (2).

C'est le seul gardien de la paix qui ait été incarcéré à la Santé pendant toute la durée de l'insurrection.

On lui donna pour compagnons de captivité M. Claude, chef du service de Sûreté (3), des commissaires de police et des employés de divers commissariats (4).

(1) La prison de la rue de la Santé, achevée en 1867, a reçu la population de l'ancienne prison des Madelonnettes; ce qui fait qu'on lui donne quelquefois ce nom.

(2) C'est, croyons-nous, le 88ᵉ de ligne.

(3) M. Claude, chef du service de sûreté, fut arrêté le 20 mars, vers 10 heures du matin, alors qu'il traversait la cour du Palais de Justice. On le conduisit devant le général Duval qui lui proposa de servir le nouveau gouvernement. Il refusa et fut aussitôt conduit en fiacre à la Santé, avec Morin, son garçon de bureau.

Le successeur de M. Claude à la Sûreté pendant la Commune fut le dessinateur Cattelain (Philippe-Auguste), qui exerça, paraît-il, ses fonctions avec douceur et modération.

(4) Voici la liste de ces détenus dont la plupart, sans l'intervention des greffiers auprès du directeur, auraient été fusillés, le 22 mai, en vertu d'un ordre émanant du Comité de Sûreté générale :

Nᵒˢ D'ORDRE.	NOMS ET PRÉNOMS.	QUALITÉS.	DATES D'ÉCROU.	DATES DES MISES EN LIBERTÉ.
1	Hossobat, Isidore-Louis.......	Commⁱʳᵉ de police...	19 mars.	Liberté 28 mars o. ᵃ Raoul Rigault
2	Thomas de Colligny, Fçoⁱˢ-Louis.	id. ...	19 id.	id. 24 mai (par Versailles).
3	Claude, Auguste-Antoine-Fçoⁱˢ..	Chef de la Sûreté....	20 id.	id. id. id.
4	Morin, Louis-Pierre...........	Gⁿ de b. de M. Claude.	20 id.	id. 27 avril o. Dacosta.
5	Flot, Nicolas.................	Inspʳ de police......	23 id.	id. 24 mai (par Versailles).
6	Defhay, Jeᵃⁿ-Baptiste-Lazare...	Sⁱʳ de commⁱʳᵉ de police	id.	id. id. id.
7	Baudoux, Joseph-Théophile....	Inspʳ de police......	id.	id. id. id.
8	Renucci, Jules................	Gⁿ de b. de commⁱ.	id.	id. id. id.
9	André, Adolphe...............	Commⁱʳᵉ de police...	id.	id. id. id.
10	Chrétien, Émile-Joseph.......	Inspʳ de police......	id.	id. id. id.
11	Durel, Alexandre-François....	Gⁿ de b. de commⁱ.	id.	id. id. id.
12	Veyrier, Joseph-Adolphe......	Inspʳ de police......	id.	id. id. id.
13	Roy, Jean-Baptiste-Edmond....	Sⁱʳ de commⁱʳᵉ de pol.	id.	id. id. id.
14	Lalanne, Pierre	Inspʳ de police......	id.	id. 1ᵉʳ avr. o. Gᵗ commⁱ la Préf.
15	Dobiau, Alexis-Paul-René	Commⁱʳᵉ de police...	id.	id. 24 mai (par Versailles).
16	Bordin, David................	id. ..	id.	id. 1ᵉʳ avr. o. Gᵗ commⁱ la Préf.
17	Vérillon, Pierre	Sⁱʳ de commⁱʳᵉ de pol.	id.	id. 15 avril o. Levraud.

ᵃ Abréviation du mot « ordre ».

Tous ces prisonniers furent écroués entre le 19 et le 23 mars, en même temps que le président Bonjean (1), les généraux Chanzy et de Langourian et les capitaines Du Cauzé de Nazelles et Gaudin de Villaine.

Mazas (2).

Dès les premiers jours de la semaine sanglante, la Commune décida de faire conduire à la Grande Roquette tous les prisonniers de marque qui se trouvaient à Mazas.

Dans ce but, l'ordre de transfèrement suivant, signé par Ranvier, Eudes et Gambon, fut adressé au directeur de cette prison :

« Ordre est donné au directeur de Mazas de faire transférer immédiatement à la Grande Roquette (Dépôt des condamnés) l'archevêque de Paris, tous les prêtres, Bonjean (sénateur), les mouchards et sergents de ville, enfin tous ceux qui pourraient avoir quelque importance comme otages. »

Comme toutes les autres catégories de prisonniers, les employés et agents de la Préfecture de Police fournirent leur contingent pour cette nouvelle série d'otages. Mais il faut croire que cette sélection demanda plusieurs jours, car ceux des nôtres désignés pour le sinistre voyage furent transférés au Dépôt des condamnés les 22, 23 et 24 mai.

A cette dernière date, tous les agents encore détenus à Mazas furent mis en liberté. Remarquons, toutefois, que la mention : « Liberté 25 mai, Th. Ferré, » accompagne sur le livre d'écrou les noms des quatre premiers sergents de ville qui bénéficièrent de cette décision gracieuse.

Voici, d'ailleurs, telle que nous l'avons relevée sur les registres de

---

(1) Le président Bonjean, transféré quelques jours plus tard à Mazas, fut ensuite écroué à la Grande Roquette.

(2) La maison d'arrêt cellulaire (prison Mazas) a été construite, de 1846 à 1850, en remplacement de la Force, d'après le système de Philadelphie. Elle contient 1.200 cellules et occupe une surface totale de 34.041 m. q. 50. C'est la plus vaste des prisons de Paris.

Mazas, la liste des officiers de paix, gardiens de la paix ou anciens sergents de ville, enfermés dans cette prison comme otages (1) :

N°. D'ORDRE.	NOMS ET PRÉNOMS.	QUALITÉS.	DATES D'ÉCROU.	MISES EN LIBERTÉ ET TRANSFÈREMENTS.
1	SAUZÉ, Joseph-Didier.	Sergent de ville.	18 avril.	Lib. 25 mai. O. Ferré.
2	MORAND, Pierre-Auguste.	Id.	id.	id.
3	RAPPET, Pierre-Léon.	Id.	id.	id.
4	FRÉNOT, Augustin.	Id.	id.	id.
5	WALBERT.	Ex-officier de paix.	23 avril.	Roquette, 23 mai.
6	LETAILLEUR, Jean-Pierre.	Gardien de la paix.	25 avril.	Liberté, 8 mai.
7	GELEY, Jean-Baptiste.	Ex-sergent de ville.	27 avril.	Liberté, 25 mai.
8	MARIE, Jean-Louis.	Id.	27 avril.	id.
9	JUNCKER, Nicolas.	Id.	id.	id.
10	DEREST, Charles-Auguste.	Ex-officier de paix.	id.	Roquette, 22 mai.
11	TÊTE, Jacques.	Ex-sergent de ville.	id.	Liberté, 25 mai.
12	CAVIN, Antoine.	Id.	id.	id.
13	MOIREAU, Jean-Pierre.	Id.	id.	id.
14	MEAUJOT, Louis-Gabriel.	Id.	id.	id.
15	BONNEFOY, Jean-Pierre.	Id.	id.	id.
16	LIEUTET, Joseph.	Id.	id.	id.
17	GÉRAUX, Alphonse-Jean-Baptiste.	Sous-brigadier.	5 mai.	Roquette, 23 mai.
18	MICHEL, Louis-Pierre.	Ex-gardien de la paix.	6 mai.	Liberté, 25 mai.
19	BONNEFOY, Alexandre-Alphonse.	Gardien de la paix.	6 mai.	id.
20	LANG, Pierre.	Ex-sergent de ville.	id.	id.
21	VARIN, Louis-Casimir.	Id.	8 mai.	id.
22	GOULET, Lucien-Joseph-Victor.	Id.	id.	id.
23	FAUROT, Jean-Baptiste.	Id.	id.	id.
24	TROUN, Auguste-François.	Id.	12 mai.	id.
25	FOUCHARD, Julien-Marin.	Gardien de la paix.	12 mai.	Liberté, 25 mai.
26	LEXCELLENT, Zéphirin.	Id.	13 mai.	id.
27	PAHIN, Joseph-Constant.	Id.	17 mai.	id.
28	SALLERIN, Jean-François.	Ex-sergent de ville.	17 mai.	id.
29	GALLET, Frédéric.	Id.	20 mai.	id.
30	SCHWALM, Jacques.	Id.	20 mai.	id.
31	COULON, François-Florentin.	Id.	20 mai.	id.
32	BOUDET, Jules-François.	Id.	20 mai.	id.
33	GUENET, Charles-Dominique.	Id.	20 mai.	id.
34	RENAUD, Nicolas.	Id.	20 mai.	id.

(1) Cette liste est complétée par la suivante, qui comprend les noms des commissaires

RAOUL RIGAULT, DÉLÉGUÉ DE LA COMMUNE A L'EX-PRÉFECTURE DE POLICE.

(Bibliothèque nationale.)

La Grande Roquette (*Dépôt des condamnés*) (1).

Pas plus qu'à la Conciergerie, il n'a été possible de retrouver au greffe du Dépôt des condamnés les noms des otages détenus dans cette prison pendant la période dont nous nous occupons. Au lieu du registre d'écrou, on s'est servi de feuilles volantes qu'on a vainement recherchées après l'insurrection. Aussi, ne reste-t-il plus rien dans les archives de la Grande Roquette qui puisse nous aider à établir, d'une manière certaine et précise, la liste exacte de tous les malheureux que la Commune y fit écrouer. C'est donc avec les témoignages des prisonniers eux-mêmes et les indications recueillies auprès d'anciens employés, que certains auteurs sont arrivés à grouper les noms de quelques otages. L'un d'eux, M. l'abbé Amodru, a écrit sur son séjour à la Roquette un livre intéressant (2), dans lequel il parle, en termes des plus élogieux, des gardiens de la paix qu'il y a connus.

A l'exception de l'ex-sergent de ville Duboscq et des gardiens de

de police, employés de bureau et inspecteurs de police également prisonniers à Mazas :

N°s D'ORDRE.	NOMS ET PRÉNOMS.	QUALITÉS.	DATES D'ÉCROU.	MISE EN LIBERTÉ ET TRANSFÈREMENTS.
1	RABET, Nicolas.	Commissaire de police.	11 avril.	Roquette, 22 mai.
2	PÉRINET, Paul.	id.	21 avril.	Liberté, 25 mai.
3	ARCHAMBAUD, Constant.	Ex-inspecteur Sûreté.	27 avril.	id.
4	VAUBAILLON.	Inspecteur Sûreté.	Id.	Id.
5	ROCHEBRUN, Jn-Fois-Émile-Jules.	id.	Id.	Id.
6	BOULLE, Isidore.	Inspecteur garnis.	Id.	Id.
7	FLAMANT, Louis-Auguste.	id.	Id.	Id.
8	ZIBEL, Auguste-Édouard.	id.	Id.	Id.
9	BOULLET, Auguste-Guillaume.	Commissaire de police.	3 mai.	Id.
10	JALLIET, Michel-Jean-Auguste.	Inspecteur Sûreté.	3 mai.	Id.
11	RENARD, Mathieu-Charles.	Inspecteur Sûreté.	5 mai.	Liberté, 25 mai.
12	LAFARGUE, Jean.	Commissaire de police.	6 mai.	Roquette, 21 mai.
13	LOUIS, Joseph.	Inspecteur recherches.	6 mai.	Liberté, 25 mai.
14	CHARLES, *dit Chaulieu*.	Commis principal.	11 mai.	Roquette, 23 mai.

(1) Cette prison a été construite en 1836. C'est là que sont conduits les condamnés à mort, depuis le prononcé de l'arrêt rendu contre eux jusqu'au jour de l'exécution; ou, si la peine est commuée, jusqu'au jour du départ.

(2) *La Roquette*, par l'abbé Amodru; Paris, 1871, in-8°.

la paix Koenig et Niodot, partis depuis plusieurs jours, la liste suivante contient les noms de 47 agents et de deux anciens officiers de paix, détenus à la Roquette dans la seconde quinzaine de mai (1) :

NOMS ET QUALITÉS.		NOMS ET QUALITÉS.	
Derest	Ex-officier de paix	Hubert	Gardien.
Walbert	id.	Lafeuillade	id.
Cuénot	Brigadier.	Lainé	id.
Domec	Sous-brigadier.	Mariotti	id.
Géraux	id.	Masson	id.
Rougé	id.	Mauqué	id.
Allard	Gardien.	Mulledo	id.
Amoudru	id.	Micet	id.
Angot	id.	Vieux	id.
Baudry	id.	Oswald	id.
Dombois	id.	Padrona	id.
Burdet	id.	Pagès	id.
Cointet	id.	Quesnel	id.
Crétin	id.	Regnier	id.
Daussin	id.	Renaud	id.
Déléplace	id.	Renauld	id.
Desbade	id.	Richard	id.
Devillers	id.	Soissons	id.
Dubon	id.	Tocane	id.
Fagot	id.	Tournauer	id.
Faivre	id.	Vulliod	id.
Gaillard	id.	Vaujany	id.
Grosnon	id.	Vidoor	id.
Guénard	id.	Wald	id.
Guénet	id.		

Dans son livre intitulé : *les Communeux* (2), M. Sarrepont dit que ce nombre était de 54, au moment de l'exécution des otages. C'est, en effet, le chiffre que l'on obtient en ajoutant à cette liste les noms des gardiens de la paix Stoacken, Schosmann, Fleurot, Gille et Stock transférés du Dépôt à la Roquette les 8 et 9 avril. Comme tout moyen

(1) C'est, à quelques noms près, la liste donnée par l'abbé Amodru.
M. Charles, dit Chaulieu, commis principal à l'Administration centrale, et M. Rabut, commissaire de police de la Bourse, y étaient également détenus.
(2) *Les Communeux*, par Sarrepont; Paris, 1871, in-12.

de vérification sérieuse fait défaut, nous avons dû forcément nous en tenir aux noms que nous venons de rapporter.

Les gardiens de la paix, dont quelques-uns, comme Quesnel (1) par exemple, passèrent plus de 60 jours à la Roquette, étaient répartis dans les cellules des 1re et 2e sections (bâtiments de l'Est) (2).

Le 24 mai, à 8 heures du soir, l'archevêque de Paris, le président Bonjean, l'abbé Allard, les pères Clerc et Ducoudray, et l'abbé Deguerry, curé de la Madeleine, furent fusillés dans le chemin de ronde de la prison.

Le surlendemain, on réunit un certain nombre de prisonniers dans la cour, sous prétexte de les conduire à la mairie du XIe arr. où devaient leur être délivrés des saufs-conduits. Des prêtres, des gendarmes, trente-six gardes de Paris et quinze sergents de ville étaient descendus et demandaient à faire partie du convoi (3). A 3 heures, le comité de la rue Haxo envoya au directeur de la Roquette l'ordre de lui remettre quatre détenus, dont M. Derest, ancien officier de paix. On y joignit quelques religieux, des civils, des gendarmes et des gardes de Paris; et tous ces malheureux, au nombre de quarante-sept environ (4), furent amenés rue Haxo et massacrés.

Le 27 mai, l'ordre vint à la Roquette de fusiller les prêtres, les soldats et les sergents de ville détenus comme otages (5).

---

(1) Le gardien de la paix Quesnel (Charles), arrêté le 18 mars, sur les buttes Montmartre, resta plus de 60 jours à la Roquette. Le 20 mai, il fut conduit à la Préfecture de Police et transféré ensuite à Mazas. Ajoutons cependant que son nom ne figure pas sur le registre d'écrou de cette prison, où il a peut-être été amené le 24 ou le 25, alors que l'insurrection agonisait et que le désordre était partout.

(2) L'abbé Lamazou, auteur d'un volume intitulé : la Place Vendôme et la Roquette (Paris, 1873, in-12), rapporte que plus de quarante sergents de ville, pris à Montmartre le 18 mars, occupaient les cellules de la 2e section.

D'autre part, l'abbé Amodru dit que MM. Derest et Chaulieu avaient les cellules n°s 30 et 41. Il ajoute, page 185, que dix artilleurs et quarante-six gardiens de la paix enfermés à la Roquette furent sauvés à l'arrivée des troupes de Versailles.

(3) On craignit que la rébellion n'éclatât parmi un trop grand nombre de prisonniers, et l'on fit remonter une partie des gardes et les quinze sergents de ville.

(4) Plusieurs auteurs disent cinquante.

(5) Le 26, pendant le massacre de la rue Haxo, d'autres victimes avaient été fusillées à la Roquette.

A 3 heures et demie, on ordonna aux prisonniers de descendre immédiatement dans la cour. Ils s'y refusèrent, ne voulant pas s'exposer à une mort certaine comme leurs compagnons d'infortune exécutés la veille.

Décidés à se défendre avec la dernière énergie, ils organisèrent aussitôt la résistance (1) et élevèrent des barricades à l'entrée des couloirs, avec les matelas et les meubles qui garnissaient leurs cellules. Le plancher fut percé, et les gardiens de la paix (2) purent correspondre avec les gendarmes, les gardes de Paris et les soldats qui se trouvaient à l'autre étage. Après avoir épuisé les promesses et les menaces, les fédérés mirent le feu à ces barricades. Les prisonniers parvinrent à l'éteindre promptement, et tous les efforts tentés pour s'emparer d'eux furent inutiles.

A l'approche des troupes de Versailles, les insurgés abandonnèrent la Roquette. Quelques détenus commirent alors la fatale imprudence de quitter précipitamment la prison. L'un d'eux, M. Rabut, commissaire de police, traversa les rues voisines encore occupées par les soldats de la Commune, et réussit, après mille dangers, à gagner les lignes de l'armée régulière. Il n'en fut pas de même pour la plupart des autres, notamment pour M. Chaulieu, qui fut tué place de la Roquette. Nous donnons, dans la note ci-dessous, les détails de la mort de notre malheureux camarade, dont l'attitude fut si digne et si courageuse en face des outrages de la foule (3).

_____

(1) A la nouvelle du massacre de la rue Haxo, l'idée de la résistance s'imposa à la plupart des otages. Dès midi, quelques-uns y songeaient déjà sérieusement (voir aux notes des pages 371 et 372 le témoignage de M. Antoine Rougé, sous-brigadier des gardiens de la paix).

(2) Dans *La Commune sanglante*, Paris, 1871, in-12, l'auteur, M. de la Guerronnière, rapporte que, lorsque les prisonniers eurent pris la résolution d'organiser la résistance, un gardien de la paix s'approcha des prêtres et leur dit : « Messieurs, votre robe ne vous permet pas de combattre; laissez-nous le soin de vous défendre; tenez-vous à l'écart. »

(3) Arrêté à sa sortie du Dépôt des condamnés, M. Chaulieu fut conduit avec d'autres prisonniers devant la Petite Roquette pour être fusillé. Ayant essuyé la première décharge sans avoir été atteint, il aurait peut-être réussi à s'échapper sans sa mise soignée qui le désigna à l'attention de la foule. Poursuivi jusque dans la rue Servan, il s'empara du sabre d'un fédéré, le tua et en blessa un autre. On se saisit enfin de sa personne et il fut ramené place de la Roquette.

Là, voyant l'acharnement féroce avec lequel les femmes réclamaient sa mort, l'infortuné

Lorsque l'armée pénétra, le 28 au matin, dans la Grande Roquette pour délivrer les otages, ils furent obligés de parlementer pour les décider à descendre. En effet, les prêtres, les soldats et les

Cour de la Sainte-Chapelle, vue prise des décombres de l'ancien hôtel des Préfets de Police.

gardiens de la paix, retranchés depuis 24 heures derrière leurs barricades, crurent tout d'abord avoir

adressa ces paroles à l'une des plus exaltées : « Je suis père de famille et je n'ai rien fait pour mériter la mort ». Pour toute réponse, elle essaya de l'ajuster et lui dit : « *Ah! tu veux ta grâce, tu l'auras maigre!* » Et comme le coup ne partait pas, elle se précipita sur lui pour le déchirer avec son poignard. M. Chaulieu, comprenant qu'il n'y avait plus moyen d'apaiser cette horde de

affaire à des fédérés et refusèrent la liberté qu'on venait enfin leur apporter.

Cette liberté, ils la devaient à l'héroïque résistance qu'ils avaient opposée à leurs persécuteurs et surtout à l'énergie avec laquelle ils avaient refusé de se rendre. Ils avaient ainsi gagné un temps précieux, c'est-à-dire la journée qui précéda celle où la Commune fut définitivement vaincue. Ce fut donc là véritablement ce qui les sauva. Aussi, comprend-on les discussions qui, dans la suite, se sont élevées parmi eux pour savoir à qui revenait l'honneur d'avoir conçu et organisé cette résistance. D'après les uns, M. Walbert, ancien officier de paix, le brigadier des gardiens de la paix Cuénot et l'agent Soissons en seraient les seuls instigateurs, tandis que d'autres, comme le gardien de prison Pinet, en ont revendiqué la paternité exclusive. N'étant pas armés pour trancher le différend, nous nous bornons à reproduire, au bas de la page, les documents que M. l'abbé Amodru a recueillis à ce sujet dans son curieux livre (1). Si l'on ignore le nom de celui qui

---

furieux, regarda en face ses assassins : « Où faut-il que je me place, demanda-t-il, d'un air de défi? » Au même instant il tomba frappé à mort.

Il avait 53 ans et laissait 3 orphelins.

M. Chaulieu était, comme nous l'avons dit, commis principal à la Préfecture de Police et faisait partie du 3e Bureau de la 1re Division.

(1) Voici ces pièces.

1o Une lettre de M. Walbert, ancien officier de paix, à l'abbé Amodru, dont nous détachons les passages suivants :

« Monsieur l'abbé,

« J'ai lu la lettre du caporal Arnoux dans votre septième édition de *La Roquette*.

« Elle concorde parfaitement avec tous mes souvenirs.

« C'est bien lui qui s'est précipité vers la porte de ma cellule, en me jetant ce cri : « Sortez, on vient vous fusiller. »

« A ces mots je me levai précipitamment. . . . .

« Merci encore une fois de nous avoir conservé religieusement tous ces souvenirs dans votre nouvelle édition. »

2o Témoignage de M. Walbert (22 octobre 1877) :

« M. Pinet n'était pas présent dans la troisième section quand nous avons construit des barricades.

« Pour lui donner entrée, sur ses vives instances, il a fallu lui ouvrir un passage à travers la barricade du petit escalier.

« Aucun gardien, aucun employé de la prison n'est venu nous informer du danger que nous courions quand l'heure de nous en informer était bien arrivée.

« Tandis que nos barricades se construisaient vers trois heures et demie dans la troisième section, un gardien insistait vivement pour nous faire descendre ; tous les otages ont énergiquement refusé de lui obéir.

« En ces commencements, décisifs pour notre salut, nous n'avons ni vu ni entendu M. Pinet, qui est arrivé trop tard.

a réveillé le courage de ces malheureux, on sait du moins qu'aucun

Cour de la Sainte-Chapelle; vue prise des décombres de l'ancien hôtel des Préfets de Police.

d'eux n'a faibli dans l'exécution de cette suprême tentative.

3° Témoignage de M. Rougé (Antoine) sous-brigadier des gardiens de la paix (22 octobre 1877):

« Le discours prêté à Bourguignon s'adressant aux sergents de ville, tel qu'il est rapporté dans la *Revue des Deux Mondes* pages 516 et 547, n° du 1er octobre 1877, ne nous a jamais été tenu.

« M. Bourguignon n'est pas venu nous avertir comme le suppose ce discours.

« Le sort des otages n'a pas dépendu de M. Bourguignon ni de M. Pinet.

« J'ai même insisté pour obtenir de Bourguignon une bombe Orsini qu'il avait dans sa poche à midi, et je n'ai pu l'obtenir. C'était bien à midi, le 27 mai. Depuis ce moment je ne l'ai plus revu, et certainement il n'est pas venu, ni lui, ni aucun gardien, nous prévenir du danger qui nous menaçait vers trois heures et demie.

« En ce moment, vers trois heures et demie, un gardien est venu nous signifier de descendre. Nous

La Petite Roquette (*Prison des jeunes détenus*) (1).

Nous n'avons rien trouvé sur les registres d'écrou de cette prison et nous en étions à peu près certains en nous y présentant. Mais nous voulions achever consciencieusement nos recherches, car nous savions que la période troublée sur laquelle portaient nos investigations pouvait nous ménager des surprises. Le gardien de la paix Michaux, du 15° arrondissement, a bien été retenu prisonnier à Bicêtre pendant toute la durée de l'insurrection, et nous n'oserions affirmer que des agents n'aient été incarcérés dans d'autres établissements.

Disons, en terminant, que la prison *de Saint-Lazare* (2) doit aussi figurer dans notre nomenclature, car des femmes de gardiens de la paix y furent enfermées sous la Commune. La femme du gardien de

---

avons répondu en construisant immédiatement des barricades; de là, ce même gardien est monté à la troisième section où les otages ont répondu en faisant des barricades.

« Tout cela s'est fait sans le concours d'aucun employé de la prison. Aucun d'eux ne s'est sacrifié pour nous. Aucun d'eux ne nous a fourni des moyens de défense. Nous devons notre salut au courage de tous les otages, qui s'est produit instantanément.

« Le prétendu mot de passe « Marseille » m'est inconnu. »

Voici quelques lignes qui peuvent être ajoutées à ce témoignage :

« Quant au discours prêté à Bourguignon et s'adressant aux sergents de ville, le brigadier Cuénot, qui était le plus élevé en grade parmi les agents, répond en ces termes : « Ce discours n'a pas été prononcé, et nous n'avons jamais connu le mot de passe « Marseille ».

4° Lettre du gardien de la paix L. Soissons à l'abbé Amodru, dont voici un extrait :

« Monsieur l'abbé,

« Nous célébrerons bientôt l'anniversaire de nos journées des 24, 25, 26, 27 et 28 mai. Permettez-moi de vous écrire à cette occasion.

« Non, je n'oublierai jamais ce moment terrible où je me présentai à la porte de votre cellule que venait d'ouvrir le caporal Arnoux. Une minute plus tard, nous étions tous massacrés comme nos chers compagnons de la rue Haxo ». . . . .

. . . .

Cette lettre porte la date du 21 mai 1872.

(1) La prison de la Petite Roquette, construite en 1831 d'après les plans d'Hippolyte Le Bas, fut d'abord destinée aux femmes condamnées dans le département de la Seine. C'est aujourd'hui une prison pour les jeunes détenus.

(2) Cette prison occupe les bâtiments de l'ancien monastère de Saint-Lazare, dont l'origine est mal connue, mais qui existait déjà au quatorzième siècle comme hôpital affecté au traitement des lépreux. En 1652, Saint-Lazare fut donné à Saint-Vincent-de-Paul qui en fit le chef-lieu des *Prêtres de la Mission*. A la Révolution, ce monastère devint propriété nationale et servit de prison. Il a conservé depuis cette destination, en changeant toutefois de pensionnaires, car c'est aujourd'hui une maison de détention pour les femmes.

A l'exception du Dépôt, de la Conciergerie et de la Santé, toutes ces prisons sont appelées à disparaître prochainement pour être remplacées par un vaste établissement pénitentiaire que le département de la Seine a l'intention de faire construire à Fresnes-les-Rungis.

la paix Flaus, dont il a été question plus haut et qui mourut quelques jours après sa mise en liberté, y fut conduite avec son enfant.

Opérations de l'armée de Versailles.

Nous allons parler maintenant du séjour des gardiens de la paix à Versailles et de la part qu'ils prirent aux opérations militaires du second siège.

Ainsi que nous l'avons raconté dans la première partie de ce chapitre, ils quittèrent la Préfecture de Police le 18 mars, et furent chargés de protéger la retraite sur Versailles.

Dès le 19, le gouvernement que présidait M. Thiers était tout entier réuni dans cette ville, désignée naguère comme siège de l'Assemblée nationale, et qui, grâce aux événements, va devenir pour quelques années la résidence officielle des pouvoirs publics.

En y arrivant, le Chef du Pouvoir exécutif ordonna les mesures les plus rigoureuses pour empêcher les troupes de la Commune de tenter immédiatement une attaque par surprise. Il dicta, à ce sujet, la note suivante, que nous avons trouvée aux Archives du Ministère de la Guerre :

Faire garder les trois débarcadères de Versailles.

Placer au pont de Sèvres une compagnie de gendarmerie avec les deux compagnies de gardiens de la paix et l'escadron de chasseurs qui s'y trouvent. Cette garde devra s'opposer au passage de toute troupe séditieuse et faire feu sur les attroupements qui tenteraient de violer les consignes.

Placer 36 bouches à feu sur la place d'Armes avec leurs officiers et canonniers, prêtes à faire feu (1).

Supprimer la passerelle du pont de Sèvres.

Envoyer *sans retard* des patrouilles de cavalerie, fortes d'une division ou d'un peloton, sur les routes ci-après, où elles devront s'échelonner de façon à ce qu'il y en ait toujours une en mouvement : route de Sèvres — route de Ville d'Avray — route de Plessis-Piquet — route de Saint-Cyr — route de Vaucresson — route de Roquancourt et route de Bougival.

(1) Nous donnons à la page 398 une vue de la place d'armes transformée en parc d'artillerie. Ce dessin a été pris d'après une photographie que nous devons à l'aimable obligeance d'un ancien camarade, M. L. Guillois, attaché au cabinet du général Valentin, à Versailles.

Consigne très sévère pour qu'aucun étranger ne pénètre dans l'intérieur des casernes ni dans les campements. Éloigner les rôdeurs et faire très sévèrement le service en campagne, quant aux réunions et appels.

Indépendamment de ces dispositions d'un caractère purement militaire, on prit aussi les précautions nécessaires pour s'assurer de l'identité des personnes qui arrivaient à Versailles (1). Du jour au lendemain, la ville de Louis XIV, d'ordinaire si calme, changea d'aspect : ses rues et ses belles avenues présentèrent une animation inaccoutumée. Elle devint le centre de ralliement des troupes de toutes armes, et l'on y vit affluer, outre le monde officiel et administratif, une partie de la population riche et aisée de Paris et des environs.

Depuis le 20 mars, disent MM. Lanjalley et Corriez (2), il fallait subir, avant de pénétrer dans Versailles, le minutieux examen des agents de la Préfecture de Police de Paris et établir son identité en présence d'un commissaire de police. Ces précautions ne furent probablement pas jugées suffisantes pour assurer la quiétude du gouvernement et de l'Assemblée nationale. Par arrêté en date du 24 mars, inséré au *Journal Officiel de Versailles* du lendemain, M. Thiers étendait les pouvoirs de police générale conférés au préfet de police du département de la Seine, par arrêté du 3 brumaire an IX, pour certaines communes de Seine-et-Oise, à l'ensemble de ce département. Une simple délégation du général Valentin, préfet de police, pouvait autoriser les commissaires de police du département de la Seine et leurs agents à exercer leurs attributions dans le département de Seine-et-Oise.

C'est, en effet, par l'arrêté du 24 mars 1871 que le général Valentin fut officiellement chargé de la surveillance de Versailles. Pour remplir cette difficile mission, il réunit autour de lui les principaux chefs de service de la Préfecture de Police et quelques employés de l'administration centrale, dont la plupart faisaient partie des bureaux de son cabinet à Paris (3). Les gardiens de la paix restèrent placés sous la direction de M. Ansart, chef de la police municipale.

---

(1) Les gardiens de la paix, de service aux grilles ou dans les rues de Versailles, devaient s'assurer de l'identité des personnes qui pénétraient dans la ville.

(2) *Révolution du 18 mars* ; par Lanjalley et Corriez. Paris, 1871, in-8°.

(3) Parmi eux se trouvaient : M. Léon Renault, secrétaire général, qui devait quelques mois plus tard succéder au général Valentin; M. Ansart, chef de la Police municipale; M. Marseille, contrôleur général des services extérieurs, et MM. Collet, Naudin, Lecour, Baube, Cavard, Gauthier de Noyelles, May, Bizouard, Lacave, etc., etc.

L'appartement du Préfet de Police et ses bureaux furent installés au château, pavillon Louis XIII (côté droit, en regardant l'avenue de Paris), escalier 13, dans les locaux affectés depuis à l'exposition des gouaches. On lit encore aujourd'hui, au pied de cet escalier dont les murs sont blanchis à la chaux, l'inscription en lettres noires : *Préfecture de Police* (1).

M. Jules Ferry et les services de la Mairie de Paris occupèrent une autre aile du château, du côté de la chapelle. M. Thiers habita l'hôtel de la Préfecture de Seine-et-Oise, et les ministères et autres administrations publiques de Paris se partagèrent les dépendances et les bâtiments de l'immense palais encore disponibles. On sait que l'Assemblée nationale siégeait depuis le 20 mars dans le coquet et élégant théâtre du château construit par Gabriel sous le règne de Louis XV (2).

Ces installations se firent avec la plus grande hâte. Il en fut de même pour le casernement des troupes que le Gouvernement dut sans retard réunir autour de lui. Du reste, au bout de quelques jours, tout espoir de réconciliation entre Paris et Versailles était perdu. Malgré le dévouement avec lequel les négociations furent menées par certains maires de la capitale et les démarches pressantes de plusieurs membres de l'Assemblée nationale, on ne parvint pas à s'entendre et à épargner à la France la honte d'une guerre civile en face de l'ennemi victorieux.

Il fallut donc se résoudre à opposer une armée aux troupes de la Commune et à commencer le siège de Paris (3).

L'enceinte de la capitale et les forts qui l'entourent constituent un ensemble tellement puissant que nos ennemis n'avaient pas même

---

(1) L'entrée de cet escalier est située à l'angle du pavillon Louis XIII, au sommet duquel se trouve la petite tourelle édifiée sous Louis Philippe, et qui va être démolie prochainement.

Cet escalier et les locaux, mis jadis à la disposition du Préfet de Police, ne sont pas ouverts au public. En parcourant les huit salles affectées à l'exposition des gouaches, on voit encore au plafond les traces des cloisons construites en 1871 pour diviser ces vastes pièces en bureaux.

(2) Après le vote de la Constitution de 1875 et la séparation de l'Assemblée nationale, le Sénat y tint ses séances jusqu'en 1879. Pendant la même période, la Chambre des députés occupa la salle où se réunit le congrès pour l'élection des Présidents de la République.

(3) Dans les derniers jours de mars, le Comité central disposait de 85000 hommes absolument dévoués et prêts à combattre (*Histoire de la Révolution de 1870-71*, par M. Claretie).

essayé de le réduire par la force. Il ne pouvait cependant être question d'employer les moyens qui avaient permis aux Prussiens de triom-
pher de l'héroïque résistance de Paris. D'autre part, les forts du Nord
étant encore au pouvoir de ces derniers, un blocus efficace était impossible autrement qu'avec leur concours, expédient si humiliant qu'on
ne pouvait songer à s'y soumettre, et d'un résultat tellement éloigné,
d'ailleurs, que, de son côté, la politique interdisait d'y avoir recours.
Une situation semblable ne pouvait se dénouer que par un siège
régulier.

On s'occupa sans retard de tout préparer dans ce dessein; et, de
divers points de la France, furent dirigés sur Versailles les hommes
et le matériel nécessaires pour commencer les hostilités.

L'armée, rapidement réorganisée, fut mise sous le commandement
du maréchal de Mac-Mahon et divisée en trois corps placés sous les
ordres des généraux de Ladmirault, de Cissey et du Barrail. A ces
troupes, spécialement destinées aux opérations actives du siège, on
adjoignit plus tard les 4e et 5e corps qui avaient à leur tête les généraux Félix Douai et Clinchant. On forma, en outre, une armée de
réserve, dont la direction fut confiée au général Vinoy.

Dans les rangs de ces divers corps de troupe, et notamment parmi
les soldats de l'armée de réserve, les gardiens de la paix retrouvèrent
nombre de ceux avec lesquels ils avaient naguère fait campagne sous
les murs de Paris.

Du reste, les agents allaient être commandés de nouveau par quelques-uns des généraux qui les avaient déjà conduits au feu devant
les Prussiens. Ce sont aussi les mêmes chefs immédiats, c'est-à-dire
les inspecteurs divisionnaires et les officiers de paix que nous avons
si souvent mentionnés dans le récit des événements militaires du
premier siège, qui vont être chargés d'organiser les compagnies
de gardiens de la paix destinées à assurer le service de Versailles
ou à marcher avec l'armée.

Mais avant d'entrer dans le détail de ces faits, revenons au 19 mars, jour de l'arrivée des gardiens de la paix à Versailles, et voyons comment on procéda à leur installation.

Pendant que l'armée établissait son campement sur le plateau de Satory, les agents étaient provisoirement logés au château (1) ou dans des baraquements. Hâtons-nous de dire que l'hospitalité qui leur fut offerte dans la somptueuse demeure de Louis XIV laissa beaucoup à désirer, car ils durent coucher sur la paille, et tous ne purent même pas s'en procurer pour passer la première nuit. Trois jours après, on leur fit quitter ce palais pour les répartir chez les habitants, où ils furent traités avec plus d'égards. « C'était, nous a dit un ancien gardien de la paix, bien plus confortable qu'au château, et nous nous y trouvions beaucoup plus chez nous. Nous n'avons eu, d'ailleurs, qu'à nous louer des habitants de ce beau chef-lieu de Seine-et-Oise, dont le superbe palais m'a, seul, laissé un mauvais souvenir. » Tous les agents furent ensuite

Escalier de la Préfecture de Police; château de Versailles.

(1) Après l'armistice, une commission fut nommée pour aller à Versailles procéder à la désinfection de la pièce d'eau des Suisses, du canal et des bassins du parc.

Cette commission, qui était composée de MM. Baube, chef de la 2ᵉ division à la Préfecture de Police ; Michel-Levy, médecin en chef des armées au Val-de-Grâce; Chevallier, chimiste, et Hébrard, secrétaire des Commissions d'hygiène de la ville de Paris, se rendit à Versailles dans une voiture protégée par le drapeau de la Convention de Genève.

On trouva au fond des bassins, notamment dans celui du « Char embourbé », une certaine quantité d'armes et de munitions, et l'on fit retirer du canal le cadavre d'un soldat de l'armée bavaroise.

définitivement casernés dans des baraquements construits autour de la pièce d'eau des Suisses et sur les avenues de Trianon, de Sceaux et de Saint-Cloud.

En dehors de leur solde, ils recevaient, à titre de déplacement, une somme de 2 fr. 50 par jour; on leur distribuait, en outre, du pain et des bons de tabac.

Durant toute la période de la Commune, une indemnité quotidienne de 10 francs fut aussi allouée aux commandants et aux capitaines du corps des gardiens de la paix.

Le docteur Roudil, médecin en chef de la Police municipale, qui s'était rendu à Versailles dès le 19 mars, n'avait pu réunir autour de lui tous ses collaborateurs. Un médecin militaire de ses amis, le docteur Nuzillat, lui prêta son précieux et dévoué concours. Pendant plusieurs mois, en effet, M. Nuzillat donna gratuitement ses soins aux gardiens de la paix et à leurs familles (1).

On divisa les agents en quatre bataillons dont le commandement fut, comme nous l'avons dit au chapitre précédent, donné aux quatre inspecteurs divisionnaires. Ces fonctionnaires avaient, depuis le mois de septembre 1870, le titre et le rang de commandants, et les officiers de paix étaient assimilés aux capitaines de l'armée régulière.

Chaque bataillon comprenait plusieurs compagnies, organisées comme pendant le premier siége. On n'apporta non plus aucune modification au costume : ce fut toujours la même variété d'uniformes et de couleurs (2); mais les casquettes de ceux qu'on appelait les « moines » (3) furent remplacées par des képis.

(1) Nous savons même que cet excellent docteur avait la généreuse habitude de laisser un petit secours à ceux de ses malades qui étaient dans la gêne.

Nous espérons que M. Nuzillat voudra bien nous pardonner cette indiscrétion, quand nous aurons ajouté que son bon cœur le poussait à agir ainsi pour faire oublier sa brusquerie un peu militaire.

Dans le chapitre suivant, nous aurons l'occasion de reparler du docteur Nuzillat, qui devint plus tard médecin en chef de la Police municipale.

(2) On rencontrait, d'ailleurs, la même variété dans les uniformes de l'armée.

(3) On appelait ainsi les gardiens de la paix chargés. après le 4 septembre, de la surveillance de la voie publique.

Les trois premiers bataillons, composés exclusivement de gardiens de la paix mobilisés, marchaient avec la troupe. Le 4°, formé des hommes non mobilisés et des retardataires arrivant tous les jours de Paris, faisait un service en bourgeois aux portes et sur divers points de la ville.

Voici, par bataillon et par compagnie, les noms des commandants et des capitaines placés à la tête des gardiens de la paix :

| 1er *Bataillon.* | | 2e *Bataillon.* | |
| M. FOUCAULT, commandant. | | M. VASSAL, commandant. | |
COMPAGNIES.	CAPITAINES.	COMPAGNIES.	CAPITAINES.
Cie d'artillerie (hors rang, sous les ordres du Lt Vanelle, faisant fonctions de capitaine).			
1re	TOQUENNE.	7e	ROCHUT.
2e	BLAVIER.	8e	MICHAUT.
3e	ROUSSEAU.	9e	BERCQ.
4e	AUDIAU.	10e	GUIMBERTEAU.
5e	GAUCHER.	11e	PICON.
6e	DUFOUR.	12e	LECLERC.

| 3e *Bataillon.* | | 4e *Bataillon* (non armé). | |
| M. GIOUENOIA, commandant. | | M. ARCHER, commandant. | |
COMPAGNIES.	CAPITAINES.	COMPAGNIES.	CAPITAINES.
13e	DE BEAUVAIS.	19e	LÉVY.
14e	OYON.	20e	BERRAZ.
15e	MEYNIER.	21e	MOREAU.
16e	VALADIER.	22e	LOMBA.
17e	TABARAUD.	23e	SCHUTZ.
18e	FOUQUETEAU.	24e	PIGNOLET.
		25e	GOUT.

Ainsi qu'il est facile de le voir dans l'état ci-dessous, le nombre de ces officiers et l'effectif des compagnies mobilisées varièrent souvent jusqu'à la fin de mai.

MOIS.	COMPAGNIES.	CAPITAINES ou ASSIMILÉS.	CHEFS de SECTION.	SOUS-CHEFS de SECTION.	GARDIENS.	TOTAUX.	OBSERVATIONS.
Mars.	24	24	35	390	2821	3180	(1)
Avril.	26	26	39	376	3224	3686	(2)
Mai.	26	26	46	457	3918	4447	(3)

Bien qu'elle n'eût plus de pièces d'artillerie, la compagnie de canonniers auxiliaires avait conservé son titre. Elle était chargée du
même service que les autres compagnies, mais on l'utilisait chaque
fois que son concours spécial était nécessaire à l'armée.

Remarquons, d'ailleurs, que tous les gardiens de la paix casernés à
Versailles étaient traités comme les soldats des autres corps de
troupe (4); s'ils n'étaient pas officiellement embrigadés dans les armées qui combattaient sous Paris, ils figuraient néanmoins sur les
effectifs dressés par l'Administration de la Guerre. Tous les ordres
de service leur étaient communiqués (5).

(1) 13 chefs de section, 132 sous-chefs de section et 1,077 hommes n'avaient pu être incorporés.
Certains d'entre eux étaient enfermés comme otages dans les prisons de Paris et d'autres n'osaient
sortir de la capitale. Il y en avait aussi beaucoup qui avaient rejoint leur famille, en province.

(2) Fin avril, le nombre des manquants se répartissait ainsi : 9 chefs de section, 34 sous-
chefs et 624 gardiens.

(3) Fin mai, il restait seulement à incorporer 4 chefs de section, 17 sous-chefs et 215 gardiens.
Ces chiffres représentent les différences entre les effectifs réels et les cadres de la police
municipale. Dans le courant de juin, des réintégrations et des admissions nouvelles permirent
d'atteindre le contingent réglementaire.

(4) Par ordre de la place, du 20 avril 1871, un établissement public de l'avenue de Sceaux
fut consigné aux troupes. Tout militaire ou gardien de la paix devait, s'il y était rencontré,
être immédiatement conduit à la place.

(5) Voici encore, comme exemple, les deux ordres du jour suivants :

Ordre. — Dans le but de mettre de l'ordre dans les distributions et versements de munitions qui se
font en ce moment sur une grande échelle, les corps se conformeront aux dispositions ci-après.

Les distributions et versements de munitions et d'armes se feront tous les jours au bureau de l'artillerie de la place (cour des grandes écuries, escalier C), de 7 heures à 10 heures du matin, et de
1 heure à 4 heures du soir.

Les demandes continueront, d'ailleurs, à être faites dans la forme réglementaire, et les bons seront
présentés à l'approbation et au visa de qui de droit.

Pour le général commandant la subdivision militaire :
Le chef d'état major :
GÉCHEX.

(Cet ordre est daté du 2 avril 1871.)

Versailles, le 3 avril 1871.

Ordre. — Les corps non endivisionnés qui appartiennent à la garnison de Versailles adresseront à

Dès le 23 mars, le corps des gardiens de la paix était militairement organisé.

Ordre de la 2ᵉ division de réserve; armée de Versailles.

M. l'intendant militaire Lissengon, un état de situation de leursapprovisionnements, entre autres : effets de toute nature (habillement, grands et petits équipements, coiffure, harnachement).

Cet état indiquera en même temps leurs besoins, auxquels il sera satisfait au fur et à mesure des arrivages.

A cette date, en effet, l'ordre de service de chacun des trois bataillons armés était ainsi réglé :

Par chaque bataillon :

1° Tous les jours, à l'appel de midi, une compagnie sera de piquet et en armes.

2° Tous les jours, une compagnie sera consignée de jour et de nuit pour les incendies.

3° De 8 heures du soir jusqu'à 4 heures du matin, il sera fait, dans chaque quartier de la ville, une ronde composée de quatre hommes et un caporal.

4° Une contre-ronde sera faite toutes les nuits à 11 heures, à 1 heure du matin et à 3 heures, par des officiers accompagnés de deux hommes en sabre, qui devront envoyer au chef de bataillon un rapport, à l'appel de 7 heures du matin.

5° Toutes les nuits, de 2 heures en 2 heures, des rondes de deux hommes se rendront à toutes les portes de la ville. Ces rondes rendront compte de leur surveillance et prendront les noms des hommes en bourgeois qui sont de service aux portes. Un rapport général de la nuit sera fourni à l'appel de 7 heures du matin.

En cas de faits extraordinaires et menaçants, la ronde devra immédiatement prévenir le chef de bataillon et en même temps le général.

Deux patrouilles, composées chacune de quatre hommes et un caporal en armes, parcourront le quartier occupé par chaque bataillon.

Le lendemain 24, l'ordre de service suivant fixait l'heure à laquelle les agents devaient se rendre au Palais pour la garde de nuit des locaux occupés par l'Assemblée nationale :

Le soir, à 5 h. 45, le capitaine avec sa compagnie de piquet, et (1)... hommes de la compagnie de planton se rendront en armes sur la place d'Armes (devant l'Hôtel de France) pour passer la nuit au Palais.

M. le Capitaine commandant prendra possession, pour poste, du vestibule près de la Chambre et s'adressera au lieutenant des surveillants pour la pose des factionnaires et pour les consignes à donner.

Ce poste, installé à 6 heures du soir, quittera le Palais, le lendemain à 8 heures du matin. Les hommes devront répondre à l'appel de 4 heures du soir.

---

(1) On prenait dans la compagnie de planton le nombre d'hommes nécessaire pour atteindre l'effectif de 100.

Pour le poste de l'hôtel de la Préfecture de Seine-et-Oise affecté à la résidence du Chef du Pouvoir exécutif, les gardiens de la paix fournissaient, tous les deux jours (jours impairs en mars), à midi, une compagnie de 70 hommes commandée par un capitaine et un sous-officier.

En dehors de ces postes, ils devaient encore assurer le service sur des points déterminés. Chaque jour, par exemple, un sergent de la compagnie des canonniers auxiliaires était de planton au parc d'artillerie de la place d'Armes.

Partie du château de Versailles occupée par la Préfecture de Police.

Enfin, ils faisaient journellement des patrouilles dans la ville (1) et dans les bois environnants. Cette dure corvée leur était même imposée pendant la nuit, et le chef de ronde était tenu de remplir, en rentrant, un bulletin ainsi libellé :

Patrouille. Partie à 9 heures du soir (2), en passant par les rues. . . . . . .
. . . .
est rentrée à 10 heures.

Le chef de patrouille,

(1) Devant le mot « *patrouille* », on mettait un numéro d'ordre.
(2) Au lieu de 6 heures.

Tous ces bulletins étaient centralisés et faisaient l'objet d'un rapport.

Ces divers services furent plusieurs fois modifiés dans le courant d'avril. A la date du 28 de ce mois, le commandant militaire du château informait la Préfecture de Police que la garde de nuit pour le poste de l'Assemblée nationale ne serait plus composée que de 60 gardiens au lieu de 100, et qu'elle devrait désormais se rendre au Palais, à 7 heures du soir.

A partir du 3 mai, chaque bataillon dut pourvoir au service des postes de Versailles, dans les proportions indiquées sur le tableau suivant :

N° D'ORDRE.	POSTES.	CAPITAINES.	OFFICIERS (1).	SOUS-OFFICIERS.	CAPORAUX.	CLAIRONS.	GARDIENS.	TOTAUX.
1	De la Présidence.	1	1	4	8	2	104	120
2	Du parc d'artillerie	1	1	4	8	2	102	118
3	De la prison.			1	1		12	14
4	De la maison d'arrêt.			1	1		12	14
5	De la gare (rive droite).			1	1		8	10
6	id. (rive gauche)			1	1		8	10
7	id. des Chantiers			1	1		25	27
8	Des parcs et bosquets			1	1		16	18
9	Du campement		1	1	1		12	15
10	Plantons chez le général				1		12	13
11	Des patrouilles (Bibliothèque) . . .		1	3	3		54	61
12	Des baraques			1	2		15	18
13	Des Finances				1		6	7
14	De la Permanence.				2		8	10
15	De l'Assemblée		1	2	3		55	61
16	Plantons chez le commandant. . . .						8	8
17	En cas d'incendie	1	1	1	2		100	105
18	Patrouilles dans les bois		4	4	4		48	60
19	Rondes	1						1
20	Pain	1						1
	Totaux	5	10	26	41	4	605	691

(1) De même que pendant le premier siège, les lieutenants et sous-lieutenants avaient été pris en grande partie parmi les brigadiers et sous-brigadiers.

Dans un ordre (1) adressé, le 2 mai 1871, au Préfet de Police, le général Appert s'exprimait ainsi :

Le Chef du Pouvoir exécutif a décidé que la portion armée du corps des gardiens de la paix concourrait à l'avenir au service de la place de Versailles, et j'ai

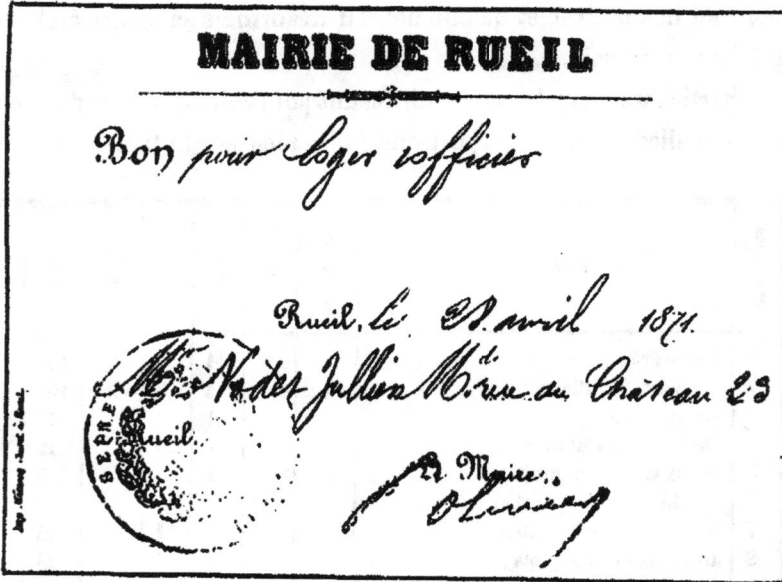

Billet de logement du commandant Vassal.

l'honneur de vous faire connaître le détail du service qui sera fourni par ce corps, à partir de demain 3 mai.

Nous ne donnons pas la copie de l'état qui suit, parce qu'il contient les mêmes indications numériques pour les officiers, sous-officiers et gardiens de la paix répartis dans les divers postes énumérés sur le tableau qu'on vient de lire.

Le général Appert disait ensuite :

Le poste « du Parc et des Bosquets » ne sera tenu que de 9 heures du matin

(1) Si nous multiplions ici les copies ou les fac-similés de ces ordres, c'est afin de bien montrer sous son vrai jour le service des gardiens de la paix pendant cette période.

à l'heure de la batterie du parc, laquelle varie suivant le temps et la longueur du jour. Son corps de garde sera celui des surveillants du Palais.

Un service de patrouille de nuit avait été organisé par vos soins, lors de l'installation du Gouvernement à Versailles, et réparti entre les gardiens de la paix et la garde républicaine. J'ai l'honneur de vous prier d'en décharger la garde républicaine dont le service est déjà très considérable, si cela est possible.

Le service de place des gardiens de la paix a été calculé de façon que les hommes puissent s'absenter par moitié pour prendre leur repas du soir; vous pouvez leur donner des instructions à cet égard.

Le même jour, le général Valentin ordonnait aux compagnies descendant de service de se rendre toutes, sans exception, à l'appel de midi, sur la place d'Armes.

Le lendemain 4, il faisait communiquer aux gardiens de la paix la note suivante :

« Par ordre du général délégué à la Préfecture de Police, l'appel de 7 heures du matin aura lieu à l'avenir à 8 heures, et après cet appel on formera les détachements pour la parade. »

Chaque matin, en effet, tous les agents armés répondaient à l'appel sur la place d'Armes. Le commandant de semaine donnait à chaque capitaine les ordres de service pour la journée. Clairons en tête (1), les officiers et hommes de garde défilaient à la parade devant les autres compagnies qui regagnaient ensuite leurs cantonnements (2).

Telle était l'organisation du corps des gardiens de la paix à Versailles pendant la Commune (3). Ainsi militarisés, ces agents eurent non seulement à assurer le service de la place et à faire bonne garde autour du Gouvernement, mais ils furent aussi désignés plusieurs fois pour prendre part aux opérations de l'armée régulière qui combattait les troupes fédérées.

---

(1) Des embouchures de ces clairons se trouvaient encore il y a quelques années au magasin d'habillement des gardiens de la paix. Elles ont été vendues en 1890.

(2) Ce défilé attirait tous les jours, paraît-il, un grand nombre de curieux.

(3) Dès les premiers jours d'avril, les gardiens de la paix furent chargés d'escorter des convois de prisonniers dirigés sur Brest, Belle-Isle-en-Mer, etc., etc.

Les hostilités entre Paris et Versailles s'ouvrirent le dimanche 2 avril (1). Dans le premier engagement, qui eut lieu à Courbevoie,

Laissez-passer de la Préfecture de Police; visa de l'autorité militaire.

(1) « Le 2 avril 1871, dit M. Prélat (A), à la suite du combat livré au pont de Neuilly entre les troupes régulières et les insurgés qui allaient attaquer le fort du Mont-Valérien dépourvu de troupes, combat des plus acharnés où deux généraux furent tués, je quittai le commissa-

(A) M. Prélat, déjà cité dans le chapitre précédent.

le chirurgien Pasquier fut tué par les soldats de la Commune, au moment où il s'avançait en parlementaire, revêtu de son uniforme et protégé par la croix de Genève.

Le lendemain, le Comité Central dirigeait sur Versailles trois colonnes, dont l'une devait commencer l'attaque par Clamart, et l'autre faire une diversion sur le Mont-Valérien, tandis que la troisième opérerait un mouvement tournant par le Bas-Meudon. Le plan ne réussit pas : les fédérés furent partout repoussés, et deux de leurs chefs, le général Duval, commandant militaire de l'ex-Préfecture de Police, et Gustave Flourens tombèrent au pouvoir des troupes régulières et furent passés par les armes.

En exécution des prescriptions contenues dans la note dictée par M. Thiers à son arrivée à la Préfecture de Seine-et-Oise, la garde du pont de Sèvres était confiée à une compagnie de gendarmerie et à deux compagnies de gardiens de la paix. Depuis le 19 mars, ces deux

---

riat après avoir enterré les archives dans une cave. Je les retrouvai intactes à la fin de mai. A cette époque les bureaux du commissariat de Neuilly furent rouverts à la population.....

« Je fus ensuite détaché à la prévôté de la 1re division du 1er corps d'armée avec M. Cauchepin, commissaire de police de Neuilly, M. Besson, sous-brigadier des gardiens de la paix, et deux hommes; je suis resté aux avant-postes jusqu'à la rentrée des troupes dans Paris, exposé jour et nuit à une pluie incessante de balles et d'obus.

« Notre travail consistait à distribuer les vivres donnés par l'administration militaire aux quelques habitants de Levallois-Perret, Clichy, Puteaux, Suresnes et Courbevoie, qui, pour veiller à leurs intérêts, n'avaient pas quitté les lieux, et de leur délivrer des laissez-passer. Nous étions chargés aussi d'expédier à Versailles les prisonniers insurgés.

« Les vivres de campagne nous étaient alloués par l'intendance militaire de Courbevoie. Ils se composaient d'une ration de pain, 300 grammes de viande, 21 grammes de sucre, 16 grammes de café, 60 grammes de riz, 16 grammes de sel et 25 centilitres de vin, nourriture quotidienne qui nous a été fournie jusqu'à la fin du mois de mai. Nous faisions partie de la brigade formant les avant-postes de Neuilly, et les brigades de réserve se trouvaient à Suresnes, à Puteaux et à Courbevoie. Notre poste était tellement dangereux que les militaires qui se trouvaient avec nous *étaient relevés tous les quatre jours*. Nous avons eu successivement pour commander ce poste périlleux les généraux de Gallifet, Hanrion, Lefèvre et Abbatucci, placés sous les ordres du général de division de Ladmirault. Les grands prévôts étaient les colonels Gatreau et O'Neil et le commandant Barrette.

« La maison sise rue de Longchamp, 46, où avaient été successivement installés le quartier général et la prévôté, fut démolie à coups de canon par les fédérés. Les arbres séculaires qui ombrageaient l'avenue de Neuilly furent réduits en miettes par une batterie de l'armée régulière, postée en avant du pont, et par la grosse pièce, dite pièce du père Duchêne, qui avait été placée par les insurgés devant l'entrée de la porte Maillot. »

COMMISSAIRE DE POLICE DE LA COMMUNE.

(BIBLIOTHÈQUE NATIONALE.)

compagnies (la 12ᵉ et la 13ᵉ) étaient casernées à la manufacture de Sèvres. Outre leur service de jour, elles surveillaient pendant la nuit les berges de la Seine entre Saint-Cloud et Sèvres.

Le 3 avril, à 5 heures du matin, l'approche des fédérés ayant été signalée, la 13ᵉ compagnie des gardiens de la paix alla se placer le long de la Seine près du pont, et les gendarmes, réunis à la 12ᵉ compagnie, occupèrent les points un peu plus élevés des terrains environnants.

D'après un combattant, l'ancien gardien de la paix Rössel (1), l'action s'engagea du côté du Bas-Meudon (2), sur deux points simultanément : près d'un parc entre le chemin de fer et la Seine, et dans les rues dominant la voie ferrée.

Dès la veille, les fédérés s'étaient emparés des hauteurs de Meudon, de la grande avenue qui du château descend à Bellevue et de plusieurs maisons du village. Ils occupaient donc des positions plus avantageuses que leurs adversaires, sur lesquels ils avaient aussi la supériorité du nombre.

Les fédérés tirèrent les premiers coups de feu. La riposte ne se fit pas attendre ; et, pendant quatre heures, les gendarmes et les gardiens de la paix soutinrent la lutte avec intrépidité contre des masses infiniment supérieures. Sous la conduite du colonel Grémelin, ils repoussèrent leurs agresseurs et les délogèrent du village par une charge à la baïonnette.

Pendant l'attaque, les gendarmes tuèrent par méprise un gardien

(1) M. Rössel, qui est aujourd'hui à la retraite, ne s'est pas contenté de nous fournir de nombreux renseignements, il nous a encore fait don de quelques boutons provenant de la capote qu'il a portée pendant les deux sièges. Nous avons placé ces boutons dans le cartouche dont on trouvera plus loin la reproduction.

(2) Ces indications sont, d'ailleurs, confirmées par un rapport du génie sur les opérations de l'armée de réserve, du 19 mars au 11 avril. Voici un extrait de cette pièce que nous avons trouvée aux Archives du ministère de la Guerre :

3 avril. — Dans la soirée du 2 avril, les insurgés s'étaient répandus dans le Bas-Meudon. Pendant la nuit ils avaient augmenté leurs forces, et vers 6 heures du matin, le 3 avril, ils dirigeaient une attaque violente contre le régiment de gendarmerie et les gardiens de la paix cantonnés au Bas-Meudon. Après une lutte de 6 heures, ils étaient refoulés du Bas-Meudon avec des pertes considérables.

de la paix dont l'uniforme était absolument semblable à celui que portaient les défenseurs de la Commune. Pour éviter le retour d'un pareil accident, on donna à tous les agents mobilisés un bandeau de laine blanche qui fut placé sur la bande rouge du képi.

Indépendamment de ce malheureux gardien de la paix, deux de ses camarades et un gendarme tombèrent mortellement frappés par les balles des fédérés. Ils furent inhumés, le 6 avril, dans le cimetière des Hautes-Bruyères.

Sans exagérer l'importance de ce combat, on peut dire que son heureuse issue influa beaucoup sur les destinées du Gouvernement et de l'Assemblée, qui, en prévision d'un échec, avaient déjà pris leurs dispositions pour se retirer à Blois. Dans ce cas, c'étaient les gardiens de la paix qui devaient servir d'escorte et protéger l'opération.

Quelques jours après, on leur donna lecture de l'ordre dont voici la teneur (1) :

M. le Commandant de place est prié de vouloir bien faire connaître, aujourd'hui, par la voie du rapport, l'ordre général suivant du commandant en chef, en date du 7 avril :

L'Assemblée nationale, dans sa séance du 4 avril courant, a adopté la résolution suivante :

L'Assemblée nationale vote des remerciements aux troupes de terre et de mer, pour le courage, le bon esprit et le patriotisme qu'elles ont montrés dans les journées des 2, 3 et 4 avril 1871.

Le présent ordre sera lu à la troupe, à trois appels consécutifs.

Versailles, le 7 avril 1871.

Le Général commandant la 1re division militaire,

P. O. Le colonel chef d'État-Major,

PÉCHÈRE.

Les deux compagnies de gardiens de la paix qui avaient pris part à ce combat étaient, depuis le 19 mars, cantonnées à Sèvres, où leur incombait un service des plus pénibles. Le 6 avril, on les

---

(1) Le 21 avril 1871, lecture fut également donnée à tous les corps de troupe d'un rapport de l'État-Major de la place ainsi libellé :

dirigea sur Versailles, et les capitaines Toquenne et Rochut reçurent l'ordre de se rendre à Sèvres avec leurs hommes. Ces deux nouvelles compagnies (la 1re et la 7e) ne furent pas relevées au bout du séjour réglementaire de dix jours, et restèrent jusqu'à la fin de la Commune dans les bâtiments de la manufacture de Sèvres, que les Prussiens avaient occupés pendant le premier siège.

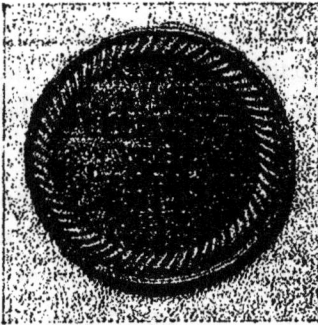

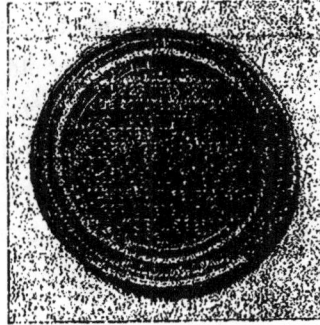

Médaille commémorative de la suppression des sergents de ville, des gendarmes et de la garde de Paris; Commune.

S'il faut en croire le clairon Jurand, qui faisait partie de la compagnie du capitaine Rochut, nos ennemis auraient laissé cet établissement dans un très grand état de malpropreté.

« Nous étions, dit Jurand, couchés sur du fumier qui avait servi aux Prussiens, et les poux nous dévoraient. Sur nos réclamations, le commandant Archer vint faire une enquête à la suite de laquelle on nous donna de la paille fraîche. C'est tout ce que nous pûmes obtenir. »

Dès leur arrivée, les agents furent, d'ailleurs, dans l'impossibilité de prendre aucun repos, car, pendant plusieurs nuits, les fédérés ne cessèrent de tirer sur la manufacture.

Les gardiens de la paix et des soldats faisaient ensemble le service

Par arrêté du Chef du Pouvoir exécutif de la République Française, en date du 16 courant, sera comptée comme campagne de guerre toute opération militaire à l'intérieur du territoire français, ayant pour but le rétablissement de l'ordre et la défense de la société.

Le Général de division,
VALAZÉ.

de nuit, et leur surveillance ne devait pas se démentir un instant, afin d'empêcher les émissaires de la Commune de franchir les lignes. Dans ce but, on organisa un service d'agents en bourgeois. Une nuit, l'un d'eux, le gardien Pellet, fut tué, vers 2 heures du matin, par une sentinelle du 26° bataillon de chasseurs à pied. Ce soldat cria « qui vive! » et fit feu au moment où Pellet s'avançait vers lui; la balle pénétra dans l'abdomen et ce malheureux expira quelques heures après. Il fut enterré, le lendemain, au cimetière des Hautes-Bruyères, où, quelques jours auparavant, avaient été déposés les restes des victimes du combat du pont de Sèvres. Les derniers honneurs lui furent rendus par les deux compagnies de gardiens de la paix sous les ordres des capitaines Rochut et Toquenne, et par une délégation du 26° bataillon de chasseurs à pied, à la tête desquels marchait le commandant de Sigoyer (1). Sur la tombe, le clairon Jurand prononça quelques paroles d'adieu, et, après la cérémonie, les sous-officiers du 26° chasseur l'invitèrent à dîner, « pour bien marquer, dit-il, l'esprit de confraternité qui existait entre les soldats et les gardiens de la paix ».

Outre les deux compagnies casernées à la manufacture de Sèvres, un certain nombre d'agents avaient été envoyés dans plusieurs localités des environs de Paris, notamment à Longjumeau, à Saint-Germain et à Pontoise. Des détachements de la 8° compagnie tinrent garnison dans ces deux dernières villes, et le capitaine Blavier resta à Pontoise jusqu'au 21 mai. Entre temps, on l'avait chargé d'organiser, avec une partie des hommes de la 2° compagnie, un service de garde à la maison centrale de Poissy où des évasions s'étaient produites.

A la fin d'avril, le Gouvernement, à peu près certain qu'une des portes de Paris lui serait livrée dans la nuit du 2 au 3 mai, ordonna aux troupes de la 2° division de l'armée de réserve, de se porter sur Rueil et la Malmaison.

---

(1) Lors de la rentrée des troupes de Versailles dans Paris, le commandant de Sigoyer fut massacré sur la place de la Bastille.

Cette division et 300 gardiens de la paix (1) sous les ordres du commandant Vassal partirent de Versailles le 28 avril, et arrivèrent à Rueil à 9 heures du matin. Les gardiens de la paix furent logés à

Ordre de route; état-major de l'armée de réserve.

la caserne de Rueil, et les soldats occupèrent le parc et le château de la Malmaison. L'état-major s'y était aussi installé, en attendant les instructions du commandant en chef du 1er corps, sous la direction duquel toutes ces troupes avaient été placées.

Le 2 mai, le général Bruat réunit les officiers et leur fit part du

(1) Ces agents appartenaient au 2e bataillon.

mouvement qui devait être tenté pendant la nuit suivante. Il prévint le commandant Vassal qu'il était d'avant-garde, et lui donna l'ordre de faire décharger les fusils des gardiens de la paix, l'attaque devant avoir lieu à l'arme blanche, afin d'éviter tout bruit et pénétrer de la sorte plus facilement dans Paris (1).

Les gardiens de la paix quittèrent Rueil dans la soirée et opérèrent, au rond-point des Bergères, leur jonction avec les troupes parties en même temps de la Malmaison. Ainsi renforcée, la division passa les deux bras de la Seine sur les ponts de bateaux jetés à Puteaux, en face de l'île de ce nom, et prit immédiatement position pour l'attaque. Le 75° de marche, précédé de 300 gardiens de la paix et d'un détachement de gendarmes, fut placé dans le parc de Bagatelle, avec mission de se diriger sur la porte de la Muette au premier signal, d'occuper la place de l'Étoile et de surveiller les avenues qui rayonnent autour de ce monument. La 1re brigade et le 2° régiment d'infanterie de marine appartenant à la 2° brigade devaient s'emparer des hauteurs du Trocadéro. Enfin, le 1er régiment de fusiliers-marins servait de réserve.

Un détachement d'avant-garde traversa rapidement le bois de Boulogne et vint se poster près la porte de la Muette.

Sous la conduite de leur camarade Vincent, quelques gardiens de la paix s'approchèrent du talus des fortifications, où ils restèrent couchés en attendant la sortie d'une ronde-major qu'ils avaient mission de faire prisonnière.

A un signal convenu : quatre coups de sifflet donnés par le gardien Vincent, les troupes devaient pénétrer dans Paris, occuper le poste caserne et éviter de faire feu (2).

Un fédéré ayant aperçu les agents, avertit la sentinelle, et la ronde ne sortit pas.

---

(1) Une fois dans Paris, chaque gardien de la paix devait diriger cinq soldats.

(2) La division chargée de cette opération devait être secondée par d'autres troupes stationnées au pont de Sèvres, où se trouvaient le maréchal de Mac-Mahon et M. Thiers.

La tentative échoua ainsi ; et, à l'aube, les troupes durent se replier

Ordre de l'état-major de l'armée de réserve.

précipitamment sur Rueil et la Malmaison, où elles reprirent leurs positions expectantes.

Bien que le séjour des gardiens de la paix à Rueil ait été de courte durée, il n'est pas sans intérêt, croyons-nous, de rapporter ici quelques-unes des notes de service relatives à leur passage dans cette localité.

Toutes ces notes portent comme en-tête « armée de Réserve, 2ᵉ division » et sont adressées au commandant des gardiens de la paix, à Rueil. La plupart ont un numéro d'ordre.

En voici trois (1) que nous avons extraites d'un curieux cahier sur lequel le commandant Vassal faisait transcrire chaque jour toutes les communications qu'il recevait de l'autorité militaire (2) :

Nº 412. — Des mesures ont été prises par la Direction des Contributions indirectes pour que les troupes trouvent du tabac de cantine dans tous les débits de tabac situés à proximité de leurs campements.

Les corps sont autorisés à envoyer demain matin à Versailles des voitures et de petites corvées, soit pour toucher la solde, soit pour d'autres besoins, mais à la condition expresse qu'elles soient de retour au camp avant 2 heures de l'après-midi.

Rueil, 1ᵉʳ mai 1871 (5 h. 1/2).

P. O. Le Lieutenant-Colonel, chef d'État-major,
DAVENET.

Nº 418. — Les distributions de lettres se font à la poste militaire, boulevard des Ormes, nº 12, le matin, à 10 heures, et le soir, à 3 heures. Les vaguemestres pourront s'y présenter.

Aujourd'hui, les troupes seront consignées à partir de la soupe du soir.

Au quartier général, à Rueil.

2 mai 1871.
DAVENET.

Nº 420. — Les corps qui n'auraient pas encore touché les vivres (3) pour la

---

(1) Avec celles dont nous avons fait reproduire le texte en fac-similé, ces notes donnent suffisamment une idée de la vie toute militaire que les gardiens de la paix menaient à Rueil.

(2) Le commandant Vassal était logé chez M. Nodet, rue du Château, 23. On trouvera, d'ailleurs, à la page 385, le fac-similé de son billet de logement.

(3) Il n'était pas toujours facile de se procurer des vivres en quantité suffisante, et M. Vassal avait dû adresser à ce sujet une requête à M. Ansart, chef de la Police municipale. A la date du 2 mai, ce fonctionnaire lui écrivait de Versailles :

« Je vous envoie trois meules de gruyère, une pour chacune de vos compagnies. Il est bien entendu que ce fromage ne sera consommé, ainsi que les conserves, que quand vous le jugerez nécessaire, c'est-à-dire quand vous ferez un mouvement. »

journée de demain 4 mai, devront les percevoir immédiatement, de manière à être toujours alignés en vivres, conformément aux ordres donnés.

Rueil, le 3 mai 1871.

DAVENET.

Le 5 mai, les gardiens de la paix et les troupes cantonnées à Rueil et à la Malmaison, retournèrent à Versailles dans l'ordre indiqué sur la note ci-dessous (1) :

N° 440. — Demain 5 mai, la 2ᵉ division fera mouvement pour rentrer à Versailles.

Les gardiens de la paix et la garde républicaine quitteront leurs casernes, à 5 h. 1/2, et viendront se former à 1 kilomètre au delà de la Malmaison.

Les troupes quitteront le bivouac, à 6 heures, dans l'ordre suivant :

Compagnie du génie,

2ᵉ brigade. — 75ᵉ de ligne,

2ᵉ régiment d'infanterie de marine,

1ᵉʳ régiment de fusiliers-marins.

1ʳᵉ brigade. — 74ᵉ de ligne,

1ᵉʳ régiment d'infanterie de marine,

2ᵉ régiment de fusiliers-marins.

Artillerie,

Voitures du génie,

Ambulances,

Bagages des corps dans l'ordre de marche et sous l'escorte de la prévôté.

Rueil, le 4 mai 1871.

Le Général commandant la division.

P. O. Le Lieutenant-Colonel, chef d'État-major,

DAVENET.

Du 5 au 20 mai, les gardiens de la paix mobilisés ne prirent aucune part aux combats livrés sous Paris par l'armée régulière.

Le dimanche 21 mai, premier jour de cette terrible semaine pendant laquelle la Commune fut définitivement vaincue, M. Ducatel (2) fit, vers trois heures de l'après-midi, du haut du bastion 64, des signaux

(1) Ces troupes effectuèrent leur rentrée à Versailles sous la conduite du général Bruat.
(2) M. Jules Ducatel, piqueur au service municipal, demeurait près du Point-du-Jour (Histoire de la Révolution de 1870-71, par M. Claretie).

pour indiquer aux troupes assiégeantes la partie des remparts que les fédérés venaient d'abandonner. Au nombre des personnes qui aperçurent le mouchoir blanc agité par M. Ducatel, il faut compter deux gardiens de la paix en train d'exercer une surveillance près des fortifications. Ces agents étaient en tenue civile; ils quittèrent aussitôt leur poste d'observation pour aller prévenir le général Vergé, qui demanda sur-le-champ des instructions au Gouvernement de Versailles (1).

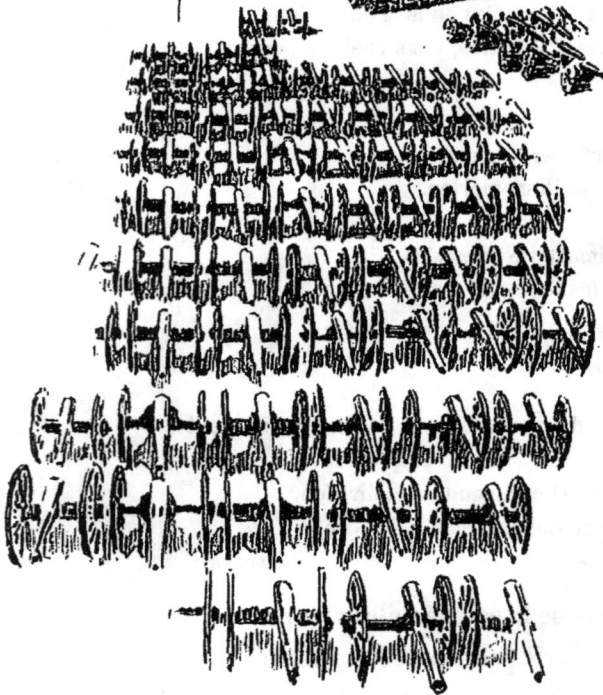

Parc d'artillerie sur la place d'Armes, à Versailles.

Le clairon Jurand, qui se trouvait toujours en garnison à Sèvres, raconte ainsi cette journée du 21 mai :

Vers 4 heures du soir, le général Vergé me fit appeler par un officier d'ordonnance et me donna l'ordre de sonner l'assemblée des gardiens de la paix. Beaucoup d'hommes étaient partis dans les bois, quel-

(1) Le 19 mai, sur l'initiative du capitaine Rochut, attaché à la division Vergé, des démarches avaient été faites auprès du commandant du secteur de Passy pour lui demander d'isoler ses troupes de la porte du Point-du-Jour. Les sieurs Cugnot, suisse au ministère des Affaires Étrangères, et Martin, cantinier à Sèvres, furent chargés de cette mission.
Ils durent la mener à bien, puisque cette porte n'était plus gardée au moment où M. Ducatel monta sur le bastion 64.

ques-uns même s'étaient rendus à Versailles et une section se trouvait dans les
dépendances du château de Saint-Cloud. Réunis au nombre de 37, on nous dirigea

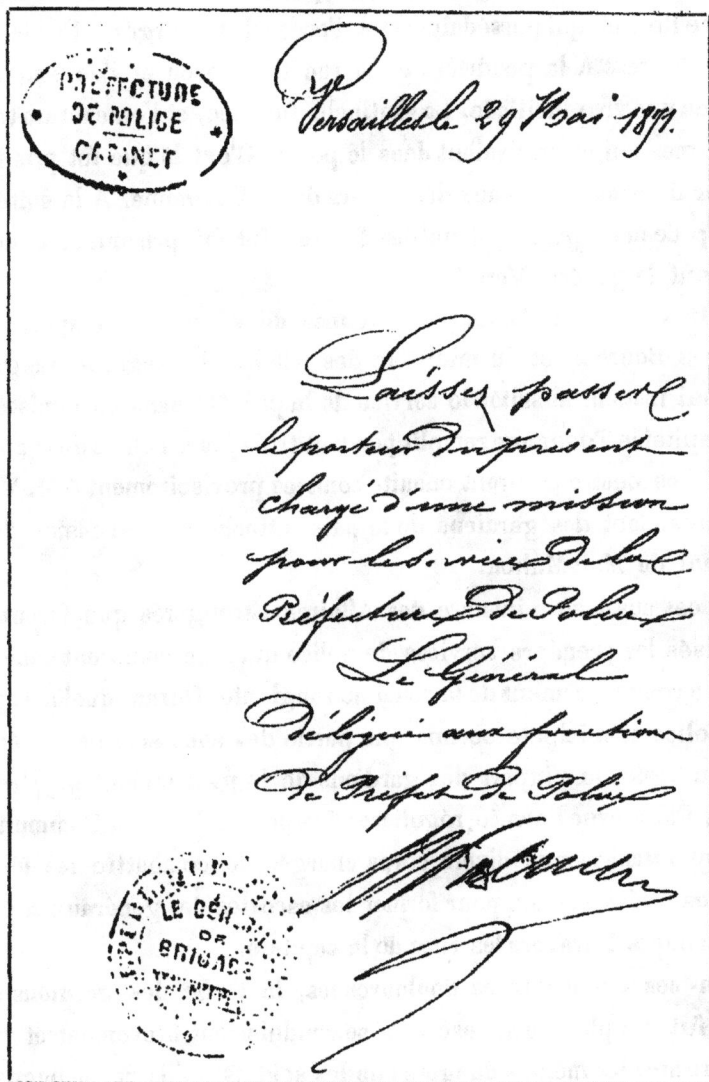

Laissez-passer délivré par la Préfecture de Police.

de suite sur Paris, où nous arrivâmes à cinq heures et demie. Pour y rentrer, il nous
fallut franchir la porte du Point-du-Jour, sur des madriers placés par les marins.
Comme clairon, j'avais été désigné pour marcher auprès du général Vergé.

Il faisait complètement nuit lorsque notre colonne parvint au bas du Trocadéro.

Vers minuit, douze gardiens de la paix, le sergent Gantois et le capitaine Rochut, qui possédait le mot d'ordre des insurgés, « Bar-le-Duc », se portèrent à la poudrière de la rue Beethoven et s'en emparèrent après une vive fusillade. La sentinelle fut tuée, et l'on captura tous les hommes qui se trouvaient dans le poste. C'est là que fut pris le premier drapeau enlevé aux défenseurs de la Commune. A la suite de ce coup de main, Assi, colonel des fédérés, fut fait prisonnier et conduit devant le général Vergé.

On sait que le 22 mai, les troupes de Versailles s'emparèrent du palais Bourbon et du ministère des Affaires Étrangères. Le général Douai installa aussitôt le service de la prévôté dans ce ministère, et le capitaine Toquenne remplit pendant trois jours l'office de grand prévôt. Ces fonctions furent ensuite confiées provisoirement à M. Vassal, commandant des gardiens de la paix, attaché à l'état-major du maréchal de Mac-Mahon.

C'est aussi au ministère des Affaires Étrangères que furent centralisés les premiers services de police qui fonctionnèrent dans Paris dès le commencement de la semaine sanglante. Durant quelques jours, la police municipale occupa une partie des sous-sols de cet édifice.

Du reste, la plupart des gardiens de la paix étaient déjà rentrés dans Paris avec l'armée régulière. Jusqu'à la fin de la Commune, ils furent attachés aux divers corps chargés de combattre les fédérés. On les utilisa surtout pour former les escortes des généraux et guider les troupes à travers les rues de la capitale.

En ces circonstances douloureuses, la tâche des gardiens de la paix fut des plus périlleuses. Ils se conduisirent bravement et eurent à affronter les mêmes dangers que les soldats qu'ils accompagnaient. Voici, d'ailleurs, ce que nous relevons à leur sujet dans un rapport sur les opérations de la 3ᵉ division de l'armée de réserve, du 21 au 28 mai :

Dans cette journée (le 24 mai), dit le général Vergé, la compagnie des gardiens de la paix avait participé aux attaques, notamment à l'enlèvement des barricades de la rue de Rivoli et de la rue des Bourdonnais, et sur ce dernier point le gardien Brotel-Citras se faisait remarquer par sa vigueur en plantant, le premier, le drapeau tricolore sur la position à peine abandonnée.

Laissez-passer de la 3ᵉ division de l'armée de Versailles.

Le général de Cissey n'eut aussi qu'à se louer de la conduite des 50 gardiens de la paix (1) qui faisaient partie de son escorte. Au combat de la porte d'Auteuil et à la prise de l'École militaire et du palais du Luxembourg (2), ils remplirent courageusement leur devoir.

Le regrettable accident que nous allons rapporter, prouve qu'il en fut de même partout. Le gardien de la paix, Blanck, attaché à la prévôté du 1ᵉʳ corps d'armée, fut pris pour un fédéré et fusillé sur-le-champ, boulevard de Clichy, au moment où il accourait prévenir son

(1) Ces agents appartenaient à la 20ᵉ compagnie.
(2) Le Luxembourg fut pris le 24 mai.

officier de l'approche des insurgés. Comme nous ne pouvons suivre à travers Paris incendié les diverses opérations militaires auxquelles prirent part les gardiens de la paix, nous allons nous en tenir au court récit du clairon Jurand sur les derniers jours de la Commune. Du reste, si l'on change les noms des places et des rues dont il va être question, son odyssée est la même que celle de ses camarades qui combattaient avec les autres corps de troupe. Placé avec le capitaine Rochut à l'avant-garde de la division Vergé, il fut mêlé à tous les incidents qui signalèrent la marche de cette colonne pendant la semaine sanglante. Avec quelques hommes de sa compagnie, nous le trouvons successivement au Trocadéro, avenue Montaigne (en face le bal Mabille), place de la Concorde, rue Royale (à la barricade de la rue Saint-Florentin), aux Tuileries, à l'Hôtel-de-Ville, et à l'attaque de la place de la Bastille.

Place de la Concorde, dit-il, je n'eus que le temps de me jeter contre le mur du jardin des Tuileries pour éviter les projectiles qui faisaient rage. Le 90⁰ de ligne, qui marchait avec nous, eut 17 morts et 6 blessés.

Devant les Tuileries, je fus, à la requête de M. P..., fonctionnaire attaché au palais, désigné pour garder les objets dérobés aux flammes. Je passai une nuit place du Carrousel, couché sur un tas de literie provenant du palais. Je fus obligé de mettre sur moi deux matelas pour me garantir des éclats d'obus que les fédérés lançaient continuellement dans cette direction.

Le lendemain, je rejoignis le général Vergé sur la place de l'Hôtel-de-Ville, au moment où le 90⁰ de ligne et le 226⁰ bataillon de chasseurs à pied venaient d'enlever les barricades.

Après s'être concerté avec ses officiers dans un café de la rue des Non-nains-d'Hyères, le général Vergé continua sa marche sur la place de la Bastille. Les soldats du 90⁰ de ligne prirent d'assaut la barricade de la rue Saint-Antoine, et les cadavres qui jonchaient le sol furent transportés dans la maison où sont aujourd'hui installés les magasins des *Phares de la Bastille*.

La place du Trône et les rues avoisinant le cimetière du Père-Lachaise furent nos dernières étapes (1).

---

(1) Ils logèrent alors pendant trois ou quatre jours dans un couvent de la rue de Picpus. Le général Vergé alla ensuite occuper l'école du Commerce de la rue Amelot, où fonctionna durant une quinzaine de jours le service des perquisitions.

Après la fin de la lutte, le maréchal de Mac-Mahon adressa aux troupes un ordre général dont nous extrayons ce passage :

Soldats et marins,

Le pays tout entier applaudit aux succès de nos patriotiques efforts, et l'Assemblée nationale, qui le représente, nous accorde la récompense la plus digne de nous.

Elle a décidé, par un vote unanime, que les armées de terre et de mer ont bien mérité de la patrie.

Cet ordre fut lu aux gardiens de la paix le 31 mai (1).

Dans un ordre du jour daté du 8 juin, également notifié aux agents (2), le général Vinoy, après avoir rappelé la courageuse conduite de ceux qui avaient pris part aux opérations militaires du second siège, disait en terminant :

« Votre général en chef est fier d'avoir combattu à votre tête, il vous remercie de ce que vous avez fait. »

On n'oublia pas davantage les gardiens de la paix, lorsque, quelques semaines plus tard (3), le général Faron, devenu chef de la 3e division du 4e corps, porta à la connaissance des troupes l'ordre du jour suivant, dans lequel le général Vinoy faisait ses adieux à l'armée de réserve qui venait d'être dissoute :

Avant de me séparer de ces troupes qui ont si noblement fait leur devoir

---

(1) Cette indication a été relevée sur la marge de la pièce que nous avons eue sous les yeux, au Ministère de la Guerre. Il en est de même pour les deux autres ordres du jour.

(2) Indépendamment de ces ordres du jour d'un caractère général, on trouve à l'adresse de certains officiers des témoignages d'estime bien précieux pour ceux dont nous nous occupons. Voici, par exemple, une lettre écrite au capitaine Rochut par le général de division Vergé :

Paris, 10 juin 1871.

Mon cher capitaine,

Conformément aux ordres de Monsieur le Maréchal commandant en chef, le détachement de gardiens de la paix actuellement employés à mon quartier général devra se rendre demain matin à la caserne de la Cité, pour y être à la disposition de Monsieur le Préfet de Police.

Au moment où vous allez, ainsi que vos hommes, vous séparer des troupes sous mes ordres, aux rudes épreuves desquelles vous êtes associés depuis six semaines, je tiens à vous remercier du concours intelligent et énergique que vous n'avez cessé de me prêter, et à vous inviter à témoigner à votre détachement toute ma satisfaction, pour le zèle, le courage et le dévouement, dont tous ont fait preuve dans les circonstances difficiles que nous venons de traverser.

Recevez, mon cher capitaine, l'assurance de mes sentiments distingués.

Le Général commandant la 3e division,
VERGÉ.

(3) Le premier juillet 1871.

dans les circonstances difficiles que nous avons traversées, je tiens à leur exprimer toute ma satisfaction pour le dévouement dont elles n'ont cessé de donner des preuves.

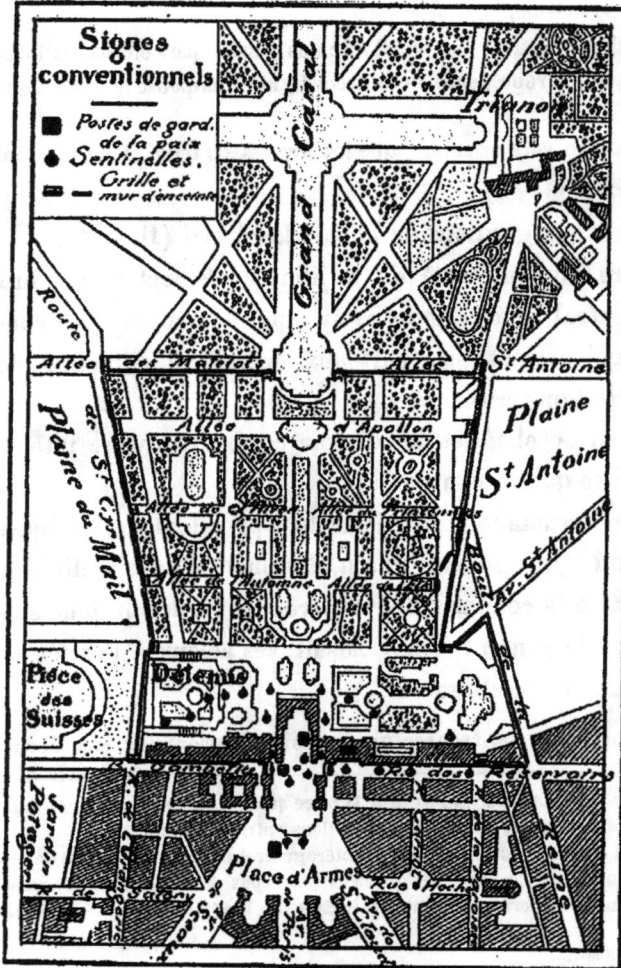

Officiers et soldats, tous se sont distingués par le courage, l'abnégation, une parfaite discipline, et le sentiment profond du devoir au milieu de tant d'épreuves permet d'avoir toute confiance dans l'avenir.

Dites à tous ceux qui m'ont rendu la tâche du commandement si facile combien j'ai su les apprécier.

Pendant le premier siège et la Commune, les gardiens de la paix restèrent à la solde de la Préfecture de Police; mais durant la première période seulement, ils touchèrent le pain et les vivres de campagne, à charge de remboursement à l'autorité militaire par la ville de Paris.

Ainsi que l'indique la lettre suivante, l'État abandonna plus tard sa créance :

Mesures d'ordre prises pour la sûreté du gouvernement dans le château et le parc de Versailles pendant les événements de 1871. Communiqué par M. L. Guillois.

Paris, le 22 novembre 1873.

Monsieur le Préfet,

Pendant le siège de Paris, lorsque l'un de vos prédécesseurs a mis à la disposition de l'autorité militaire un certain nombre de gardiens de la paix, il fut convenu que, tout en restant à la solde de la Préfecture de Police, ces agents toucheraient, au même titre que la troupe, le pain et les vivres de campagne, sous cette condition que l'administration militaire pourrait demander ultérieurement, au lieu du paiement en argent, la réintégration en nature, par les soins de la ville de Paris, des denrées distribuées.

Cette dernière clause n'ayant pu être mise à exécution par suite des événements, mon administration se trouvait en droit de poursuivre le remboursement de leur valeur. Mais, prenant en considération les services militaires rendus pendant le siège par les gardiens de la paix, j'ai décidé, à la date du 31 octobre dernier, que toutes les perceptions faites par eux seront considérées comme ayant eu lieu *à titre gratuit*, et que, par suite, la dépense demeurera à la charge de mon département.

J'invite, par lettre de ce jour, M. l'intendant général, président de la 1re commission de liquidation, à assurer, en ce qui le concerne, l'exécution de cette mesure gracieuse.

Recevez, Monsieur le Préfet, l'assurance de ma considération la plus distinguée.

Le Ministre de la Guerre,
Pour le Ministre et par son ordre :
Le Conseiller d'État,
Directeur général du Contrôle et de la Comptabilité,
GUILLOT.

A tous ces témoignages d'estime donnés au corps des gardiens de la paix, nous pourrions ajouter l'énumération des pensions et secours accordés aux blessés, ou aux veuves et aux familles de ceux qui avaient succombé pendant la lutte, ainsi que la liste des distinctions honorifiques décernées, au titre militaire, à un certain nombre de ces courageux agents.

Mais nous réservons cette longue et intéressante nomenclature pour le chapitre (1) spécialement consacré à perpétuer le souvenir de tous ceux dont le nom mérite d'être inscrit au livre d'or de la Préfecture de Police.

Pour l'instant, nous ne voulons retenir que les deux faits suivants :

A Versailles, lorsque les capitaines Leclerc et de Beauvais et plu-

(1) Voir au chapitre 1er de la IIIe partie.

sieurs agents furent décorés, le général Valentin passa, dans les environs du château, la revue des trois bataillons de gardiens de la paix mobilisés. Puis, il appela chacun de ceux qui devaient recevoir la croix de la Légion d'honneur ou la médaille militaire, et leur en fit la remise avec le cérémonial accoutumé.

Les trois bataillons défilèrent ensuite devant le général, entouré des nouveaux légionnaires et des gardiens de la paix à qui le Gouvernement venait d'accorder la médaille des braves.

La seconde cérémonie n'est autre que la revue passée, le 29 juin 1871, devant le Chef du Pouvoir exécutif de la République Française. Au moment du défilé, deux compagnies de gardiens de la paix mobilisés marchèrent en tête des troupes sous la conduite du commandant Vassal et des capitaines Rochut et Dufour.

En associant, dans cette solennité militaire, les gardiens de la paix à l'armée, le Gouvernement les récompensait de la manière la plus honorable : il reconnaissait publiquement les services qu'ils avaient rendus pendant les deux sièges.

CHAPITRE SEPTIÈME

1871 A 1895

Eﾝ ouvrant ce chapitre aux jours les plus sombres de la période contemporaine, il nous semble utile et réconfortant à la fois de rapprocher un moment les deux dates qui en forment le titre, c'est-à-dire de comparer le Paris de la fin de la Commune au Paris actuel, les ruines fumantes d'alors aux splendeurs de 1889, et le passé au présent. Certes, nous n'avons pas à entrer ici dans les détails de l'œuvre de relèvement moral et matériel entreprise depuis un quart de siècle par le Gouvernement de la République; mais il nous est bien permis de faire allusion à la transformation rapide de la capitale après les désastres de 1871, à l'éclatant succès obtenu par les deux dernières expositions universelles, aux merveilleuses fêtes du centenaire de la Révolution et à celles données récemment en l'honneur d'un peuple ami. D'ailleurs, qu'ils soient d'hier ou qu'ils remontent à vingt-cinq ans, ces souvenirs intéressent également le sujet que nous traitons. Le gardien de la paix intervient, en effet, dans toutes les manifestations de la vie parisienne, et le fonctionnement du service qui lui est confié subit le contre-coup des événements heureux ou malheureux dont la grande cité est le théâtre. C'est pourquoi on dut encore une fois procéder à la réorganisation du corps des gardiens de la paix, après la tourmente de 1870-1871.

Dès le lendemain de la défaite de la Commune, Paris fut divisé en quatre grands commandements militaires, savoir (1) :

1° Celui de l'Est, comprenant les 11°, 12°, 19° et 20° arrondissements, sous les ordres du général Vinoy, commandant l'armée de réserve, quartier général au couvent de Picpus ;

2° Celui du Nord-Ouest, comprenant les 8°, 9°, 10°, 16°, 17° et 18° arrondissements, sous les ordres du général de Ladmirault, commandant le 1er corps d'armée, quartier général à l'Elysée ;

3° Celui du Sud, comprenant toute la rive gauche, c'est-à-dire les 5°, 6°, 7°, 13°, 14° et 15° arrondissements, sous les ordres du général de Cissey, commandant le 2° corps d'armée, quartier général au Petit Luxembourg ;

4° Celui du Centre, comprenant les 1er, 2°, 3° et 4° arrondissements, sous les ordres du général Douay, commandant le 4° corps, quartier général place Vendôme.

Conformément à l'article 7 de la loi de 1849 sur l'état de siège, tous les pouvoirs dont l'autorité civile était revêtue pour le maintien de l'ordre et la police passaient tout entiers à l'autorité militaire (2).

Cette dernière avait donc la haute main sur la police de Paris qui était placée sous le régime de l'état de siège (3).

Les gardiens de la paix furent tout d'abord employés à faire, avec

(1) L'avis faisant connaître la division de Paris en quatre grands commandements militaires est daté du 30 mai et porte la signature du maréchal de Mac-Mahon, commandant en chef de l'armée de Paris, et celle du général de division Borel, chef de l'État-Major général.
Cet avis fut inséré dans les journaux le 1er juin 1871.
(2) Voici une des premières mesures prises par l'autorité militaire :
Extrait des réponses aux rapports de l'armée de réserve (général Vinoy).
   1er juin 1871.
Pour assurer le fonctionnement régulier du service des eaux, il est indispensable que les fontainiers chargés de la manœuvre des robinets puissent circuler librement dans tous les quartiers de Paris en se faisant reconnaître par les insignes qu'ils portent sur eux. Ces insignes sont une banderole rouge et bleue, mise en sautoir, avec plaque en cuivre aux armes de la ville.
Ci-joint un spécimen de ces insignes.
Prière de prendre les mesures nécessaires pour que les agents qui en sont revêtus puissent s'acquitter de leur mission sans être arrêtés par les chefs de poste.
(3) L'état de siège dura jusqu'au 4 avril 1876.

la troupe, des rondes de nuit qui devaient parcourir la capitale dans tous les sens. Le jour, ils étaient chargés du service des perquisitions, qu'ils remplissaient concurremment avec les fantassins des différents corps énumérés plus haut (1).

Au commencement de juin, l'Administration avait ordonné le re-

Palais des Affaires Étrangères où furent installés les premiers services de police pendant la rentrée des troupes à Paris, en 1871.

tour à Paris de tous les agents dont elle pouvait disposer en dehors du service de Versailles. La plupart se présentèrent à la caserne de la Cité, où le général Vinoy avait, le 26 mai, établi son quartier général (2).

Quatre ou cinq jours plus tard, le commandant de l'armée de réserve s'installait au couvent de Picpus, et le Préfet de Police prenait possession des locaux qui venaient d'être évacués par l'armée.

---

(1) On se servit aussi des agents en bourgeois, auxquels on donna comme insigne un brassard tricolore.
(2) Armée de réserve.

États-Major général.

Ordre de mouvement.

Le quartier général de l'armée de réserve est installé île de la Cité, caserne de la garde républicaine (boulevard du Palais).

20 mai 1871.

Le général Valentin (1) y fit transférer les services qui fonctionnaient déjà au ministère des Affaires Étrangères. On utilisa également les bâtiments non incendiés de l'ancienne Préfecture de Police.

Voici ce qu'on lisait, à ce sujet, dans le *Petit Journal* du 5 juin :

Le service de la police de Paris se réorganise activement. Hier, douze cents
gardiens de la paix sont rentrés en ville.

Une partie des commissaires de police ont pris possession déjà de leurs quartiers. A la Préfecture, les services relatifs à la salubrité publique, aux exhu-
mations, aux inhumations, sont réinstallés dans la partie des bâtiments de la
place Dauphine qui n'ont pas brûlé.

Le reste des services va s'établir dans la caserne des pompiers, en face le
Palais de Justice.

Et le 6, le même journal ajoutait :

Dans deux ou trois jours au plus tard, la Préfecture de police sera provisoirement (2) installée dans les bâtiments primitivement affectés à la garde
de Paris, en face le Palais de Justice.

On s'empressa aussi de répartir les gardiens de la paix dans les
vingt arrondissements, où ils reprirent leurs anciens postes dont la
plupart étaient absolument dépourvus de mobilier. Beaucoup d'objets avaient été brûlés ou pillés, et il fallut immédiatement les remplacer par un matériel nouveau.

Au début, on fut obligé d'emprunter à la garde de Paris 500 cou-
chettes pour les agents de service à la caserne de la Cité (3). Et quelques semaines après, lorsque l'effectif eut été augmenté, on acheta

(1) A la date du 2 juin, le *Petit Journal* disait :

• Le général Valentin, Préfet de Police, ainsi que M. Ansart, chef de division, sont rentrés
à Paris. •

M. Ansart et les principaux fonctionnaires de la Préfecture de Police s'y trouvaient depuis
les premiers jours de la semaine sanglante.

Quant au général Valentin, il devait, pendant plusieurs mois, faire le trajet entre Paris et Versailles pour diriger les services de police qui fonctionnaient dans ces deux villes. Une partie des
employés de son Cabinet resta à Versailles, tandis que l'autre fut installée à Paris dans l'un
des hôtels d'État-Major du boulevard du Palais.

(2) Ce provisoire, qui dure encore, va bientôt prendre fin. Dès que la garde aura évacué les
locaux qu'elle occupe à la caserne de la Cité, on y procédera à l'installation définitive de la
Préfecture de Police.

Cette installation a fait l'objet d'un décret présidentiel en date du 5 mars 1888.

Rappelons que les études et les travaux préparatoires, entrepris après 1871 pour l'édification
des bâtiments de la nouvelle Préfecture sur les terrains du Palais de Justice, ont été abandonnés depuis longtemps.

(3) Ces objets de literie furent rendus à la ville en 1874.

pour le même usage, à raison de 6 fr. 50 l'un, 1.500 sacs dits à recouvrement.

L'administration eut à vaincre beaucoup d'autres difficultés pour mener à bien cette réorganisation, dont nous nous occupons plus loin. On dut trouver aussitôt les ressources budgétaires nécessaires à l'habillement et à l'équipement des gardiens de la paix, et remanier sans délai les détails du service pour le mettre en harmonie avec les besoins du moment. S'ils n'étaient plus mobilisés comme pendant le premier siège et la Commune, les agents n'en faisaient pas moins un service militaire de concert avec la troupe. Plusieurs avaient fini par contracter les mêmes habitudes que les soldats avec lesquels ils étaient en contact journalier depuis un an. Il n'y a, d'ailleurs, pour s'en convaincre qu'à lire cet entrefilet paru dans le *Petit Journal* du 28 septembre 1871 :

« Depuis la réorganisation des gardiens de la paix, d'après le système militaire, on avait pu remarquer que certaines habitudes des troupes en campagne persistaient chez un grand nombre d'entre eux.

« On en rencontrait fumant le cigare ou la cigarette, ou lisant un journal, tout en vaquant aux exigences de leur service.

« La Préfecture vient de rappeler ces agents à la stricte observation des règlements. »

C'est au mois de juin que le Gouvernement créa, par l'arrêté suivant, un nouveau bataillon de gardiens de la paix (1) :

Le Président du Conseil des ministres, Chef du Pouvoir exécutif de la République Française,

Sur la proposition du ministre, secrétaire d'État au département de l'Intérieur,

Arrête :

ARTICLE 1er. — Il est créé un nouveau bataillon de gardiens de la paix de la Ville de Paris, dont l'effectif est fixé à mille hommes.

Le cadre des officiers de ce bataillon sera composé ainsi qu'il suit :

Un inspecteur divisionnaire de police, commandant le bataillon.

(1) Dans l'exposé des motifs qui précède cet arrêté, on propose de donner le grade de capitaine adjudant-major à M. Fournier. C'était un ex-capitaine adjudant-major de mobiles, blessé pendant le second siège, à Asnières.

Un officier de paix, chargé des fonctions de capitaine-adjudant-major.

Cinq officiers de paix, capitaines de compagnies.

M. Guiraud (Pierre), chef d'escadron de gendarmerie (1), est nommé inspecteur divisionnaire de police, commandant le bataillon des gardiens de la paix de la Ville de Paris, créé par le présent arrêté.

ARTICLE 2. — Le ministre de l'Intérieur est chargé de l'exécution du présent arrêté.

Fait à Versailles, le 16 juin 1871.

A. THIERS.

Cette augmentation de mille hommes était insuffisante, et le Préfet de Police s'empressa d'appeler de nouveau sur ce point l'attention du ministre de l'Intérieur.

D'une part, disait-il, cet arrêté ne crée pas les ressources nécessaires pour pourvoir aux dépenses de personnel et de matériel du nouveau bataillon, et d'autre part, la création dont il s'agit n'est qu'une portion de la mesure de réorganisation du corps de la police municipale, qui a été, je crois, arrêtée en principe par le Gouvernement. . . . .

. . . .

Sous l'empire de la loi du 18 juin 1867, date du dernier remaniement, la police municipale comprenait en brigadiers, sous-brigadiers, sergents de ville, inspecteurs de police et auxiliaires, une force de 5.654 hommes.

L'arrêté du 16 juin dernier a porté cette force à 6.654 ; il est indispensable, pour répondre aux nécessités de la situation nouvelle, de l'élever à 7.000, ce qui augmentera ainsi de 1.000 environ le nombre des agents affectés au service de Paris (2).

Le 20 juin 1871, un nouvel arrêté du Chef du Pouvoir exécutif fixait comme suit le cadre et les traitements du personnel de la police municipale :

Le Président du Conseil,

Vu les décrets des 17 septembre 1854 et 27 novembre 1859 sur l'organisation de la police municipale de Paris ;

Vu la loi du 18 juillet 1867 relative au même objet ;

Vu l'arrêté du 16 de ce mois qui a prescrit la création d'un bataillon de gardiens de la paix à l'effectif de 1.000 hommes pour le service à faire à Versailles ;

Sur le rapport du ministre de l'Intérieur,

Arrête :

ARTICLE 1er. — A partir du 1er juillet 1871, le corps des gardiens de la paix de

_____

(1) M. Guiraud était chef d'escadron de gendarmerie en retraite.

(2) Un arrêté ministériel du 26 juillet 1871 créa aussi un titre d'officier de paix (hors cadre) en faveur de M. Alvarado (Achille), attaché en cette qualité au ministère de l'Intérieur.

Paris est fixé, quant aux cadres et aux traitements, conformément au tableau annexé au présent arrêté.

Article 2. — Le ministre, secrétaire d'État au département de l'Intérieur, est chargé de l'exécution du présent arrêté.

Fait à Versailles, le 20 juin 1871.

A. Thiers.

Tableau portant règlement du cadre et des traitements du corps des gardiens de la paix de Paris.

PERSONNEL

1 Commissaire de police, chef de la police municipale à	14.000
1 Chef-adjoint à	10.000
1 Chef des bureaux à	6.500
24 Commis au traitement moyen de 2.425 francs	58.200
5 Inspecteurs divisionnaires à 6.000 francs	30.000
38 Officiers de paix au traitement moyen de 3.725 francs	141.550
25 Inspecteurs principaux à 2.500 francs	62.500
100 Brigadiers à 1.800 francs	180.000
700 Sous-brigadiers à 1.600 francs	1.120.000
6.800 Gardiens de la paix ou inspecteurs, au traitement moyen de 1.310 francs (1)	8.908.000
13 Médecins	22.700
1 Commissaire de police, contrôleur général, à	12.000
1 Secrétaire à	2.000
1 Officier de paix à	5.000
1 Inspecteur principal à	2.500
2 Brigadiers à 1.800 francs	3.600
4 Sous-brigadiers à 1.600 francs	6.400
38 Inspecteurs au traitement moyen de 1.450 francs	55.100
7.756 Totaux	10.640.050

MATÉRIEL

Gratifications, indemnités et primes	542.000
Frais d'agents auxiliaires	50.000
Frais de bureau	46.500
Habillement et équipement	1.046.000
Postes de police	120.000
Indemnité de logement	1.414.300
Total	13.858.850

Vu pour être annexé à notre arrêté en date de ce jour.

Versailles, le 20 juin 1871.

Le Président du Conseil, Chef du Pouvoir exécutif de la République Française.

A. Thiers.

(1) Voici la répartition de cet effectif, par classes :

1.100 à	1.500 fr	1.600 à	1.300 fr.
1.300 à	1.400 fr.	2.800 à	1.200 fr.

C'est à Versailles que fut d'abord centralisée l'organisation du nouveau personnel (1). On accrédita deux officiers de paix auprès des autorités militaires de plusieurs villes frontières pour recruter des candidats parmi les prisonniers revenant d'Allemagne.

Ces officiers de paix, qui avaient le titre de capitaine de recrutement, faisaient subir à ces soldats un examen sommaire ; puis, comme tous ces malheureux étaient dans le plus complet dénuement, ils les remettaient aux mains de l'intendance qui les habillait et pourvoyait à leur nourriture et à leurs frais de route jusqu'à Versailles, où on les dirigeait par petits détachements.

Nous avons retrouvé aux archives du ministère de l'Intérieur quelques dépêches de Lunéville, de Charleville et de Vesoul, signalant la lenteur avec laquelle s'opérait le retour des prisonniers et la difficulté de recruter des hommes pour le corps des gardiens de la paix. A la date du 12 juin 1871, un télégramme de Vesoul annonçait l'arrivée à Versailles d'un détachement de 29 agents. C'est un des chiffres les plus élevés qu'aient atteint ces envois, car le nombre d'hommes porté sur les autres dépêches varie de 2 à 31. Plusieurs contiennent aussi des mentions relatives au recrutement de la garde républicaine et de la gendarmerie (2).

A son tour, la Préfecture de Police télégraphiait de Versailles, le 12 juin, au ministre de la Marine et aux autorités maritimes pour les informer qu'elle accordait une tolérance de un à deux centimètres sur les conditions de taille indiquées dans la circulaire du 3 juin.

De son côté, l'autorité militaire donnait toutes facilités aux soldats désireux d'entrer au corps des gardiens de la paix. Voici, du reste, deux documents qui en témoignent suffisamment :

(1) En raison sans doute de la lourde tâche qui incombait au général Valentin, on songea, un moment, à créer un poste de sous-préfet de police. C'est, du moins, ce que dit le *Petit Journal* dans son numéro du 20 octobre 1871 :

« Le Président de la République a en ce moment de fréquentes entrevues avec le général Valentin, au sujet de la création à Paris d'un poste de sous-préfet de police, lequel serait exclusivement chargé des affaires criminelles. Il est déjà question de nommer à ce poste M. Claude, chef de la police de sûreté. »

(2) Ces dépêches se continuent jusqu'en juillet.

Versailles, le 2 juillet 1871.

1re *Division militaire.* — 2e *subdivision.*

Le Ministre de la Guerre a décidé, à la date du 30 juin 1871, que les militaires ayant encore au plus 18 mois de service à faire et qui remplissent, d'ailleurs, les conditions exigées, pourraient être proposés pour le corps des gardiens de la paix.

Ces conditions sont les suivantes :

N'avoir pas plus de 35 ans d'âge.

Avoir une taille de 1m,68, au minimum.

Savoir lire et écrire de façon à pouvoir rédiger un rapport.

Enfin, avoir toujours eu une bonne conduite.

Les candidats devront se présenter à la Préfecture de Police à Paris, où ils remettront, avec les pièces établissant leur position militaire, une demande écrite de leur main.

Quand ils auront été admis dans les gardiens de la paix, des dispositions seront prises pour leur inscription sur les contrôles de la réserve.

Je vous prie de vouloir bien porter cette décision à la connaissance des troupes placées sous votre commandement.

Recevez, etc.

Le général commandant la subdivision de Seine-et-Oise.

(*Signé* : Appert).

MINISTÈRE DE LA GUERRE.

DIRECTION GÉNÉRALE DU PERSONNEL.

2e *Service.*

JUSTICE MILITAIRE ET GENDARMERIE.

Paris, 28 août 1871.

Général, plusieurs militaires appartenant aux Légions de la garde républicaine ont demandé à être admis dans le bataillon des gardiens de la paix, bien qu'ils n'aient pas encore accompli leur temps de service réglementaire.

L'admission dans le corps des gardiens de la paix peut être autorisée, mais seulement pour ceux qui n'ont pas plus de 18 mois à passer sous les drapeaux pour atteindre l'époque de leur libération définitive.

Mais il est indispensable que le militaire qui profiterait de cette faculté soit rayé du contrôle de la garde républicaine, afin qu'il puisse y être remplacé dans son emploi.

En conséquence, tout militaire de la gendarmerie qui sera admis dans le corps des gardiens de la paix devra, au moment même de son admission et avant d'être mis à la disposition du Préfet de Police, être immatriculé pour ordre dans l'un des corps de troupe de la division, où il devra être renvoyé s'il ne convenait pas au service des gardiens de la paix. Il me sera rendu compte immédiatement des mutations de cette nature.

Veuillez bien donner des instructions dans ce sens au colonel de la Légion de la garde républicaine et au lieutenant-colonel commandant la Légion de gendarmerie mobile.

Recevez, etc., etc.

A leur arrivée à la Préfecture, tous ces hommes devaient, pour être définitivement admis, passer l'examen réglementaire. On les incorporait ensuite au 5e bataillon, qui était en quelque sorte le dépôt du corps des gardiens de la paix.

Ce bataillon, créé par l'arrêté du 16 juin, était spécialement chargé de la garde de M. Thiers et de l'Assemblée nationale. On invita ces

Palais de Justice. Salle des Pas-Perdus après l'incendie.

nouveaux agents à conserver les habitudes et la discipline militaires, plus en rapport avec le service important qui leur était confié (1).

Les officiers de paix, inspecteurs principaux, brigadiers, sous-brigadiers et agents, qui formaient les cinq compagnies de ce bataillon, avaient des grades correspondant à ceux de l'armée. Du reste, leur organisation, d'un caractère essentiellement militaire, ne fut pas

(1) En cas de retour à Paris, ce bataillon devait être versé dans les cadres de la police municipale et entièrement assimilé aux gardiens de la paix faisant le service de la capitale. (Exposé des motifs de l'arrêté du 16 juin.)

LIEUTENANT DE GARDIENS DE LA PAIX DU BATAILLON DE VERSAILLES ; (1871-73.)

modifiée tant qu'ils restèrent à Versailles. Cependant, à partir de la
fin de 1873, les inspecteurs principaux remplacèrent les lieutenants
et les sous-lieutenants (1).

Au début, le cadre de ce bataillon se composait de :

Commandant..............................	1
Capitaines (dont un adjudant-major).............	6
Lieutenants (dont un officier de détail)..........	6
Sous-lieutenants..........................	5
Adjudant...............................	1
Sergents-majors..........................	5
d° fourriers.........................	5
Caporaux d°	20
Caporaux...............................	40
Clairons...............................	10

Parmi les gardiens de la paix, il se trouva plusieurs anciens musiciens de l'armée qui organisèrent une fanfare de 50 exécutants (2).
Elle alternait avec les autres musiques de la garnison pour donner
des concerts dans le parc.

Indépendamment de la surveillance à laquelle ils étaient affectés, les
gardiens de la paix faisaient le service d'ordre auprès des conseils de
guerre installés à Versailles. On les détacha aussi au grand Trianon
pendant les séances du procès Bazaine.

En toutes circonstances, ils prêtèrent leur concours le plus dévoué
aux autorités et aux habitants de la ville. Souvent même, comme dans
l'incendie dont il est question ci-dessous, ils rendirent d'utiles services.

Dans la nuit du 16 au 17 décembre (3), éclata à Versailles, rue de la Paroisse, 73, un violent incendie. En peu de temps, le feu fit les plus grands ra-
vages, trop facilement alimenté par les bois qui se trouvaient dans l'atelier du
sinistré, un entrepreneur de menuiserie.

Les pompiers, la troupe et le bataillon des gardiens de la paix, sous la direction de M. Clément (4), commissaire de police de Paris, attaché à la justice
militaire, organisèrent très promptement des secours.

---

(1) Ces fonctionnaires portaient pour marque distinctive les triples galons de grade au képi
et aux manches, disposés comme ceux des brigadiers.

(2) Elle eut pour sous-chef un gardien de la paix qui est aujourd'hui sous-brigadier au
6° arrondissement.

(3) Extrait du journal la Patrie du 20 décembre 1871.

(4) Aujourd'hui commissaire de police aux délégations judiciaires et doyen des commissaires
de police de la Ville de Paris.

On ne tarda pas à se rendre maître du feu et l'on parvint à préserver les bâtiments d'habitation les plus voisins du foyer de l'incendie.

Ce résultat est dû, en grande partie, au concours prêté par M. Clément et les gardiens de la paix, dont l'expérience en pareil cas est bien connue. Seul, un pompier fut légèrement blessé, et, grâce au dévouement de tous, il n'y eut pas d'accident grave à déplorer.

Les autorités de Seine-et-Oise et le général Appert, qui s'étaient rendus sur le lieu du sinistre, furent, sans doute, témoins de plusieurs actes de dévouement, car on prêtait, peu après, à M. Thiers l'intention d'accorder des récompenses à quelques-uns de ces courageux soldats du devoir.

Nous devons rappeler les noms des premiers officiers de paix qui, sous la direction du commandant Guiraud, organisèrent ce bataillon. Ces fonctionnaires étaient MM. Fournier, Denax, Mironneau, Poullain et Vauchelet.

Voici le détail de l'uniforme porté par les officiers de ce bataillon :

NATURE DES OBJETS.	PRIX DE CES OBJETS :			OBSERVATIONS.
	COMMANDANT	CAPITAINES	LIEUTENANTS et SOUS-LIEUTENANTS	
Tunique drap bleu fin, avec galons de grade, brides d'épaulettes et boutons en argent.	90 »	87 »	53 95 50 95	La différence de prix pour les mêmes effets provient du nombre des galons de grade.
Pantalon drap bleu fin à bande écarlate.	30 »	30 »	22 70	
Caban en drap bleu.	103 50	99 50	93 » 89 »	
Képi, drap bleu (bandeau écarlate). .	24 »	23 »	22 » 21 »	
Ceinturon en cuir verni, avec plaque et porte-mousqueton dorés. . . .	16 »	9 25	9 25	
Dragonne en cuir	2 »	2 »	2 »	
Sabre d'infanterie à poignée dorée . .	45 »	45 »	45 »	

L'adjudant et les sous-officiers avaient le képi et l'uniforme de même couleur, avec galons de grade (1).

Quant aux agents, leur tenue était semblable à celle de leurs cama-

_____

(1) Ces galons étaient les mêmes que ceux en usage dans l'armée. Les clairons avaient par conséquent des galons tricolores, en laine.

rades de Paris. Après 1873, leur uniforme subit la même transformation (1).

Ils étaient armés d'un revolver et d'un fusil chassepot, modèle 1866, avec sabre-baïonnette.

Le docteur Nuzillat, dont nous avons déjà parlé au chapitre précédent, était officiellement chargé de donner des soins aux gardiens de la paix du 5° bataillon (2).

Pendant toute la durée de leur séjour à Versailles, ces agents furent logés dans des baraquements, pour lesquels la Préfecture de Police fournissait le mobilier nécessaire (3).

L'effectif, fixé à mille hommes par l'arrêté du 16 juin, ne fut jamais atteint, ainsi que l'indiquent les chiffres relevés sur ce tableau :

DATES.	OFFICIERS DE PAIX. CAPITAINES.	INSPECTEURS PRINCIPAUX.	BRIGADIERS.	SOUS-BRIGADIERS.	GARDIENS.	TOTAL.	OBSERVATIONS.
Décembre 1871.	5	5	4	5	684	703	Nous donnons ici les renseignements tels qu'ils sont mentionnés sur les pièces comptables officielles. Dans ces chiffres, ne figure pas l'inspecteur divisionnaire qui avait rang de commandant.
— 1872.	5	5	4	4	363	381	
— 1873.	3	3	3	»	149	158	
— 1874.	2	2	1	»	112	117	
— 1875.	1	1	1	»	88	91	

Comme on le voit, le nombre des gardiens de la paix détachés à

(1) Nous donnons le détail de ces deux uniformes dans la partie de ce chapitre spécialement consacré à l'habillement.

(2) M. Nuzillat, qui prit sa retraite comme médecin militaire en 1873, quitta Versailles dans le courant de l'année 1876 et fut nommé médecin divisionnaire de la police municipale à Paris. En 1881, il succéda, comme médecin en chef, au docteur Coqueret.

(3) M. Blavier fit transporter ce mobilier à Paris, le 24 mars 1879. En 1876, ce fonctionnaire, qui était détaché à Versailles, portait l'uniforme suivant :

Capote avec pèlerine, ou manteau de drap bleu, modèle des officiers
d'artillerie.. 160 fr. »
Tunique d'officier de paix...................................... 97 fr. 78
Pantalon   id. .... 49 fr. 61
Képi, avec large bandeau brodé................................. 23 fr. »
Ceinturon verni à bélière et à porte-mousqueton doré........... 8 fr. »
Paire de plateaux (ceinturon dorure fine, vaisseau argenté).... 7 fr. »
Dragonne argent fin (pointillé or)............................. 11 fr. »

Le brigadier placé sous les ordres de M. Blavier portait une capote absolument semblable et un képi brodé (d'officier).

Versailles, diminua, chaque année, à partir de 1872 (1). Ils quittèrent définitivement cette ville en 1876 (2), et cessèrent dès lors d'exister en tant que bataillon distinct.

Il nous faut maintenant revenir au mois de juin 1871, date de la réorganisation du corps des gardiens de la paix, en exécution de l'arrêté pris par M. Thiers.

Afin de suivre plus clairement les détails de cette réorganisation et les modifications qui y ont été apportées jusqu'en 1893, nous avons divisé notre étude en cinq parties, savoir : *Effectif et Traitements.* — *Habillement et Équipement.* — *Fonctionnement du service.* — *Expositions universelles de 1878 et 1889.* — *École pratique de Police municipale.*

C'est donc une période de 23 ans que nous avons à parcourir, pendant laquelle le général Valentin et MM. Léon Renault, Félix Voisin, Albert Gigot, Andrieux, Camescasse, Gragnon, Léon Bourgeois et Lozé se sont succédé, comme Préfets de Police, à l'Hôtel du Boulevard du Palais (3). On compte pour le même espace de temps trois chefs de la police municipale : MM. Ansart, Caubet et Gaillot.

Nous terminerons ce chapitre par l'exposé des réformes de M. Lépine et l'énumération du personnel composant le cadre de la police municipale au 31 décembre 1895, date à laquelle nous arrêtons cette étude.

Effectif et Traitements.

Après les événements de 1871, les gardiens de la paix assurèrent

---

(1) Il en fut de même pour le personnel des bureaux qui avait été laissé à Versailles après la chute de la Commune. Ces employés, d'ailleurs en très petit nombre, rentrèrent presque tous à Paris dans le courant de 1872. Quelques-uns seulement restèrent dans le chef-lieu de Seine-et-Oise jusqu'au départ des gardiens de la paix.

M. Léon Renault, qui remplaça le général Valentin le 18 novembre 1871, s'installa aussitôt après à Paris. Il se rendait à Versailles chaque fois que les nécessités du service l'y appelaient. Il faisait donc le contraire de son prédécesseur, qui, en raison des événements, avait dû conserver sa résidence à Versailles.

(2) Au moment où l'Assemblée nationale céda la place au Sénat et à la Chambre des députés, élus en vertu de la constitution de 1875.

(3) Sous quatre Présidents de la République : M. Thiers, le maréchal de Mac-Mahon et MM. Grévy et Carnot.

On sait que, dans la séance du 31 août 1871, l'Assemblée nationale décerna à M. Thiers le titre de Président de la République Française.

le service de la capitale avec le concours de l'armée et de la garde
républicaine. La garde nationale, qui n'existait plus à Paris, allait
être bientôt licenciée partout. Rappelons, à propos du désarmement
des gardes nationales de province, les paroles suivantes, prononcées
par M. Thiers, le 24 août 1871, à la tribune de l'Assemblée nationale :

On a dit : il fallait faire dans toute la France ce qu'on a fait à Paris. A Paris,
nous avons voulu que tous les postes fussent en mains sûres, et pour cela il y
avait 5.000 gardes républicains et gardiens de la paix. Nous en avons créé
13.000.

Le repos de la capitale, dans leurs mains, est assuré. Ce sont de vieux soldats,
qui ont assisté aux plus grandes batailles de ce siècle, qui en ont été chargés,
et quiconque a pu les voir a pu se convaincre de leur discipline et de leur excellente tenue. On dit : pourquoi n'en pas faire autant dans toutes les villes de
France? Il faut qu'on sache qu'on n'aurait pu le faire. Pour ces 13.000 hommes,
nous avons fait un choix sur 300.000 prisonniers qui rentraient d'Allemagne ;
nous avions en outre à réorganiser la gendarmerie.

Je ne saurais dire combien il est difficile de former ces corps d'élite. Je ne
parle pas de la dépense; un homme en coûte deux dans ces conditions. Et ce sera
à la Ville de Paris de s'entendre avec le ministre de la Guerre pour les frais
d'entretien de ces défenseurs de la tranquillité publique (1). . . . .
. . . .

L'Assemblée nationale ne ratifia qu'au commencement de l'année 1872 les propositions budgétaires de l'Administration au sujet de
l'augmentation du nombre des gardiens de la paix, fixée par l'arrêté
du 20 juin, déjà cité.

Dès le mois de novembre 1871, le général Valentin avait, à cet
effet, déposé un mémoire sur le bureau du Conseil municipal. Il disait
en commençant :

Je viens solliciter de vous, Messieurs, le vote des crédits supplémentaires qui
sont indispensables pour pourvoir, jusqu'à la fin de l'année courante, au paiement des dépenses de la police municipale (chapitre 3 du budget spécial de la
Préfecture de Police).

La dotation du service de la police municipale est, pour 1871, de 10.232.995 fr.;
elle s'applique aux traitements, aux gratifications, à l'habillement, au logement
et aux autres dépenses accessoires de 5.708 fonctionnaires, employés et agents.

Cet effectif a été maintenu jusqu'au 20 juin dernier; mais à cette date, un arrêté
du Président du conseil, Chef du Pouvoir exécutif de la République Française,

---

(1) Extrait de la séance de l'Assemblée nationale du 24 août 1871.

l'a porté au chiffre de 7.756 hommes, y compris les cadres, et a créé, par suite, le principe d'une dépense de 13.858.850 francs, supérieure de 3.025.855 francs au chiffre inscrit au budget.

Le recrutement nouveau commença immédiatement, et s'il avait pu se faire avec la rapidité désirable, la dépense supplémentaire s'appliquant aux six derniers mois de l'année eût été à peu de chose près égale à la moitié de cette différence, soit environ 1.800.000 francs. Mais le soin à apporter dans le choix des hommes a entraîné à beaucoup de lenteur, et il a été possible de faire face jusqu'à présent aux frais de réorganisation. La solde est assurée jusqu'au 15 novembre et les crédits inscrits sous les chapitres 2, 3, 4, 5 du chapitre 3 suffiront aux charges qui leur incombent. Il reste donc à demander au Conseil municipal :

1° La solde des six dernières semaines de l'année ;

2° Les sommes qui vont se trouver en déficit sur les articles 6 (Postes de police) et 7 (Indemnités de logement).

Après avoir donné au Conseil quelques indications sur la nouvelle organisation du service et sur la répartition des traitements des employés et agents de la police municipale (1), le Préfet de Police faisait ainsi ressortir l'insuffisance de ces salaires :

Il importe de faire observer que tous ces chiffres sont les mêmes que ceux qui ont été réglés lors de la première réorganisation de 1854. 17 années nous séparent de cette date, et personne n'ignore combien s'est accrue à Paris, pendant cette période, la cherté de l'existence. Tandis que dans l'industrie, dans le commerce, dans les professions libérales, et pour l'ouvrier lui-même, le mouvement ascendant des prix ne donne lieu qu'à une crise temporaire ou à une gêne momentanée, toutes les exigences se mettant promptement au niveau des besoins ; l'employé seul, parmi les classes réellement actives, voit ses ressources s'immobiliser pour un long espace de temps. Et si pour certains degrés de la hiérarchie, cette situation amène seulement un rétrécissement des habitudes, une diminution de bien-être ; pour les employés inférieurs, elle se traduit par des souffrances de plus en plus vives qui aboutissent souvent à la misère. Cette réflexion est bonne à faire en passant, Messieurs, et je suis convaincu qu'elle s'imposera sans effort à vos sentiments d'humanité et de justice.

En vous tenant dans cet ordre de préoccupations, vous ne serez pas surpris qu'à l'augmentation des hommes dans le rang, on ait fait correspondre une certaine augmentation des cadres. Les cadres ont, au point de vue du fonctionnement du service, une importance qu'on ne saurait contester ; ils sont la vie de ces masses autrement confuses qu'ils sont appelés à relier ; c'est par eux que l'impulsion, partie du centre, arrive aux extrémités. Ce sont eux qui font de l'ensemble de ces forces qui s'agiteraient sans objet dans leur isolement, un organisme puissant, actif, prompt à l'action.

Mais quand ils ne se recommanderaient pas par cette haute utilité, les grades supérieurs devraient encore être multipliés dans une juste proportion, afin

(1) Voir à la page 413 l'arrêté du 20 juin 1871 qui fixe ces traitements.

d'offrir un aliment aux espérances de ceux qui sont tout en bas et par suite un stimulant à leur zèle, une récompense pour leurs services et pour leur bonne conduite.

Le conseil muni- cipal accorda les fonds nécessaires pour la réorganisa- tion effectuée; mais, en raison de la situa- tion obérée où se trouvaient les finan- ces de la ville, il ne put répondre favora- blement à l'appel gé- néreux du Préfet de Police en faveur des petits traitements.

D'autre part, sur le rapport de M. Paris, déposé le 5 janvier 1872, au nom de la

Léon Renault, Préfet de Police
(18 novembre 1871 — 10 février
1876).

commission du budget, l'Assemblée nationale adopta le projet de loi dont la teneur suit :

ARTICLE 1er.

Le maximum de la part contributive de l'État dans la dépense annuelle de la police municipale de Paris, fixé à la somme de 5.207.000 francs par la loi du 13 juin 1867, est porté à 6.929.425 francs. Il ne pourra être élevé au-dessus de cette somme qu'en vertu d'une loi spéciale.

ARTICLE 2.

Un crédit supplémentaire de 686.000 francs est ouvert au ministre de l'Inté- rieur sur l'exercice 1871, pour compléter, en 1871, la subvention de l'État dans les dépenses de la police municipale de la ville de Paris.

Cette loi fut promulguée le 25 janvier 1872.

Un arrêté préfectoral du 27 décembre 1873, pris en exécution d'une délibération du Conseil municipal, supprima les surveillants de voitures de place et confia leur service aux gardiens de la paix. Les fonds disponibles par suite de cette mesure furent utilisés en faveur des brigadiers et des sous-brigadiers.

M. Léon Renault signa, à cet effet, l'arrêté suivant :

Paris, le 28 décembre 1873.

Le Préfet de Police,

Vu l'arrêté du 27 septembre supprimant les surveillants de voitures de place;

Arrête :

ARTICLE 1er. — Le traitement des sous-brigadiers des gardiens de la paix, actuellement fixé à 1.600 fr., pourra être élevé à 1.700 fr. et 1.800 fr.

ARTICLE 2. — Celui des brigadiers, actuellement fixé à 1.800 fr., pourra être élevé à 1.900 fr. et 2.000 fr.

L. RENAULT.

Le Secrétaire Général,

L. DE BULLEMONT.

Lors de la discussion du budget de la Préfecture de Police pour l'exe. ice 1877, M. Murat (1) lut, dans la séance du 12 décembre 1876, un intéressant rapport dont nous croyons devoir détacher quelques paragraphes pour donner une idée exacte de la situation des agents à cette époque déjà lointaine.

Le chapitre de la police municipale, un des plus importants du budget de la Préfecture de Police, se présente dans les mêmes conditions que les années précédentes.

Il comporte un service qui a pour objet le maintien de la tranquillité publique et du bon ordre dans Paris, la protection des citoyens et des étrangers dans une libre circulation, et enfin, la sécurité des personnes et la sûreté des biens. Son action, pour la recherche des malfaiteurs, s'étend jusque dans les communes environnant la capitale.

Dans toutes les villes, il y a une police municipale, plus ou moins compliquée, suivant l'importance de la population. On comprend dès lors que, dans une capitale comme Paris, ayant une population de près de deux millions d'individus, tant sédentaires que nomades, les soins de la municipalité soient multiples et incessants.

La conséquence naturelle de l'obligation d'une surveillance active et variée, c'est l'emploi d'un nombreux personnel.

La police municipale occupe 7.750 fonctionnaires de tous grades.

Hâtons-nous d'ajouter que la situation de capitale place Paris dans une condition particulière, hors de comparaison avec toute autre ville, et que l'État intervient pour supporter la moitié des dépenses de la police municipale (loi du 25 janvier 1872).

Le service de la police municipale est un service actif; son agent visible est le gardien de la paix. Le nombre en est grand; mais est-il possible de le réduire, si l'on veut obtenir une police bien faite et répondant aux besoins de la grande cité?

Le système de la surveillance par îlot, que nous avons emprunté à la police de Londres, a habitué la population à compter sur l'aide et l'assistance de l'agent de la force publique à tous les instants du jour et de la nuit.

Lorsqu'en 1854 on organisa ce système des îlots, le nombre des sergents de ville fut porté à 3.599.

---

(1) Conseiller municipal de la ville de Paris et rapporteur de la 7e commission. (Domaine de la ville de Paris, Préfecture de Police.)

En 1859, l'effectif fut porté à 4.610 hommes, et, à l'occasion de l'Exposition de 1867, ce corps fut élevé à 5.708 hommes.

Un arrêté du Président de la République, du 20 juin 1871, porta le nombre de ces employés à 6.838, médecins, officiers de brigadiers, etc. Ce nommes n'est que de 1.988 ployé en 1867. tenir compte du dévelop- que jour la construc- des usines ou fabriques, nombre des îlots à sur- si l'on a égard à la sup- des postes occupés par dans tous les quartiers été remplacés par des trouvera pas que le de la paix soit trop plus 918 chefs, commis, paix, brigadiers, sous- bre total de 7.756 hom- plus élevé que celui em- Si l'on veut bien pement que prend cha- tion des habitations et ce qui augmente le veiller; et, d'autre part, pression qui a été faite la garnison échelonnés de la ville, et qui ont postes de police, on ne nombre des gardiens grand.

Félix Voisin, Préfet de Police
(10 février 1870 — 17 décembre 1871).

Il y a lieu aussi de prévoir qu'en 1878 nous aurons une Exposition universelle qui obligera à un certain développement de surveillance.

Avant d'entrer dans l'examen du fonctionnement de ce nombreux personnel, examinons rapidement d'où il vient et ce qu'il coûte : le plus grand nombre des gardiens de la paix est tiré de l'armée; beaucoup d'entre eux ont porté les galons de sergent; on ne les admet à faire une année d'apprentissage que lorsque les états de services sont bons; et, quand leur conduite a été irréprochable, ils sont reçus en pied aux appointements de 1.200 francs, qui peuvent monter à 1.500 francs, sous déduction de la retenue de cinq pour cent pour la Caisse des pensions.

La moyenne du traitement du gardien de la paix est donc de.........	1.350 fr. »
Il reçoit une indemnité de logement de......................	185 fr. »
L'habillement, l'équipement et l'entretien coûtent..................	154 fr.75
Total.............................	1.689 fr. 75

Votre 7e commission vous propose l'adoption des articles composant le chapitre III et d'inscrire au budget de 1877 la somme totale de 13.858.850 francs, pour le service de la Police municipale, sauf remboursement, par l'État, de la moitié de cette somme.

Le Rapporteur,

Murat.

Dans cette même séance du 12 décembre 1876, M. Cadet, conseiller municipal, émit un vœu en faveur de l'augmentation de la solde des gardiens de la paix.

Voici l'extrait du procès-verbal relatif à cette proposition :

M. Cadet rappelle qu'il avait demandé, l'année dernière, la diminution de l'effectif du corps des gardiens de la paix. Cette diminution permettrait d'augmenter le traitement notoirement insuffisant de ces agents, dont la tâche si difficile exige tant de qualités pour être bien accomplie. Le Conseil n'a pas accepté cette diminution. M. Cadet ne renouvellera pas sa proposition, mais il exprime le vœu que M. le Préfet de Police s'entende avec le gouvernement dans le but d'arriver à l'augmentation du traitement des gardiens de la paix. Ce traitement devrait être augmenté de 0 fr. 50 par jour, soit de 180 francs par an ; le nombre actuel de ces agents étant de 6.800, la dépense totale résultant de cette augmentation s'élèverait à 1.224.000 fr. par an ; elle serait répartie par moitié entre l'État et la Ville de Paris. M. le Préfet de Police devrait être invité à soumettre, l'année prochaine, au Conseil une proposition dans ce sens.

M. Cadet dépose, en conséquence, le projet de vœu ci-après :

Les soussignés prient le Conseil municipal d'émettre le vœu suivant :

En face de l'augmentation croissante du prix de la vie, les appointements des gardiens de la paix devenant insuffisants, ceux-ci toucheront, à partir de 1878, une solde calculée sur une augmentation de cinquante centimes par jour.

CADET, MÉTIVIER, BRALERET.

M. le Préfet de Police remercie M. Cadet de sa sollicitude pour des agents que leur modestie et leur dévouement signalent à l'intérêt du Conseil. Il fera auprès des autorités compétentes toutes les démarches nécessaires pour donner satisfaction au désir exprimé par M. Cadet.

M. Ferré appuie le projet de vœu de M. Cadet.

Ce projet est mis aux voix et adopté (1).

Le Préfet de Police entama aussitôt les premiers pourparlers avec le ministre de l'Intérieur et le Préfet de la Seine. Parmi les nombreuses lettres écrites à ce sujet par la Préfecture de Police, mentionnons celle du 18 octobre 1877, adressée à M. Ferdinand Duval, Préfet de la Seine, et dans laquelle M. Félix Voisin exposait que le moment était venu de s'occuper des voies et moyens nécessaires pour pourvoir à cette dépense (764.400 fr. part contributive de la Ville de Paris).

---

(1) Sur le registre des procès-verbaux des séances du Conseil municipal de la Ville de Paris, en date du 12 décembre 1876, on trouve encore :

Le Conseil,

Vu le projet de vœu déposé dans la séance du 12 décembre 1876 par M. Cadet et deux de ses collègues.

Considérant que, par suite de la cherté croissante des vivres, les appointements des gardiens de la paix deviennent insuffisants,

Émet le vœu :

Qu'à partir du 1er janvier 1878, la solde des gardiens de la paix soit augmentée de 0 fr. 50 par jour.

Signé au registre :

Hérisson, président.
Collin, Bonnard, secrétaires.

Après avoir signé cette lettre, M. Voisin y ajouta, de sa main, le paragraphe suivant :

En présence de la situation difficile, au point de vue pécuniaire, du personnel des gardiens de la paix, et au moment où l'Exposition universelle va encore aggraver cette situation, j'insiste d'une façon toute particulière sur l'intérêt majeur qui s'attache à la réalisation de ce vœu.

Quelques semaines après, en faisant parvenir au ministère de l'Intérieur un résumé de la question, le Préfet de Police y joignit, pour le Directeur de l'Administration départementale et communale, la lettre ci-dessous, écrite *propriâ manu* :

Mon cher Directeur,

J'appelle votre attention toute spéciale sur la lettre ci-jointe, relative aux gardiens de la paix et à l'augmentation de leur solde.

Il y a là pour mon administration une question d'une grande importance, vous le comprendrez sans peine. Les gardiens de la paix, dont le service est si dur, si pénible et toujours si délicat, ont dans les circonstances actuelles beaucoup de mal à vivre.

Tout à vous,

Félix Voisin.

M. Albert Gigot, qui succéda à M. Félix Voisin (1) le 17 décembre 1877, obtint du ministre de l'Intérieur la présentation aux Chambres du projet de loi relatif au relèvement du traitement des gardiens de la paix.

Voici le rapport présenté à la Chambre par M. Parent, député de la Savoie :

Messieurs, le Conseil municipal de Paris a pris, dans sa séance du 12 décembre 1876, la délibération suivante :

Considérant que, par suite de la cherté croissante des vivres, les appointements des gardiens de la paix deviennent insuffisants, le Conseil émet le vœu qu'à partir du 1er janvier 1878, la solde des gardiens de la paix soit augmentée de 50 centimes par jour.

Cette augmentation doit faire partie du traitement et être soumise, comme lui, à la retenue proportionnelle. Dans la réalité, elle répondra à un chiffre annuel de 200 francs. La dépense serait au total de 1.528.000 francs pour les 7.644 brigadiers, sous-brigadiers et agents dont se compose le service.

---

(1) Le 3 décembre 1877, M. Félix Voisin donna son approbation à un rapport de M. Ansart, relatif à la création d'un sous-chef des bureaux de la Police municipale et au remaniement du cadre des commis principaux et commis attachés à ces bureaux.

La moitié de cette somme serait payée par le Trésor; on a, en effet, reconnu depuis longtemps qu'il ne serait ni très juste ni très équitable de faire
peser sur la caisse municipale de la Ville de Paris tous les frais de sa police;
l'État doit en supporter une part. Dans la loi du 25 janvier 1872, la dernière
qui ait réglé cette matière, cette part est fixée à la moitié de la dépense totale; la
loi en arrête le maximum à 6.929.425 francs. C'est en exécution de ces dispositions que figure, chaque année, au budget de l'Intérieur, chapitre II, sous ce titre :
« Subvention à la Ville de Paris pour sa police municipale », un crédit de
6.929.425 francs.

Enfin, la loi du 25 janvier 1872 dispose que ce crédit de 6.929.425 francs ne
pourra être élevé au-dessus de cette somme qu'en vertu d'une loi spéciale.

C'est cette loi spéciale que demande le gouvernement par le projet de loi
déposé sur le bureau de la Chambre, le 29 janvier dernier. La part contributive
de l'État sur les 1.528.800 francs serait de 764.400 francs, le Gouvernement nous
propose en conséquence d'élever le maximum du crédit de 6.929.425 francs à
7.693.825 francs, qui seraient inscrits au chapitre 10. Enfin, le projet ajoute que
ce maximum ne pourra être dépassé qu'en vertu d'une loi spéciale. Les dispositions essentielles de la loi du 25 janvier 1872 sont donc maintenues dans le
projet soumis à nos délibérations.

Votre commission, Messieurs, a saisi l'occasion de s'associer au vœu si légitime du Conseil municipal de Paris. Trop souvent les adversaires de la République ont cherché à jeter le doute sur les intentions et le rôle de la police. Nous
tenons à donner à ce corps si honorable, si bien choisi et si actif, une marque
de l'inanité de ces accusations.

Placés sous la direction d'un magistrat sincère et éclairé, les brigadiers,
sous-brigadiers et agents redoubleront de zèle, de bonne tenue, pour contribuer
à maintenir, à développer les bons rapports entre la population parisienne et les
agents si justement nommés les gardiens de la paix.

Nous avons, en conséquence, l'honneur de vous proposer d'adopter le projet
de loi dont la teneur suit :

Projet de loi.

Article unique : Le maximum de la part contributive de l'État dans la dépense annuelle de la police municipale de Paris, fixé à 6.929.425 francs par la
loi du 25 janvier 1872, est porté à 7.693.825 francs.

Il ne pourra être élevé au-dessus de cette somme qu'en vertu d'une loi
spéciale (1). »

Ce projet de loi fut adopté par la Chambre des députés le 16 février
1878, et la décision budgétaire du Sénat du 15 mars suivant sanc-

_____

(1) La Commission de la Chambre des députés, chargée d'examiner ce projet de loi, était
composée de MM. Gambetta, président; Guichard, vice-président; Millaud (Édouard), Devès,
Waddington (Richard), Liouville, secrétaires; Proust (Antonin), Carnot (Sadi), Nadaud (Martin),
Allain-Targé, Martin-Feuillée, Talon (Alfred), Langlois, Wilson, Germain (Henri), Floquet, Pa-
rent, Guyot (Rhône), Tirard, Jacques, Dréo, Varambon, Merlin, Blandin, Boysset, Ferry (Jules),
Lamy, Bethmont, Spuller, Turquet, Menier, Sénard, Rouvier.

GARDIENS DE LA PAIX; 1871-73.

tionna le vote du crédit demandé en faveur des gardiens de la paix.

La délibération prise à ce sujet, le 14 mai 1878, par le Conseil municipal fut approuvée le 18 du même mois.

Par arrêté du 21 mai, le Préfet de Police éleva de 200 fr. par an, à partir du 1er janvier 1878, le traitement des brigadiers, sous-brigadiers et agents de la police municipale.

Albert Gigot, Préfet de Police
(17 décembre 1877 — 5 mars 1879).

Le 1er juillet de la même année, un nouvel arrêté préfectoral étendit le bénéfice de cette augmentation à tous ceux qui avaient appartenu à la police municipale pendant le temps écoulé du 1er janvier au 21 mai, proportionnellement à la durée de leur service. Cet arrêté disposait aussi que les retraites liquidées durant la même période seraient revisées en conséquence de la disposition précédente.

Cette augmentation majorait, pour la seconde fois depuis 1873, la solde des brigadiers; à cette dernière date, en effet, un arrêté préfectoral avait porté leur traitement annuel à 2.000 francs, et la mesure générale dont nous venons de parler l'élevait à 2.200 francs.

Si, à cette somme, on ajoute 183 fr. 60 (indemnité de logement) et 120 fr. (indemnité d'habillement) (1), on obtient un total légèrement supérieur aux appointements des inspecteurs principaux, placés dans l'ordre hiérarchique au-dessus des brigadiers.

M. Cambon (2), Secrétaire général, frappé de cette anomalie, fit approuver par le Préfet de Police un rapport où il demandait que le traitement des inspecteurs principaux, qui était resté le même depuis 1854, fût porté à 3.000 francs (3).

---

(1) L'indemnité d'habillement de 120 francs par an a été accordée aux inspecteurs de police par arrêté préfectoral du 6 juillet 1878.

(2) Aujourd'hui, gouverneur général de l'Algérie.

(3) On n'eut pas besoin de demander un crédit supplémentaire pour cette augmentation, car

Jusqu'en 1890, l'effectif du corps des gardiens de la paix ne fut pas augmenté. Après la suppression des services spéciaux dont nous allons parler, on se vit dans la nécessité de réduire le nombre des hommes affectés à la surveillance des quartiers (1).

Aussi, dès le 7 octobre 1882, M. Camescasse, Préfet de Police, introduisait-il un mémoire au Conseil pour demander une augmentation de 646 agents.

Depuis la création du corps des gardiens de la paix en juin 1871, certaines mesures administratives ultérieures, prises d'ailleurs en conformité des vœux du Conseil municipal, ont eu, disait-il, pour effet de distraire une partie de l'effectif pour l'employer à la surveillance de services spéciaux.

En 1873, eut lieu la remise aux gardiens de la paix des places de stationnement de voitures précédemment confiées à un service spécial. Cette réforme a donné de bons résultats, mais elle a enlevé 531 agents au service de la Sûreté. Il y a, en effet, à Paris 177 stations de voitures nécessitant un personnel triple d'agents. Sans doute, la surveillance dont ces agents sont chargés ne doit pas se borner au simple contrôle du mouvement des voitures, mais s'étendre à tout ce qui se passe autour de lui. Malheureusement, elle ne peut guère dépasser les limites de la station.

Le service des halles et marchés a été supprimé en vertu d'une délibération du Conseil, en date du 3 décembre 1875. Depuis, le service est confié aux gardiens de la paix, au nombre de 50 environ, plus 2 brigadiers et 1 sous-brigadier.

Réduit en 1874, le service de surveillance des abattoirs a été complètement supprimé le 1er janvier 1879. 26 gardiens de la paix sont occupés à ce service.

Enfin, au cours de l'année 1878, on a proposé la suppression, par voie d'extinction, des inspecteurs de commissariats de police et leur remplacement par des agents de la police municipale. 30 agents sont aujourd'hui attachés à des commissariats et leur nombre augmentera au fur et à mesure des mises à la retraite (2).

En résumé, tous ces services absorbent un nombre de 646 agents ainsi répartis :

---

sur la somme de 62.500 francs inscrite au budget pour le traitement de 25 inspecteurs principaux, il restait, par suite de neuf vacances d'emploi, un disponible de 23.757 francs.

Cette somme servit à l'augmentation proposée.

(1) Puisque nous sommes au chapitre des modifications, mentionnons, pour mémoire, les deux arrêtés suivants pris par M. Andrieux, Préfet de Police.

Le premier, daté du 12 mars 1879, supprima la quatrième brigade de recherches et décida que les hommes qui la composaient seraient versés dans les autres brigades. L'officier de paix chargé de la direction de cette brigade fut placé à la tête d'un arrondissement.

Le second, qui porte la date du 30 avril de la même année, modifia l'organisation du contrôle général des services extérieurs.

(2) Ce système a été abandonné et l'on a de nouveau attaché des inspecteurs auprès des commissaires de police.

Surveillance des stations de voitures 531
Inspection des halles et marchés............ 50
Service des abattoirs. 26
Inspecteurs des commissariats.............. 39

Dans ce mémoire, le Préfet de Police faisait également remarquer
que le chiffre fixé par l'arrêté d'organisation du 20 juin 1871 avait
été réduit en 1879 sur les indications du Conseil, d'une somme
de 235.000 francs, correspondant à un nombre de 120 agents.

L'accroissement de la population de la capitale était encore un des
arguments qui militaient le plus en faveur de l'augmentation réclamée
par M. Camescasse. Au 1er janvier 1872, Paris comptait 1.851.792
habitants, et, en 1882, ce chiffre s'élevait à 2.239.928. C'était, en
dix ans, une augmentation de près de 400.000 habitants (1).

Malgré ces excellentes raisons, le Préfet de Police ne put obtenir
gain de cause.

Dans sa séance du 29 décembre 1882, le Conseil municipal accepta
seulement la création de 300 agents, soit une diminution de 346 sur
le chiffre présenté par l'Administration. On sait, d'ailleurs, que, pendant les années qui suivirent, un malentendu des plus regrettables
troubla la bonne harmonie qui avait jusque là présidé aux rapports
du Conseil avec la Préfecture de Police. Cet état de choses a pris fin,
en 1893, grâce au Préfet actuel, M. Lépine, qui est parvenu à renouer
avec l'assemblée communale les relations d'autrefois.

Cette création de 300 agents ne devait être votée que huit ans
plus tard, c'est-à-dire en 1890. D'abord rejetée le 31 décembre 1889,

---

(1) Il est peut-être curieux d'établir une comparaison entre cet accroissement de la population parisienne en dix ans et les chiffres que donnent les divers recensements effectués depuis le commencement du siècle. Voici cette statistique :

1800..........................	547.756	1836..........................	1.174.346
1811..........................	623.000	1841..........................	1.096.741 (A)
1817..........................	713.966	1860..........................	1.825.274
1831..........................	785.862	1872..........................	1.851.792
1836..........................	868.438	1876..........................	1.988.806
1841..........................	935.261	1881..........................	2.239.928
1846....	1.053.397	1886..........................	2.260.945
1851..........................	1.053.262	1891..........................	2.386.232 (B)

. (A) La population des communes annexées peut être évaluée à 500.000 habitants.
(B) Déduction faite des troupes, lycées, prisons, aliénés, hospices.

en même temps que le budget de la Préfecture de Police, cette proposition fut reprise dans la séance du 2 avril suivant, et adoptée.

La loi du 30 août 1890 porta la part contributive de l'État dans les dépenses de la police parisienne de 7.693.825 fr. à 7.985.575 fr., et sanctionna ainsi la nomination des nouveaux agents entrés en fonctions le 1ᵉʳ juillet précédent (1).

Avant de parler de l'augmentation de l'effectif et du relèvement de la solde des gardiens de la paix en 1892, nous devons rapporter l'arrêté du 3 septembre 1889, qui a modifié la procédure jusqu'alors en usage pour l'admission des agents.

Cet arrêté décide que :

1º Toutes les demandes à un emploi de gardien de la paix seront centralisées au bureau du personnel.

2º Les candidats subiront un examen d'aptitude devant une commission composée de :

Le Secrétaire général, président ;

Le Chef de la Police municipale ;

Le Chef du personnel.

3º Tous les agents, commis, etc., de la police municipale, seront nommés par arrêté du Préfet, sur la présentation du Secrétaire général.

4º Tous les 15 jours, le Chef de la Police municipale fera connaître au bureau du personnel le chiffre des vacances à combler dans la quinzaine.

Le Secrétaire général proposera au Préfet la nomination d'un nombre égal de candidats choisis parmi ceux reconnus admissibles (2).

5º Le Chef de la Police municipale enverra au bureau du personnel toutes ses propositions de mises à la retraite, d'acceptation de démissions, de mises à la réforme, etc., et le Préfet prononcera sur l'avis du Secrétaire général.

A la suite de cet arrêté, l'Administration imposa les conditions suivantes aux candidats à l'emploi de gardien de la paix :

1º Être Français ou naturalisé Français ;

2º Être âgé de moins de 30 ans (la limite d'âge est étendue à 35 ans pour les anciens militaires) ;

---

(1) M. Joseph Reinach, rapporteur du projet de loi devant la Chambre des députés, résumait ainsi les résultats que devait donner la mesure dont il proposait l'adoption :

« La création de 300 nouveaux agents demandée par le Conseil municipal, bien que ne répondant pas complètement aux besoins de la situation, permettra cependant de renforcer de 3 gardiens les 80 postes de police de quartier, et de mettre ainsi un gardien de plus en service dans la rue dans chacun de ces quartiers. »

(2) Six mois après leur incorporation, les gardiens de la paix sont classés dans la disponibilité, et, par ce fait, dispensés des obligations militaires.

3° Avoir la taille minima de 1^m,67 (sans chaussures), mais les postulants ayant ou dépassant 1^m,70 seront pris de préférence;

4° Savoir lire et écrire couramment;

5° Habiter Paris ou l'avoir habité pendant au moins deux années consécutives;

6° Être reconnu physiquement apte à l'emploi par le médecin de l'administration;

7° Être déclaré admissible par la commission spéciale d'examen qui fonctionne au siège même de la Préfecture de Police.

Pièces à produire :

1° Une demande sur papier timbré;

2° Une copie authentique, sur timbre, de l'acte de naissance;

3° Pièces militaires (livret militaire et certificat de bonne conduite, ou certificat d'exemption).

4° Extrait du casier judiciaire (ce document est sans valeur s'il remonte à plus d'un mois de date).

Les 300 agents créés au mois de juillet 1890 formaient un appoint trop faible pour atténuer pendant longtemps l'insuffisance numérique du personnel de la police municipale. Les événements qui se produisirent au début de l'année 1892 démontrèrent, encore une fois, la nécessité d'augmenter dans des proportions plus considérables l'effectif du corps des gardiens de la paix.

On n'a pas oublié qu'en mars et avril de cette année des attentats anarchistes vinrent jeter le trouble dans Paris. Il y eut, coup sur coup, trois attentats pendant le mois de mars : le 11, dans la maison portant le n° 136 du boulevard Saint-Germain; le 15, à la caserne Lobau, et, le 26, rue de Clichy, n° 39 (affaire Ravachol). Un mois après, le 25 avril, avait lieu l'explosion du restaurant Véry, 22, boulevard Magenta, qui causa la mort de deux personnes (1).

A titre préventif, la Préfecture dut établir des surveillances spéciales autour des immeubles qui pouvaient être considérés comme exposés à de nouveaux attentats. La durée et le nombre des services réglementaires des gardiens de la paix et des inspecteurs furent aussitôt modifiés en raison des circonstances; mais on ne tarda pas à s'apercevoir qu'il n'était pas possible de suffire à cette nouvelle tâche avec le personnel existant.

(1) Le restaurateur Véry et le sieur Hamonod.

Après entente entre le ministre de l'Intérieur et le Préfet de Police, il fut décidé que l'on demanderait à l'État et à la Ville de Paris : 1° d'augmenter le nombre des gardiens de la paix pour faire face aux obligations de la police pari- sienne; 2° de rele- ver en même temps le traitement des agents.

présenté à la Cham- Le projet de loi fut par les ministres de bre, le 17 mai 1892, nances. En compa- l'Intérieur et des Fi- population de 1871 rant le chiffre de la lice municipale créé et l'effectif de la po- 20 juin 1871, il dé- par l'arrêté du terminait la propor-

Louis Andrieux, Préfet de Police
(5 mars 1879 — 18 juillet 1881).

tionnalité qui doit exister normalement entre le nombre des habitants et celui des gardiens de la paix. En vertu de cette règle empirique, et d'après les résultats du dénombrement de 1891, l'effectif des gardiens de la paix de Paris aurait dû être de 8.000. Il n'était alors que de 6.400. Cette création de 1.100 nouveaux agents n'était donc pas encore suffisante pour atteindre le quantum réglementaire.

Au sujet du relèvement du traitement, le rapporteur, M. Antonin Dubost (1), s'exprimait ainsi :

La solde d'un gardien de la paix est de 1.400 francs; mais il en faut déduire 70 francs pour la retraite. Il lui reste donc 1.330 francs, soit 3 fr. 65 par jour.

Après quatre ans de service, s'il n'a pas de punition, il touche 3 fr. 95; après sept ans, il arrive à 4 fr. 20. Ce n'est qu'au bout de dix ou douze ans qu'il peut atteindre la première classe et toucher 4 fr. 45 par jour.

Dans l'exposé des motifs qui précédait le projet de loi, les ministres disaient :

C'est avec cette somme que les agents doivent se nourrir, entretenir leur femme et leurs enfants, et souvent prendre leurs repas au dehors. Le Gouvernement pense que les gardiens, tout comme les inspecteurs de la sûreté, devraient avoir un traitement minimum de 5 francs par jour.

(1) Ancien Secrétaire général de la Préfecture de Police, ancien Garde des Sceaux.

Si le projet de loi comportait une demande importante de crédits devant motiver l'avis de la Commission du budget, la question était assez grave pour nécessiter une étude sur l'organisation de la police de Paris.

Mais on était en mai 1892, au lendemain des attentats anarchistes, et il fallait, avant tout, rassurer la population. On ne s'occupa donc que de la question financière. Le 17 mai, le Gouvernement demanda et obtint le renvoi du projet de loi à l'examen de la Commission du budget.

Le rapporteur se plaça sur le même terrain que le Gouvernement, examinant les résultats des dénombrements quinquennaux de la population de Paris et les comparant aux effectifs de la police municipale, tels qu'ils résultaient soit de l'arrêté du 20 juin 1871, soit de la loi du 6 août 1890. Il conclut à l'adoption du projet (1).

La question de l'utilisation des contingents et celle d'une réorganisation des services de la police parisienne se posèrent néanmoins à la Commission du budget. Voici ce que dit, à ce propos, M. Antonin Dubost :

Deux membres de la Commission ont ajouté qu'il y aurait peut-être lieu d'examiner s'il ne serait pas possible de faire un emploi différent du personnel des gardiens de la paix, de manière à rendre un plus grand nombre d'entre eux disponibles pour le service de la voie publique. Mais votre Commission pense que, dans tous les cas, l'augmentation du nombre des agents proposée est indispensable.

Ces observations passèrent inaperçues, car personne, en dehors de ces deux députés, ne fut d'avis qu'il y avait peut-être une réforme utile à tenter.

L'augmentation du traitement des agents ne souffrit pas de discussion : « C'est avec raison, dit le rapporteur, qu'en présence du renchérissement du prix de toutes choses, notamment des objets d'alimentation, le Gouvernement pense que le gardien de la paix et l'inspecteur de la sûreté doivent avoir un minimum de traitement de 5 francs par jour. »

Le rapport de M. Antonin Dubost fut discuté et voté dans la séance

(1) Dans son rapport, M. Antonin Dubost donne aussi, sur le fonctionnement du service, de curieux détails qui ont leur place marquée dans la partie de ce chapitre spécialement consacrée à ce sujet.

du 30 juin 1892. Il réunit une majorité de 468 voix sur 497 votants (1).

Le même jour, M. Léon Bourgeois (2), alors ministre de l'Instruction publique, déposa, au nom du Gouvernement, sur le bureau du Sénat le projet adopté par la Chambre.

Sur le rapport de M. E. Millaud, sénateur du Rhône, ce projet vint en discussion au Luxembourg le 9 juillet, et obtint la presque unanimité des suffrages (3). La loi fixant à 10.489.950 francs par an la part contributive de l'État dans les dépenses de la police de Paris (4) et ouvrant au Ministre de l'Intérieur un crédit de 1.253.688 francs pour l'exercice 1892, fut promulguée le 26 juillet.

Le supplément des ressources nécessaires à la mise à exécution de ce projet devait être fourni par la ville.

La question avait déjà été portée devant le Conseil municipal, le 18 mai précédent. A cette date, en effet, le Préfet de Police avait présenté un mémoire au sujet de l'augmentation de l'effectif et de la solde des agents de la police municipale. En raison de la répercussion qu'il devait avoir sur l'équilibre du budget de la ville de Paris, ce mémoire fut renvoyé à l'examen de la Commission des finances.

Le 27 juin, M. Paul Viguier, président de la 2ᵉ Commission, présenta au Conseil les observations suivantes :

Messieurs, vous savez que nous sommes saisis d'un mémoire de M. le Préfet de Police, tendant à élever les émoluments des agents de la police municipale et à augmenter le nombre des gardiens de la paix.

Sur cette question, j'ai eu l'occasion de faire, il y a 15 ou 20 jours, une déclaration au comité du budget indiquant que la 2ᵉ Sous-Commission, chargée de l'étude de ce mémoire, entendait séparer les deux questions, adopter la première comme un acte de justice depuis longtemps prévu par le Conseil et justifier la seconde par des documents précis.

En effet, Messieurs, si la sollicitude bien connue de ce Conseil pour les gardiens de la paix publique permet d'augurer une solution favorable en ce qui concerne l'augmentation de leurs émoluments, il y a lieu, avant de statuer sur l'augmentation de leur effectif, d'apporter au Conseil, à l'appui d'une demande d'augmentation d'effectif, l'emploi détaillé des agents mis à la disposition de la Préfecture de Police.

La 2ᵉ Sous-Commission du budget se réunit, le 8 juillet, pour entendre les conclusions de son rapporteur M. Ch. Laurent. Le 18 du même mois, ce dernier fit connaître au Conseil les motifs qui avaient amené la 2ᵉ Sous-Commission à accepter les propositions de l'Administration.

Votre 2ᵉ Sous-Commission a recherché, dit-il, quel était l'emploi de l'effectif mis à la disposition du

Sabre de brigadier de gardiens de la paix.

Préfet de Police et elle a constaté que, surtout dans les quartiers nouveaux, ni les services d'îlotiers ni les services de plantons n'étaient suffisants. La surveillance y fait presque complètement défaut.

Le nombre des agents qui restent en permanence est trop restreint pour qu'on puisse en distraire quelques-uns pour le service des îlotiers et des plantons.

Dans ces conditions, il n'y a que deux choses à faire : pour le Conseil, augmenter le nombre des gardiens de la paix; pour l'Administration, utiliser ces hommes d'une manière plus rationnelle, en remaniant les îlots qui ne correspondent plus à la topographie actuelle et en modifiant la marche des îlotiers, qui, par son uniformité invariable, donne la plus grande sécurité aux malfaiteurs.

M. Ch. Laurent déclara, en outre, que les finances de la ville permettaient de faire face à cette dépense. A la suite d'une longue discussion, le Conseil se prononça pour l'ajournement du projet.

Dans sa séance du 22 juillet, à la demande du Préfet de Police, la question fut de nouveau portée devant le Conseil. Après les explica-

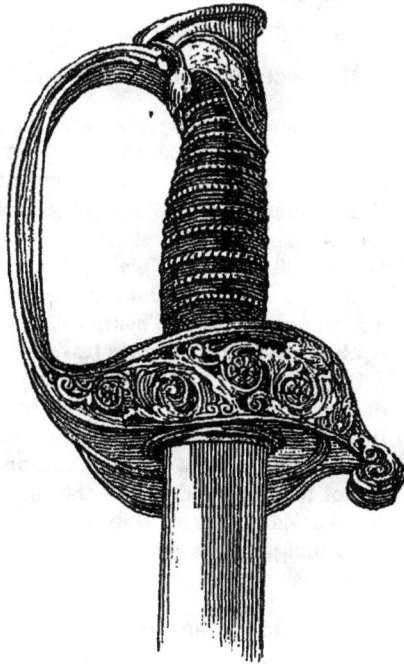

tions fournies par M. Lozé (1) et les répliques de plusieurs conseillers, la majorité vota le relèvement de la solde des agents de la police municipale et repoussa l'augmentation de l'effectif.

M. Lozé exposa d'abord la question des salaires.

Le montant des services payés qui constitue, disait-il, un supplément d'émoluments, atteint en moyenne et par mois 910 francs dans le 1er arrondissement, 2.245 francs dans le 8e arrondissement et 2.560 francs dans le 9e arrondissement. Ce qui donne dans le 8e arrondissement, où se trouvent le Palais de l'Industrie, les Champs-Élysées, etc., 8 francs par homme et par mois, quand, dans le 1er arrondissement, on n'obtient qu'une moyenne de 3 francs.

Je vous demande comment un agent peut vivre avec son salaire. J'entendais quelqu'un dire tout-à-l'heure : ils n'ont qu'à travailler.

Eh bien, tous à peu près travaillent en dehors du service.

Quand ils ont fait ce service si pénible et si dur de la voie publique, service de jour et de nuit, au grand air, par tous les temps, ils se livrent à un autre métier; quand ils sont rentrés chez eux, pendant les heures que je ne puis appeler de loisir, ils sont tailleurs, cordonniers, et lorsqu'ils n'ont pas d'ouvrage, ils aident leur femme dans son travail. J'en connais qui recouvrent des boutons ou tressent des objets en fil de fer ou de laiton.

Et malgré cette situation misérable, ce sont les hommes les plus disciplinés que vous connaissiez.

A la fin de son discours, M. Lozé démontra en ces termes la nécessité d'élever de nouveau le nombre des agents (2) :

La population de la ville de Paris était, au recensement de 1886, de 2.256.000 habitants; en 1891, elle était de 2.423.000 habitants.

A cet accroissement de la population doit nécessairement correspondre une nouvelle organisation et une augmentation des forces de police; il n'est pas admissible que le nombre des agents ne soit pas augmenté dans les arrondissements dont la population s'est accrue de 100.000 habitants. Il n'est pas possible que le 1er arrondissement qui a une population de 67.000 habitants, ou le IIIe qui en a 88.000, aient un nombre d'agents plus considérable que le XIe qui est arrivé au chiffre de 213.000 habitants, ou le XVIIIe qui en a 220.000 (3).

---

(1) Aujourd'hui, ambassadeur de France à Vienne.
(2) A cette date, l'effectif du corps des gardiens de la paix se décomposait ainsi :

Inspecteurs divisionnaires..	9
Officiers de paix..	27
Brigadiers de gardiens de la paix..	71
Sous-brigadiers...	572
Gardiens de la paix...	6100

En outre, il y avait 3 officiers de paix au Service des recherches et un au Contrôle Général.
(3) Le Préfet demandait ensuite l'augmentation du personnel des agents en bourgeois (inspecteurs de la sûreté, des garnis et des brigades de recherches) et rappelait qu'en 1872 les services de la sûreté ne comptaient que 109 agents. « En 1891-1892, ce nombre, disait-il, a été

Le 28 juillet, M. Lozé prit l'arrêté suivant :

Le Préfet de Police,
Vu la loi du 26 juillet 1892;
Vu la délibération du Conseil municipal de la Ville de Paris, en date du 22 juillet 1892;
Sur la proposition du Secrétaire général,

Arrête :

Les traitements des brigadiers, sous-brigadiers et gardiens de la paix relevant de la police municipale et les traitements des brigadiers, sous-brigadiers et inspecteurs appartenant aux services des recherches, des garnis, de la sûreté et du contrôle général, sont augmentés, à dater du 1ᵉʳ juillet 1892, conformément aux indications du tableau suivant :

GRADES.		TRAITEMENTS ACTUELS.	TRAITEMENTS NOUVEAUX.
Brigadiers.		2.000	2.300
Sous-brigadiers		1.800	2.100
Inspecteurs	de 1ʳᵉ classe.	1.700	2.000
et	de 2ᵉ classe.	1.600	1.900
Gardiens de	de 3ᵉ classe.	1.500	1.800
la paix.	de 4ᵉ classe.	1.400	1.600

Le Préfet de Police,

H. Lozé.

Comme la loi du 26 juillet 1892 avait autorisé le Gouvernement à augmenter l'effectif des gardiens de la paix de 1.100, et celui des inspecteurs de police de 150, le décret du 7 août, que nous rapportons ci-dessous, modifia les cadres de la police municipale conformément aux propositions du Ministre de l'Intérieur et du Préfet de Police :

Le Président de la République Française,
Vu les décrets du 17 décembre 1854 et du 27 novembre 1859 sur l'organisation de la police municipale de Paris;
Vu la loi du 13 juillet 1867;
Vu l'arrêté du Chef du Pouvoir exécutif de la République française du 20 juin 1871;
Vu la loi des finances des 24-25 décembre 1878;
Vu la loi du 30 août 1890;

porté à 338. Mais pour y arriver, on a dû réduire d'autres brigades. Ces brigades, ainsi diminuées, ont besoin d'être ramenées à un chiffre supérieur. »

Vu la loi du 26 juillet 1892 ;

Attendu que l'effectif des gardiens de la paix et des inspecteurs de police de la ville de Paris n'est plus en rapport avec le chiffre de la population parisienne constaté par le recensement du 12 avril 1891 ;

Sur le rapport du président du Conseil, ministre de l'Intérieur,

Décrète :

ARTICLE 1er. — A partir du 1er juillet 1892, l'effectif de la police municipale à Paris, est augmenté de mille cent (1.100) gardiens de la paix et de cent cinquante (150) inspecteurs de police.

ARTICLE 2. — La dépense complémentaire annuelle résultant de ces créations d'emplois est ainsi déterminée :

Traitement de 1.250 agents (traitement moyen par agent 1.825 fr.).   2.281.250.
Gratifications indemnités et primes :
Gratifications de 70 francs pour les 1.250 agents. . . . 87.500
Frais spéciaux en sus, de 150 inspecteurs à raison de
   400 par inspecteur. 60.000
                          147.500   147.500
Habillement et équipement à raison de 120 francs par agent. . .   150.000
Indemnité de logement à raison de 185 francs par agent. 231.250
Au total, deux millions huit cent dix mille francs. 2.810.000

ARTICLE 3. — Le président du Conseil, ministre de l'Intérieur, est chargé de l'exécution du présent décret qui sera inséré au *Bulletin des lois*.

Fait à Fontainebleau, le 7 août 1892.

                                  CARNOT.

Le président du Conseil, ministre de l'Intérieur,

                          Émile LOUBET.

Enfin, le 29 octobre 1892, un nouveau décret présidentiel, dont voici la teneur, fixa l'effectif et les traitements des agents de la police municipale :

Le Président de la République Française,

Sur le rapport du président du Conseil, ministre de l'Intérieur ;

Vu la loi du 28 pluviôse et l'arrêté des consuls du 12 messidor an VIII ;

Vu l'arrêté du Chef du Pouvoir exécutif du 20 juin 1871, portant réorganisation des services de la police municipale, ensemble la loi de finances des 24-25 décembre 1878 et les lois des 30 août 1890 et 26 juillet 1892, élevant successivement de 6.929.425 francs à 7.693.825 francs, 7.982.575 francs et 10.489.950 francs le maximum de la part contributive de l'État dans la dépense annuelle de la police municipale de la ville de Paris,

Décrète :

LE DOCTEUR ROUDIL,
MÉDECIN EN CHEF DE LA POLICE MUNICIPALE (1867-1877).

ARTICLE 1er. — A partir du 1er juillet 1892, l'effectif des gardiens de la paix de la ville de Paris, porté de 6.100 à 6.400 à compter du 1er juillet 1890, est fixé à 7.500, et celui des inspecteurs des services de la police municipale (brigade de recherches et des garnis, sûreté, contrôle), à 888.

ARTICLE 2. — Les gardiens de la paix et inspecteurs sont divisés en quatre classes, savoir (1) :

         4e classe traitement porté de. . . . .   1.400 à 1.600.
         3e   id.   id. . . . .   1.500 à 1.800.
         2e   id.   id. . . . .   1.600 à 1.900.
         1re id.   id. . . . .   1.700 à 2.000.

ARTICLE 3. — Le traitement des sous-brigadiers est porté de 1.800 à 2.100 francs et celui des brigadiers de 2.000 à 2.300 francs.

ARTICLE 4. — Le président du Conseil, ministre de l'Intérieur, est chargé de l'exécution du présent décret.

Paris, le 29 octobre 1892.

CARNOT.

Le président du Conseil, ministre de l'Intérieur,

Émile LOUBET.

En résumé, depuis 1871, l'effectif du corps des gardiens de la paix a été augmenté deux fois : de 300 hommes, en 1890, et de 1.100, en 1892.

En dehors des 200 francs accordés, à la fin de 1893, aux brigadiers et sous-brigadiers (2), le traitement des agents a été relevé, en 1878 et 1892, dans les proportions indiquées sur ce tableau :

DATES DES AUGMENTATIONS.	BRIGADIERS.	SOUS-BRIGADIERS.	GARDIENS DE LA PAIX.
20 juin 1871.	1.800	1.600	1.200 à 1.500
22 décembre 1873.	2.000	1.800	»
14 mai 1878.	2.200	2.000	1.400 à 1.700
28 juillet 1892.	2.300	2.100	1.600 à 2.000

Si des divergences d'opinions se sont produites au Parlement ou au Conseil municipal sur la question de l'effectif, l'accord le plus com-

---

(1) En dehors de leurs appointements, les gardiens de la paix touchent des indemnités pour les surveillances qu'ils exercent dans les bals, théâtres, courses, soirées particulières, etc. Les sommes provenant de ces services payés sont centralisées dans une caisse tenue par l'officier de paix de l'arrondissement.

Après la vérification des comptes par l'Administration, la somme totale est répartie à la fin de chaque trimestre.

(2) Au mois de juin 1878, le traitement des inspecteurs principaux fut porté de 2.500 fr. à 3.000 fr.

plet s'est toujours fait devant les propositions tendant à relever le
traitement dès gardiens de la paix.

Les deux augmentations de
solde de 1878 et de 1892 ont même
été votées sans discussion, et il y a
lieu de rappeler que la première est
due à l'initiative de M. Cadet, Conseiller municipal.

Chapeaux de sergents de ville : 1829, 1830, 1850.

On doit donc reconnaître que la situation des agents a été plusieurs
fois améliorée dans ces 25 dernières années, grâce à l'appui bien-
veillant que l'Administration a trouvé auprès des Chambres et du
Conseil municipal de la ville de Paris.

Habillement et Équipement.

On a vu que, pendant les événements de 1870-71, les gardiens de
la paix avaient porté tour à tour le costume dit « des moines », des
vareuses de gardes nationaux, des capotes d'infanterie et d'artillerie
et même des effets destinés aux Allemands. A ces uniformes variés (1),
qui disparurent presque tous dans le courant du 3e trimestre 1871, on
substitua une tenue réglementaire dont nous allons, en suivant l'ordre
hiérarchique, donner le détail et les transformations jusqu'en 1893.

_____

(1) On sera complètement édifié sur cette variété, lorsque nous aurons ajouté que beaucoup
d'agents, dont les vêtements étaient en mauvais état, s'empressèrent, à leur rentrée à Paris
dans les derniers jours de la semaine sanglante, de revêtir les divers uniformes déposés dans
les magasins de l'École militaire.

Par contre, après la Commune, on retrouva un peu partout des vêtements d'anciens sergents
de ville. On en découvrit, notamment, une certaine quantité à la Bibliothèque nationale, à la
mairie de la rue Drouot et aux magasins d'habillement du quai d'Orsay.

Chef de la Police municipale. — Sous le second Empire, le costume de ce haut fonctionnaire ne différait, comme nous l'avons dit,
de celui des commissaires de police que par les deux pattes brodées
placées aux épaules. Une circulaire du 14 décembre 1871 invita ces
magistrats à faire mettre, à la place de l'aigle, les armes de la ville
sur la coquille de l'épée et les boutons d'uniforme. Ces modifications
s'appliquaient également au costume du chef de la Police municipale,
qui était en même temps commissaire de police de la ville de Paris.
Depuis, aucun autre changement n'a été apporté à cet uniforme que
bien peu connaissent aujourd'hui. Voilà, en effet, nombre d'années
que le chef de la Police municipale et les commissaires de Police de
Paris ont cessé de le revêtir dans l'exercice de leurs fonctions. Nous
devons ajouter cependant que M. Clément, commissaire de police
aux délégations judiciaires, n'a jamais manqué jusqu'ici de le porter
dans les cérémonies officielles.

Inspecteurs divisionnaires. — Dans le chapitre relatif au règne
de Napoléon III, nous avons raconté la discussion qui s'éleva, le jour
des funérailles du prince Jérôme, entre divers fonctionnaires de la
police municipale, et donné le texte de l'arrêté préfectoral qui détermina l'uniforme des inspecteurs divisionnaires. On sait qu'il ne fut
pas donné suite à cette innovation et que, jusqu'en 1870, ces derniers
firent leur service en costume civil.

Il n'est pas besoin de rappeler qu'il en fut de même pendant longtemps après le 4 septembre, si l'on excepte toutefois la période des
deux sièges au cours de laquelle les inspecteurs divisionnaires, commandants des gardiens de la paix, portèrent les uniformes dont nous
avons parlé dans l'un des précédents chapitres.

Voici le costume adopté pour ces fonctionnaires sous le régime
actuel :

Une tunique en drap noir.	280 fr. »
Une pèlerine à capuchon en drap noir.	70 fr. »
Une capote en drap noir.	125 fr. »
A reporter.	475 fr. »

Report	475 fr. »
Un pantalon en satin noir.	45 fr. »
Un képi en drap noir	45 fr. »
Une écharpe, en tricot soie bleue, avec glands argent fin	140 fr. »
Un col en satin, avec faux-col blanc	3 fr. »
Un ceinturon en cuir verni doublé, avec plateaux.	19 fr.25
Une dragonne d'état-major, argent fin.	25 fr. »
Une épée à poignée argentée (1).	35 fr. »
Total.	787 fr.25

Ces prix, que nous avons relevés pour la première fois sur des documents de l'exercice 1884, ont subi quelques diminutions. D'autre part, il est mentionné sur les comptes de 1885 à 1888 :

Un pantalon de coutil blanc	17 fr. »
Une pèlerine en caoutchouc (2).	50 fr. »
Une paire de bottes (3)	50 fr. »
Total.	117 fr. »

On ajouta aussi quatre galons de grade à la tunique dont nous donnons un fac-similé à la page suivante (4).

Le képi était orné de quatre galons, et une riche broderie d'argent, au milieu de laquelle se détachaient les armes de la ville de Paris, décorait le bandeau.

Les inspecteurs divisionnaires portèrent cet uniforme jusqu'en 1893, date de leur suppression (5).

Médecin en chef de la police municipale. — Sauf le remplacement de la pelisse par la tunique, le costume du docteur Roudil subit peu de transformations après 1871. Voici, d'ailleurs, le résultat de nos recherches à ce sujet :

(1) Cette épée est semblable à celle des officiers de paix, dont nous donnons la description un peu plus loin.
(2) Ce vêtement remplaça la pèlerine en drap, lors de l'essai qui en fut fait pour les gardiens de la paix.
(3) C'est en 1887, au moment où elles furent adoptées pour les agents.
(4) Nous donnons également les fac-similés des broderies de la tunique des officiers de paix et de celle des inspecteurs principaux mise en service à la fin de 1893.
Voici le détail des broderies de la tunique des inspecteurs divisionnaires :
Cols et parements ornés de deux rangs de feuilles de chêne, entourés d'un rang de paillettes entre deux guipés. Le guipé inférieur bordé d'une dent de loup.
(5) On sait que le nombre des inspecteurs divisionnaires, qui était de cinq en 1871, fut plus tard réduit successivement à trois et à deux.

1871. — Un chapeau d'uniforme, avec ganse et torsade argent fin . . . . 43 fr. »
1872. — Une capote en drap bleu très foncé, parements, collet, pattes
d'épaules en velours noir avec broderies argent fin, boutons en
argent . . . . 230 fr. »

Tunique d'inspecteur divisionnaire.
Broderies des parements et du collet (1884).

Une pelisse en drap bleu très foncé. . . . . 57 fr. »
Un pantalon en drap bleu très foncé. 27 fr.50
Un képi drap bleu, avec broderies argent fin . . . . 30 fr. »
Une épée du modèle adopté pour les officiers de paix, poignée
argentée et *parties en relief fond doré*. . . . . 42 fr. »
Deux fontes de revolver avec cartouchière en cuir. . . . . 15 fr. »
Une bretelle d'épée . . . . 6 fr. »
1876. — Une pelisse-caban en drap bleu foncé, boutons argent et galons
de grade. . . . . 120 fr. »
Une tunique en drap bleu (1), collet, pattes d'épaules et parements en velours avec broderies argent fin. . . . . 225 fr. »

Depuis 1877, année du décès de M. Roudil, aucun uniforme n'a
été donné à ses successeurs, les docteurs Coqueret, Nuzillat et
Gillebert-Dhercourt.

Officiers de paix. — A part la suppression de l'habit et du bicorne

___

(1) Ce vêtement, orné d'aiguillettes en argent, fut substitué à la pelisse en 1876. A la même
époque, la pelisse-caban remplaça la capote.

en usage avant la guerre, le costume des officiers de paix resta à peu près le même jusqu'en 1875.

Un arrêté préfectoral du 5 septembre 1871 modifia les broderies en argent de la capote, et l'uniforme de ces fonctionnaires se trouva alors composé comme suit (1) :

Une capote en drap bleu très foncé, (2) collet et parements brodés argent fin, avec boutons en argent (aux armes de la ville entourées des mots : Police municipale).	98 fr. »
Une pelisse en drap bleu très foncé.	57 fr. »
Un pantalon en drap bleu très foncé	27 fr. »
Un képi en drap bleu très foncé, avec galons et broderies argent . .	23 fr. »
Une épée à poignée argentée	35 fr. »
Une dragonne, passementerie argent fin.	9 fr. »
Un porte-épée en cuir verni, avec bretelle.	6 fr. »
Total.	255 fr. »

Au lieu du sabre d'infanterie à poignée dorée des capitaines du bataillon de Versailles, on donna aux officiers de paix de Paris l'épée dont ils sont encore armés aujourd'hui.

La poignée de cette épée est en bronze ciselé et argenté, la coquille porte en relief le vaisseau de la ville. La couronne murale complétant les armes se trouve immédiatement au-dessus, c'est-à-dire au bas de la poignée proprement dite, qui est noire et filigranée d'argent. La branche est ornée de feuilles de lierre qui montent en serpentant. La chape et le bout du fourreau sont, comme la poignée, argentés et ciselés.

En 1872, on revint à la capote, modèle 1865 (3).

Le képi, mis en adjudication à partir du 1er janvier 1873, était semblable, pour la forme, à celui des officiers de l'armée. Il est ainsi décrit dans le cahier des charges de l'adjudication du 9 novembre 1872 : « En drap bleu foncé, avec visière en vache vernie piquée et bordée. Sur le devant du bandeau figure une broderie en argent fin reproduisant au centre, sur fond bleu et rouge, les armes de la ville de Paris avec couronne murale; de chaque côté des armes, un rameau de

---

(1) La durée de la pelisse fut fixée à 2 ans et celle de la capote, à 8 mois.
(2) En réalité, ce drap est d'une nuance si foncée qu'il paraît noir. Depuis octobre 1894, on emploie une étoffe d'un bleu un peu plus clair pour confectionner les effets des gardiens de la paix.
(3) Arrêté préfectoral du 31 mai 1872.

chêne ; à la partie supérieure du bandeau se trouvent trois galons de grade, en tresse d'argent fin ; la flamme du képi est ornée de quatre doubles galons semblables ; le dessus est garni d'un galon formant cercle et d'un trèfle, le tout en tresse d'argent fin. Ces képis sont, en outre, pourvus d'une jugulaire en métal trait argent fin, fixée avec deux petits boutons ronds en argent. »

Depuis, la forme de ce képi, qui est resté le modèle type de la coiffure des officiers de paix, a seule été un peu modernisée. Le prix même n'a pas sensiblement varié : 19 fr.23, en 1873, et 18 fr. 30, en 1895.

En 1874, on prépara la transformation complète du costume des officiers de paix. Voici le détail du nouvel uniforme qui fut mis en service le 1er janvier 1875 : (1)

Une capote en drap bleu foncé.	. . . .	61 fr. 71.
Une pèlerine à capuchon id.	. . . .	20 fr. 45.
Une tunique	id.	97 fr. 78.
Un pantalon	id.	19 fr. 61.
	Total.	199 fr. 55.

Comme on le voit, c'était plus qu'une simple modification : on abandonnait la pelisse et, pour l'usage journalier, on adoptait la tunique, en remplacement de la capote qui ne devait plus servir que pendant la saison d'hiver ou les jours de mauvais temps. Depuis, on s'est contenté de mettre la forme de ces vêtements plus en harmonie avec la mode actuelle ; mais ils n'ont pas cessé de faire partie de la tenue des officiers de paix.

La capote, dont les manches (sans parements) sont ornées d'une passementerie noire en poil de chèvre, a une garniture de boutons en métal recouverts d'une feuille d'argent.

La tunique à collet droit, à corsage et à jupe, se boutonne sur la poitrine au moyen d'une rangée de sept boutons, semblables à ceux de la capote. Le collet et les parements de la tunique sont brodés en argent fin.

---

(1) Adjudication du 3 septembre 1874, consentie à MM. Normand frères pour une période de 5 années, à partir du 1er janvier suivant.

Une décision préfectorale du 11 mars 1876 rendit applicables aux officiers de paix les dispositions contenues dans l'arrêté du 19 octobre 1872 sur la masse d'habillement. (1)

La somme à inscrire fut fixée à 20 francs par mois et la durée des effets ainsi calculée :

Capote.	2 ans.
Pèlerine à capuchon	2 ans.
1re tunique	8 mois.
Et les suivantes.	10 mois.
Pantalon	6 mois.
Képi	6 mois.

Au mois de mars 1878, sur la proposition de M. Ansart, chef de la police municipale, le Préfet de Police décida que la bretelle d'épée des officiers de paix serait remplacée par un ceinturon. En effet, la bretelle d'épée, qui provoquait une certaine gêne quand l'uniforme était porté pendant plusieurs heures consécutives, n'était plus en rapport avec l'aspect général du costume de ces fonctionnaires. Au mois de janvier 1880 (2), la tenue des officiers de paix fut complétée par un pantalon de coutil blanc, dit toile nationale.

Voici, depuis cette date (3), la composition de l'uniforme des officiers de paix :

Une capote en drap bleu très foncé	47 fr. 80
Une pèlerine à capuchon en drap bleu très foncé.	31 fr.
Une tunique en drap bleu très foncé (4).	81 fr.
Un pantalon id.	21 fr. 70
Un pantalon de coutil blanc.	8 fr. 40
Un képi en drap bleu très foncé	18 fr. 40
Une écharpe de soie bleue à glands tricolores.	40 fr.
Une épée.	46 fr. 50
Un ceinturon avec plateaux en argent (5).	11 fr. 50
Une dragonne.	11 fr. 50
Total.	317 fr. 80

(1) C'est l'arrêté qui rétablit pour les gardiens de la paix la masse d'habillement supprimée depuis la guerre. Nous en parlerons lorsqu'il s'agira du costume des agents.

(2) Adjudication Schréder, du 17 décembre 1879.

(3) La maison Harrissard, 3, rue Lesdiguières, a été déclarée adjudicataire, les 19 novembre 1884 et 19 décembre 1889. Cette dernière adjudication prendra fin en 1899.

(4) Le col et les parements de cette tunique sont ornés d'un rang de feuilles de chêne et entourés d'un guipé et d'un rang de paillettes.

(5) Ces plateaux sont en argent et de forme ronde; ils portent au centre les armes de la ville, ils ont une agrafe en même métal, simulant un S.

On peut dire que c'est encore le costume actuel, car les réformes de 1894 n'ont modifié aucun des effets d'habillement ou d'équipement des officiers de paix.

Inspecteurs principaux, brigadiers et sous-brigadiers. — Les inspecteurs principaux détachés au bataillon de Versailles ne sont pas les seuls qui

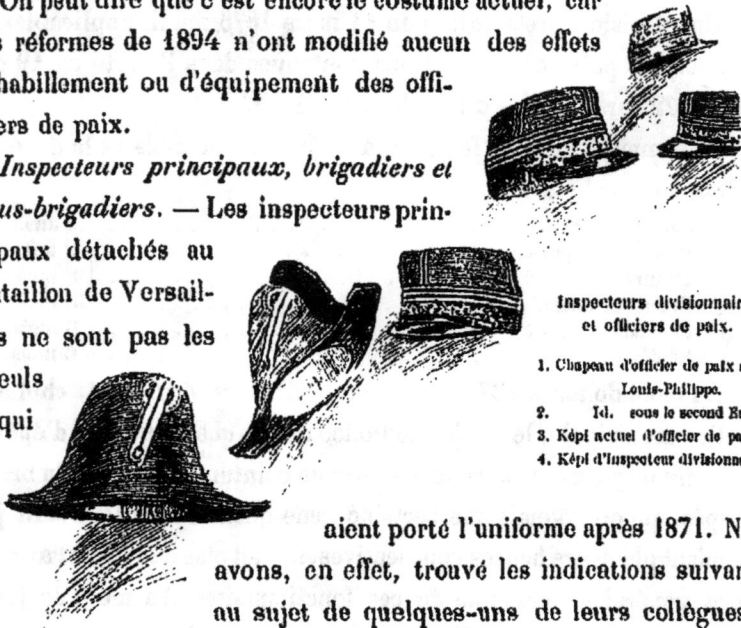

Inspecteurs divisionnaires et officiers de paix.

1. Chapeau d'officier de paix sous Louis-Philippe.
2.   Id.   sous le second Empire.
3. Képi actuel d'officier de paix.
4. Képi d'inspecteur divisionnaire.

aient porté l'uniforme après 1871. Nous avons, en effet, trouvé les indications suivantes au sujet de quelques-uns de leurs collègues de Paris :

Trois galons de grade pour tunique . . . . 18 fr. »
    Id.   pour capote . . . . 22 fr. »
Un képi avec galons de grade et broderie argent sur le devant du
    bandeau . . . . 11 fr. »

Le reste du costume des inspecteurs principaux était semblable à celui des gardiens de la paix.

Sauf les galons de grade et le képi, l'uniforme des brigadiers et sous-brigadiers est le même que celui des agents.

Le képi de brigadier est orné de deux galons de grade, et les armes de la ville (1), brodées au-devant du bandeau, sont encadrées par deux palmes également en argent fin.

Le képi de sous-brigadier n'a qu'un seul galon, et l'écusson de la ville est brodé en argent fin sur le bandeau.

Jusqu'en 1890, les cahiers des charges ne font mention que

_____

(1) Il en est de même pour le képi des sous-brigadiers. Ces armes sont brodées sur drap rouge et bleu.

des galons de grade destinés à la capote et à la tunique. Mais à partir du 1er janvier de cette année, les pèlerines sont comprises au nombre des effets sur lesquels doivent être apposées ces marques distinctives, et l'on trouve le détail suivant :

Une paire de galons de grade pour capote de brigadier.		. . . . .	9 fr. 20
Id.	pour pèlerine	id.	1 fr. 00
Id.	pour tunique	id.	8 fr. 40
Id.	pour capote de sous-brigadier.	. .	4 fr. 60
Id.	pour pèlerine	id. . .	0 fr. 50
Id.	pour tunique	id. . .	4 fr. 20

On a donné aux brigadiers le sabre d'adjudant d'infanterie, modèle 1845.

Gardiens de la paix. — Après leur rentrée à Paris dans les derniers jours de mai 1871, les gardiens de la paix firent pendant un certain temps leur service avec les costumes militaires dont nous avons parlé. Durant plusieurs semaines, ils portèrent même constamment le fusil, comme les soldats de l'armée avec lesquels ils devaient veiller au maintien de l'ordre.

En raison des circonstances, l'Administration mit la plus grande diligence à pourvoir les agents du nouvel uniforme, dont voici la composition (1) :

Capote en drap bleu foncé, avec pèlerine et capuchon (2).		. . .	59 fr. 50
Tunique	id.	à 2 rangs de boutons argent et collet rabattu	45 fr. 95
Pantalon en drap bleu foncé, avec bande écarlate.		. . . .	22 fr. 70
Képi	id.	avec bandeau écarlate et écusson aux armes de la ville de Paris. .	6 fr. »
Gilet de laine.		. . . .	12 fr. »
Cravate de laine noire		. . . .	1 fr. »
Ceinturon, avec cartouchière et étui à revolver (3).		. . . .	8 fr. 15

(1) La durée de ces effets d'habillement fut ainsi déterminée :

1 tunique	1 an.	45 fr. 95
1 capote à capuchon	2 ans — moitié du prix de 59 fr. 50.	29 fr. 75
1 gilet de laine	2 ans — Id de 12 fr	6 fr. »
2 pantalons de drap	6 mois — 2 à 27 fr. 70, l'un.	55 fr. 40
2 képis	6 mois — 2 à 5 fr. l'un.	10 fr. »
4 cravates	3 mois — 4 à 1 fr. l'une.	4 fr. »
	Total par année et par homme.	151 fr. 10

(2) Un arrêté préfectoral du 5 septembre 1871 prescrivit le remplacement du caban par une capote en drap bleu à deux rangs de boutons, avec pèlerine et capuchon mobiles.

(3) Un marché fut passé, le 19 janvier 1872, pour la fourniture de 4.600 étuis de revolver, au prix de 2 fr. 15 l'un.

A la fin de juillet 1871, 1.200 gardiens de la paix environ portaient l'uniforme; et, au 1ᵉʳ octobre suivant, près de 6.500 avaient reçu des tuniques, des pantalons et des képis (1).

Comme leurs camarades de Versailles, ils étaient armés du fusil Chassepot, modèle 1866, avec sabre-baïonnette.

Au mois de mai 1872, un arrêté préfectoral apporta la première modification au costume que nous venons de décrire. La tunique à col rabattu fut remplacée par une tunique à col droit et à anglaises larges (2), et l'on revint au pantalon uni.

Le nouveau collet adopté pour la tunique était droit à angles arrondis, et orné aux extrémités d'une broderie en argent fin indiquant comme pour la capote, mais sur une seule ligne, la brigade ou l'arrondissement et le numéro matricule de l'agent (3). Les devants, le collet, la patte de ceinturon, les pattes des poches et les parements de la tunique furent garnis d'un passe-poil en drap écarlate.

Les boutons de la capote, de la pèlerine et de la tunique n'ont pas été modifiés depuis. Ils sont en métal blanc et portent au centre les armes de la Ville de Paris, avec les mots : Police municipale.

On ajouta ensuite à la tenue un col d'uniforme (4) et une paire de gants en coton blanc.

---

(1) Par arrêté du 27 juillet 1871, M. Collin, tailleur à Paris, fut chargé de la confection des pantalons et des tuniques.

Comme le fournisseur ordinaire ne pouvait livrer le nombre de képis commandés, on lui adjoignit deux autres fabricants (arrêtés du 2 septembre 1871).

(2) La jupe fut allongée de 2 centimètres. Le prix de ce vêtement était porté à 48 fr. 25 et celui du pantalon, à 20 fr. 45.

On fit aussi transformer de vieilles capotes en tuniques du nouveau modèle. Du reste, on était encore dans une période de transition, et l'organisation adoptée pendant la guerre n'avait pas complètement disparu. Nous avons relevé, en effet, sur les comptes du 1ᵉʳ semestre 1872, l'achat de 8 galons de grade, argent et bleu, à 3 francs l'un, pour les clairons des brigades centrales. C'était sans doute pour les différencier de ceux du bataillon de Versailles, qui avaient des galons de laine tricolore.

(3) Les gardiens de la paix, les sous-brigadiers et les brigadiers d'arrondissement portent d'une manière ostensible sur leurs vêtements le numéro de l'arrondissement et leur numéro d'ordre. Exemple : X, 359.

Pour les brigades centrales, réorganisées en 1893, le numéro d'arrondissement était remplacé par le numéro de la brigade. On lisait par exemple : 1ᵉʳ, C, 91.

(4) Marché du 22 juillet 1872.

A partir du 1ᵉʳ janvier 1873, on mit en service le képi dont le détail suit :

En drap bleu foncé, monté sur carcasse dure imperméable, et muni d'une visière en vache vernie avec piqûre figurée au bord, ce képi est orné d'une ganse de laine rouge, de 4 galons en tresse d'argent fin montant sur la flamme et d'un galon semblable formant cercle sur le dessus. Une applique mobile en métal argenté, placée sur fond mi-partie rouge et bleu, et reproduisant les armes de la Ville de Paris avec couronne murale, est fixée au-devant du képi, lequel est pourvu, en outre, d'une jugulaire en cuir, ornée de deux boutons également en métal argenté et aux armes de la ville de Paris.

C'est le képi porté par les gardiens de la paix jusqu'en 1894.

La masse d'habillement, qui avait été supprimée après le 4 septembre 1870, fut rétablie au commencement de l'année 1873. Suivant le mode de comptabilité en usage dans l'armée, et conformément aux dispositions contenues dans les arrêtés des 31 décembre 1855, 1ᵉʳ septembre 1860 et 26 décembre 1866, une décision préfectorale en date du 19 octobre 1872 accorda à chaque agent une allocation mensuelle de 12 francs pour frais d'habillement. Comme nous l'avons déjà dit, la masse varie suivant le prix des effets. C'est pourquoi, après avoir été successivement abaissé à la suite des adjudications de 1875, 1880 et 1885, le montant de la masse a été augmenté en 1887, lors de l'adoption des bottes et des pèlerines en caoutchouc. Il est aujourd'hui de 10 francs par mois.

La durée des effets est presque toujours modifiée en même temps que la masse (1).

A partir du 1ᵉʳ janvier 1875, la capote à pèlerine et à capuchon

---

(1) Les arrêtés préfectoraux des 1ᵉʳ avril 1876, 13 avril 1885, 1ᵉʳ mars 1887 et 24 mars 1890 ont, comme on peut le voir dans l'état ci-dessous, apporté tour à tour des modifications à la durée des vêtements des gardiens de la paix.

| ANNÉES. | CAPOTE. | PÈLERINE A CAPUCHON EN DRAP. | PÈLERINE EN CAOUTCHOUC. | TUNIQUE. | PANTALON | | | KÉPI. | COL. | GANTS. | BOTTES. |
					DRAP.	COUTIL GRIS.	COUTIL BLANC.				
1876	»	3 ans	»	1 an	»	1 an	2 ans	10 mois	»	»	»
1885	»	2 ans	»	6 mois	»	»	»	6 mois	»	»	»
1887	2 ans	3 ans	2 ans 1/2	8 mois	6 mois	1 an	2 ans	6 mois	4 mois	4 mois	2 ans
1890	2 ans	1 an	»	5 mois	6 mois	1 an	2 ans	6 mois	6 mois	9 mois	1 an

M. Honnorat, inspecteur divisionnaire de la police municipale (1884).

mobiles fut remplacée par une capote simple, et l'on délivra des pèlerines à capuchon (1).

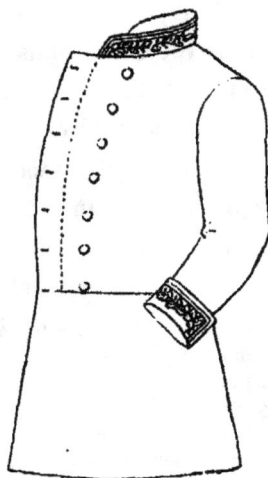

Tunique d'officier de paix.
Broderies des parements et du collet.

Un arrêté préfectoral du 1er avril 1876 rétablit l'usage des pantalons
de coutil blanc et gris, supprimés depuis le mois de septembre 1870.

En 1887, on relève deux innovations dont la première fut loin de
passer inaperçue : les bottes et la pèlerine en caoutchouc (2) sur laquelle on apposa pour la première fois, l'année suivante (3), les numéros et les insignes de grade (4). L'expérience ayant démontré qu'il

(1) Adjudication du 3 septembre 1874. La capote coûtait 40 fr. 71, et le prix de la pèlerine était
de 15 fr. 77.
(2) Dans le courant de janvier 1885, on mit en service, aux fins d'essai, deux capotes et trois
pèlerines en drap imperméable, qui ne donnèrent pas de résultats satisfaisants.
(3) En juin 1888.
(4) C'est peu après cette innovation, sans doute vers la fin de 1888, que M. Ernest Reynaud,
aujourd'hui officier de paix de la Ville de Paris, fit paraître chez l'éditeur Vanier, quai Saint-
Michel, 19, une plaquette où l'on trouve une série de « sonnets guerriers » dédiés à Paul Ver-
laine. Dans le dernier de ces sonnets, M. Reynaud fait ainsi le portrait du gardien de la paix :

> Les bottes dont le cuir reflète un jour changeant,
> Et le képi — par la façon dont il s'incline —
> Timbré de l'écusson de la Ville en argent,
> Achèvent l'orgueilleux prestige de sa mine.
>
> De tout cet attirail martial qui le rend
> Si rogue, un détail seul malvenu le chagrine.

y avait inconvénient à pourvoir plus longtemps les gardiens de la paix de ce vêtement, la pèlerine en drap fut remise en service au mois de mars 1890 (1).

A la fin de 1888, on donna aux agents le fusil Gras, modèle 1874, à la place du fusil Chassepot dont ils étaient armés depuis 1871. Ils conservèrent le sabre-baïonnette, modèle 1866.

Pour résumer ces diverses modifications et bien fixer la tenue des gardiens de la paix au mois de juillet 1893, c'est-à-dire quelques semaines avant les réformes de M. Lépine, il suffit, croyons-nous, d'énumérer les effets suivants :

Une capote en drap bleu très foncé.	30 fr. 45
Une pèlerine à capuchon id.	15 fr. »
Une tunique id.	22 fr. 50
Un pantalon id.	11 fr. 75
Un pantalon de coutil gris	4 fr. »
Un pantalon de coutil blanc.	5 fr. 75
Un képi en drap bleu très foncé	2 fr. 64
Un col d'uniforme	0 fr. 62
Une paire de gants.	0 fr. 38
Une paire de bottes	17 fr. 64
Un ceinturon avec plaque (2).	1 fr. 77
Un porte-sabre	1 fr. 31
Un étui à revolver.	2 fr. 75
Un revolver . . . . (L'entretien de ces armes, four-	
Un sabre-baïonnette . . . . { nies par l'État, est à la charge	»
Un fusil. . . . . (de la Préfecture de Police (3).	
Total.	116 fr. 56

C'est de voir qu'à sa pèlerine, se dandine
Un numéro qu'il eût voulu moins apparent.

Somme toute, avec tout l'argent qui le plastronne,
L'uniforme avantage assez bien sa personne,
Grâce à lui, que de cœurs n'a-t-il pas subjugués!

Coqueluche et terreur d'infimes hétaïres,
Quand vient l'heure de sa tournée au long des quais,
Son temps se passe à la cueillette des sourires.

(1) Arrêté préfectoral du 24 mars 1890.

(2) Les ceinturons et porte-sabre en veau verni, dont on fit l'essai pendant l'année 1876, furent définitivement adoptés en 1887.

De forme carrée, la plaque de ceinturon de sous-brigadier et de gardien de la paix est en cuivre jaune : au centre se détachent les armes de la Ville entourées d'une branche de chêne et d'une branche de laurier, et surmontées d'une banderole sur laquelle on lit : Police municipale.

Celle des brigadiers est en même métal et porte seulement l'écusson parisien avec la couronne murale.

(3) Les fusils destinés aux gardiens de la paix des arrondissements sont déposés à la Préfecture de Police, dans le magasin d'armes.

Seuls, les agents des brigades centrales, réorganisées depuis 1893 sous le nom de compagnies

En fermant cette longue parenthèse sur l'uniforme, les galons et les broderies, disons que tous les effets d'habillement hors d'usage, provenant des officiers de paix et des agents, ne sont pas toujours vendus aux enchères publiques. Parfois, comme en 1891, année au commencement de laquelle sévit un hiver des plus rigoureux, ils sont, en vertu d'une décision préfectorale (1), distribués aux malheureux.

Fonctionnement du service.

L'arrêté du Chef du Pouvoir exécutif, en date du 20 juin 1871, apporta de nouvelles modifications au *Règlement général du service ordinaire de police dans la ville de Paris*, du 14 avril 1856, dont nous avons, au chapitre du second Empire, rapporté in-extenso la partie intéressant le corps des sergents de ville.

Déjà, comme nous l'avons vu, certains articles de ce règlement avaient été remaniés avant 1870, mais on n'avait pas touché aux dispositions essentielles qui sont, d'ailleurs, encore aujourd'hui en vigueur. Au mois de juin 1871, on ne fit qu'y inscrire les modifications rendues nécessaires par les événements politiques qui venaient de s'accomplir. A cette époque, on se préoccupa surtout de l'augmentation et de la réorganisation du personnel de la police municipale. Cette réforme s'imposait alors, non pas tant à cause des circonstances difficiles du moment, que des exigences toujours croissantes du service de la capitale, auquel il n'était plus possible de suffire avec l'ancien effectif.

Si le rapport lu, le 5 janvier 1872, à la tribune de l'Assemblée nationale par M. Páris ne contient aucune indication sur le fonctionnement du service, celui que M. Murat déposa sur le bureau du Conseil municipal de la ville de Paris, le 12 décembre 1876, est au contraire très documenté relativement à ce point important.

Après avoir parlé de la question budgétaire et du nombre des

---

de réserve, ont chacun un fusil qui doit rester dans leur poste respectif. Ils montent la garde devant l'hôtel du Préfet et les bâtiments de l'Administration.

(1) Un arrêté du 27 janvier 1891 décida que 536 effets d'habillement seraient délivrés aux vieillards sortant de la maison de Nanterre.

gardiens de la paix, le Conseiller municipal du quartier des Arts-et-Métiers ajoutait :

Examinons maintenant comment fonctionne tout ce personnel divisé par brigades.

Le service particulier des vingt arrondissements occupe 20 officiers de paix, 540 brigadiers et sous-brigadiers et 5.320 gardiens de la paix ; ce qui forme un total de 5.880 employés.

Chaque arrondissement possède quatre postes de police. Celui où réside l'officier de paix est le poste central ; autant que possible, il est placé dans la Mairie (1). Il est en relation avec la Préfecture de Police au moyen d'un fil électrique.

Chaque arrondissement occupe en moyenne 294 hommes, divisés en trois brigades ; chaque brigade fournit un service de huit heures.

Les trois brigades de chaque arrondissement sont désignées par les lettres A, B, C, et leur service est réglé conformément au tableau ci-après :

DURÉE DU SERVICE.	1er JOUR.	2e JOUR.	3e JOUR.
De 7 heures du matin à 10 heures.	A	B	C
De 10 heures du matin à 2 heures de relevée.	C	A	B
De 2 heures du soir à 5 heures du soir.	A	B	C
De 5 heures du soir à 9 heures du soir.	B	C	A
De 9 heures du soir à minuit.	A	B	C
De minuit à 7 heures du matin.	C	A	B

Voici comment se répartit dans Paris la surveillance des arrondissements :

3.864 gardiens de la paix font le service des 1.288 îlots, marchant isolément dans le jour et se réunissant deux pour le service de nuit ;

170 gardiens sont de planton sur les places publiques, dans les endroits où la circulation a besoin d'une plus grande surveillance ;

960 gardiens occupent les 80 postes de police, à raison de 12 hommes par poste ;

60 gardiens sont chargés des écritures, ce qui fait 3 secrétaires par arrondissement ou un par brigade ;

266 gardiens forment une réserve pour remplacer les hommes malades ou en congé.

5.320 gardiens de la paix.

Les services généraux de la police municipale sont divisés par spécialités, comme suit :

---

(1) Actuellement, tous les postes centraux sont installés dans les mairies.

Brigades centrales.

Cinq brigades, dites centrales, sont établies à la Préfecture de Police, à la disposition du chef de la Police municipale; elles font le service des théâtres, des bals, des fêtes publiques, du bois de Boulogne; elles sont dirigées aussi sur les points où la population afflue à cause d'une circonstance exceptionnelle. L'effectif de ces cinq brigades est de 500 gardiens et 70 chefs.

Brigade des Halles.

Une brigade pour le service des Halles; elle est chargée de la circulation des voitures et des personnes sur une grande étendue pour assurer le service des approvisionnements, du stationnement des voitures et du dépôt des marchandises; elle occupe 93 gardiens et chefs (1).

Brigade des Voitures.

Une brigade spécialement occupée à surveiller la circulation des voitures, à faire observer les lois et règlements; elle est chargée du défilé des véhicules, de leur arrivée et de leur départ aux abords des théâtres, etc.; elle occupe 88 gardiens et chefs.

Ce service ne fait pas double emploi avec celui des surveillants de stations de voitures de place, qui occupe environ 528 gardiens. Depuis 1874, la surveillance des stations a été confiée à des gardiens de la paix, ce qui a procuré une économie de 329.380 francs.

La division des heures de service indiquée sur le tableau (2) donné par M. Murat n'a pas été modifiée jusqu'au *Règlement général* élaboré, en 1887, par ordre de M. Gragnon, Préfet de Police.

D'une manière générale, on peut dire que, de 1871 à 1887, l'organisation du service est restée la même, à part la création de rondes volantes de nuit, en 1883, et quelques modifications de détail nécessitées par des circonstances toutes locales, comme l'extension de la population sur un point jusque-là inhabité, ou le percement de grandes voies dans certains quartiers.

---

(1) Cette brigade fait plutôt un service de nuit. Aussi son effectif, complet de minuit à 10 heures du matin, est-il de beaucoup diminué dans la journée.
(2) C'est le tableau des heures de service, contenu dans le rapport de M. Murat.

Gardiens de Paris : chapeaux tyroliens, képis.

C'est durant cette période que fut enfin réalisé un projet dont il avait été maintes fois question avant la guerre et que nos voisins d'outre-Manche avaient depuis longtemps adopté. Nous voulons parler de la pose de fils télégraphiques pour relier les postes centraux au cabinet du chef de la Police municipale.

En 1873, on commença les études préparatoires, et les travaux furent achevés l'année suivante. C'est donc de 1874, seulement, que date l'installation de lignes télégraphiques entre les bureaux de la Police municipale et ceux des officiers de paix des 20 arrondissements.

En 1877, pour améliorer encore le fonctionnement du service, l'Administration demanda que les postes de quartier et le poste central de chaque arrondissement fussent mis en communication télégraphique. En raison de la dépense, l'établissement de ce nouveau réseau ne fut décidé que six ans plus tard.

A partir de 1883, en effet, on plaça successivement des appareils télégraphiques dans tous les postes de quartier. Ce travail, d'abord exécuté dans les postes des arrondissements de la périphérie, ne fut complètement terminé qu'en 1885 (1).

Il fallut aussi ouvrir une école de télégraphie pour les agents. Cette école, dirigée par des employés de l'administration des Postes

_____

(1) Depuis plusieurs années, en exécution d'un vœu émis par le Conseil municipal, on réunit, autant que possible, dans le même immeuble, le poste et le commissariat de police de chaque quartier.

et Télégraphes, fut aménagée, dès le début, dans une vaste salle du rez-de-chaussée du Palais de Justice, donnant sur la cour de la Sainte Chapelle. Installée ensuite dans un local de la caserne de la Cité, elle fut supprimée dès qu'on eut obtenu le nombre de télégraphistes nécessaire pour assurer le service de chaque arrondissement. Depuis, l'apprentissage se fait dans les postes.

Quatre gardiens de la paix sont attachés comme télégraphistes (1) à chaque poste central. Dans les postes de quartier, le service de télégraphie est assuré par les sous-brigadiers. On ne propose, d'ailleurs, pour ce grade que les gardiens de la paix connaissant le maniement des appareils télégraphiques.

Rappelons que l'organisation du service d'arrondissement est basée sur l'îlot. D'étendue fort inégale, les îlots sont des fractions d'un quartier que le gardien doit parcourir sans cesse pendant toute la journée. Leur nombre varie, dans chaque quartier, selon le groupement de la population, l'importance de la circulation et des industries qui s'y exercent. Les îlots sont disposés les uns par rapport aux autres, de façon que les îlots les plus voisins puissent au besoin se prêter main-forte et concourir à une action commune.

Néanmoins, dans bien des cas, l'îlotier isolé, ou même rallié par deux ou trois de ses collègues, pourrait être impuissant à protéger les citoyens et à se défendre lui-même. En prévision de ces éventualités, une réserve est constituée au poste de chaque quartier, à l'aide d'hommes qui doivent accourir au premier appel et dont le nombre n'est jamais inférieur à trois.

Pendant le service de jour, les îlotiers marchent seuls; mais, la nuit, ils circulent deux à deux. Indépendamment de cette surveillance, on organisa, sous M. Camescasse (2), des rondes volantes de nuit qui sillonnaient en tous sens les arrondissements et des rondes

---

(1) Deux titulaires et deux suppléants.
(2) A cette époque, on organisa l'école pratique dont nous parlons plus loin.

de gardiens de la paix en bourgeois qui parcouraient seulement un quartier. Cette innovation souleva certaines critiques que M. Hogier-Grison (1) a résumées, de la manière suivante, dans son livre sur la police :

Au premier abord, dit-il, l'idée ne semble pas mauvaise. L'agent en bourgeois est moins visible, moins reconnaissable que l'agent en uniforme. Toutefois, on peut y faire plusieurs objections.

La première c'est que le rôle du gardien de la paix est de faire de la police préventive, plutôt que répressive. Comme celui du gendarme, son uniforme doit être là semblable à un phare qui guide et rassure le navigateur égaré. La nuit, quand le promeneur craintif aperçoit de loin un gardien de la paix en uniforme, il se dit :

« Ah! je suis tranquille; tant que je serai à portée de ce soldat de l'ordre, je n'aurai rien à craindre des rôdeurs. »

De même le rôdeur, qui voit briller la plaque du ceinturon et qui entend le cliquetis du sabre, interrompt sa besogne sinistre. Si nous pouvions avoir assez de sergents de ville pour qu'on en pût placer un dans chaque rue, jamais nous n'entendrions parler de ces vols avec effraction et de ces attaques nocturnes qui terrifient tout le public.

Nous comparions tout à l'heure le gardien de la paix à un phare. Soyons moins poétique, si vous voulez, et disons que son uniforme doit être employé à faire fuir les voleurs absolument comme *l'épouvantail* qu'on met dans les blés sert à faire fuir les moineaux.

Si vous habillez le gardien de la paix en bourgeois, le prestige disparaît. Plus de phare, plus d'épouvantail!

De plus, les gardiens de la paix qui ne sont pas riches et n'ont pas une garde-robe civile très bien fournie, mettent encore pour ce service spécial leurs vêtements de rebut. Il en résulte qu'ils ont des mines effroyables, bien faites pour épouvanter le passant attardé, plutôt que pour lui inspirer confiance. C'est miracle que, chaque nuit, on ne leur tire pas dessus, croyant avoir affaire à des malfaiteurs. Cela est arrivé plusieurs fois du reste (2). »

Ces rondes furent supprimées dans le courant de l'année 1889.

En dehors des îlots et de la surveillance des stations des voitures

---

(1) « *La Police. — Ce qu'elle était. — Ce qu'elle est. — Ce qu'elle doit être.* » par Hogier-Grison ; Paris, Decaux, 1887.

(2) Plus loin, M. Hogier-Grison ajoute « qu'avec un peu d'habitude, on arrive à les reconnaître. Le cachet militaire subsiste toujours, et, comme dit la chanson du *Chat noir* :

Quand les sergots s'en vont par trois,
Ils sont habillés en bourgeois.
Et sous ce nouveau vêtement,
Ça les déguise tellement
Qu'on les reconnaît immédiatement. »

Ces vers sont du chansonnier Jouy.

de place, il est établi, sur certains points, des plantons fixes chargés
d'assurer la liberté et la sûreté de la circulation. C'est ainsi que, sur

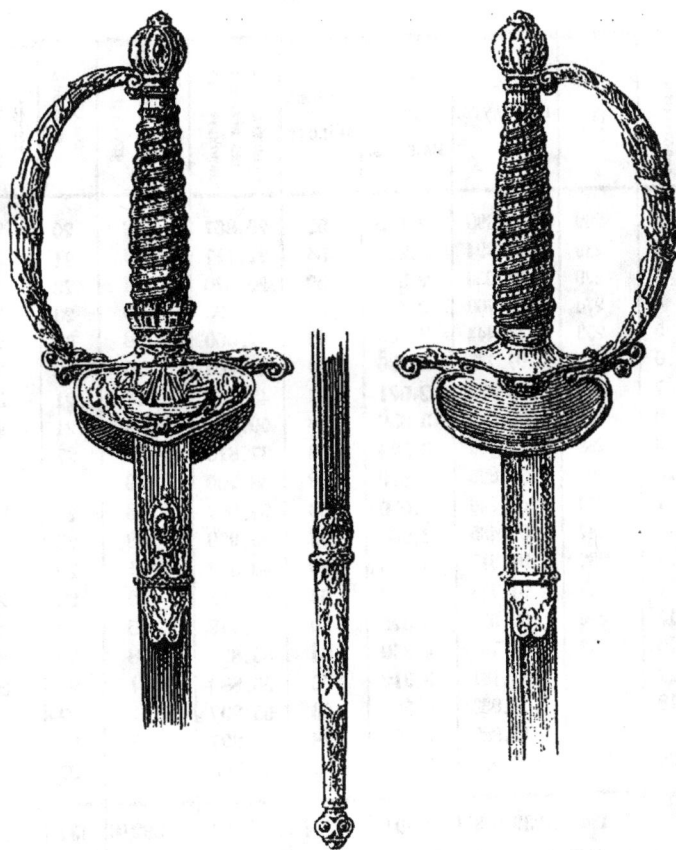

Épée d'officier de paix.

les grands boulevards, des gardiens sont placés sur les refuges avec
mission de faciliter aux piétons la traversée de la chaussée et
d'empêcher tout accident.

Au mois d'avril 1887, quelques jours avant la publication du nouveau règlement général sur le service de Paris, l'Administration fit
dresser le tableau ci-après :

**Répartition des agents dans les divers arrondissements,
à la date du 15 avril 1887.**

ARRONDISSEMENTS.	AGENTS.	HABITANTS.	NOMBRE DE MAISONS.	NOMBRE D'ILOTS.	LONGUEUR TOTALE DES RUES PAR ARRONDISSEMENT.	DÉTACHÉS POUR SERVICES SPÉCIAUX.	MALADES OU EN CONGÉ.	KIOSQUES DES STATIONS DE VOITURES.	RESTE POUR FAIRE LE SERVICE DES ILOTS.
1	269	75.390	2.145	52	29.867	73	20	27	149
2	239	76.394	2.240	54	22.717	49	21	30	139
3	229	94.254	2.381	52	29.976	54	22	18	135
4	274	103.760	2.431	56	30.795	105	23	30	116
5	253	114.444	3.209	60	37.060	58	23	24	148
6	253	97.735	2.786	60	32.603	56	22	30	145
7	253	83.327	2.521	54	43.465	118	21	36	78
8	289	89.004	3.359	58	59.917	60	21	48	151
9	288	122.896	3.524	68	37.810	64	22	36	166
10	291	159.809	3.829	68	38.200	79	23	27	162
11	274	209.246	5.656	68	57.997	63	23	27	161
12	287	102.435	4.600	68	56.929	88	22	24	153
13	282	91.315	4.380	70	60.577	61	22	18	181
14	257	91.713	4.729	64	53.613	52	25	21	159
15	286	100.679	5.525	70	68.978	75	20	18	173
16	273	60.702	4.860	64	85.832	58	22	36	157
17	269	143.187	5.912	66	56.889	51	24	30	164
18	278	178.836	6.591	66	55.297	62	27	33	156
19	293	117.885	4.223	78	48.397	78	25	30	160
20	297	126.917	5.893	78	56.700	79	27	12	179
	5.434	2.239.928	80.794	1.274	964.219	1.392 (1)	455	555	3.032

Le 30 avril 1887, M. Gragnon prit un arrêté pour réorganiser le service ordinaire de la police parisienne.

Voici les articles de cet arrêté, connu sous le nom de *Règlement général du service ordinaire de la police dans la ville de Paris*, se rapportant à l'organisation et au fonctionnement du service du corps des gardiens de la paix :

---

(1) Dans ce chiffre, sont compris les hommes de permanence dans les postes.

Nous, Préfet de Police;

Vu :

La loi du 28 pluviôse an VIII ;

L'arrêté du 12 messidor an VIII ;

L'arrêté du Président du Conseil des Ministres, Chef du Pouvoir Exécutif de la République Française du 20 juin 1871 ;

Considérant qu'il y a lieu de reviser le règlement général du service ordinaire de la police ;

Arrêtons :

CHAPITRE I

Division de Paris sous le rapport de la police.

ART. 1er. — La Ville de Paris est partagée en vingt divisions de police correspondant aux vingt arrondissements municipaux.

Chaque arrondissement est subdivisé en quatre quartiers.

Chaque quartier comprend un certain nombre d'îlots ou groupes d'habitations.

Le nombre et l'étendue des îlots varient suivant la disposition topographique et la population des quartiers.

CHAPITRE II

Commissariats de police.

ART. 2. — . . . .
. . . .

CHAPITRE III

Police municipale.

ART. 35. — L'effectif du personnel de la police municipale a été fixé ainsi qu'il suit, par arrêté du Président du Conseil des Ministres, Chef du Pouvoir Exécutif de la République Française, en date du 20 juin 1871 :

1 chef de la police municipale,	6.800 gardiens de la paix,
1 chef-adjoint,	13 médecins,
1 chef des bureaux,	1 contrôleur général,
24 commis,	1 secrétaire,
5 inspecteurs divisionnaires,	1 officier de paix,
38 officiers de paix,	1 inspecteur principal,
25 inspecteurs principaux,	2 brigadiers,
100 brigadiers,	4 sous-brigadiers,
700 sous-brigadiers,	38 inspecteurs,
895	6.861

Total : 7.756

ART. 36. — Le chef de la police municipale est nommé par arrêté du Préfet de Police. Ses bureaux sont situés à la Préfecture de Police.

ART. 37. — Le chef de la police municipale est placé immédiatement sous les ordres du Préfet de Police, et en cas d'absence ou d'empêchement du Préfet, sous les ordres du Secrétaire général.

Ses attributions sont fixées par le Préfet de Police.

Il lui adressera chaque jour un rapport détaillé sur les opérations des services dont la direction lui est confiée.

Il l'informera sans délai de tous les faits qui lui seront signalés par les fonctionnaires et agents placés sous sa direction.

ART. 38. — Le chef de la police municipale sera remplacé par le chef-adjoint ou le chef des bureaux, en cas d'absence ou d'empêchement.

ART. 39. — Les inspecteurs divisionnaires et les officiers de paix sont nommés à leurs fonctions par arrêté du ministre de l'Intérieur rendu sur la proposition du Préfet de Police.

ART. 40. — Les inspecteurs divisionnaires dirigeront, en cas d'absence ou d'empêchement du chef ou du chef-adjoint de la police municipale, les grands services d'ordre et les opérations d'ensemble sur la voie publique.

Ils visiteront les postes de police pour s'assurer de leur bonne tenue, de la régularité et du bon fonctionnement du service. Ils exerceront un contrôle permanent sur les agents en surveillance sur la voie publique.

Ils fourniront un rapport quotidien sur leur service.

Un inspecteur divisionnaire sera chaque jour de permanence à la Préfecture de Police.

ART. 41. — Les officiers de paix sont attachés à un arrondissement ou à un service spécial par arrêté du Préfet de Police (1).

ART. 42. — Les gardiens de la paix et les employés ou agents de la police municipale sont nommés à leurs emplois, classes et grades, par arrêtés du Préfet de Police.

ART. 43. — Nul n'est admis dans les services de la police municipale avant l'âge de 21 ans ni après celui de 30 ans révolus. Cette limite d'âge est étendue jusqu'à 36 ans en faveur des anciens sous-officiers remplissant les conditions prescrites par la loi du 24 juillet 1873.

ART. 44. — Tout candidat à un emploi dans les services de la police municipale devra être de bonne constitution, savoir lire et écrire et avoir été reconnu apte à faire un bon service.

ART. 45. — La taille minima de 1m 67 est exigée pour les gardiens de la paix.

ART. 46. — Tout candidat devra produire :

1° Une demande sur papier timbré ;

2° Une copie sur timbre de son acte de naissance ;

3° Les pièces militaires le concernant (livret militaire et certificat de bonne conduite ou certificat d'exemption);

4° Un extrait ne remontant pas à plus d'un mois de son casier judiciaire délivré par le greffier du tribunal de l'arrondissement de son lieu de naissance.

ART. 47. — Les candidats seront examinés par le médecin en chef de la police municipale, au point de vue de l'aptitude physique.

(1) Jusqu'en 1893, ces fonctionnaires se recrutaient presque exclusivement parmi les secrétaires de commissariats, qui avaient satisfait aux examens institués pour le grade de commissaire de police.

Ils subiront, en outre, un examen devant la commission instituée par l'article 10 du présent règlement (1).

ART. 48. — Un officier de paix est attaché à chaque arrondissement.

Il y a dans chaque quartier au moins un poste de police; il doit être situé le plus près possible du commissariat.

ART. 49. — L'officier de paix a sous ses ordres trois brigades commandées chacune par un brigadier.

Chaque brigade comprend quatre sous-brigades.

L'effectif de chaque sous-brigade est composé de deux sous-brigadiers et d'un nombre de gardiens de la paix proportionné à l'importance du service.

ART. 50. — Le service de police dans chaque arrondissement sera partagé entre les brigades, de manière à ce que chacune d'elles ait en moyenne huit heures de service sur la voie publique pour vingt-quatre heures.

La moyenne sera prise sur soixante-douze heures.

Chaque brigade se succédera de manière à ce que la brigade entière soit en même temps de service dans l'arrondissement.

Les mêmes sous-brigades seront

Inspecteur divisionnaire ; (1831).

(1) Voici la teneur de cet article :

Art. 10. — Les candidats seront visités par le médecin en chef de la police municipale.

Ils subiront, en outre, un examen d'aptitude devant une commission composée comme suit :

Le Secrétaire général de la Préfecture de Police,

Le Chef de la Police municipale ou son délégué,

Un chef de division ou un chef de bureau,

Le Chef du personnel,

Le Chef du service de sûreté.

Cette commission siégera au moins une fois par semaine.

Les demandes de tout candidat à un emploi quelconque dans un des services de la Préfecture de Police seront centralisées, comme les dossiers des fonctionnaires, agents et employés en fonctions, au bureau du personnel.

affectées aux mêmes quartiers et les mêmes hommes seront toujours, autant que possible, chargés de la surveillance des mêmes points.

ART. 51. — Les trois brigades de chaque arrondissement seront désignées par les lettres A, B, C.

Les brigadiers, sous-brigadiers et gardiens de la paix porteront, d'une manière ostensible, sur le collet de la tunique, de la capote et de la capeline, le numéro de l'arrondissement auquel ils appartiennent et un numéro d'ordre.

Dans chaque brigade, le premier numéro appartiendra au brigadier, les suivants aux sous-brigadiers et ensuite aux gardiens de la paix.

ART. 52. — Le service des brigades sera réglé de la manière suivante :

	1er JOUR.	2e JOUR.	3e JOUR.	4e JOUR.
De 1 heure à 6 heures du matin.........	A	B	C	A
De 6 heures à 11 heures du matin.......	C	A	B	C
De 11 heures du matin à 4 heures du soir...	B	C	A	B
De 4 heures à 9 heures du soir.........	A	B	C	A
De 9 heures du soir à 1 heure du matin.....	C	A	B	C

Le service de 6 heures du matin à 9 heures du soir sera considéré comme service de jour, et celui de 9 heures du soir à 6 heures du matin comme service de nuit.

Pendant les heures de jour, un gardien de la paix fera le service de chaque îlot. Pendant le service de nuit, les hommes marcheront par groupe de deux.

Il pourra, suivant les besoins du service, être établi des plantons sur des points fixes.

Pendant la nuit, des patrouilles de gardiens de la paix en vêtements civils parcourront les quartiers et des rondes volantes sillonneront les arrondissements.

Il devra toujours être conservé dans chaque poste des hommes de réserve.

ART. 53. — Lorsqu'une brigade devra prendre le service, les hommes de chaque sous-brigade se réuniront au poste de leurs quartiers respectifs, quinze minutes avant l'heure fixée pour la prise de service. Le plus ancien sous-brigadier fera l'appel des hommes, vérifiera si leur tenue est convenable et s'ils sont en état de faire un bon service. Il leur fera connaître les recommandations ou instructions nouvelles. Si l'un des hommes de service manque à l'appel, il le fera remplacer immédiatement par un homme de réserve et le signalera dans son rapport. Les hommes se rendront ensuite à leurs îlots ou postes de plantonnement respectifs et relèveront ceux qui les précédaient dans le service.

Ils ne pourront s'arrêter pour causer soit entre eux, soit avec des particuliers, si ce n'est pour les besoins du service.

Toute conversation avec les filles publiques leur est interdite sous peine des punitions les plus sévères.

ART. 54. — L'ordre de service de chaque jour indiquera la tenue que devront porter les gardiens de la paix. Elle sera uniforme dans toutes les brigades.

ART. 55. — Les gardiens de la paix de planton ou de service d'îlot sur la voie publique doivent se rendre compte que leur service ne consiste pas à suivre l'itinéraire indiqué, en désœuvrés ou en curieux, mais en observateurs attentifs, de manière à prévenir tous crimes et délits contre la chose publique, les personnes et les biens des particuliers. Ils surveilleront avec soin toute personne dont les allures leur paraîtraient suspectes, veilleront à l'exécution des lois et des règlements de police, notamment en ce qui concerne la liberté et la sûreté de la voie publique et la salubrité.

ART. 56. — Les gardiens de la paix devront connaître toutes les rues, places, passages, impasses, etc., du quartier auquel ils sont attachés.

ART. 57. — Si l'exécution des lois et ordonnances et le maintien de la liberté et de la tranquillité de la voie publique exigent parfois de la part des gardiens de la paix une action prompte et énergique, ils doivent aussi en dehors de ces cas se montrer obligeants envers tous dans la limite des nécessités de leur service.

Ils veilleront avec une attention constante à ce qu'aucun scandale ne se produise sur la voie publique. Dès qu'un incident se manifeste, qu'un rassemblement se forme soit sur un point de leur îlot, soit sur un point de l'îlot voisin, ils doivent se porter immédiatement sur le lieu où cet incident ou ce rassemblement se sont produits.

Dans le cours de la surveillance qui leur est confiée, ils ne négligeront rien de ce qui intéresse le respect de la propriété publique et privée, la salubrité, la propreté de la voie publique ; ils signaleront les dégradations de monuments ou objets d'utilité publique, et conduiront devant le commissaire de police les auteurs de ces dégradations surpris en flagrant délit ; ils signaleront également les obstacles qui pourraient résulter pour la circulation des étalages empiétant outre mesure sur la voie publique ; ils assureront l'envoi en fourrière des animaux abandonnés ou errants ; ils déposeront sans retard entre les mains du commissaire de police, qui leur en délivrera récépissé, tout objet trouvé par eux sur la voie publique, en mentionnant exactement dans un rapport, l'heure, le lieu, les circonstances où l'objet a été trouvé.

Si, comme il arrive fréquemment, une personne leur remet un objet quelconque trouvé par elle, ils ne devront en accepter le dépôt qu'après s'être enquis du nom, de la demeure de la personne qui le leur confie et des circonstances dans lesquelles elle l'a trouvé.

Ils devront, en sa présence, faire un inventaire scrupuleux des objets déposés. Ces indications seront reproduites avec soin dans le rapport remis par le gardien de la paix au commissariat de police.

ART. 58. — Les gardiens de la paix doivent en toute circonstance protection et assistance aux citoyens. Ils s'empresseront de donner aux personnes qui les leur demandent les renseignements nécessaires pour se diriger dans les quartiers qu'elles ne connaissent pas. Si un encombrement gêne la circulation, ils prendront d'eux-mêmes toutes mesures qu'ils jugeront indispensables pour la rétablir le plus promptement possible ; ils aideront les piétons, et notamment les infirmes, les vieillards, les femmes et les enfants, dans la traversée des voies publiques où le nombre des voitures la rend dangereuse ou difficile.

Si un enfant égaré peut indiquer son adresse, le gardien de la paix le conduira au poste de police d'où un des hommes de réserve le ramènera chez ses parents.

Si l'enfant égaré ne peut indiquer son domicile, l'agent le conduira au poste central, et le chef de poste avisera par télégramme le chef de la police municipale, en donnant toutes les indications qu'il aura pu obtenir de l'enfant ainsi que le signalement et tous autres renseignements de nature à faciliter les recherches incombant à l'Administration.

De même, si des parents signalent la disparition d'un enfant, le chef du poste central adressera immédiatement au chef de la police municipale, un télégramme reproduisant toutes les indications qui lui auront été données.

Art. 59. — Les gardiens de la paix ont le devoir de faire respecter la décence et d'assurer la tranquillité sur la voie publique. A cet effet, ils dissiperont les rassemblements de filles publiques, camelots, crieurs d'imprimés, etc., etc. Ils veilleront à ce que le public ne soit ni obsédé par les sollicitations des unes, ni assourdi par les cris des autres. Ils conduiront devant les commissaires de police, ou, pendant les heures de fermeture des Commissariats, consigneront au poste de police le plus voisin les auteurs de cris de nature à blesser la décence publique et inviteront les crieurs trop bruyants à modérer leurs cris. Ils mettront en état d'arrestation les individus qu'ils surprendront en flagrant délit de mendicité. Si ces mendiants sont des enfants accompagnés ou suivis à distance par des individus qui s'en servent, ostensiblement ou non, comme d'instruments pour émouvoir la charité publique, ils n'hésiteront pas à s'assurer de la personne de ces derniers qui sont les véritables coupables et doivent être le plus sévèrement punis.

Ils arrêteront les prostituées, filles publiques et autres, ainsi que tous individus qui, en compagnie de celles-ci, occasionneraient du scandale sur la voie publique par des gestes ou des propos obscènes.

Art. 60. — Ils dresseront des rapports de tout ce qu'ils ont vu ou appris touchant l'intérêt de la justice ou le maintien de l'ordre public et des bonnes mœurs. Ils signaleront, en un mot, à leurs supérieurs, tous faits, tous incidents, affiches, cris qui leur paraîtraient de nature à blesser ou impressionner la population. En cas de doute au sujet des mesures à prendre, les officiers de paix en référeront immédiatement au chef de la Police municipale qui demandera des instructions au Préfet de Police.

Art. 61. — Les gardiens de la paix doivent, par une vigilance et une attention sans relâche, s'efforcer de prévenir les crimes, délits et contraventions.

Tout particulièrement, en matière de contravention, ils devront, dans tous les cas où cela sera possible, à moins que la mauvaise volonté soit évidente, avertir des conséquences auxquelles elle s'expose, toute personne qu'ils verront sur le point de commettre une infraction.

Art. 62. — Les rapports des gardiens de la paix sur les contraventions qu'ils auront constatées, seront transmis au chef de la Police municipale par les officiers de paix. Ceux-ci déposeront, en outre, ou feront déposer chaque jour, au commissariat de police de chaque quartier, une note indicative des contraven-

M. ROUDIL,
Officier de paix du service des voitures.

Gardiens de la paix : Casquette américaine et képis depuis 1870.

tions qui auraient été constatées dans le dit quartier contre les personnes y établies ou domiciliées.

Art. 63. — L'auteur d'une contravention ne doit pas être arrêté, et les gardiens de la paix doivent se borner à lui demander ses noms, prénoms et domicile.

Toutefois, dans le cas où l'auteur de la contravention refuserait de faire connaître ses nom et prénoms, ou si, n'étant pas connu et n'étant porteur d'aucune pièce pouvant établir son individualité, il paraissait avoir donné un faux nom ou un faux domicile, le gardien de la paix devrait l'inviter à le suivre au commissariat de police du quartier et, au besoin, l'y contraindre.

Art. 64. — Lorsqu'un gardien de la paix aura opéré une arrestation pour crime ou délit, il conduira la personne arrêtée devant le commissaire de police et, dans le cas où il ne pourrait retourner immédiatement à son service, il devra, si cela lui est possible, faire prévenir son chef de poste.

Art. 65. — Lorsqu'une arrestation aura lieu entre 10 heures du soir et 9 heures du matin, c'est-à-dire pendant les heures de fermeture des commissariats de police, la personne arrêtée sera consignée au poste de police avec un rapport indicatif des faits, et elle sera conduite à la première heure, devant le commissaire de police du quartier. Dans les cas importants et urgents, les commissaires de police seront informés à leur domicile privé, suivant les distinctions établies à l'article 16 du présent règlement (1).

Art. 66. — Les gardiens de la paix protégeront les personnes arrêtées contre les mauvais traitements et les injures du public.

Art. 67. — Les gardiens de la paix se rendant à leur service ou l'ayant quitté ont les mêmes obligations que dans le service, s'ils se trouvent en présence d'un crime, d'un délit, d'une contravention ou de tout autre fait de nature à motiver l'intervention de la police.

_____

(1) Art. 16. — De 10 heures du soir à 1 heure du matin, le commissaire de police, de permanence pour deux quartiers ou pour l'arrondissement, sera prévenu sur-le-champ à son domicile privé, par les soins des agents de la police municipale, de tout fait de nature à motiver son intervention immédiate.

A partir de 1 heure du matin, chaque commissaire reprend la responsabilité de son commissariat, et sera informé par les agents de la police municipale de tout fait de nature à motiver son intervention immédiate.

De 10 heures du soir à 9 heures du matin, un tableau placé à l'extérieur de chaque commissariat fera connaître au public qu'il doit, pendant les heures de fermeture du commissariat, s'adresser au poste de police du quartier et on indiquera l'adresse.

Ils se doivent entre eux, même en dehors du temps de service, aide et assistance sur la voie publique.

Ce double devoir s'impose, qu'ils se trouvent dans leur quartier ou sur tout autre point.

ART. 68. — Toutes les fois qu'une personne sera trouvée blessée ou malade sur la voie publique, ou retirée de l'eau en état de suffocation, et, en général, dans tous cas d'accident de personne, le gardien de la paix de service fera transporter immédiatement la personne blessée ou malade, savoir :

A l'hôpital le plus voisin si l'accident est grave ;

Au poste de secours le plus voisin, et, s'il n'en existe pas, à la pharmacie la plus proche, si les blessures ne présentent pas un danger immédiat.

Le gardien de la paix accompagnera le blessé.

Dans l'un comme dans l'autre cas, il prendra au préalable les noms et demeures des témoins et tous renseignements de nature à éclairer la justice sur les responsabilités.

En outre, il préviendra aussitôt, ou fera prévenir par un de ses collègues, le commissaire de police du quartier sur lequel l'accident se sera produit.

Enfin, dans le cas de transport du blessé au poste de secours ou dans une pharmacie, il préviendra ou fera prévenir un médecin, afin que tous les soins nécessaires puissent être donnés.

Il veillera à ce que les traces matérielles de l'accident soient conservées en l'état autant que possible jusqu'à l'arrivée du commissaire de police qui doit procéder aux constatations, et invitera les témoins qui pourront le faire à attendre l'arrivée de ce magistrat.

ART. 69. — La famille de la personne blessée ou morte sur la voie publique sera prévenue, avec tous les ménagements que commande la situation, par les soins du commissaire de police du quartier si elle habite le quartier ; sinon, il en sera donné avis, par télégramme, à la Préfecture de Police, qui la fera informer.

ART. 70. — Pour assurer le service de secours aux blessés et aux malades soit sur la voie publique, soit à domicile, pendant la nuit, un état des médecins, sages-femmes et pharmaciens qui auront consenti à leur inscription, sera affiché dans chaque poste de police.

Ce service aura lieu de 10 heures du soir à 7 heures du matin depuis le 1er octobre jusqu'au 31 mars, et de 11 heures du soir à 6 heures du matin depuis le 1er avril jusqu'au 30 septembre.

Les médecins, pharmaciens et sages-femmes devront être appelés à tour de rôle.

Un gardien détaché du poste accompagnera les requérants chez le médecin, la sage-femme ou le pharmacien dont les secours seront nécessaires. Il accompagnera également le médecin ou la sage-femme chez le malade et les reconduira à leur domicile. En les quittant, il leur remettra un bon d'honoraires (1).

----

(1) Le service médical de nuit a été organisé en 1876 par M. Léon Renault, Préfet de Police, sur la proposition de M. le docteur Passant.

Suivant la situation de fortune du malade, l'Administration lui réclame le montant de la visite ou prend la dépense à sa charge.

Un service de voitures spéciales est organisé à la Préfecture de Police pour le transport des malades atteints d'affections contagieuses. Il est mis gratuitement de jour et de nuit à la disposition du public (1).

Art. 71. — Aussitôt qu'un gardien de la paix aura connaissance d'un feu de cheminée, il devra, après avoir averti les gens de la maison, en prévenir immédiatement le poste de sapeurs-pompiers le plus voisin et le commissaire de police du quartier.

Art. 72. — S'il s'agit d'un incendie, il en informera immédiatement le poste des sapeurs-pompiers, le poste de police et le commissaire de police du quartier.

Cachet du Conseil d'Hygiène et de Salubrité du Département de la Seine.

Si l'incendie éclate pendant la nuit, il prendra les mêmes mesures après avoir au préalable fait éveiller, sans perdre un instant, les habitants de la maison.

Dans ces deux cas, le sous-brigadier de permanence se transportera aussitôt sur les lieux avec tous les agents qu'il pourra réunir et fera prévenir, sans délai, son officier de paix ainsi que les agents des Eaux de Paris et ceux de la Compagnie du Gaz.

Le chef de la Police municipale sera informé par télégramme et avisera le Préfet de Police, qui fera les communications nécessaires au Gouverneur de Paris et au Procureur de la République.

Le chef de la Police municipale enverra sur les lieux tous les renforts nécessaires.

Le commissaire de police du quartier et les officiers de paix, brigadiers, etc., devront prendre, en attendant l'arrivée des pompiers, toutes mesures pour combattre l'incendie, préserver les habitants de l'édifice incendié, assurer l'ordre et la sécurité publique.

A son arrivée sur le lieu du sinistre, le commandant du détachement des sapeurs-pompiers prend la direction du service de secours.

Les commissaires de police, avec le concours de la police municipale, assureront l'ordre et le respect des propriétés et procèderont aux constatations judiciaires.

Ils signaleront les actes de dévouement portés à leur connaissance.

Art. 73. — Il y aura dans chaque poste de police :

Une boîte de secours ;

Un brancard et ses accessoires ;

Un tableau indiquant le service de permanence et de théâtre des commissaires de police ;

Un service pharmaceutique de nuit fonctionne parallèlement dans des conditions analogues.

(1) Ce service a été créé en 1882. Depuis le 1er février 1895, il est assuré par la Préfecture de la Seine.

Un tableau indiquant les adresses de tous les commissariats de police de la Ville de Paris et le domicile privé des commissaires de police de l'arrondissement ;

Un tableau indiquant, conformément à l'art. 70 ci-dessus, les noms et adresses des médecins, pharmaciens et sages-femmes du quartier qui peuvent être appelés en cas de besoin ;

Un tableau indiquant les noms et adresses des agents du service des Eaux de Paris et de la Compagnie du Gaz ;

Un tableau indiquant l'emplacement des avertisseurs électriques, des bouches d'incendie et les lieux de remisage des tonneaux de porteurs d'eau dans le quartier ;

Un état des postes de sapeurs-pompiers de l'arrondissement et des arrondissements circonvoisins.

ART. 74. — Un des sous-brigadiers parcourra, pendant la durée du service de la sous-brigade, le quartier dont la surveillance lui est confiée. Il examinera la manière dont les hommes s'acquittent de leurs devoirs, et rendra compte au brigadier de toutes les infractions qu'il aura constatées.

ART. 75. — L'autre sous-brigadier restera au poste de police avec les hommes de la réserve, prêt à se porter sur les points où sa présence pourrait être nécessaire.

Après la levée du service, il recevra des hommes relevés le rapport des faits qu'ils auront constatés pendant la durée de ce service, et le portera au brigadier, au poste central de l'arrondissement.

ART. 76. — Le brigadier, au moment où sa brigade prendra le service, se trouvera à l'un des postes de l'arrondissement

Il prendra alternativement chaque poste de manière à s'assurer que le relevé se fait partout d'une façon convenable, et que les sous-brigadiers s'acquittent bien de leurs fonctions.

Il parcourra ensuite tout ou partie de l'arrondissement, pour contrôler le service, et rentrera, au moment du relevé, au poste central de l'arrondissement pour recevoir les rapports des sous-brigadiers. Il remettra ces rapports et le compte-rendu de sa surveillance à l'officier de paix.

ART. 77. — L'officier de paix est responsable du bon service, de jour et de nuit, de l'arrondissement auquel il est attaché.

Il veillera à ce que le service soit fait et surveillé, avec régularité, dans toute l'étendue de l'arrondissement.

A cet effet, il visitera, une fois au moins par vingt-quatre heures, chaque poste de police et parcourra les divers quartiers pour se rendre compte personnellement de la conduite des hommes placés sous ses ordres.

Il fera de fréquentes rondes de nuit.

En cas d'urgence, il signalera par télégramme au chef de la Police municipale qui en informera le Préfet de Police, tout fait qui se sera produit sur son arrondissement ou même sur un autre arrondissement.

Dans l'intérêt de la bonne administration de l'arrondissement, il devra se tenir en fréquents rapports avec les commissaires de police.

L'officier de paix chargera chaque jour un des brigadiers de se rendre aux commissariats de police de l'arrondissement pour y recueillir tous les renseignements qui pourraient être utilement portés à sa connaissance dans l'intérêt du service.

Art. 78. — L'officier de paix transmettra au chef de la Police municipale, tous les matins, avant huit heures, un rapport indicatif des opérations qui auront été faites, des crimes, délits ou con- traventions qui auront été prévenus ou consta- tés, des accidents qui auront eu lieu, enfin de tout ce qui se sera passé dans son arrondisse- ment pendant la jour- née et la nuit précé- dentes.

Il fera connaître par son rapport si ces faits lui ont été signalés par le gardien de la paix de service sur le point où ils se sont produits et, dans le cas de la négative, les motifs qui ont em- pêché le gardien de la paix de les signaler.

Art. 79. — Indépen- damment de ce rapport quotidien, il transmettra au chef de la Police mu- nicipale, aussitôt après le relevé de chaque bri- gade, un rapport sommaire indiquant qu'il n'y a rien de nouveau, ou signalant les faits importants qu'il serait urgent de faire connaître.

Ernest Camescasse, Préfet de Police
(18 juillet 1881 — 26 avril 1885).

Il devra notamment se tenir au courant de toutes les solennités, cérémonies, réunions, fêtes, etc., qui se préparent dans son arrondissement, afin d'en infor- mer la Préfecture de Police et de la mettre en mesure d'organiser les services d'ordre nécessaires.

Art. 80. — Tous les jours, à l'heure fixée par le chef de la Police municipale, il se rendra à la Préfecture de Police pour prendre les ordres que celui-ci lui transmettra.

S'il reçoit des instructions relatives au service, il les fera connaître et les ex- pliquera aux brigadiers sous ses ordres; ceux-ci les transmettront à leur tour aux sous-brigadiers, et l'officier de paix devra s'assurer, avec le plus grand soin, que les instructions ont été régulièrement transmises, sont bien comprises et bien appliquées par tous les gardiens de la paix.

Art. 81. — L'officier de paix doit s'attacher à connaître tous les agents placés sous ses ordres, et à veiller à ce que les brigadiers et sous-brigadiers connais- sent et apprécient leurs subordonnés. Il interrogera les gardiens de la paix et s'assurera qu'ils comprennent bien la nature de la mission qui leur est confiée; il devra se rendre compte de la conduite, du zèle et de l'intelligence de chacun, de manière à pouvoir signaler ceux qui lui paraîtraient dignes d'avancement.

Art. 82. — L'officier de paix ne perdra pas de vue qu'il se doit tout entier à ses fonctions, et que sa capacité sera jugée sur la manière dont les agents placés sous ses ordres s'acquittent de leur service.

Art. 83. — Les officiers de paix sont tenus d'avoir leur domicile personnel dans l'arrondissement auquel ils sont attachés.

Les brigadiers, sous-brigadiers et gardiens de la paix devront autant que possible résider dans l'arrondissement ou à proximité.

Art. 84. — Les brigades centrales sont au nombre de six.

Les gardiens de la paix attachés aux brigades centrales portent, d'une manière ostensible, sur le collet de la tunique, de la capote, de la capeline, le numéro de la brigade à laquelle ils appartiennent et un numéro d'ordre suivant la distinction établie par l'article 51.

ART. 85. — Les quatre premières brigades centrales fournissent à la Préfecture de Police une réserve toujours prête en cas de besoin.

Elles sont chargées du service des théâtres, bals, fêtes publiques, etc.

ART. 86. — La 5ᵉ brigade centrale, dite brigade des voitures, est chargée de veiller à l'exécution des lois et règlements concernant les voitures publiques et autres.

Elles fournit, en outre, chaque jour un certain nombre d'hommes pour assurer le défilé des voitures aux théâtres, bals, fêtes et cérémonies publiques.

ART. 87. — La 6ᵉ brigade centrale est chargée d'assurer la circulation dans le périmètre des Halles, d'y veiller à l'exécution des règlements relatifs au placement des voitures, au dépôt et à l'enlèvement des denrées.

ART. 88. — Les brigades de recherches sont chargées des recherches réclamées par les familles ou nécessitées pas des intérêts judiciaires ou administratifs, de la surveillance des cercles, courses de chevaux, maisons de jeux clandestines, etc., etc.

ART. 89. — La brigade des garnis est chargée de veiller à l'exécution des lois et règlements concernant la police des hôtels et des maisons dites maisons garnies ou maisons meublées.

La brigade des garnis est placée sous la direction du chef du service de la Sûreté.

CHAPITRE IV
Service de la Sûreté.

ART. 90. — . . . .
. . . .

CHAPITRE V
Contrôle général.

ART. 95. — . . . .
. . . .

CHAPITRE VI
Dispositions générales.

ART. 100. — La Préfecture de Police est chargée de prévenir les crimes, délits et contraventions, d'en rechercher les auteurs, de veiller à l'exécution des lois, ordonnances, arrêtés et règlements, de protéger les citoyens dans leurs personnes et dans leurs biens, de maintenir l'ordre, d'assurer la sécurité et la salubrité, de faire respecter les mœurs et la décence publique.

Cette mission impose des devoirs communs à tous les fonctionnaires et agents des divers services désignés dans le présent règlement. Chacun d'eux doit, en toute circonstance et sans attendre qu'il en soit requis, prêter spontanément son concours actif et empressé à ceux de ses collègues du même service ou d'un autre service, qui sont en-

tion, surveillance ou
L'œuvre de chacun
tous comme une œuvre
ART. 101. — Les agents
le devoir de se montrer,
actifs et vigilants dans
obligeants envers le pu-
aucune façon la fermeté
pecter les lois et règle-
Dans la répression,
flexiblement leurs ins-
rester calmes, maîtres
leur sang-froid, éviter
aller à des emporte-

A. Gragnon, Préfet de Police (20 avril 1885 — 11 novembre 1887).

gagés dans une opéra-
recherche quelconques.
doit être considérée par
commune.
de tous les degrés ont
en toute circonstance,
leur service, polis et
blic, ce qui n'exclut en
nécessaire pour faire res-
ments.
tout en appliquant in-
tructions, ils doivent
d'eux-mêmes, conserver
avec soin de se laisser
ments qui pourraient

les rendre inconvenants ou grossiers.

Lorsqu'ils seront obligés d'employer la force, ils le feront avec fermeté, mais sans irritation. L'usage des armes n'est permis que sur l'ordre des supérieurs ou dans le cas de légitime défense.

Les gardiens de la paix doivent se conduire dans leur vie privée, aussi bien que dans le service, de manière à mériter l'estime de tous, par la régularité et la dignité de leur conduite.

ART. 102. — Les gardiens de la paix nouvellement nommés se rendront, pendant trois mois au moins, à l'école pratique établie à la Préfecture de Police, où un inspecteur principal et quatre brigadiers et sous-brigadiers, faisant fonctions de moniteurs, donnent l'enseignement sous la direction des inspecteurs divisionnaires.

ART. 103. — Les brigadiers, sous-brigadiers, gardiens de la paix, inspecteurs et, en général, toutes les personnes appartenant à la Préfecture de Police, doivent tout leur temps à l'administration. Ils peuvent donc être appelés à toute heure, en dehors du service ordinaire et doivent être prêts à répondre au premier appel.

ART. 104. — Les fonctionnaires, employés et agents de tout ordre appartenant à la Préfecture de Police doivent obéir immédiatement et ponctuellement à tous les ordres qui leur sont donnés par leurs supérieurs. Tout acte d'insubordination serait puni de révocation.

Les gardiens de la paix en service sur la voie publique doivent obéir à tous les ordres qui leur sont donnés par les Commissaires de police ayant justifié de leur qualité. Ils rendront compte à leurs supérieurs des ordres qu'ils auront reçus et de l'usage qui a été fait de leur concours.

ART. 105. — Il est expressément interdit aux brigadiers, sous-brigadiers, gardiens de la paix et inspecteurs en service d'entrer dans les cafés, débits de vins et liqueurs, etc., à moins qu'ils y soient appelés par l'exercice immédiat de leurs fonctions et, dans ce cas, ils devront toujours rendre compte à leurs chefs des motifs de leur entrée dans ces établissements.

Les brigadiers, sous-brigadiers, gardiens de la paix et inspecteurs de service dans les bals publics ne devront ni s'attabler, ni prendre aucun rafraîchissement dans les dits établissements.

Il est interdit aux brigadiers, sous-brigadiers, et gardiens de la paix d'entrer en uniforme, même en dehors du service, dans aucun café, débit de vins et de liqueurs ou autres établissements de même nature.

Il leur est interdit de fumer en uniforme sur la voie publique, ainsi que dans les lieux publics.

Ils ne doivent pénétrer dans une maison qu'en cas d'incendie, d'inondation, de sinistre quelconque, de crime flagrant ou de réclamation faite de l'intérieur.

ART. 106. — Les officiers de paix, inspecteurs principaux, brigadiers, sous-brigadiers, gardiens de la paix, inspecteurs de service dans les théâtres, bals, concerts et autres lieux publics, ne devront, sous aucun prétexte, solliciter de billets ou entrées de faveur des directeurs des dits établissements.

Il leur est interdit de favoriser l'entrée de qui que ce soit dans les mêmes établissements.

ART. 107. — Il est expressément défendu à toute personne appartenant à la Préfecture de Police de recevoir de l'argent ou des gratifications de qui que ce soit, sans l'autorisation du Préfet de Police.

ART. 108. — Les agents de tous grades devront veiller avec le plus grand soin sur les détenus confiés à leur garde. Il leur est interdit, sous peine d'encourir les punitions les plus sévères, de se livrer à des actes de brutalité à leur égard. Ils devront, au contraire, veiller à ce que rien de fâcheux ne puisse leur arriver.

ART. 109. — Le chef de la Police municipale rendra compte au Préfet de Police de toute plainte portée par les inspecteurs, gardiens de la paix, sous-brigadiers, brigadiers, etc., pour outrages ou violences envers eux dans l'exercice ou à l'occasion de l'exercice de leurs fonctions.

ART. 110. — Les employés et agents de tous grades qui, par maladie, se trouveraient hors d'état de faire leur service, seront tenus d'en donner avis d'urgence à leur chef immédiat.

ART. 111. — Les demandes de congé devront être adressées au Préfet de Police par la voie hiérarchique, avec l'avis du chef de service.

ART. 112. — Tous les agents de la Préfecture de Police ont droit aux primes fixées par arrêté du Préfet de Police en date du 11 septembre 1886, pour capture ou reconnaissance de malfaiteurs. Ces primes sont graduées en raison de la gravité des crimes ou délits, des difficultés que rencontrent les agents pour arriver à leurs constatations et des dangers auxquels ils s'exposent.

ART. 113. — Il est en outre accordé, par arrêté du Préfet de Police, des récompenses basées sur l'importance de chaque affaire aux agents ayant reçu des blessures ou couru des dangers dans l'arrestation de coupables ou qui ont fait preuve de dévouement, de zèle, d'habileté dans l'accomplissement d'un acte de leurs fonctions.

ART. 114. — En dehors des primes et récompenses sus-visées, spéciales à la recherche et à l'arrestation des malfaiteurs, les agents seront félicités ou récompensés lorsqu'ils se seront distingués par quelque action méritoire ou par la régularité de leur service.

La mise à l'ordre du jour d'une action méritoire est faite au nom et parordre du Préfet de Police, sur le rapport des chefs de service. Elle est portée à la connaissance du personnel de la Préfecture de Police.

ART. 115. — Toute infraction aux dispositions du présent règlement entraînera suivant les circonstances :

1° La réprimande, avec ou sans mise à l'ordre du jour;

2° La retenue du traitement, sans suspension de service, pendant un temps déterminé;

3° La suspension de service;

4° Le changement de classe;

5° La privation du grade;

6° La révocation.

ART. 116. — Le Secrétaire général de la Préfecture de Police est chargé de l'exécution du présent arrêté.

Paris, le 30 avril 1887.

Le Préfet de Police,

GRAGNON.

Comme celui du 14 avril 1856, dont il reproduit les principales dispositions, le nouveau règlement général ne tarda pas à être l'objet de modifications de détail, notamment lors des deux augmentations d'effectif, en 1890 et en 1892.

Développant avec plus de détails les arguments exposés, le 4 juillet 1890, par M. J. Reinach (1) devant la Chambre des députés, M. Antonin Dubost, rapporteur de la Commission du budget, s'exprimait ainsi, dans la séance du 30 juin 1892 :

Une loi du 30 août 1890, en créant 300 nouveaux agents, a porté ce chiffre à 6.400.

Mais ce chiffre de 6.400 ne représente pas le nombre des agents réellement disponibles. Il faut en déduire encore 460 agents malades ou en congé, chaque gardien de la paix ayant droit à un jour de congé par mois, de telle sorte que le chiffre des disponibles ne s'élève qu'à 5.940 agents.

Il est intéressant d'examiner l'emploi qui est fait de ce personnel.

___

(1) En 1890, M. J. Reinach était rapporteur à la Commission du budget. Voici la liste des membres de cette commission dont la composition était à peu près la même en 1892 :

MM. Casimir Périer (Aube) *président;* Proust (Antonin), Pelletan (Camille) *vice-présidents;* Poincaré (Raymond), Rathier, Leygues, Pichon (Seine), *secrétaires;* Labrousse, Gerville-Réache, Siegfried, Reinach (Joseph), Le Myre de Vilers, Bartissol, Folliet, Saint-Romme, Reille (baron), Cochery (Georges), Jolibois, Labussière, Fouquet (Camille), Freppel, Burdeau, amiral Vallon, Bastid (Adrien), Horteur, Dupuy (Charles) (Haute-Loire), Cornudet, Charmes (Francis), Germain (Henri) (Ain), Kerjégu (J. de), Clémenceau, Dubost (Antonin), Riotteau.

Les quatre brigades centrales, qui sont employées à tous les services exceptionnels et
imprévus, comprennent 400 agents.   400
La brigade des voitures, chargée de la surveillance des voitures sur la voie
publique et de la circulation sur les points où elle est la plus active, se com-
pose de 165 agents.   165
La brigade des halles, chargée de la surveillance, jour et nuit, occupe 81 agents.   81
Le service de la permanence exige 20 agents   20
Le service des 80 postes qui restent ouverts jour et nuit dans les vingt arron-
dissements de Paris, et les secrétaires, nécessitent 940 agents   940
Le service des kiosques pour les stations de voitures est fait par 475 agents.   475
Le service des plantons, soit sur la voie publique, soit ailleurs, emploie 458
agents.   458
Enfin la surveillance dans les diverses administrations, à l'Hôtel-de-Ville, dans
les ministères, dans les gares, les abattoirs, les marchés autres que les
halles, est assuré par 197 agents.   197
                                                          Total.   2742
Le nombre des disponibles n'étant que de.   5940
On voit qu'il ne reste plus pour le service des rues proprement dit que 3198
agents   3198

Au point de vue de la surveillance de la voie publique, la ville de Paris est
divisée en 1.274 îlots, représentant 964.000 mètres de rues ou boulevards, qui
doivent être parcourus constamment, le jour et la nuit, par les agents chargés de ce service. Chaque gardien de la paix a, au minimum, huit heures de
service effectif, en deux reprises de quatre heures. En réalité, le gardien donne
plus de huit heures de son temps, car il doit arriver une demi-heure avant
chaque reprise et n'est libre qu'une demi-heure après. Mais il n'en faut pas
moins trois gardiens de la paix pour assurer le service des vingt-quatre heures
sur un même point. Il en résulte que quoiqu'il y ait 3.198 gardiens disponibles
pour ce service, il ne peut s'en trouver, en réalité, qu'un peu plus de 1000 environ sur la voie publique.

Mais déjà ce service, si insuffisamment organisé qu'il soit, ne peut se faire
que d'une façon fort incomplète, puisque le nombre des îlots, à trois gardiens
par îlot, exigerait 3.822 agents, et qu'il n'y en a que 3.198 disponibles. Il en
manque donc 624 pour la surveillance des îlots tels qu'ils sont constitués.

D'autre part, si on considère que les 3.822 gardiens qui devraient exister et
qui en réalité sont réduits, par les exigences des autres services, à 3.198, ont à
parcourir constamment 964 kilomètres, on reconnaîtra aussitôt que leur nombre
est insuffisant, et la surveillance, sur certains points, parfois illusoire. Ils
auraient chacun, le jour, 1.000 mètres de rue à parcourir et à surveiller, et la
nuit, comme les gardiens marchent deux à deux et qu'on réunit deux îlots, la
tournée s'étendrait sur deux kilomètres. Il suffit, pour s'en faire une idée un peu
précise, de se rendre compte du degré d'efficacité que peut avoir une surveillance
qui s'étendrait de la Madeleine au Gymnase, par exemple, ou sur toute la longueur des Champs-Élysées.

Après ces observations, si concluantes sur l'insuffisance numérique du corps des gardiens de la paix, il nous paraît nécessaire d'exposer, dans tous ses détails, la tâche quotidienne de chaque agent.

Comme nul n'en a fait un tableau plus complet et plus exact que M. Hogier-Grison dans son ouvrage sur la police (1), nous lui empruntons les lignes suivantes :

J'ai dit qu'il restait à chaque poste environ cinquante hommes. Cela fait donc pour chaque période un tiers, soit dix-huit, au maximum. Sur ce nombre il faut encore diminuer :

Le planton qui doit toujours rester à la porte du poste ;

Deux hommes de service dans le poste pour le cas d'un accident, d'un secours à porter, d'une réquisition, d'un renfort demandé, d'un incendie, etc.;

Deux hommes pour le service des détenus à conduire du poste au commissariat de police, et *vice versa*, pour recevoir et maintenir les prisonniers, les empêcher de faire du tapage, de se suicider dans les violons, pour les faire monter en voiture cellulaire, etc., etc.;

Restent treize hommes pour la voie publique.

Or d'après le système importé de Londres, les quartiers sont divisés en *îlots*, c'est-à-dire en pâtés de maisons. Chaque gardien est réglementairement chargé d'un îlot, qu'il doit surveiller pendant tout le temps de son service.

Mais le nombre des rues est grand, et par suite aussi celui des îlots. Chaque quartier en comprend un nombre rarement inférieur à treize, mais allant souvent à vingt-deux.

Il en résulte que, presque toujours, le gardien de la paix est obligé de surveiller, non pas un seul îlot, comme le voudrait le règlement, mais deux et quelquefois trois.

Deux ou trois, parce que, si nous avons compté déjà toutes les non-valeurs du personnel d'un poste, nous avons oublié de dire que, sur ce qui reste disponible dans ce personnel, il faut prendre :

Un homme pour les stations de voitures ;

Un, deux, trois, dans certains quartiers, pour le service des « passerelles », c'est-à-dire pour la circulation des voitures dans les carrefours et les passages difficiles. Ceux qui voudront donner un coup d'œil, vers quatre heures, au croisement du boulevard et des rues Montmartre, Drouot et Richelieu, verront que le gardien de la paix, placé là sur le refuge, ne remplit pas une sinécure.

Deux ou trois aussi, pour les circonstances exceptionnelles, spectacles, bals, réunions publiques, enterrements, mariages, échéances de coupons, émissions, tirage au sort, etc.

Mettez dix hommes pour la voie publique, et voyez leur travail.

Attendez, ce n'est pas tout. Arrive la nuit. Avec les bonnes dispositions de la population actuelle, avec cette armée, sans cesse croissante, de rôdeurs de nuit, souteneurs, caroubleurs, casseurs de portes, vagabonds, ivrognes, poivriers et

_____

(1) Déjà cité page 460.

escarpes, qui se répand dans Paris, cherchant fortune à la force du *monseigneur*
ou à la pointe du *surin*, il n'est pas prudent de laisser sortir seul un gardien en
uniforme. On est donc obligé de les faire circuler par deux.

Ci, trois, quatre, cinq îlots à surveiller... des kilomètres à faire.

Il n'est donc pas étonnant que, quand vous le cherchez, vous ne le trouviez
pas, à point nommé, le sergent de ville.

Mais, sans prendre même ce cas, occupons-nous, si vous voulez, d'un îlot,
tout petit, celui où se trouve le *Figaro*.

Il comprend les trois rues Drouot, de Provence et du faubourg Montmartre,
avec pointe sur la rue Lafayette. Quand l'homme de service est occupé sur l'un
des points de son parcours, il faut quelquefois un quart d'heure avant d'arriver
à l'autre...

Et si, avec cela, par adjonction, on lui donne à faire l'autre triangle, rue
Cadet et rue Lafayette, avec coup d'œil dans le passage des Deux-Sœurs!

Ce sera bien pis encore. Et dans les quartiers excentriques, donc!

Maintenant, voyons ce que, sur ce périmètre qui lui est indiqué, a à faire, dans
sa tournée, le sergent de ville :

Sa consigne lui prescrit tout d'abord d'assurer la liberté et la sécurité de la
circulation. Il doit prévenir et réprimer tout embarras sur la voie publique, sta-
tionnements illicites, échafaudages, étalages dépassant les limites autorisées,
encombrements de voitures, attroupements; il doit, sans perdre de vue la rue,
lever le nez en l'air, pour voir s'il n'y a pas le long des murailles, des objets pouvant blesser ou salir les passants, tels que pots de fleurs aux fenêtres, cages,
etc., veiller aux projections d'eau, par les fenêtres, ou — comme aiment à le
faire certains boutiquiers — de la porte à travers le trottoir, dans les jambes du
passant. Il lui faut s'occuper des ivrognes, indiquer les rues aux gens embarras-
sés, conduire chez le pharmacien un malade ou un blessé... et dans tout cela apporter une connaissance parfaite des lois et règlements multiples, dans lesquels
se perdrait un avocat; discuter avec les récalcitrants, faire entendre raison aux
entêtés, être persuasif et *ne jamais perdre patience!*

Ne jamais perdre patience!... avec les marchandes ambulantes qui ergotent
pendant un quart d'heure avant de déplacer leur voiture, dont un commerçant
exige le départ; avec le pochard qui discute, ne voulant pas aller se coucher;
avec le camelot qui, dès que le sergent de ville est passé, sort de sa porte cochère, pour vendre au milieu de la rue ses cartes transparentes ou ses chaînes
de sûreté; avec le cabaretier qui ferme à grand fracas son débit pour le rouvrir
dès qu'il ne voit plus le képi du gardien....

Voilà ce qu'il a à faire, le malheureux! Et il ne faut pas qu'il en oublie. Les
plaintes pleuvraient dru à ses chefs. Et puis, il est surveillé. Il y a dans
chaque poste deux sous-brigadiers qui se partagent la durée du service, pour
contrôler les hommes, allant d'îlot en îlot, voir s'ils exécutent leur consigne
avec ponctualité. Pendant ce temps, le brigadier en permanence va de droite
à gauche et de gauche à droite, en zig-zag, contrôlant le contrôle et tombant
à l'improviste sur ceux qui ne s'y attendent pas.

Indépendamment de ce travail pénible, le sergent de ville nous donne à chaque
instant des preuves inouïes de courage et dévouement. Quand un cheval s'em-

OFFICIER DE PAIX (TENUE D'HIVER).

(Période actuelle.)

porte, qui se jette à sa tête, au risque d'être broyé? Le sergent de ville. Quand un homme se noie, qui se précipite à l'eau, pour le sauver? Le sergent de ville.

Quand un chien enragé béante, prêt à semer une passage, qui se place en Encore le sergent de tions, dans les accidents, toujours là, héros mo- en sacrifice pour le de- parcourt la rue, la gueule mort horrible sur son face de lui pour le tuer? ville. Dans les inonda- dans les incendies, il est deste et dévoué, s'offrant voir.

Voilà, certes, de d'un homme pour sa cependant que le dé- naire qui incombe à paix. De plus dures

Léon Bourgeois, Préfet de Police (17 novembre 1887 — 9 mars 1888).

quoi suffire à la tâche journée, et ce n'est tail du service ordi- tout gardien de la fatigues l'attendent

encore, lorsque des événements ou des circonstances quelconques viennent faire battre plus fort le pouls de la grande ville.

Dans ce cas, il est vrai, les agents des arrondissements opèrent avec le concours des brigades casernées à la Préfecture de Police. Ces brigades (1), à l'exception de celles des voitures et des halles, sont spécialement chargées de leur prêter main-forte, lors des manifestations ou des échauffourées, et pendant les fêtes et cérémonies publiques. Comme les gardiens de la paix doivent tout leur temps à l'Administration, celle-ci les retient à sa disposition en dehors des heures réglementaires, chaque fois que les circonstances l'y obligent. En temps de troubles, par exemple (2), tous sont consignés, jour et nuit, aussi longtemps qu'on peut avoir besoin d'eux. Il en est de même pour les solennités publiques (3).

(1) Aux exécutions capitales, il y a toujours une et, quelquefois, deux brigades centrales.

(2) A part les anniversaires de la semaine sanglante, diverses manifestations du 1er mai ou de la rive gauche, les agitations de la période boulangiste et les attentats anarchistes, la tranquillité de Paris n'a pas été troublée depuis 1871.

Dans ce cas, la consigne qu'on donne aux agents est toujours la même : être aussi doux que possible, mais être aussi fermes que possible.

On n'a pas oublié que nous nous sommes déjà expliqués au sujet des faits regrettables qui se sont produits en pareille circonstance. Nous ne pourrions y revenir qu'en ouvrant un débat irritant qui ne saurait trouver place ici.

(3) Dans ces divers cas, la garde républicaine et les troupes de la garnison de Paris font avec eux le service d'ordre.

Puisque nous parlons des fatigues des gardiens de la paix, disons un mot sur l'organisation et le fonctionnement du service médical de la police municipale.

Ce service est assuré par :

1 médecin en chef,

12 médecins de circonscription,

16 suppléants.

Le médecin en chef, qui a son bureau à la Préfecture de Police, concentre le service fait par les médecins des circonscriptions, établit les statistiques médicales hebdomadaires et mensuelles, et examine les candidats aux divers emplois des services actifs.

Pour le service médical de la police municipale, Paris est divisé en douze circonscriptions.

Tous les jours, à une heure déterminée, le médecin de circonscription se rend au poste central de l'un des arrondissements auquel il est attaché, et reçoit la visite des agents domiciliés dans sa circonscription qui se sont fait porter malades ou qui sont sur le point de reprendre leur service. Dans le cas où le malade ne peut se présenter à la visite, le médecin constate son état à domicile.

Ne pouvant entrer ici dans tous les détails qui constituent le service des gardiens de la paix, nous devons nous borner à énumérer seulement les événements ou les faits de moindre importance qui leur apportent un surcroît de fatigues.

Si, pour le moment, nous laissons de côté les fêtes auxquelles ont donné lieu les expositions de 1878 et de 1889, nous devons, pour ne citer que les principaux souvenirs de ces dernières années, rappeler les funérailles de M. Thiers (8 septembre 1877), de Gambetta (1)

---

(1) Lors des funérailles de Victor Hugo, on dut organiser un service de nuit pour la veillée funèbre autour du corps déposé sous l'Arc de Triomphe; mais on était au commencement de juin et les agents n'eurent pas à souffrir de l'inclémence de la température. Il n'en fut pas de même le 6 janvier 1883, jour de l'enterrement de Gambetta, où ils prirent leur service avant l'aube, par un froid des plus rigoureux.

Tout le monde se rappelle la chaleur accablante qu'il faisait le 1er juillet 1894, pendant

(6 janvier 1883), de Victor Hugo (1er juin 1885), de l'amiral
Courbet (28 août 1885), du maréchal de Mac-Mahon (22 octobre
1893), du président Carnot (1er juillet 1894) et de M. Pasteur
(5 octobre 1895). Parmi les solennités d'un autre ordre (1), il nous
faut encore mentionner la fête nationale du 14 juillet, l'inauguration
de l'Hôtel-de-Ville (13 juillet 1882), le centenaire de la Fédération
(13 juillet 1890), le centenaire de la proclamation de la République
(22 septembre 1892) et les brillantes fêtes données à l'occasion de la
visite des marins russes, en octobre 1893 (2).

Indépendamment de ces grandes cérémonies, il en est beaucoup
d'autres, d'un caractère plus modeste qui nécessitent également un
service spécial. Il faut ranger dans cette catégorie : les fêtes nauti-
ques, les courses, les réunions des sociétés de tir et de gymnastique,
les inaugurations de statues, les bals officiels, les fêtes de charité et de bienfaisance, les concours musicaux et orphéoniques, les
réjouissances des jours gras et de la mi-carême, les expositions —
si nombreuses aujourd'hui — et la surveillance que les agents ont à
exercer dans les cimetières durant les fêtes de la Toussaint (3). A
cette longue liste, il y a lieu, croyons-nous, d'ajouter les fêtes fo-
raines qui se tiennent dans les divers quartiers, ainsi que l'installation des baraques du jour de l'an sur les grands boulevards (4),

que les honneurs funèbres étaient rendus à la dépouille mortelle du regretté Président de la
République.

En janvier 1883, un service d'ordre fonctionna pendant plusieurs jours aux abords du Palais-
Bourbon pour maintenir la foule admise à défiler devant le cercueil de Gambetta. Un service
semblable fut organisé autour de l'Élysée, du 25 juin 1894 au dimanche 1er juillet suivant.

(1) Comme nous n'aurons plus l'occasion de parler d'événements de ce genre, nous mentionnons ici, bien qu'elles soient postérieures à la période que nous étudions, la visite des Russes et
les funérailles du maréchal de Mac-Mahon, ainsi que celles du président Carnot et de M. Pasteur.

(2) Lors des fêtes et cérémonies publiques, l'Administration fait installer des ambulances
volantes.

(3) Pour en donner un exemple, en 1895, les agents ont relevé, le jour de la Toussaint, l'entrée
de 51.000 visiteurs au Père-Lachaise, de 26.000 au cimetière Montmartre, et de 35.000 au cimetière du Montparnasse.

(4) Les marchands de jouets et de nouveautés du jour de l'an installent leurs baraques sur
les boulevards, de la Madeleine à la place de la République. Cette foire d'un genre particulier,
qui commence la veille de Noël et se termine ordinairement dans la première huitaine de
janvier, se tenait déjà au moyen âge. De même qu'aujourd'hui, la police d'alors autorisait les

la foire aux jambons (1) et la foire aux pains d'épices (2).

En outre, au cours de leur service quotidien, les gardiens de la paix sont appelés à donner les premiers soins aux personnes blessées sur la voie publique et conduites dans leur poste.

Ils doivent aussi secourir les noyés et asphyxiés transportés dans les pavillons de secours (3). Actuellement, 16 de ces édicules sont installés sur les berges de la Seine et sur celles des canaux parisiens.

Les pavillons de secours (4), confiés d'abord à des gardiens de la paix, qui, au nombre de trois par poste, s'y succédaient sans interruption jour et nuit, sont aujourd'hui occupés par deux agents, toujours les mêmes, qui font le service chacun pendant 24 heures. Ceux-ci sont initiés à tous les détails des soins à donner, par les instructions ver-

petits marchands à établir leurs tentes sur un emplacement déterminé. Ce fut, d'abord, sur l'espace compris entre le pont au Change et le pont Saint-Michel; puis, de 1725 à 1789, au Palais-Royal.

Les baraques pour la vente des objets d'étrennes ne firent, en effet, leur première apparition sur les grands boulevards qu'au commencement de la Révolution. Au début, on les toléra seulement sur le boulevard des Capucines; mais, peu à peu, leur extension devint plus envahissante, et, en 1838, les commerçants riverains adressèrent des plaintes au Préfet de Police, au sujet du préjudice que leur causait le voisinage temporaire de ces étalagistes. Cette requête obtint gain de cause, et les baraques furent interdites l'année suivante.

En 1851, la tradition fut reprise. Depuis, sauf pendant la période du siège de 1870-71, la reconstruction annuelle de ces baraques n'a subi aucune nouvelle entrave; leur nombre, au contraire, n'a cessé d'augmenter. Des marchands de ferraille et d'objets les plus divers ont même envahi d'autres boulevards et le pourtour des Halles Centrales.

(1) Ancienne foire au lard, la foire aux jambons se tint au Parvis Notre-Dame jusqu'en 1813. Une ordonnance du 24 février de cette année la transféra quai de la Vallée (quai des Grands-Augustins) « le long du trottoir, depuis le Pont-Neuf jusqu'à la rue Pavée ».

Au mois d'avril 1832, elle fut installée dans le nouveau marché à fourrages du faubourg Saint-Martin.

En 1840, on lui donna pour emplacement le boulevard Bourdon, à partir de l'extrémité nord du Grenier d'Abondance jusqu'à la Seine.

Enfin, depuis le second Empire, elle se tient sur le boulevard Richard-Lenoir, les mardi, mercredi et jeudi de la Semaine Sainte.

(2) La foire aux pains d'épices, appelée jadis: *Foire du Petit-Landit*, s'ouvre, chaque année, le dimanche de Pâques et dure plusieurs semaines. Elle occupe la place de la Nation (autrefois place du Trône), le cours de Vincennes et la plupart des grandes voies environnantes.

(3) Un petit pavillon, connu sous le nom de Petite Morgue, a été installé, en 1885, sur le quai Jemmapes (canal Saint-Martin). Dans l'unique pièce de cet édicule, se trouvent un lit de camp et le fourgon qui sert à transporter à la Morgue les corps des submergés qu'on n'a pu faire revenir à la vie.

(4) Un fil télégraphique relie chaque pavillon au poste de police le plus proche. Un agent du poste va aussitôt chercher un des médecins qui se sont fait inscrire à cet effet.

Chef de la Police municipale, Inspecteurs divisionnaires et Officiers de paix; 1886.

bales du directeur des secours publics (1), par les affiches apposées dans chacun des pavillons et, surtout, par la pratique journalière et constante. « C'est, dit M. Damico (2), un grand avantage de posséder un corps d'agents expérimentés qui veillent jour et nuit, et sont toujours prêts à se porter au secours des noyés dès le premier signal. »

Un peu plus loin, le même auteur démontre ainsi l'efficacité des secours administrés aux noyés :

La proportion des submergés rappelés à la vie a été complètement modifiée depuis la création de ces pavillons de secours. C'est ainsi que parmi les 3.573 submergés qui ont été apportés dans les postes de 1875 à 1892 inclusivement, 185 sont morts et 3.388 ont été rappelés à la vie. Un certain nombre parmi ceux-ci l'ont été dans des circonstances graves, ayant souvent séjourné de 5 à 20 minutes sous l'eau ou entre deux eaux. On sait que, dans ce dernier cas, le noyé inspire à la fois de l'eau et de l'air et que la présence de l'eau dans les ramifications bronchiques aggrave beaucoup les dangers de la submersion.

L'organisation des secours publics dans les postes est également intéressante à étudier, et M. Damico nous en fait connaître les principaux détails dans ces lignes :

Depuis longtemps, des appareils de secours sont déposés dans les postes et commissariats de chaque quartier de Paris et des circonscriptions suburbaines, dans sept casernes et postes de la garde républicaine, dans sept postes d'octroi, alors qu'il en existe 276, dans douze casernes et postes de sapeurs-pompiers (sur 13 casernes, 10 postes de pompe, 39 postes-vigie et 81 postes de ville) (1). Aujourd'hui, les 82 postes de police de Paris possèdent chacun une boîte, soit à pansements, soit fumigatoire, suivant l'emplacement de ces postes, et en même temps, un brancard à bras complet. Les postes de police centraux, c'est-à-dire ceux placés près de chaque mairie, sont presque tous pourvus d'un brancard à roues. Les 78 commissariats de Paris et ceux de la banlieue possèdent seulement un brancard à bras.

Les postes de police, malgré les inconvénients que nous signalerons plus

(1) M. le docteur Auguste Voisin, directeur actuel des secours publics, membre du conseil d'hygiène publique et de salubrité.
(2) Secours aux noyés, asphyxiés et blessés. Organisation du service à Paris et dans le département de la Seine (1740-1894), par M. Félix Damico ; Paris, librairie J.-B. Baillière et fils (1895). Cet intéressant ouvrage contient des renseignements très curieux sur l'organisation des secours publics à Paris depuis 1740, et un aperçu des divers systèmes de secours en usage dans les principales villes du monde.
(3) D'autres postes ont également un matériel spécialement destiné à porter secours aux noyés et aux asphyxiés.

loin, ont, de tout temps, rendu de réels services au point de vue des secours. Il n'est pas de jour qu'un blessé ou malade n'y soit transporté. En attendant l'arrivée d'un médecin, des soins intelligents lui sont donnés par les gardiens de la paix que l'on trouve toujours dévoués en ces occasions (1).

Mais, il n'est aucun doute pour personne que la plupart des postes de police ne remplissent pas les conditions réclamées pour permettre de soigner convenablement une personne. Le principal vice consiste dans l'absence d'une pièce distincte, spécialement destinée aux malades ou blessés, où l'on trouverait ce qu'un médecin est en droit de demander lorsqu'il est appelé auprès d'une malade, d'une femme en couches, d'un blessé, c'est-à-dire une installation appropriée et l'isolement de la partie du corps de garde occupé

Henri Loré, Préfet de Police
(9 mars 1888 — 15 juillet 1893).

par les agents de la force publique. Il y a, dans le poste, un va-et-vient continuel peu favorable à l'administration de secours efficaces; tantôt c'est un ivrogne qui fait du bruit et du scandale; tantôt un voleur, une fille publique que des hommes armés amènent; enfin, tout concourt à rendre difficile l'exercice du secours du médecin et peu fructueuse son intervention dans les cas nombreux et divers où il est appelé (2).

Sans rappeler les prescriptions des articles 68, 69 et 70 du *Règlement général du service ordinaire de la police dans la ville de Paris*, du 30 avril 1887, au sujet du service médical de nuit (3) et des soins à donner aux personnes trouvées blessées ou malades sur la voie publique (4), il est juste de dire que les gardiens de la paix concourent pour une large part à cette œuvre éminemment humanitaire. Ce

---

(1) De 1865 à 1872, le nombre des femmes ayant accouché dans les postes de police s'est élevé à 55; elles ont été assistées par des médecins ou des sages-femmes, mais dans les conditions les plus défavorables et sur lesquelles il serait inutile d'insister.

Pendant cette même période, 406 épileptiques, 1.800 individus tombés malades sur la voie publique, 495 blessés (fractures) et 877 blessés (plaies) ont reçu les soins des médecins dans les différents postes de police.

De 1872 à 1879, le nombre des individus secourus dans les postes s'est élevé à 4.790, soit une moyenne de 600 par an.

(2) Au chapitre des projets, nous parlerons des propositions faites à diverses époques par M. le docteur A. Voisin pour améliorer le service des secours publics dans Paris.

(3) Un service médical est aussi installé dans tous les théâtres.

(4) Des appareils de secours sont, en outre, déposés dans les cimetières, les postes d'éclusiers, etc., etc.

n'est là pourtant qu'une des nombreuses attributions qui leur sont confiées dans l'intérêt de la population parisienne.

Leur tâche devient de plus en plus pénible à mesure que s'étend la surface des terrains bâtis et qu'augmentent la population flottante de la capitale et le chiffre de ses habitants. Le tableau ci-après, que nous avons établi pour la période qui va de 1881 à 1893, contient de précieuses indications sous ce rapport :

ANNÉES.	LONGUEUR DES VOIES PUBLIQUES.	INCENDIES. (A)	ARRESTATIONS.	TRANSPORT DES BLESSÉS PAR BRANCARDS.	PERSONNES SECOURUES DANS LES POSTES DE POLICE ET PAVILLONS DE SECOURS.	SERVICE MÉDICAL DE NUIT.	VOITURES PUBLIQUES CIRCULANT DANS PARIS. (c)	OBSERVATIONS.
1881	935.216 »	945	40.573	»	»	6.521	»	A. — Non compris les feux de cheminées.
1882	950.808 »	982	40.774	(B) 257	717	6.891	»	
1883	950.808 »	905	40.049	1.110	750	6.895	»	B. — Du 1er septembre au 31 décembre seulement.
1884	956.224,63	820	33.831	905	1.508	8.574	9.150	
1885	958.911,60	884	35.816	858	1.206	7.494	10.846	
1886	949.506 »	953	37.053	895	1.136	7.553	10.203	C. — Omnibus, tramways, voitures de place et de remise.
1887	951.803,21	988	35.799	806	1.231	7.161	10.321	
1888	939.702,44	923	33.101	856	1.030	7.408	10.711	
1889	939.005,89	1.059	36.577	728	1.051	8.514	14.487	
1890	957.100,22	1.052	36.533	788	971	9.123	11.729	
1891	963.061,24	975	36.219	745	1.120	9.402	11.060	
1892	961.300,61	1.070	41.000	610	1.040	11.893	14.827	
1893	964.512,51	1.257	41.709	623	1.309	12.890	14.812	

Pour compléter ce rapide aperçu, signalons enfin la surveillance, tous les jours plus difficile, que doivent exercer les gardiens de la paix chargés du service des Halles et des voitures. Personne n'ignore, en effet, le développement qu'a pris en ces dernières années l'approvisionnement journalier de Paris autour des Halles, et l'augmentation relativement considérable du nombre des fiacres, omnibus, tramways et véhicules de toutes sortes qui sillonnent jour et nuit la capitale. Le service d'ordre organisé sur les divers hippodromes des environs de Paris pour l'entrée et le stationnement des voitures, est fourni par les agents placés sous les ordres de M. Roudil (1). Ce n'est pas une de leurs moindres occupations, car ce sport est aujourd'hui fort à la mode et le dimanche n'y suffit plus depuis longtemps.

Maintenant, à vous, lecteur, d'apprécier si l'emploi de gardien de la paix est une sinécure.

Expositions Universelles de 1878 et 1889.

A des dates périodiques, Paris convie aux fêtes de la paix et du travail les visiteurs du monde entier. Ces fêtes n'ont pas la durée éphémère de celles que nous venons d'énumérer : ce sont des expositions permanentes durant lesquelles les chefs-d'œuvre des sciences, des lettres et des arts, et les plus beaux produits de l'industrie et du commerce français, soutiennent la comparaison avec ceux des autres pays. Admirable champ de bataille où Paris et la France n'ont jamais conquis que des lauriers et dont l'enjeu, tout pacifique, tend à l'amélioration du bien-être de l'humanité. On sait qu'un peu avant la naissance

Station de voitures.

de ce siècle, le Directoire (2) ouvrit une exposition au Champ de

---

(1) M. Roudil, officier de paix du service des voitures, est le fils du docteur Roudil, autrefois médecin en chef de la police municipale.

(2) C'est le ministre de l'Intérieur François de Neufchateau qui conçut l'idée de cette exposition, à laquelle 110 exposants seulement prirent part. Elle fut installée au Champ de Mars pendant les jours complémentaires de l'an VI, c'est-à-dire du 17 au 21 septembre 1798. Dans

Mars, et que, depuis, tous les gouvernements qui se sont succédé, ont tenu à honneur de continuer la tradition. L'emplacement
seul a varié; mais l'idée s'est progressivement développée, et l'Exposition internationale organisée au Palais de l'Industrie en 1855
peut être considérée comme la première des grandes manifestations
du genre de celles dont l'expérience a été si heureusement renou-
velée en 1867, 1878 et 1889. Comme nous l'avons déjà dit, l'incendie des archives de la police municipale en 1871 nous a em-

son intéressante *Histoire des Expositions Universelles*, M. Alfred Picard, conseiller d'État, ac-
tuellement chargé de l'organisation de l'exposition de 1900, fait remarquer que certains do-
cuments assignent encore deux autres dates d'ouverture à l'exposition de l'an VI, savoir :
Du 3e au 5e jour complémentaire (19-21 septembre 1798);
Du 1er jour complémentaire de l'an VI au 10 vendémiaire an VII (17 septembre-1er octobre 1798).
Voici, à titre de curiosité, la liste des expositions nationales et universelles organisées à
Paris depuis l'an VI :

NATURE des EXPOSITIONS.	DATES.	EMPLACEMENTS.	NOMBRE D'EXPOSANTS.
EXPOSITIONS NATIONALES.	An IX (1801). Du 2e jour complémentaire de l'an IX au 2 vendémiaire an X, soit du 19 au 21 septembre 1801.	Cour du Louvre.	220
	An X (1802). Du 1er jour complémentaire de l'an X au 3 vendémiaire an XI, soit du 18 au 25 septembre 1802.	Id.	510
	1806 (20 septembre–19 novembre).	Esplanade des Invalides.	1.422
	1819 (25 août–30 septembre).	Salles du palais du Louvre.	1.662
	1823 (25 août–13 octobre).	Rez-de-chaussée de la colonnade du Louvre et le 1er étage du palais.	1.642
	1827 (1er août–2 octobre).	Id.	1.695
	1834 (1er mai–30 juin).	Place de la Concorde.	2.447
	1839 (1er mai–30 juin).	Carré des fêtes aux Champs-Élysées.	3.381
	1844 (1er mai–30 juin).	Id.	3.960
	1849 (1er juin–30 novembre).	Id.	4.532
EXPOSITIONS UNIVERSELLES.	1855 (1er mai–15 novembre) (en fait, l'ouverture eut lieu le 15 mai).	Palais de l'Industrie, aux Champs-Élysées.	23.954
	1867 (1er avril–3 novembre).	Champ de Mars.	52.200
	1878 (1er mai–10 novembre).	Champ de Mars, quai d'Orsay et Trocadéro.	52.835
	1889 (6 mai–6 novembre).	Champ de Mars, quai d'Orsay, Esplanade des Invalides et Trocadéro.	61.722

péchés de faire connaître le nombre des agents chargés de la surveillance des expositions de 1855 et de 1867, ainsi que le fonctionnement de ces services spéciaux de police.

Cette étude, à laquelle nous allons nous livrer pour les expositions de 1878 et de 1889, eût certainement présenté un réel intérêt, ne serait-ce qu'en raison des détails qu'elle eût révélés sur la construction et la surveillance des bâtiments de ces expositions, la quantité des visiteurs et les mille incidents journaliers de ces périodes exceptionnelles où l'activité parisienne devient plus intense.

Exposition universelle de 1878. *Champ de Mars.* — Le premier coup de pioche fut donné le 3 septembre 1876. Jusqu'à la fin de l'année, les gardiens de la paix des 7e et 15e arrondissements exercèrent une surveillance extérieure autour des chantiers. Ce service, qui se faisait par lettres et par poste, fut, dans le courant de décembre, doublé pendant la nuit.

Du mois de janvier 1877 au mois d'août suivant (1), l'avenue de La Bourdonnais, la partie de l'avenue de La Motte-Piquet longeant la façade de l'École militaire, l'avenue de Suffren et les berges du quai d'Orsay, qui forment les quatre côtés de ce vaste quadrilatère, furent confiées : les deux premières, à la garde des agents du 7e arrondissement, et les deux autres, à celle des agents du 15e. Le 1er mars, en raison du développement qu'avaient déjà pris les travaux, un supplément de 9 hommes fut adjoint à chacun des deux arrondissements, afin que le service ordinaire des quartiers environnants pût se faire comme de coutume.

En août, le Champ de Mars fut divisé en 8 îlots, et l'on décida d'établir une surveillance de nuit.

---

(1) Le premier personnage qui visita les travaux fut l'empereur du Brésil, Don Pedro d'Alcantara; il vint au Champ de Mars le 24 avril 1877. Les 25 mai et 22 décembre de la même année le maréchal de Mac-Mahon, Président de la République, s'y rendit aussi accompagné des ministres de l'Agriculture et du Commerce, et des Travaux publics.

Ce nouveau service fonctionna à partir du 15 septembre, sous les ordres de M. Lalmand, officier de paix du 7ᵉ arrondissement, et de M. Gavrelle, officier de paix du 15ᵉ arrondissement; il était assuré par deux sous-brigadiers (1 de contrôle et 1 de réserve) et 9 gardiens de la paix des deux arrondissements limitrophes. En outre, un poste provisoire (1) fut installé dans des bâtiments du Champ de Mars, près de l'avenue Rapp. C'était la première entrée de la police municipale dans l'enceinte de la future exposition (2). Jusque là, la surveillance avait été purement extérieure et les agents n'avaient agi que par voie de réquisition.

Dès le mois d'octobre, les curieux affluèrent le dimanche, et il fallut organiser des tournées volantes supplémentaires pour surveiller les portes et les clôtures, ainsi qu'un service d'ordre, de 1 heure à 5 h. 1/4, à l'intérieur du Champ de Mars, pour protéger les visiteurs.

En novembre, on plaça deux plantons à l'annexe du quai d'Orsay, et, dès le 25 de ce même mois, la surveillance des îlots se fit régulièrement jour et nuit. A cet effet, les 7ᵉ et 15ᵉ arrondissements fournirent chacun : 1 sous-brigadier, 1 homme de permanence et 4 îlotiers. Ce service était pris dans les trois brigades, et les agents commençaient leur faction aux heures habituelles.

Pendant cette période, une population moyenne de plus de 2.000 ouvriers fut occupée chaque jour sur les chantiers du Champ de Mars.

Au mois de janvier 1878, l'impulsion donnée aux travaux augmentant de jour en jour, et, par suite, le nombre des ouvriers devenant plus considérable, on dut renforcer encore le service de surveillance (3).

---

(1) Ce poste fut abandonné le 2 février 1878.
(2) Le 10 septembre, on installa dans la galerie des machines un poste de sapeurs-pompiers composé de : 1 sergent, 1 caporal et 6 hommes.
(3) Les premiers soldats étrangers venus au Champ de Mars pour l'installation de leur section furent les Suédois. 1 officier, 1 sous-officier et 4 soldats formaient ce détachement, qui fut logé, le 17 janvier 1878, à la caserne de Latour-Maubourg.
Le lendemain 18, arrivèrent 12 ouvriers chinois.

GARDIENS DE LA PAIX (1873-1894).

On forma alors la brigade dite « d'Exposition » (1), qui fut placée sous la direction permanente des officiers de paix Lalmand et Gavrelle et divisée, pour le service, de la manière suivante (2) :

1° Service de minuit à 9 heures du matin :

2 sous-brigadiers.	8 ilots.	16 gardiens.
33 gardiens de la paix.	3 permanence	3 id.
	14 postes et plantons.	14 id.
		33 id.

2° Service de 9 heures du matin à 5 heures du soir :

2 sous-brigadiers.	8 ilots.	16 gardiens.
34 gardiens de la paix.	2 permanence	4 id.
	14 postes et plantons.	14 id.
		34 id.

3° Service de 5 heures du soir à minuit :

2 sous-brigadiers.	8 ilots.	8 gardiens.
24 gardiens de la paix.	2 permanence	2 id.
	14 postes et plantons.	14 id.
		24 id.

Soit un total de 6 sous-brigadiers et 91 gardiens, plus 2 secrétaires (3).

Au commencement de mars (4), il fallut augmenter de nouveau le personnel.

L'aménagement des locaux destinés aux postes de police étant terminé, la police municipale s'y installa, et le Champ de Mars fut divisé, au point de vue du service de police, en quatre sections, ayant chacune un poste pour centre :

1° Poste de l'École militaire, situé à l'angle de l'avenue de Suffren et de l'avenue de La Motte-Picquet;

2° Poste de la Ville de Paris, au centre du Palais;

---

(1) D'après les comptes de l'année 1878, les gardiens de la paix de service à l'exposition portaient des numéros spéciaux du prix de 0 fr. 35 l'un.

(2) Cette division des heures de service fut établie conformément à un précédent de 1867.

(3) Sur ces 91 gardiens, 47 appartenaient au 7° arrondissement et 44 au 15°.

(4) Le 11 février, M. Jacob, chef de la Sûreté, y détacha un service de 12 hommes commandés par un sous-brigadier (6 à la section française et 6 à la section étrangère).

3° Poste de Suffren, à l'angle de l'avenue de Suffren, auprès de la gare du chemin de fer;

4° Poste d'Orsay, à l'angle de l'avenue de La Bourdonnais, auprès de la Seine.

Tous ces postes étaient reliés par des appareils télégraphiques au poste central établi près de l'entrée de l'avenue Rapp, à côté des bâtiments du commissariat général. Le poste central était, lui-même, en communication directe avec la Préfecture de Police (1).

L'effectif général du service, qui se composait alors de 12 sous-brigadiers et de 214 gardiens de la paix, fut successivement augmenté les 1er et 23 avril (2). A cette dernière date, il s'élevait à :

3 brigadiers,

24 sous-brigadiers,

414 gardiens de la paix.

Dans le courant de ce mois, on dut aussi détacher 2 sous-brigadiers et 20 hommes de la brigade des voitures pour le service de la manutention et l'arrivée des produits, qui déterminaient un mouvement considérable de voitures et de camions. Cette surveillance, qui durait de 6 heures du matin à 7 1/2 du soir, était continuellement assurée par un sous-brigadier et 10 agents qui se remplaçaient tous les jours, à 1 heure de l'après-midi.

Dans l'intérieur de l'Exposition, 20 gardiens de la paix faisaient, de 6 heures du matin à 6 heures 1/2 du soir, un service semblable, savoir : 14, aux lieux de déchargement; 3, au passage couvert de la porte Rapp, et 3, au passage des sections étrangères.

Le chiffre des gardiens de la paix attachés au service de l'Exposition fut, à dater du 1er mai, définitivement porté à 454. Comme on peut le supposer, cet effectif avait été formé avec des hommes pris dans tous les arrondissements de Paris.

(1) Cette installation télégraphique fut achevée le 23 mars 1878.
(2) Le 24, on demanda pour le service de l'Exposition, 38 gardes républicains, cadre compris (18 dans la section étrangère et 20 dans la section française).

Les heures de service étaient alors fixées ainsi :

Brigade de jour.	De 11 heures 45 du matin jusqu'à 6 heures 45 du soir.
Brigade de soirée.	1° De 7 heures 45 du matin à 11 heures 45 du matin.
	2° De 6 heures 45 du soir à 10 heures 45 du soir.
Brigade de nuit.	De 10 heures 45 du soir à 7 heures 45 du matin.

En dehors de ces agents spécialement chargés de la surveillance intérieure de l'Exposition au Champ de Mars, il fallut, à partir de l'ouverture, constituer un service particulier aux portes, pour l'arrivée des visiteurs, et, aux abords, pour la direction et le stationnement des voitures.

Ce service fut assuré par les brigades centrales et par la brigade des voitures, qui fournirent quotidiennement à partir du 1er mai :

Brigades centrales :
2 brigadiers,
16 sous-brigadiers,
97 gardiens.

Brigade des voitures :
4 sous-brigadiers,
34 gardiens.

Chaque jour et à tour de rôle, un des quatre officiers de paix des brigades centrales avait la direction du service extérieur qui comprenait le Champ de Mars et le Trocadéro.

Le 27 avril, on informa les gardiens de la paix que, sur la demande du chef de la Police municipale, la direction de l'Exposition leur accordait, à partir du 1er de ce mois, une indemnité quotidienne de 1 fr. 50. Cette indemnité était élevée à 2 fr. 50 pour les brigadiers.

Du commencement des travaux au 1er mai, les agents eurent à intervenir dans une série d'affaires dont voici les principales :

Accidents sans gravité	193
Accidents graves et transports à l'hôpital	10
Morts accidentelles.	5
Accidents de voitures	26
Chevaux morts et blessés	9
Morsures de cheval.	2
Escalade du treillage	3
Fourrière	1
A reporter	249

Report.	240
Objets perdus.	22
Objets trouvés.	45
Cartes saisies.	425
Arrivée de trains.	126
Tentative de suicide	1
Réquisitions	9
Fuites d'eau	6
Épilepsie.	2
Dégâts.	20
Expulsion du Champ-de-Mars	3
Contraventions charretières.	3
Contraventions diverses.	2
Déclarations de vol.	17
Ivresse	51
Injures aux agents	32
Menaces aux agents.	15
Fumeurs.	10
Rixes	4
Scandales	7
Rôdeurs et vagabonds.	19
Voies de fait au public	5
Vols et arrestations	28
Feu de cheminée.	1
Commencements d'incendies.	2
Arrestations diverses	17
Total.	1,121

Le 1er mai, jour de l'ouverture solennelle de l'Exposition, le service au Champ de Mars fut exceptionnellement composé comme suit :

Intérieur du palais : 3 officiers de paix, 3 brigadiers, 24 sous-brigadiers, 291 gardiens.

Parcs et vestibules : 3 officiers de paix, 3 brigadiers, 17 sous-brigadiers, 230 gardiens.

Extérieur (portes et abords) : 8 officiers de paix, 11 brigadiers, 49 sous-brigadiers, 590 gardiens.

Ces divers contingents avaient été fournis par plusieurs arrondissements et par la brigade des voitures et les autres brigades centrales (1).

A 10 heures du matin, eut lieu la prise du service, et, à 11 heures,

---

(1) La garde républicaine avait, de son côté, fourni pour cette solennité 16 gardes à cheval et 300 gardes à pied.

L'arc de Nazareth; hôtel Carnavalet.

tous les hommes étaient placés aux endroits qu'ils avaient mission de surveiller. Commencée à 2 heures, la cérémonie d'inauguration fut terminée à 4 heures. Pour cette première journée, le nombre des entrées s'éleva à 70.482, dont 11.125 avec tickets. Malgré l'affluence de la foule, il n'y eut ni désordre, ni vols, ni incidents graves.

A partir du 2 mai, le service fut ainsi réglé :

	BRIGADIERS.	SOUS-BRIGADIERS.	GARDIENS DE LA PAIX.
Service intérieur :			
De 8 heures du matin à midi et de 7 heures à 11 heures du soir.	1	8	120
De midi à 7 heures du soir.	1	8	212
De 11 heures du soir à 8 heures du matin. . . .	1	8	122
Totaux.	3	24	454
Service des portes et abords (fait par les brigades centrales) :			
De 8 heures du matin à 1 heure 1/2	1	4	34
De 1 heure 1/2 à la fermeture des portes . . .	1	4	34
Totaux.	2	8	68
Brigade des voitures (1) :			
De 9 heures du matin à 1 heure 1/2	»	1	7
De 1 heure 1/2 à la fermeture	4	2	20
Totaux.	4	3	27

Pendant le mois de mai, le service fut particulièrement rendu difficile par le non-achèvement des travaux de clôture du Champ de Mars. Il existait de nombreuses brèches, et plusieurs portes n'étaient pas closes.

Le 15 septembre, jour de la revue passée à Vincennes, les entrées furent plus nombreuses; les 7e et 15e arrondissements prêtèrent leur concours à la brigade de l'Exposition.

Du 1er mai au 10 novembre, la police municipale eut à intervenir dans les affaires suivantes.

(1) Le nombre des gardes républicains à pied de service au Champ de Mars, d'abord fixé à 56, fut réduit à 34 le 10 mai.

NATURE DES FAITS.	MAI.	JUIN.	JUILLET.	AOUT.	SEPTbre.	1er OCTbre au 10 NOVbre.
Déclarations de vol.	40	24	57	61	61	63
Attentats et outrages publics à la pudeur.	1	2	»	»	»	»
Escalades	6	»	1	2	2	3
Injures et rébellion aux agents. . . .	8	3	8	12	15	22
Injures envers le Maréchal-Président.	1	»	»	»	»	»
Ivresse.	8	4	5	2	8	2
Contraventions aux fumeurs.	2	»	»	»	»	»
Menaces aux agents.	10	16	»	»	»	»
Rixes	2	8	9	»	1	3
Vagabondage.	11	1	»	»	»	»
Scandale.	11	18	13	7	9	8
Tentatives de vol.	4	5	»	»	»	»
Vente sans autorisation.	2	2	6	9	5	2
Individus arrêtés pour vol et suspicion de vol.	71	43	24	24	14	28
Divers.	85	53	69	51	10	29
Accidents divers et dégâts.	45	27	89	91	58	13
Enfants égarés.	1	4	12	10	80	4
Explosion de gaz.	1	»	»	»	»	»
Malades	3	8	18	16	19	7
Objets perdus	6	9	5	9	2	1
Objets trouvés	178	231	209	213	232	154
Expulsions.	1	»	»	»	»	»
Réquisitions aux agents.	7	4	14	»	2	2
Entrées de trains.	20	»	»	»	»	»
Escroqueries.	»	1	7	2	4	1
Injures au public.	»	8	6	3	6	»
Injures aux militaires.	»	1	»	»	»	»
Mendicité	»	1	»	»	»	»
Voies de fait envers le public	»	2	6	3	3	1
Voies de fait envers les agents. . . .	»	2	»	»	»	»
Taureau échappé.	»	1	»	»	»	»
Mort subite.	»	1	»	»	»	»
Objets envoyés en fourrière	»	»	1	2	2	1
Saisies de jetons	»	»	11	36	8	4
Épilepsie.	»	»	1	»	1	3
Saisies de marchandises.	»	»	1	1	1	4
Prises de croquis sans autorisation. .	»	»	4	2	2	»
Fuites d'eau	»	»	4	3	2	3
Feux de cheminée	»	»	»	»	2	1
Totaux.	524	479	580	559	549	359

Soit au total. . . . .   3.050 affaires.

Voici, d'autre part, le nombre des entrées relevées aux diverses portes de l'Exposition :

NATURE DES ENTRÉES.	MAI.	JUIN.	JUILLET.	AOUT.	SEPTEMBRE.	OCTOBRE.	DU 1er AU 10 NOVEMBre
Tickets	1.290.985	1.983.057	1.823.171	1.959.338	2.720.595	2.303.403	581.376
Entrées gratuites (abonnés et personnel)	319.774	506.239	291.173	240.068	248.933	287.345	481.477
Jetons	18.073		199.624	108.334	105.090	258.217	219.700
Délégations ouvrières.	»	»	»	»	»	162.236	
Totaux. . . .	1.628.832	2.489.296	2.313.968 (1)	2.308.338	3.165.521 (2)	3.011.101	983.553

Soit au total. . . .	Entrées payantes	12.691.923
	Entrées non payantes	3.390.769
		16.085.692

Dans ces chiffres ne sont pas compris les 200 hommes de troupe qui, depuis le 22 juin, venaient chaque jour au Champ de Mars.

Le déménagement s'opéra avec une telle célérité que, dès le 24 novembre, l'effectif fut réduit de 95 hommes.

A la fin de décembre, il ne restait plus dans les galeries du Champ de Mars que :

3 brigadiers,

12 sous-brigadiers,

156 gardiens.

Avant de parler du palais du Trocadéro, mentionnons les services qui ont été faits par la police municipale à l'Esplanade des Invalides, à l'occasion des expositions d'animaux vivants (3) :

(1) Dans ce chiffre sont comprises les entrées à l'Exposition des races canines à l'Esplanade des Invalides.

(2) Au 10 septembre, le total des entrées à l'Exposition de l'Esplanade des Invalides s'élevait à 111.780.

(3) Il y eut aussi, du 1er au 5 août, une exposition de machines agricoles dont le service fut fait par 4 gardiens de la paix se relevant par brigade.

1° EXPOSITION DES RACES BOVINE, OVINE ET PORCINE

(du 7 au 18 juin).

3 sous-brigadiers..... |
27 gardiens de la paix. | de la brigade du 7° arrondissement.

Deux agents.étaient chargés du service des voitures. Un sous-brigadier et six hommes des brigades centrales gardaient l'extérieur.

Cent hommes des 1er et 5° régiments de cuirassiers étaient affectés à la surveillance des animaux.

La moyenne des entrées s'élevait à 6.000 par jour.

2° EXPOSITION DE LA RACE CANINE

(du 30 juin au 8 juillet).

1 sous-brigadier..... |
6 gardiens de la paix. | du poste du quartier des Invalides.

Journellement, le nombre des visiteurs était d'environ 1.500.

3° EXPOSITION DES RACES CHEVALINE ET ASINE

(du 1er au 9 septembre).

Service intérieur.

1 brigadier.........)
3 sous-brigadiers .... } de la brigade du 7e arrondissement.
30 gardiens........)

Service extérieur.

1 brigadier. . . . . . . {
6 gardiens. . . . . } des brigades centrales,
3 gardiens de la brigade des voitures.
Entrées : 9.500 par jour.

Palais du Trocadéro. — Au point de vue du service de la police municipale, l'Exposition du Trocadéro était divisée en deux postes :

1° Poste central du Trocadéro;
2° Poste d'Iéna, établi auprès de la porte de ce nom.

Ce service de police commença le 29 janvier 1877, et fut dirigé par M. Dupouy, officier de paix du 16° arrondissement. Son effectif, qui était, au début, de 23 hommes, atteignit ensuite le chiffre suivant :

Brancard conduit par un gardien de la paix.

3 brigadiers,
12 sous-brigadiers,
199 gardiens de la paix.

Le jour de l'ouverture de l'Exposition, il fut ainsi composé :

Intérieur du Palais.

3 officiers de paix,
3 brigadiers,
18 sous-brigadiers,
230 gardiens de la paix.

Extérieur (Portes et abords).

7 officiers de paix,
8 brigadiers,
41 sous-brigadiers,
540 gardiens de la paix (1).

Voici le roulement du service qui fut adopté à partir du 2 mai :

(1) Le service du 1er mai fut complété par un détachement de garde républicaine (27 gardes à cheval et 200 gardes à pied).

	BRIGADIERS.	SOUS-BRIGADIERS.	GARDIENS DE LA PAIX.
De 8 heures à midi et de 7 heures à 11 heures du soir.	1	4	62
De midi à la fermeture.	1	4	93
De 11 heures du soir à 8 heures du matin.	1	4	44
Totaux.	3	12	199

Un service spécial pour les portes et abords fut assuré, comme au Champ de Mars, par les brigades centrales et la brigade des voitures.

Il se composait de :

Brigades centrales :

8 sous-brigadiers,
29 gardiens de la paix.

Brigades des voitures :

8 sous-brigadiers,
29 gardiens de la paix (1).

Pendant la durée de l'Exposition, les agents de service au palais et dans les jardins du Trocadéro procédèrent aux opérations suivantes :

Arrestations pour vol et tentative de vol   4
    id.   pour émission de fausse monnaie   2
    id.   pour outrage public à la pudeur.   1
    id.   pour rébellion et outrages aux agents.   11
    id.   pour escalade   12
    id.   pour voies de fait.   4
    id.   pour infraction aux règlements de l'Exposition . . .   281
    id.   pour ivresse.   5
    id.   diverses   188
Commencements d'incendies   2
Accidents aux personnes   74
Explosion de gaz.   1
Dégâts matériels.   22
Enfants égarés.   12
Objets trouvés.   733
Déclarations d'objets perdus.   165
Déclarations de vols   15

Total. 1.532

(1) En outre, 27 gardes républicains à pied étaient de service tous les jours.

De nombreux services d'ordre furent organisés au palais du Trocadéro, à l'occasion des concerts, conférences, congrès et réunions de
de tous genres qui avaient lieu presque chaque jour dans les diverses
salles. Pour donner une idée de la façon dont les agents exécutaient
leur consigne, rappelons que le Préfet de Police, M. Albert Gigot, se
rendant un jour au Trocadéro, ne trouva grâce devant eux que lorsqu'il eut pu se faire reconnaître de l'officier de paix de service. M. Gigot fit remettre, dit-on, une gratification aux auteurs de l'incident.

La surveillance des précieuses collections de l'art rétrospectif installées dans les galeries de ce palais ne présenta pas de sérieuses difficultés.

Pendant la période du déménagement, qui s'effectua très rapidement, le nombre des gardiens de la paix fut réduit six fois, du 24 novembre au 12 décembre. A cette dernière date, il ne restait plus que
6 sous-brigadiers et 76 gardiens.

Un mot encore sur le fonctionnement des services de police à l'Exposition Universelle de 1878. La brigade des voitures, alors placée
sous la direction de M. Schutz, officier de paix, faisait, tous les jours,
le service d'ordre aux abords des portes du Champ de Mars et du
Trocadéro.

Voici le relevé des voitures arrivées à chaque porte, du 1er mai 1878
au 10 novembre suivant :

Champ de Mars :

Porte Rapp.	593.070	
id. de la Seine.	53.086	
id. d'Orsay	66.405	
id. de Tourville	102.077	844.244
id. Dupleix	12.135	
id. Desaix.	10.707	
id. de Grenelle.	6.764	

Trocadéro :

Façade principale.	270.880	
Porte Chaillot.	41.832	
id. de Passy.	5.914	340.250
id. Delessert.	3.491	
id. d'Iéna	18.133	
Total général.		1.184.494

Il est bien entendu que l'on ne comprend pas dans ces chiffres les omnibus, les tramways et les tapissières qui amenaient à chaque instant des quantités de visiteurs aux portes de l'Exposition.

De nombreux agents du service de sûreté, dirigés par M. Droz, étaient aussi en surveillance sur les points les plus fréquentés de l'Exposition. Du 10 février 1878 au 1er décembre suivant, ils opérèrent 130 arrestations, dont 115 au Champ de Mars et 15 au Trocadéro.

Ces 130 arrestations (1) se décomposaient ainsi :

1° Pour vols au préjudice d'ouvriers ou employés.	10
2° Pour vols au préjudice d'exposants.	56
3° Pour vols au préjudice de visiteurs.	64
	Total.	130

Indépendamment des services qui fonctionnaient dans l'enceinte de l'Exposition, la police municipale eut aussi à exercer des surveillances spéciales, à l'occasion des fêtes et cérémonies publiques données pendant cette période, et dont la plus grandiose est celle que les Parisiens organisèrent si spontanément, mais avec tant d'éclat, le dimanche 30 juin (2). On l'a appelée, depuis, la fête des drapeaux, et c'est justice, car il est difficile d'oublier l'effet merveilleux que produisaient ce jour-là certaines rues de la capitale parées à profusion des couleurs nationales et des pavillons de tous les pays représentés à l'Exposition.

Exposition universelle de 1889. — *Période des travaux.* — Les travaux de l'Exposition Universelle de 1889 commencèrent le 1er septembre 1886.

On procéda à l'aménagement des bureaux de la direction des tra-

---

(1) Voici, au point de vue des nationalités, la liste des individus arrêtés :

Anglais.	4	Espagnols	4	Italiens	11
Autrichiens	1	Français.	90	Suisses	2
Belges	2	Hongrois.	2	Turcs, Syriens, Orientaux .	5
	7		102		21
		130			

(2) Outre cette fête, il faut citer le 1er mai, jour de l'ouverture de l'Exposition, et la cérémonie de la distribution des récompenses qui eut lieu le 20 octobre.

LE SOUS-BRIGADIER POISSON.

vaux dans le pavillon Rapp, à l'entrée duquel un gardien de la paix fut placé comme planton.

En octobre de la même année, on fit les premiers sondages et on

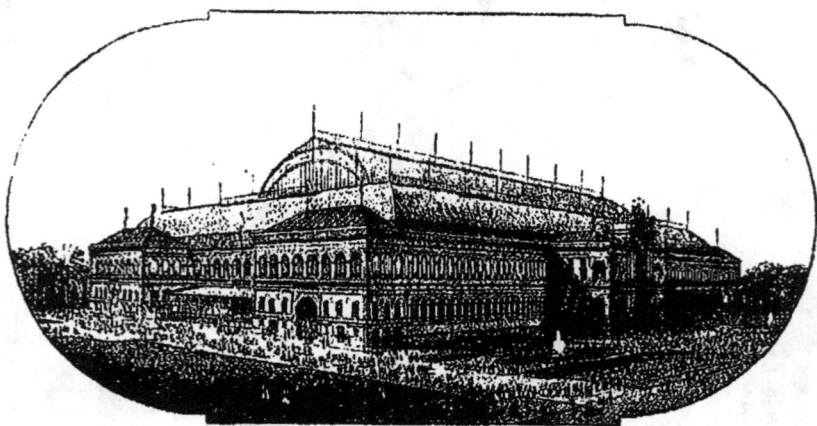

Palais de l'Industrie construit pour l'Exposition universelle de 1855.
D'après une lithographie de l'*École de Dessin*.

établit les clôtures; 2 agents gardaient, nuit et jour, les dépôts de planches.

Jusqu'au 1er février 1887, on exerça seulement une surveillance extérieure; mais, à partir de cette date, un poste de police fut installé avenue de La Bourdonnais, 22, dans les bâtiments de la Direction générale des travaux, et un service spécial fonctionna régulièrement.

Composé d'abord de 3 sous-brigadiers et de 51 gardiens de la paix, ce service fut complété, au mois d'avril 1888, par l'adjonction de 22 hommes.

Cet effectif resta à peu près le même jusqu'au 5 février 1889. Il ne fut augmenté qu'accidentellement : les dimanches et fêtes par exemple, lorsque le nombre des curieux devenait trop considérable aux abords du Champ de Mars.

Parmi les circonstances imprévues qui nécessitèrent un surcroît de surveillance, il faut rappeler le banquet des maires donné, le 14 juillet 1888, dans les bâtiments encore inachevés du Champ de Mars, et le feu d'artifice tiré, le même jour, au sommet de la Tour Eiffel, alors élevée de 115 mètres.

Voici le service d'ordre qui fut organisé à l'occasion de cette fête :

4 officiers de paix, 10 brigadiers, 63 sous-brigadiers, 635 gardiens de la paix, 400 hommes de troupe, 250 gardes à pied et 120 gardes à cheval.

Au mois de novembre suivant, le concours d'un certain nombre d'agents fut aussi nécessaire pour assurer la surveillance d'une exposition de cidres ouverte dans les bâtiments du quai d'Orsay, près du pont de l'Alma.

Le 1er décembre, M. Carnot, Président de la République, visita officiellement cette exposition.

Le 5 octobre 1887, le poste de police avait été transféré au n° 16 de l'avenue de La Bourdonnais, dans le pavillon de la Direction Générale de l'Exposition.

Dans les premiers jours de 1887, le nombre des ouvriers employés aux travaux de l'Exposition augmenta dans de fortes proportions : au mois de février, il était, en moyenne, de 700, et au mois de mars, de 1.200.

En février 1888, cette moyenne n'était plus que de 900; mais, en avril suivant, elle remontait à 1.600 et se maintenait à peu près à ce chiffre jusqu'au mois de janvier 1889.

Dès l'année 1888, des travaux furent exécutés pendant la nuit aux palais des Beaux-Arts, des Arts Libéraux, des Machines, du Dôme Central et dans plusieurs ateliers de sculpture et de moulure.

Le commencement de l'année 1889 fut le signal d'un grand déploiement d'activité sur tous les chantiers du Champ de Mars, du Trocadéro et de l'Esplanade des Invalides. En janvier, la moyenne des ouvriers occupés s'éleva à 3.800.

On aura une idée du mouvement qui se produisit alors, par le relevé des tickets d'ouvriers livrés par l'imprimerie de l'Exposition aux différentes Directions, à partir du 1er janvier 1889. Voici les chiffres donnés à ce sujet :

Du 1er au 15 janvier 8.000
Du 16 au 31   id. 9.000
Du 1er au 15 février 10.500
Du 16 au 28   id. 16.000
Du 1er au 15 mars 21.000
Du 16 au 31   id. 21.000
Du 1er au 15 avril 37.000
Du 16 avril au 6 mai 87.000

La conséquence de ce mouvement fut une augmentation successive des services de police, aux dates ci-dessous :

DATES.	OFFICIERS DE PAIX.	BRIGADIERS.	SOUS-BRIGADIERS.	GARDIENS DE LA PAIX.
5 février 1889	»	»	5	129
1er mars	1	1	7	165
16 mars	1	1	7	224
1er avril	1	1	9	300
16 avril	2	2	15	400

C'est, surtout, à partir du mois de mars qu'il devint nécessaire de donner une vive impulsion au service de surveillance.

En effet, non seulement le nombre des ouvriers augmentait dans des proportions considérables, mais les visiteurs privilégiés, munis de cartes, affluaient de tous côtés sur les chantiers. On en compta 2.800, en mars, et 90.000, en avril, soit une moyenne de 3.000 par jour pour ce dernier mois.

Pendant les quatre premiers jours du mois de mai, la proportion ne fit que croître :

Le 1er . . . .   4.200 visiteurs
Le 2 . . . .   5.500   id.
Le 3 . . . .   5.500   id.
Le 4 . . . .   6.000   id.
Le 5, veille de l'ouverture, il n'y eut que . . . . .   3.700   id.

Le service de nuit dans l'intérieur du Champ de Mars ne commença que le 1er février 1889. Jusque là, les gardiens n'avaient fait que des rondes extérieures aux abords des chantiers; ils ne prenaient le service aux portes qu'au moment de l'ouverture, à 4 heures ou à 6 heures du matin, selon les saisons.

La période des travaux fut nécessairement fertile en incidents de toutes sortes.

Le tableau ci-dessous donne le nombre des affaires de toute nature dans lesquelles les agents eurent à intervenir, savoir :

Morts accidentelles	33
Blessures et maladies	6.458
Vols	39
Déclarations de vol	17
Atteintes à la liberté du travail	2
Discussions, rixes, scandales	157
Ivresse	33
Outrages aux agents	29
Dégâts	67
Objets trouvés	53
Déclarations d'objets perdus	9
Obus trouvé	1
Morsures de cheval	3
Vagabondage	27
Cartes ou laissez-passer saisis	68
Commencements d'incendies	5
	7.001

Les services de police eurent aussi à s'occuper de quelques grèves d'ouvriers terrassiers, maçons, menuisiers, etc. L'une des plus intéressantes fut celle qui éclata, au mois de septembre 1888, parmi les ouvriers de la Tour Eiffel. 150 d'entre eux réclamaient une augmentation de salaire. Suspendu les 17, 18, 19 et 20 septembre, le travail fut repris le 21, à la suite d'un accord. Les ouvriers obtinrent 0 fr. 50 par heure et la promesse d'une gratification de 100 francs à tous ceux qui seraient encore sur les chantiers au moment où serait atteint le niveau supérieur de la dernière plate-forme.

On avait commencé les travaux au mois de novembre 1886 et, le 15 mai 1889, la Tour fut ouverte au public.

Période d'ouverture. — Le service complet, tel qu'il fonctionna pondant toute la durée de l'Exposition, fut établi le 1er mai. Il comprenait (1) :

4 officiers de paix,

5 brigadiers,

39 sous-brigadiers,

710 gardiens de la paix (2).

Les officiers de paix chargés de la surveillance de l'Exposition étaient MM. Montpellier, du 7e arrondissement, Thiébault, du 15e, et Moutillier, du 16e. Ils étaient aidés dans cette tâche par les officiers de paix des brigades centrales, qui, tous les jours, prenaient chacun le service à tour de rôle.

Au point de vue de la surveillance, l'Exposition fut divisée en trois groupes.

Pour le 1er groupe confié à M. Montpellier, qu'on se figure une ligne partant de l'avenue de La Bourdonnais et englobant toute la partie des expositions diverses établies entre cette avenue et la grande galerie de 30 mètres, le palais des Beaux-Arts, les piliers nord-est et sud-est de la tour Eiffel, toute la partie du quai et des jardins comprise entre le pont d'Iéna et l'avenue de La Bourdonnais, les expositions du quai d'Orsay et l'Esplanade des Invalides.

Le reste du Champ de Mars, y compris le Palais des Machines en totalité, formait le 2e groupe placé sous la direction de M. Thiébault, officier de paix du 15e arrondissement.

M. Moutillier, du 16e arrondissement, avait le 3e groupe comprenant les bâtiments et jardins du Trocadéro.

L'officier de paix des brigades centrales était chargé du service extérieur.

Les agents étaient répartis en cinq postes, savoir :

1° Poste central installé depuis longtemps, avenue de La Bour-

(1) L'exposition de 1878, d'une étendue superficielle beaucoup moindre, avait exigé 4 officiers de paix, 8 brigadiers, 56 sous-brigadiers et 784 gardiens de la paix.

(2) Les agents de service à l'Exposition avaient des numéros de collet spéciaux, du prix de 1 fr. 06 la paire.

donnais, n° 15, dans les bâtiments de la Direction de l'exploitation.

Les agents de ce poste avaient la surveillance d'une partie des sections françaises et étrangères, du vestibule Rapp, du palais des Beaux-Arts, des pavillons en bordure de l'avenue de La Bourdonnais, des piliers nord-est et sud-est de la tour Eiffel, des jardins environnants, et de la partie des galeries de l'agriculture au quai d'Orsay, comprise entre le pont d'Iéna et le pont de l'Alma.

2° Poste situé à l'angle de l'avenue de Suffren et de l'avenue de La Motte-Picquet.

Surveillance du Palais des machines, de la grande galerie de 30 mètres, de la partie ouest des sections françaises et étrangères, des pavillons en bordure de l'avenue de Suffren, du palais des Arts Libéraux, des deux pavillons de la Ville de Paris, des jardins et des piliers nord-ouest et sud-ouest de la tour Eiffel.

3° Poste établi quai d'Orsay, au carrefour Malar.

Surveillance de l'Exposition du quai d'Orsay, entre le pont de l'Alma et le pont des Invalides.

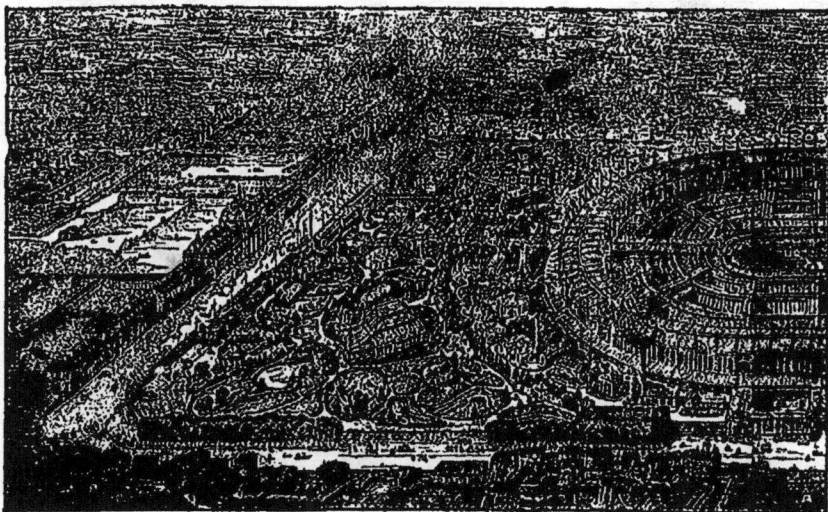

Vue générale du Champ de Mars et de ses environs, pendant l'Exposition universelle de 1867. D'après une gravure du *Monde illustré*.

4° Poste de l'Esplanade des Invalides, près de la gare du chemin de fer Decauville.

Surveillance de l'Esplanade et des galeries du quai d'Orsay jusqu'au pont des Invalides.

5° Poste du Trocadéro situé derrière le palais, en bordure de l'avenue du Trocadéro.

Surveillance exclusive du Trocadéro, palais et jardins, y compris les entrées en tête du pont d'Iéna.

En outre, pour faciliter le service, l'Exposition avait été subdivisée en un certain nombre d'îlots, et chaque gardien avait à parcourir un espace déterminé.

Dans l'effectif général indiqué plus haut, sont compris les services fournis par les brigades centrales et la brigade des voitures.

Les brigades centrales envoyaient chaque jour :

1 officier de paix, 1 brigadier, 8 sous-brigadiers et 75 gardiens de la paix.

Vue générale du Champ de Mars et de ses environs, pendant l'Exposition universelle de 1867.
(Suite de la gravure précédente.)

La brigade des voitures :

>   1 brigadier, 4 sous-brigadiers et 35 gardiens de la paix.

Les brigades centrales étaient exclusivement chargées du service des guichets d'entrée, dont le nombre varia suivant les circonstances. En dernier lieu, il y en avait 36 durant la semaine et 47 les dimanches et jours de fête.

La brigade des voitures ne s'occupait que du service d'ordre aux abords des principales entrées. On verra plus loin, par la statistique du mouvement des voitures, combien ce service exigea d'attention, de zèle et de travail.

Le service intérieur (1) de l'Exposition fonctionna exactement comme dans les arrondissements, c'est-à-dire que les gardiens étaient divisés en trois lettres fournissant chacune, en moyenne, une surveillance de 5 heures consécutives.

Les brigades centrales (2) et la brigade des voitures prenaient le service à 9 heures du matin, à 1 heure de l'après-midi et à 7 heures du soir. A la fermeture, tous étaient employés à faire une battue générale.

Indépendamment des agents de la police municipale, la garde républicaine, les sapeurs-pompiers et les troupes coloniales prêtèrent leur concours pour assurer le service dans le vaste périmètre de l'Exposition (3).

---

(1) Il ne faut pas oublier que le service de sûreté eut, comme en 1878, à exercer une surveillance incessante sur divers points de l'Exposition et qu'il opéra nombre d'arrestations. Il fut un très précieux auxiliaire pour les gardiens de la paix de service à l'Exposition.

(2) Plusieurs fois, les brigades centrales et la garde républicaine durent fournir des contingents supplémentaires.

(3) *Garde Républicaine.* — Dès le 4 mai, la garde républicaine fournit chaque jour un détachement composé de :

>   2 lieutenants,
>   3 sous-officiers,
>   6 brigadiers,
>   130 gardes.

Ces militaires prenaient le service à 10 heures 1/2 du matin; ils étaient relevés à 4 heures 1/2 du soir.

Les dimanches et jours de fête, un détachement complémentaire de 30 gardes surveillait le pourtour des fontaines lumineuses, où l'affluence était toujours considérable.

Sapeurs-Pompiers. — Sept postes-vigie de sapeurs-pompiers étaient installés au Champ de Mars; il y en avait aussi un au Trocadéro, un à l'Esplanade des Invalides et un sur le quai d'Orsay, au carrefour Malar.

Un officier logé au poste central, avenue de La Bourdonnais, avait la direction du service.

Exposition de 1878 : le Panorama du Trocadéro avec ses annexes. Dessin de H. Scott (*Monde illustré*, 24 août 1878).

En outre, divers comités disposaient d'un certain nombre de surveillants chargés de la garde des objets exposés. On en comptait 938 répartis ainsi qu'il suit :

366 dans les sections françaises,
445 dans les sections étrangères,
127 dans les sections des colonies.

Enfin, on installa plusieurs postes médicaux sur divers points de l'Exposition, et on évalue à 8.000 le nombre des personnes blessées ou malades qui y furent soignées (1).

Le relevé des entrées que nous donnons ci-après n'atteste pas seulement le succès de l'Exposition, il permet aussi de juger des difficultés qu'ont dû rencontrer les agents dans l'accomplissement de leur mission :

Entrées payantes............ du 6 mai au 6 novembre	25.398.609
Cartes d'exposants et de journalistes........ Id.	2.723.366
Jetons de service et tickets d'ouvriers .... Id.	4.114.507
Laissez-passer........................ Id.	113.815
Total des visiteurs.................	32.350.297

Le chiffre des entrées payantes se décompose comme suit (2) :

---

11 bouches d'incendie, 119 bouches d'arrosage, à haute ou basse pression, fournissaient l'eau.

Une pompe à vapeur était en permanence rue de l'Université.

Enfin, un certain nombre d'avertisseurs étaient disséminés dans les galeries.

Il se produisit quelques incendies sans importance, dont, grâce aux précautions prises, on se rendit maître très promptement.

Troupes coloniales. — Les tirailleurs annamites ou sénégalais et les spahis attachés aux expositions coloniales de l'Esplanade des Invalides, assuraient le service dans cette partie de l'Exposition. Un détachement de 122 soldats de toutes armes était affecté à l'exposition du Ministère de la Guerre.

(1) *Service médical.* — Au commencement des travaux, un poste médical fut installé dans les bâtiments de la Direction, 16, avenue de La Bourdonnais.

Aussitôt après l'ouverture de l'Exposition, on créa trois nouveaux postes : au Palais des Machines, à la Manutention et à l'Esplanade des Invalides, près du pavillon des Eaux minérales. 1 pharmacien, 31 médecins, 1 interne et 6 infirmiers y étaient attachés.

(2) Les tickets des bons de l'Exposition rentrés aux Finances s'élèvent à........ 28.138.283
Tickets du Trésor.. 11.069

Total............................ 28.149.352

Mai.	2.321.031
Juin.	3.780.618
Juillet.	3.958.866
Août.	4.535.623
Septembre.	4.802.964
Octobre.	4.571.020
Novembre (du 1er au 6).	1.421.878
Total.	25.398.609

Voici, à raison d'un par mois, les jours où l'Exposition reçut le plus de visiteurs (1) :

30 Mai.	250.908
10 Juin.	353.376
15 Juillet.	298.143
11 Août.	254.041
29 Septembre.	307.515
13 Octobre (2).	387.877
6 Novembre.	370.350

Au début, cette affluence ne fut pas sans présenter quelques dangers sur certains points de l'Exposition, et on ne tarda pas à reconnaître que les passerelles du pont de l'Alma et du boulevard de Latour—Maubourg étaient insuffisantes. Le service y était extrêmement difficile : il fallut souvent faire passer les visiteurs sur le boulevard de Latour—Maubourg, après avoir barré la chaussée aux voitures et au public.

En juin, on établit une passerelle boulevard de Latour—Maubourg, et un débouché fut ouvert, en avant de la passerelle de l'Alma, pour permettre aux visiteurs de longer les berges de la Seine et de rentrer dans l'enceinte par la porte du pavillon du Portugal.

Partout, les services de police eurent à déployer le même zèle et la même vigilance pour maintenir le bon ordre et protéger les visiteurs. Parmi ceux-ci, au nombre desquels il faut compter plusieurs personnages étrangers (3), le plus assidu fut certainement le Président de

(1) Les guichets des portes des Affaires Étrangères, du Trocadéro, Rapp, La Motte-Picquet, du chemin de fer Decauville et des Invalides, sont ceux qui ont donné passage au plus grand nombre de visiteurs.

(2) Le 6 octobre, le nombre des visiteurs s'éleva à 335.006. C'est donc un des cinq jours où le chiffre des entrées dépassa 300.000.

(3) Voici les principaux :

Le roi de Grèce, le Schah de Perse, les fils du Khédive, les ambassadeurs marocains, le comte de Flandre, l'ex-roi de Serbie, le duc de Bragance, le prince et la princesse de Galles, l'ambassade de Zanla République, M. Carnot, qui, en dehors du jour d'inauguration, ne vint pas moins de trente-deux fois à l'Exposition.

Aux Invalides, la foule était toujours considérable; la porte du ministère des Affaires Étrangères, la plus rapprochée du centre de Paris, fut la grande entrée de l'Exposition. Ses sept guichets livrèrent passage à plus de quatre millions de personnes.

Avec ses musées rétrospectifs, sa salle des fêtes (1), son pavillon des Eaux et Forêts, son aquarium, ses 26 serres et ses expositions permanentes de fleurs et de plantes, le Trocadéro n'attira pas moins de curieux.

Il est inutile d'insister sur l'affluence quotidienne des visiteurs aux guichets de la Tour Eiffel. Il suffit de rappeler que le chiffre des ascensions s'est élevé à 3.512.526. Le service de police y fut cependant assez facile et n'exigea ordinairement que deux gardiens de la paix. Ces agents étaient placés à chaque pilier : l'un pour le guichet d'entrée, l'autre pour la porte de sortie (2).

Le chemin de fer Decauville fut également un des grands attraits de l'Exposition (3). Il transporta 6.342.670 voyageurs, soit en moyenne 34.500 par jour.

Les dimanches et fêtes, les gardiens de la paix et les gardes républicains maintenaient la foule. Souvent le public, au nombre de 1.500 à 2.000 personnes, faisait queue pour attendre les trains qui partaient cependant à 5 minutes d'intervalle. Cinq accidents seulement s'y produisirent, presque tous imputables à l'imprudence ou à la maladresse des victimes. Un de ces accidents fut suivi de mort.

---

zibar, le roi Ousman-Gassi, la grande-duchesse de Sleswig-Holstein, la jeune sœur de l'empereur d'Allemagne, les princes Tunisiens, les grands-ducs de Russie, la reine Isabelle, le prince héritier du royaume de Siam, le fils du Président de la République des États-Unis, le prince Baudouin, le président du Conseil des ministres de Belgique, le lord-maire de Londres, la légation chinoise, le roi Dinah-Salifou, le bourgmestre d'Amsterdam, etc.

(1) Dans cette salle, on donnait fréquemment des concerts.

(2) Il est vrai que l'administration de la Tour avait à sa disposition, pour le service intérieur, un nombreux personnel spécial.

(3) On sait que la tête de ligne se trouvait à la porte des Affaires Étrangères et la station terminus, avenue de Suffren, devant le Palais des Machines. Trois stations intermédiaires avaient été établies : au carrefour Makar, à l'exposition des produits alimentaires et à la Tour Eiffel.

Commissariat de police et service de la sûreté à l'Exposition de 1889.

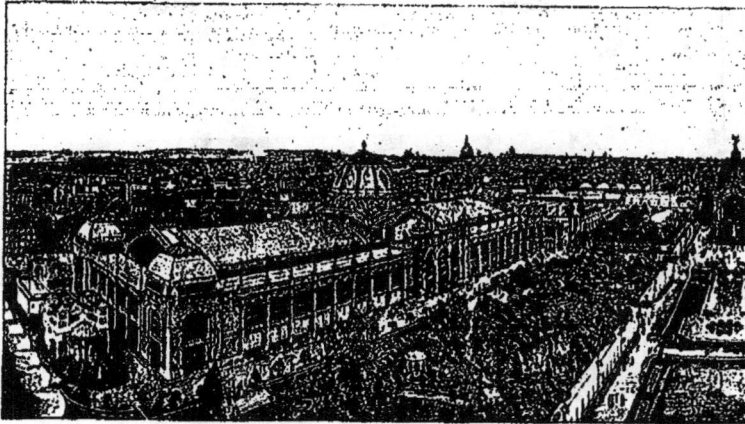

Vue générale des Palais de l'Exposition universelle de 1889. D'après la photographie
prise sur la Tour Eiffel, par MM. Neurdein frères. (*Monde illustré*, 9 nov. 1889.)

Côté du palais des Beaux-arts ; dans le fond, à droite, le Dôme central.

En dehors des expositions publiques, plusieurs établissements particuliers offraient aux visiteurs des distractions de divers genres (1).

Mais c'est surtout dans les cafés, les brasseries et les restaurants (2)
que la foule se porta avec plus d'entrain; les concerts tunisiens,
algériens et marocains étaient aussi très fréquentés.

Un certain nombre de fêtes (3) données au Champ de Mars et à
l'Esplanade des Invalides nécessitèrent des services supplémentaires
d'agents. En voici les dates :

(1) Voici la liste de ces établissements, avec le chiffre des personnes qui les ont visités :

Panorama Transatlantique	1.100.415
Théâtre Annamite	482.545
Kampong Javanais	875.000
Panorama du Tout Paris	310.076
Grand Théâtre	279.215
Globe Terrestre	155.703
Village Japonais	67.305
Régates mécaniques	48.468
Aquarellistes	53.511
Pastellistes	47.292

(2) Parmi les restaurants, il faut citer, comme l'un des plus pittoresques et des plus achalan-
dés, celui que la Société Philanthropique avait, dès le 16 avril, ouvert sur l'Esplanade des Invalides. On y servait des portions à 0 fr. 10. De mai à novembre, cet établissement distribua
425.529 portions.

(3) Au cours de ces fêtes, deux feux d'artifice furent tirés à l'Île des Cygnes, et, pour éviter les
accidents, on dut barrer le pont d'Iéna et les passerelles débouchant sur le Trocadéro.

Des services d'ordre supplémentaires furent également organisés au Trocadéro, à l'occasion
des nombreux concerts qui y furent donnés.

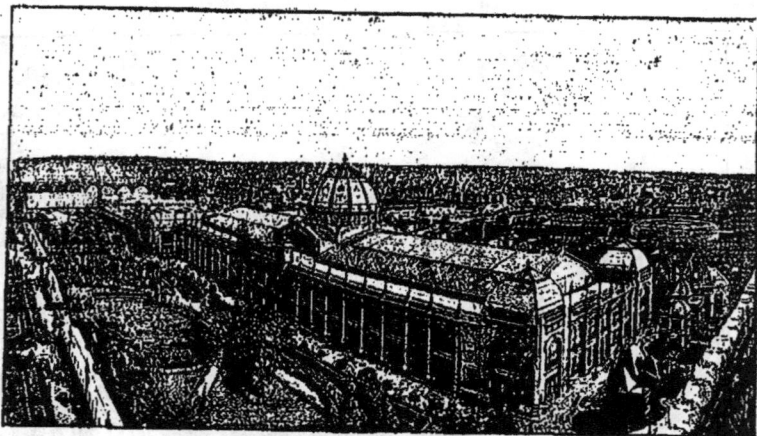

Vue générale des Palais de l'Exposition universelle de 1889.
(Suite de la gravure précédente d'après le *Monde illustré*).
Côté du Palais des Arts Libéraux.

Champ de Mars. — 20 mai, 10 juin, 4 et 18 août, 22 septembre et 6 novembre.

Esplanade des Invalides. — 20 et 27 août, 3, 10 et 17 septembre.

Dès 6 heures du matin, le personnel de service pouvait pénétrer dans l'enceinte de l'Exposition. Les guichets étaient ouverts au public, partie à 8 heures, partie à 10 heures.

Les galeries et pavillons ont fermé leurs portes aux visiteurs, à des heures différentes suivant le déclin du jour :

Du 6 mai au 31 août	à 6 heures du soir.
Du 1ᵉʳ au 24 septembre	à 5 heures 45 id.
Du 25 septembre au 9 octobre. . . .	à 5 heures 30 id.
Du 10 au 29 octobre	à 5 heures id.
Du 30 octobre au 6 novembre . . .	à 4 heures 30 id.

Au signal de la fermeture donné par le canon de la Tour Eiffel, les gardiens et les surveillants invitaient le public à se retirer et le dirigeaient vers les sorties. Une fois les barrières closes, les gardiens de la paix, munis de leurs falots, reprenaient la surveillance dans les ilots qui leur étaient désignés.

A partir du 18 mai, la galerie des machines resta ouverte le soir aux visiteurs, et, le 10 juin, l'Esplanade des Invalides cessa de fermer ses portes à la tombée de la nuit.

Du 6 mai au 20 septembre, les portes furent fermées à 11 heures; puis, de cette dernière date au 6 novembre, à 10 heures et demie.

Une demi-heure avant, deux tambours de la garde républicaine battaient la retraite dans les jardins; à l'heure fixée, les gardiens de la paix et les gardes républicains commençaient la battue générale. En peu de temps l'évacuation était complète.

Du 6 mai au 6 novembre, les agents de la police municipale eurent à s'occuper d'un grand nombre d'opérations, savoir :

Morts accidentelles.	3
Morts subites.	10
Accidents, blessures, maladies, indispositions, etc.	8.528
Commencements d'incendies.	59
Enfants égarés.	305
Objets trouvés	1.427
Déclarations d'objets perdus	148
Total :	10.480

Ils procédèrent, en outre, aux arrestations relevées sur le tableau suivant :

NATURE DES FAITS.	MAI.	JUIN.	JUILLET.	AOÛT.	SEPTEMBRE.	OCTOBRE.	NOVEMBRE. (1 au 6)	TOTAUX.
Vols (1) escroqueries	71	76	65	82	70	81	26	471
Voies de fait	4	10	6	3	4	5	»	32
Rébellion	20	35	25	30	18	13	»	141
Outrages à la pudeur	1	1	»	2	3	2	»	9
Vagabondage	17	12	23	11	9	9	»	81
Scandale.	28	63	44	27	35	38	6	241
Ivresse	24	32	26	25	27	25	8	167
Mendicité	1	1	1	»	»	»	»	3
Dégâts.	3	5	9	4	3	»	»	24
Escalades	3	2	»	»	»	»	»	5
Insultes.	7	6	11	»	8	10	4	46
Ventes illicites.	28	39	25	45	108	34	2	281
Cris séditieux	»	1	1	»	»	»	»	2
Blessures volontaires	»	»	2	1	»	1	»	4
Aliénation mentale.	»	»	2	3	»	»	»	5
Prostitution	»	»	»	6	»	»	»	6
Menaces de mort.	»	»	»	»	1	»	»	1
Totaux.	207	283	240	239	286	218	46	1.519
				1,519				

(1) Les vols ont été de peu d'importance et sans effraction.

COMMISSAIRE DE POLICE DIVISIONNAIRE (1895).

Soit, en chiffres ronds, un total de 12.000 affaires de toute nature, dont 1.519 arrestations (1).

Une statistique (2) des plus intéressantes est assurément celle du mouvement des voitures aux diverses portes de l'Exposition jusqu'au 6 novembre. La voici :

Champ de Mars	Porte Rapp	621.842	
	id. de Trouville.	159.280	1.094.259
	id. Dupleix	71.077	
	id. d'Iéna	242.060	
Trocadéro	Porte place du Trocadéro. .	174.722	174.722
Esplanade des Invalides.	Porte du quai d'Orsay. . . .	356.636	466.906
	id. des Invalides	110.270	
	Total général		1.735.887

Le pointage (3) ne se faisait qu'aux portes où le mouvement avait le plus d'importance et où des mesures d'ordre étaient par conséquent indispensables.

A ce chiffre, on peut, sans exagération, ajouter, pour les entrées secondaires, 300.000 ou 350.000 voitures, ce qui porte le total à plus de deux millions.

Dans ce compte n'entrent pas les omnibus, les tapissières et les autres véhicules qui faisaient un service de transport plus ou moins régulier.

Période de déménagement. — Dès le 7 novembre, les brigades centrales, la brigade des voitures et la garde républicaine cessèrent tout service.

L'effectif des autres brigades fut ramené à : 2 officiers de paix, 2 brigadiers, 25 sous-brigadiers, 572 gardiens de la paix.

Les travaux de déménagement commencèrent aussitôt. Dans la

(1) En 1878, les arrestations n'avaient pas dépassé un millier. Mais il ne faut pas oublier qu'il n'y avait eu que dix-huit millions de visiteurs, et qu'il y en a eu trente-deux millions, en 1889.

(2) Dans cette statistique, les voitures qui ont amené des visiteurs et en ont ramené d'autres, sont comptés pour une unité seulement.

On peut évaluer à une moyenne variant entre 2 et 3 le nombre des visiteurs amenés par chaque voiture pointée, soit environ 5 millions pour les 2 millions de voitures. Pour le retour, il n'en faut guère compter plus de 4 millions.

Toutefois, ces chiffres sont approximatifs, car un pointage n'était pas possible.

(3) En 1878, le même pointage avait donné 1.184.494 voitures.

nuit même qui suivit la fermeture, on démonta le phare des projections électriques établi au centre du Palais des Machines, à cheval sur la voie ferrée principale.

En même temps, on ouvrit un passage dans la traversée de l'Esplanade des Invalides ; et, dès le lendemain, la libre circulation de la rue Saint-Dominique fut rendue au public.

Les visiteurs furent encore admis jusqu'au 1er décembre dans l'enceinte de l'Exposition, et cinq guichets restèrent ouverts jusqu'à cette date.

Du 7 novembre au 1er décembre, il y eut 117,276 entrées payantes (1).

Pendant les premiers jours, 2.500 voitures de toutes sortes pénétrèrent quotidiennement dans l'enceinte de l'Exposition ; et le déménagement s'opéra avec la plus grande rapidité, grâce aux voies ferrées qui avaient été découvertes dès le lendemain de la clôture. De ce jour au 20 décembre, 1247 wagons de chemin de fer enlevèrent les objets exposés au Champ de Mars.

A la fin de décembre, il ne restait plus de marchandises que dans le pavillon central des colonies, aux Invalides, et dans les pavillons de la République Argentine, du Mexique, du Brésil, de la Bolivie et de l'Uruguay, au Champ de Mars.

Les postes de police du Trocadéro et du carrefour Malar furent évacués le 1er décembre. Au commencement de janvier 1890, on démolit ceux des Invalides et de l'avenue de Suffren.

Le service fut ainsi successivement réduit, à partir de la seconde quinzaine de novembre :

	OFFICIERS DE PAIX.	BRIGADIERS.	SOUS-BRIGADIERS.	GARDIENS.
16 novembre.	1	1	9	300
1er décembre.	1	1	6	186
16 décembre.	1	1	6	147

(1. Pendant la même période, 14.832 personnes firent l'ascension de la Tour Eiffel.

Au 1ᵉʳ janvier 1890, les galeries du quai d'Orsay étaient en partie démontées et on avait déjà fait disparaître un grand nombre de constructions. On sait, d'ailleurs, que le déblaiement des surfaces occupées par l'Exposition se poursuivit très rapidement jusqu'à la fin.

Voici le relevé des opérations auxquelles procédèrent les agents de la police municipale, du 7 novembre au 20 décembre 1889 :

Blessures graves.	5
Accidents sans gravité, maladies, etc.;	271
Dégâts	17
Objets trouvés	11
Déclarations de vol.	35
Affaires diverses.	29
Vols et escroqueries.	28
Menaces, injures aux agents.	13
Scandales, rixes.	11
Ivresse, vagabondage.	19
Escalade de clôtures.	7
Causes diverses.	37
Total	483

Fêtes du Centenaire. — Pour bien établir l'importance des services organisés par la police municipale pendant la période du Centenaire de 1789, il est encore nécessaire d'énumérer, dans le tableau ci-dessous, la liste des fêtes données à cette époque et le nombre des agents employés à l'occasion de chacune d'elles :

DATES.	DÉTAIL DES FÊTES.	OFFICIERS DE PAIX.	BRIGADIERS.	SOUS-BRIGADIERS.	GARDIENS DE LA PAIX.	Garde Républicaine.		TROUPE.
						à pied.	à cheval.	
6 mai.	Inauguration de l'Exposition :							
	1° Fête de jour.	14	24	149	1.435	460	350	»
	2° Fête du soir.	11	11	77	770	302	60	1.200
11 mai.	Banquet à l'Hôtel-de-Ville.	11	12	53	530	390	70	»
1ᵉʳ juin.	Fête à l'Exposition : Feu d'artifice à l'île des Cygnes	1	1	5	500	»		100
9 juin.	Fête de gymnastique au polygone de Vincennes	2	5	10	103	30	»	»
10 juin.	Défilé des sociétés de gymnastique sur la place de l'Hôtel-de-Ville	6	7	38	380	150	40	»

DATES.	DÉTAIL DES FÊTES.	OFFICIERS DE PAIX.	BRIGADIERS.	SOUS-BRIGADIERS.	GARDIENS DE LA PAIX.	Garde Républicaine		TROUPE.
						à pied.	à cheval.	
23 juin.	Régates internationales.	3	4	11	110	60	»	»
4 juillet.	Inauguration de la statue de la Liberté, au pont de Grenelle. .	2	3	17	173	105	»	»
7 juillet.	Fête de gymnastique aux Tuileries.	3	7	28	285	100	»	»
8 juillet.	Festival d'orphéons aux Tuileries.	3	7	28	285	100	»	»
8 juillet.	Défilé d'orphéonistes place de l'Hôtel-de-Ville.	7	7	40	400	100	40	»
10 et 13 juillet.	Bals au Palais de l'Industrie. . .	3	3	14	140	100	40	»
14 juillet.	Fête nationale (même service que les autres années)	»	»	»	»	»	»	»
30 juillet.	Arrivée du schah de Perse . . .	13	17	140	1.480	350	395	»
4 août.	Matin. { Translation au Panthéon, des restes de Carnot, Marceau, La Tour d'Auvergne et Baudin . . . Soir. { Festival militaire au Palais de l'Industrie. . . Représentation de gala à l'Opéra.	5	7	40	365	50	25	»
5 août.	Inauguration du nouvel amphithéâtre de la Sorbonne . . .	6	7	36	360	50	25	»
6 août.	Représentation de gala à l'Opéra.	3	8	34	340	50	25	»
8 août.	Réception des étudiants français et étrangers à l'Hôtel de Ville. .	4	8	30	292	100	25	»
10 août.	Départ du schah de Perse. . .	9	13	78	853	450	100	»
10 août.	Grands bals, place de la Bastille, place de l'Hôtel-de-Ville, feu d'artifice, île Saint-Louis . . .	2	6	24	240	»	»	»
18 août.	Banquet des maires	13	23	100	1.000	300	»	»
11, 12, 14, 15 et 18 septembre.	Représentation de l'Ode triomphale d'Holmès et concours de musique au Palais de l'Industrie (pour chaque jour). . . .	3	3	15	150	150	50	»
21 septembre.	Inauguration du Triomphe de la République, place de la Nation.	6	6	39	415	300	100	»
29 septembre.	Distribution des récompenses au Palais de l'Industrie.	12	18	89	895	400	200	»

A cette longue nomenclature des principaux services d'ordre fournis par la police municipale, il faut encore en ajouter un grand nombre d'autres de moindre importance, qui furent organisés à la Présidence de la République et dans les différents ministères pour les dîners, les réceptions, les concerts et les bals.

On voit, par tout ce qui précède, combien est difficile et pénible le service de surveillance qui incombe aux agents pendant la durée d'une exposition universelle.

Par cet aperçu sommaire sur les deux dernières expositions, on peut facilement se faire une idée du développement que l'Administration devra donner aux services de police en 1900, si, comme nous l'espérons, une grande manifestation pacifique vient clore le siècle qui s'achève.

A ce sujet, qu'il nous soit permis d'émettre un vœu dont la réalisation est depuis longtemps une de nos constantes préoccupations.

En 1878 et en 1889, la Préfecture de Police, trop à l'étroit dans les locaux mis à sa disposition, n'a pu organiser qu'une exposition technique, c'est-à-dire exposer des documents ou des objets intéressant le régiment des sapeurs-pompiers, le laboratoire municipal, le laboratoire de toxicologie et les services de l'anthropométrie (1), de l'hygiène publique, des halles et marchés, de la navigation et des secours publics.

A côté de cette exposition technique, on pourrait réunir, en 1900, une collection rétrospective comprenant les plans, vues et souvenirs des deux hôtels historiques qui ont servi de résidence aux Préfets de Police jusqu'à l'incendie de 1871, ainsi que les tableaux, dessins, gravures, estampes, médailles et jetons relatifs à ces fonctionnaires ou aux magistrats de police qui les ont précédés. En outre, une large part serait faite au corps des gardiens de la paix dont on

(1) Le service anthropométrique a été créé en 1882 par M. Alphonse Bertillon. Ce service a été administrativement reconnu et constitué officiellement le 1er février 1888.

reconstituerait l'uniforme depuis 1829 jusqu'à nos jours, en adoptant la méthode employée, en 1889, par le Ministère de la Guerre à l'exposition militaire de l'Esplanade des Invalides.

Cette exposition, d'un genre nouveau, présenterait certainement un plus grand caractère d'originalité, si, avec les services que nous venons d'énumérer, elle était installée dans un pavillon séparé ou dans un bâtiment construit sur les plans de l'hôtel du Premier Président ou de celui de la Chambre des Comptes, auxquels nous faisions allusion tout à l'heure.

École pratique de police municipale (1).

Dès qu'ils ont pris possession de leurs fonctions et revêtu l'uniforme, les gardiens de la paix doivent suivre pendant quelques mois les cours de cette école dont la création, due à M. Camescasse, remonte à l'année 1883. Elle a pour acte de naissance le document suivant :

PRÉFECTURE DE POLICE   **RÉPUBLIQUE FRANÇAISE.**
POLICE MUNICIPALE   LIBERTÉ, ÉGALITÉ, FRATERNITÉ.

École pratique de Police municipale.

Paris, le 30 juillet 1883.

Il est fondé à la Préfecture de Police une école à l'usage des gardiens de la paix nouvellement incorporés; elle prend la dénomination « d'École pratique de Police municipale ».

L'école est placée sous l'autorité du chef de la Police municipale et sous la direction d'un inspecteur divisionnaire.

Ses cadres se composent d'un brigadier moniteur-général et de six sous-brigadiers moniteurs.

Le brigadier est détaché à poste fixe.

Les sous-brigadiers sont choisis à raison de deux par lettre, de manière à

(1) Déjà, en 1854, à Dublin (Irlande) les sergents et agents de la *découverte* (détectives) étaient, dès leur admission, astreints à l'étude des règlements de police, sur lesquels ils étaient sévèrement examinés. Outre l'orthographe, on leur enseignait la grammaire, l'arithmétique, la géographie et même quelques éléments de géométrie.

De plus, leur instruction militaire était l'objet de soins particuliers.

ce qu'ils ne soient détournés de leur service ordinaire que tous les trois jours et pendant une prise de service seulement. Pour l'école comme pour la voie publique, ils marchent avec la lettre à laquelle ils appartiennent.

Le brigadier moniteur-général tient la comptabilité de l'école, le registre d'inscription des élèves, les notes sur ceux-ci; il procède aux appels; concourt à l'instruction donnée et veille aux leçons faites par les sous-brigadiers.

Les sous-brigadiers moniteurs sont chargés des cours, des leçons, des théories et de la correction des devoirs.

Sont astreints à venir à l'École pratique tous les gardiens comptant moins de trois mois de service, ainsi que tous autres signalés comme notoirement insuffisants.

Les cours ont lieu le matin, de 8 heures à 10 heures (1).

Les gardiens élèves y viennent le jour où ils sont de grande journée; ils viennent donc à l'école pratique tous les trois jours seulement.

Dans l'intervalle, ils font les devoirs qui leur sont donnés et qu'ils doivent rapporter au cours pour être examinés.

Les gardiens nouvellement nommés doivent se procurer : 1° un cahier pour écrire; 2° un petit manuel de police; 3° un indicateur des rues de Paris, de manière à pouvoir facilement donner les renseignements qui leur sont demandés sur la voie publique.

Les gardiens élèves doivent apporter au cours : papier, plumes, porte-plumes, crayons; en un mot, les fournitures qui leur sont nécessaires, à l'exception de l'encre et des encriers qui sont fournis par l'École.

Le cours fait à l'école comprend deux parties : la partie écrite et la partie théorique. Toutes deux sont professées successivement, pendant le même temps et en les intercalant, de manière à ne point fatiguer les élèves.

Pour la partie écrite : les moniteurs veillent au perfectionnement des écritures défectueuses, enseignent l'arithmétique élémentaire, donnent aux élèves des devoirs à faire chez eux, les corrigent, etc.

Ils enseignent, par le système de dictées et de narrations, à rédiger des rapports, des ordres de consigne, des ordres d'envoi à la fourrière, des rapports de contravention, à relever des numéros de voitures de place et des plaques de voitures de transport, etc., toutes choses que les gardiens ont journellement à faire.

Pour la partie théorique : on enseigne aux gardiens, en insistant sur ce point, leurs devoirs envers le public, la politesse, l'aménité, l'amabilité même, dont ils ne doivent jamais se départir; ce qui n'exclut nullement la fermeté dont ils ont besoin dans l'exercice de leurs fonctions.

On leur fait connaître leurs devoirs envers l'Administration, la discipline à laquelle ils sont astreints, la correction qu'ils doivent apporter dans leur tenue comme dans leur vie privée, afin de représenter dignement le corps auquel ils appartiennent.

On leur apprend, par des « théories » orales comme par des dictées, à connaître les principales ordonnances de police qu'ils ont à faire exécuter journellement, principalement les ordonnances sur les voitures et toutes celles qui concernent la liberté et la sécurité de la circulation.

Les moniteurs indiqueront la façon pratique de constater les contraventions, d'intervenir dans les discussions sur la voie publique, de rétablir la circulation quand elle est obstruée, etc., etc.

Ils procèderont surtout par voie d'interrogations aux gardiens élèves, posant successivement la même question à trois ou quatre d'entre eux, rectifiant les réponses et reposant les mêmes questions, si c'est nécessaire, jusqu'à ce que la leçon ait été bien comprise.

Si besoin est, les moniteurs, qui seront pour la plupart d'anciens sous-officiers de l'armée, apprendront aux nouveaux gardiens qui n'ont point servi, les premiers principes d'instruction militaire.

Enfin, l'inspecteur divisionnaire chargé de la direction de l'École et qui devra l'inspecter tous les jours, surveillera la marche des études, joindra ses conseils à ceux des moniteurs, et, par des conférences fréquentes, fera tout son possible pour bien pénétrer de leurs devoirs les gardiens dont l'instruction lui est confiée. Il devra rendre compte toutes les semaines au chef de la Police municipale, par un rapport écrit, de la situation de l'école.

Le chef de la Police municipale,

Caubet.

Vu et approuvé :

Le Préfet de Police,

E. Camescasse.

Depuis cette époque, peu de modifications ont été apportées à l'organisation de cette école, dirigée aujourd'hui par deux brigadiers et placée sous la surveillance des commissaires divisionnaires qui assistent souvent aux cours et interrogent eux-mêmes les élèves.

En arrivant à l'école pratique, les gardiens de la paix sont divisés en deux catégories bien distinctes : ceux qui ont une instruction primaire, tels que les anciens sous-officiers de l'armée (1), et ceux qui sont illettrés ou à peu près. Deux cours sont donc faits séparément par les brigadiers, assistés chacun d'un sous-brigadier (2).

Les nouveaux agents ayant quelque instruction suivent ces cours

(1) Parmi les gardiens de la paix classés dans cette première catégorie, quelques-uns ont une instruction secondaire presque complète et d'autres sont pourvus de diplômes de l'enseignement primaire.

(2) Les six moniteurs sous-brigadiers sont de service à l'école pratique tous les jours, à raison de deux par jour.

Vue d'une salle de l'École pratique.

pendant une durée de 3 à 4 mois. Quant aux autres, on les garde 6, 8 et 10 mois.

De 1883 à 1895, cette école a reçu plus de 8000 gardiens de la paix (1). Elle est installée dans trois vastes salles du premier étage de la caserne de la Cité, prenant jour sur la cour d'isolement qui sépare ce bâtiment de l'hôtel du Préfet. Chaque brigadier occupe, avec ses élèves, une de ces pièces; et la troisième, appelée « Salle d'armes », est réservée aux exercices militaires. Actuellement, il n'est plus besoin de donner le même développement à ces exercices, parce que tous les gardiens de la paix nommés aujourd'hui (2) ont passé un temps plus ou moins long sous les drapeaux (3).

Les salles de l'école pratique offrent le même coup d'œil que celles d'une école ordinaire. La couleur claire des murs fait ressortir davantage les tables noircies et les bancs de bois. Au-dessus de la chaire du brigadier, un buste de la République, et dans l'angle, à droite, le tableau posé sur un chevalet. Du même côté, un porte-manteau disparaît sous les képis, pélerines ou capotes que les agents accrochent, en entrant, avec leur sabre-baïonnette dont la poignée de cuivre tranche sur le fond sombre de ces vêtements. Des tableaux contenant des cartes, laissez-passer, permissions et fac-similés de médailles (4) que le gardien de la paix doit se faire représenter au cours de son service, complètent l'ornementation murale qui est, comme on le voit, des plus simples.

---

(1) A la fin de décembre 1895, ce nombre était exactement de 8260.

(2) En 1883, on estimait à 8 pour 100 le nombre des gardiens qui n'avaient pas servi. Aujourd'hui, l'instruction militaire des agents ne laisse plus beaucoup à désirer, à moins cependant qu'on ne se trouve en présence d'anciennes recrues ou de jeunes gens ayant fait un court séjour au régiment en vertu de dispenses spéciales.

(3) Depuis 1893, les gardiens de la paix sont astreints à des exercices militaires dont nous parlons un peu plus loin.

(4) Plusieurs gardiens de la paix ont fait des dessins coloriés de ces cartes et de ces médailles. Ces essais, disons-le bien vite, sont très rudimentaires, ils constituent cependant une indication précieuse sur les résultats obtenus à l'école pratique. A ce point de vue, il est intéressant de parcourir certain cahier que nous avons eu sous les yeux.

Aux heures des cours, cette école présente un aspect tout différent. En apercevant sur ces bancs les gardiens de la paix sanglés dans leur tunique à boutons de métal, on pense involontairement « aux grands » des lycées et collèges, écoutant une leçon de rhétorique ou de philosophie. La comparaison n'est pas à l'avantage de ces derniers, car les agents n'observent pas seulement un silence religieux, mais ils obéissent avec docilité à une discipline sévère qu'on a quelquefois bien du mal à maintenir dans les établissements universitaires. S'ils n'ont pas la science et le talent des licenciés, des docteurs ou des agrégés qui professent dans certaines chaires, les moniteurs de l'école pratique font preuve de zèle, de dévouement et, disons-le aussi, d'une connaissance beaucoup plus étendue qu'on ne pourrait le croire, des lois, décrets, règlements et ordonnances de police qu'ils sont chargés d'expliquer aux gardiens de la paix.

Les deux brigadiers actuellement placés à la tête de cette école (1) s'acquittent de leur tâche avec une patience digne d'éloges. Ils sont, d'ailleurs, très bien secondés par les six sous-brigadiers qui viennent, à tour de rôle, remplir les fonctions de moniteur.

Comme les 60 ou 80 gardiens de la paix qui, en moyenne, assistent quotidiennement à ces leçons se renouvellent tous les trois jours, le même cours est fait pendant trois séances consécutives pour que l'enseignement soit uniforme.

On soupçonnerait difficilement l'importance et l'étendue du programme que les moniteurs de l'école pratique développent devant leurs élèves, si on n'avait encore présent à la mémoire l'ensemble des attributions confiées au gardien de la paix, attributions dont nous nous sommes attachés à faire ressortir les nombreux détails en parlant du fonctionnement du service.

Ainsi qu'il est dit dans le règlement initial que nous avons repro-

(1) Aujourd'hui, la direction de cette école est confiée au brigadier moniteur-général. Ce excellent et trop modeste professeur a recueilli, en 1890, la succession administrative de M. Maillet, inspecteur principal, détaché à l'école pratique depuis 1883.

duit ici, le cours comprend deux parties : l'une qui a trait aux éléments d'instruction primaire à donner aux agents, et l'autre qui est relative à leur éducation professionnelle et aux connaissances qu'ils doivent acquérir en cette matière (1). On met le plus grand soin à perfectionner leur écriture ; et, pour obtenir rapidement des résultats pratiques, on leur fait répéter, sens et orthographe, les mots dont ils se servent fréquemment dans les pièces administratives qu'ils sont appelés à établir. Comme les écoliers, ils ont des devoirs à faire entre les cours auxquels ils assistent. Ce sont généralement des rapports sur les accidents, contraventions et ordres de consigne sur les attestations de contraventions et de flagrants délits. Ils se livrent à ce travail de rédaction pendant les heures de repos qu'ils passent au poste. Par ce moyen, on les initie aux difficultés du service et on les familiarise avec les textes de loi et les ordonnances de police dont ils ont à surveiller journellement l'application.

L'enseignement que les gardiens de la paix reçoivent à l'école pratique est tout particulièrement intéressant à connaître en ce qui concerne la partie technique. En effet, pendant qu'il parcourt son îlot, promenade que d'aucuns lui envient, croyant qu'il n'a qu'à humer l'air et à jeter machinalement les yeux à droite et à gauche, l'agent doit, dans bien des cas, faire preuve de dévouement, d'initiative et trancher des questions plus délicates que ne semble le comporter son humble rôle.

Il ne nous est pas possible d'énumérer toutes les circonstances dans lesquelles le gardien de la paix a le devoir de se montrer vigilant et courageux. Il suffit de citer celles qui se reproduisent le plus souvent, comme : *le sauvetage des noyés, les commencements d'incendies, l'application de la loi sur la presse et le colportage des journaux, l'arrestation d'un cheval emporté, la capture ou la mise à mort*

(1) Indépendamment de l'instruction professionnelle qui est donnée à l'École pratique, les sous-brigadiers font dans les postes, au cours de la tournée de six heures à onze du matin, une théorie sur le service de la voie publique.

INSPECTEUR PRINCIPAL (1891).

d'un chien hydrophobe, les déménagements clandestins, le battage des tapis, la chute de pots de fleurs ou d'autres objets déposés sur

Plaque de ceinturon de brigadier.

l'entablement des fenêtres, les étalages qui ob- struent la circu- lation, les con- testations entre particuliers, les accidents de voi- tures, les arres- tations pour fla- grants délits, etc., etc. Pour apprécier, com- me il convient, les difficultés que peut rencontrer un agent dans ces divers cas, prenons, par exemple, celui où il s'agit d'une discussion entre concierge et lo- cataire au sujet d'un déménagement. Le gardien de la paix, requis à cet effet, ne s'opposera à la sortie des meubles que si on lui fournit la preuve de la saisie de ces objets, sinon il se retirera et devra se contenter de surveiller les abords de la maison pour empêcher tout scandale. Son intervention est encore plus délicate lorsqu'elle est réclamée par un particulier qui se plaint d'un vol ou d'un préjudice quelconque. Il ne procédera à l'arrestation de l'individu qui lui est désigné comme coupable, que si le délit est manifeste. Dans le cas contraire, il re- fusera d'obtempérer à l'injonction qui lui est faite, et, si l'altercation se prolonge trop ou devient publique, il conduira les parties de- vant le commissaire de police du quartier. Si l'affaire est purement civile, il engagera le requérant à soumettre le litige au juge de paix. Enfin, il adressera à ses chefs un rapport détaillé de ces di- vers incidents.

Pour mettre les nouveaux gardiens de la paix plus à même de remplir convenablement leurs fonctions, les moniteurs de l'école pratique les interrogent sur tous les cas où leur concours est néces- saire. La méthode employée par ces modestes professeurs présente même un grand avantage : ils supposent que l'agent est de service sur la voie publique et lui demandent ce qu'il doit faire dans une circonstance déterminée.

Exemples :

1° *D.* — Un homme se noie. Que vous prescrit le devoir en pareil cas?

R. — Oter ma tunique et me jeter à l'eau pour essayer de le sauver.

D. — Puis?

R. — Lui donner les premiers soins et le faire transporter aussitôt que possible dans le pavillon de secours le plus voisin. Informer de suite mon officier de paix de tout ce qui a trait à l'accident.

2° *D.* — Lorsqu'un chien enragé parcourt une rue, quel parti devez-vous prendre?

R. — Chercher par tous les moyens en mon pouvoir à m'emparer de l'animal ou à le tuer. A défaut de mon sabre-baïonnette, je devrai, pour l'atteindre, me servir de n'importe quelle arme.

D. — Et, après l'avoir tué?

R. — Faire enlever le cadavre et dresser mon rapport, après m'être assuré qu'il n'a mordu personne du voisinage ni aucun des animaux appartenant aux habitants du quartier.

Et demandes et réponses se succèdent ainsi sur des sujets de toutes sortes. C'est tantôt sur les rapports des gardiens de la paix avec les cochers et la réglementation applicable aux voitures circulant sur la voie publique, tantôt sur des accidents d'un caractère tragique, comme l'arrestation d'un cheval emporté ou un acte de dévouement au cours d'une explosion ou d'un incendie.

Car, il ne faut l'oublier, chaque jour, dans cette école, on exhorte, avec la plus louable insistance, les agents à se dévouer pour leurs concitoyens et à remplir leur devoir en faisant abnégation d'eux-mêmes. S'ils ne sont plus exposés aux dangers de la guerre contre l'ennemi du dehors, nous disait l'un des moniteurs, ils n'en sont pas moins des soldats de l'ordre et, comme tels, soumis à une discipline rigoureuse qui commande tous les sacrifices.

On leur rappelle aussi qu'ils doivent se montrer polis et affables avec tout le monde et que, dans aucun cas, il ne leur est permis d'oublier qu'ils ont, comme gardiens de la paix publique, à remplir des fonctions d'un caractère essentiellement pacifique.

Plaque de ceinturon de gardien de la paix.

Voici, d'ailleurs, ce qu'ils tracent tous les jours avec la craie qui est mis à leur disposition dans chacune des salles de l'École pratique :

« Ne jamais répondre aux injures par des injures, aux menaces par des menaces, aux coups par des coups ;

« Prévenir et ne pas réprimer ;

« Se servir de la douceur et non de la force ;

« Ne s'abriter jamais derrière le cas de légitime défense, mais laisser son arme au fourreau. »

On ne saurait donner de meilleurs conseils aux gardiens de la paix et compléter d'une manière plus morale leur instruction professionnelle.

Organisation actuelle de la police municipale.

A peine installé boulevard du Palais, M. Lépine, le Préfet de Police actuel, qui occupe ce poste élevé depuis le 11 juillet 1893, fit adopter par le Gouvernement un ensemble de réformes destinées à mettre les divers services de la police municipale plus à même de répondre aux exigences, tous les jours plus grandes, de leur mission protectrice.

D'ailleurs, M. Lépine n'était pas un nouveau venu à la Préfecture de Police ; il y avait rempli, de 1886 à 1891, les fonctions de

Secrétaire général et connaissait, par conséquent, tous les rouages de l'administration dont il devenait le chef.

En moins de quinze jours, un plan de réorganisation de la police municipale fut élaboré et définitivement arrêté. Dans son numéro du 29 juillet 1893, le *Journal Officiel* publiait, en effet, le décret suivant :

Le Président de la République Française,

Sur le rapport du Président du Conseil, Ministre de l'Intérieur ;
Vu l'arrêté des Consuls du 12 messidor an VIII,

Décrète :

ARTICLE 1er. — Le titre de chef de la police municipale est supprimé.

Le fonctionnaire chargé, sous l'autorité du Préfet de Police, de la direction de ce service prendra le titre de directeur de la police municipale.

Les fonctions de chef-adjoint de la police municipale et d'inspecteur divisionnaire sont supprimées.

ARTICLE 2. — Il est créé dans la ville de Paris quatre postes de commissaires divisionnaires, dont les fonctions seront déterminées par arrêté préfectoral et dont les titulaires seront choisis par le Préfet dans le cadre des commissaires de police de la ville de Paris.

ARTICLE 3. — Le traitement des commissaires divisionnaires est fixé à 6000 francs, traitement minimum, et 8000 francs, traitement maximum.

ARTICLE 4. — Le Président du Conseil, Ministre de l'Intérieur, est chargé de l'exécution du présent décret.

Fait à Marly-le-Roi, le 28 juillet 1893.

CARNOT.

Par le Président de la République :
Le Président du Conseil, Ministre de l'Intérieur,

Charles DUPUY.

Le même jour, parurent également deux arrêtés préfectoraux dont le premier, qui détermine les attributions des quatre nouveaux commissaires divisionnaires (1), est ainsi libellé :

---

(1) Voici les noms des quatre premiers commissaires divisionnaires :
M. Tomy (1re division).
M. Cochefert (2e division).
M. Debeury (3e division).
M. Bouvier (4e division).
M. Cochefert, qui est devenu chef du service de sûreté au départ de M. Goron, a été remplacé par M. Mouquin, commissaire de police du quartier du Faubourg-Montmartre.

M. Gaillot, directeur de la Police municipale.

Le Préfet de Police,

Vu la loi du 28 pluviôse an VIII, ensemble l'arrêté du 12 messidor de la même année ;

Vu l'arrêté du 20 juin 1871 ;

Vu le règlement général du service ordinaire de la police dans la ville de Paris, en date du 30 avril 1887 ;

Vu le décret du 28 juillet 1893, qui crée quatre commissaires divisionnaires et supprime l'emploi d'inspecteur divisionnaire, institué par l'arrêté sus-visé du Président du Conseil des ministres, Chef du Pouvoir exécutif de la République française ;

Considérant qu'il y a lieu de déterminer les attributions de fonctionnaires nouveaux,

Arrête :

ARTICLE 1er. — Les commissaires divisionnaires sont, sous l'autorité du directeur de la Police municipale, et comme celui-ci, les représentants du Préfet de Police.

Les grands services d'ordre, les opérations d'ensemble sur la voie publique seront toujours dirigés par l'un ou plusieurs de ces fonctionnaires, ceints de leur écharpe ; à défaut de délégation spéciale, le commandement appartiendra au plus ancien.

Ils assureront, en cas de troubles, les dispositions de l'article 3 de la loi du 7 juin 1848, en procédant, avant tout, aux sommations légales.

ARTICLE 2. — Chaque commissaire divisionnaire sera préposé à une division formée de cinq compagnies d'arrondissement et d'une compagnie de réserve.

Ces fonctionnaires pourront passer, par voie de roulement, dans chacune des divisions.

ARTICLE 3. — En cas d'absence ou d'empêchement, le directeur de la Police municipale est suppléé par l'un des commissaires divisionnaires désigné par le Préfet et, à défaut de désignation, par le plus ancien en service.

En cas d'absence ou d'empêchement d'un commissaire divisionnaire, son service est délégué par le Préfet à un officier de paix de la division, hors les cas urgents où il est assuré par l'officier de paix le plus ancien en exercice.

ARTICLE 4. — Les commissaires divisionnaires se rendront chaque jour à deux heures de relevée à la Préfecture de Police pour conférer soit avec le Préfet, soit à son défaut, avec le directeur de la Police municipale, rendre compte de l'exécution des ordres reçus et recevoir les instructions pour le service.

ARTICLE 5. — Les commissaires divisionnaires rentreront aussitôt après dans leur division pour transmettre leurs ordres aux officiers de paix et s'assurer de la régularité du service.

ARTICLE 6. — Les rapports qu'ils adresseront au directeur de la Police municipale, précédés, s'il y a lieu, d'un rapport de chacun des officiers de paix de leur division, seront transmis au Préfet par le directeur avec son avis personnel.

ARTICLE 7. — Tous les ordres adressés directement, vu l'urgence, par le directeur de la Police municipale aux officiers de paix seront répétés, aussitôt après, au commissaire divisionnaire.

ARTICLE 8. — Toutes les dispositions du règlement général de 1887 qui seraient en contradiction avec le présent arrêté sont et demeurent rapportées.

ARTICLE 9. — Le Secrétaire général de la Préfecture de Police est chargé de l'exécution du présent arrêté.

Le Préfet de Police,
L. LÉPINE.

Par le Préfet de Police :
Le Secrétaire général,
E. LAURENT.

Avant de reproduire le second arrêté pris par M. Lépine à la date du 28 juillet, il nous faut d'abord mentionner celui du 3 août suivant, relatif à la formation de chacune des divisions qui venaient d'être créées. En voici le texte :

Le Préfet de Police,

Vu l'arrêté du 28 juillet 1893, portant réglementation des attributions des commissaires divisionnaires,

Arrête :

ARTICLE 1er. — Les divisions formant les circonscriptions des commissaires divisionnaires créés par le décret du 28 juillet, sont fixées comme suit :

La première division comprend les 1er, 2e, 8e, 9e et 17e arrondissements et la première compagnie de réserve (ancienne première brigade centrale). Elle aura son siège à la mairie de la rue d'Anjou.

La deuxième division comprend : les 3e, 4e, 10e, 18e et 19e arrondissements et la 2e compagnie de réserve (ancienne 2e brigade centrale). Elle aura son siège à la mairie du 10e arrondissement.

La troisième division comprend : les 5e, 11e, 12e, 13e et 20e arrondissements avec la 3e compagnie de réserve (ancienne 3e brigade centrale). Elle aura son siège à la mairie du 12e arrondissement.

La quatrième division comprend : les 6e, 7e, 14e, 15e et 16e arrondissements et la 4e compagnie de réserve (ancienne 4e brigade centrale). Elle aura son siège à la mairie du 15e arrondissement.

ARTICLE 2. — Le Secrétaire général de la Préfecture de Police est chargé de l'exécution du présent arrêté.

Le Préfet de Police,
L. LÉPINE.

Par le Préfet de Police :
Le Secrétaire général,
E. LAURENT.

Dans les arrêtés des 28 juillet et 3 août 1893, il est, pour la première fois, question de compagnies d'arrondissement et de compagnies

Exercices militaires des gardiens de la paix.

de réserve (1). C'est la nouvelle dénomination donnée aux brigades d'arrondissement et aux brigades centrales, que nous cesserons désormais d'appeler ainsi (2).

En même temps, des modifications furent apportées au service des officiers de paix par l'arrêté ci-dessous :

Paris, le 28 juillet 1893.

Le Préfet de Police,

Vu :

La loi du 28 pluviôse an VIII ;

L'arrêté du 12 messidor an VIII ;

L'arrêté du Président du Conseil des ministres, Chef du Pouvoir exécutif de la République française, du 20 juin 1871 ;

Le décret du 28 juillet 1893,

Arrête :

ARTICLE 1er. — Les officiers de paix sont recrutés soit parmi les secrétaires de commissariat, soit parmi les gradés de la police municipale reconnus aptes, après examen, à concourir pour cette fonction.

Ils ont chacun, pour secrétaire, un gardien de la paix désigné par le Préfet de Police.

ARTICLE 2. — Les officiers de paix sont responsables du bon fonctionnement du service dans leur arrondissement.

ARTICLE 3. — Ils visiteront tous les matins, avant onze heures, chaque poste de police et s'assureront de la régularité du service par de fréquentes inspections de jour et de nuit dans les postes et sur la voie publique.

Ils se rendront, en outre, au cours de la matinée, auprès de chacun des commissaires de police de l'arrondissement, auxquels ils donneront tous renseignements utiles et notamment l'indication des contraventions constatées dans leurs quartiers. Ils recevront des commissaires de police, pour en référer au commissaire divisionnaire, toutes les communications intéressant le service de la police municipale dans le quartier.

ARTICLE 4. — Ils se présenteront, après onze heures, chez le commissaire divisionnaire auquel ils rendront compte des constatations faites au cours de leur tournée d'inspection et de l'exécution des ordres reçus. Ils lui soumettront tous rapports qu'ils auraient à faire sur des questions de service ou de personnel.

ARTICLE 5. — Les officiers de paix signaleront à toute heure du jour et de la nuit au commissaire divisionnaire et, dans les cas urgents, par communication télégraphique, au directeur de la Police municipale, tous les faits notables qui seront portés à leur connaissance dans leur arrondissement.

(1) C'est le deuxième arrêté signé par M. Lépine, le 28 juillet 1893.

(2) Depuis, les numéros de collet des gardiens de la paix des compagnies de réserve portent un R à la place du C. : Exemple : 1re R. 14.

Article 6. — Ils s'assureront, par de fréquentes inspections, de la parfaite tenue des agents et de l'état de leur instruction. Ils porteront leur attention la plus soutenue sur l'enseignement théorique et pratique qui leur sera donné et qu'ils devront compléter ou rectifier s'il y a lieu.

Article 7. — Toutes les prescriptions du règlement du 30 avril 1887 qui ne sont pas contraires au présent arrêté sont maintenues.

Article. 8. — Le Secrétaire général de la Préfecture de Police est chargé de l'exécution du présent arrêté.

Le Préfet de Police,
LÉPINE.

Par le Préfet de Police :
Le Secrétaire général,
E. LAURENT.

Par l'énumération de ces décisions préfectorales, on voit que Paris est actuellement divisé, sous le rapport de la police, en quatre sections composées chacune de cinq arrondissements. A la tête de chaque section est placé un commissaire divisionnaire qui correspond journellement, par l'entremise des officiers de paix, avec les commissaires de police de sa section, et a sous ses ordres les cinq officiers de paix des arrondissements et un officier de paix d'une compagnie de réserve (1).

La suppression des inspecteurs divisionnaires et leur remplacement par des commissaires divisionnaires, présentent un réel avantage, si l'on considère que ceux-ci, grâce à leur qualité de commissaire de police, peuvent instrumenter judiciairement et procéder, en cas de troubles ou de rassemblements, aux sommations prescrites par la loi, tous actes qui étaient interdits aux premiers.

C'est aussi de la fin de juillet 1893 (2), que date la mise en pra-

---

(1) Les deux officiers de paix des services spéciaux des voitures et des halles sont donc les seuls qui échappent à la direction des commissaires divisionnaires. Comme par le passé, ils viennent tous les jours conférer avec le directeur de la Police municipale, sous les ordres duquel ils sont immédiatement placés.

(2) A la même époque, il fut décidé que certains commissariats de police auraient désormais en permanence deux ou trois agents de la sûreté et que les autres commissariats recevraient plusieurs fois par jour la visite de quelques-uns de ces agents.

Il n'est pas inutile de rappeler ici les diverses modifications apportées depuis quelques années au service de la police municipale. Ce fut d'abord M. Gragnon, Préfet de Police, qui rattacha directement à son Cabinet le service de la sûreté, jusque-là placé sous les ordres du chef de la Police municipale. Après lui, M. Bourgeois, durant son court passage à la Préfecture de Police, prit la même mesure pour la brigade des garnis. Enfin, sous M. Lozé, les trois brigades de

tique du système de « va-et-vient » relatif à des surveillances spéciales exercées par les gardiens de la paix dans certaines rues de la capitale. Au lieu de rester toujours à la même place comme les plantons, les agents qui font le service de va-et-vient doivent parcourir continuellement un espace déterminé ; ils sont employés de préférence sur les voies très fréquentées où une surveillance plus attentive est nécessaire.

L'adoption de ces diverses mesures constitue, en quelque sorte, la première partie du plan de réformes élaboré à l'arrivée de M. Lépine. Sans être aussi importantes, celles qu'il nous reste à énumérer témoignent de la sollicitude avec laquelle le Préfet de Police actuel s'est constamment préoccupé d'améliorer l'organisation du corps des gardiens de la paix.

Au commencement d'octobre 1893, on décida de faire faire des exercices militaires aux agents, pour les mieux préparer à concourir à la défense du territoire en cas de guerre, et leur donner une tenue et une allure plus en rapport avec le service qui leur incombe parfois dans certaines cérémonies.

Voici, au sujet de ces exercices, quelques-unes des prescriptions contenues dans un rapport du 5 octobre 1893 :

recherches cessèrent de ressortir au chef de la police municipale et furent versées dans les services du Cabinet.

La sûreté, les garnis, le contrôle général, les services des recherches, qui ne font plus partie du domaine administratif du directeur de la Police municipale, constituent l'armée des agents en bourgeois dont nous n'avons pas à nous occuper. Dans ces derniers temps, on a remplacé, par des commissaires de police, les officiers de paix qui appartenaient à ces divers services.

Voici, du reste, la liste des principaux fonctionnaires chargés de diriger cette importante fraction de la police parisienne :

Directeur général du service des Recherches. — M. Puibaraud, inspecteur général des services administratifs au Ministère de l'Intérieur, détaché à la Préfecture de Police depuis le mois de février 1894.

Chef du service administratif des Recherches. — M. Martini (ce fonctionnaire dirige aussi le service des garnis).

1re *Brigade de Recherches.* — Commissaire de police :		M. Leproust.
2e id. id.		M. Bois.
3e id. id.		M. André.
Chef du service de sûreté. — Commissaire de police :		M. Cochefert.
Sous-chef id. id.		M. Hamard.
Sous-chef des bureaux du service de sûreté :		M. Domergue.
Chef du service de l'Identité Judiciaire		
(Anthropométrie, photographie et sommiers judiciaires) :		M. Alphonse Bertillon.
Sous-chef : id. id.		M. Fouquet.
Contrôleur général des services extérieurs :		M. Boissenot.
Commissaires de police détachés au Contrôle Général :		MM. Duchanoy et Blondeau.

GARDIENS DE LA PAIX (TENUE ACTUELLE).

La moitié de l'effectif de la compagnie fera le service de la voie publique; l'autre moitié prendra part aux exercices militaires.

Les gardiens des six premiers arrondissements viendront isolément à la caserne de la Cité, à 6 h. 45 du matin; l'appel sera fait à la caserne par un sous-brigadier désigné par l'officier de paix de chaque arrondissement.

Tunique d'inspecteur principal.
Broderie du collet et des parements.

Les exercices auront lieu dans les autres arrondissements, aux endroits suivants:

Le 7ᵉ arrondissement — Au Champ de Mars;

Le 8ᵉ — Au Palais de l'Industrie ou au Pavillon de la ville de Paris (dans la cour de la mairie quand il y aura exposition dans ces deux locaux);

Le 9ᵉ arrondissement — Cour de la mairie;

Les 10ᵉ et 11ᵉ — Caserne de la Cité;

Le 12ᵉ — Boulevard Soult (près de la porte de Picpus);

Le 13ᵉ — Cour de la mairie;

Le 14ᵉ — Boulevard Jourdan (à la hauteur du n° 102;

Le 15ᵉ — Rue Dombasle, 51;

Le 16ᵉ — Boulevard Lannes (près de la porte Dauphine);

Le 17ᵉ — Boulevard Berthier (entre la porte d'Asnières et celle de Clichy);

Le 18ᵉ — Mairie Drouot;

Le 19ᵉ — Buttes Chaumont (rue Botzaris, 70);

Le 20ᵉ — Rue du Japon.

A la caserne de la Cité, les exercices se feront sous la direction des officiers de paix des compagnies de réserve et sous le commandement d'instructeurs désignés par chaque officier de paix d'arrondissement, ou à défaut, par l'officier de paix des compagnies de réserve.

MM. les officiers de paix d'arrondissement, sauf ceux dont les agents se rendront à la Cité, feront personnellement des visites aussi fréquentes que possible sur les lieux d'exercices.

MM. les officiers de paix des compagnies de réserve seront, à tour de rôle, chargés de surveiller tous les points désignés pour les exercices, et rendront compte de leur inspection.

Les exercices dureront une heure.

A huit heures, les gardiens partiront en troupe, à *l'allure militaire*, sous la conduite de leurs sous-brigadiers, pour regagner leurs arrondissements et leurs postes respectifs.

Chaque groupe d'agents appartenant à un même poste sera sous la conduite d'un fonctionnaire sous-brigadier.

Le service, pour les arrondissements, commencera le vendredi 6 octobre, à 7 heures du matin. Les gardiens devront se trouver réunis, sur les points indiqués, à 6 h. 45 minutes.

Les gardiens des compagnies de réserve feront les mêmes exercices à dater du jeudi 5 octobre, de 5 à 6 heures du soir, dans la cour de la caserne de la Cité, sous le commandement de leurs officiers de paix. Les hommes seront fournis par la partie disponible du soutien.

Les exercices n'auront pas lieu les dimanches et fêtes.

Ajoutons qu'il y a deux périodes d'exercices par an : au printemps et à l'automne. Ces exercices commencent en avril et en septembre; ils durent environ deux mois chaque fois et sont exécutés conformément aux prescriptions qui précèdent.

C'est encore dans les premiers jours d'octobre 1893, que fut décidée la création d'un certain nombre d'inspecteurs principaux destinés à suppléer les officiers de paix des compagnies d'arrondissement et de réserve. Douze brigadiers, choisis dans les divers arrondissements de Paris, furent aussitôt désignés pour occuper ces nouveaux emplois (1). Depuis, on ne nomme au grade d'inspecteur principal que les candidats ayant satisfait à l'examen de commissaire de police (2).

---

(1) C'était une véritable innovation. Jusqu'à cette époque, en effet, il n'y avait eu des inspecteurs principaux que dans les brigades de recherches et des voitures et dans les services spéciaux comprenant seulement des agents sans uniforme.

(2) Autrefois, les secrétaires de commissariats pouvaient seuls se présenter à cet examen qui leur ouvrait, comme aujourd'hui, les carrières d'officier de paix et de commissaire de police. Actuellement, on admet à prendre part à cette épreuve les employés et agents des divers services de l'administration (commissariats, police municipale, administration centrale, etc.).

Dans un document daté du 5 octobre 1893, nous trouvons les indications suivantes sur le service des inspecteurs principaux récemment créés :

L'inspecteur principal exercera, de jour et de nuit, un contrôle de voie publique.

Il visitera les postes, s'assurera de leur état de salubrité et de propreté, de celui des violons, contrôlera les livres d'écrou, questionnera les détenus, examinera les livres de contrôle, vérifiera l'exactitude de la répartition de l'effectif sur la voie publique, inspectera les livres d'ordres, d'opérations, les rapports adressés par les agents au commissaire de quartier.

Il visitera aussi les marchés, les kiosques, les postes de secours et vérifiera les feuilles de ronde.

Il assistera le plus souvent possible aux appels dans les postes, s'occupera de l'instruction des agents, examinera et visera leurs cahiers d'écriture, renseignera l'officier de paix sur leurs progrès, leur manière de servir et leurs aptitudes au point de vue de l'avancement.

Il questionnera sur la voie publique les sous-brigadiers et les gardiens, et s'assurera qu'ils ont compris les instructions qui leur ont été données et qu'ils les exécutent avec politesse.

Il s'occupera tout particulièrement de la tenue des hommes, de leur façon de marcher en groupe, de saluer leurs supérieurs, de renseigner le public.

Il fera les enquêtes et se tiendra au courant de toutes les réunions qui auront lieu dans l'arrondissement.

Le service de l'inspecteur principal sera réglé chaque jour par l'officier de paix.

La tenue des inspecteurs principaux a été déterminée par arrêté préfectoral du 28 novembre 1893 (1); elle est presque semblable à celle des officiers de paix. En voici la composition :

1 capote (même drap que pour l'uniforme d'officier de paix).	47 fr. 80
1 pèlerine à capuchon, id.	31 fr. »
1 tunique (col et parements ornés d'une broderie de cinq feuilles de chêne), id.	78 fr. »
1 pantalon drap, id.	21 fr. 70
1 pantalon coutil gris.	8 fr. 40
A reporter	186 fr. 90

Aujourd'hui, rien n'empêche donc un simple gardien de la paix de parvenir jusqu'au grade d'officier de paix, s'il remplit les conditions exigées. C'est ce qu'a voulu M. Lépine, en donnant une base plus large au recrutement des inspecteurs principaux, officiers de paix et commissaires de police.

(1) Cet arrêté fixe à 20 francs par mois le montant de la masse d'habillement des inspecteurs principaux et règle ainsi la durée de leurs effets :

Capote.	2 ans ;
Pèlerine à capuchon.	2 ans ;
Tunique.	8 mois pour la 1re et 10 mois pour les suivantes ;
Pantalon drap.	6 mois ;
Pantalon coutil.	1 an ;
Képi	6 mois.

Report	186 fr. 90
1 képi (avec deux galons de grade et broderies argent sur le devant du bandeau).	18 fr. »
1 épée à poignée argentée.	46 fr. 50
1 paire de plateaux argent.	22 fr. 75
1 ceinturon.	11 fr. 50
1 dragonne.	11 fr. 50
Total.	297 fr. 15

Comme on le voit, les inspecteurs principaux ne portent pas la ceinture bleue à franges tricolores, qui est exclusivement réservée aux officiers de paix. A part cette marque distinctive, les uniformes de ces deux catégories de fonctionnaires ne diffèrent que par les broderies et les galons de grade (1).

Indépendamment des nouveaux inspecteurs principaux, on augmenta le nombre des sous-brigadiers pour assurer le fonctionnement du service d'une manière plus conforme aux dispositions qui venaient d'être prises.

Depuis le mois de février 1894 (2), un service de permanence de nuit fonctionne dans les postes désignés ci-dessous :

Ier arrondissement, poste des Halles, rue Berger, 27 ;

IIIᵉ arrondissement, poste central, à la mairie de la rue des Archives ;

Vᵉ arrondissement, poste central, à la mairie de la place du Panthéon, 13 ;

IXᵉ arrondissement, poste de l'Opéra, rue Gluck ;

XVIIIᵉ arrondissement, poste de la place Dancourt, 4.

La taille pour l'emploi de gardien de la paix, précédemment fixée à 1m,67 par l'article 45 du règlement général du 30 avril 1887, a été élevée à 1m,70 par l'arrêté du 31 mars 1894 (3).

En vertu d'une décision préfectorale du 1er avril suivant, il fut créé, dans le cadre des brigadiers et sous-brigadiers, une classe

_____

(1) Les officiers de paix ont trois galons de grade et les inspecteurs principaux, deux seulement.

(2) Ce service a été créé par arrêté préfectoral du 31 janvier 1891.

Les noms des secrétaires de commissariats figurent, à cet effet, sur un tableau de roulement dressé tous les trois mois.

(3) Il fut aussi décidé que les hommes des compagnies de réserve se mettraient désormais en ligne, par rang de taille.

Vue de la Préfecture de Police (quai du Marché Neuf, rue de la Cité et place du Parvis Notre-Dame).

exceptionnelle de 2.400 francs pour les premiers et de 2.200 francs pour les seconds.

Cette augmentation de traitement n'est donnée qu'aux brigadiers et sous-brigadiers qui se distinguent tout particulièrement dans l'exercice de leurs fonctions (1).

On s'occupa ensuite de transformer le costume des gardiens de la paix; et, dans le courant de juin 1894, des modèles types de l'uniforme projeté furent soumis à une commission présidée par le Préfet de Police.

Cette commission se réunit plusieurs fois et ne termina ses travaux que quelques semaines plus tard. M. Lépine signa, le 18 septembre 1894, un arrêté réglementant les modifications apportées à la tenue des gardiens de la paix.

Le nouvel uniforme est ainsi composé :

Tunique (2). — Col droit; boutons en nickel disposés sur la poitrine en forme de cœur, la pointe arrivant à la hauteur de la ceinture; jupe raccourcie de 10 centimètres, ornée derrière d'une soubise. Ce vêtement est confectionné avec un drap bleu de nuance plus claire que celui employé précédemment.

Pantalon. — De même couleur que la tunique, et garni d'un passepoil écarlate.

Képi. — De forme plus élevée que l'ancienne coiffure, mais moins incliné par derrière, le képi actuel est rigide, avec une visière ronde, garnie en dessous de cuir vert pour protéger la vue des agents. Sa nuance est assortie à celle de la tunique et du pantalon (3).

La pèlerine à capuchon et la capote n'ont été l'objet d'aucune modification. Depuis peu seulement, ces vêtements sont confectionnés avec le drap adopté pour les autres effets.

(1) L'arrêté porte, en outre, que cette classe exceptionnelle « comprendra un tiers de l'effectif dans chaque grade ».

Il n'y a pas de promotion d'ensemble, et les brigadiers et sous-brigadiers ne bénéficient de cette faveur que lorsque les faits en justifient l'application.

(2) L'ancienne tunique, on se le rappelle, avait un col arrondi et des boutons en étain qui étaient autrement disposés.

La première de ces transformations a nécessité le remplacement du col en satin noir par un faux-col en toile.

(3) Dans les derniers jours de l'année 1895, M. Lépine a décidé que les gardiens de la paix de première classe porteraient à l'avenir la jugulaire en argent.

Commencée dans le quatrième trimestre de l'année 1894, cette transformation du costume des gardiens de la paix était à peine achevée à la fin de l'année 1895. Elle n'a, d'ailleurs, pu se faire qu'au fur et à mesure des besoins et après complet épuisement du stock de marchandises que les adjudicataires avaient en magasin (1).

La dernière innovation dont nous avons à parler s'est accomplie plus rapidement. L'installation des postes-vigie créés par l'arrêté préfectoral du 1er avril 1895, a, en effet, demandé bien moins de temps.

Voici la teneur de cet arrêté :

Le Préfet de Police,

Considérant que, dans l'intérêt de la sécurité publique, il y a lieu d'augmenter le nombre des postes de police où les habitants seront sûrs de trouver toujours un gardien de la paix auquel ils pourront, soit demander des renseignements, soit adresser une réquisition,

Arrête :

ARTICLE 1er. — Il est créé soixante-dix postes-vigie dans Paris.

Ces postes sont installés dans soixante-neuf kiosques de stations de voitures et un poste de secours (2) (*Suit la liste des adresses des nouveaux postes-vigie*).

ART. II. — Le service des postes-vigie est ainsi réglé :

1° Dans la journée, le gardien affecté à la station répondra à toutes les demandes de renseignements et déférera à toutes les réquisitions du public.

2° Dans la nuit, deux gardiens seront attachés à chaque kiosque.

L'un exercera une surveillance active aux abords du poste, l'autre se tiendra dans le poste.

Tous deux devront recueillir les déclarations qui leur seront faites et déférer aux réquisitions des particuliers.

Un cahier d'opérations sera déposé dans chaque poste-vigie et remis au poste de quartier, à chaque descente de service.

ARTICLE III. — A mesure que les ressources budgétaires le permettront, les postes-vigie seront reliés télégraphiquement ou par téléphone (3) au poste le plus voisin, qui devra prêter main-forte au premier appel.

---

(1) Au début, il fut décidé que les fournisseurs pourraient, pendant quelque temps livrer, soit des vêtements du modèle qui venait d'être abandonné, soit des effets confectionnés conformément aux nouveaux types adoptés, mais avec l'ancien drap.

Ces modifications ont entraîné une légère augmentation de prix pour les effets suivants :

0 fr. 60 pour la tunique,

0 fr. 50 pour le pantalon,

0 fr. 50 pour le képi.

(2) On a placé dans tous ces kiosques, sur le côté qui fait face à la chaussée, un carreau de verre rouge portant en lettres blanches les mots « Poste-Vigie ».

(3) Dans sa séance du 29 août 1895, le comité de perfectionnement des sapeurs-pompiers de la ville de Paris a émis le vœu que les postes-vigie soient reliés téléphoniquement avec les casernes de sapeurs-pompiers.

Chacun de ces postes-vigie est pourvu d'une boîte de secours contenant des paquets de désinfectant et des pansements individuels comme ceux en usage dans l'armée.

Du mois d'août au mois de décembre 1895, le

Le marché aux fleurs, quai aux Fleurs, en la Cité, derrière le Tribunal de Commerce et vis-à-vis de la façade Nord de la caserne de la Cité.
(Dessin de Montader, d'après une photographie instantanée.)

nombre des postes-vigie a été augmenté de cinq. Ces postes sont, du reste, appelés à rendre des services à la population parisienne; et l'Administration, d'accord avec le Conseil municipal, se préoccupe d'en étendre, dans une plus large mesure, le bénéfice à tous les quartiers de la capitale.

Telles sont, dans leur ensemble, les principales lignes du plan de réformes adopté en juillet 1893 et poursuivi depuis, sans relâche, pour donner aux divers services de la police municipale et surtout au corps des gardiens de la paix une organisation plus en rapport avec les besoins du temps présent.

Après les indications que nous avons données dans la partie de ce chapitre consacré au fonctionnement du service, il est superflu d'insister davantage sur le développement qu'a pris en ces dernières années la surveillance confiée aux gardiens de la paix. Bornons-nous à rapporter ici le tableau suivant, qui contient de précieuses indications à ce sujet pour l'année 1895 :

ARRON-DISSEMENTS.	POSTES-VIGIE.	ILOTS.	PLANTONS.	VA-ET-VIENT.	STATIONS DE VOITURES.	MARCHÉS.	PAVILLONS DE SECOURS.
1er	4	55	15	11	10	1	1
2e	4	54	15	21	10	»	»
3e	2	52	7	11	6	3	»
4e	3	56	7	5	10	5	1
5e	2	59	12	5	9	4	»
6e	5	65	21	8	11	3	»
7e	5	55	14	3	14	2	2
8e	4	58	20	4	16	5	1
9e	4	67	16	7	12	2	»
10e	5	67	20	5	9	3	4
11e	3	75	8	9	10	5	»
12e	5	67	13	»	10	3	3
13e	4	76	10	5	5	5	»
14e	3	72	5	7	8	4	»
15e	3	80	8	»	7	4	1
16e	4	64	15	7	12	4	1
17e	4	69	17	9	12	4	»
18e	4	77	8	»	12	4	»
19e	4	78	8	2	10	3	2
20e	2	83	7	10	4	3	»
	74	1329	246	129	197	67	16

Jeton des commissions d'hygiène et de salubrité.

Face.   Revers.

Voici maintenant l'état du personnel de la police municipale dressé au 31 décembre 1895 :

Directeur.	M. Gaillot.
Commissaires divisionnaires. . . .	M. Touny (1re division).
	M. Mouquin (2e division).
	M. Bouvier (3e division).
	M. Debeury (4e division).
Chef des bureaux	M. Dumand.
Officier de paix attaché au service central.	M. Rault (1).
Sous-chef des bureaux.	M. Duceau.
Deux commis principaux. — 16 commis.	
Médecin en chef.	M. Gillebert d'Hercourt (2).
id. adjoint	M. Carpentier-Méricourt.
Médecins d'arrondissements : MM.	Duchesne (1er et 2e arrondissements).
	Avezou (3e et 4e arrondissements).
	Manoury (5e et 13e arrondissements).
	Caubet (6e et 14e arrondissements).
	Simart (7e et 15e arrondissements).
	Schving (8e et 17e arrondissements).
	Carpentier-Méricourt (9e et 10e arrondissements).
	Dandieu (11e et 12e arrondissements).
	Jacquemart (16e arrondissement).
	Fabre (18e arrondissement).
	Weill (19e arrondissement).
	Ducasse (20e arrondissement).
16 médecins suppléants.	

(1) Depuis l'établissement de ce tableau, M. Rault a été nommé chef-adjoint des bureaux de la Police municipale, et le titre d'officier de paix attaché à ses fonctions a été supprimé.

(2) M. Gillebert d'Hercourt a remplacé, à la date du 8 août 1893, le docteur Nuzillat qui a été nommé médecin en chef honoraire.

COMPAGNIES.	OFFICIERS DE PAIX.	INSPECTEURS PRINCIPAUX.	BRIGADIERS.	SOUS-BRIGADIERS.	GARDIENS DE LA PAIX. (1)
Permanence (2)	»	»	1	2	27
1re réserve.	Busigny.	Meyer.	1	14	110
2e id.	Noriot.	Chevreuil.	1	15	110
3e id.	Grillières.	Robert.	1	14	110
4e id.	Carnat.	Payard.	1	15	110
5e (Voitures.)	Roudil.	Beauvillier.	4	16	166
6e (Halles.)	Yendt.	Fix.	1	5	82
1er arrond.	Dupuis.	Trippé.	3	39	320
2e id.	Duvivier.	Goulier.	3	39	285
3e id.	Tanguy.	Catrou.	3	39	265
4e id.	Pfister.	Guicheteau.	3	40	325
5e id.	Marion.	Bardy.	3	42	295
6e id.	Doray.	Hocquet.	3	39	290
7e id.	Roy.	Régnier.	3	39	300
8e id.	Murat.	Pescheux.	3	39	343
9e id.	Nadeaud.	Naudin.	3	39	320
10e id.	Durand.	Ombredane.	3	39	330
11e id.	Lebon.	Peyret.	3	39	335
12e id.	Raynaud.	Delpech.	3	39	325
13e id.	Volet.	Parnet.	3	39	315
14e id.	Murail.	Roze.	3	39	300
15e id.	Feyaubois.	Tiarquin.	3	39	330
16e id.	Descaves.	Bellet.	3	39	330
17e id.	Florentin.	Férey.	3	39	340
18e id.	Egarteler.	Martin.	3	42	355
19e id.	Kontzler.	Tavernier.	3	42	345
20e id.	Euriat.	Lafontaine.	3	40	340

Il est curieux de relever la différence qui existe entre ces chiffres et ceux de 1829, année au cours de laquelle fut créé le corps des sergents de ville parisiens.

A cette époque lointaine, ces agents étaient à peine 100, et leur effectif s'élève aujourd'hui à 8.238, y compris le cadre. Comme on l'a vu, ce chiffre n'a été atteint que progressivement : il était de 355, à la fin

(1) Dans ces chiffres ne sont pas compris les agents employés comme télégraphistes, secrétaires, etc., etc.

(2) Le personnel de la « Permanence » est divisé en deux fractions qui font chacune le service pendant 24 heures. Ces agents sont chargés de la réception des personnes arrêtées et du service des transfèrements.

du règne de Louis-Philippe; de 689, au commencement du second Empire, et de 4.447, en 1871. En augmentant ainsi le nombre des sergents de ville, la Municipalité parisienne et l'Administration n'ont fait que tenir compte des résultats des divers recensements de la population et du développement considérable qui a été donné à la capitale depuis la Restauration.

S'il était possible de revenir un moment en arrière, et de parcourir les rues du Paris d'avant la révolution de 1830, de ce Paris, où les omnibus commençaient à peine à circuler, où les réverbères fumeux n'avaient pas encore été remplacés par l'éclairage au gaz dont on faisait seulement les premiers essais, où les chemins de fer, les tramways, la lumière électrique et les mille perfectionnements du progrès moderne étaient inconnus, on estimerait, sans doute, qu'il présente, avec la grande ville actuelle, beaucoup plus de différence qu'il n'y en a entre le modeste effectif du corps des sergents de ville en 1829 et la véritable armée de gardiens de la paix détaillée au budget de 1895.

Armoiries de la Ville de Paris; période actuelle.

TROISIÈME PARTIE

CHAPITRE PREMIER

LIVRE D'OR DES GARDIENS DE LA PAIX

AUX VICTIMES DU DEVOIR

Ceux que l'amour du Bien, jusqu'à la Mort amène,
Et dont le sacrifice a dicté le trépas,
Sont l'éternel honneur de la famille humaine
Et fécondent le sol où se posent leurs pas.

Dressant, pour l'avenir, la moisson de l'exemple,
De l'idéal, à tous, ils montrent le chemin,
Et dans notre mémoire ils méritent un temple,
Ces héros d'hier qui font les héros de demain.

Dans l'ombre et le silence où notre esprit s'effare,
Vers les buts inconnus par les flots ballotté,
Leur nom jette à nos cœurs sa virile fanfare
Et, dans nos yeux éteints, rallume une clarté.

C'est le Devoir qu'il montre et le Devoir qu'il crie.
— Debout, fils de la France, à l'appel des clairons!
Ces soldats de la Paix meurent pour la Patrie
Comme ceux dont la gloire a couronné les fronts.

Leur combat est sans trève et leur champ de bataille
Est partout où le Mal deviendrait le plus fort,
C'est à leur seul courage et non pas à leur taille,
Que leur cœur généreux mesura son effort.

O les Martyrs obscurs qui, plus haut que la vie,
Ont mis le rêve amer et doux du dévouement,
Qui marquent de leur sang, sur la route suivie,
La place où de l'Honneur germera le ferment!

O les nobles vaincus de la lutte éternelle
Où chacun d'eux, de tous, a payé la rançon,
Et qu'une mort sublime a couchés sous son aile
Comme le moissonneur lassé sur la moisson !

O vous, les dignes fils de la terre sacrée,
Où les fils sont jaloux du renom des aïeux,
Enfants dont les enfants, dans la longue durée
Des temps, raconteront le trépas glorieux !

Salut ! Voici le jour de la sainte revanche
Que vous gardaient la France et notre souvenir,
Où l'Immortalité, sur votre pierre, penche
L'ombre du vert laurier où vos noms vont s'unir.

O Frères qu'avait fait le même rêve auguste
De se donner pour tous, sans compter, ni savoir,
Salut, dompteurs du Mal et défenseurs du Juste,
Salut, Soldats du Droit ! Victimes du Devoir.

                                     Armand SILVESTRE.
        19 juin 1895.

Ces vers, dits par M. Silvain, de la Comédie Française, le dimanche 23 juin 1895, à la cérémonie d'inauguration du monument élevé aux victimes du devoir dans le nouveau cimetière de Courbevoie, traduisent éloquemment les pensées élevées, les regrets douloureux et les sentiments d'orgueil, de fierté et de reconnaissance qu'inspirent à tous le trépas de ceux dont le dévouement professionnel va jusqu'au sacrifice de la vie pour secourir leurs concitoyens et assurer le repos de la cité. M. Armand Silvestre a, en effet, écrit ces beaux vers pour célébrer le courage de trois pompiers de Courbevoie, tués par un obus le 16 avril 1871, sur le toit d'une maison incendiée, et rendre hommage à la fin tragique du sergent de ville Lucas, assassiné le 6 octobre 1894, dans l'exercice de ses fonctions.

Comme la mission confiée aux sergents de ville de la banlieue est identique à celle qui incombe aux gardiens de la paix de la ville de Paris, on peut dire que le poète a fait aussi l'éloge de ces derniers, dont un certain nombre ont déjà, comme l'agent Lucas, trouvé une mort glorieuse dans l'accomplissement de leur dure et pénible tâche.

Tous les orateurs qui ont parlé au cours de cette émouvante céré-

monie ont été unanimes à reconnaître que la mort du malheureux
Lucas devait être assimilée à celle d'un soldat qui tombe sur le champ
de bataille (1); et M. Poubelle, Préfet de la Seine, qui présidait, a
fait l'éloge du courage militaire, du courage civique et des nobles
actions qui ont droit à l'estime et à la reconnaissance de tous.

Il a adressé des paroles de consolation aux parents de ceux dont
on honorait la mémoire, et a certainement adouci l'amertume de leurs
regrets lorsqu'il a dit : « Nous ne pouvons plus trop les plaindre
aujourd'hui, ces victimes du devoir. Qui sait, en effet, ce que la vie
leur eût réservé, qui sait quelle destinée la maladie, la mort naturelle
leur eût faite ? Ils seraient peut-être dans ce champ des morts, perdus
au milieu de la foule ignorée qui n'a plus, elle, que les pleurs des
parents ou des amis les plus étroitement attachés, tandis qu'ils sont
ici à la place d'honneur. »

Établissant ensuite la différence entre le travail indispensable pour
assurer l'existence de l'individu et le dévouement du soldat, du pompier et de l'agent de la force publique qui, tous les jours, s'exposent
aux plus grands dangers pour la collectivité, il a ajouté : « Sans
doute les hommes qui accomplissent les devoirs ordinaires de la vie
sont dignes d'estime. Que faites-vous ? Vous travaillez la pierre ; et
vous, le bois ; et vous, le fer ? Vous êtes des artisans, des ouvriers
utiles, vous êtes nécessaires à vos familles et à vos compatriotes.

« Mais vous, dont j'aperçois ici l'uniforme sévère, qui êtes-vous ?
Je suis celui qui veille sur la paix publique, qui garde les citoyens
paisibles et honnêtes contre les entreprises dangereuses. Et vous,

---

(1) Donnons-en, comme preuve, les paroles suivantes prononcées par M. Le Chippey, maire
de Courbevoie :

« ..... Lucas, dit-il, est mort comme un soldat qui tombe face à l'ennemi, en tombant pour
la société qu'il avait, dans son modeste emploi, la tâche de défendre.

« Lucas est bien une victime du devoir et tout le pays l'a compris ainsi. »

Au cours de l'allocution qu'il a prononcée à l'assemblée annuelle de la Société Amicale et de
Prévoyance de la Préfecture de Police, tenue le 1er décembre 1895, à la Sorbonne, M. Bourgeois, Président du Conseil, ministre de l'Intérieur, a rendu un éloquent hommage aux gardiens de la paix qui succombent dans l'exercice de leurs fonctions; il a reconnu que la mort
de ces défenseurs de l'ordre était tout aussi glorieuse que celle du soldat tué, les armes à la
main, en disputant à l'ennemi le sol sacré de la patrie.

dont le casque protège la tête et resplendit au soleil, qui êtes-vous ?
Je suis un sapeur, un homme prêt à accourir au premier appel si un
incendie éclate, à affronter une mort cruelle pour l'éteindre ou pour
arracher aux flammes les femmes et les enfants qu'elles enveloppent.
Et vous qui portez cette épée ? Vous êtes celui qui consacre tout son
temps et tous ses soins à la défense du pays et qui, si l'heure sonnait, considérerait comme le plus enviable couronnement de sa carrière l'honneur de verser son sang pour la grandeur et l'intégrité de
la France.

« Voilà ce que sont ces hommes qui nous entourent ici de leurs
rangs pressés ; aussi veux-je dire à chacun d'eux : je vous honore et
je vous salue.

« Sachez bien que la sympathie universelle vous entoure, parce que
vous ne travaillez pas seulement pour vous et vos familles, mais parce
que vous donnez à tous pleine confiance dans la sécurité de la cité
et dans les destinées de la patrie. »

Nous trouvons dans le discours de M. Laurent, Secrétaire général
de la Préfecture de police (1), l'expression d'une généreuse pensée
qu'on ne saurait trop faire connaître (2). « Voulez-vous me permettre,
dit-il en terminant, d'associer à ces remerciements un souhait : celui de
voir placer à côté de ce monument, comme l'ont déjà fait quelques
communes dans leur cimetière, une pierre où s'inscrira le nom de ceux
de vos enfants qui meurent dans l'accomplissement de leur devoir militaire, qu'ils périssent au feu ou qu'ils s'éteignent dans la garnison
qui leur a été assignée pour le service du pays. Ceux-là n'ont pas, le
plus souvent, leur tombe au milieu des leurs, et la consolation serait
grande pour ceux qu'ils laissent, en même temps que l'exemple serait
encourageant pour ceux qui auront à les suivre, de voir consacrer
par cette mention bien simple et arracher à l'indifférence ou à l'ou-

---

(1) M. Laurent, Secrétaire général, a parlé au nom de M. Lépine, Préfet de Police, retenu à
Paris par d'autres obligations.
(2) Cet exemple a déjà été suivi par les communes de Suresnes, Courbevoie et Montreuil-
sous-Bois.

bli le souvenir d'une mort qui est toujours glorieuse quand elle atteint un soldat à son poste de combat ou de service. »

Ces paroles des plus nobles tre temps. Ja- le culte des vic- n'a été en hon- l'est aujour- depuis 1871, la nationale a fait nir. On ne s'est d'ensevelir pieu- tes des soldats bé pendant l'an- a élevé, sur tous ritoire, des mo-

dévoilent une passions de no- mais, en effet, times du devoir neur comme il d'hui. Partout, reconnaissance œuvre de souve- pas contenté sement les res- qui ont succom- née terrible; on les points du ter- numents com-

M. Viguier, officier de paix du 2ᵉ arrondissement, tué le 18 mars 1884.

mémoratifs sur lesquels sont inscrits les noms des enfants de la commune ou du département, morts pour la France. C'est que pour beaucoup, — pourquoi ne dirions-nous pas pour tous? — la mémoire de ces braves s'identifie avec l'idée de patrie. D'ailleurs, on ne peut admettre qu'il en soit autrement, car ce mot « patrie », qui a, pour l'oreille, la douce harmonie de celui par lequel nous désignons l'être aimé qui nous a donné la vie, ne signifie pas seulement le sol où on est né, le coin de terre où on a grandi, où on a connu les joies et les douleurs; il évoque encore le souvenir de tous ceux dont le talent, les vertus, le génie, le dévouement, l'héroïsme et le courage ont doté le pays d'un glorieux patrimoine moral.

Si cette religion du souvenir se fut développée plus tôt, nous aurions certainement retrouvé, avec plus de facilité, les noms de plusieurs des agents de la police municipale qui figurent sur la liste ci-dessous. Nous n'aurions pas non plus, après de longues et patientes recherches, le regret de ne pouvoir présenter comme absolument complète cette douloureuse nomenclature des sergents de ville (1) et des gardiens de la paix tombés pour le maintien de l'ordre, la protection de leurs concitoyens et la défense de la patrie.

Voici les noms de ces victimes du devoir :

1832

Houël François-Marie-Léonard, né à Tremblay (Ille-et-Vilaine), le 15 brumaire an VIII (6 novembre 1799) ; sergent de ville (2).

L'agent Houël fut tué dans l'affaire dite de la rue des Prouvaires. On sait que, dans la nuit du 1er au 2 février 1832, un complot carliste avait réuni sur plusieurs points de Paris, et notamment dans un restaurant de la rue des Prouvaires, un certain nombre de conspirateurs armés. Il ne s'agissait rien moins que de s'emparer du roi, de la famille royale et des principaux personnages de l'État, pendant le bal qui se donnait aux Tuileries. Un des meneurs fut trouvé porteur de clefs ouvrant le palais du Louvre, par lequel on devait gagner les Tuileries.

Au moment où le chef de la Police municipale, accompagné des sergents de ville Leturquès et Houël, gravissait l'escalier conduisant au 1er étage du restaurant de la rue des Prouvaires, ce dernier agent reçut une balle dans l'œil gauche. Il mourut le 3 février.

1840

Petit Jacques-Marc, né à Meudon (Seine-et-Oise), le 25 avril 1807; sergent de ville.

Le 2 septembre 1840, des rassemblements tumultueux d'ouvriers

(1) Sergents de ville de Paris.

(2) Cet agent laissait deux jeunes enfants, dont il devait prochainement épouser la mère. Le Gouvernement fit remettre à cette dernière, par l'entremise du Préfet de Police, une somme de 2.000 francs. Le roi lui envoya 300 fr., et la reine Amélie lui accorda un secours mensuel de 50 fr. pour l'aider à élever ses enfants.

En outre, par délibération du 9 juillet 1832, le Conseil municipal alloua des secours aux enfants.

Du reste, nous donnons, au chapitre III de cette Partie, l'état des pensions, secours et legs dont ont bénéficié les veuves et les enfants des agents tombés victimes du devoir.

se formèrent devant l'établissement de MM. Pihet et Cie, mécaniciens, avenue Parmentier, et on tenta d'envahir les ateliers.

Les sergents de ville de l'arrondissement firent tous leurs efforts pour s'y opposer, et, dans la bagarre, Petit tomba frappé de plusieurs coups de poignard. Deux autres sergents de ville furent blessés.

Aux obsèques de l'agent Petit, décédé le 6 septembre, le chef de la Police municipale prononça les paroles suivantes :

Messieurs,

Nous confions à la terre le corps de Jacques-Marc-Alphonse Petit, sergent de ville.

L'Administration perd un bon employé, la société, un bon père de famille, et nous tous, un bon camarade.

Prions Dieu, Messieurs, qu'il pardonne aux malheureux qui lui ont donné la mort ; et que leur âme éprouve, pendant leur vie, le remords d'une pareille action.

Adieu, Petit, adieu !

1865

Alban ALEXANDRE-GUILLAUME.

Bussois PIERRE-FRANÇOIS.

Dambon FRANÇOIS-MARIE, né à Widehem (Pas-de-Calais). Entré au corps des sergents de ville le 25 avril 1848. — Décédé en octobre 1865.

Recouvreur FRANÇOIS-MARIE. — Décédé le 10 octobre 1865.

Beck JACQUES-HENRI, âgé de 50 ans. — 10 ans de services militaires. Appartenait à la police municipale depuis 10 ans, 8 mois et 15 jours. Décédé le 17 octobre 1865.

Corette JOSEPH-DÉSIRÉ. — Décédé le 5 novembre 1865.

Ces six sergents de ville sont morts du choléra contracté dans l'exercice de leurs fonctions, pendant l'épidémie de 1865.

1870

Cotel PIERRE-ARSÈNE, né à Troyes (Aube), le 7 décembre 1820.

6 ans et demi de services militaires.

Nommé sergent de ville le 1er décembre 1854, et sous-brigadier, le 1er janvier 1863.

Dans la soirée du 10 mai 1870, des troubles graves éclatèrent simultanément sur divers points de Paris, et des barricades furent élevées faubourg du Temple et rue de la Folie-Méricourt.

Les gardes de Paris et les agents durent intervenir pour dégager la place du Château-d'Eau. Ils s'emparèrent d'un soldat du 71ᵉ de ligne passé du côté des manifestants.

Plusieurs sergents de ville furent grièvement blessés, et on releva presque mort le sous-brigadier Cotel.

Transporté à l'hôpital Saint-Louis, ce malheureux succomba le 13 mai suivant, aux suites de ses blessures.

.·.

Cabaup JEAN-BAPTISTE, né à Conflam (Ariège), le 21 mars 1829.

Près de huit années de services militaires (du 5 mars 1851 au 1ᵉʳ janvier 1859).

Nommé auxiliaire à la police municipale le 1ᵉʳ mars 1861, et sergent de ville le 1ᵉʳ octobre suivant.

Tué le 14 août 1870, dans l'affaire dite des « pompiers de la Villette ».

Le pompier de faction à la porte de la caserne, ayant refusé de livrer passage aux manifestants qui voulaient pénétrer dans l'intérieur, reçut un coup de pistolet en pleine poitrine. Accouru au bruit de la détonation, le sergent de ville Cabaup fut atteint mortellement par une balle qui pénétra dans la région du cœur.

.·.

Lherminier LOUIS-EUGÈNE, né à Festien (Aisne), le 13 avril 1815.

7 ans de services dans l'artillerie de marine et la gendarmerie.

Entré au corps des sergents de ville le 21 mai 1854. Sous-brigadier le 1ᵉʳ mai 1861. Licencié le 10 septembre 1870, il fut réintégré le 19 du même mois, dans les fonctions de sous-brigadier.

Sous-lieutenant à la 4ᵉ compagnie de gardiens de la paix mobilisés.

il fut mortellement blessé au combat de Clamart, le 13 octobre 1870.
Il expira le lendemain (1).

.·.

Robert Jean-Victor, né à Assures (Jura), le 17 mai 1826.

7 ans de services militaires. Sergent de ville du 1ᵉʳ janvier 1860 au
10 septembre 1870. Réintégré le 19 du même mois, comme gardien
de la paix.

Incorporé dans l'une des compagnies de gardiens de la paix mobilisés
qui faisaient le service aux avant-postes, il fut tué le 13 octobre 1870,
au moment où il accourait porter secours au sous-lieutenant Lherminier.

.·.

Simon Eugène, né à Nancy (Meurthe), le 4 mai 1834.

Auxiliaire à la police municipale le 16 avril 1862. Sergent de ville
du 1ᵉʳ avril 1863 au 10 septembre 1870. Réintégré le 10 octobre 1870,
comme gardien de la paix.

Mort le 1ᵉʳ novembre 1870, des suites d'une maladie contractée
aux avant-postes.

1871

André Jean-Baptiste, né à Ban-de-Sapt (Vosges), le 13 juillet 1832.

Incorporé au 1ᵉʳ régiment de cuirassiers le 29 octobre 1853, il
passa ensuite aux grenadiers de la Garde et fit les campagnes de Crimée et d'Italie. Titulaire des médailles de ces deux expéditions.

Auxiliaire à la police municipale le 1ᵉʳ août 1860. Sergent de ville
du 31 mars 1861 au 10 septembre 1870. Réintégré le 19 du même
mois, comme gardien de la paix.

Tué le 10 janvier 1871, rue de Cambronne, par trois gardes nationaux du 131ᵉ bataillon, restés inconnus.

(1) Voir le récit du combat de Bagneux à la page 281.

Lacroix Gustave-Adolphe, né à Morez (Jura), le 26 mars 1831.

Auxiliaire à la police municipale le 16 juillet 1866. Sergent de ville du 1er février 1867 au 10 septembre 1870. Réintégré le 19 du même mois, comme gardien de la paix.

Dans la nuit du 13 janvier 1871, à l'affaire du Moulin de Pierre, Lacroix fut mortellement blessé à la cuisse gauche.

Admis à l'ambulance du Grand-Hôtel, il succomba le 19 janvier.

Tousseuil Nicolas, né à Loupmont (Meuse), âgé de 47 ans.

Gardien de la paix à la 2e compagnie mobilisée.

Décédé le 29 janvier 1871, à l'ambulance établie dans la maison de retraite des Petits-Ménages à Issy, d'une maladie contractée aux avant-postes.

Ordener Jean-Baptiste-Mathieu, né à Villageneuf (Haut-Rhin), le 22 février 1823.

Sergent de ville du 16 novembre 1854 au 5 septembre 1857 (1). Auxiliaire le 16 novembre 1858. Sergent de ville du 1er décembre 1859 au 10 septembre 1870. Réintégré le 10 octobre 1870, comme gardien de la paix.

Le 24 janvier 1871, alors qu'il était de service aux avant-postes, route de Versailles, Ordener fut atteint par un éclat d'obus qui lui fractura le pied gauche.

Il mourut le 30 janvier, à l'hôpital militaire du Gros-Caillou.

Bédel Victor-Henri, né à Saulchery (Aisne), le 1er juin 1824.

_____
(1) Il était démissionnaire.

Sergent de ville du 1ᵉʳ janvier 1855 au 10 septembre 1870. Réintégré le 19 du même mois, comme gardien de la paix.

Le 16 janvier 1871, étant de faction dans les tranchées pratiquées aux avant-postes des Moulineaux, à l'endroit appelé le « Château Inférieur », Bédel reçut une balle à l'épaule gauche.

Décédé le 7 février suivant.

...

Riolet François, né à Seveux (Haute-Saône), le 24 décembre 1832.

Auxiliaire à la police municipale le 1ᵉʳ mars 1855. Sergent de ville le 1ᵉʳ avril 1855. Sous-brigadier le 1ᵉʳ janvier 1860.

Mort le 4 mars 1871, des suites d'une maladie contractée pendant le siège.

...

Devienne Charles-Joseph, né à Wetis-Cohen (Pas-de-Calais), le 24 avril 1825.

Comptait plusieurs années de services dans la garde à pied et dans la garde de Paris.

Sergent de ville du 1ᵉʳ février 1855 au 10 septembre 1870. Réintégré le 19 du même mois, comme gardien de la paix.

Le 18 mars 1871, faisait partie d'un détachement de gardiens de la paix chargés d'accompagner les troupes qui se rendaient aux buttes Montmartre. En passant rue des Moines, aux Batignolles, il tomba mortellement frappé par une balle qui pénétra dans le côté gauche des reins et sortit par l'abdomen.

...

Maillet François-Joseph, né à Vandegis-au-Bois (Nord), le 25 mars 1825.

Sergent de ville du 1ᵉʳ janvier 1855 au 10 septembre 1870. Réintégré le 19 du même mois, comme gardien de la paix.

Caporal à la 1re compagnie du 3e bataillon de gardiens de la paix mobilisés.

Tué le 3 avril 1871, au combat de Meudon (1).

. .

Bacom Jean-François, né à Puttelange (Moselle), le 10 novembre 1834.

Auxiliaire à la police municipale le 1er septembre 1865. Sergent de ville du 1er mai 1866 au 10 septembre 1870. Réintégré le 19 du même mois, comme gardien de la paix.

Incorporé à la 1re compagnie du 3e bataillon de gardiens de la paix mobilisés.

Tué le 3 avril 1871, au combat de Meudon.

. .

Barrois Nicolas, né à Béthenville (Marne), le 20 août 1824.
Avait appartenu à la gendarmerie de la garde impériale.

Sergent de ville du 1er février 1855 au 10 septembre 1870. Réintégré le 19 du même mois, comme gardien de la paix.

Au lieu de faire valoir ses droits à la retraite, Barrois avait demandé à continuer son service au corps des gardiens de la paix jusqu'à la fin de la guerre.

Le 3 avril 1871, au combat de Meudon, il reçut une balle dans la région lombaire droite.

Il succomba le lendemain, à l'ambulance de Sèvres.

. .

Laffond Claude-Antoine, né à Battenans (Doubs), le 1er juin 1829.
Nommé sergent de ville le 1er février 1855, et sous-brigadier le 1er novembre 1867. Licencié le 10 septembre 1870, il fut réintégré

_____

(1) On sait qu'à la suite de ce combat où s'était produite une douloureuse méprise, le képi des gardiens de la paix mobilisés fut orné d'une bande blanche. Voir page 390.

le 19 du même mois, comme sous-chef de section au corps des gardiens de la paix.

Le 18 mars 1871, à quelques mètres de la porte d'Aubervilliers, il reçut un coup de baïonnette à la tête, un autre dans les flancs et 4 coups de feu, au moment où il cherchait à maintenir les fédérés qui voulaient empêcher le passage des troupes ramenant quelques canons enlevés à Belleville.

Transporté à l'hospice Dubois, il y mourut le 3 avril suivant.

．·．

Pellet François, né à Fillinge (Haute-Savoie), le 20 avril 1835.

Auxiliaire à la police municipale le 1er décembre 1866. Sergent de ville du 11 février 1867 au 10 septembre 1870. Réintégré le 19 du même mois, comme gardien de la paix.

Incorporé à la 1re compagnie du 1er bataillon de gardiens de la paix mobilisés.

Le 28 avril 1871, Pellet et quatre agents en bourgeois revenaient de faire une reconnaissance du côté du Bas-Meudon. Ce petit détachement, reconnu conformément aux consignes par trois sentinelles successives du 90e de ligne, gravissait la ruelle aux Bœufs, lorsque deux coups de feu furent tirés, sans aucun avertissement, par un chasseur à pied qui était de faction à une distance d'environ 80 mètres.

L'un des camarades de Pellet fut blessé au bras, et ce dernier reçut une balle qui lui traversa l'abdomen.

Il mourut le lendemain, à l'hôpital Saint-Jean, à Sèvres.

．·．

Berjoam Édouard, né à Millas (Pyrénées-Orientales), le 14 juin 1834.

Ancien gendarme de la compagnie du département du Tarn.

Auxiliaire à la police municipale le 1er septembre 1868. Sergent de ville du 16 septembre 1869 au 10 septembre 1870. Réintégré le 19 du même mois, comme gardien de la paix.

Faisait partie de la 3ᵉ compagnie du 3ᵉ bataillon de gardiens de la paix mobilisés.

Le 28 avril 1871, au moment où sa compagnie s'installait à la caserne de Rueil, Berjoam, embarrassé par des effets qu'on lui avait confiés, laissa tomber son revolver dont une balle lui fractura la colonne vertébrale.

Il expira le lendemain, à l'ambulance de la mairie de Rueil.

∴

Mayé Pierre, né à Anjac (Charente-Inférieure), le 28 mai 1845.

Auxiliaire à la police municipale du 1ᵉʳ avril 1870 au 10 septembre suivant.

Nommé gardien de la paix le 19 du même mois.

Caporal à la 1ʳᵉ compagnie du 2ᵉ bataillon de gardiens de la paix mobilisés.

De service au pont de Sèvres le 12 avril 1871, il fut, au moment où il donnait des renseignements à deux femmes, blessé à la jambe gauche par un obus lancé par une canonnière amarrée à Billancourt. Les deux femmes furent tuées sur le coup.

Mayé, transporté à l'ambulance des sœurs dominicaines à Sèvres, mourut le 15 mai suivant.

∴

Blanck Sébastien, né à Dennveler (Haut-Rhin), le 2 janvier 1839.

Auxiliaire à la police municipale le 1ᵉʳ décembre 1867. Sergent de ville du 1ᵉʳ juin 1868 au 10 septembre 1870. Réintégré le 19 du même mois, comme gardien de la paix.

Lors de la rentrée des troupes dans Paris, il fut attaché à la prévôté du 1ᵉʳ corps d'armée. Le 23 mai 1871, boulevard de Clichy, des soldats le prirent pour un fédéré et le fusillèrent sur-le-champ. Ce

malheureux, qui venait d'apercevoir un groupe d'insurgés prêts à attaquer l'armée régulière, allait justement en avertir son officier.

．．

Rouquet JEAN, dit Touril, né à Dufort (Tarn-et-Garonne), le 7 août
1830.

Avait servi, du 10 juillet 1851 au 18 mars 1855, au 11° régiment
d'artillerie, et, de cette dernière date au 31 décembre 1856, dans
l'artillerie de la Garde.

Auxiliaire à la police municipale le 16 avril 1857. Sergent de ville
du 1er janvier 1858 au 31 octobre 1870. Réintégré le 16 janvier 1871,
comme gardien de la paix.

Incorporé dans la compagnie de canonniers auxiliaires formée par
les gardiens de la paix.

Le 23 mai 1871, il fut tué dans la cour du Garde-Meuble par un
obus qui lui enleva la tête.

．．

Rotte MICHEL.

Six ans de services militaires (de 1854 à 1860).

Auxiliaire à la police municipale le 1er septembre 1861. Sergent
de ville, du 1er mai 1862 au 10 septembre 1870. Réintégré ensuite
comme gardien de la paix au 16° arrondissement.

Arrêté à son domicile et fusillé le 24 mai 1871, dans une mairie
de Paris.

．．

Lotzer JACQUES, né à Bosheim (Bas-Rhin), le 2 mai 1833.

14 ans de services militaires : du 10 octobre 1854 au 4 août 1861,
au 9° régiment d'artillerie et, du 28 février suivant au 14 février 1869,
au 14° régiment de la même arme. De 1859 à 1861, avait fait les
campagnes de Chine et de Cochinchine.

Décoré de l'ordre de Marie-Louise d'Espagne et titulaire de la médaille de Chine.

Auxiliaire à la police municipale le 1er juin 1869. Sergent de ville du 1er juillet 1870 au 10 septembre suivant. Réintégré le 19 novembre de la même année, comme gardien de la paix.

Le Gouvernement ayant demandé des volontaires pour servir dans l'artillerie, Lotzer passa au 11e régiment d'artillerie, le 20 décembre 1870; il y resta jusqu'au 5 avril 1871, date à laquelle il rentra au corps des gardiens de la paix, à Versailles.

Versé dans la compagnie des canonniers auxiliaires (1), il fut détaché auprès des troupes qui pénétrèrent dans Paris lors de la chute de la Commune. Il fut tué le 28 mai 1871, à la barricade de la rue des Amandiers.

.·.

Calmet JEAN, né à Montréal (Aude), le 5 janvier 1836.

3 ans de services militaires, comme engagé volontaire au 3e régiment d'artillerie.

Auxiliaire à la police municipale le 1er février 1860. Sergent de ville du 1er avril 1860 au 10 septembre 1870. Réintégré le 19 du même mois, comme gardien de la paix.

Incorporé à la 1re compagnie du 2e bataillon de gardiens de la paix mobilisés.

A la rentrée des troupes dans Paris, il fit partie d'un détachement commandé par le lieutenant Hellet et mis à la disposition du général Vinoy.

Calmet fut frappé d'une balle, le 28 mai 1871, à l'attaque de la barricade élevée rue des Amandiers.

Transporté d'abord à l'hôpital Saint-Antoine, puis à l'ambulance annexe (maison des Incurables, femmes) rue de Sèvres, il mourut le 9 juin suivant (2).

---

(1) Formée exclusivement, comme nous l'avons dit, de gardiens de la paix.
(2) Nous donnons dans ce chapitre le fac-similé de la lettre d'invitation pour ses obsèques.

1878

Raulin CHARLES, né à Laon (Aisne), le 19 juin 1846.

7 ans de services militaires.

Nommé gardien de la paix le 1er juillet 1875. — Avait arrêté le 27 novembre 1877, rue de Maistre, un cheval emporté.

Mordu par un chat enragé, il fut admis en traitement à l'hôpital de la Charité, où il est décédé le 1er mars 1878.

1879

Guisset GRÉGOIRE, né à Ussat (Ariège), le 3 décembre 1835.

Incorporé le 11 avril 1856, au 89e régiment d'infanterie, puis, le 10 août 1859, au 2e régiment des grenadiers de la garde, il fut libéré le 31 décembre 1862. Il entra le 16 mars 1863 dans la garde municipale de Paris, et donna sa démission le 5 novembre 1871. — Campagnes : du 4 juillet 1856 au 16 mai 1859, en Afrique; du 17 mai 1859 au 31 août suivant, en Italie; 1870-71, contre l'Allemagne, et 1871, à l'intérieur.

Titulaire de la médaille d'Italie.

Gardien de la paix au 5e arrondissement, depuis le 1er février 1872.

Le 6 mai 1879, boulevard Saint-Germain, en essayant d'arrêter un cheval emporté, Guisset fut mortellement blessé. Transporté à son domicile, il expira quelques heures après.

1880

Rocxin NICOLAS-FRANÇOIS, né à Montsec (Meuse), le 27 avril 1842.

Auxiliaire à la police municipale le 1er octobre 1866. Sergent de ville, du 1er février 1867 au 10 septembre 1870. Réintégré le 19 du même mois, comme gardien de la paix. Nommé sous-brigadier le 1er juillet 1877. — Avait, dans la matinée du 8 janvier 1877, arrêté un cheval emporté, attelé à une voiture régimentaire du 28e de ligne conduite par un soldat dont le corps avait été projeté à terre et écrasé.

Titulaire de la médaille militaire pour services rendus à la défense nationale pendant le siège de Paris, en 1870-71.

Le 16 juillet 1880, le sous-brigadier Rocxin trouva la mort dans les circonstances suivantes : au moment où il tentait de désarmer un aliéné qui gesticulait rue Montmartre et effrayait les passants en brandissant un couteau, il fut frappé en pleine poitrine par ce fou furieux.

Pour honorer la mémoire de cette victime du devoir, les habitants du 2e arrondissement se rendirent en grand nombre aux obsèques, et firent déposer plusieurs couronnes à la maison mortuaire. La municipalité de l'arrondissement assista aussi à la cérémonie funèbre ; elle ouvrit même une souscription en faveur de la veuve du malheureux Rocxin(1).

1883

Destaing ALFRED-CLÉMENT, né à Amancey (Doubs), le 5 mars 1843.

11 ans de services militaires. Libéré le 31 décembre 1869, il fut rappelé sous les drapeaux en 1870, et servit, comme maréchal-des-logis, jusqu'au 10 avril 1871.

Mordu par un chien enragé le 10 décembre 1882, il entra le 10 mars suivant à l'hôpital, où il mourut cinq jours après.

Chaudot CLAUDE-FRANÇOIS, né à Germigny (Haute-Saône), le 21 août 1840.

12 ans de services militaires.

(1) Dans cette circonstance, le directeur du journal *la Lanterne* adressa la lettre suivante au ministre de l'Intérieur :

« Monsieur le Ministre de l'Intérieur,

« Cette après-midi, un gardien de la paix a été tué dans l'exercice de ses fonctions. Nous apprenons que ce malheureux laisse une femme et des enfants ; j'ai l'honneur de vous adresser ci-inclus 100 francs, vous priant de vouloir bien les faire parvenir à sa veuve.

« Veuillez agréer, Monsieur le Ministre, l'hommage de mon respect.

« Le directeur de *la Lanterne*,
« E. MAYER. »

Nommé gardien de la paix le 1er décembre 1873. Détaché d'abord au 10e arrondissement, puis à la 4e brigade centrale.

Actes de courage et de dévouement : 2 arrestations de chevaux emportés, rue Grange-aux-Belles, les 9 décembre 1874 et 8 février 1875 ; sauvetage d'un homme ivre tombé devant les pieds des chevaux d'un omnibus, le 26 février 1877 à 1 heure du matin, boulevard de la Villette ; 2 mises à mort de chiens hydrophobes, les 21 août et 1er septembre 1881, quai Jemmapes et boulevard de la Villette.

Le dimanche 30 septembre 1883, vers midi, une terrible explosion, due à une fuite de gaz, se produisit à l'hôtel du Préfet de Police, boulevard du Palais. Sous la voûte d'entrée, en face du grand escalier de droite qui conduit aux appartements du Préfet, le sol s'effondra sur une largeur de plusieurs mètres ; des pavés et des fragments de pierres furent projetés de toutes parts et à une hauteur telle que quelques-uns allèrent tomber sur la corniche qui sert d'entablement aux fenêtres du 3e étage.

Chaudot, qui se trouvait de planton dans le vestibule au moment de l'explosion, fut retrouvé sous les décombres. Il avait une énorme blessure à la tête et une jambe affreusement mutilée.

Décédé le 2 octobre suivant, à l'Hôtel-Dieu, où il avait été immédiatement transporté.

1884

Lorentz NICOLAS, né à Osthoffen (Bas-Rhin), le 6 décembre 1840. 12 ans de services militaires.

Gardien de la paix au 12e arrondissement depuis le 1er mars 1875.

Le 1er février 1884, vers 6 heures du soir, à la gare de Bercy, en traversant, pour prendre son service, des voies de croisement dans une obscurité complète, Lorentz fut renversé par la locomotive d'un train de marchandises en manœuvre, et tué sur le coup.

Viguier FÉLIX-MARIE-ÉLISABETH-RAYMOND, né à Brignemont (Haute-Garonne), le 16 août 1847.

5 ans de services militaires (du 21 novembre 1864 au 21 novembre 1869). Rappelé le 14 juillet 1870, il fut libéré le 23 juillet 1871, comme sous-officier. Prit part à la défense de Strasbourg et fut fait prisonnier. Interné à Mayence pendant sa captivité.

Entré à la Préfecture de Police le 1er mai 1874, comme secrétaire suppléant près les commissariats de police de Paris, il fut successivement, du 1er décembre suivant au 11 février 1877, attaché en qualité de secrétaire titulaire aux commissariats de police de Saint-Denis et de Sceaux. Il occupa ensuite les mêmes fonctions aux commissariats des quartiers du faubourg du Roule et des Halles (1), et fut nommé, le 1er septembre 1883, officier de paix du 2e arrondissement.

Le 18 mars 1884, MM. Brissaud, commissaire de police, Viguier et Grillières, officiers de paix, Hermann, sergent-major des sapeurs-pompiers et Matte, propriétaire du restaurant « L'Écrevisse », 291, rue Saint-Denis, descendirent, vers 3 heures de l'après-midi, dans les caves de cet immeuble pour rechercher les causes d'une explosion qui s'était produite, le matin, dans le sous-sol d'une maison voisine, sise boulevard Bonne-Nouvelle, 31.

Au cours de cette visite, une nouvelle explosion se produisit, terrible cette fois et qui jeta l'épouvante dans le quartier. En un instant, les caves et l'intérieur du restaurant ne présentèrent plus qu'un amas de décombres : les vitres volèrent en éclats et le mobilier qui garnis-

(1) Le 21 octobre 1882, alors qu'il était secrétaire au commissariat des Halles, M. Viguier, en l'absence du commissaire de police, se rendit avec un inspecteur dans un débit de vins de la rue Saint-Denis où s'était réfugié un souteneur qui avait frappé un employé de commerce, et arrêta ce dangereux agresseur, aux applaudissements de la foule massée devant la maison.
A cette occasion, le Préfet de Police lui adressa le témoignage de satisfaction suivant :
« Monsieur, je suis informé que le 21 octobre dernier, vous avez fait preuve de zèle et d'énergie en procédant à l'arrestation d'un malfaiteur qui, après avoir assailli et renversé un passant, s'était réfugié dans un débit de vins, rue Saint-Denis, n° 31.
« Je vous adresse mes félicitations pour votre conduite en cette circonstance.
« Recevez, Monsieur, l'assurance de ma parfaite considération.
« Le Préfet de Police,
« CAMESCASSE. »

sait le magasin fut, ainsi que la devanture, projeté à l'extérieur.

MM. Viguier et Hermann furent tués et MM. Brissaud, Grillières et Matte, grièvement blessés. Il y eut, en outre, 18 autres personnes atteintes (1).

Les funérailles de ces deux malheureuses victimes furent faites aux frais de la Ville de Paris. Le cortège (2) se réunit à la Préfecture de Police où, sous le porche de la rue de la Cité transformé en chapelle ardente, avaient été exposés les cercueils de MM. Viguier et Hermann. Après la cérémonie à Notre-Dame, l'inhumation eut lieu au cimetière du Montparnasse : le sergent-major Hermann fut déposé dans le caveau des sapeurs-pompiers de la Ville de Paris morts au feu, et on donna une sépulture provisoire aux restes de l'officier de paix Viguier, en attendant l'érection d'un monument destiné aux agents de la police municipale tombés victimes du devoir (3).

Au cimetière, M. Mathé, Président du Conseil municipal, prit le premier la parole. Voici un extrait de son discours :

Messieurs,

En accompagnant à leur dernière demeure, les malheureuses victimes de la rue Saint-Denis, le Conseil municipal de Paris a voulu rendre un éclatant hommage à la mémoire de ces braves citoyens qui, toujours au péril, rarement à l'honneur, sacrifient leur existence au salut de leurs semblables. Espérons que malgré leur grave situation, nous n'aurons pas d'autre perte à déplorer parmi nos sympathiques blessés.

Permettez-moi, Messieurs, de ne pas séparer dans le témoignage d'estime et d'admiration que je viens apporter ici, les deux hommes qui vont bientôt avoir

---

(1) Le syndicat de la presse parisienne organisa des représentations au profit des victimes.

(2) Ces funérailles eurent lieu le 22 mars, au milieu d'un grand concours de population.

Les deux frères de M. Viguier et le père du sergent-major Hermann conduisaient le deuil. Outre les délégations de l'armée, de la garde républicaine, des sapeurs-pompiers et de la Préfecture de police, on remarquait dans le cortège : le commandant Fayet, représentant le Président de la République ; M. Brisson, président de la Chambre des Députés ; M. Waldeck-Rousseau, ministre de l'Intérieur ; le général Lecointe, gouverneur de Paris ; le général Thomas, commandant la place ; le commandant Gadaud, représentant le ministre de la Marine ; le général Pelissier, questeur du Sénat, le président de la Cour de Cassation, des sénateurs, des députés, le Conseil municipal au grand complet, les maires de Paris, etc., etc.

(3) Comme nous le verrons dans le chapitre suivant, le Conseil municipal vota la construction de ce monument, en même temps que le crédit demandé pour les funérailles de MM. Viguier et Hermann.

le même lieu de repos; tous les deux, ils étaient jeunes, courageux, aimés, et sont morts, sur le même champ de bataille.

Sans souci des honneurs, préoccupés uniquement du devoir à accomplir, ils affrontaient hardiment le danger; et lorsqu'ils étaient parvenus à conjurer le fléau dévastateur ou à sauver quelques-uns de leurs concitoyens, ils se trouvaient largement récompensés.

Détachons aussi ce passage du discours de M. Camescasse, Préfet de Police :

Viguier, frappé en pleine jeunesse, en pleine force, au début de sa carrière, était entouré de l'affection de ses soldats et de ses chefs.

Vif, ardent même, mais bon et de bonne humeur, il s'était bien vite fait apprécier par ses hommes. Sachant commander, il les dirigeait dans les circonstances difficiles avec un remarquable entrain, mais sans rien perdre de son sang-froid.

On sentait que les gardiens de la paix du 2e arrondissement avaient confiance dans ce nouveau venu qui savait à la fois se faire obéir et se faire aimer. Aussi leur douleur est-elle profonde.

Quel plus bel éloge pourrait-on faire de lui?

Dans cette fatale journée, il avait à ses côtés, Brissaud (1) et Grillières grièvement blessés.

Ils ont droit aux mêmes sympathies, à la même reconnaissance.

A son tour, M. Levasseur, maire du 2e arrondissement, prononça les paroles suivantes :

Messieurs,

C'est au nom de la municipalité du 2e arrondissement, et je puis dire au nom de la population tout entière de cet arrondissement, si douloureusement émue, comme tout Paris d'ailleurs, de l'affreuse catastrophe, que je viens apporter ici un témoignage de regret, de sympathie et d'estime pour ceux qui sont morts dans l'accomplissement d'un devoir professionnel.

Nous connaissions à peine depuis quelques mois ce malheureux officier de paix et déjà nous avions remarqué les qualités sérieuses et solides qui lui avaient valu cet avancement. Sous des dehors modestes, il avait un caractère viril et résolu; c'est un homme qui ne devait pas craindre d'affronter le danger, ni même d'exposer sa vie, et il l'a bien prouvé.

Si, dans ces malheurs publics, il y a une consolation, c'est la pensée qu'un grand devoir a été noblement et généreusement accompli; il y a là un exemple à méditer pour tous et que nous devons être prêts à suivre si l'occasion l'exigeait.

Disons un dernier adieu à ces courageux citoyens, qui, comme le soldat sur le champ de bataille, sont, eux aussi, morts au champ d'honneur.

Adieu!

(1) M. Brissaud fut nommé chevalier de la Légion d'honneur.

Geneslay Louis-Marie, né à Congé-sur-Orne (Sarthe), le 5 mars 1856.

Ancien soldat au 26° régiment d'artillerie.

Gardien de la paix depuis le 19 juillet 1883.

Décédé le 10 novembre 1884, après un séjour d'un mois et demi à l'hôpital de la Charité, des suites du choléra contracté dans l'exercice de ses fonctions.

.˙.

Lebeault Louis-Marie, né à Druy (Nièvre), le 16 mai 1850.

Engagé volontaire au 1er régiment de chasseurs d'Afrique le 14 avril 1869, il fut renvoyé dans ses foyers, à la mort de son père, le 7 juin 1873.

Nommé, le 1er septembre 1875, gardien de la paix au 12° arrondissement. — Avait arrêté le 25 mars 1882, avenue Daumesnil, un cheval qui courait à fond de train vers la place de la Bastille.

Pendant l'épidémie cholérique de 1884, détaché provisoirement au commissariat de police du quartier des Quinze-Vingts, Lebeault fut chargé d'accompagner le maire du 12° arrondissement et le commissaire de police, M. Cotton d'Englesqueville, auprès des malades qu'ils visitaient.

Il remplit sa mission avec le plus grand courage; et un soir, après avoir porté dans ses bras un cholérique arrivé à la dernière période de la maladie, il ressentit les premières atteintes du fléau. Il mourut le lendemain, 11 novembre 1884.

.˙.

Mortal Constant-Augustin, né à Rozelieures (Meurthe-et-Moselle), le 4 juin 1854.

Ancien caporal au 116° régiment d'infanterie.

Gardien de la paix depuis le 16 décembre 1879.

Atteint du choléra dans l'exercice de ses fonctions, il fut transporté le 12 novembre 1884, à l'hôpital Lariboisière, où il expira le lendemain.

1885

Hue Josephe-Armand, né à Goupillières (Eure), le 17 décembre 1850.

Avait servi comme engagé volontaire au 41ᵉ régiment de ligne pendant la guerre de 1870-71.

Entré au corps des gardiens de la paix en avril 1875, il faisait partie de la brigade du 19ᵉ arrondissement. — Actes de courage et de dévouement : six arrestations de chevaux emportés et capture d'un ouvrier parqueteur qui, le 11 mars 1881, frappait une femme, sur le boulevard de la Villette. Aux cris « à l'assassin » poussés par cette dernière, Hue accourut à son secours et reçut, en voulant s'emparer du forcené, un coup de couteau qui fut amorti par la plaque du ceinturon.

Médailles de 1ʳᵉ et de 2ᵉ classe, en argent.

Le 7 avril 1885, rue Labois-Rouillon, en prêtant main-forte à l'un de ses collègues pour mettre fin à une rixe entre plusieurs Italiens, il fut frappé de trois coups de poignard et eut l'épaule fracturée par un fond de bouteille. Il succomba le 8 mai suivant, aux suites de ces blessures.

.˙.

Carpier Jean-Marie-Julien, né à Pordic (Côtes-du-Nord), le 13 octobre 1853.

Engagé à 15 ans comme mousse, et libéré à 27 ans. Canonnier dans les équipages de la flotte pendant 3 ans et demi.

Gardien de la paix au 8ᵉ arrondissement depuis le 11 octobre 1881. — Actes de courage et de dévouement : sauvetage d'une femme qui s'était jetée dans la Seine, le 9 décembre 1881, en amont du pont de la Concorde ; trois arrestations de chevaux emportés.

Deux médailles d'honneur.

De service devant la grille du palais de l'Élysée, le 14 octobre 1885, Carpier fut mordu au poignet gauche par un chien dont il venait de s'emparer et qui fut aussitôt conduit à la fourrière.

Pansé dans une pharmacie voisine, ce malheureux agent fut admis de suite à l'hôpital Beaujon.

Il mourut d'hydrophobie le 18 novembre suivant.

1887

Boisselin JEAN-BAPTISTE-THÉODORE-XAVIER, né à Froissy (Oise), le 30 août 1855.

Ancien soldat au 9° escadron du train des équipages.

Nommé gardien de la paix au 18° arrondissement le 11 juin 1885.

Dans la nuit du 9 au 10 mai 1887, boulevard de la Chapelle, à l'angle de la rue Pajol, Boisselin et deux de ses camarades en bourgeois, accourus au bruit que faisaient plusieurs Italiens qui se querellaient, furent entourés et frappés à coups de couteau par ces derniers.

Boisselin réussit à s'emparer d'un revolver dont le menaçait l'un de ses agresseurs et en déchargea les six coups sur les Italiens qui prirent la fuite.

Mortellement atteint au bas-ventre, il fut sur-le-champ transporté à Lariboisière où il ne survécut que quelques heures.

Inhumé dans le caveau des victimes du devoir au cimetière du Montparnasse (1).

1890

Thouvenin NICOLAS, né à Condé-Northen (Moselle), le 5 février 1851 (avait opté pour la nationalité française le 16 août 1872).

Ancien caporal du génie, il avait, à sa sortie du régiment, servi dans la compagnie de gendarmerie du département de la Marne.

Gardien de la paix au 14° arrondissement depuis le 11 juillet 1880.

Le 7 juin 1890, avenue du Maine, en prêtant main-forte à un

(1) On trouvera dans le chapitre suivant tous les renseignements relatifs aux obsèques des agents de la police municipale inhumés dans ce caveau.

de ses camarades aux prises avec un fou qui voulait se suicider, Thouvenin reçut au genou droit un violent coup de pied.

Deux jours après, une encéphalite aiguë se déclara, et il mourut le 19 juin.

Inhumé dans le caveau des victimes du devoir au cimetière du Montparnasse.

1892

Fomorin Étienne, né à la Rivière (Isère), le 10 juin 1849.

Ancien soldat du 2ᵉ régiment du génie, il avait ensuite appartenu à la compagnie de gendarmerie de la Drôme.

Nommé gardien de la paix le 16 novembre 1880, et sous-brigadier au 2ᵉ arrondissement le 6 avril 1892.

Une bombe de dynamite déposée, le 8 novembre 1892, au siège de la Société des mines de Carmaux, fut transportée aussitôt au commissariat de police, rue des Bons-Enfants, 21. Quelques instants après, cet engin éclatait et une partie de la maison était complètement dévastée.

Le corps du sous-brigadier Fomorin fut retrouvé sous les décombres, horriblement mutilé.

Inhumé dans le caveau des victimes du devoir au cimetière du Montparnasse.

Réaux Marc-Michel-Henri, né à Jonzac (Charente-Inférieure), le 25 avril 1864.

Quatre ans de service militaire. Engagé volontaire au 11ᵉ régiment de cuirassiers.

Gardien de la paix au 2ᵉ arrondissement depuis le 1ᵉʳ octobre 1889.

Comme Fomorin (1), Réaux trouva la mort dans la catastrophe de la rue des Bons-Enfants.

Inhumé dans le caveau des victimes du devoir au cimetière du Montparnasse.

---

(1) On sait qu'indépendamment de Fomorin et de Réaux, la catastrophe de la rue des Bons-En-

HÔTEL DU PRÉFET DE POLICE, BOULEVARD DU PALAIS.

À la suite des noms portés sur cette liste nécrologique (1), il nous faut mentionner ceux-ci :

Derest Charles-Auguste, officier de paix en retraite, détenu comme otage au Dépôt, à Mazas et à la Roquette, et massacré rue Haxo, le 26 mai 1871 ;

Humbert Jean-Pierre ;

Mertz Étienne ;

Sonnet Jean-Baptiste.

Ces trois sergents de ville retraités ont été, comme M. Derest, arrêtés pendant la Commune, à raison de leurs anciennes fonctions (2).

Parmi les morts de 1870-71, on trouve également les douze gardiens de la paix dont les noms suivent :

1. **Frêne** Pierre-Octave, décédé le 28 octobre 1870.

2. **Vernet** Augustin-Claude, décédé le 7 novembre 1870.

3. **Roppe** Jules-Aimé, décédé le 25 novembre 1870.

4. **Flament** Jean-Pierre, décédé le 29 novembre 1870.

fants fit trois autres victimes : Pousset, secrétaire du commissariat du Palais-Royal ; Troutot, inspecteur, et Garin, garçon de bureau à la Société des mines de Carmaux.

(1) Voici, d'autre part, la liste des employés de la Préfecture de Police n'appartenant pas au corps des gardiens de la paix, qui sont morts victimes du devoir :

1. **Buffet**, *inspecteur de police*, tué lors de l'arrestation de Georges Cadoudal, en 1804.
2. **De Gournay d'Arnouville**, *commissaire de police du quartier du Marais*, tué le 5 juin 1832, au cours des manifestations qui se produisirent à l'occasion des obsèques du général Lamarque.
3. **Regouby** Louis Pellerin, *inspecteur des égouts et de la salubrité*, mort asphyxié le 17 juin 1840.
4. **Mourot** Alfred-Étienne, *inspecteur au service de sûreté*, mortellement blessé le 14 février 1870, par E. Mégy, accusé de participation à un complot contre le gouvernement impérial.
5. **Vincensini** Bernardez, *sous-brigadier au service de sûreté*, assassiné le 26 février 1871, non loin de la place de la Bastille, où il avait été arrêté dans un moment d'effervescence populaire (voir à la page 319 le récit de cette mort qui est bien celle d'un vrai martyr).
6. **Charles**, dit Chaulier, *commis principal au 3e bureau de la 1re division*, tué le 25 mai 1871, place de la Roquette, alors qu'il s'échappait du dépôt des condamnés, où la Commune l'avait fait incarcérer comme otage.
7. **Delabre** Charles-Jean-Baptiste, *inspecteur au commissariat de police du quartier de la Villette*, assassiné dans la soirée du 19 octobre 1878, en procédant à des recherches pour découvrir les auteurs d'un vol.
8. **Rongeat** Alfred-Arsène, *inspecteur au service de sûreté*, décédé le 8 mai 1881, des suites de blessures reçues en arrêtant un voleur devant les magasins du Louvre.
9. **Pousset** Henri-Louis-Justin, *secrétaire du commissaire de police du Palais-Royal*, tué le 8 novembre 1892, par l'explosion d'une bombe de dynamite transportée dans les bureaux de ce commissariat, rue des Bons-Enfants, 21.
10. **Troutot** Charles-François, *inspecteur au commissariat de police du quartier du Palais-Royal*, tué le 8 novembre 1892, dans la même catastrophe que le précédent.
11. **Colson** Alfred-Eugène-Aimé, *sous-brigadier au service de sûreté*, mortellement frappé d'un coup de couteau par un malfaiteur dont il avait voulu s'emparer dans le bureau de poste de la rue Étienne-Dolet. Décédé le 30 novembre 1893, à l'hôpital Tenon.

En ces derniers temps, les services de la banlieue ont été éprouvés par la mort du sergent de ville Lucas, assassiné à Courbevoie dans l'exercice de ses fonctions, et par celle du sieur Plessix, gardien de la maison de Nanterre, décédé victime du devoir professionnel.

(2) Voir à la page 311 les circonstances dans lesquelles ils ont succombé.

5. **Lorenzi** Damien, décédé le 7 décembre 1870.

6. **Angelot** Nicolas, décédé le 13 janvier 1871.

7. **Petit** Louis-Auguste, décédé le 13 janvier 1871.

8. **Portrait** Jean-Ferdinand, décédé le 25 janvier 1871.

9. **Chailland** Henri, décédé le 15 février 1871.

10. **Fréon** Louis-Gatien, décédé le 19 février 1871.

11. **Massot** Léon-Julien, décédé le 16 avril 1871.

12. **Dessez** Christophe-Georges, décédé le 27 avril 1871.

Tous ces décès sont antérieurs à l'incendie qui a détruit les archives de la Préfecture de Police en 1871, et l'on n'a pu relever aucune indication, à leur sujet, au Ministère de la Guerre. On sait, toutefois, que ces agents appartenaient aux compagnies mobilisées de service aux avant-postes et qu'ils sont morts des suites de maladies contractées pendant le siège de Paris.

Il est inutile de rappeler ici les fatigues et les dangers auxquels furent alors exposés les gardiens de la paix. Disons seulement qu'ils prirent une part très active à la défense de la capitale et que le courage et l'endurance dont ils firent preuve en ces jours de péril leur valurent les éloges des généraux, des amiraux et des officiers de tous grades sous les ordres desquels ils avaient servi.

En récompense de leur participation à la défense nationale et des services rendus pendant le second siège, le Gouvernement accorda à un certain nombre d'entre eux des distinctions honorifiques. En voici la liste (1) :

LÉGION D'HONNEUR

Officier.

Décret du 8 août 1871.

Ansart (2) Sélim-Hippolyte, *chef de la Police municipale*, chevalier du 13 août 1867, 23 ans de service effectif.

---

(1) Nous rapportons, tels qu'ils figurent au *Journal officiel*, les renseignements relatifs à ces récompenses.

(2) A l'exception de cette croix d'officier, toutes les nominations dans la Légion d'honneur furent faites au titre militaire.

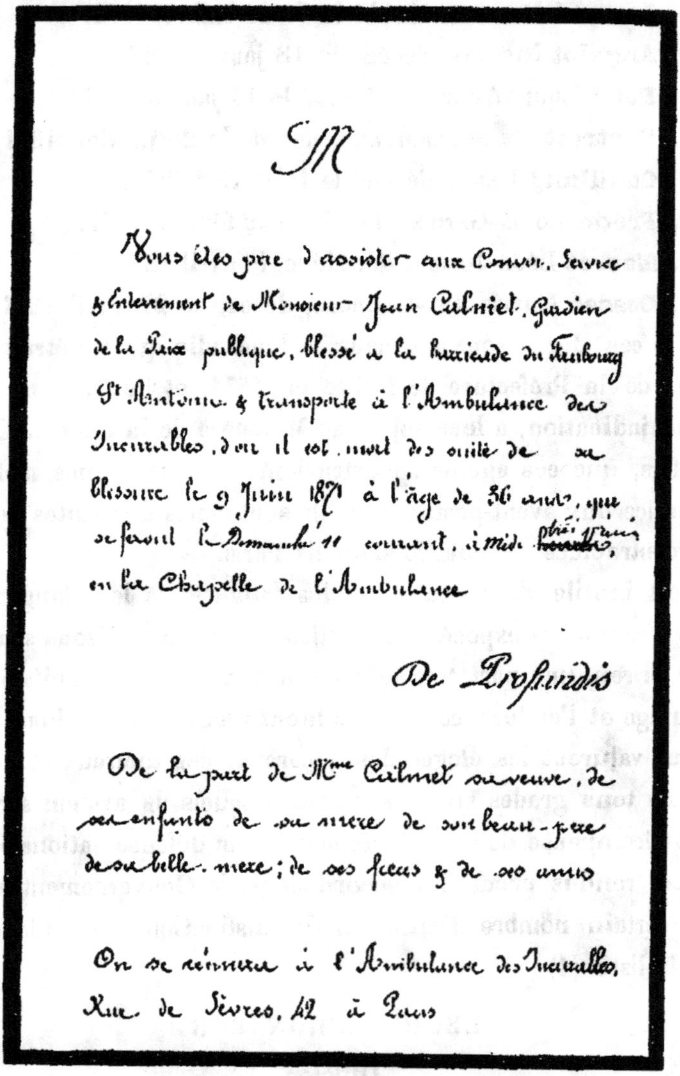

$\mathcal{M}$

Vous êtes prié d'assister aux Convoi, Service & Enterrement de Monsieur Jean Calmet, Gardien de la Paix publique, blessé à la barricade du Faubourg St Antoine & transporté à l'Ambulance des Incurables, dont il est mort des suites de sa blessure le 9 Juin 1871 à l'âge de 36 ans, qui se feront le Dimanche 11 courant, à midi précis, en la Chapelle de l'Ambulance

De Profundis

De la part de Mme Calmet sa veuve, de ses enfants de sa mère de son beau-père de sa belle-mère; de ses frères & de ses amis

On se réunira à l'Ambulance des Invalides, Rue de Sèvres, 42 à Paris

Billet de faire part du gardien de la paix Calmet.

Chevaliers.

Décret du 16 janvier 1871.

1. PICON Jean-Pascal-Léopold, *capitaine*, 12 ans de service effectif, 1 campagne, 1 blessure.

Décret du 25 janvier 1871.

2. MICHAUT, *capitaine*, 1 blessure.

Décret du 7 février 1871.

3. DUFOUR, *capitaine*, services de guerre, blessé à Vanves.
4. ROUSSEAU Jean-Jacques, *capitaine*, 2 campagnes, services de guerre.
5. VANELLE Alfred-Joseph, *lieutenant*, 7 ans de service effectif, 1 campagne.

Décret du 14 avril 1871.

6. LECLERC Eugène, *capitaine*, 16 ans de service effectif.
7. DE BEAUVAIS Eugène, *capitaine*, 18 ans de service effectif.

Décret du 24 juin 1871.

8. MORAUX Jacques-Joseph, *lieutenant.*
9. DÈCLE Nicolas-Clovis, *sergent.*
10. GAUDRY Pierre, *caporal.*

Décret du 15 juillet 1871 (1).

11. ROCHUT, *capitaine* (2).

Décret du 8 août 1871.

12. VASSAL Ernest, *commandant de bataillon*, 24 ans de service effectif.
13. ROBERT Nicolas, *sergent*, 24 ans de service effectif, 1 blessure.
14. DURAND Joseph-Eugène, *caporal*, 18 ans de service effectif, 8 blessures.

---

(1) Par décret du même jour, M. Duret Émile-Charles, commissaire de police de la ville de Paris, fut nommé chevalier de la Légion d'honneur pour services rendus pendant le siège.

(2) Sur la proposition de M. Rochut, plusieurs gardiens de la paix mobilisés furent décorés de la médaille militaire.

Voici la lettre qui nous a été communiquée par cet ancien fonctionnaire :

ARMÉE DE RÉSERVE

3e DIVISION.

Saint-Cloud, 1er juillet 1871.

    Mon cher Capitaine,

Mon intention est d'appeler à nouveau la bienveillante attention du Général en chef sur la proposition que j'avais faite en votre faveur ainsi que pour plusieurs gardiens de la paix sous vos ordres, que je regrette vivement de n'avoir vus dans le dernier travail de récompense.

Je vous prie, en conséquence, de m'adresser, *par le retour du planton*, un état des gardiens qui vous paraîtraient plus particulièrement dignes de figurer dans ce nouveau travail; mais, afin même de donner plus de valeur à ces propositions, je vous recommande de les restreindre le plus possible , au chiffre de cinq ou six au plus, par exemple, en n'y comprenant que des candidats qui vous paraîtraient avoir des titres réellement incontestables à une récompense.

Recevez, mon cher Capitaine, l'assurance de mes sentiments affectueux.

Le Général commandant la 3e division.

                        Par ordre :
                    Le Colonel chef d'État-major :
                            M. DUCROT.

A l'appui des propositions pour vos gardiens, vous devrez citer les faits qui les recommandent plus particulièrement.

Le gardien de la paix Brotel-Citras, auquel M. Rochut avait fait obtenir la médaille des braves, lui écrivit une lettre touchante.

Il remerciait, dans les termes les plus respectueux, son ancien capitaine et lui jurait une reconnaissance éternelle au nom de tous les siens.

Décret du 16 mars 1872.

15. Oyon Barthélemy-Louis-Nicolas, *capitaine au 3ᵉ bataillon*, 14 ans de service effectif, 6 campagnes.

MÉDAILLES MILITAIRES

Décret du 23 janvier 1871.

1. Barthélemy, *gardien*, 1 blessure (2ᵉ compagnie).
2. Brothier, *gardien*, 1 blessure (2ᵉ compagnie).
3. Fossel, *gardien*, 2 blessures (5ᵉ compagnie).
4. Lacroix, *gardien*, 1 blessure (5ᵉ compagnie).
5. Walck, *gardien*, 1 blessure (15ᵉ compagnie).
6. Arnold, *gardien*, 1 blessure (17ᵉ compagnie).

Décret du 7 février 1871.

7. Vincent François, *maréchal des logis*, 14 ans de service effectif, 2 campagnes.
8. Demailly, *fourrier*.
9. Thibon François-Marie, *gardien*.
10. Mazoselli François-Marie, *gardien*.
11. Saulnier, *gardien*.
12. Obry Jean-Nicolas, *gardien*.
13. Rebourg Claude-Louis-Philippe-Achille, *gardien*, 13 ans de service effectif, 5 campagnes, 1 blessure.
14. Girard Féréol-Eugène, *brigadier*, 7 ans de service effectif, 1 campagne.

Décret du 14 avril 1871.

15. Gélinotte Jean-Claude, *lieutenant*, 27 ans de service effectif, 1 campagne.
16. Deux Jean-François, *sous-lieutenant*, 25 ans de service effectif.
17. Lecrit Flore-Augustin, *sergent*, 23 ans de service effectif, 2 campagnes.
18. Jarlier Jean, *sergent*, 23 ans de service effectif.
19. Lefèvre Auguste-Hippolyte, *sergent*, 23 ans de service effectif.
20. Kritter Léon, *gardien*, 22 ans de service effectif.
21. Delan Alexandre, *gardien*, 20 ans de service effectif, 4 campagnes.
22. Remion Nicolas-Célestin, *gardien*, 12 ans de service effectif.
23. Vergnes Joseph, *gardien*, 11 ans de service effectif.
24. Vallez Pierre-François, *gardien*, 20 ans de service, 2 campagnes, une blessure.
25. Freulon Adrien-Pierre, *gardien*, 17 ans de service effectif, 2 campagnes, 2 blessures.
26. Roxin (1) Nicolas-François, *gardien*, 6 ans de service effectif.
27. Royer Louis, *gardien*, 18 ans de service effectif, 1 campagne.
28. Helmstetter Frédéric, *gardien*, 18 ans de service effectif, 1 campagne.
29. Bizard Eugène-Jules, *gardien*, 11 ans de service effectif.

(1) Ce nom s'écrit Roexin.

Décret du 15 juillet 1871.

30. Poulin, *lieutenant.*
31. César, *sergent.*
32. Sommer, *sergent, chef de détachement.*
33. Michel Joseph-Charles, *chef de détachement.*
34. Neubauer François-Michel, *sous-chef de détachement.*
35. Plumecoq Pierre-Joseph, *sous-chef de détachement.*
36. Barthe Jean, *sous-chef de détachement.*
37. Kerlach Pierre-Louis, *caporal-instructeur.*
38. Maurel François, *gardien.*
39. Sicard, *gardien.*
40. Gorget,   id.
41. Delhomme, id.
42. Barron,   id.

Décret du 27 juillet 1871.

43. Boucheron, *sergent.*
44. Gantois,   id.
45. Saint-Martin Jean-Bertrand. *gardien.*
46. Delié Nicolas,   id.
47. Niel Auguste,   id.
48. Née Auguste,   id.
49. Gacon Joseph,   id.
50. Brotel-Cithas,   id.
51. Ménagé,   id.
52. Leroy,   id.
53. Alizon,   id.

Décret du 8 août 1871.

54. d'Herdommée Louis-Constant, *sous-lieutenant,* 26 ans de service effectif.
55. Dauvergne Michel-Alphonse, *caporal,* 17 ans de service. 1 blessure.
56. Dalet Justin-Bertrand, *gardien,* 15 ans de service, 1 campagne.
57. Brodhaagh Jean-Baptiste, *gardien,* 15 ans de service, 1 campagne.
58. Carpentier Jean-Baptiste, *gardien,* 18 ans de service, 1 campagne.
59. Vuillaume Balthazar, *gardien,* 18 ans de service, 3 campagnes.
60. Eynard-Guy Joseph, *gardien,* 22 ans de service, 3 blessures.
61. Rapenne Charles-Auguste, *gardien,* 9 ans de service effectif.
62. Vincent Joseph, *gardien,* 16 ans de service effectif.
63. Zuccarelli André, *gardien,* 15 ans de service effectif.

Décret du 22 août 1871.

64. Faget Étienne-François, *gardien,* 14 ans de service, 2 campagnes.
65. Mathieu Hubert-Degois, *gardien,* 22 ans de service, 2 campagnes.

Décret du 2 septembre 1871.

66. Revel Gustave-Léopold-Louis, *lieutenant,* 22 ans de service effectif.

67. Ambroise Charles, *lieutenant,* 24 ans de service effectif.
68. Delaunoy Joseph-Edouard, *sergent,* 25 ans de service effectif, 1 contusion.
69. Truffandier Jean, *sergent,* 28 ans de service effectif.
70. Jacot Nicolas, *sergent-fourrier,* 19 ans de service effectif.
71. Goudard Joachim, *caporal,* 24 ans de service effectif.
72. Chevalier Édouard-Athanase, *caporal,* 17 ans de service effectif.
73. Ducornet Victor, *gardien,* 16 ans de service effectif.
74. Plinguier Auguste, *gardien,* 10 ans de service effectif.
75. Simonot Edme-Auguste, *gardien,* 18 ans de service effectif.

Décret du 16 mars 1872.

76. Dagron Armand-Robert, *sous-chef de section,* faisant fonctions de sous-lieutenant aux compagnies mobilisées, 24 ans de service effectif, 2 campagnes.
77. Bedeau François-René, *caporal,* 19 ans de service effectif, 2 campagnes.
78. Thellier Charles-Benoît-Alexandre, *caporal,* 21 ans de service effectif, 2 campagnes.
79. Tomasine Dominique, *caporal,* 23 ans de service effectif, 2 campagnes.
80. Richier Théophile, *gardien,* 21 ans de service, 6 campagnes, 2 blessures.
81. Hautin Louis-Étienne, *gardien,* 13 ans de service, 9 campagnes.
82. Graux Pierre-Nicolas, *gardien,* 16 ans de service effectif, 3 campagnes, 4 blessures.
83. Dessenon Nicolas, *gardien,* 18 ans de service effectif, 2 campagnes.
84. Gueusquin Eugène, *gardien,* 10 ans de service effectif, 2 campagnes.
85. Jouve Jean, *gardien,* 18 ans de service effectif, 2 campagnes.
86. Metzger Nicolas, *gardien,* 18 ans de service effectif, 2 campagnes.
87. Lacaque Jean-Baptiste, *gardien,* 20 ans de service effectif, 2 campagnes.
88. Faes Charles-François, *gardien,* 1 blessure.
89. Bouverot Michel, *gardien,* 11 ans de service effectif.
90. Fritsch Louis, *gardien,* 20 ans de service effectif, 2 campagnes, 1 blessure.
91. Delville Marcel-Édouard, *gardien,* 27 ans de service effectif, 4 campagnes.

Décret du 20 juin 1872.

92. Domercq Samuel, *lieutenant,* 23 ans de service effectif, 1 campagne.
93. Sentenac Jacques-Cazot, 23 ans de service effectif, 1 campagne.
94. Jeannoutot Claude-Hébert, *sergent,* 23 ans de service effectif, 1 campagne.
95. Fournier Augustin, *sergent,* 23 ans de service effectif, 1 campagne.
96. Michaux Louis-Alexandre, *gardien,* 16 ans de service effectif, 1 campagne.
97. Kontzler Nicolas, *gardien,* 20 ans de service effectif, 2 campagnes.

A l'exception du sous-brigadier Roexin, tué, le 16 août 1880, dans l'exercice de ses fonctions, tous ceux que nous venons de nommer n'appartiennent plus depuis longtemps à l'Administration. D'ailleurs, il en est de la liste des décorés comme de celle des décédés, elle ne

mentionne pas les noms de tous les braves qui firent alors si courageusement leur devoir.

Combien sont morts dont le dévouement restera toujours ignoré ?
Leur trace est à jamais perdue, et leur tombe n'a peut-être pas eu « les
pleurs des parents ou des amis les plus étroitement attachés » (1).
Puisque nous ne pouvons tirer de l'oubli les noms de toutes les victimes de cette époque néfaste, adressons ici un hommage respectueux à leur mémoire.

Le corps des gardiens de la paix eut de nombreux blessés pendant
les deux sièges, et nous sommes heureux de pouvoir dire que la plupart d'entre eux furent jugés dignes de figurer sur l'état des récompenses rapporté plus haut.

Quelques gardiens de la paix des compagnies mobilisées de 1870-71
sont encore dans les rangs de la police municipale. Nous retrouvons
leurs noms dans les colonnes des journaux parus le lendemain du
vingt-cinquième anniversaire du combat de Bagneux (13 octobre 1870).

A cette occasion, en effet, M. Lépine, le Préfet de Police actuel,
qui est lui-même ancien combattant de 1870 (2), a fait dresser la
liste que nous donnons au bas de cette page (3). On y lit le nom de
M. Toquenne, commissaire de police du quartier de l'École militaire,
et ceux de tous les agents, encore en fonctions, qui ont servi aux
avant-postes sous les murs de Paris.

---

(1) Paroles prononcées par M. Poubelle, le 21 juin 1895, à Courbevoie, et que nous avons
rapportées au commencement de ce chapitre.

(2) Comme son collègue M. Poubelle, M. Lépine est médaillé militaire depuis la guerre
franco-allemande.

(3) Voici les noms de ces anciens combattants :

           Toquenne, commissaire de police du quartier de l'École militaire.
2ᵉ arrond. Cagnon, gardien de la paix.
4ᵉ arrond. Boisseau Pierre, gardien de la paix. — Tonnelier Jean, gardien de la paix.
5ᵉ arrond. Nespoulous, secrétaire au poste central.
6ᵉ arrond. Bignon, brigadier. — Staub, gardien de la paix.
8ᵉ arrond. Thouvenin, sous-brigadier. — Vincent, gardien de la paix. — Guyot, gardien de la paix.
9ᵉ arrond. Liotard, brigadier. — Isaurat, gardien de la paix.
13ᵉ arrond. Nicolas, gardien de la paix.
14ᵉ arrond. Percheron, gardien de la paix. — Guilloteau, gardien de la paix. — Millauchaut, gardien
           de la paix.
16ᵉ arrond. Renson, gardien de la paix. — Laplanche, gardien de la paix.
19ᵉ arrond. Alba, sous-brigadier. — Jouard, gardien de la paix.
3ᵉ Cⁱᵉ de réserve. Robert, inspecteur principal. — Haas, brigadier.
4ᵉ Cⁱᵉ de réserve. Cordet, gardien de la paix.
Police municipale. Fraisse, garçon de bureau.

Les Victimes du Devoir, Tableau de M. Ed. Detaille.

M. Toquenne, qui, durant le siége, était officier de paix ou plutôt capitaine d'une compagnie de gardiens de la paix mobilisés, s'est rendu à Bagneux, le dimanche 13 octobre 1895, à la tête de la délégation envoyée par M. Lépine.

A leur arrivée à Bagneux, M. Toquenne et les gardiens de la paix ont été reçus par la municipalité, et M. Dervieux, maire de cette localité, leur a souhaité la bienvenue. Place du commandant Dampierre, où s'élève le monument commémoratif, ils ont eu les honneurs du premier rang pendant la cérémonie. Les éloges ne leur ont pas été ménagés par les orateurs, notamment par MM. Pétrot et Paulin-Méry, députés, qui se sont fait un devoir de reconnaître les services rendus par les agents de police, et le courage dont ils ont fait preuve pendant la guerre de 1870.

Avant de quitter le monument, M. Toquenne a pris la parole en ces termes :

Messieurs et chers camarades,

Après les paroles éloquentes que vous venez d'entendre, permettez à un modeste défenseur de l'ordre de rappeler la part prise par ses camarades aux combats dont vous célébrez aujourd'hui le glorieux anniversaire.

M. le Préfet de Police a bien voulu se souvenir qu'en 1870 un groupe nombreux de gardiens de la paix s'engagea volontairement pour concourir à la défense de la patrie menacée, et me déléguer avec quelques camarades pour représenter ici les survivants de cette terrible époque.

M. le général Vinoy reconnut qu'en cette lutte, qui coûta la vie à un de leurs officiers et à plusieurs d'entre eux, les gardiens de la paix firent leur devoir. Il nous cita à l'ordre du jour de l'armée.

Je suis donc venu saluer avec vous tous, Messieurs, la mémoire du vaillant Dampierre qui a donné sa vie à la patrie et à la République, et je tiens à affirmer ici qu'en cas de nouveaux périls, on nous trouvera prêts à imiter son glorieux exemple.

Au nom des gardiens de la paix morts pour la France, au nom de ceux qui survivent et sauraient encore faire leur devoir, je rends un profond hommage à la grande mémoire du commandant Dampierre.

Le lendemain de cette cérémonie, M. le Préfet de Police a adressé à M. Toquenne une lettre autographe de félicitations, dont nous croyons devoir donner le texte :

PRÉFECTURE
DE
POLICE
CABINET DU PRÉFET.

RÉPUBLIQUE FRANÇAISE

14 octobre.

Monsieur,

Vous vous êtes acquitté avec tact et distinction de la mission que je vous avais donnée.

Vous avez tenu le langage qui convenait dans cette circonstance. J'en suis extrêmement satisfait et je vous en remercie.

Agréez mes cordiales félicitations.

L. LÉPINE.

Monsieur Toquenne,
Commissaire de Police du quartier de l'École militaire.

Quelques jours plus tard, M. Toquenne a été élevé à la première classe de son grade.

A côté de ces souvenirs militaires, bien faits pour enorgueillir le corps des gardiens de la paix, il faut placer les actes de courage et de dévouement accomplis par ces agents dans l'exercice ordinaire de leurs fonctions.

Au cours de leur service, ils sont fréquemment appelés à porter aide et assistance à leurs concitoyens, et à exposer leur vie sur un champ de bataille plus dangereux, peut-être, que celui de la guerre.

M. Charles Virmaitre (1) s'exprime ainsi en parlant des sentiments d'hostilité dont les gardiens de la paix sont l'objet de la part de la foule (2):

Elle (la foule) ne sait donc pas, dit-il, que ces agents sont pour la plupart d'anciens militaires; qu'il faut, pour qu'ils puissent porter cet uniforme qui produit sur leur esprit le même effet que le rouge sur le taureau; qu'il faut, dis-je, qu'ils aient un dossier absolument vierge de condamnations, qu'ils sont maintenus sous un joug de fer et soumis à une discipline plus rigoureuse que dans n'importe quel régiment.

On rencontre les sergents de ville, les premiers au feu, rivalisant avec les pompiers; tous les jours, les journaux enregistrent, aux faits divers, des actes de sauvetage accomplis par eux : chevaux emportés maîtrisés, chiens enragés

(1) *Paris-Police*, par Charles Virmaitre; Paris, Dentu, 1886.
(2) Il est curieux de rapporter ici l'éloge que Vermorel a fait des sergents de ville dans un livre intitulé : *Mystères de la Police* (Paris, Lebigre, Duquesne, 1864). « Ils sont, dit-il, la protection du faible, la sauvegarde de l'ordre et la sentinelle du repos des honnêtes gens. »

tués, poursuites périlleuses de malfaiteurs sur les toits (1), plongeons dans la
Seine pour repêcher les malheureux qui tentent de se suicider; le public est

tellement habitué à lire le récit de ces
actes de dévouement, qu'il n'y fait plus
attention; il passe indifférent, sans songer que
l'homme qui risque ainsi sa vie, chaque jour,
chaque heure, est père de famille et qu'il l'oublie, parce que l'honneur de son uniforme lui
impose le devoir de sauver la vie des autres
sans songer à la sienne, ni aux siens !

Souvent, en revenant de soirée, au milieu de
la nuit, j'ai rencontré des sergents de ville,
marchant deux à deux, ou par quatre, suivant
les quartiers, impassibles sous les morsures
du froid, sous la neige, ou trempés jusqu'aux

(1) Voici, à ce sujet, un article que nous découpons
dans le supplément illustré du *Petit Parisien*, du
18 mars 1894 :

L'Arrestation d'un cambrioleur.

On sait que le *cambrioleur* est le voleur qui, en l'absence
des locataires, s'introduit dans les appartements ou les
chambres, afin de les dévaliser. S'il est surpris, au lieu de

Arrestation d'un cambrioleur.

descendre l'escalier, au bas duquel il serait infailliblement arrêté, il grimpe aux étages supérieurs et s'é-
vade par les toits. Souvent, il parvient ainsi à échapper aux poursuites.
Un rassemblement considérable s'était formé, ces jours derniers, vers sept heures du matin, rue des
Francs-Bourgeois; les passants, le nez en l'air, suivaient avec le plus vif intérêt les différentes péripéties
d'une véritable chasse à l'homme.
Voici ce qui s'était passé :
Deux cambrioleurs avaient pénétré dans un des immeubles qui entourent la place du marché des
Enfants-Rouges et étaient occupés à dévaliser, le plus tranquillement du monde, un appartement du
troisième étage, momentanément inhabité, lorsque le concierge surprit les malfaiteurs, qui prirent la
fuite vers les étages supérieurs. L'un d'eux réussit à s'enfuir, mais le second vint se jeter dans la porte
de la chambre habitée par un gardien de la paix, qui s'engagea à la poursuite du cambrioleur. Celui-ci

os par la pluie, trépignant philosophiquement dans la boue, renseignant avec empressement le passant attardé, le suivant des yeux et se précipitant au premier appel à son secours, s'il est attaqué; parfois la bande de rôdeurs est nombreuse, qu'importe à l'agent, il ne calcule pas le danger : c'est son devoir!

Parfois, quand le temps est trop mauvais, l'agent s'embusque sous une porte, de sa place il voit les fenêtres de la maison d'en face éclairées, éblouissantes de lumières, l'écho lui apporte les sons de la musique, et l'air les effluves du souper; il ne se plaint pas de cette inégalité du sort, qui fait que celui qui veille à la sécurité des autres grelotte de froid, quand ceux sur lesquels il veille s'amusent, boivent, chantent et dansent; tout à coup un cri retentit, troublant le silence de la nuit : à l'assassin, au secours; l'agent s'élance, il est entouré, assailli, il va succomber, les fenêtres s'ouvrent, quel est donc ce tapage, qui ose ainsi troubler le sommeil du bourgeois?

Ce n'est rien, dit quelqu'un : c'est un policier qui veut arrêter des malfaiteurs.

Voilà l'exposé complet du pénible service qui est le lot des gardiens de la paix. Dans les incendies, par exemple, leur rôle ne se borne pas toujours à écarter les curieux et à barrer les rues voisines; ils doivent très souvent faire preuve d'un réel dévouement. Au mois de juin 1866, MM. Bahout, commissaire de police, et Blavier, officier de paix du 19ᵉ arrondissement, furent nommés chevaliers de la Légion d'honneur (1), en récompense des services qu'ils avaient rendus, lors de l'explosion qui s'était produite le 29 mai précédent, dans les ateliers de M. Aubin, artificier, rue de Belleville, 30. On eut à déplorer dans cette catastrophe la mort d'un certain nombre d'ouvriers employés à la préparation des pièces d'artifice, et il fallut transporter sur-le-champ plus de quinze blessés aux hôpitaux Saint-Louis et Lariboisière.

La poudrière et un magasin en planches construit tout près de l'atelier renfermant des matières explosibles, furent préservés. On retrouva sous les décombres 17 cadavres affreusement carbonisés : 5 hommes et 12 femmes, dont une avec son enfant qu'elle avait mis

---

ayant grimpé sur le toit par une lucarne, l'agent l'y suivit, accompagné d'un de ses collègues qui avait été prévenu, et ne tarda pas à le rejoindre.

Le malfaiteur, sur le point d'être pris, sortit un couteau de sa poche et en menaça le gardien de la paix. Mais celui-ci ne se laissa pas intimider. Saisissant le revolver qu'il avait à la ceinture, il le braqua contre son adversaire.

Il y eut là une minute tragique, et des fenêtres des maisons voisines un grand nombre de personnes assistaient à ce duel d'un nouveau genre.

Enfin, comprenant que toute résistance lui était impossible, le malfaiteur jeta son couteau et se laissa arrêter.

C'est certainement un repris de justice; il a refusé de donner son nom; on suppose qu'on se trouve en présence d'un malfaiteur redoutable.

(1) Décret impérial du 20 juin 1866.

au monde au moment de la catastrophe. A ce sujet, *le Temps* inséra, le 2 juin 1866, la note suivante :

Les obsèques des victimes reconnues ont eu lieu vendredi 1er juin.

Nous n'aurions pas complètement renseigné nos lecteurs sur cette déplorable catastrophe, si nous ne disions que dès le premier moment, alors que le danger était le plus imminent, tout le monde a été admirable de dévouement et de courage pour porter secours aux blessés ou pour combattre l'incendie. M. Micol, maire du 19e arrondissement, arrivé un des premiers, MM. Blavier et Macé officiers de paix, ont donné l'exemple et payé de leur personne. Pompiers, sergents de ville, médecins, citoyens, tous ont fait bravement leur devoir; quelques-uns ont été blessés, notamment M. Brayer, pompier, qui a eu les mains fortement brûlées. Personne, toutefois, n'est en danger.

A propos de M. Macé, dont on n'a pas oublié l'énergique attitude en face des meurtriers du malheureux Vincensini, et qui a été depuis chef du service de sûreté, il est juste de transcrire ici cet article du journal *la Patrie* (numéro du 6 décembre 1871) :

Nous avons annoncé que M. Macé, commissaire de police aux délégations judiciaires, a été nommé chevalier de la Légion d'honneur.

Le Figaro dit à ce propos:

Cette nomination sera favorablement accueillie par tous ceux qui se sont trouvés en relation avec cet intelligent magistrat.

M. Macé a débuté d'une façon héroïque. Récemment nommé officier de paix, il y a quelques années, il traversa une maison en flammes pour sauver une femme, tomba d'un quatrième étage et s'enfonça sa propre épée dans le corps. Pendant six mois, il fut entre la vie et la mort.

En mai 1870, un autre officier de paix, M. Lombard, était également cité dans les journaux pour sa courageuse conduite pendant l'incendie des ateliers de M. Sirène, ébéniste, rue de Charonne, 59. M. Lombard avait d'autant plus de mérite à agir ainsi qu'il n'était pas encore complètement remis d'une blessure reçue au mois de février précédent (1), sur la barricade de la rue Paris-Belleville. Frappé d'un coup de baïonnette au-dessous du sein gauche, il avait eu le poumon atteint, et sa capote d'uniforme était littéralement rougie de sang sur toute la largeur de la poitrine, lorsqu'on le transporta à son domicile.

Dans un incendie qui éclata le 18 mars 1870, rue du Faubourg-

---

(1) En février 1870, des troubles graves éclatèrent dans Paris.

Saint-Martin, 210, le sergent de ville Coignet, aidé de M. Sandret, sous-caissier de l'administration des chemins de fer de l'Est, sauva un petit garçon de 3 ans et une petite fille de 2 ans. Cet agent était déjà titulaire d'une médaille d'honneur pour faits semblables.

Au mois d'août de la même année, plusieurs sergents de ville furent très grièvement blessés, et l'un d'eux trouva la mort dans l'affaire dite « des pompiers de la Villette ». M. Toquenne, alors officier de paix du 20ᵉ arrondissement, accourut avec ses agents pour porter secours aux pompiers de la caserne du boulevard de la Villette, 157, dont les manifestants voulaient forcer l'entrée afin de s'emparer des fusils qui y étaient renfermés. On sait que la sentinelle reçut un coup de pistolet en pleine poitrine et que le sergent de ville Cabaup fut tué au cours de la bagarre. On releva tout ensanglantés les trois agents dont voici les noms :

BELLINI, un coup de feu à la partie supérieure gauche de la poitrine et deux coups de poignard.

SCHUN, un coup de feu à la face : la balle, entrée par l'os nasal, est ressortie par la joue droite.

GRAUX, trois coups de feu : l'un à la partie latérale du cou et les deux autres à la cuisse droite et à l'abdomen.

Il faudrait plusieurs pages pour grouper les noms de tous les gardiens de la paix qui ont été blessés dans l'exercice de leurs fonctions depuis 1871. Nous ne pouvons citer ici que ceux qui ont été très gravement atteints. Ce sont :

KOLLENBRENNER Étienne; PETITJEAN Marie-Charles-Auguste; CLAUDON Jean-Baptiste; PICHERET Pierre-François-Alfred; HAMON Mathurin; THOMAS Charles-Grégoire-Antoine; FLEUTOT Jean-Claude; GAYE-HOURA Louis-Dominique; DESVAUX François-Féréol; BAQUET Charles-Alexandre; GRUBER Jean-Victor; DUPÉROUX Louis-Zozime; COLIN Eugène; MATHIS Jules; LELIÈVRE Louis-Augustin; NEYMON Joseph; LANNIAUX Louis; BAUDURET Jules; CARON Jules-Ernest; DOULBEAU Henri (1); JOUARD Jules-Augustin; GUILBERT Roger-Daniel-Joseph; RECOQUE Achille; FAVRET Pierre-Eugène; DESCHAMPS Étienne-Auguste-Pierre; DUPONT Jean-Guillaume; POISSON François-Julien;

_____

(1) A reçu deux cents francs de la *Caisse des Victimes du devoir*.

Mignot Narcisse-Bruno; Lasnier Louis (1); Laurain Théophile-Simon; Arnoult Jules-Alexandre-Désiré; Cozeret Joseph-Frédéric-Armand; Petitjean Victor; Destieux Léonard-François; Chambert Jean-François-Frédéric; Bard Antoine-Louis; George Charles-Louis; etc. etc.

Arrestation d'un cheval emporté.

D'après une statistique que nous avons eue sous les yeux, la moyenne des agents réformés pour blessures reçues dans le service serait de quatre par an.

Mais l'état numérique des blessés et des réformés ne peut donner le chiffre exact des récompenses accordées tous les ans aux gardiens de la paix, car quelques-uns ont la bonne fortune d'échapper

(1) A reçu deux cents francs de la Caisse des Victimes du Devoir.

aux dangers qu'ils affrontent avec tant de courage, chaque fois que le devoir le commande. Lors de l'explosion de la rue François-Miron (1), par exemple, deux agents seulement, les nommés Kollenbrenner et Petitjean, furent grièvement blessés, et cependant tous les gardiens de la paix dont les noms suivent firent en cette circonstance preuve du meilleur dévouement (2).

Médaille d'argent de 1re classe. — LECLERC Eugène, *officier de paix ;* KOLLENBRENNER Étienne, *brigadier.*

Médaille d'argent de 2e classe. — PETITJEAN Marie-Charles-Auguste; ALEXANDRE Emmanuel; LE CARDINAL François-Yves; VACANT Pierre-François, *gardiens de la paix.*

Mention honorable. — ANXIOT Emmanuel-François-Marie, *sous-brigadier ;* COUTURE Jean-Baptiste-Eugène; CARLY Auguste-Virgile; LITOT Nicolas-Louis; MOREL Félix-Louis, *gardiens de la paix.*

Cette citation, si élogieuse pour les gardiens de la paix, nous fait regretter de ne pouvoir énumérer tous les accidents d'une certaine gravité qui se sont produits à Paris depuis vingt-cinq ans. Le nombre en est considérable, et, pour se rendre compte de leur importance, il suffit de rappeler (3) les incendies de l'Opéra de la rue Lepeletier (1873), des magasins du Printemps (1881), du boulevard de Charonne (1882) (4), de l'Opéra-Comique (1887), de la gare Saint-Lazare (1888) et des ateliers Godillot (1895), et les explosions de la rue Béranger (1878) (5) et des magasins de MM. Vilmorin-Andrieux (1894). Mais en raison du développement déjà donné à cet ouvrage, il nous faut renoncer à établir une pareille nomenclature qui serait, d'ailleurs, très difficile à reconstituer.

---

(1) Cette catastrophe produisit une vive émotion dans le quatrième arrondissement. Le comité du quartier Saint-Gervais, sous le patronage du docteur Loiseau et de M. Lainé, adjoint au maire, organisa, le 10 août 1882, au profit des victimes, une soirée musicale dans la salle des Fêtes de la mairie de la place Baudoyer.

(2) Sur la proposition de M. Camescasse, Préfet de Police, le Ministre de l'Intérieur accorda une médaille d'or à M. Berlioz, commissaire de police du quartier Saint-Gervais, et une médaille d'argent de 1re classe à son secrétaire M. Véron.

(3) Dans cette énumération, nous omettons à dessein les explosions de la rue Saint-Denis, de l'hôtel Terminus et du commissariat de la rue des Bons-Enfants, dont il est parlé séparément.

(4) Le lieutenant-colonel Froidevaux trouva la mort dans cette catastrophe.

(5) M. Albert Gigot, Préfet de Police, fut blessé rue Béranger.

Pour y remédier dans la mesure du possible, donnons les chiffres qui nous ont été communiqués au sujet : 1° des gratifications accordées aux gardiens de la paix par l'Administration depuis 1878 ; 2° des félicitations officielles dont ils ont été l'objet à partir de la même date.

ANNÉES.	GRATIFICATIONS.	FÉLICITATIONS.	OBSERVATIONS.
1878	273	»	De 1878 à 1885 inclusivement, les gratifications et les félicitations sont réunies dans le même total.
1879	470	»	
1880	875	»	
1881	1.092	»	A titre indicatif, voici le détail des gratifications et des félicitations pour l'année 1883.
1882	1.050	»	
1883	1.196	»	Pour avoir maîtrisé des chevaux emportés. 416
1884	936	»	
1885	841	»	Pour avoir opéré l'arrestation d'individus dangereux. 426
1886	613	287	Pour avoir accompli des actes de sauvetage 81
1887	331	370	
1888	621	360	Pour s'être distingué dans les incendies 115
1889	495	424	
1890	440	368	Pour avoir abattu des animaux hydrophobes 85
1891	366	360	Félicitations pour divers actes méritoires. 97
1892	432	360	
1893	421	331	
1894	627	286	Total. 1.196
1895	538	401	

Tous les ans, le corps des gardiens de la paix reçoit de nombreuses récompenses honorifiques (1). En voici le relevé pour les onze dernières années (1er janvier 1885 au 31 décembre 1895) :

ANNÉES.	OFFICIERS DE PAIX.	BRIGADIERS.	SOUS-BRIGADIERS.	GARDIENS DE LA PAIX.	OBSERVATIONS.
1885	3	6	15	106	Dans la statistique de 1894, sont comprises les médailles accordées aux gardiens de la paix à la suite de l'arrestation d'Émile Henry et de l'affaire de la rue Saint-Jacques, savoir :
1886	»	3	3	62	
1887	7	4	6	48	
1888	8	5	13	107	Médaille d'or de 2e classe.
1889	1	2	7	52	MM. Coulet Jules, et Gigot Émile-Prosper.
1890	1	»	11	66	
1891	»	3	3	41	Médaille d'argent de 1re classe.
1892	»	1	4	84	MM. Bigot Henri-François; Barbaise Victor-Édouard; Rietsch Marius.
1893	»	3	6	51	
1894	»	4	13	106	Médaille d'argent de 2e classe.
1895	»	3	3	53	MM. Lenoir François, et Gaillagot Abel.

(1) Deux fois par an, généralement, le Préfet de Police, entouré des principaux fonctionnaires de l'Administration, fait la remise solennelle de ces récompenses aux gardiens de la paix.

Ces médailles d'honneur ne sont accordées qu'aux gardiens de la paix qui se sont plusieurs fois signalés par des actes de courage et de dévouement, exemple :

Vignal ANDRÉ, gardien de la paix au 5ᵉ arrondissement. Médaille d'argent de 2ᵉ classe. 4 actes de courage : en juin 1887 et février 1891 (blessé grièvement en arrêtant des chevaux emportés), en avril 1887 et juillet 1889 (arrestation de malfaiteurs dangereux).

Barbaise JULES-ÉDOUARD, gardien de la paix au 9ᵉ arrondissement. Deux médailles d'argent (1ʳᵉ et 2ᵉ classes). 7 actes de courage : en avril 1879 et juin 1885 (avoir maîtrisé un cheval emporté), en avril 1881 (sauvetage d'une personne dans un incendie), en mars et avril 1883 et juillet 1886 (blessé en capturant des malfaiteurs dangereux).

Bertrand ERNEST-JEAN-BAPTISTE, sous-brigadier au 15ᵉ arrondissement. Une médaille d'or de 2ᵉ classe et deux médailles d'argent (1ʳᵉ et 2ᵉ classes). 10 actes de courage : en juin 1879, décembre 1880, décembre 1881, décembre 1882, juin 1887, juillet 1888 et juin 1890 (avoir maîtrisé des chevaux emportés), en mai 1883 (arrestation de 4 malfaiteurs), en septembre 1885 (sauvetage en Seine) et en mars 1893 (mise à mort d'un chien atteint d'hydrophobie).

Vincent VICTOR-ABEL, entré le 22 août 1893 au corps des gardiens de la paix et nommé le 16 mars 1894 sous-brigadier au 15ᵉ arrondissement. Deux médailles d'or et deux médailles d'argent (1ʳᵉ et 2ᵉ classes). 12 actes de courage : en juillet 1884, janvier et août 1885, mai 1887, décembre 1889 et janvier 1891 (arrestation de chevaux emportés), en décembre 1884, avril 1886, septembre 1889, mai 1891 et septembre 1892 (est parvenu à éteindre des commencements d'incendies au cours desquels il a opéré le sauvetage de personnes), en novembre 1886 (a empêché un charretier d'être écrasé par son véhicule). A été grièvement blessé au cours de plusieurs opérations.

Nous avons pris ces quatre noms au hasard dans chacune des caté-

(1) Ce sous-brigadier a obtenu en 1896 le prix de Buottourenville.

gories de gardiens de la paix médaillés, afin de montrer comment ces
agents obtiennent les distinctions honorifiques qui leur sont décernées.
Comme on le voit, elles ne sont données qu'à ceux dont le dévouement
est devenu une sorte d'habitude (1), car on compte jusqu'à 16 actes
de courage à l'actif de quelques-uns de ces dévoués soldats du devoir.

Distribution des récompenses dans la cour de la caserne de la Cité.

Indépendamment de ces distinctions honorifiques gagnées dans le
service, un certain nombre de gardiens de la paix sont titulaires de
médailles ou d'ordres étrangers qu'ils ont obtenus pendant leur passage sous les drapeaux. Tous, il ne faut pas l'oublier, sont d'anciens
militaires qui, pour la plupart, ont fait les campagnes coloniales de

_____

(1) La Commission dont nous parlons au chapitre III de cette partie choisit parmi ces
agents d'élite les candidats appelés à bénéficier des legs faits au corps des gardiens de la paix.

ces dernières années. Aussi, voyons-nous, spécialement réservées aux médailles commémoratives des expéditions du Tonkin, du Dahomey et de Madagascar (1) plusieurs colonnes du tableau ci-dessous, où sont relevées, à la date du 31 décembre 1894, les décorations des divers fonctionnaires et agents de la police municipale :

SERVICES.	Croix de chevalier de la Légion d'honneur.	Médailles militaires.	Palmes d'officier d'Académie.	Médailles d'honneur. Or. 1re classe.	Médailles d'honneur. Or. 2e classe.	Médailles d'honneur. Argent. 1re classe.	Médailles d'honneur. Argent. 2e classe.	Médailles commémoratives des campagnes de : Crimée.	Italie.	Mexique.	Tonkin.	Madagascar.	Dahomey.	Décorations des pays de protectorat. Cambodge.	Annam.	Tunisie.	Décorations étrangères.
Bureaux de la Police Municipale	5(1)		11	1	1	3	5			1				1	1		4
Compagnie 1re réserve							3	1		1	1						
— 2e —		1					6				1						
— 3e —				1			5				6						1
— 4e —				1		1	5		1		1	1					
— 5e —	2		1		3	8	34				5	1		2			2
— 6e —					1	2	7		2		1						
Permanence						1	5										
Compagnie du 1er arrondissement		1			2	4	28				11	1					
— 2e —		1			1	3	12				10	2					
— 3e —		1	1				8				4	1			2		
— 4e —		3					16				10	4					
— 5e —						2	12				[illegible]						
— 6e —		1				4	27				5						
— 7e —						1	27				5	1					1
— 8e —	1	1	1		3	6	33				9						
— 9e —		2			2	6	26				4	1					1
— 10e —		2				3	24				14	1	1		1		1
— 11e —					3	8	36				11	1				1	1
— 12e —		1			1	3	27			1	7						
— 13e —	1						9		1	1	8						
— 14e —			1			5	26				3	2				1	
— 15e —				1	3	6	22			2	7	1					1
— 16e —					2	7	38				4	2			1		1
— 17e —		2		1			12		1		6	1					
— 18e —		2			1	7	36				16						
— 19e —		2				2	15				13	2	1				
— 20e —		2				1	12		1	1	2	1					
Totaux	9	22	15	5	23	83	517	1	6	7	171	23	2	3	5	2	13

(1) M. Gaillot, directeur de la police municipale, a été promu officier de la Légion d'honneur dans les premiers jours de janvier 1895.

(1) Nous faisons allusion à la première expédition de Madagascar, en 1883-1885.

Parmi les agents actuellement en fonctions, un seul était chevalier de la Légion d'honneur avant son entrée au corps des gardiens de la paix. Voici ses états de service :

Attaque nocturne.

Theuret Joseph, né à Imling (Meurthe), le 28 avril 1851.

8 ans de services militaires.

Nommé gardien de la paix le 1ᵉʳ septembre 1884, et sous-brigadier le 13 mai 1894. Détaché au 13ᵉ arrondissement.

Fait chevalier de la Légion d'honneur le 29 décembre 1881, à la suite de plusieurs actes de courage accomplis à l'École de pyrotechnie de Bourges, où il était sous-chef artificier.

En 1884, outre ce légionnaire, deux autres gardiens de la paix portaient sur l'uniforme la croix de chevalier de la Légion d'honneur. C'étaient :

1° **Stoll** Vincent, né à Mammenheim (Bas-Rhin), le 9 janvier 1845, 7 ans de services militaires (du 6 août 1866 au 30 juillet 1873).

Nommé gardien de la paix le 16 septembre 1873, et sous-brigadier à la 2ᵉ brigade centrale le 1ᵉʳ avril 1891. Retraité le 24 octobre 1891.

Décoré sur le champ de bataille de Champigny, où il avait été grièvement blessé par un éclat d'obus.

2° **Dagron** Armand-Robert, né à Paris, le 20 avril 1827.

Nommé sergent de ville le 1ᵉʳ février 1855, et sous-brigadier le 1ᵉʳ février 1860. Licencié le 10 septembre 1870, et réintégré le 19 du même mois, comme sous-chef de section. Promu chef de section le 1ᵉʳ juillet 1871. Brigadier des gardiens de la paix, admis à la retraite le 30 avril 1887.

Actes de courage et de dévouement :

1° Gratification de 100 francs, en février 1873, pour avoir arrêté un malfaiteur accusé d'un vol important au préjudice de la Banque de Belgique.

2° Avec le sous-brigadier Wall et le gardien de la paix Boulanger, Dagron s'empara, dans la nuit du 24 au 25 avril 1882, d'un individu du nom de Muller, recherché pour tentative de meurtre sur un garçon d'hôtel de la rue Tiquetonne.

3° Le 17 janvier 1883, aidé des agents Libs et Casalta, il se rendit maître d'un aliéné qui tirait des coups de revolver dans sa chambre, rue Daunou, 17.

4° Le 21 novembre 1883, Dagron, le sous-brigadier Wall et le gardien de la paix Desgrès, organisèrent les premiers secours pour circonscrire un violent incendie qui avait éclaté, rue St-Denis, 147.

Diplôme des gardiens de la paix.

Malgré l'intensité du feu, ils essayèrent, plusieurs fois, de sauver un enfant que les pompiers seuls purent arracher aux flammes.

Ces actes méritoires valurent au brigadier Dagron la croix de la Légion d'honneur, qui lui fut conférée par décret du 12 juillet 1884.

Il avait déjà obtenu la médaille militaire pour sa belle conduite en 1870-71, dans les rangs des gardiens de la paix mobilisés.

En janvier 1890, le gardien de la paix Gérard, du 15e arrondissement, fut nommé chevalier de la Légion d'honneur.

La notice suivante va nous édifier sur les mérites de ce courageux agent :

Gérard CHARLES, né à Kœnig (Meurthe), le 12 octobre 1843.

13 ans de services militaires. Libéré le 30 juin 1873, comme brigadier d'artillerie.

Cité à l'ordre du jour de l'armée pour sa belle conduite pendant le siège de Strasbourg, en 1870.

Nommé gardien de la paix le 1er septembre 1873. Retraité le 5 mars 1890.

17 janvier	1874	
22 octobre	1877	
4 octobre	1881	
15 novembre	1882	a maîtrisé des chevaux emportés.
21 août	1883	
31 mai	1884	
24 mai	1885	

5 novembre 1880, a éteint un commencement d'incendie.

25 novembre 1881, s'est rendu maître d'un fou qui venait de blesser grièvement un agent.

En 1884, a fait preuve de dévouement pendant l'épidémie cholérique.

Médaille d'argent de 2e classe, en 1883.

id.	de 1re classe,	en 1885.
Médaille d'or	de 2e classe,	

Après ces distinctions honorifiques, la croix de la Légion d'honneur était la seule récompense qui pût dignement couronner une carrière aussi bien remplie.

Tout le monde a encore présente à la mémoire la tragique arrestation d'Émile Henry, opérée, le 11 février 1894, par le gardien de la paix Poisson. Après avoir jeté une bombe (1) dans la salle du café de l'hôtel Terminus, cet anarchiste prit la fuite et fit feu sur les personnes qui le poursuivaient. Poisson, grièvement blessé, eut l'énergie de saisir le meurtrier et de le maintenir jusqu'à l'arrivée de ses collègues (2); puis, pendant qu'on maîtrisait le fuyard, il s'affaissa sur le sol. On le transporta aussitôt à l'hôpital Beaujon, où les médecins appelés à l'examiner reconnurent qu'il avait reçu trois balles : deux n'avaient point pénétré dans les chairs; la troisième avait atteint l'abdomen et était venue par ricochet se loger entre deux côtes dans le dos; elle put être extraite. Le blessé fut ensuite ramené à son domicile, rue Saint-Louis-en-l'Île, 51.

Le Ministre de l'Intérieur tint à honneur d'apporter lui-même ses félicitations au courageux agent qui fut nommé chevalier de la Légion d'honneur. Sur le décret signé à cette occasion, le 14 février 1894, par le Président de la République, on relève cette mention : « Services exceptionnels; a été blessé en procédant dans des conditions particulièrement périlleuses à l'arrestation d'un criminel. »

M. Lépine, le Préfet de Police actuel, accompagné de trois fonctionnaires de la Préfecture, se rendit auprès de Poisson et lui épingla, lui-même, le ruban de la Légion d'honneur sur la poitrine.

Une fois rétabli, Poisson reprit, comme sous-brigadier, son service à la brigade des voitures.

Voici, d'ailleurs, les indications que nous avons relevées à son sujet :

Poisson François-Julien, né à Paris, le 8 avril 1860.

---

(1) En éclatant, cette bombe blessa 25 personnes.
(2) Ces agents obtinrent, tous, des médailles d'honneur. Ils sont spécialement cités sur le relevé des récompenses honorifiques de l'année 1894.

Incorporé le 10 décembre 1881 au 2ᵉ régiment d'infanterie de marine et renvoyé dans ses foyers le 14 mars 1886, avec le grade de sergent.

Gardien de la paix 1ᵉʳ octobre 1889.

Sous-brigadier 20 février 1894.

Titulaire de la médaille du Tonkin et décoré de l'ordre du Cambodge, il avait été proposé pour la croix de la Légion d'honneur au cours de la campagne à laquelle il prit part en Indo-Chine.

Depuis le mois de février 1894, aucun autre agent n'a été fait chevalier de la Légion d'honneur. C'est donc le nom du sous-brigadier Poisson qui clôt actuellement la liste des gardiens de la paix honorés de cette distinction.

Par l'état des récompenses honorifiques accordées, après la guerre, au personnel de la police municipale, on a vu que plusieurs gardiens de la paix mobilisés furent décorés de la Légion d'honneur pour leur belle conduite à cette douloureuse époque. Les noms d'un certain nombre de leurs camarades tués en 1870-71 figurent parmi ceux des 48 victimes du devoir que nous sommes parvenus à grouper dans le tableau nécrologique placé au commencement de ce chapitre. Outre les circonstances qui coûtèrent la vie aux gardiens de la paix pendant l'année terrible, cette nomenclature contient l'énumération des dangers et des accidents de toutes sortes auxquels les agents sont continuellement exposés dans l'accomplissement de leurs fonctions.

Après les actes de courage et de dévouement dont il vient d'être parlé, on peut dire que la tâche qui incombe aux gardiens de la paix est trop souvent périlleuse. Quelques-uns, malheureusement plus nombreux qu'on ne le croit, succombent aux suites de maladies contractées dans le service; et, d'autres, sentinelles perdues sur les points les plus déserts de la capitale, ont à lutter contre les dangereuses agressions des rôdeurs ou des assassins dont ils cherchent à se rendre maîtres.

Lorsque les besoins du service le commandent, on ne leur épargne ni les veilles ni les fatigues. Cependant, comme le fait si justement remarquer M. Edmond Texier, dans les *Annales des victimes du devoir* de l'année 1884, ils doivent en temps ordinaire fournir un service très dur.

L'auteur de cet article nous donne la conclusion de ce chapitre dans les lignes suivantes : « Neuf heures de travail par jour, et quel travail! Sur trois nuits, une passée à la belle étoile et toujours sur le qui-vive, toujours prêts à courir sur les malfaiteurs, la bataille en permanence contre le vol et le crime. S'ils étaient nés Anglais, ces gardiens de Paris, ils seraient *policemen*, et, à ce titre, soutenus par la sympathie universelle. Chez nous, il n'en est pas toujours ainsi. Pourquoi?

« Si Paris peut travailler, produire, consommer, aller, venir, manger à ses heures, dormir, remplir toutes ses fonctions de grande capitale, à qui doit-il tout cela, si ce n'est à ces gardiens de la sécurité publique?

« Je voudrais que le peuple qui n'aime pas les *feignants*, pensât à la tâche accomplie par les *sergots*. Il comprendrait qu'eux aussi ont le droit, comme certaines professions ouvrières, d'être inscrits sur le Livre d'or des Victimes du Devoir. »

CHAPITRE DEUXIÈME

AU CIMETIÈRE DU MONTPARNASSE

A u début de la séance du Conseil municipal du 19 mars 1884, sous le coup de l'émotion causée par la terrible explosion qui s'était produite la veille, rue Saint-Denis, le Président, M. Mathé, fit, dans une allocution touchante, l'éloge des victimes et adressa aux familles de l'officier de paix Viguier et du sergent-major des sapeurs-pompiers Hermann, l'expression des regrets unanimes de la population parisienne.

Après lui, M. Mesureur, Conseiller municipal du quartier Bonne-Nouvelle, depuis Ministre du Commerce et de l'Industrie, prit la parole en ces termes :

Je ne veux rien ajouter, dit-il, aux paroles autorisées que vient de prononcer M. le Président pour rendre hommage à ceux qui sont morts et à ceux qui ont été blessés en accomplissant leur devoir. Mais je vous demande, Messieurs, de donner une sanction à ces paroles en décidant que les obsèques des victimes auront lieu aux frais de la Ville de Paris, et *qu'un terrain spécial sera réservé*

*pour les agents de la police municipale qui succomberont victimes de leur dé-
vouement,* comme vous l'avez décidé pour les sapeurs-pompiers (1).

Au nom des conseillers municipaux du 11ᵉ arrondissement, M. Ga-
mard appuya la proposition de M. Mesureur, qui fut adoptée par
tous les membres présents.

Le jour des obsèques de MM. Viguier et Hermann, au cimetière du
Montparnasse, le Président du Conseil municipal, dans la péroraison
de son discours, développa ainsi l'idée généreuse de M. Mesureur :

Il y a deux ans, dit M. Mathé, vous inauguriez, Messieurs, le monument élevé
par la Ville de Paris à la gloire des sapeurs-pompiers (2); jusqu'à ce jour, rien
n'avait été fait pour les gardiens de la paix, ces autres soldats du devoir. Cet
oubli va être réparé, et bientôt un nouvel édifice sera érigé à la mémoire de ceux
d'entre eux qui seront tombés victimes de leur dévouement.

Le peuple de Paris, toujours passionné pour les grandes actions et les grands
caractères, toujours reconnaissant des services rendus, n'oubliera pas, soyez-en
certains, les tombes de ces glorieux martyrs dont l'intrépidité de chaque jour
ne lui est révélée le plus souvent que par leur mort.

Et vous, qui avez été leurs compagnons de lutte, qui avez partagé leurs
dangers, en voyant leurs noms inscrits sur ces monuments, vous songerez à
ceux qui furent l'honneur du corps auquel ils appartenaient, et, j'en ai l'intime
conviction, vous vous inspirerez de leur exemple.

Ces paroles exprimaient éloquemment le désir qu'avait le Conseil
municipal de voir élever bientôt le monument projeté.

On procéda sans tarder aux premières formalités, car voici les
renseignements que nous trouvons dans le *Bulletin municipal officiel*
du mois de juillet suivant :

Délibération du 11 juillet 1884.
Érection, au cimetière du Sud, d'un monument pour la sépulture des agents de la
Police municipale, morts victimes de leur dévouement (M. Simoneau rapporteur).
Le Conseil,
Vu sa délibération en date du 19 mars 1884, par laquelle il a décidé qu'une

---

(1) Extrait du compte rendu de la séance du Conseil municipal du 19 mars 1884 (*Bulletin
municipal officiel de la Ville de Paris*).
Dans cette séance, le Conseil vota des secours à la veuve et aux enfants du sergent-major
Hermann et prit à sa charge les frais des funérailles des deux victimes.
(2) Le monument destiné à la sépulture des sapeurs-pompiers morts au feu fut inauguré
dans les premiers jours du mois de mai 1883.

sépulture spéciale serait réservée pour les agents de la Police municipale morts victimes de leur dévouement;

Vu le mémoire en date du 24 avril 1884, par lequel M. le Préfet de la Seine lui soumet le projet d'un monument à élever à cet effet dans le cimetière du Sud, et lui propose d'imputer la dépense maxima, élevée à 13.066 fr. 74, sur le chap. 23, article unique du budget de 1884 (Réserve);

Vu les plans et devis annexés au dit mémoire;

Vu le rapport de la 2ᵐᵉ commission,

Délibère :

ARTICLE Iᵉʳ. — Est approuvée, dans la limite d'une dépense de 13.066 fr. 74, l'exécution des devis sus-visés ayant pour objet l'érection, au cimetière du Sud, d'un monument funéraire avec caveau et inscription commémorative, destiné à la sépulture des agents de la Police municipale qui succomberont victimes de leur dévouement.

ARTICLE II. — Les travaux de construction de ce tombeau seront mis en adjudication et la dépense sera prélevée sur le chap. 23, article unique du budget de 1884 (Réserve).

Le 16 août de la même année, fut signé l'arrêté rendant exécutoire le vote du Conseil municipal au sujet de ce monument.

Par suite de rabais obtenus lors de la mise en adjudication des travaux, le montant de la dépense fut ramené de 13.066 fr. 74 à 9.628 fr. 35; et, par délibération du 10 juin 1885, le Conseil, sur la demande du Préfet de la Seine, ouvrit, sur les fonds libres de 1884, un crédit égal à cette dernière évaluation. Les sommes précédemment votées à cet effet n'avaient pu être employées dans le courant de l'exercice.

Ce tombeau fut terminé au commencement du mois de juillet 1886. Il est situé à gauche de l'entrée principale, à côté de l'avenue de l'Est, allée transversale nᵒ 6, à peu de distance du mur en bordure de la rue Gassendi. On sait, en effet, que cette voie, qui a été ouverte récemment, divise le cimetière du Sud en deux parties d'inégale étendue.

Le monument des gardiens de la paix, construit en pierre, est d'un beau dessin, dû au crayon de M. Formigé, architecte de la Ville de Paris. C'est une stèle de grand caractère sous son austère simplicité; elle porte au sommet le vaisseau parisien avec la devise : *Fluctuat nec mergitur*. Un peu plus bas, est gravée l'inscription suivante :

AUX AGENTS
DE LA POLICE MUNICIPALE
MORTS VICTIMES
DE LEUR DÉVOUEMENT
LA VILLE DE PARIS.

Un sabre, enlacé de lauriers, est sculpté au-dessous et complète cette sobre décoration. Les faces latérales sont destinées à recevoir les noms des victimes inhumées dans cette glorieuse tombe.

Le caveau renferme douze cases.

Le 8 juillet 1886, à 4 heures de l'après-midi, ce monument fut solennellement inauguré en présence des représentants de la Municipalité et de l'Administration, entourés d'une foule nombreuse qui, malgré l'ardeur d'un soleil tropical, était venue affirmer son culte pour la mémoire des martyrs du devoir.

Une députation du Conseil municipal, composée de 10 membres; M. Hovelacque, Président de cette assemblée; MM. Gragnon, Préfet de Police; Poubelle, Préfet de la Seine; Caubet, Chef de la Police municipale, et Massol, Colonel de la Garde républicaine, assistaient à cette imposante cérémonie, ainsi qu'un grand nombre de fonctionnaires des deux préfectures, et des délégations de commissaires de police, d'officiers de paix et de gardiens de la paix de tous les arrondissements de Paris.

M. Hovelacque prononça un vibrant et chaleureux discours. Après avoir salué la mémoire des gardiens de la paix morts victimes du devoir, il eut à cœur de déclarer qu'en élevant ce monument la Ville de Paris n'avait fait que payer le juste tribut de son admiration et de sa reconnaissance à ceux de ses serviteurs qui, dans l'intérêt de tous, poussent le dévouement jusqu'au sacrifice de la vie.

Dans une allocution dont nous n'avons pu retrouver le texte intégral, M. Gragnon, Préfet de Police, remercia le Conseil municipal d'avoir fait ériger un monument pour la sépulture des agents de la Police municipale tombés victimes de leur dévouement. En termes émus, il rendit hommage à la mémoire de l'officier Viguier et fit l'éloge de ces héroïques et modestes soldats de l'ordre qui succombent en accomplissant un devoir d'intérêt général et de protection sociale.

« Du reste, ajouta-t-il, le courage est dans le corps des gardiens de la paix une vertu professionnelle, et s'il est une résolution qui soit indispensable à ceux qui briguent l'honneur d'y entrer, c'est la résolution de se sacrifier, s'il est nécessaire, à la sécurité de leurs concitoyens et à celle du Gouvernement de la République. »

Outre les restes de l'officier de paix Viguier déposés dans ce tombeau le jour même de son inauguration, six victimes y ont été inhumées en moins de dix ans. Sur la face latérale de droite, sont gravés, dans l'ordre suivant, les noms de ces braves, ainsi que celui de l'inspecteur de commissariat Troutot, enterré à Ivry.

VIGUIER, officier de paix, 18 mars 1884.	POUSSET, secrétaire de commissariat, 8 novembre 1892.
BOISSELIN, gardien de la paix, 10 mai 1887.	FOMORIN, sous-brigadier, 8 novembre 1892.
THOUVENIN, gardien de la paix, 18 juin 1890.	TROUTOT, inspecteur de commissariat, 8 novembre 1892.
RÉAUX, gardien de la paix, 8 novembre 1892.	COLSON, sous-brigadier de la sûreté, 30 novembre 1893.

Le Conseil municipal, la Préfecture de police et la population parisienne ont fait à tous ces morts des funérailles dignes d'eux.

Pour montrer combien Paris sait honorer la mémoire de ceux qui ont donné leur vie pour assurer sa sécurité, nous allons consacrer quelques lignes aux obsèques de chacune des victimes qui ont été inhumées dans ce caveau depuis 1887 (1).

Boisselin Jean-Baptiste-Théodore-Xavier, gardien de la paix au 18e arrondissement, frappé mortellement d'un coup de couteau dans une rixe entre plusieurs Italiens, boulevard de la Chapelle. Décédé le 10 mai 1887, à l'hôpital Lariboisière.

Le 13, à deux heures de l'après-midi, le convoi de l'infortuné Boisselin, escorté par des détachements de gardiens de la paix du 18e arrondissement, se rendit à l'église Saint-Vincent-de-Paul, où fut célébré un service religieux (2). Les cordons du poële étaient tenus par deux brigadiers de gardiens de la paix et deux sergents de sapeurs-pompiers, tous quatre médaillés. Le deuil était conduit par les deux frères du défunt.

Le Ministre de l'Intérieur s'était fait représenter par M. Robert, son chef de cabinet. On remarquait dans le cortège : MM. Bernard, Procureur de la République; Guillot, Juge d'instruction; Gragnon, Préfet de Police; Lépine, Secrétaire général de la Préfecture de Police; le colonel Couston; le chef de la Police municipale; M. Bonnerot, chef du cabinet du Préfet de Police; MM. Naudin et Bezançon, chefs de division, et des délégations de commissaires de police, d'officiers de paix et d'employés appartenant aux divers services administratifs de la Préfecture.

Au cimetière, le Préfet de Police adressa quelques paroles d'adieu à Boisselin. Au cours de son improvisation, M. Gragnon exhorta les gardiens de la paix à suivre l'exemple de leur courageux camarade, dont il compara la mort à celle d'un soldat tombé sur le champ de bataille. En terminant, il exalta les actes de dévouement accomplis par les gardiens de la paix et rappela combien ces défenseurs de l'ordre sont exposés chaque jour, et quelle abnégation est nécessaire pour accomplir la mission qui leur incombe.

(1) Voir à la page 579 la relation des obsèques de M. Viguier.
(2) C'est l'abbé Hutellier, curé de la paroisse, qui officia.

Thouvenin Nicolas, gardien de la paix au 14° arrondissement, mort le 18 juin 1890, des suites d'une blessure reçue, quelques jours auparavant, en voulant s'emparer d'un fou furieux.

Ses obsèques eurent lieu le samedi 21 juin, à 10 heures du matin.

Après la cérémonie religieuse à Notre-Dame de Plaisance, MM. Lozé, Préfet de Police; Lépine, Secrétaire général; Viguier, Chef du cabinet; Cavard, Chef-adjoint; Gaillot, Chef de la Police municipale; des délégations de commissaires de police, d'officiers de paix et d'agents, accompagnèrent au cimetière du Montparnasse les restes du gardien de la paix Thouvenin.

Devant la tombe des victimes du devoir, M. Lozé prononça le discours suivant :

Messieurs,

Depuis quatre ans, nous n'avons pas eu à faire ouvrir ce caveau que la ville de Paris a placé à quelques pas de celui des sapeurs-pompiers, pour les agents de la Préfecture tombés victimes de leur devoir.

Ce n'est pas que les actes de courage et de dévouement ne soient nombreux parmi le personnel de notre administration. Il suffit, pour témoigner de la vaillance avec laquelle nos gardiens de la paix, nos inspecteurs, nos fonctionnaires de tous ordres, exposent leurs jours pour le salut de leurs concitoyens, de voir le nombre considérable de médailles d'honneur, toutes chèrement payées, qui brillent sur leurs poitrines. Trop souvent hélas! l'occasion m'a été donnée de visiter sur un lit d'hôpital, ou dans une pauvre chambre au milieu des siens, un agent frappé d'un coup de couteau par un malfaiteur, ou blessé en cherchant à protéger l'existence d'un autre. Et plusieurs fois, je suis sorti de ces visites avec la triste pensée que le malheureux dont je venais de serrer la main n'avait plus que quelques instants à vivre. Une fortune heureuse a permis à ceux pour lesquels nous éprouvions le plus de crainte, de recouvrer la santé.

Il n'en a pas été de même pour cet infortuné Thouvenin, à qui je viens dire ce dernier adieu. Thouvenin était depuis 10 ans dans la police municipale.

Né en Lorraine, dans le pays plus tard annexé, il avait opté pour la France. Non seulement il avait voulu rester Français, mais en optant il avait consacré son existence à la patrie; un mois après, il s'engageait dans un régiment de génie.

Ce patriote fut naturellement un loyal soldat. Estimé de ses chefs, il parvenait bientôt au grade de caporal et au bout de quelques années, il entrait dans la gendarmerie. Il y resta jusqu'en 1880.

Sa famille, suivant son exemple, avait réclamé la nationalité française. Les trois sœurs, abandonnant le village natal, étaient venues se fixer à Paris. En quittant le service militaire, Thouvenin eut le désir de s'installer près d'elles. C'est ainsi qu'il demanda à entrer dans le corps des gardiens de la paix, où il fut aussitôt admis.

Depuis, son existence a été bien simple. J'ai lu son dossier; il n'a que de bonnes notes, ses chefs sont satisfaits de lui. En 1888, au cours de l'hiver, son officier de paix signale qu'il s'est présenté en retard de quelques minutes pour l'appel de minuit, mais il ne propose pas de punition et il ajoute : c'est le premier retard de cet agent.

Peut-on faire un plus bel éloge après 8 ans de service, quand on voit combien est pénible et rigoureux le métier de gardien de la paix, qui exige tant de régularité, tant d'exactitude, et où la plus petite faute, le plus léger manquement au règlement est aussitôt signalé et puni.

Thouvenin devait pousser le sentiment du devoir jusqu'au sacrifice.

Le 7 de ce mois, il était à son poste, quand on vint lui annoncer qu'un de ses camarades, le gardien de la paix Cautrel, était aux prises avec un fou furieux. Ce malheureux voulait se donner la mort en se jetant sous les roues des voitures ; atteint d'alcoolisme, il avait été soigné déjà à la maison de santé de Ville-Évrard ; mais un régime sévère, l'absence de tout excitant, avaient produit dans son état une grande amélioration; on l'avait cru guéri. Sorti de la veille, il n'avait pu résister à son vice et l'alcool l'avait affolé. C'est dans cet état qu'on l'avait trouvé sur la voie publique, au moment où il voulait mettre fin à ses jours. Surexcité par la boisson, rendu plus furieux encore par la résistance qu'il éprouvait, cet alcoolique allait avoir raison de Cautrel qu'il avait meurtri ; il lui échappait.

C'est alors que Thouvenin vint au secours de son camarade. Dans la lutte qu'il eut à soutenir contre le forcené, qui frappait et mordait ses sauveteurs, il fut atteint au genou; le coup fut si violent qu'on dut le transporter à son domicile. Mais qui eût pu croire à une atteinte mortelle. Malgré les soins dont il était entouré, la mort l'enlevait quelques jours après à sa veuve éplorée, à ses amis qui ne pouvaient croire à un pareil deuil, à nous tous que cette catastrophe si inattendue a profondément impressionnés.

Aussi, ai-je tenu, en prescrivant ces funérailles, en accompagnant ce cercueil jusqu'à cette tombe glorieuse, réservée à ceux qui ont trouvé la mort en accomplissant leur devoir, j'ai tenu, dis-je, à témoigner combien sont douloureux nos regrets.

Adieu, Thouvenin, la Préfecture de Police n'oubliera pas ceux que vous avez laissés derrière vous.

Tout le monde se souvient de l'explosion qui se produisit, dans la matinée du 8 novembre 1892, au commissariat de police de la rue des Bons-Enfants, où venait d'être transportée une bombe de dynamite, découverte quelques instants auparavant au siège de la Société des mines de Carmaux, avenue de l'Opéra, 11. En éclatant, cet engin détruisit la partie de l'immeuble affectée aux bureaux du commissariat.

Sous les décombres on retrouva, horriblement mutilés, les corps des cinq victimes dont voici les noms :

Pousset HENRI-LOUIS-JUSTIN, secrétaire titulaire du commissariat du Palais-Royal ;

Troutot CHARLES-FRAN-ÇOIS, inspecteur attaché au même commissariat ;

Fomorin ÉTIENNE, sous-brigadier au corps des gardiens de la paix ;

Décoration de Notre-Dame pour les obsèques des victimes de la rue des Bons-Enfants.

Réaux MARC-MICHEL-HENRI, gardien de la paix ;

Garin ÉMILE-RAYMOND, garçon de bureau à l'administration des mines de Carmaux.

A la nouvelle de ce malheur, une vive émotion gagna toutes les classes de la population parisienne (1). Le lendemain, pendant qu'une interpellation sur ce triste accident était discutée à la Chambre des députés, M. Alexis Muzet, Conseiller municipal du quartier du Palais-Royal, fit à la tribune de l'Hôtel-de-Ville la déclaration suivante :

Messieurs,

C'est encore sous le coup de l'émotion ressentie en présence de l'épouvantable catastrophe de la rue des Bons-Enfants, — catastrophe qui nous a tous remplis d'horreur, mais a impressionné davantage encore ceux qui, arrivés comme moi des premiers au commissariat, ont assisté à la reconnaissance difficile, pénible des morts et à l'agonie du mourant, — que je viens, comme représentant du

---

(1) Peu après l'explosion, au moment où, leur visite terminée, MM. Loubet, ministre de l'Intérieur, et Ricard, garde des Sceaux, allaient quitter le commissariat, un incident poignant se produisit.

Une brigade d'agents, la première centrale, prévenue télégraphiquement, accourait de la Préfecture de Police au pas gymnastique. Devant la porte du commissariat, le sous-brigadier Henriot tomba tout à coup la face contre terre ; ses camarades s'empressèrent autour de lui, il était mort. Le malheureux avait succombé à la rupture d'un anévrisme.

Ses obsèques eurent lieu le 10 novembre : après la cérémonie religieuse à l'église Saint-Gervais, le corps fut inhumé au cimetière de Bagneux.

quartier, sans commentaires et sans phrases, présenter au Conseil une proposition qu'il voudra, j'en suis sûr, adopter d'urgence à l'unanimité.

Le Conseil,

Interprète des sentiments de la population parisienne,

Manifeste hautement son indignation contre le criminel attentat du 8 novembre 1892, objet de la réprobation publique; (*Très bien.*)

Salue avec respect les malheureux citoyens Pousset, Fomorin, Réaux, Troutot et Garin, tombés victimes du devoir;

Envoie à leurs familles l'expression de ses profonds regrets et de sa douloureuse sympathie; (*Très bien.*)

Délibère :

ARTICLE 1er. — Les obsèques des victimes seront faites aux frais de la Ville de Paris.

ARTICLE 2. — Invite M. le Préfet de Police à présenter d'urgence des propositions de pensions pour les veuves et les orphelins. (*Approbation unanime.*)

M. Grébeauval. — Aux voix!

De toutes parts. — Oui, aux voix! aux voix!

M. le Président. — Je crois qu'il n'est pas besoin de consulter le Conseil sur l'urgence. (*Non, non.*) Je consulte le Conseil sur la proposition elle-même.

La proposition est mise aux voix et adoptée à l'unanimité.

Les funérailles des victimes furent fixées au vendredi 11 novembre. A 10 heures du matin, la cérémonie religieuse fut célébrée en grande pompe à Notre-Dame, où les corps avaient été transportés directement de l'Hôtel-Dieu. Ils reposaient sur cinq catafalques dressés parallèlement devant le chœur. La nef centrale et l'entrée de la cathédrale étaient tendues de draperies noires sur lesquelles se détachaient des écussons aux initiales des défunts. Des trophées de drapeaux tricolores voilés de crêpe avaient été placés de chaque côté de la porte principale. La messe fut dite par l'abbé Vassel; et l'archiprêtre Caron, représentant le cardinal Richard, donna l'absoute.

Les places réservées étaient occupées par MM. le Colonel Chamoin, représentant le Président de la République; Loubet, Président du Conseil; Ricard, Ministre de la Justice; Poubelle, Préfet de la Seine; Lozé, Préfet de Police; Quesnay de Beaurepaire, Procureur général; Gragnon et Andrieux, anciens Préfets de Police; Roulier, Procureur de la République; Atthalin, Juge d'instruction, etc., etc. Beaucoup de sénateurs et de députés, le conseil d'administration des mines de

AUX AGENTS
DE LA POLICE MUNICIPALE
MORTS VICTIMES
DE LEUR DEVOUEMENT
LA VILLE DE PARIS

TOMBEAU DES VICTIMES DU DEVOIR AU CIMETIÈRE DU MONTPARNASSE.

Carmaux et un grand nombre de représentants de la magistrature et de l'administration y assistaient aussi.

La sortie de l'église fut des plus émouvantes. On dut emporter la mère du gardien de la paix Réaux, une pauvre vieille femme qui, d'une voix entrecoupée de sanglots, criait : « C'est effrayant, de trois enfants il ne m'en reste plus qu'un. Les mères seules peuvent comprendre mes douleurs. Mon fils, mon pauvre enfant, je te suivrai partout, je suis forte et nul ne m'empêchera! » M⁰ᵉ Fomorin poussait des cris déchirants et son fils, un petit garçon de dix ans, cherchait vainement à la consoler. Mᵐᵉ Pousset faisait peine à voir : soutenue par son frère, capitaine au 45ᵉ de ligne, elle paraissait ne pas avoir conscience de ce qui se passait autour d'elle.

Le convoi se forma sur le parvis Notre-Dame, devant la porte de la Préfecture de Police, également recouverte de tentures noires avec écussons aux initiales des victimes et trophées de drapeaux.

MM. F. Sauton, Président du Conseil municipal; Deschamps, Président du Conseil général; Laurent, Secrétaire général de la Préfecture de Police, et de nombreux invités se joignirent alors au cortège qui se déroula dans l'ordre suivant :

Peloton de gardes républicains à cheval;

Un officier de paix;

Peloton de gardiens de la paix;

Couronnes du Conseil municipal, du Conseil général et du Préfet de Police;

Huissiers du Conseil;

Membres du Gouvernement ou leurs représentants;

Sénateurs et Députés;

Préfets de la Seine et de Police;

Membres du Conseil municipal et du Conseil général;

Délégations des fonctionnaires des diverses administrations publiques de Paris;

Ordonnateurs des Pompes Funèbres;

Chars suivis des familles et des délégations, avec leurs couronnes;

Voitures de deuil;

Délégations des gardiens de la paix des vingt arrondissements, des sapeurs-pompiers et de la garde républicaine;

Peloton de gardes républicains à cheval.

Les chars funèbres de cinquième classe disparaissaient sous les fleurs et les couronnes. Une délégation des gardiens de la paix de la ville de Lyon, arrivée la veille, suivait le cercueil du sous-brigadier Fomorin (1).

Une foule nombreuse et recueillie formait la haie sur tout le parcours du funèbre cortège qui suivit le boulevard Saint-Michel, le boulevard du Montparnasse, la rue d'Odessa et le boulevard Edgar-Quinet.

Au cimetière du Montparnasse, M. Loubet, Président du Conseil des Ministres, prit le premier la parole. Voici son discours :

Messieurs,

L'émotion que j'éprouve ne me permet pas de prononcer un discours, je viens seulement, au nom du Gouvernement, adresser un dernier adieu aux malheureuses victimes de l'attentat du 8 novembre.

Ce n'était point assez des crimes commis au mois d'avril dernier et de la mort de Véry et d'Hamonod. Les lâches assassins que la justice recherche n'ont été arrêtés ni par l'explosion de douleur et de colère qui suivit les premiers crimes, ni par la pensée qu'ils allaient frapper des hommes inconnus et innocents et porter le deuil dans d'honorables familles contre lesquelles aucune haine ou aucun désir de vengeance ne pouvait armer leurs bras.

Le cœur humain se refuse à concevoir de tels forfaits et la parole, à en flétrir les auteurs comme ils le méritent.

Des hommes, repoussés par tous les partis, aveuglés par une haine sauvage, pensent par de tels moyens satisfaire des vengeances inavouables ou réformer la société ; comme si ces faits n'étaient pas de nature à soulever l'indignation publique contre leurs actes et la réprobation universelle contre les prétendues doctrines qu'ils veulent propager.

Non, il faut le dire bien haut, il ne s'agit pas ici d'hommes appartenant à une école politique, animés et aveuglés par le désir de porter remède à un état social dont ils croient avoir à se plaindre, mais bien de vulgaires malfaiteurs, justiciables des cours d'assises.

Ce n'est pas l'amélioration de l'état social qu'ils poursuivent, c'est sa destruction.

(1) Les agents lyonnais portaient une superbe couronne.

Il ne se trouvera jamais, dans aucun pays et à aucune époque, un honnête homme qui puisse essayer, non de justifier, mais d'excuser de pareils forfaits.

Ceux qui le tenteraient seraient l'objet du mépris public.

La société a le devoir étroit de se défendre contre ceux qui la menacent, et, sans perdre le sang-froid qui est plus nécessaire que jamais, elle doit punir sans pitié les coupables et placer ceux qui tenteraient de les imiter dans l'impossibilité de le faire.

Pour cela, le concours de tous les honnêtes gens est nécessaire, et je sais qu'il ne fera pas défaut à ceux qui ont ce difficile devoir à remplir.

Messieurs,

Les victimes ont trouvé la mort en remplissant leur devoir comme le soldat qui tombe sur le champ de bataille en défendant le drapeau. Le Gouvernement et la Ville de Paris n'oublieront pas leurs veuves et leurs enfants.

Si dans de pareils moments où la douleur les accable, les pauvres veuves et les jeunes enfants de ceux qui ne sont plus peuvent recevoir une consolation, ils la trouveront dans la présence à ces obsèques des membres du Gouvernement, du Conseil municipal de Paris, de leurs chefs, de leurs camarades venus pour adresser le témoignage de leur vive sympathie à ces hommes modestes et dévoués.

Je leur adresse au nom de tous un suprême adieu.

A son tour, M. Lozé, Préfet de Police, s'exprima en ces termes :

Messieurs,

Le deuil qui vient d'atteindre la Préfecture de Police n'a pas seulement frappé au cœur les collègues, les camarades, les amis des victimes que nous pleurons aujourd'hui : l'horreur de l'attentat a soulevé un tel cri d'indignation et de colère que ce deuil est devenu un deuil public et que Paris tout entier partage votre douleur.

C'est que nous possédons encore tellement le sentiment de ces qualités qui dis-

Décoration de la porte principale de la caserne de la Cité.
(Obsèques des victimes de la rue des Bons-Enfants.)

tinguaient et qui sont toujours le caractère de notre race : la loyauté, la franchise, même le sacrifice de soi à des convictions arrêtées, que nous ne pouvons comprendre ces crimes odieux, conçus dans l'ombre et le silence, commis sans risques, qui vont frapper au hasard des êtres inconnus, qui n'étaient pas visés et dont la mort épouvantable ne peut servir aucune cause.

L'engin apporté au commissariat du quartier du Palais-Royal, et qui a produit cette œuvre de destruction, nous a donné le spectacle d'un lieu de carnage qu'il n'est pas possible de décrire dans son effroyable réalité; mais son explosion ne peut avoir d'autre effet; elle n'affaiblira aucun courage; elle n'arrêtera aucun dévouement.

Je n'ai pas à raconter les péripéties du drame et je ne viens ici que pour saluer d'un dernier adieu ces fonctionnaires et ces agents dont mon administration pouvait montrer avec fierté les états de services.

Pousset, ce malheureux secrétaire du commissariat, dont la vie de travail et d'abnégation allait bientôt être récompensée par l'obtention de l'écharpe de magistrat, Pousset avait appartenu à l'armée.

Élevé au prytanée militaire de La Flèche, sorti de Saint-Cyr dans un bon rang, il avait la réputation d'un officier d'avenir. Mais il n'avait pas tardé à faire le sacrifice de son épée de lieutenant à une jeune femme qu'il aimait et qu'il voulait épouser malgré l'absence de toute fortune. En remplissant ses devoirs d'officier, il avait trouvé moyen de faire son droit, d'obtenir le grade de licencié. C'est ainsi qu'il entra dans l'administration de la Préfecture de Police. Ses qualités, je puis dire exceptionnelles, l'avaient fait aussitôt remarquer. Un peu de bien-être allait entrer dans ce ménage où cependant on se trouvait heureux. Mais la dynamite est venue accomplir sa besogne : elle a jeté dans un coin du commissariat un amas de chairs sanglantes et laissé dans une chambre trois petits orphelins qui ne comprennent pas pourquoi le père, sorti plein de santé, ne rentre pas et qui, effrayés, se pressent contre leur mère, folle de douleur.

Troutot, Fomorin et Réaux venaient également de l'armée quand ils sont entrés à la Préfecture. Troutot, ancien maréchal des logis, successivement gardien de la paix, garçon de bureau au quartier Saint-Merri, n'avait qu'une ambition : devenir inspecteur pour améliorer la situation d'une nombreuse famille (quatre enfants), qu'il put cependant élever avec un traitement de 1.300 à 1.400 fr. par an. Il y a huit mois, il passait avec succès les épreuves de l'examen et demandait à être placé près des siens, dans ce commissariat où il devait trouver la mort.

C'est un noble et généreux sentiment qui a mis le sous-brigadier Fomorin au nombre des victimes. Il passait dans la rue d'Argenteuil au moment où l'on venait requérir le gardien de la paix chargé, à l'angle de cette rue, de surveiller la sortie des enfants de l'école communale et de faciliter leur passage au milieu des voitures qui sillonnent l'avenue de l'Opéra. Fomorin arrêta le gardien qui l'informait de cette réquisition. « Continuez votre service, lui dit-il, et n'abandonnez pas ces enfants; c'est moi qui conduirai au commissariat le garçon de bureau qui vient de descendre cet engin. » Il appela alors Réaux, un autre gardien, qui, en tenue civile, était de service de surveillance au même endroit, et tous deux accompagnèrent le garçon de bureau Garin au commissariat de la rue des Bons-Enfants. Fomorin, ancien gendarme, trouvait le moyen, malgré ses charges personnelles, de donner 25 francs par mois à sa vieille mère infirme. Réaux, ancien engagé volontaire, jeune gardien appartenant à une très honorable famille, était considéré comme un des meilleurs agents de la brigade. Tous sont morts frappés par la dynamite, à côté de Pousset et de Troutot.

Et voilà les victimes de cet attentat; d'anciens soldats, de bons serviteurs, tous pères de famille, dont le travail, maigrement rétribué, était indispensable pour nourrir et élever les enfants aujourd'hui sans soutien.

Mais non, je ne veux pas prononcer cette dernière parole. Si ces familles, si dignes de notre sympathie, de notre pitié, ont perdu, par la mort de leurs chefs cette somme d'affection et de tendresse que rien ne peut remplacer, elles gardent au moins un appui.

La Ville de Paris, la Préfecture de Police, n'oublieront pas ces veuves et ces orphelins victimes innocentes de nos maladies sociales : leur sort est assuré.

Je ne veux pas prononcer d'autres paroles; je n'ai pas besoin de dire ce que fera tout ce personnel groupé autour de moi, pour découvrir les criminels et assurer la punition du forfait. Sur cette tombe, il n'y a place que pour des hommages aux victimes, des consolations à ceux qui pleurent; ce sont ces seuls sentiments que je veux exprimer en apportant, au nom de la Préfecture de Police, un suprême adieu aux fonctionnaires dévoués qui l'ont servie jusqu'à la mort.

M. F. Sauton, Président du Conseil municipal de la Ville de Paris, prononça ensuite l'allocution suivante :

Messieurs,

En exécution de la délibération prise par le Conseil municipal de Paris, je viens saluer respectueusement les malheureuses victimes du nouvel attentat anarchiste et apporter à leur famille l'expression de la douloureuse sympathie de tous mes collègues.

Fomorin, Garin, Pousset, Réaux, Troutot, vous êtes tombés en accomplissant votre devoir. La Ville de Paris saura s'en souvenir et s'associera à l'État pour prendre soin de ceux que vous laissez.

Messieurs, l'Assemblée communale de la capitale du pays a déjà fait connaître par la voix de son président les sentiments de répulsion qu'inspirent à l'unanimité de ses membres les forfaits odieux dont nous venons encore d'être les témoins.

Les hommes qui les préparent et ceux qui les accomplissent sont indignes de faire partie d'une société civilisée.

A celle-ci de se défendre.

Il faut agir.

Le pays attend!

Après les discours, on descendit dans le caveau des Victimes du Devoir les cercueils de Pousset, de Fomorin et de Réaux. Celui de l'inspecteur Troutot, dont le nom figure sur ce monument, fut, sur la demande de la famille, inhumé au cimetière d'Ivry (1), et on déposa le corps de Garin dans le caveau provisoire de la Ville (2).

Une scène navrante se produisit à la fin de l'inhumation. Les femmes, sœurs, mères et filles des défunts, qui toutes se tenaient près du tombeau, ne voulaient pas quitter les restes des êtres si chers qu'elles avaient pour la dernière fois en leur présence. Il fallut les emmener presque de force.

Puis, les nombreux assistants se retirèrent, profondément émus par cette triste cérémonie, suprême hommage rendu par la Ville de Paris à ces malheureuses victimes d'un atroce attentat.

Colson ALFRED-EUGÈNE-AIMÉ, sous-brigadier au service de la Sûreté, décédé à l'hôpital Tenon le 30 novembre 1893, des suites de coups de couteau qu'il avait reçus en procédant à l'arrestation d'un malfaiteur dans le bureau de poste de la rue Étienne-Dolet.

Ses obsèques furent faites aux frais de la Ville (3); elles eurent lieu le 4 décembre suivant, à dix heures du matin, à Notre-Dame, où le cercueil avait été transporté par un fourgon des pompes funèbres (4).

Après la messe dite par l'abbé Grégoire, le convoi se rendit au cimetière du Montparnasse. Les cordons du poêle étaient tenus par MM. Rossignol, inspecteur principal de la Sûreté; Lefoullon, inspecteur principal de la 3ᵉ brigade de recherches; un maréchal des logis chef de la garde républicaine; un inspecteur des commissariats; un brigadier de gendarmerie; tous titulaires de la médaille d'honneur comme Colson.

---

(1) Dans une concession trentenaire.
(2) Le corps de Garin a été transporté depuis au cimetière des Batignolles.
(3) Dans la séance du 1ᵉʳ décembre 1893, le conseil prit à sa charge les frais des funérailles et vota un secours annuel et viager de 1000 francs à Mᵐᵉ Colson.
(4) Comme pour les obsèques des précédentes victimes, on fit faire des lettres d'invitation de deux sortes : l'une, au nom de la Municipalité de Paris, pour la cérémonie civile, et l'autre, au nom de la famille, pour la cérémonie religieuse.

Derrière le char, étaient portées les couronnes envoyées par le Conseil général, le Conseil municipal, la Préfecture de Police, le service de Sûreté, les compagnies de réserve, les gardiens de la paix, l'association fraternelle des commissaires de police, la société amicale et de prévoyance de la Préfecture de Police et la police municipale.

M. Antonin Dubost (1), Ministre de la Justice, était représenté par son chef de cabinet. M. Humbert, Président du Conseil municipal; plusieurs membres de cette assem-blée; M. Lé-pine, Préfet de Police; les princi-paux fonc-tionnaires de la Préfec-ture et des délégations de tous les services de l'Adminis-tration, fai-saient partie du cortège.

Sur la tombe, M. Humbert parla au nom de la ville de Paris (2).

M. Lépine prit ensuite la parole pour rappe-ler la cou-rageuse con-duite du vaillant ins-pecteur et les tragi-ques cir-constances dans les-quelles il avait trouvé la mort.

Monument des victimes de la guerre de 1870-71, au cimetière du Montparnasse (3).

« Messieurs, dit-il en terminant, devant ce monument qui nous rappelle

<hr>

(1) Ancien Secrétaire général de la Préfecture de Police.

(2) Ce discours ne figure pas au *Bulletin municipal officiel de la Ville de Paris.*

(3) Ainsi que nous l'avons dit à la page 289, le gardien de la paix Robert, tué le 13 octobre 1870, au combat de Clamart, est inhumé au cimetière du Montparnasse, dans le tombeau des victimes de la guerre de 1870-71.

tant de souvenirs pénibles, devant ce cadavre ensanglanté, j'é-
prouve un serrement de cœur à dire un dernier adieu à cette
nouvelle victime ».

Une troisième allocution fut prononcée par M. Mouquin, commissaire de police de la ville de Paris, qui, au nom de la Société
amicale et de prévoyance de la Préfecture de Police, vint saluer
la mémoire du camarade tombé si noblement dans l'accomplissement du devoir professionnel.

Depuis l'inhumation de Colson, aucune autre victime du devoir
n'a été déposée dans le monument du cimetière du Montparnasse.

Les fleurs et les couronnes qui parent ce tombeau disent à tous
les fréquentes visites de ceux que les liens du sang ou d'une
cordiale amitié unissaient à ces glorieux morts.

CHAPITRE TROISIÈME

PENSIONS, SECOURS ET LEGS

Nous n'avons parlé jusqu'ici que des distinctions honorifiques et des témoignages d'estime accordés aux gardiens de la paix pour actes de courage et de dévouement, ou des honneurs funèbres rendus à ceux qui ont succombé dans l'exercice de leur difficile mission. Mais ces récompenses essentiellement morales, bien faites pour exalter le sentiment de l'honneur et de la dignité et apporter un certain adoucissement à la douleur des parents des victimes du devoir, ne sont pas les seules auxquelles aient droit ceux dont nous nous occupons.

A ces encouragements d'un caractère particulier, viennent s'ajouter les pensions et les secours par lesquels l'Administration rémunère, suivant le cas, les services et le zèle des gardiens de la paix. Indépendamment des pensions de retraite fixées par les ordonnances et décrets mentionnés plus loin, et qui, malheureusement, sont trop souvent insuffisantes, la Préfecture de Police demande tous les ans au Conseil municipal des crédits complémentaires pour améliorer le sort de ses anciens serviteurs et celui des veuves et des orphelins des agents morts des suites de blessures reçues dans le service. De tout temps, il faut bien le dire, l'État et la Ville de Paris ont prêté le concours le plus absolu à cette œuvre d'humanité et de solidarité; et, sans remonter bien haut, il est facile de voir que les membres de l'Assemblée communale ont toujours favorablement accueilli les propositions présentées à cet effet par l'Administration. Quelquefois même, ils en ont pris la généreuse initiative et ont affirmé publiquement les devoirs de la société vis-à-vis des veuves et des enfants des victimes dont nous avons énuméré les noms dans les deux précédents chapitres.

Cette pensée est, en effet, très justement exprimée dans la péroraison du discours prononcé à Courbevoie (1), le 11 octobre 1893, par M. Bassinet (2), Président du Conseil général de la Seine. « Celui, dit-il, qui tombe pour le bien public, a droit à des honneurs publics et nous les lui rendons; mais il ne faut pas oublier que sa récompense la plus précieuse, sa consolation la plus douce serait de savoir qu'on n'oubliera pas ceux qui lui sont chers et dont il était l'unique appui.

« Le chef de la famille est tombé pour défendre la collectivité, la collectivité doit soutenir à son tour la veuve et l'orphelin de celui qui est mort pour elle. »

Ces paroles définissent, de la manière la plus heureuse, la ligne de conduite suivie en l'espèce par les Conseillers municipaux de la Ville de Paris. Leur action a toujours été particulièrement bienfaisante dans cette question des pensions et des secours qui figurent au budget de la Préfecture de Police pour une somme relativement considérable.

Avant de donner le détail des fonds affectés au service des pensions de retraite, il est nécessaire, croyons-nous, de rapporter ici les dispositions réglementaires actuellement applicables au per-

---

(1) Aux obsèques de l'agent Lucas, mortellement frappé par un malfaiteur sur la place de la mairie de Courbevoie.

(2) On sait que les Conseillers municipaux de Paris sont en même temps conseillers généraux du département de la Seine.

sonnel de la police municipale pour cet objet. Voici, dans l'ordre chronologique, les textes auxquels nous faisons allusion :

Ordonnance du Roi, du 12 avril 1831.

Louis-Philippe, Roi des Français,

A tous présents et à venir, salut :

Sur le rapport de notre Ministre secrétaire d'État du commerce et des travaux publics,

Vu le décret du 25 octobre 1806, qui établit une caisse de retraites en faveur des employés de la Préfecture de Police, et qui forme règlement pour les pensions de ces employés;

Vu les ordonnances royales des 11 août et 20 octobre 1819, 26 décembre 1821, 21 août 1822 et 11 juin 1823, par lesquelles il a été apporté des modifications à diverses dispositions de ce décret;

Vu la délibération du Conseil municipal de la ville de Paris, en date du 29 mai 1829, par laquelle il émet le vœu que de nouvelles modifications qu'il y indique soient faites au même règlement;

Vu l'avis du Préfet de Police, en date du 17 octobre 1829;

Notre Conseil d'État entendu,

Nous avons ordonné et ordonnons ce qui suit :

TITRE Ier.

Dispositions générales.

ARTICLE 1er. — Il continuera d'être fait, chaque mois, au profit de la caisse de retraites des fonctionnaires, employés et agents de la Préfecture de Police, sur les traitements payés sur les fonds affectés pour le budget de la dite Préfecture, une retenue de cinq centimes par franc sur les traitements au-dessus de 1200 francs, et de deux centimes et demi par franc sur les traitements de 1200 francs et au-dessous.

ARTICLE 2. — Le montant net des traitements, pendant les vacances d'emploi qui n'excèderont pas un mois, sera ajouté au fonds de retraite. Tout congé excédant quinze jours emportera une retenue de la moitié du traitement au profit du même fonds.

ARTICLE 3. — Pour suppléer à l'insuffisance des fonds de retenue et de premier établissement déjà créés, il sera, conformément au vœu du Conseil municipal, alloué, à partir de ce jour, dans le budget de la ville de Paris, un fonds annuel dont le montant sera du dixième de la masse des traitements réunis des fonctionnaires, employés, préposés et agents de la Préfecture de Police, payés sur les fonds de ce budget, sauf décroissance de ce fonds dans les proportions qui seront successivement jugées possibles.

Au moyen de cette allocation, la disposition de l'ordonnance royale du 11 juin 1823, qui fixait cette subvention à soixante mille francs, est rapportée.

Article 4. — Conformément à l'article 110 de la loi du 28 avril 1816 et aux dispositions de l'ordonnance royale du 20 octobre 1819, les fonds destinés à alimenter la caisse des retraites des employés de la Préfecture de Police continueront d'être versés à la caisse des dépôts et consignations.

TITRE II.

Des conditions pour obtenir une pension.

Article 5. — Les demandes à fin de pension seront adressées avec les pièces justificatives au Préfet de Police; elles seront inscrites, par ordre de date et de numéro, sur un registre à ce destiné.

Le Préfet de Police examinera ces demandes, vérifiera les titres à l'appui et établira les liquidations d'après les bases ci-après déterminées. Sur son rapport, les pensions seront fixées par le Conseil municipal.

Les pensions ainsi fixées, après avoir été revisées au Comité de l'intérieur de notre Conseil d'État, seront soumises à notre approbation par notre ministre de l'Intérieur.

Article 6. — Il ne sera liquidé de pensions que jusqu'à concurrence des fonds libres sur le montant des retenues, sur le produit des fonds placés appartenant à la caisse des retraites et sur les subventions qui lui seront accordées.

Article 7. — Les employés de la Préfecture de Police auront droit à une pension de retraite après trente ans de service effectif.

Article 8. — La pension pourra cependant être accordée, avant trente ans de service, aux employés qui, après dix ans de service, deviendraient par leurs infirmités, incapables de continuer leurs fonctions, ou seraient réformés par le fait de la suppression de leur emploi.

Pourront exceptionnellement obtenir une pension, quel que soit le nombre de leurs années de service, les employés mis hors d'état de continuer leurs fonctions par des blessures ou accidents graves occasionnés par le service.

Article 9. — Les services rendus dans l'administration de la Préfecture de Police et dans les autres administrations municipales de Paris seront seuls admis pour établir le droit à la pension et pour sa liquidation; néanmoins on continuera de compter aux employés actuels de la Préfecture de Police, indépendamment de leurs années de service dans cette Préfecture et dans les administrations qui l'ont précédée et qu'elle représente, tout leur temps de service militaire et celui d'activité dans les administrations publiques qui ressortissaient au gouvernement, quoique étrangères à celle dans laquelle ces employés se trouvent placés.

Ces employés devront compter au moins dix ans de service à la Préfecture de Police ou aux autres administrations municipales de la ville de Paris, pour obtenir la pension d'ancienneté et cinq ans des mêmes services dans le cas prévu par le premier paragraphe de l'article 8 du présent règlement.

Quant à leurs services militaires qui n'auront point été récompensés, ils seront l'objet d'une liquidation séparée, pour laquelle on se conformera aux dispositions des lois et règlements relatifs à la liquidation des pensions militaires.

Les anciens employés de la Préfecture de Police, jouissant actuellement d'une pension dans laquelle les services militaires n'auraient point été compris, ne pourront réclamer un supplément de pension à raison de ces services militaires,

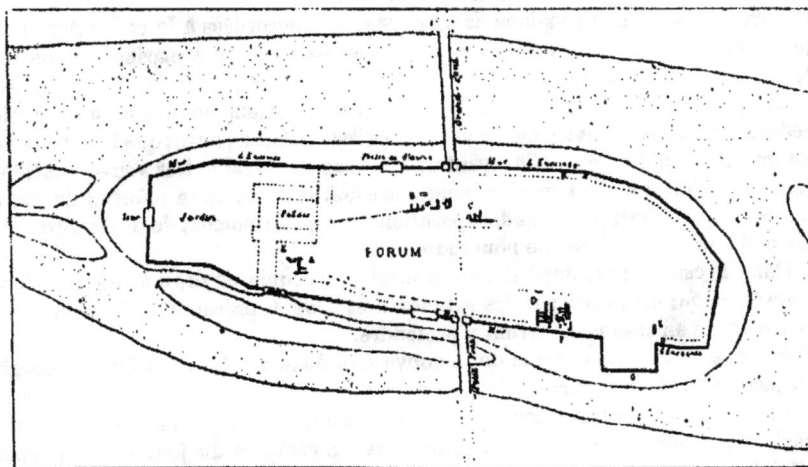

Plan du Forum de Lutèce. D'après un dessin d'Hoffbauer.
(Emplacement sur lequel a été construite la caserne de la Cité.)

A, Édifices découverts en 1846 ; B et C, en 1844 ; D, en 1847. — E, Fragments du mur d'enceinte découverts en 1829 ; F, en 1847 ; G, en 1849 ; H, en 1860. — K, Cippe ou autel votif découvert en 1784. — L, mur découvert en 1811.

leur faisant, à cet égard, l'application de la disposition consacrée par l'article 2 de l'ordonnance royale du 22 novembre 1815.

ARTICLE 10. — Pour déterminer la fixation de la pension, il sera fait une année moyenne du traitement fixe dont les réclamants auront joui pendant les trois dernières années de leur service.

Les gratifications qui leur auraient été accordées pendant ces trois ans ne feront point partie de ce calcul.

ARTICLE 11. — La pension accordée après trente ans de service sera de la moitié de la somme réglée par l'article précédent; elle s'accroîtra du vingtième de cette moitié pour chaque année de service au-delà de trente ans. Le maximum de la retraite ne pourra excéder les deux tiers du traitement annuel de l'employé réclamant, calculé sur le terme moyen des trois dernières années de son activité.

ARTICLE 12. — La pension accordée avant trente ans de service, dans les cas prévus par l'article 8, sera du sixième du traitement pour dix ans de service, et même pour moins de dix ans à l'égard des employés actuellement en activité de service.

Elle s'accroîtra d'un soixantième de ce traitement pour chaque année de service au-dessus de dix ans.

Si l'un des employés actuels avait d'anciens services civils déjà récompensés par une pension, soit sur le Trésor royal, soit sur les fonds de retenue d'une ad-

ministration quelconque, ces services seront comptés avec les services posté-
rieurs pour régler la pension nouvelle ; mais le montant de la pension dont il
jouit sera déduit de celle résultant de la liquidation faite sur la généralité des
services, et le surplus seulement de cette liquidation sera affecté sur le fonds de
retraite des employés de la Préfecture de Police.

ARTICLE 13. — Les pensions de secours seront accordées à la veuve d'un employé et aux enfants, au-dessous de 15 ans, issus de leur mariage, dans les
cas ci-après déterminés.

Ces pensions ne seront accordées qu'aux veuves et enfants des employés décédés en activité de service ou décédés après leur réforme, avant que leur pension
ait pu être liquidée, ou enfin ayant une pension de retraite. Les veuves justifieront : 1° qu'elles étaient mariées cinq ans avant le décès ou la réforme de leurs
maris ; 2° qu'il n'existait point de séparation de corps au moment du décès ; 3° qu'elles n'ont point contracté de nouveau mariage.

Dans le cas où l'employé décédé n'aurait pas acquis de droit à une pension,
d'après ce qui est prévu par les articles 8 et 9 de la présente ordonnance, la
veuve et les enfants ne pourront y prétendre.

ARTICLE 14. — La pension de la veuve sera du quart de la retraite qui aurait
été accordée à son mari.

La pension des enfants sera, pour chacun d'eux, du vingtième de celle à laquelle leur père aurait eu droit. Elle cessera à compter du jour où ils auront
atteint leur quinzième année. La somme à accorder à la veuve, réunie à celle à
accorder aux enfants, ne pourra au total excéder la moitié de la pension à laquelle
l'employé décédé aurait pu prétendre ou dont il jouissait.

ARTICLE 15. — Si la veuve décède avant que ses enfants, provenant de son
mariage avec l'employé, aient atteint l'âge de 15 ans, sa pension sera réversible
à ses enfants. Ils en jouiront, par égale portion, en sus de leur pension personnelle, jusqu'à l'âge de 15 ans, mais sans réversibilité des uns sur les autres.

ARTICLE 16. — Si les employés ne laissent pas de veuve, mais seulement des
orphelins, il sera accordé à ceux-ci des pensions de secours jusqu'à l'âge de 15
ans accomplis, si leur père avait droit à la pension à l'époque de son décès, d'a-
près les cas prévus par les articles 8 et 9 de la présente ordonnance. La quotité,
pour chacun d'eux, sera fixée à la moitié de ce qu'aurait eu leur mère si elle
avait survécu à son mari, et ne pourra excéder, pour tous les enfants ensemble,
la moitié de la pension à laquelle leur père aurait eu droit ou dont il jouissait.

La pension qui pourrait revenir, d'après les précédentes dispositions, à un ou
plusieurs des enfants, leur sera conservée toute leur vie, s'ils sont infirmes, et
par l'effet de ces infirmités, hors d'état de travailler pour subvenir à leurs besoins.

ARTICLE 17. — En cas de concurrence entre plusieurs employés réclamant
pension, l'ancienneté de service d'abord, et ensuite l'âge et les infirmités dé-
cideront de la préférence.

Après la reconnaissance provisoire des droits de l'employé à obtenir pension,
s'il est constaté qu'il soit dans le besoin, le Préfet de Police pourra lui faire
avancer, à titre de provision, sur les fonds de pension, un secours proportionné
à la pension présumée, et dont le montant sera précompté sur le montant des
arrérages de la pension.

TITRE III.

Des cas de suspension et de privation du droit à la pension de retraite.

ARTICLE 18. — L'employé qui cesse d'être attaché à la Préfecture de Police n'a droit, dans aucun cas, au remboursement des retenues exercées sur son traitement ni à aucune indemnité; mais si, par la suite, l'employé était admis à rentrer à la Préfecture, le temps de son premier service compterait pour sa pension.

ARTICLE 19. — Tout employé destitué ou qui donnerait sa démission, ne peut prétendre ni au remboursement des sommes retenues sur son traitement pour le fonds de pension, ni à aucune indemnité.

TITRE IV.

Du mode de paiement des pensions et de la comptabilité des fonds de la caisse des retraites.

ARTICLE 20. — Les pensions accordées sur les fonds affectés à la caisse des retraites continueront d'être payées à l'expiration de chaque trimestre par la caisse des dépôts et consignations, et le mode de comptabilité sur ces fonds, tant en recette qu'en dépense, sera réglé d'après les instructions en vigueur.

ARTICLE 21. — Si le montant des fonds destinés aux pensions a excédé, dans l'année, celui des pensions à faire aux pensionnaires, l'excédent sera employé en acquisition de rentes sur l'État, pour, les intérêts en provenant, accroître d'autant le revenu annuel du fonds de retraite.

ARTICLE 22. — Au moyen des dispositions de la présente ordonnance, le décret du 25 octobre 1806 et les ordonnances royales qui formaient règlement pour le fonds de pension des employés de la Préfecture de Police sont et demeurent rapportés.

ARTICLE 23. — Nos ministres secrétaires d'État du commerce et des travaux publics et des finances sont chargés de l'exécution de la présente ordonnance.

Donné à Paris, le 12 avril 1831.

LOUIS-PHILIPPE.

Par le Roi :

Le Pair de France, Ministre du commerce et des travaux publics.

Comte D'ARGOUT.

Décret du 23 novembre 1857.

Napoléon, par la grâce de Dieu et la volonté nationale, Empereur des Français.

A tous présents et à venir, salut :

Sur le rapport de notre Ministre Secrétaire d'État au département de l'Intérieur,

Vu l'ordonnance royale du 12 avril 1831, portant règlement pour les pensions de retraite aux employés de la Préfecture de Police;

Vu la délibération du Conseil municipal de la ville de Paris, en date du 15 mai 1857;

Notre Conseil d'État entendu,

Avons décrété et décrétons ce qui suit :

ARTICLE 1er. — Pour les employés du service de la police municipale de Paris, le droit à la pension de retraite est acquis, par ancienneté, après vingt-cinq ans accomplis de service.

Cette disposition ne s'applique qu'aux employés qui ont passé quinze ans, au moins, dans le service de la police municipale, et qui en font partie depuis cinq années consécutives au moment de leur admission à la retraite.

ARTICLE 2. — La pension accordée après vingt-cinq ans de service est de moitié du traitement moyen dont l'employé a joui pendant les trois dernières années de son exercice.

Elle s'accroît d'un quarantième de ce traitement moyen pour chaque année de service en sus, mais sans pouvoir jamais excéder les deux tiers du dit traitement.

ARTICLE 3. — Pour les employés qui, après dix ans de service dans la police municipale, se trouveraient dans l'un des cas prévus par les paragraphes 1 et 2 de l'article 8 de l'ordonnance du 12 avril 1831, la pension est réglée à un cinquantième du traitement moyen pour chaque année de service.

ARTICLE 4. — Les services dans les armées de terre et de mer concourent avec les services dans la police municipale pour établir le droit à la pension et sont comptés pour leur durée effective, pourvu, toutefois, que la durée des services dans la police municipale soit de dix ans au moins.

Si la durée des services de terre et de mer était inférieure à cinq ans, la durée des services dans la police municipale subirait une augmentation proportionnée, de manière que ces services de deux natures réunis présentent une durée d'au moins quinze ans.

Si ces services militaires de terre et de mer ont déjà été rémunérés par une pension, ils n'entrent pas dans le calcul de la liquidation. S'ils n'ont pas été rémunérés par une pension, la liquidation en est opérée d'après le maximum attribué au grade par les lois sur les pensions de l'armée.

ARTICLE 5. — Les pensions des employés de la police municipale, celles de leurs veuves et de leurs orphelins, continueront d'être régies, pour le surplus, par les dispositions de l'ordonnance du 12 avril 1831.

ARTICLE 6. — Notre Ministre Secrétaire d'État au département de l'Intérieur est chargé de l'exécution du présent décret.

Fait au Palais des Tuileries, le 23 novembre 1857.

                                                    NAPOLÉON.

Par l'Empereur :

Le Ministre Secrétaire d'État au département de l'intérieur.

                        BILLAUT.

Décret du 7 avril 1880.

Le Président de la République Française,

Sur le rapport du Ministre de l'intérieur et des cultes,

Vu l'ordonnance du 12 avril 1831, portant règlement des pensions de retraite des fonctionnaires, employés et agents de la Préfecture de Police, et notamment à l'article 11 ;

Hôtel du Prévôt de Paris, passage Charlemagne, rue Saint-Antoine. Vue de l'intérieur de la cour; côté sud.

Vu le décret modificatif du 23 novembre 1857 et notamment l'article 2 ;

Vu la délibération du Conseil municipal de la ville de Paris, en date du 1er décembre 1879 ;

Le Conseil d'État entendu,

Décrète :

ARTICLE 1er. — Les pensions de retraite liquidées en faveur des fonctionnaires, employés et agents de la Préfecture de Police, par application de l'ordonnance du 12 avril 1831 et du décret du 23 novembre 1857, ne pourront, dans aucun cas, dépasser le maximum de six mille francs.

ARTICLE 2. — Le Ministre de l'intérieur et des cultes est chargé de l'exécution du présent décret.

Fait à Paris, le 7 avril 1880.

Jules GRÉVY.

Par le Président de la République :

Le Ministre de l'intérieur et des cultes,

Ch. LEPÈRE.

Décret du 11 juin 1881. (1)

Le Président de la République Française,

Sur le rapport du Ministre de l'intérieur et des cultes,

Vu les lois des 24 juillet 1873 (Art. 1er) et 22 juin 1878 (Art. 12);

Vu les décrets des 4 juillet 1806 et 1er février 1813; les ordonnances des 8 janvier 1817, 13 novembre 1822, 20 août 1824; les décrets des 2 août 1856, 21 septembre 1861, 5 février 1868, sur les pensions des employés de la Préfecture de la Seine et de la Ville de Paris;

Vu les décrets des 7 février 1809, 30 janvier 1852, 30 juin 1855 et 22 février 1875, sur les pensions des employés de l'Assistance publique, à Paris;

Vu l'ordonnance du 20 mai 1844 et le décret du 27 juin 1877, sur les pensions des employés du Mont-de-Piété de Paris;

Vu l'ordonnance du 7 mai 1831, sur les pensions des employés de l'Octroi de Paris;

Vu l'ordonnance du 12 avril 1831 et le décret du 23 novembre 1857, sur les pensions des employés de la Préfecture de Police;

Vu les délibérations du Conseil général de la Seine du 5 février 1878 et du Conseil municipal de Paris du 25 octobre 1877; ensemble les avis des Commissions administratives de l'Assistance publique, du Mont-de-Piété et de l'Octroi de Paris;

Vu les avis des Ministres des finances, de la guerre, de la marine et des colonies;

Le Conseil d'État entendu,

Décrète :

ARTICLE 1er. — Les pensions de retraite des employés de la Préfecture de la Seine, des administrations annexes (Assistance publique, Octroi, Mont-de-

(1) *Loi du 24 juillet.* — (Art. 1er). Les emplois civils et militaires désignés aux états annexés à la présente loi sont exclusivement attribués, dans la proportion des vacances annuelles et dans les conditions d'admissibilité déterminées aux dits états, aux sous-officiers ayant passé douze ans sous les drapeaux dans l'armée active, dont quatre avec le grade de sous-officier.

Toutefois, en ce qui concerne la Préfecture de la Seine et la Préfecture de Police, les emplois indiqués à l'état annexé ne seront exclusivement attribués, dans les proportions indiquées, aux militaires ayant le temps de service voulu dans l'armée active, avec quatre années de grade de sous-officier, qu'après un règlement arrêté entre l'État et la Ville de Paris pour la répartition de la pension de retraite entre l'État et la Ville.

Loi du 22 juin 1878. (Article 11). Les sous-officiers ayant dix ans de service, dont quatre comme sous-officiers, participent, au point de vue des emplois civils et militaires déterminés par la loi du 24 juillet 1873, aux avantages stipulés par l'article 1er de cette loi.

Article 12. Les sous-officiers portés sur les listes de classement des emplois civils dressées en conformité de l'article 8 de la loi du 24 juillet 1873 pourront être pourvus, dans les six derniers mois de leur service, de l'emploi pour lequel ils ont été désignés.

Loi du 23 juillet 1881. (Article 11). Les sous-officiers ayant sept ans de service, dont quatre de sous-officiers, participent, au point de vue des emplois civils, aux avantages stipulés par l'article 1er de la loi du 24 juillet 1873.

Piété) et de la Préfecture de Police qui auront été nommés en exécution des lois des 24 juillet 1873 et 22 juin 1878 seront, lorsque ces employés ne jouiront pas d'une pension militaire, mises pour partie à la charge de l'État.

Article 2. — La part contributive de l'État est fixée, lors de la liquidation, d'après la durée des services militaires de l'employé et à la quotité qui est déterminée par le deuxième paragraphe de l'article 8 de la loi du 9 juin 1853, sans toutefois pouvoir être supérieure à la rémunération des services militaires, telle qu'elle est réglée par les statuts de la Caisse de retraites, dont l'intéressé est tributaire.

En ce qui concerne les pensions et secours accordés aux veuves et orphelins, la part contributive de l'État est égale au tiers de celle qui aurait été fixée pour le mari ou pour le père.

Lorsque ce dernier a été titulaire d'une pension militaire, la part contributive est due, si les services dans les armées de terre ou de mer figurent dans le décompte de la pension liquidée au profit de la veuve ou des orphelins, par la Caisse spéciale.

Article 3. — La part contributive de l'État est imputée :

Sur les fonds généraux du Trésor, en ce qui concerne les services dans l'armée de terre.

Sur les fonds de la caisse des Invalides de la marine, en ce qui concerne les services dans l'armée de mer.

Article 4. — Les pensions qui font l'objet du présent réglement sont liquidées conformément aux statuts de la caisse de retraites intéressée; les liquidations sont soumises par le Ministre de l'intérieur à l'examen de la section des finances, de la guerre et de la marine du Conseil d'État. Les projets de liquidation sont accompagnés de l'avis du Ministre des finances ou de l'avis du Ministre de la marine, selon qu'il s'agit de parts contributives à imposer au Trésor ou à la Caisse des Invalides de la marine.

Article 5. — Les pensions dont il s'agit sont concédées par décrets rendus sur la proposition du Ministre de l'intérieur. Les décrets, contre-signés par lui et par le Ministre des finances ou par le Ministre de la marine, selon la distinction faite à l'article précédent, sont insérés au *Bulletin des Lois*.

Article 6. — Les pensions sont servies par les caisses spéciales. Les avances qu'elles font pour la part contributive afférente aux services militaires leur sont remboursées, chaque année, par le trésor public et la Caisse des Invalides de la marine.

Article 7. — Les Ministres de l'intérieur, des finances, de la guerre et de la marine et des colonies sont chargés, chacun en ce qui le concerne, de l'exécution du présent décret.

Fait à Paris, le 11 juin 1881.

Jules Grévy.

Par le Président de la République :
Le Ministre de l'intérieur et des cultes,
Constans.

Le Ministre des finances,
J. Magnin.

Le Ministre de la marine et des colonies,
G. Cloué.

Décret du 9 Juillet 1883.

Le Président de la République Française,

Sur le rapport du Ministre de l'intérieur,

Vu l'ordonnance royale du 12 avril 1831, portant création et règlement de la Caisse des retraites des employés et agents de la Préfecture de Police;

Vu les décrets modificatifs des 23 novembre 1857 et 7 avril 1880;

Vu les délibérations du Conseil municipal de Paris, en date des 18 et 25 avril 1883 ;

Le Conseil d'État entendu,

Décrète :

ARTICLE 1er. — Les articles 13, § 2, et 14, § 1er, de l'ordonnance du 12 avril 1831 sont modifiés comme il suit :

« ARTICLE 13. — Les veuves justifieront :

« 2° Qu'il n'existait point de séparation de corps prononcée contre elles.

« ARTICLE 14. — La pension de la veuve sera du tiers de celle que le mari avait obtenue ou à laquelle il aurait eu droit. »

ARTICLE 2. — Le Ministre de l'intérieur est chargé de l'exécution du présent décret.

Fait à Paris, le 9 juillet 1883.

Jules Grévy.

Par le Président de la République :

Le Ministre de l'Intérieur,

WALDECK-ROUSSEAU.

Aux termes d'un arrêté préfectoral du 8 juillet 1876, une commission, composée de trois médecins choisis dans les divers services de la Préfecture de Police et désignés pour un temps déterminé, a été instituée à l'effet de contrôler l'invalidité de tous les employés et agents de l'Administration en instance de retraite pour cause d'infirmités les rendant incapables de continuer leur service.

Actuellement, la commission médicale est présidée par M. Gillebert d'Hercourt, médecin en chef de la police municipale. Les deux autres membres sont M. Passant, médecin en chef du dispensaire de salubrité, et le docteur Robin-Duvernet, chargé de la visite des nourrices à la Préfecture de Police.

Cette commission se réunit sur la convocation du médecin en chef de la police municipale, lorsque celui-ci le juge nécessaire. Elle délivre à chaque agent examiné un certificat sur lequel statue le directeur

Canne de sergent de ville (1829).

Épée du sergent de ville (1830-1848). Épée d'officier de paix (actuelle).

Épée d'officier de paix (2ᵉ Empire). Épée de sergent de ville modifiée (1876).

Épée de sergent de ville (2ᵉ Empire). Sabre-baïonnette (actuel).

Couteau poignard (1848). Revolver (modèle Lefaucheux).

Revolver (1870). Fusil Gras. Revolver (modèle 1874).

Sabre de brigadier. Fusil Chassepot.

de la police municipale. La décision prise à ce sujet par ce haut fonctionnaire est toujours conforme aux conclusions des médecins.

Pour faciliter la tâche de ces derniers et mettre fin à certaines réclamations dont il est souvent impossible de vérifier l'exactitude, M. Lépine vient de décider qu'à l'avenir tout fonctionnaire ou agent qui aura reçu des coups et blessures dans le service passera devant la commission médicale de la Préfecture de Police. Un certificat établissant l'origine et la gravité de ces blessures sera versé au dossier de l'intéressé et pourra être utilement consulté lors de la liquidation de la retraite.

Il est à remarquer que les dispositions de l'ordonnance royale du 12 avril 1831 sont applicables à tous les employés de la Préfecture de Police et que, pour la première fois, le décret du 23 novembre 1857 vise spécialement les agents de la police municipale. Pendant longtemps (1), les fonds de pensions ont été inscrits au budget de la Préfecture de Police sous une rubrique générale qui ne donne pas le chiffre exact auquel s'élevait alors le montant des retraites accordées au personnel de la police municipale.

En 1828, année qui a précédé celle de la création des sergents de ville, les fonds destinés aux pensions des employés de tous les services de la Préfecture de Police ne donnaient qu'un total de 74.298 fr. 01.

Au budget de 1895, on évalue à 4.180.000 fr. le montant des pensions à servir aux fonctionnaires et agents de la police municipale seulement. Cette somme se répartit ainsi :

6.844 pensionnés de la police municipale, au 30 juin 1894.	4.698 employés ou agents	3.722.882 fr. 69
	1.772 veuves	397.265 fr. 17
	374 orphelins	19.522 fr. 01
		4.139.669 fr. 87
A ajouter pour pensions à liquider dans le courant de l'exercice.		40.330 fr. 13
Total		4.180.000 fr. »

Voici maintenant les ressources nécessaires pour faire face à cette dépense :

_____

(1) A partir de l'année 1880, le fonds de pensions du personnel de la police municipale fait l'objet d'un article spécial au budget.

Retenues proportionnelles, peines disciplinaires, retenues de congés, vacances d'emplois, annulations d'arrérages, etc. . . . . 930.000 fr. »
Subvention du Conseil municipal . . . . 3.250.000 fr. »

Total . . . . . . 4.180.000 fr. »

Sur cette somme, les arrérages suivants sont afférents aux services militaires :

Pensions d'employés . . . . 892.718 fr. 12
Pensions de veuves . . . . 88.253 fr. 47
Pensions d'orphelins . . . . 4.903 fr. 11

Total . . . . . . 985.874 fr. 70

Indépendamment de ces chiffres portés au compte spécial de la police municipale, on relève sur le budget de l'année 1895, au profit de tous les services de l'Administration, deux crédits dont l'emploi est déterminé comme suit :

I. — 30.000 fr. pour secours aux veuves et aux orphelins des employés ou agents décédés de mort naturelle avant d'avoir droit à une retraite.

Souvent, en raison de la situation malheureuse de la famille, ces secours sont renouvelés pendant deux ou trois ans de suite.

II. — 30.053 fr. 09, à l'effet de donner :

1° des pensions complémentaires aux employés ou agents retraités proportionnellement pour blessures graves reçues dans le service ;

2° des secours viagers aux employés ou agents retraités pour le même motif avant d'avoir atteint le nombre d'années fixé pour l'obtention de la retraite proportionnelle ;

3° des pensions et des secours aux veuves et aux orphelins d'employés ou d'agents morts victimes du devoir, et qui, au moment du décès, ne réunissaient pas les conditions nécessaires pour obtenir la retraite proportionnelle ou n'avaient droit qu'à une pension insuffisante.

On voit donc que, dans bien des cas, le Conseil municipal alloue des pensions complémentaires ou des secours annuels et viagers aux gardiens de la paix insuffisamment retraités, et qu'il accorde, dans la mesure du possible, les mêmes avantages aux veuves et aux orphelins des agents morts victimes du devoir. Les sommes affectées à cet usage augmentant tous les ans, il n'est pas sans intérêt d'établir, par les chiffres ci-dessous, la progression qu'elles ont suivie depuis 1830 :

ANNÉES.	SUBVENTIONS AU FONDS DE PENSIONS.		SECOURS VIAGERS.	SECOURS ANNUELS.
1830	182.769 fr. »	(1)	» »	» »
1840	129.195 fr. »	(1)	9.443 fr. 37	» »
1850	» »	(2)	7.422 fr. 05	5.125 fr. »
1860	170.000 fr. »	(1)	6.256 fr. »	12.000 fr. »
1870	300.000 fr. »	(1)	6.123 fr. 77	10.300 fr. »
1880	406.050 fr. »	(3)	6.573 fr. 33	10.000 fr. »
1890	3.403.130 fr. »	(3)	12.314 fr. 75	20.000 fr. »
1895	3.250.000 fr. »	(3)	30.053 fr. 69	30.000 fr. »

(1) Ces subventions s'appliquent au fonds de pension de tout le personnel de l'Administration.

(2) En 1849, en votant le budget, la Commission municipale émit le vœu qu'il fût fait emploi, pour le service des pensions, du capital des inscriptions de rente acquises antérieurement par la Caisse des retraites. Il n'y eut donc pas de subvention, et cette mesure fut appliquée en 1850.

(3) Ces trois dernières sommes sont spécialement destinées au fonds de pensions du personnel de la police municipale.

En votant ces fonds, le Conseil municipal a certainement répondu aux vœux de la population parisienne qui a si souvent donné des marques de sympathie aux agents chargés d'assurer son repos et sa sécurité. Dans la liste des particuliers qui ont tenu à récompenser généreusement les gardiens de la paix à la suite d'un acte de probité ou de courage, on trouve des donateurs appartenant à toutes les classes de la société (1). Parfois, les sommes envoyées aux agents sont considérables, et ceux-ci se dérobent à ces sortes de récompenses, bien tentantes cependant pour des employés dont le traitement est si modeste.

Plusieurs fois aussi, la presse, toujours si dévouée aux œuvres charitables, a pris l'initiative de souscriptions pour venir en aide à des agents blessés dans le service ou secourir les veuves et les orphelins de ceux qui avaient trouvé la mort en accomplissant leur devoir. En 1871, le journal *le Figaro* ouvrit dans ses colonnes une sous-

(1) A la fin du second Empire, un Parisien, M. Sipierre, fit don de 10,000 fr. aux sergents de ville. Cette générosité lui valut, dit-on, d'être surnommé « la nourrice aux sergents de ville. »

CHAPERON, ÉCHARPES ET CEINTURES

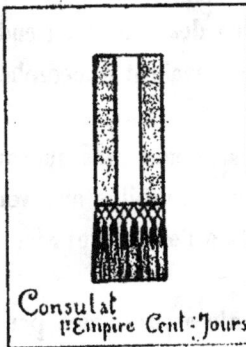

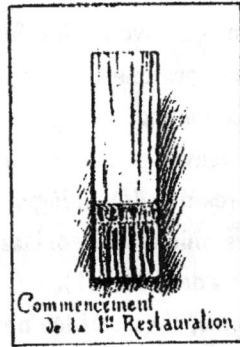

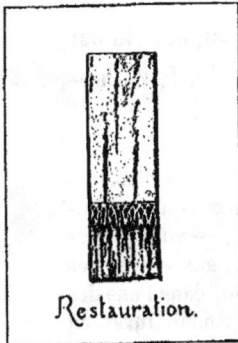

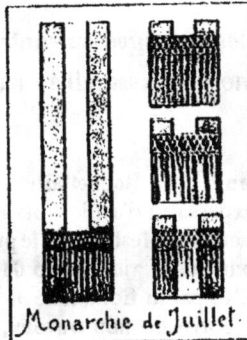

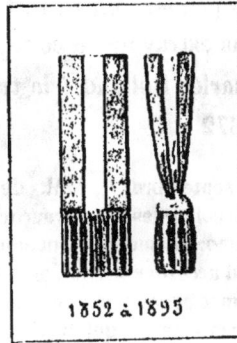

Révolution.

Consulat
1er Empire Cent-Jours.

Commencement
de la 1re Restauration.

Restauration.

Monarchie de Juillet.

1852 à 1895

COMMISSAIRES DE POLICE.

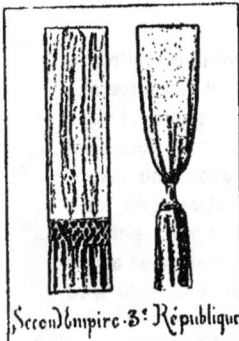

Second Empire 3e République.

Monarchie de Juillet.

Second Empire 3e République.

INSPECTEURS DIVISIONNAIRES.

OFFICIERS DE PAIX.

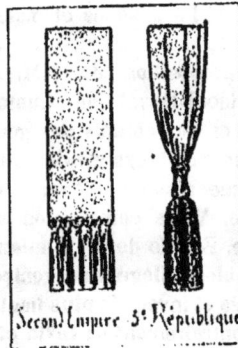

cription en faveur des familles des soldats, gendarmes, gardes de
Paris et gardiens de la paix qui avaient succombé durant la guerre
et la Commune.

Les veuves et les enfants des agents tués au cours des opérations
militaires des deux sièges furent assimilés aux veuves et aux orphelins des officiers et soldats tués à l'ennemi et reçurent, à ce titre, des
pensions de l'État (1).

De plus, l'Assemblée nationale accorda des pensions annuelles et
viagères aux veuves des gendarmes et gardiens de la paix tués comme
otages pendant l'insurrection.

Nous extrayons, à ce sujet, les passages suivants du rapport lu par
M. Charles Rolland à la tribune de l'Assemblée nationale, le 27 janvier 1872 :

Le 6 septembre (1), MM. de Sugny, de la Rochethulon, Depeyre et plusieurs
de leurs collègues, — devançant l'expression d'un louable sentiment qui s'est ensuite honorablement et fructueusement manifesté dans le public, — vous propo-
saient d'accorder « une pension annuelle et viagère de 600 fr., aux veuves des
gendarmes et sergents de ville fusillés par la Commune ». Enfin, dans l'une des
premières séances qui suivirent la reprise de nos travaux, M. Raoul-Duval, en
son nom et au nom de treize autres députés, vous apportait un projet de loi en
faveur des veuves et des enfants des gendarmes, gardiens de la paix et anciens
gardes de Paris saisis et massacrés en qualité d'otages. . . . .
. . . .
La proposition de MM. de Sugny, Depeyre, etc., comme celle de
MM. Raoul-Duval, de Cumont, Cordier, etc., — relatives l'une et l'autre aux
veuves et aux enfants des gendarmes, gardiens de la paix, sergents de ville,
tués comme otages pendant l'insurrection de la commune de Paris, — tendaient
au même résultat et avaient été accueillies par l'Assemblée avec une faveur
pareille. Votre commission se trouvait dès lors dans l'obligation d'en tenir
compte. Elle le devait d'autant plus que le cas introduit devant vous par nos
honorables collègues ne rentre point dans la règle générale que nous avons
rappelée et invoquée plus haut. Nous nous opposerions pour notre compte à ce
que, contrairement au texte et à l'esprit de la loi, il fût accordé aux veuves des
sous-officiers et soldats appartenant au corps des gendarmes, des sergents de
ville, des gardiens de la paix, au delà du tarif réglementaire, des pensions
variant de 232 francs à 382 francs suivant le grade. Être devenues veuves par
un fait de guerre civile et non de guerre contre l'étranger, ne saurait, en effet,

_____

(1) Voir les indications contenus dans le tableau que nous donnons un peu plus loin.
(2) 1871.

élever pour elles un titre exceptionnel; et l'armée désapprouverait, sans nul doute, si l'on consultait son sentiment, une telle violation de principe. Mais telle n'est point ici la question. Il s'agit de malheureux qui n'ont pas reçu les armes à la main, dans le rang, la mort du soldat; qu'on a odieusement massacrés, au contraire, en dehors de l'action militaire; qu'on est venu saisir, homme par homme, souvent dans leur domicile, parce qu'ils étaient encore ou avaient été précédemment gendarmes, sergents de ville, gardiens de la paix, agents de la sûreté publique; qu'on a, à cause de cette qualité, maintenus dans une captivité cruelle, rendue plus affreuse par des menaces de mort journalières, et qui ont enfin reçu le trépas dans d'horribles conditions! Nous croyons, Messieurs, sans plus nous appesantir sur ce sujet lamentable, qu'il y a lieu d'accorder des secours particuliers aux veuves et aux enfants de ces infortunés, désignés au martyre qu'ils ont subi par d'odieuses vengeances et en représailles de la lutte obscure, utile, qu'ils avaient longtemps soutenue, en dehors de toute question politique, pour la cause du bon ordre et de la sécurité de tous! Nous vous convions donc à accepter la proposition de nos collègues et à décider qu'une pension annuelle et viagère de 600 francs, réversible par portions égales sur les enfants jusqu'à leur majorité, sera accordée aux veuves des gendarmes, sergents de ville, gardiens de la paix, agents de la sécurité publique mis à mort comme otages par les insurgés de la Commune de Paris.

La loi sanctionnant cette proposition fut adoptée le 1er mars 1872 et promulguée le 15 du même mois. Voici la teneur des deux derniers articles (1) :

ARTICLE 3. — Une pension nationale, annuelle et viagère, de 600 francs, réversible par portions égales sur les enfants jusqu'à leur majorité, est accordée à chacune des veuves des gendarmes, sergents de ville, gardiens de la paix, gardes de Paris, employés des bureaux de la Préfecture de Police en fonctions ou ayant cessé leurs fonctions, tués comme otages, ou massacrés en dehors d'une action militaire, pendant l'insurrection de la commune de Paris. Cette pension se cumulera avec la pension réglementaire à laquelle ces veuves pourraient avoir droit d'après les lois du 26 avril 1855 et du 25 juin 1861.

ARTICLE 4. — Les enfants mineurs des gendarmes, sergents de ville, gardiens de la paix, gardes de Paris, employés des bureaux de la Préfecture de Police tués, dans les conditions relatées par la présente loi, s'ils sont orphelins de père et de mère, recevront jusqu'à leur majorité une pension annuelle de 250 francs.

On trouvera dans le tableau ci-dessous les indications relatives à ces diverses pensions, ainsi que les chiffres des dons et secours accordés aux veuves, orphelins et parents des gardiens de la paix tombés victimes du devoir.

_____

(1) Les deux premiers articles fixent la pension de la veuve du général Lecomte et celle de la veuve du colonel Billet, assassiné à Limoges.

NOMS DES VICTIMES DU DEVOIR DONT LES FAMILLES ONT BÉNÉFICIÉ DE PENSIONS ET SECOURS.	DÉSIGNATION DES BÉNÉFICIAIRES DE PENSIONS ET SECOURS,	PENSION ORDINAIRE (1).		SECOURS ANNUELS ET VIAGERS VOTÉS PAR LE CONSEIL MUNICIPAL.	PENSIONS MILITAIRES DE 1870-71.	PENSIONS NATIONALES.	SOUSCRIPTIONS ET SECOURS DIVERS.
Houël. . . .	sa fille	»	»	600 (2)	» »	» »	» »
	sa veuve.	»	»	500 »	» »	» »	» »
Petit . . .	1 enfant (du 1er mariage)	»	»	250 »	» »	» »	» »
	1 enfant (du 2e mariage.)	»	»	100 (3)	» »	» »	» »
Alban. . . .	sa veuve	»	»	200 (4)	» »	» »	» »
Corette . . .	id.	»	»	200 (4)	» »	» »	» »
Recouvreur .	id.	»	»	200 (4)	» »	» »	» »
Dambon. . .	id.	»	»	200 (4)	» »	» »	» »
Bussois . . .	id.	»	"	200 (4)	» »	» »	» »
Beck	id.	»	»	200 (4)	» »	» »	» »
Cotel.. . . .	id.	148	33	650 (5)	» »	» »	» »
	2 enfants, chacun . .	29	66	» »	» »	» »	» »
Lherminier .	sa veuve	»	»	» »	1150 (6)	» »	200 » (7)
Robert . . .	id. . . .	97	75	» »	232 (8)	» »	300 » (7)
Simon . . .	id. . . .	81	69	» »	» »	» »	» »
André. . . .	id. . . .	96	81	» »	» »	» »	» »
	son fils	19	36	» »	» »	» »	» »
Lacroix . . .	sa veuve	»	»	» »	232 (8)	» »	400 » (7)
	un enfant	40	42	» »	» »	» »	» »
Tousseuil . .	sa veuve	150	06	» »	» »	» »	» »
Ordener. . .	id.	133	56	» »	232 (8)	» »	150 » (7)
Bédel. . . .	id.	142	42	» »	232 (8)	» »	150 » (7)
Riolet. . . .	id.	144	29	» »	» »	» »	» »
Devienne.. .	id.	150	32	» »	232 (8)	600 (10)	700 » (7) / 8,000 » (9)
	2 enfants, chacun . .	30	06	» »	» »	» »	2,000 » (9)
Maillet . . .	sa veuve	146	11	» »	232 (8)	» »	1,250 » (7)
	un enfant	29	22	» »	» »	» »	» »
Bacom . . .	sa veuve	73	30	» »	232 (8)	» »	800 » (7)
	2 enfants, chacun . .	14	66	» »	» »	» »	» »

(1) La veuve n'ayant pas 5 ans de mariage au moment du décès du mari n'a pas droit à la pension ordinaire.
Les enfants ne bénéficient du même avantage que jusqu'à l'âge de 15 ans.
(2) Ainsi qu'il est dit au chapitre des Victimes du Devoir, d'autres secours furent accordés à la mère de Mlle Houël.
(3) Au cas du prédécès de la mère, cet enfant devait également toucher 250 fr.
(4) La première année, ce secours fut fixé à 300 fr.
(5) En cas de décès de la veuve, ce secours était réversible sur la tête des enfants jusqu'à leur majorité.
(6) Retraite de veuve de sous-lieutenant.
(7) Secours alloué par la Police municipale.
(8) Plus tard, cette pension fut portée successivement à 450 fr. et à 565 fr.
(9) Souscription du *Figaro*.
(10) En cas de décès de la veuve, cette pension était réversible sur la tête des enfants jusqu'à leur majorité.

NOMS DES VICTIMES DU DEVOIR DONT LES FAMILLES ONT BÉNÉFICIÉ DE PENSIONS ET SECOURS.	DÉSIGNATION DES BÉNÉFICIAIRES DE PENSIONS ET SECOURS.	PENSION ORDINAIRE	SECOURS ANNUELS ET VIAGERS VOTÉS PAR LE CONSEIL MUNICIPAL	PENSIONS MILITAIRES DE 1870-71.	PENSIONS NATIONALES.	SOUSCRIPTIONS ET SECOURS DIVERS.
Barrois	sa veuve	» »	» »	232 (2)	» »	{ 1,100 » (1) / 1,500 » (5) }
Laffond	id.	129 22	» »	232 (2)	600 (4)	{ 8,000 » (3) / 800 » (1) }
	7 enfants, chacun	25 84	» »	» »	» »	2,000 » (3)
Berjoam	sa veuve	50 78	» »	232 (2)	» »	500 » (1)
	un enfant	10 15	» »	» »	» »	» »
Mayé	sa veuve	» »	» »	232 (2)	» »	700 » (1)
Rouquet	id.	126 42	» »	232 (2)	» »	700 » (1)
	3 enfants, chacun	25 28	» »	» »	» »	» »
Humbert	sa veuve (6)	» »	» »	» »	600 (4)	» »
Blanck	sa veuve	» »	» »	232 (2)	» »	500 » (1)
Lotzer	sa fille	30 78	» »	232 (2)	» »	» »
Calmet	sa veuve	103 62	» »	232 (2)	» »	500 » (1)
	3 enfants, chacun	20 72	» »	» »	» »	» »
Sonnet	sa veuve (7)	» »	» »	» »	600 (4)	» »
Raulin	sa veuve	39 26	» »	» »	» »	» »
	un enfant	7 85	» »	» »	» »	» »
Guisset	sa veuve	106 06	250	» »	» »	» »
Rocxin	id.	131 87	600	» »	» »	» »
Chaudot	id.	197 48	600	» »	» »	» »
Lorentz	id.	193 77	400	» »	» »	» »
	3 enfants, chacun	29 06	» »	» »	» »	» »
Viguier	sa mère	» »	800	» »	» »	» »
Lebeault	sa veuve	» »	150	» »	» »	» »
Hue	id.	87 77	500	» »	» »	» »
	4 enfants, chacun	10 97	» »	» »	» »	» »
Carpier	sa veuve	67 12	500	» »	» »	» »
	2 enfants, chacun	10 06	» »	» »	» »	» »
Boisselin	sa veuve	31 08	600	» »	» »	» »
	2 enfants, chacun	4 66	» »	» »	» »	» »
Thouvenin	sa veuve	88 34	600	» »	» »	» »
	id.	» »	600	» »	» »	» »
Fomorin	un enfant	» »	400 (8)	» »	» »	» »
Réaux	sa veuve	» »	600	» »	» »	» »
	un enfant	» »	400 (8)	» »	» »	» »

(1) Secours alloué par la Police municipale.
(2) Plus tard, cette pension fut portée successivement à 450 fr. et à 503 fr.
(3) Souscription du *Figaro*.
(4) En cas de décès de la veuve, cette pension était réversible sur la tête des enfants jusqu'à leur majorité.
(5) Collecte faite par les gendarmes, à l'occasion de la mort de Barrois.
(6) Humbert était retraité depuis le 11 janvier 1870.
(7) Sonnet était retraité depuis le 21 novembre 1868.
(8) Jusqu'à leur majorité.

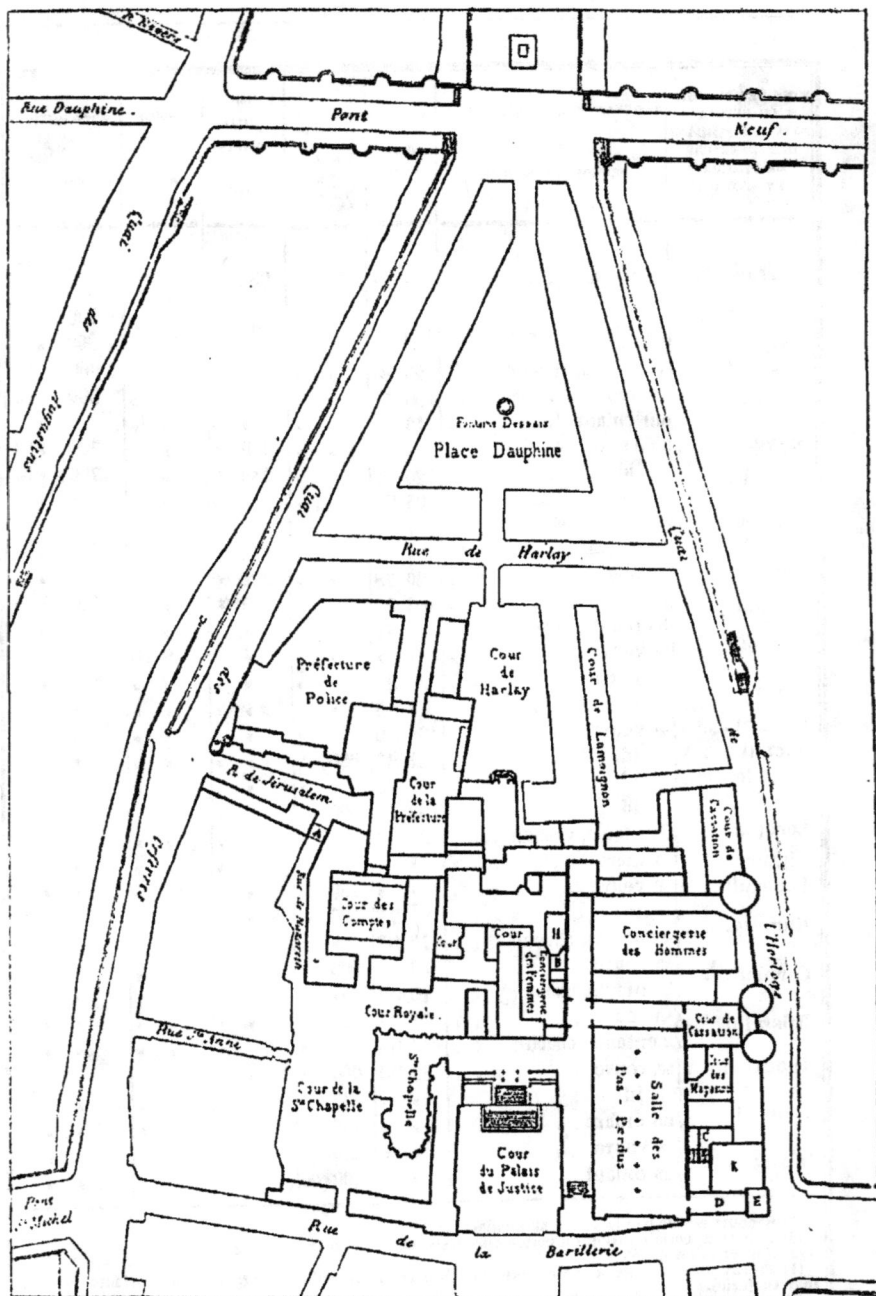

Plan du Palais de Justice et de la Préfecture de Police, en 1835.

A. Arc de Nazareth. — B. Cachot de la Reine. — C. Tribunal de 1er instance. — D. Police correctionnelle. — E. Tour de l'Horloge.
H. Chapelle des prisonniers. — K. Cuisines de saint Louis.

Grâce au groupement que présente ce tableau (1), on peut facilement se rendre compte de la sollicitude avec laquelle l'État, la Ville de Paris, l'Administration et les particuliers ont essayé de réparer le préjudice causé à ces familles par la mort de ceux qui étaient leurs soutiens.

Ainsi que nous l'avons déjà dit, les agents blessés dans le service bénéficient souvent des largesses des particuliers. Dans ce cas, les témoignages de sympathique reconnaissance adressés aux gardiens

(1) Ce tableau doit être complété par le suivant, car d'autres employés de la Préfecture, n'appartenant pas au corps des gardiens de la paix, sont morts victimes du Devoir. Voici la liste des pensions et secours accordés à leurs familles.

Noms des victimes du devoir dont les familles ont bénéficié les pensions et secours.	Désignation des bénéficiaires des pensions et secours.	Pension ordinaire.		Secours annuels et viagers votés par le conseil municipal.	Pensions militaires 1870-71.	Pensions nationales.	Souscriptions et secours divers.	
Regouby	sa veuve.	»	»	500 »	» »	» »	»	»
Mourot	{ id.	»	»	600 (1)	» »	» »	} 31,100 75 (2)	
	{ sa fille.	»	»	» »	» »	» »		
Vincensini . . .	sa veuve.	»	»	800 »	» »	» »	451¹ de rente (3) 12,890 45	
Chaulieu	3 enfants, chacun	231 16		» »	» »	250 »	4,000 » (4)	
Delabre.	{ sa veuve.	105 62		200 (5)	» »	» »	»	»
	{ 4 enfants, chacun	21 12		» »	» »	» »	»	»
Rongeat. . . .	{ sa veuve.	»	»	600 (6)	» »	» »	»	»
	{ 2 enfants, chacun	»	»	» »	» »	» »	»	»
Pousset	{ sa veuve.	»	»	600 »	» »	» »	»	»
	{ 3 enfants, chacun	»	»	403 (7)	» »	» »	»	»
Troutot	{ sa veuve.	»	»	600 »	» »	» »	»	»
	{ 3 enfants, chacun	»	»	400 (7)	» »	» »	»	»
Colson	{ sa veuve.	48 65		1000 (8)	» »	» »	»	»
	{ 1 enfant.	7 20		» »	» »	» »	»	»

(1) Réversible sur la tête de sa fille jusqu'à sa majorité.

(2) Cette somme, produit d'une souscription, fut partagée entre la veuve et la fille de Mourot, à laquelle la Préfecture ne remit les titres de rente qu'à sa majorité.

L'Empereur avait également accordé une pension de 600 fr. sur sa cassette particulière.

(3) Les 451 fr. de rente proviennent d'une souscription faite par *le Figaro* en 1872, et la somme de 12.890 fr. 45, d'une souscription ouverte par le même journal, en 1871.

(4) Souscription du *Figaro*.

(5) Ce secours, qui a été porté de 200 fr. à 500 fr. en 1894, est, en cas de décès de la veuve, réversible sur la tête des enfants jusqu'à leur majorité.

(6) La veuve étant décédée le 30 septembre 1890, ce secours fut reporté sur la tête des 2 enfants jusqu'à leur majorité.

(7) Jusqu'à leur majorité.

(8) En cas de décès de la veuve, ce secours est réversible sur la tête de l'enfant jusqu'à sa majorité.

de la paix se traduisent habituellement par des dons, des secours ou des gratifications. Parfois aussi, de généreux bienfaiteurs,
comme M. Buottourenville, le comte Foucher et Mᵐᵉ Dumas, font
des legs en instituant, par testament, des prix destinés à récompenser les agents qui, pendant le cours d'une année, se sont plus
particulièrement signalés par leur bonne conduite, leur habileté et
leur courage.

La lettre suivante, adressée par le général Lewal, Ministre de
la guerre, au Préfet de Police et aux Commandants de corps d'armée,
va nous faire connaître les dispositions prises par M. Buottourenville
au sujet de sa donation :

Paris, le 17 mars 1885.

Monsieur le Préfet,

M. Buottourenville, ancien banquier à Paris, a, par son testament olographe
en date du 22 août 1878, légué au Département de la guerre une rente de *cinq
cents francs*, dont les arrérages doivent être employés à fonder un prix *annuel*
pour le sous-officier ou le soldat de l'armée (gendarmerie comprise) ou le gardien de la paix de Paris, jugé le *plus méritant*.

L'acceptation de ce legs a été autorisée par décret du 12 mai 1884.

Dans le but d'assurer la délivrance du prix dont il s'agit, en me conformant,
autant qu'il est possible, aux volontés du testateur, j'ai arrêté, d'accord avec
M. le Ministre de l'intérieur, les dispositions suivantes :

Tous les ans, à partir de cette année, chacun des Gouverneurs militaires ou
des Commandants de corps d'armée adressera au Ministre de la Guerre, pour le
1ᵉʳ *juin*, au plus tard, un mémoire de proposition pour le prix Buottourenville
en faveur d'un sous-officier, caporal ou brigadier, ou soldat, appartenant à un
corps, service ou établissement militaire de son Gouvernement ou Corps d'armée,
reconnu le *plus méritant*. Le choix du candidat *le plus méritant* de chaque
Gouvernement militaire ou Corps d'armée devra être déterminé par une bonne
conduite soutenue, une manière de servir absolument régulière, l'ancienneté
des services effectifs et, s'il y a lieu, les actions d'éclat ou actes de courage et de
dévouement régulièrement constatés, accomplis soit dans le service, soit en dehors du service.

Le mémoire de proposition, auquel sera annexé un état des services du militaire qui en sera l'objet, devra contenir des renseignements détaillés et précis
sur les titres du candidat à l'obtention du prix.

Les propositions ainsi établies seront, ainsi que celles présentées par la Préfecture de Police en ce qui concerne les gardiens de la paix de Paris, soumises
à une commission présidée par le chef d'État-Major du Gouvernement militaire
de Paris et composée de cinq colonels pris dans les armes de l'infanterie, de la

cavalerie, de l'artillerie, du génie et de la gendarmerie, d'un sous-intendant militaire et d'un délégué de la Préfecture de Police, qui établira une liste des candidats par ordre de préférence.

Le titulaire du prix sera, ensuite, désigné par le Ministre de la Guerre, sur le rapport de la commission; il recevra le montant de ce prix (500 francs) par l'intermédiaire de ses chefs hiérarchiques.

Le prix ne pourra être délivré deux années de suite à la même personne.

Je vous prie d'assurer, en ce qui vous concerne, l'exécution des dispositions qui font l'objet de cette lettre.

Pour le Ministre et par son ordre :
Le Général, chef d'état-major général,
Chef du Cabinet,
C. WARNET.

Depuis 1885, deux gardiens de la paix ont obtenu le prix Buottourenville (1). Ce sont :

1° *En* 1886. — **Sonntag** ANTOINE, né le 16 janvier 1832, à Schewiller (Bas-Rhin), sous-brigadier au 17° arrondissement.

Treize ans de présence sous les drapeaux. A fait la campagne de Crimée. Libéré le 30 septembre 1866, avec le grade de maréchal des logis au 5° escadron du train des équipages.

Entré à la police municipale comme sergent de ville le 1er octobre 1866, et nommé sous-brigadier le 1er juillet 1877.

Agent irréprochable, sa vie privée est digne d'éloges.

Marié, père de six enfants. Malgré ses charges de famille, a recueilli, pendant six mois, un de ses neveux sans emploi, venu d'Alsace afin d'opter pour la nationalité française.

Titulaire d'une médaille d'honneur de 1re classe (en argent) pour les actes de dévouement suivants :

18 *août* 1873. — Arrestation d'un cheval emporté, place de l'Alma.

29 *avril* 1876. — Arrestation, place de la Concorde, de deux chevaux emportés, attelés au coupé du général d'Abzac.

---

(1) Au dernier moment, nous apprenons que le sieur Vincent Victor-Abel, sous-brigadier au 15e arrondissement, vient d'obtenir le prix Buottourenville pour l'année 1896.

Nous renvoyons le lecteur à la page 601 où sont énumérés les actes de courage et de dévouement accomplis jusqu'en 1891 pour ce courageux sous-brigadier, qui est titulaire de quatre médailles d'honneur.

27 *octobre* 1879. — Arrestation, devant la mairie du 17° arrondissement, d'un cheval emporté, attelé à une voiture de louage.

8 *novembre* 1880. — Abattage d'un chien atteint d'hydrophobie et

| Fontaine. | Grille séparant la cour des femmes du quartier des hommes. | Chambre de Conseil (au rez-de-chaussée.) |

La cour des femmes à la Conciergerie.
Dessin inédit pris sur nature en 1801. Collection de M. Victorien Sardou.

qui était entré dans la boutique d'un boulanger, rue Brochant, 10.

17 *septembre* 1883. — Abattage d'un chien atteint d'hydrophobie, rue de Chazelles.

2° *En* 1892. — **Lohon** Frédéric-Louis-Pierre, brigadier au 10° arrondissement, marié, père de deux enfants.

Trois ans et demi de service dans la marine. Nommé gardien de la paix le 18 juin 1871, sous-brigadier le 1er août 1882, et brigadier le 1er avril 1889.

Actes de dévouement :

Juillet 1871. — Arrestation, la nuit, sur un toit, d'un individu inculpé de complicité dans un assassinat.

Septembre 1873. — Sauvetage d'un enfant sur le point de se noyer.

Août 1874. — Courageuse conduite à l'hôpital Saint-Louis, où un incendie avait éclaté. Il monte sur le toit d'un hangar pour rechercher les causes de l'incendie, mais dans l'obscurité il marche sur une lucarne qui cède. On le relève sans connaissance avec un pied foulé et des contusions sur diverses parties du corps. Il est obligé de garder le lit pendant une vingtaine de jours.

Novembre 1875. — Se distingue encore dans un incendie, rue Vicq-d'Azir. Le plancher s'effondre au moment où il cherche à démolir des charpentes enflammées, et il reste suspendu, à 4 mètres au-dessus du foyer de l'incendie. Il est sauvé par ses collègues et par un particulier. Grâce à son dévouement, le feu est circonscrit.

Septembre 1877. — Arrestation, boulevard de la Villette, d'un cheval emporté, attelé à une voiture dans laquelle se trouvaient trois personnes.

Avril 1879. — Arrestation d'un cheval emporté.

Août 1879. — Arrestation de deux chevaux emportés.

Avril 1883. — Arrestation de deux malfaiteurs dangereux qui opposaient une vive résistance.

Juillet 1883. — S'expose à de nouveaux périls en éteignant un commencement d'incendie chez un boulanger. Seul pendant quelque temps dans le fournil, à demi asphyxié par la fumée, il inonde les corbeilles en flammes et empêche le feu de prendre de plus grandes proportions.

Titulaire, depuis le 9 mars 1876, d'une médaille d'honneur.

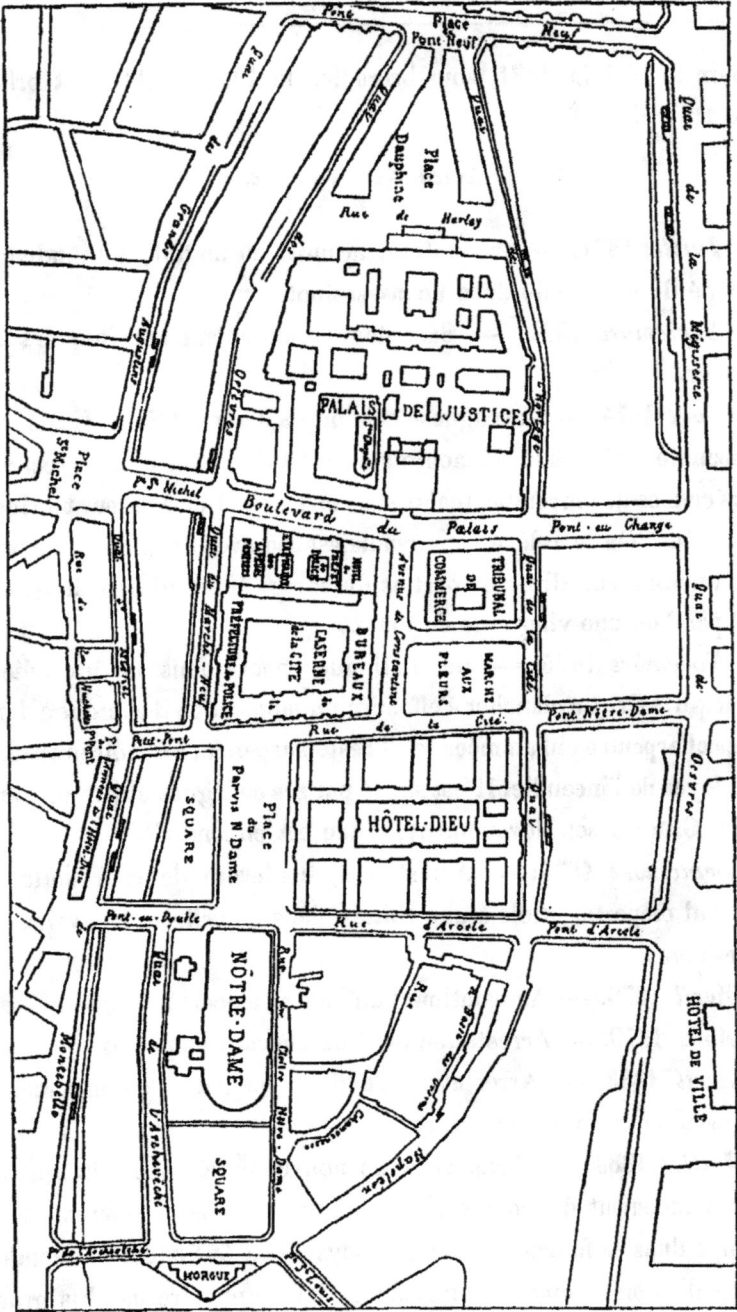

La Cité en 1889.

Par décret du 30 décembre 1892, la Ville de Paris a été autorisée à accepter le legs fait par le sieur Philippe-Edme-Ernest Foucher, suivant ses testament et codicille olographes des 29 janvier 1877 et 26 avril 1878, et consistant en une rente 3 %, sur l'État, de 600 francs, et une somme de 35.000 francs à placer de la même manière, pour les arrérages des dites rentes être distribués chaque année par les soins du Préfet de Police aux agents les plus méritants (1).

Mais laissons la parole au donateur :

> Je donne et lègue au corps des sergents de ville, ou gardiens de la paix de la ville de Paris, ou aux agents qui en rempliront les fonctions sous quelque dénomination qu'ils existent, une rente trois pour cent sur l'État, d'une somme annuelle de six cents francs, avec droit aux arrérages à partir du trimestre dans lequel aura lieu l'acceptation régulière de ce legs. Cette rente, ou plutôt les arrérages de cette rente seront distribués au mois de janvier de chaque année par les soins de M. le Préfet de Police, ou de tout autre magistrat en remplissant les fonctions, à titre d'encouragement ou de récompense à ceux des sergents de ville, gardiens de la paix ou autres agents en remplissant les fonctions, qui pendant le cours de l'année précédente se seront le plus distingués par leurs services ou par des actes de courage et de dévouement.
>
> Ces arrérages pourront être aussi attribués à titre de secours, aux veuves et orphelins des dits agents qui auront succombé dans l'exercice de leurs fonctions ou par suite de blessures reçues dans leur service. Le choix des bénéficiaires des dispositions qui précèdent appartiendra à M. le Préfet de Police ou à tout autre magistrat qui en remplira les fonctions, et chacun des encouragements, récompenses ou secours ne pourra être moindre de cinquante francs, ni supérieur à deux cents francs. . . . .
>
> . . . .
>
> J'ajoute trente-cinq mille francs au legs que j'ai fait au corps des sergents de ville ou gardiens de la paix de Paris.

La répartition des revenus des sommes dues à la générosité de M. le comte Foucher a été confiée par le Préfet de Police à une commission composée comme suit :

Le Secrétaire général, Président ;

Le Directeur de la police municipale ou, à son défaut, un commissaire divisionnaire ;

---

(1) Les sommes résultant de ces deux dons s'élèvent, chaque année, à près de 1700 francs.

Le Contrôleur général des services extérieurs ;

Le Chef de la sûreté ;

Le doyen des commissaires de police ;

Le Chef du personnel.

Le 29 novembre 1894, le Directeur de la police municipale adressa, au sujet de ce legs, la note suivante aux officiers de paix :

M. le comte Foucher, notaire honoraire et ancien maire du 19ᵉ arrondissement, a, par testament, légué au corps des gardiens de la paix de la ville de Paris une rente sur l'État, dont les arrérages devront être distribués, au mois de janvier de chaque année, à ceux de ces agents qui, pendant le cours de l'année précédente, se seront le plus distingués par leurs services ou par des actes de courage et de dévouement.

En conséquence, M. l'officier de paix est prié de désigner celui des agents placés sous ses ordres qui lui paraîtra le mieux remplir les conditions indiquées.

En s'inspirant avant tout des intentions manifestées par le testataire, M. l'officier de paix tiendra compte, pour fixer son choix, de la conduite habituelle, de l'honorabilité et de la situation de famille du postulant.

Il devra rechercher en un mot le gardien de la paix qui, sous tous les rapports, semblera le plus digne de cette faveur.

La proposition devra énumérer avec soin tous les titres du candidat.

En 1893, neuf gardiens de la paix ont bénéficié du legs Foucher qui a été distribué, l'année suivante, à douze d'entre eux. Pour 1895, la répartition a porté sur quinze agents.

Enfin, au mois de novembre 1895, Mᵐᵉ Dumas, décédée à l'âge de soixante-seize ans, a laissé, par testament, une somme de mille francs aux gardiens de la paix du 9ᵉ arrondissement, qu'elle avait habité pendant toute sa vie.

Ce legs, qui a été versé dans la caisse des services payés du 9ᵉ arrondissement, a fait l'objet de la même répartition que les autres sommes. Il a donc, suivant les volontés de la donatrice, été partagé entre tous les gardiens de la paix qu'elle avait voulu récompenser.

Outre le bénéfice matériel qui en résulte pour les agents, ces dons, secours et legs sont de précieux témoignages de sympathie ou de reconnaissance pour le corps des gardiens de la paix. Ces libéralités démontrent, en effet, que la population parisienne sait reconnaître les services rendus par ces modestes défenseurs de l'ordre, et qu'elle a à cœur de stimuler le zèle et le dévouement dont ils ont besoin pour bien remplir leurs fonctions.

Plaquette en argent
portant au verso le menu du dîner offert par M. Lozé,
le 11 mars 1893, à l'occasion du 5e anniversaire
de sa nomination de Préfet de Police.
(Gravée par M. Roty.)

RÉCOMPENSES DIVERSES

N réunissant sous ce titre les distinctions honorifiques, les mentions honorables et les gratifications accordées aux gardiens de la paix par les sociétés de bienfaisance les plus connues, nous avons voulu essayer de compléter la liste des témoignages d'estime et de reconnaissance relevés dans les précédents chapitres à l'actif de ces courageux soldats du devoir.

D'ailleurs, à l'exception des dons et legs offerts par les généreux bienfaiteurs que nous venons de citer, nous ne nous sommes occupés jusqu'à présent que des récompenses officielles décernées par le Gouvernement et l'Administration. Il nous reste donc à faire connaître les marques d'estime et les encouragements de toutes sortes dont les gardiens de la paix sont souvent l'objet de la part d'institutions charitables et moralisatrices d'un caractère absolument privé, comme la *Caisse des Victimes du Devoir*, la *Société nationale d'encouragement au bien* et la *Société protectrice des animaux*.

Le but noble et élevé que se sont assigné ces sociétés est défini par leur titre même, et tout le monde applaudit à leur louable initiative.

Toujours attentive à soulager ceux qui se dévouent pour le bien public, la *Caisse des Victimes du Devoir* distribue, chaque année, des sommes importantes (1). Créée et administrée par la presse, cette société organise des fêtes (2) pour alimenter son budget. Elle tend une main secourable à tous les citoyens qui se signalent par des actes de courage et de dévouement, et vient en aide aux familles de ceux qui sont tombés victimes du devoir. C'est une œuvre éminemment humanitaire, dont la presse doit être fière.

La *Société nationale d'encouragement au bien* récompense aussi tous les dévouements. Comme l'Académie française (3), elle recherche, pour les mettre en lumière et les donner en exemple à tous, les actes méritoires qu'accomplissent parfois avec tant d'abnégation ceux qu'anime l'esprit de sacrifice et qui ont au cœur l'amour de la famille et de la patrie. Si elle réserve ses couronnes civiques aux soldats qui ont combattu pour la France aux heures du danger, elle sait, avec

---

(1) En 1892 la *Caisse des Victimes du Devoir* a distribué près de 14.000 francs. Après l'incendie des ateliers Godillot, elle a envoyé au Préfet de Police une somme de 3.000 francs pour secourir les pompiers, les agents, les employés ou les ouvriers blessés en opérant des sauvetages.

(2) Tous les ans au printemps, la Presse parisienne nous donne la fête des fleurs.

(3) Dans sa séance publique annuelle tenue au mois de novembre 1895, l'Académie française a décerné au sergent de ville Finance un des prix « Lange » d'une valeur de mille francs. Voici comment M. Hervé apprécie la conduite de cet agent :

Finance a passé six ans auprès d'un député que l'exercice du mandat législatif avait rendu fou. Au début, il ne faisait que remplir un devoir professionnel. Ancien militaire, il venait d'entrer en qualité de surveillant à l'asile de Prémontré, près de Laon. C'est là qu'il vit arriver cette victime du régime parlementaire, à la personne de laquelle il fut attaché. Au bout de quelque temps, l'état du malheureux s'améliora. Depuis qu'il n'était plus au Palais-Bourbon, il avait cessé d'être dangereux. On le rendit à sa famille, composée de sa femme et de son beau-père octogénaire ; mais on ne pouvait lui laisser qu'une demi-liberté, car il était loin d'être guéri. Finance l'accompagna.

Cependant les ressources de la famille s'épuisaient. Les services du surveillant ne pouvaient plus être payés. On le remercia en demandant et en obtenant pour lui un poste de gardien de la paix. Le bon Finance n'entendait pas abandonner pour cela son malade, dont l'état s'aggravait de nouveau et auquel ses soins étaient plus nécessaires que jamais. Le député habitait Fontenay-sous-Bois, tandis que le gardien de la paix était en résidence à Pantin. Finance accomplit alors le tour de force suivant :

Chaque jour, dès que son service le laissait libre, il franchissait en une heure et demie la distance qui sépare Pantin de Fontenay, allait rejoindre son malade, le soignait comme un enfant et le guidait dans de longues promenades à travers le bois. Puis il faisait la même route en sens inverse et se trouvait à son poste le lendemain matin. Ses chefs furent si touchés de son dévouement qu'ils l'attachèrent à la brigade de Vincennes pour le rapprocher de son malade.

Tous les soins de Finance ont été inutiles. Le député a dû être placé de nouveau dans un asile d'aliénés. Sa femme est morte de chagrin. Le beau-père survit, sans ressources, atteint par l'âge et par la cécité. Finance et sa jeune femme veillent sur lui. D'autres adoptent un enfant. Ces braves gens ont adopté un vieillard, et leur affection adoucit la tristesse de ses derniers jours.

Plaques de ceinturons, boutons, cocarde et écusson de képi d'officiers de paix et d'agents.

non moins d'à propos, faire une abondante distribution de médailles d'honneur aux modestes héros du bien et aux écrivains qui ont traité de sujets utiles ou moraux.

L'œuvre entreprise par la *Société protectrice des animaux* (1) est admirablement exposée dans les lignes suivantes (2) :

La Société protectrice des animaux a pris naissance dans l'expression d'un cœur bon et généreux ; elle a le devoir de s'inspirer de ce qu'il y a de plus élevé dans l'âme de celui auquel elle doit son existence. « Justice, compassion, morale » ; ces trois mots sont sa devise.

Son action, son fonctionnement ne poursuivent qu'un but : la réalisation, dans le sens le plus large, de la protection des animaux ; elle ne faillira jamais à la religion de l'honneur, en restant fidèle aux sentiments généreux de son noble et vaillant apôtre, le général de Grammont.

Elle convie tous les cœurs bons et tous les esprits élevés à venir participer à son œuvre de moralité, de civilisation et d'adoucissement des mœurs.

Tous les ans, la *Société protectrice des animaux* récompense par des médailles, des diplômes ou des primes en argent, les personnes qui, par leurs actes directs ou leur propagande, ont contribué à la pratique ou à la vulgarisation de ses doctrines.

Les gardiens de la paix figurent, dans une proportion honorable, sur les diverses listes de récompenses dressées par ces trois sociétés, dont l'action bienfaisante rayonne sur toute la France.

Parmi ceux à qui la *Caisse des victimes du devoir* (3) a accordé des gratifications pour actes de courage et de dévouement, nous relevons les noms des agents : Boisselin, Crosnier, Logre, Lelièvre, Chambon, Vignal, Tricot, Portier, Gaudron, Rabinand, Doulbeau, Doyen, Colombe, Sheibert, Matray, Espitalier, Darche, Recagne, Redoulès, Toussaint, Lasnier, Douzey, Podvin, Poisson, Mignot, Vienne, Misbach, Leclerc.

Voici, du reste, l'état des sommes distribuées aux gardiens de la paix.

(1) Fondée en 1845.
(2) Ces lignes sont extraites d'une brochure publiée par les soins de la *Société protectrice des animaux*.
(3) Fondée en 1885.

ANNÉES.	NOMBRE D'AGENTS.	SOMMES ALLOUÉES.	OBSERVATIONS
1887	1	400 fr.	Nota : Cette société a également accordé des gratifications aux sergents de ville de la banlieue ci-après dénommés :
1888	»	»	1888. Lang, à Saint-Ouen . . . . . 200 fr.
1889	2	400 fr.	1889. Pernot, à Levallois-Perret. . 200 fr.
1890	3	900 fr.	1891. Bailly, à Courbevoie. . . . . 200 fr.
1891	8	1.500 fr.	1895. Bélorgey, à Pantin. . . . . . 300 fr.
1892	6	1.200 fr.	
1893	4	800 fr.	
1894	5	1.400 fr.	
1895	5	600 fr.	

Dans les palmarès de la *Société d'encouragement au bien* (1), nous avons trouvé les onze notices suivantes, relatives à des sergents de ville ou à des gardiens de la paix :

1865, PAGE 33.

MM. Salès et Martin, sergents de ville à Montmartre.

Ces deux hommes se sont unis pour recueillir un pauvre vieillard qui, sans eux, serait mort de faim et de misère. Chacun d'eux le soigne alternativement une semaine, et grâce aux démarches qu'ils ont faites, ils ont obtenu des Incurables une pension d'un franc par jour dont leur protégé est aujourd'hui en jouissance. Le Conseil accorde une médaille d'honneur à M. Salès et une à M. Martin.

1867, PAGE 19.

M. Salès Armand-Louis, 42 ans, sergent de ville à Montmartre.

Rappel de médaille. — Il y a deux ans, une médaille fut accordée à M. Salès pour avoir recueilli un pauvre vieillard qui, sans cette bonne action, serait mort de froid et de faim. Ayant eu connaissance de la distinction dont son ancien administré avait été l'objet, M. le maire de la commune de Moyrazès (Aveyron) nous a demandé une nouvelle récompense pour des faits que nous ignorions, et que Salès avait modestement laissés dans l'ombre.

Ainsi, le père de Salès, brave sergent du premier empire, avait neuf enfants et ne pouvait faire face aux dépenses nécessitées par sa nombreuse famille. Dès l'âge de 11 ans, notre lauréat rapportait tout ce qu'il pouvait gagner à la maison. Plus tard, il s'engagea comme remplaçant pour remettre à son père la somme intégrale qu'il avait reçue. Au régiment, il économise tout ce qu'il peut, et envoie tout à sa famille. Aujourd'hui, quoique chargé d'enfants lui-même, il n'oublie ni le village où il est né, ni ceux qui lui sont chers, et son père, plus qu'octogénaire, reçoit régulièrement une petite pension de cet excellent fils.

_____

(1) Fondée en 1862.

1868, PAGE 115.

M. PARVILLÉ François, 41 ans, sergent de ville à Paris, né au Quesnel (Somme), et Mme Parvillé, née Gérard (Ernestine), d'Alençon (Orne), demeurant aux Batignolles.

Médaille collective pour piété filiale. Sur ses modestes appointements, M. Parvillé n'oublie jamais de prélever la part de son père âgé de 73 ans et de sa mère qui en a 71. Loin de se plaindre d'un partage qui diminue d'autant les ressources du petit ménage, Mme Parvillé est sans cesse occupée du sort des pauvres vieillards et cherche tous les moyens d'adoucir leur position.

1870, PAGE 63.

M. CASABIANCA Pierre-Hippolyte, né à Ajaccio, sous-brigadier de sergents de ville à Paris, 44 ans.

Après avoir honorablement servi son pays dans l'armée, M. Casabianca s'est retiré à Paris où il est établi. Mais il n'en continue pas moins son œuvre de piété filiale. Quand il était militaire, il n'oubliait jamais de prélever sur son modeste prêt la part de sa vieille mère. Aujourd'hui marié et père de famille, il envoie régulièrement tout ce qu'il peut mettre de côté à celle qu'il fait vivre et qui le bénit.

M. Casabianca recevra une médaille d'honneur.

1872, PAGE 52.

M. BRIDOUX Louis, brigadier-chef des gardiens de la paix, né à Boulogne (Pas-de-Calais), demeurant à Paris.

Médaillé pour piété filiale. Envoyait toutes ses petites économies à sa mère, âgée de 77 ans. Comme ces secours devenaient insuffisants, il l'a appelée près de lui et l'entoure des soins les plus assidus et les plus tendres; s'est également distingué plusieurs fois par son dévouement à l'humanité.

1874, PAGE 59.

M. JOURDAIN Oscar, 38 ans, gardien de la paix, né à Joncquières (Oise), et Mme Jourdain, née Bouillot (Henriette), demeurant à Paris.

Depuis sept ans, Mme Jourdain était au service de M. D..., entrepreneur de travaux, dont la position de fortune était très brillante; mais des revers inattendus ruinèrent complètement la maison.

L'excellente domestique possédait pour tout avoir quinze cents francs d'économies accumulées sou à sou. Elle n'hésite pas, les remet à ses maîtres pour leur venir en aide et pousse le dévouement jusqu'à rester à leur service gratuitement. Un malheur, dit-on, n'arrive jamais seul : en effet, peu de temps après. M. D... fut écrasé par un omnibus. La veuve et un enfant de six ans restèrent dans une misère profonde. L'attachement de Mme Jourdain n'en devint que plus ferme.

Elle s'était mariée avec un honnête homme et les deux époux, animés des mêmes sentiments, donnèrent asile à leur ancienne maîtresse et à son fils. Pendant 9 ans ils ont pourvu à tous leurs besoins! Mme Jourdain était, à son tour, devenue mère de deux enfants et pour faire face à cette double charge, le traitement modique du mari ne pouvait plus suffire. Elle reprit du service comme femme de ménage.

Il y a quelque temps, le fils D... fut atteint d'une fièvre typhoïde. Les époux Jourdain n'ont jamais voulu consentir à le laisser entrer à l'hôpital. Ils l'ont gardé chez eux, afin de mieux le soigner, et, pour éviter la contagion, ils placèrent en garde leurs propres enfants et en restèrent séparés pendant plus de trois mois que dura la maladie.

Nous honorons la conduite de ces braves cœurs par le don d'une médaille d'honneur.

1876, PAGE 21.

M. HERTENBERGER Édouard, sous-brigadier des gardiens de la paix, né à Strasbourg, demeurant à Passy.

Médaillé pour piété filiale et dévouement à l'humanité. A soutenu pendant plus de 20 ans sa vieille mère décédée octogénaire, et lui a prodigué les meilleurs soins. Il soutient aujourd'hui sa belle-mère, et sans se lasser, il continue son œuvre de dévouement par l'adoption d'un petit orphelin qu'il a fait élever comme un de ses enfants.

1877, PAGE 74.

M. LIONS, gardien de la paix, et Mme Lions, à Paris.

Dans la nuit du 14 septembre dernier, le concierge de la maison portant le nº 84 avenue des Champs-Élysées, fut réveillé par un violent coup de sonnette. Il se leva et trouva, sous sa porte cochère, une belle petite fille de deux mois environ, soigneusement enveloppée dans des langes neufs, avec un billet de la mère justifiant cet abandon par des raisons majeures et faisant appel à la charité. Un gardien de la paix, M. Lions, qui se trouvait là, fut ému de pitié et résolut de se charger de l'enfant.

Après son service, il rentra chez lui et raconta à sa femme ce qui venait de se passer. Pauvre petite! dit cette dernière avec des larmes dans les yeux, que deviendra-t-elle aux Enfants-Trouvés?... — Ah! quel malheur de n'être pas riche! répond le mari... — Qu'importe? On a de bons bras, on travaillera un peu plus fort et Dieu nous aidera. Veux-tu la prendre? — Oui! oui! Prenons-la. Ce qui fut dit, fut fait, et, depuis ce jour, M. et Mme Lions ont pris charge de l'ange abandonné; ils l'aiment et la soignent comme leur propre fille et ils espèrent bien en faire une laborieuse et honnête femme. Nous sommes heureux de signaler cet acte d'humanité qui double de valeur à nos yeux, puisque ceux qui l'ont si généreusement accompli n'ont pour toutes ressources que le modique traitement de 1200 francs du mari.

Notre médaille est bien placée.

1879, PAGE 92.

M. MENGIN Jean-Baptiste, gardien de la paix, à Paris.

Le 21 janvier dernier, le concierge de la maison, rue Monge, 16, trouvait, derrière la porte cochère, un enfant de quelques semaines à peine, qu'il remit entre les mains de M. Mengin, gardien de la paix. Celui-ci le porta chez le commissaire de police, et demanda ensuite à se charger de l'enfant, ce qui lui fut accordé.

M. Mengin est marié et n'a pour vivre que sa maigre solde; néanmoins il n'a pas hésité à assumer cette charge et à mettre l'enfant en nourrice, à le traiter comme le sien propre.

C'est une bonne action que nous récompensons par une médaille d'honneur.

1885, PAGE 41.

M. CHARNAUX Louis, sous-brigadier des gardiens de la paix.

En novembre 1877, le gardien de la paix Charnaux était chargé par ses chefs d'arrêter une fille-mère qui avait essayé d'abandonner son enfant que l'Assistance publique venait de lui rendre. Le Commissaire de police, après une morale sévère, lui avait rendu la liberté. Mais les causes de désespoir qui poussaient la malheureuse au crime existaient toujours; elle était cuisinière et elle ne pouvait entrer en place avec son enfant, sans être aussitôt renvoyée.

Il faisait nuit noire; la neige tombait à gros flocons. Sans argent, sans asile, qu'allait devenir l'infortunée? Charnaux voit la situation; à tout prix il veut empêcher cette femme de devenir criminelle et épargner la vie de l'enfant. Il n'hésite pas, prend le pauvre petit être et l'envoie à sa femme, pour l'élever comme le sien propre.

La fillette avait alors quinze mois, elle a aujourd'hui neuf ans. D'abord, la mère vint la voir à de rares intervalles; puis ses visites, de plus en plus éloignées, cessèrent complètement. Depuis cinq ans, elle n'a plus donné signe de vie aux braves gens qui ne se sont pas arrêtés pour cela dans leur œuvre d'adoption, et la mèneront à bonne fin, quelque sacrifice qu'il puisse leur en coûter.

1892, PAGE 46.

M. ALBERTINI Dorélius, 35 ans, gardien de la paix, né à Albertacci (Corse), demeurant à Paris.

Vient en aide à son père et à son jeune frère dont il paye une part de pension dans un collège d'Ajaccio. A recueilli chez lui un malheureux amputé sortant de l'asile de nuit; lui a fourni vêtements et nourriture. S'occupe toujours de son protégé.

Les chiffres ci-dessous démontrent suffisamment tout le prix que la *Société protectrice des animaux* attache aux nombreux services que lui rendent chaque jour les gardiens de la paix.

ANNÉES.	MÉDAILLES.					MENTIONS HONORABLES.	PRIMES.	
	OR.	VERMEIL.	ARGENT gd module.	ARGENT.	BRONZE.			
1846-47	»	»	»	2	2	4	»	»
1851-52	»	»	»	2	2	4	»	»
1853	»	»	»	2	2	4	»	»
1854	»	»	»	2	4	10	»	»
1855	»	»	»	2	2	10	»	»
1856	»	»	»	2	4	10	»	»
1857	»	»	»	9	4	3	»	»
1858	»	»	»	7	11	»	»	»
1859	»	»	»	6	7	»	»	»
1860	»	»	»	6	6	1	»	»
1861	»	»	»	6	6	5	»	»
1862	»	»	»	6	7	8	»	»
1863	»	»	»	4	7	8	»	»
1864	»	»	»	3	6	7	50	»
1865	»	»	»	6	5	5	»	»
1866	»	»	»	7	5	8	»	»
1867	»	»	»	4	4	11	»	»
1868	»	»	»	3	7	14	»	»
1869	»	»	»	4	5	6	»	»
1870-71	»	»	»	2	3	»	»	»
1872	»	»	»	1	2	16	»	»
1873	»	»	»	4	6	24	»	»
1874	»	»	»	4	9	23	»	»
1875	1	2	»	5	11	13	»	»
1876	2	1	»	8	14	16	»	»
1877	6	»	2	7	34	»	»	»
1878	7	3	2	14	12	28	»	»
1879	9	6	2	8	22	53	»	»
1880	7	14	3	28	52	105	»	»
1881	7	4	4	10	20	92	»	»
1882	3	3	»	8	16	170	»	»
1883	3	3	2	8	17	88	»	»
1884	3	3	»	7	18	46	»	»
1885	3	3	4	8	16	15	»	»
1886	3	3	»	21	17	33	»	»
1887	3	3	»	21	17	13	924	»
1888	3	2	3	15	12	12	924	»
1889	3	2	»	14	16	60	924	»
1890	3	3	2	10	16	38	1.024	»
1891	3	3	2	10	16	52	824	»
1892	3	3	2	10	20	61	924	»
1893	3	3	2	10	20	60	924	»
1894	3	3	2	10	20	60	924	»
1895	3	3	2	10	20	60	924	»
	81	70	34	336	522	1.256	8.366	»

Un certain nombre de gardiens de la paix font partie des diverses sociétés de sauvetage qui ont leur siège à Paris. Ces associations philanthropiques, dont quelques-unes sont aussi sociétés de secours mutuels, ne distribuent des récompenses qu'à leurs membres.

Depuis 1873, la *Société des Sauveteurs de la Seine* (1) a décerné plus de cinquante médailles aux gardiens de la paix.

La Société parisienne de Sauvetage (2) et la *Société des Hospitaliers sauveteurs* (3) ont également accordé des distinctions honorifiques et des gratifications à plusieurs agents.

Bien qu'incomplètes, ces indications permettent de constater le soin avec lequel ces sociétés recherchent, pour les récompenser, les actes méritoires accomplis par les gardiens de la paix. La *Société nationale d'encouragement au bien* nous en a surtout révélés d'un caractère touchant au point de vue de la piété filiale et du dévouement à l'humanité.

Nous sommes très heureux d'avoir pu leur donner une place dans ce chapitre, car ils attestent une bonté de cœur et des sentiments de générosité que l'on ne saurait trop louer chez des agents de l'autorité aussi modestement rétribués.

---

(1) Fondée en 1845. — (2) Fondée en 1888. — (3) Fondée en 1891.

Médaille de la Société d'Encouragement au Bien.

CHAPITRE CINQUIÈME

ASSOCIATION AMICALE ET DE PRÉVOYANCE DE LA PRÉFECTURE DE POLICE [1]

ETTE association est, en grande partie, constituée par les gardiens de la paix, pour qui elle a été presque exclusivement créée. Elle tient une place trop marquante dans l'organisme de la maison, elle rend trop de services pour qu'il soit possible de n'en pas dire un mot dans cet ouvrage.

Une juste comparaison entre les services rendus et la médiocrité du sort assuré à la vieillesse des serviteurs de l'ordre public, avait bien souvent amené quelques hommes de cœur à rechercher les moyens d'améliorer les conditions de la retraite. Déjà on avait songé à remplacer l'individualité impuissante par une collectivité protégée et subventionnée par l'État, apte à recevoir des dons. Dès avant 1848, des employés de l'Administration centrale avaient tenté de créer une société dont le but principal était d'augmenter la modique retraite que la loi accorde à ses anciens serviteurs. Le défaut d'entente ne permit pas de mener à bonne fin ces

---

(1) Nous devons cette notice à la gracieuse obligeance de M. Guillemin, Inspecteur général de la Navigation et des Ports de la Seine, Secrétaire de notre Société amicale.

M. Vel-Durand, Préfet du Nord,
Président de l'Association amicale et de prévoyance de la Préfecture de Police.

projets; mais l'idée était dans l'air et tôt ou tard elle devait faire son chemin.

En 1881, M. Le Chartier, commissaire de police, et son secrétaire, M. Cochefert, aujourd'hui chef de la Sûreté, reprirent l'étude de la question, avec l'aide des commissaires aux Délégations judiciaires. Après plusieurs mois de travail, de pourparlers divers, ces messieurs soumirent à l'Administration un projet de société de secours mutuels et de retraite comprenant tous les employés et les agents. MM. Camescasse, Préfet de Police, et Vel-Durand, Secrétaire général, ainsi que les principaux chefs des divers services, apportèrent un appui empressé et puissant à la combinaison proposée.

La société était fondée. Contrairement à des prévisions pessimistes, sa marche a été rapidement prospère. Dès sa dixième année d'existence, elle prenait, au point de vue des résultats financiers, le troisième rang dans la statistique des sociétés de secours mutuels publiée par le Ministre de l'intérieur. A la fin de sa treizième année (décembre 1895), elle compte plus de 4000 adhérents, possède un capital de un million de francs et déjà sert une pension à 500 sociétaires retraités de l'Administration.

Mais ce n'est pas uniquement avec le modeste versement d'une cotisation annuelle de 24 francs que cet heureux résultat a été obtenu. Grâce aux sympathies dont le personnel de la Préfecture de Police est entouré dans la population parisienne, les dons, provenant des sources les plus pures, ont afflué. C'est ainsi, qu'à ce jour, un généreux philanthrope, M. Chauchard, lui a versé, par dons annuels, 60.000 francs; c'est ainsi que madame Audiffred lui a fait une offrande princière de 80.000 francs. Dans un ordre d'idées plus modeste, mais bien caractéristique et touchant, on a vu une pauvre veuve, autrefois sauvée par un gardien de la paix, léguer une somme de cent francs à l'Association, et tous les ans, un jeune homme, fils d'un gardien de la paix, envoie cent francs, en mémoire de son père.

Parallèlement au service des pensions, la Société remplit toutes les charges qui incombent aux sociétés de secours mutuels. Elle distribue des secours aux sociétaires malades, aux veuves, aux orphelins et elle assure aux morts des funérailles convenables.

Enfin le Conseil a créé, en dehors des prévisions des statuts, un service annexe comme aucune société n'en possède, et qui ne coûte rien à la Caisse sociale. Cinq avocats-conseils, cent cinquante médecins, chirurgiens, dentistes, etc., donnent généralement gratuitement leurs services aux sociétaires et aux membres de leur famille, et cent pharmaciens font, sur leurs propres tarifs, des réductions variant de 20 à 30 0/0.

Grâce à la bienveillance de tous les Préfets de Police qui se sont succédé depuis sa fondation, et grâce aussi à la sagesse, à l'esprit d'ordre et d'économie du Conseil élu, la Société a vu toutes les difficultés s'aplanir, tous les mauvais vouloirs s'incliner, et elle se trouve dans une ère de prospérité dont nul ne peut exactement mesurer l'essor futur.

La reconnaissance en qualité d'Établissement d'utilité publique lui a été octroyée par décret du 26 décembre 1895; le même jour, M. Félix Faure, Président de la République, se faisait inscrire comme bienfaiteur perpétuel.

Insigne de membre de l'Association amicale
et de prévoyance de la Préfecture de Police.

QUATRIÈME PARTIE

PROJETS

RECUEIL DE PROJETS DIVERS SUR LA POLICE MUNICIPALE PARISIENNE DEPUIS 1791

 OIN de rester indifférent à l'organisation de la police parisienne, le public s'est, au contraire, maintes fois préoccupé des voies et moyens propres à améliorer cette branche importante de l'administration de la grande cité. A l'exception de quatre ou cinq, les projets que nous allons analyser émanent de l'initiative individuelle. Ils sont curieux à plus d'un titre, car, outre l'exposé des vues parfois très originales de l'auteur, ils fournissent des indications précieuses sur l'époque où ils ont été écrits. En 1812, par exemple, un habitant de Paris propose d'obliger tous les citoyens qui circulent dans les rues de la capitale après minuit, à se munir d'un laissez-passer. Le produit de ces laissez-passer, délivrés moyennant 0 fr. 50 centimes, devait être employé à secourir les gardes blessés pendant le service de nuit. Voilà un impôt d'un genre tout particulier, qui serait, aujourd'hui, une source de revenus considérables pour la Caisse des retraites des gardiens de la paix. Parmi les projets qu'a fait éclore la révolution de 1848 (1), il en est un qui a trait à la formation d'une garde

_____

(1) Nous en avons réuni seize pour cette année, seulement.

de nuit exclusivement recrutée parmi les concierges. D'autres contiennent des renseignements intéressants sur les idées qui passionnaient les réformateurs de la police durant cette période pittoresque. Du reste, au lendemain du 24 février, le Ministère de l'intérieur, la Préfecture de Police et la Mairie de Paris s'occupèrent simultanément de la question. Par l'entremise de M. Jeanron, directeur des musées nationaux, le Ministre Ledru-Rollin demanda au peintre Raffet des projets de costumes pour les gardiens de Paris et la garde civique, que nous reproduisons ici. Un peu plus tard, dans les derniers jours de mars 1848, croyons-nous, la Préfecture de Police fit dessiner un modèle d'uniforme pour les sergents de ville, que nous avons ajouté à la série des aquarelles dues au pinceau de Raffet.

Mais on aurait tort de penser que les modifications à apporter au costume des agents ont, le plus souvent, inspiré les auteurs des lettres et rapports ci-dessous. Tout ce qui touche à la sécurité de la capitale y est effleuré et parfois discuté d'une manière digne d'appeler l'attention. On y passe en revue l'adoption des systèmes de police en usage à Londres et dans d'autres villes de l'Europe, et on y étudie la création d'une garde spéciale de nuit et les réformes qui pourraient donner une meilleure impulsion au service de la police municipale. On verra également que la Préfecture de Police a, plusieurs fois, essayé de rajeunir certains rouages de la machine administrative, qui n'étaient plus en harmonie avec les besoins du moment. De tout temps aussi, la Municipalité parisienne s'est vivement intéressée aux choses de la police.

Nous plaçons en tête des quelques projets que nous avons pu réunir, celui que le citoyen J. Charron (1), officier municipal de Paris, commissaire des contributions publiques, fut chargé d'élaborer, au nom du Corps municipal, pour éclairer l'Assemblée nationale sur les

---

(1) Le citoyen Charron fit imprimer ce projet de règlement en 1792 (Imprimerie Lottin, rue Saint-André-des-Arts, 27).

lacunes de la loi des 21-29 septembre 1791, qui venait d'instituer les officiers de paix.

Ce projet de règlement est précédé de l'exposé suivant :

Vous avez demandé, Messieurs, à l'Assemblée constituante l'institution de vingt-quatre officiers de paix. Les atteintes continuelles portées à la tranquillité publique, la nécessité de surveiller tous les crimes, tous les complots qui se perdaient dans l'immensité de la population de la capitale, à l'abri de l'impunité et de la multiplicité des fonctions de votre Administration de police, vous ont déterminés à former cette demande; mais la loi qui a donné cette institution utile à la capitale, cette loi dont vous avez exécuté la première partie, n'est peut-être pas assez complète pour livrer son exécution aux officiers institués. Vous avez senti qu'il fallait leur tracer leurs devoirs, leurs obligations et les diverses fonctions qui les attendent; qu'il fallait, développant l'intention du Législateur, donner quelque étendue à l'espèce de code qui doit servir de boussole à la conduite des officiers de paix; qu'enfin, Messieurs, c'était à vous de faire jouir la capitale de toute l'étendue de ce bienfait du Corps constituant.

Ici deux questions se présentent.

Est-ce au Corps municipal qu'il appartient d'assigner les fonctions que doivent exercer les officiers de police et de paix?

Et dans le cas où ces fonctions ne seraient pas désignées suffisamment par la loi, appartient-il au Corps municipal d'interpréter cette loi?

Nous ne balançons pas à prononcer l'affirmative. Le Corps municipal a demandé au Législateur le secours de vingt-quatre agents de la loi, dont l'institution lui était utile pour exercer des fonctions essentiellement propres à la municipalité. Et remarquez que la loi reconnaît ces agents, sous le nom d'officiers de police : or l'administration de la police est dévolue par les lois constitutionnelles aux municipalités; donc tous ses agents immédiats ou secondaires sont placés sous l'autorité immédiate des municipalités, seules responsables, envers les autorités supérieures, du maintien de l'ordre et de la tranquillité, quels que soient les agents dont elles se serviraient pour opérer le bien que la grande communauté attend d'elles.

Nous croyons ensuite que si, ne nous écartant point de l'esprit de la loi qui a institué les officiers de police et de paix de la Ville de Paris, nous développons l'intention du Législateur, qui, en cédant aux besoins d'une grande cité, s'est reposé sur ses Administrateurs du soin d'appliquer la loi, nous pouvons, nous devons organiser, arranger les rouages d'une machine qui nous doit sa création et son existence. En nous laissant le soin de nommer, de choisir ces officiers, le législateur n'a pas voulu nous réduire à la seule fonction d'électeurs d'un nombre de citoyens qui eussent été étrangers à nous.

Ainsi, Messieurs, c'est à vous qu'il appartient de faire mouvoir ce qui nous doit l'existence. C'est à vous qu'il appartient de diriger ses mouvements.

Voyons d'abord quels sont et peuvent être les objets sur lesquels ces nouveaux instruments de la loi auront à exercer leur surveillance.

Si tout ce qui est du ressort de la police forme nécessairement la masse d'où partiront les fonctions des officiers de paix, la nature de leurs devoirs est connue ; mais, pour qu'une loi soit aussi salutaire dans ses résultats que les bases sur lesquelles elle est établie le font espérer, il est de la sagesse des magistrats chargés de l'exécution d'éclairer la marche des mandataires subalternes de la manière la plus sûre.

Force à la loi, respect envers les autorités constituées, tranquillité générale, sûreté et propreté des lieux publics, liberté et protection aux individus, secours aux mœurs : tels sont, Messieurs, les anneaux de devoirs qui environnent les officiers de paix.

Tant qu'ils agiront en dedans du cercle constitutionnel, ils seront vraiment dignes du titre qui les honore ; ils seront les amis du peuple, mais hors de là, Messieurs, ils ne seront que des êtres dangereux ; c'est ce qu'il faut prévoir et nous allons nous en occuper.

L'homme chargé de donner force à la loi devient nécessairement l'exemple de l'obéissance due à l'autorité publique ; cette idée emporte bien en gros celle des devoirs de tous les membres de la société. Mais il faut des détails, et les officiers de paix n'en demanderaient pas que nous vous dirions que la communauté en a besoin.

L'Assemblée constituante, en nous donnant l'institution, n'a voulu indiquer qu'un but : elle a senti que c'est aux magistrats qui ont demandé la chose qu'il fallait en laisser le gouvernement. Le Corps législatif a donné le remède, c'est à nous, Messieurs, qu'il appartient d'en faire l'usage convenable, et de l'appliquer suivant les cas.

Sous le régime d'un peuple libre et régénéré, les personnes doivent être aussi neuves que le nouvel ordre ; voilà pourquoi il faut se reposer sur les officiers de paix pour tout ce qui peut établir la dignité de leur état ; c'est à eux-mêmes qu'est réservée cette tâche glorieuse.

Des mœurs irréprochables, une probité intacte, de la conduite, l'amour de la constitution, des lumières, de la prudence, du zèle et de l'activité, une connaissance entière de la capitale, des lois et des règlements ; voilà sans doute les gages que les officiers de paix déposent à l'entrée de leur carrière.

L'esclavage de la loi, du respect pour la liberté, l'asile et les droits du citoyen, de l'humanité sans faiblesse, une fermeté sans injustice, du courage sans violence, tels seront ensuite les moyens de poursuivre cette même carrière d'après le caractère et les principes qui ont dû mériter à ces concitoyens la confiance et le choix du Corps municipal. Nous espérons qu'ils ne nous auront pas trompés ; et leur exactitude à suivre les règles que vous allez prescrire est le seul moyen d'aspirer aux avantages d'une seconde élection.

Il y a loin de ces idées vraies à ces idées flétrissantes que quelques personnes se sont formées sur cette institution. Il importe de repousser loin des agents de la loi tout ce qui pourrait affaiblir la considération que dans un pays libre tout citoyen doit ambitionner. Il importe à tous officiers publics de s'environner d'une bonne réputation qui commande, même à travers les calomnies, l'estime des bons citoyens.

Voyons donc ce que les officiers de paix auront à faire pour jouir longtemps de l'honneur de contribuer, par leurs services, au bien-être de la capitale.

Simples citoyens, ils seraient toujours intéressés au salut de la chose publique, et quelquefois ils pourraient la servir; mais, en qualité d'observateurs constants, ils seront souvent à même de lui être utiles, et, par l'avantage précieux d'être des sentinelles du repos, ils rendront la loi de plus en plus chère à leurs concitoyens.

Afin que l'obéissance de ces officiers envers la loi soit effectivement la leçon du peuple, ils seront tenus d'exécuter les ordres du Corps Municipal, dont ils descendent, de manière à ne laisser d'autre choix que la soumission ou la punition.

Les officiers de paix seront bien les bras de la police; mais leur existence étant publique, la crainte de leur présence suffira pour prévenir la plupart des désordres et des délits que, sous l'ancien régime, on ne punissait ou pardonnait souvent que par des motifs contraires au bien général et aux intérêts de l'individu.

Appelés partout où il s'agira de contribuer à ces deux causes de leur création, les officiers de paix auront à se gouverner de la manière suivante.

Dans les beaux jours de Lacédémone, des vieillards respectables, et marqués par une vie irréprochable, n'auraient eu besoin que d'une apparition tranquille pour étouffer, dès leur naissance, tous les désordres du vice et les attentats du crime.

D'autres temps, d'autres mœurs, et par conséquent d'autres moyens; voyons donc, Messieurs, ce que nous avons à faire.

Nous avons déjà eu l'honneur de vous observer que la première attention de l'officier de paix en exercice devait être de se comporter de manière que le respect qu'il inspirera pour sa mission annonce l'autorité en vertu de laquelle il agira. L'intelligence et la prudence dirigeront sa surveillance; le zèle animera son autorité; l'amour du bien public et de ses devoirs alimentera son courage; observant et agissant continuellement, il sera le bouclier de la sûreté de la Métropole; il se persuadera qu'il vaut mieux empêcher le crime que d'avoir à le punir : et, plût au ciel que toute sa mission se bornât à cette fonction angélique! Une surveillance active sur les erreurs peut empêcher ces mêmes erreurs de se transformer en crimes. Sentinelle vigilante, mais essentiellement obéissante, il ne s'agit que de lui tracer une ligne hors de laquelle il ne serait plus lui-même qu'un réfractaire, livré à la vindicte publique.

Chargés par vous, Messieurs, de fournir un plan à cet égard, après avoir examiné les objets relatifs au service des officiers de paix, nous nous sommes occupés de les mettre en activité. Votre sagesse suppléera à ce qui aura pu échapper aux vues de vos commissaires.

Les sujets appelés à remplir ces postes importants ne se sont sûrement présentés qu'avec la certitude de pouvoir en passer par l'examen le plus rigoureux; et le récitatif, *ad unguem*, du *Code portatif de la Police municipale et correctionnelle*, serait sans doute la meilleure pierre de touche de leur aptitude. Ainsi, dans la supposition bien juste que ces Messieurs n'ont rien à craindre de ce côté-là, nous n'avons plus qu'à indiquer les moyens d'accorder l'exactitude de leurs fonctions avec la Déclaration des Droits, rempart inabordable de la liberté et de la sûreté de tous les habitants de l'empire.

Que les anciens règlements ayant servi de base au *Code portatif*, ou que les mesures du Corps constituant, à cet égard, ne soient qu'une défiguration de l'ancien système, n'importe; cet ouvrage est le fanal de la police actuelle, et c'est à la lueur du flambeau qui conduit les chefs que doivent marcher ceux qui les suivent.

Mais, Messieurs, avant de vous exposer les moyens par lesquels nous avons cru devoir faire servir utilement l'existence des officiers de paix aux besoins de la capitale, permettez à vos commissaires de vous retracer d'une manière courte et rapide les inconvénients, les dangers, les maux, enfin toutes les suites funestes du désordre et du crime, sans cesse renaissants de l'état actuel des choses.

Déjà plusieurs mesures salutaires ont annoncé la vigilance des magistrats. Il ne s'agit ici que d'investir les officiers de paix d'une autorité capable de répondre à votre sollicitude pour le bien public.

Les actes de l'autorité sont clairs et précis, et leur publicité ôte toute excuse à celui qui se permet de les enfreindre.

A partir de ce principe immuable de toute association politique, quiconque s'écarte des lois du pays qu'il habite est coupable, et il y a plus, c'est qu'il est en cet état par le fait même de son ignorance. Ce raisonnement, Messieurs, annonce de la sévérité. Cependant, jetez un coup d'œil sur les mœurs actuelles; et vous sentirez non pas l'utilité d'une juste sévérité, mais bien la nécessité d'une rigueur inexorable. Sans cela, Paris deviendra..... Faut-il le dire?....., Et pourquoi non? Une vérité salutaire est un devoir. Eh bien! Messieurs, Paris deviendra bientôt la terreur de cette foule d'étrangers qu'y attirent la liberté, les sciences, les arts et les agréments de la société.

Le débordement s'est accru en proportion du relâchement de la force publique. L'assassinat, le meurtre, le vol et l'escroquerie, les rixes et les duels, la prostitution et l'ivrognerie, les maisons de jeux et les faux assignats qui en sortent, la dissolution et les outrages faits à la pudeur, des rues embarrassées, sales et mal éclairées; des cochers, des cavaliers et des charretiers insolents, grossiers, négligents; des lieux publics, réceptacles de la paresse et du vice, ouverts à toutes heures; des hôtels garnis, tenus et occupés au mépris des règles; des échoppes non moins dangereuses par la grandeur que par le local qu'elles occupent; des ordures tombant de tous les étages sur les passants; des marchés toujours dégoûtants de malpropreté et souvent pestilentiels par les émanations fétides des denrées qu'on a l'audace d'y établir; une multitude effrayante de chevaliers d'industrie dans tous les genres; enfin, Messieurs, des accidents sans nombre, et des attentats partout : tel est le tableau affligeant dont la correction peut devenir le résultat d'une conduite sage et habile de la part des officiers de paix.

Cette peinture, Messieurs, vos commissaires ne la font point dans la vue de vous apprendre ce que personne de vous n'ignore. Mais, au moment d'installer les officiers de paix, nous avons pensé que les moyens de les pénétrer de toute l'étendue de leurs devoirs, était de leur montrer le but; c'est à vous de les y conduire. Et pour remplir avec succès la mission dont vous avez honoré vos commissaires, ils soumettent à votre sagesse l'examen du règlement suivant :

I. Les officiers de paix et de police, créés en vertu de la loi de l'Assemblée constituante du 21 septembre 1791, entreront incessamment en fonctions.

II. Conformément à la loi du 21 septembre 1791, les officiers de paix et de police exerceront sous l'autorité du Corps municipal.

III. Le signe de leur mission sera un bâton blanc, parsemé de fleurs de lys rouges et bleues, sur lequel seront inscrits transversalement ces deux mots : *La Loi.*

IV. Ces bâtons seront de douze pouces de long, et les officiers de paix ne les exhiberont que lorsqu'ils seront obligés de se présenter, d'exhorter et d'agir au nom de la loi.

V. *Le Code portatif de la Police municipale et correctionnelle* servira, quant à présent, de base à la conduite des officiers de paix et de police, partout où l'existence d'une contravention quelconque exigera leur ministère.

VI. A l'exception du *flagrante delicto*, les officiers de paix seront tenus de prendre les ordres du Corps municipal.

VII. Aux termes de la loi du 21 septembre, ils ont le droit d'arrêter un délinquant, de le conduire chez le juge de paix, ou par devant le commissaire de police.

VIII. Dans les cas de rixe entre deux ou plusieurs particuliers, les officiers de paix préviendront les voies de fait par tous les moyens de conciliation; et ce n'est qu'autant que ce moyen se trouvera insuffisant, qu'ils donneront force à la loi, et traduiront par devant le magistrat.

IX. Ils s'attacheront surtout à prévenir les duels; et à la moindre apparence ou connaissance certaine d'un assassinat, dont la cause serait dans le prétendu point d'honneur, les officiers de paix emploieront toutes les ressources de la prudence et les efforts du courage pour mettre les barrières de la loi entre les combattants.

X. Tout citoyen qui sera instruit d'un *duel médité* est invité d'en donner avis au Corps municipal; et, afin de mieux parvenir à la destruction de cette coutume barbare, l'anonyme n'empêchera point les précautions à prendre, en tant qu'elles s'accorderont avec les principes de la Déclaration des Droits.

XI. En cas de résistance, l'officier de paix et de police aura le droit d'appeler tous les spectateurs au secours de la loi, conformément à celle du 21 septembre 1791.

XII. *Tous les citoyens devant concourir à l'exécution de la loi,* celui qui se refuse à cette obligation devient responsable des suites que son assistance pourrait prévenir; ainsi que cela est réglé par l'article..... de la loi du 21 septembre.

XIII. Les officiers de paix se porteront, sitôt qu'ils en seront avertis, dans le lieu d'une émeute quelconque; et si, après avoir employé les moyens de douceur et de persuasion, ils ne parviennent point à rétablir le calme, alors ils proclameront force à la Loi et requerront la force publique.

XIV. Si cette mesure ne produit rien, la garde ou la gendarmerie nationale enverra du renfort, et sitôt que le secours sera arrivé, l'officier de paix fera une seconde proclamation de force à la Loi, et il menacera.

XV. Si les menaces ne produisent également rien, l'officier de paix requerra la garde ou la gendarmerie nationale de faire avertir soit le commissaire de police de la section où l'émeute aura lieu, soit le juge de paix, soit enfin un officier municipal.

XVI. Les officiers de paix arrêteront tous les voituriers, cochers et cavaliers dont la conduite nuirait au public; et ils ne souffriront aucune manière de mener un cheval ou une voiture qui puisse causer des malheurs.

XVII. Ils auront égard aux porteurs d'ordre et aux cavaliers de la gendarmerie employés pour le service public.

XVIII. Conformément au titre qui les honore, les officiers de paix s'empresseront de donner et de faire porter secours aux individus blessés ou affectés par la suite d'un accident.

XIX. En cas d'incendie, l'officier de paix commencera par avertir les citoyens, ensuite il appellera les pompiers, il invoquera la force publique et il prendra toutes les précautions nécessaires au danger, enfin il requerra le magistrat, et donnera provisoirement les ordres nécessaires.

XX. L'exposition d'une gravure ou d'un écrit obscène est un délit dont l'officier de paix assurera la punition par une dénonciation au commissaire de police.

XXI. Ceux qui par des propos ou des écrits incendiaires provoqueront la désobéissance aux lois, et aux autorités légitimes, seront avertis par l'officier de paix qu'ils troublent l'ordre; s'il y a récidive, il invoquera l'assistance et le témoignage des citoyens, et il conduira les perturbateurs devant le commissaire de police.

XXII. Les femmes publiques seront également l'objet de la vigilance des officiers de paix; et ils seront tenus de réprimer ou d'arrêter celles dont la conduite turbulente et obscène serait un objet de trouble et de scandale publics.

XXIII. Jusqu'à ce que la loi demandée à l'Assemblée nationale, sur les jeux, soit rendue, les officiers de paix se borneront à faire avec précaution l'état et le dénombrement des maisons de jeu. Ils ne pourront y faire aucune perquisition qu'en exécution d'une ordonnance légale. Ils fourniront au Département de la Police tous les renseignements qui leur seront demandés.

XXIV. Lorsque l'officier de paix rencontrera quelqu'un que l'ivresse, une maladie ou le dérangement du cerveau exposerait à un danger imminent, il commencera par le mettre en sûreté dans le plus prochain corps de garde ou autre endroit quelconque; ensuite il s'occupera des moyens de rendre cette personne à son domicile.

XXV. Les officiers de paix et de police seront tenus d'éloigner les mendiants des promenades publiques, ainsi que de tous les lieux où leur présence sera trouvée nuisible : ils pourront même les arrêter.

XXVI. Par une suite du précédent article, ils s'opposeront également à ce que les commissionnaires, cochers de place, ouvriers, etc., ne gênent par des rassemblements ou autrement les voies publiques.

XXVII. Ils veilleront à ce qu'aucun dépôt de matériaux ou de décombres, aucune exposition de denrées ou de marchandises, aucun chargement ou déchargement, aucune voiture n'ajoutent aux embarras multipliés d'une grande population.

XXVIII. Les officiers de paix détruiront tous les jeux dont tant de rues et la plupart des quais sont infestés; et ils s'empareront de tous ceux qu'ils pourront surprendre.

XXIX. Ils s'opposeront à toutes espèces d'insulte et de dommage; mais

PROJET DE GARDIENS DE PARIS POUR LEDRU-ROLLIN, MINISTRE DE L'INTÉRIEUR, ET JEANRON, DIRECTEUR DES MUSÉES NATIONAUX; 30-31 MARS 1848. CASQUETTES ET PLAQUES DE GARDIENS DE PARIS ET DE GARDES CIVIQUES.

(Projet de RAFFET.)

surtout ils s'empresseront à protéger le sexe et la pudeur contre les attentats de la licence.

XXX. Dans le cas où un individu quelconque aurait un besoin pressant des secours de la chirurgie et qu'ils lui fussent refusés, l'officier de paix commencera par servir l'humanité, ensuite il dressera son procès-verbal contre celui qui aurait eu la barbarie de refuser le ministère de son état.

XXXI. Enfin tout ce qui tient à la sûreté, à la propreté et à la commodité générale et individuelle sera l'objet de l'attention des officiers de paix, et ils seront obligés d'assister le citoyen, quand même ils n'en seraient réclamés que pour un vêtement gâté.

XXXII. Tous les lieux publics seront ouverts aux officiers de paix et de police; mais à l'égard des spectacles, ils useront du droit d'y entrer, de manière à ne pas préférer leur amusement à l'importance de leurs fonctions.

XXXIII. Ils ne pourront se transporter dans aucune maison particulière que sur un ordre de l'autorité publique.

XXXIV. Mais dans un cas urgent, tel qu'un assassinat, un vol ou une querelle, lorsque quelques citoyens invoqueront, de l'intérieur, le secours de la force publique, les officiers de paix auront le droit d'aller partout où ils seront appelés; et ils seront tenus de le faire en tout temps et à toute heure.

XXXV. Les officiers de paix répondront de la personne des prisonniers qu'ils auront retirés chez eux, ainsi que la loi le leur permet.

XXXVI. Les officiers de paix apporteront le plus grand soin à prendre des notes certaines sur toutes les circonstances qui ont accompagné le délit, et sur les personnes dont le témoignage peut servir à les constater; ils demeureront responsables de toutes les injustices, mauvais traitements ou violences qu'ils pourraient exercer contre un citoyen; et ils seront poursuivis par devant les tribunaux ordinaires, à la requête et diligence du Procureur de la Commune.

XXXVII. De quelque manière qu'un officier de paix, oubliant les devoirs de son état, devienne coupable, la loi a fixé la peine. La destitution suivra la contravention; et soit que la connaissance du délit appartienne, par une loi nouvelle, au tribunal de police correctionnelle, soit que cet acte de juridiction soit rendu au Corps municipal, c'est également à la réquisition du Procureur-Syndic de la Commune que se feront les poursuites nécessaires.

XXXVIII. Indépendamment du service général, il y en aura un particulier qui se fera de la manière suivante.

XXXIX. Les officiers de paix et de police seront tenus de s'arranger entre eux, pour qu'à l'heure fixe et dans les lieux ci-après indiqués, leur présence assure constamment le bien du service auquel ils sont destinés.

XL. Afin de régler ce service entre eux, les officiers de paix et de police pourront se réunir tous les samedis matin dans une des salles de l'Hôtel-de-Ville. Mais comme ils ne forment aucune corporation, et qu'ils ne sont que des instruments de l'autorité, ils ne pourront que s'entretenir du service pour lequel ils sont créés; ils ne feront aucune délibération et aucun arrêté par écrit. Tout membre du Corps municipal aura le droit d'assister à cette assemblée, et d'écouter les pétitions ou renseignements qu'il croirait utiles.

XLI. Deux officiers de police seront continuellement auprès du tribunal de police correctionnelle ; un autre assistera de même aux audiences du tribunal de la police municipale.

XLII. Un officier de police sera toujours de service auprès de M. le Procureur de Commune, dont il recevra les ordres immédiats ; il en sera de même pour le Département de police, à l'Hôtel de la Mairie.

XLIII. Ce service se fera par roulement entre les vingt-quatre officiers de paix, mais en observant qu'il n'occupera point le même jour les deux officiers de paix d'un même arrondissement.

XLIV. Le service au tribunal de la police correctionnelle et à la Mairie durera vingt-quatre heures, depuis midi jusqu'au lendemain à la même heure. Celui à faire auprès du Procureur de la Commune ne durera que douze heures, depuis dix heures du matin jusqu'à dix heures du soir.

XLV. L'officier qui sera de garde auprès de M. le Procureur de la Commune fera le service les mardi et vendredi matin auprès du tribunal municipal.

XLVI. En attendant que le Corps législatif ait définitivement prononcé sur l'organisation du Bureau central du tribunal de police correctionnelle, les officiers de paix, employés auprès de ce tribunal, contribueront de tous leurs moyens à l'exécution de la loi, dans tout ce qui ne sera pas contraire au titre de leur institution.

XLVII. A l'exception des moments de repas, l'officier de paix et de police ne manquera d'un côté, que parce qu'il sera occupé de l'autre.

XLVIII. La Ville de Paris sera divisée en douze arrondissements pour le service des officiers de paix.

XLXIX. Chaque arrondissement sera composé de quatre sections.

L et dernier. Il y aura deux officiers de paix par arrondissement.

Voilà, Messieurs, le règlement que vos commissaires ont cru devoir vous proposer. Quelques articles peuvent paraître minutieux ; mais, chez un peuple régénéré, rien de ce qui peut contribuer au bien public et au salut des mœurs n'est au-dessous des regards du magistrat. Et c'est à force de multiplier les obligations des officiers publics, que la Loi acquiert le degré de compression d'où dépend le bonheur général.

Nous finirons en vous observant que, pour faire une division utile, nous avons tâché d'accorder le domicile des officiers de paix avec la nature de leurs travaux et les intérêts du service dont ils sont chargés. Nous avons pensé qu'il ne fallait pas les éloigner des lieux qu'ils habitent, et que par conséquent ils peuvent être censés connaître. Et, au lieu d'établir un officier de paix pour deux sections, vos commissaires ont proposé quatre sections pour deux officiers de paix, afin que la conduite de l'un pût servir à éclairer la conduite de l'autre.

De plus, Messieurs, comme parmi ceux que notre choix a chargés des fonctions importantes d'officier de paix, il en est plusieurs qui ne sont pas au fait de tous les moyens de surveillance et qui ne connaissent point, ou fort peu, les endroits les plus exposés au désordre, nous avons désigné, pour être placé à côté de l'expérience, celui qui n'en a point encore ou qui n'en a point assez.

Telles sont, Messieurs, les bases de la division et des dispositions que nous soumettons à la sagesse de votre examen.

Les événements des 10 août et 22 septembre 1792 devaient faire obstacle à la réalisation complète de ce projet.

1812

Un projet de formation d'une garde de nuit, adressé d'abord au Conseil d'État, fut transmis au Préfet de Police, le 24 janvier 1812, par le baron de Gérando, Conseiller d'État, président de la commission des pétitions. Ce projet émanait de M. Lesavre-Caillier, domicilié aux Champs-Élysées, n° 33 (maison du sieur Gosselin), ayant servi au 4° régiment d'infanterie légère.

Après avoir esquissé le tableau des crimes et des accidents dont Paris était alors le théâtre pendant la nuit, M. Lesavre-Caillier priait l'Empereur d'accueillir favorablement son projet qui « purgerait, disait-il, la capitale d'êtres corrompus qui ne doivent plus compter parmi un peuple aussi civilisé que le français ».

Voici les principales dispositions de ce projet :

La garde de nuit pourrait être confiée, depuis le coucher du soleil jusqu'à l'aube, à un corps de troupe dénommé *Garde de nuit*. Ce corps se composerait de 24 compagnies, chacune de 75 hommes, non compris les officiers et sous-officiers.

Il y aurait, toutes les nuits, dans chaque arrondissement une compagnie de 93 hommes commandée par un capitaine, un lieutenant, un sous-lieutenant, deux sergents et six caporaux.

Trois capitaines seraient, chaque nuit, d'ambulance pour surveiller l'exactitude des patrouilles, et rendre compte de la célérité du service à un lieutenant-colonel attaché à poste fixe à l'hôtel du Ministère de la Police Générale.

Ce lieutenant-colonel aurait auprès de lui des plantons pour lui tenir lieu d'ordonnances.

Cette garde serait mobile ; elle devrait marcher et surveiller sans relâche.

Son effectif comprendrait :

État-major.	1 colonel	Pour mémoire.
	2 lieutenants-colonels	Id.
	1 chirurgien-major, à 1.500 fr.	1.500 fr.
	1 quartier-maître, à 2.000 fr.	2.000 fr.
	1 garde-magasin, à 1.500 fr.	1.500 fr.
	3 maîtres-ouvriers, à 600 fr.	1.800 fr.
	Total	6.800 fr.

24 capitaines, à 2.400 fr.	57.600 fr.
2 adjudants-majors, à 2.000 fr.	4.000 fr.
24 lieutenants, à 1.800 fr.	43.200 fr.
24 sous-lieutenants, à 1.500 fr.	36.000 fr.
2 adjudants sous-officiers, à 1.000 fr.	2.000 fr.
24 sergents-majors, à 900 fr.	21.600 fr.
96 sergents, à 800 fr.	76.800 fr.
24 fourriers, à 700 fr.	16.800 fr.
192 caporaux, à 600 fr.	115.200 fr.
24 tambours, à 700 fr.	16.800 fr.
1.800 fusiliers, à 400 fr.	720.000 fr.
	1.110.000 fr.
État-major. . .	6.800 fr.
Total.	1.116.800 fr.

Taxe pour l'entretien de cette garde. — Cette taxe serait appliquée aux propriétaires, principaux locataires, et, dans ce cas, proportionnée suivant le prix du loyer au-dessus de cent francs.

Si la dépense n'absorbait pas entièrement le produit de cet impôt, le surplus serait réparti entre les bureaux de bienfaisance des municipalités.

Patrouilles. — Pour rendre plus facile le service des patrouilles dont l'itinéraire est tracé ici pour chaque arrondissement, on pourrait loger dans une caserne (par arrondissement) 186 hommes prêts à marcher en cas de besoin. Ces 186 hommes seraient de service, par moitié chaque nuit, de façon à avoir une nuit de repos sur deux; ce qui représente un effectif de 1.118 hommes en activité toutes les nuits.

Recrutement. — Pour être admis dans cette garde, il faudrait être porteur d'un congé de réforme et être âgé d'au moins 40 ans.

Police de jour. — Un capitaine logé dans chaque arrondissement serait chargé de recevoir les plaintes des particuliers contre les patrouilles. Ce bureau serait ouvert de 9 heures à midi.

Tout militaire pris en état d'ivresse ou rencontré dans un lieu suspect serait chassé du corps et remis à la gendarmerie pour subir la peine infligée aux perturbateurs.

Police de nuit. — Exception faite des membres de la Légion d'honneur, des fonctionnaires publics, des médecins, chirurgiens, accoucheurs, sages-femmes et conducteurs de voitures, tout individu trouvé à pied dans les rues, depuis minuit jusqu'à l'aube, serait conduit au corps de garde le plus proche, où il serait tenu de payer 0 fr. 50 centimes pour un laissez-passer qui, sur le vu de sa carte de sûreté, lui serait délivré par le commandant du poste.

Les commandants de chaque poste de la garnison et de la garde auraient à leur disposition un certain nombre de laissez-passer, dont ils devraient compte à l'état-major de la place.

Au moment de la délivrance du laissez-passer, l'heure, l'adresse et le nom du particulier seraient inscrits sur une liste que tiendrait avec soin l'officier du poste, et qui, le lendemain matin, devrait être envoyée à l'état-major, *avec les fonds qui proviendraient des individus arrêtés dans le courant de la nuit.*

Tout laissez-passer devrait porter le nom du permissionnaire, et quiconque produirait un faux laissez-passer serait arrêté et conduit à la Préfecture de Police, pour y être détenu jusqu'au lendemain. Il pourrait être condamné à l'amende et à l'emprisonnement.

Les individus qui abuseraient de leur laissez-passer *en se promenant la nuit et en ne rentrant pas chez eux*, devraient également être conduits à la Préfecture de Police.

Le produit de ces laissez-passer serait versé, chaque année, à la caisse d'amortissement et converti en inscriptions qui devraient être employées à secourir les gardes victimes d'un accident dans le service.

Forme du laissez-passer.

Sur les 1.118 hommes en surveillance chaque nuit, il ne serait laissé au poste que le nombre de gardes nécessaire pour assurer le service. Le surplus serait continuellement et alternativement en patrouille.

L'uniforme de la garde de nuit pourrait consister en un habit gris de fer, avec collet, revers et parements de velours noir, doublure aurore, veste et culotte bleu céleste, guêtres et schako noirs. Comme armement : un fusil-baïonnette, sabre, giberne, fourniment noir.

Police et discipline. — La garde de nuit se conformerait au règlement des troupes de ligne pour les manœuvres, les revues et le mode de comptabilité.

1826

Au mois de décembre 1826, M. le M..., colonel de gendarmerie en retraite, chevalier de Saint-Louis, officier de la *Légion d'honneur*, présenta au ministre de l'Intérieur un projet relatif à l'organisation d'une garde de nuit.

Ce projet, qui est très développé, n'obtint pas bon accueil auprès de l'Administration. Voici l'appréciation de cette dernière :

On ne peut qu'applaudir aux bonnes intentions de l'auteur du projet d'organisation d'une garde de nuit pour Paris. Mais aux difficultés de l'exécution de ce projet, relativement au grand nombre d'individus qui devraient composer cette garde, et à la moralité dont il serait difficile de les croire tous pourvus, se joint un grand motif pour qu'il ne soit pas adopté. Ce motif c'est son inutilité dans l'état actuel des choses à Paris.

Sans doute, si Paris était dépourvu de garnison et de gendarmerie, le projet en question mériterait, sinon d'être approuvé en totalité, au moins d'être examiné et discuté avec attention; mais on le répète, dans l'état actuel des choses, cet examen et cette discussion ne produiraient en définitive que la parfaite conviction de l'inutilité de la garde de nuit proposée.

Deux mots sur la partie principale de ce projet suffiront pour prouver cette assertion.

Cette partie principale consiste dans l'établissement d'un corps de 2.400 gardes outre les chefs, dont la dépense monterait annuellement à 947.800 fr. Ces 2.400 gardes, payés chacun à raison de 0 fr. 75 centimes par jour, ne serviraient qu'une nuit sur quatre, ce qui, dans le fait, leur vaudrait 3 francs par nuit de service. Le reste du temps, ils travailleraient de leur métier, et leurs inspecteurs surveilleraient seulement leur conduite.

Il n'y aurait donc que 600 gardes employés par nuit, qui, divisés par arrondissement, ne produiraient que 50 hommes par arrondissement ou 12 hommes par quartier.

Or, s'ils doivent remplacer dans le service de nuit la troupe de ligne et la gendarmerie, ce n'est pas assez, et s'ils ne les remplacent pas et ne font que les aider, c'est une somme bien considérable que 950.000 francs environ pour un service auxiliaire aussi peu nombreux.

Il y a, en outre, à considérer que, de cette dépense, la Ville de Paris ne tirerait aucun fruit pour la garde de la capitale pendant le jour. Une addition de 500 gendarmes ne coûterait guère que la moitié et rendrait bien d'autres services.

Le surplus du projet n'est qu'un développement de l'organisation du corps des gardes de nuit, et ce développement est accompagné de réflexions dont la suppression pourrait se réduire à moitié.

Ce projet est, en effet, beaucoup trop long; et cependant l'auteur avait omis, à dessein, de traiter une partie du sujet (1). Au cas où sa proposition eût été adoptée, il se réservait de donner tous les détails nécessaires sur la formation des conseils de discipline ordinaire et extraordinaire, sur les peines qu'ils seraient appelés à infliger, sur les rapports de la garde de nuit avec les autorités civiles

---

(1) Le 27 décembre 1826, M. L. M... envoya au Préfet de Police cinq tableaux ou états destinés à compléter son projet.

et les autres corps de troupe, ainsi que sur l'habillement, la masse d'habillement, etc.

Voici l'effectif du corps des gardes de nuit :

1 inspecteur général....................................	12.000 fr.
12 inspecteurs, à 4.000 francs chacun....................	48.000 fr.
24 sous-inspecteurs, à 2.000 francs chacun...............	48.000 fr.
1 adjudant divisionnaire................................	1.800 fr.
6 adjudants, à 1.200 fr. chacun.........................	7.200 fr.
192 surveillants, à 900 fr. chacun......................	172.800 fr.
2.400 gardes, à 75 centimes chacun par jour.............	657.000 fr.
Pour frais de secrétariat accordés au sous-inspecteur faisant fonctions de quartier-maître.................................	1.000 fr.
Total	947.800 fr.

Ces frais pourraient être soldés au moyen d'une souscription ouverte par les habitants de la capitale.

Pour le recrutement des gardes de nuit, il y aurait dans chaque mairie un registre pour recevoir les demandes.

Pour être admis, il faudrait : être âgé de 25 à 50 ans, être de bonne vie et mœurs, faire preuve de royalisme, résider à Paris depuis 6 mois ; et, pour les anciens militaires, produire un certificat de congé ou un brevet de pension.

Le ministre de l'Intérieur nommerait l'inspecteur général, les inspecteurs et sous-inspecteurs ; les surveillants et adjudants seraient commissionnés par l'inspecteur général.

Les surveillants commandant les sections des différentes brigades devraient savoir lire et écrire correctement pour pouvoir dresser procès-verbal.

Tout garde de nuit qui aurait encouru plusieurs punitions serait traduit devant le conseil de discipline et rayé des cadres.

Le service journalier serait confié à douze brigades formant un total de 600 hommes, douze inspecteurs, 24 sous-inspecteurs et 48 surveillants.

Les mêmes hommes feraient le service dans chaque arrondissement, dont la surveillance générale appartiendrait à l'inspecteur.

Les brigades commandées pour le service de nuit se réuniraient, tous les soirs, à la mairie de leur arrondissement, à l'heure de la retraite fixée pour les troupes de ligne.

Les gardes de nuit seraient répartis dans les quartiers, de manière à pouvoir correspondre entre eux et prévenir les sapeurs-pompiers en cas d'incendie. Mais, dans aucun cas, ils ne pourraient quitter le poste qui leur aurait été assigné. Ils seraient armés d'un sabre, dit briquet, et auraient une crécelle semblable à celle dont se servent les facteurs des postes. Cette crécelle serait suspendue à une ceinture en cuir. Ils pourraient ainsi appeler à leur secours la force armée ou leurs camarades.

Des rapports seraient adressés chaque jour à l'inspecteur général pour le tenir au courant du service et lui fournir les divers renseignements qui pourraient être utiles à l'Administration et au Gouvernement.

Tous les mois, l'inspecteur général transmettrait au Préfet de Police un rapport sur les gardes de nuit. S'il y avait lieu, il demanderait des gratifications pour ceux qui auraient accompli quelque acte de courage; il ferait aussi les propositions d'avancement.

Chaque trois mois, de préférence un dimanche, aurait lieu la revue générale du corps des gardes de nuit.

Tous les premiers dimanches du mois, les inspecteurs des subdivisions ou arrondissements passeraient une revue de leurs subdivisions.

L'ordre général pour la division serait donné, tous les jours, immédiatement après la réception de celui du Préfet de Police. Ces ordres seraient transcrits sur des registres et lus, tous les soirs, aux brigades de service.

Pour garantir la bonne gestion administrative et financière du corps des gardes de nuit, on formerait un conseil d'administration composé de :

Le Préfet de Police, *Président inamovible;*

L'inspecteur général, *Vice-président;*

Deux inspecteurs ;

Trois sous-inspecteurs, dont un faisant les fonctions de quartier-maître et de secrétaire-greffier;

Deux surveillants et un garde de nuit.

Suit une méticuleuse description du fonctionnement du service de comptabilité. L'auteur cherche à rendre impossibles les erreurs et les malversations. Il donne aussi des détails très complets sur la procédure en usage au conseil d'administration, ainsi que sur les diverses décisions que ce dernier serait appelé à prendre.

Au chapitre *Conclusion*, il fait ressortir l'utilité du corps des gardes de nuit « garde bourgeoise soldée qui éviterait à la police d'employer beaucoup d'individus qui souvent lui sont suspects ».

Enfin, il ajoute :

J'ai entendu dire qu'il avait existé avant la Révolution une garde de nuit sous la dénomination de Guet gris; je n'ai aucune connaissance de la manière dont elle était instituée; mais, comme la Révolution a renversé, sans examen, toutes les institutions, pour ce seul motif qu'on les devait à l'ancien régime, ce qui nous a jetés dans un vrai chaos, je pense qu'il nous est facile d'en sortir, si l'on considère que l'organisation que je propose est loin de détruire, mais a pour but de rétablir et de perfectionner, et qu'une fois adoptée, elle permettrait de réduire la gendarmerie de Paris et éviterait à la garde nationale un service de nuit très pénible pour elle (1).

_____

(1) En 1848, M. le M.... transmit de nouveau ce projet à l'Administration.

1845.

Dans la revue administrative publiée en 1845, on trouve un curieux projet de M. Léon Vidal.

On devrait, disait-il, établir une nouvelle série d'agents de la police, attachés comme des cantonniers à une certaine circonscription peu étendue dans laquelle ils seraient toujours obligés de se tenir. Ces cantonniers de police seraient en permanence tout le jour et le soir jusqu'au moment où la circulation cesse sur la voie publique. Dans la nuit, ils parcourraient les rues et places, comme font les surveillants ou crieurs de nuit dans les villes où il en existe. Leur centre de réunion serait un corps-de-garde qui, placé sur les limites de deux, trois ou quatre circonscriptions, serait commun aux cantonniers de ces divisions spéciales. Le tiers des cantonniers seulement serait de service pendant la nuit et leur circonscription serait agrandie. Les autres agents de la police, les gardes municipaux en patrouille, les sergents de ville visiteraient leurs postes dans leur tournée, afin de pouvoir prêter main-forte au besoin, ou de recevoir des indications sur des points à explorer et à surveiller d'une manière plus attentive et plus suivie.

Les cantonniers auraient un costume spécial, ou au moins un signe distinctif qui pût les faire connaître au premier abord; ils seraient commissionnés par le Préfet de Police.

Ils adresseraient aux officiers de police dans la circonscription desquels ils seraient placés leur rapport sur tout ce qu'ils auraient observé de contraire au bon ordre. Ils conduiraient devant eux tout individu prévenu de crime, délit ou contravention, surpris en flagrant délit ou poursuivi par la clameur publique.

Leurs rapports suffiraient pour traduire les auteurs de contraventions devant les tribunaux de police municipale; la force armée devrait obtempérer à leurs réquisitions lorsqu'ils feraient connaître leur qualité. Ils seraient, d'ailleurs, assimilés aux agents de police ordinaire.

Ils ne pourraient recevoir ni plaintes ni déclarations *écrites*, mais seulement déférer aux officiers de police les contraventions, les délits et les crimes qu'ils découvriraient ou qui parviendraient à leur connaissance, et en remettre les auteurs à ces officiers de police, ceux de flagrant délit ou de poursuite sur clameur publique.

Une moitié des amendes prononcées pour contravention ou délit serait allouée à ceux de ces agents dont les rapports auraient motivé les condamnations. Ce serait un moyen certain de stimuler leur zèle par le puissant mobile de l'intérêt personnel.

L'action simultanée de cette troupe d'agents, faisant ainsi la police presque pour leur compte, contribuerait efficacement à la bonne tenue de la cité, à la salubrité, à l'ordre sur la voie publique et à la stricte et sévère observation des règlements de police municipale.

Le 2 avril 1848, M. Léon Vidal soumit de nouveau ce projet au citoyen Caussidière, Préfet de Police.

1848.

Le Ministre de l'Intérieur transmit au Préfet de Police, le 29 mars 1848, « un plan de surveillance nocturne permanente et gratuite » émanant du citoyen F. Daler, domicilié rue de Grenelle-Saint-Honoré, 29 (1).

Dans ce projet, qui s'applique nécessairement à Paris en état de tranquillité, le citoyen Daler déclare qu'il est préférable de se servir de la garde nationale que d'employer des hommes payés. Il affirme, du reste, avec raison « que le garde national préférera toujours monter la garde dans sa rue et à côté de son domicile, une fois par mois et seulement pendant 6 heures, que d'être souvent obligé de faire ce service à une distance très éloignée de chez lui, comme il arrive journellement ».

Il prend pour exemple la rue de Grenelle-Saint-Honoré, à laquelle le dernier recensement attribue 500 hommes valides, capables de monter la garde et tous intéressés à « se sauvegarder ». Le mois de 30 jours donne 16 hommes par jour; en cas de maladies ou de causes diverses, il faut réduire ce chiffre à 11. Ces 11 citoyens se réuniraient, à 11 heures précises, dans un local de la dite rue.

Local. Au cas où il n'y aurait pas déjà un local, il serait facile d'en trouver un en s'adressant aux boutiquiers ou aux limonadiers. Ce serait certainement une aubaine pour ces derniers que la réunion d'une douzaine de gardes nationaux pendant une nuit. Ce bénéfice serait recherché par les divers boutiquiers et cafetiers de la rue.

Chef de poste. Le premier arrivé serait chef de poste; il inscrirait les arrivants, avec un numéro d'ordre.

Factionnaire. Chaque citoyen ne ferait qu'une heure de faction. Jusqu'à 4 heures du matin, il y aurait, par heure, deux factionnaires, soit un service de nuit de 5 heures.

Consigne. Il importerait de donner l'ordre aux deux factionnaires de parcourir la rue en sens inverse, de façon à ce qu'ils se rencontrent et rencontrent aussi les factionnaires des rues voisines.

(1) M. F. D.... avait adressé, le 20 février 1848, ce projet au ministre de l'Intérieur.

Bornes-fontaines. Les chefs de poste devraient avoir les clefs des bornes-fontaines.

Incendies. En cas d'incendie, on aurait, en moins de dix minutes, 200 ou 300 citoyens prêts à porter secours et munis des clefs des fontaines.

Voleurs. Avec une pareille surveillance, exercée simultanément dans toutes les rues de Paris, les voleurs et les malfaiteurs seraient vite découragés.

Grandes rues. Les grandes rues seraient divisées par 150 ou 200 mètres. Deux ou trois petites rues qui se suivent et ne dépassent pas un périmètre de 200 mètres ne fourniraient qu'un poste.

Petites rues. Les rues trop courtes n'auraient pas besoin de factionnaires : les deux bouts seraient surveillés par les factionnaires des rues voisines. Elles n'en fourniraient pas moins leur contingent de citoyens.

Économie. Cette milice ne coûterait rien et ne fatiguerait guère les gardes nationaux qui n'auraient qu'une garde de 6 heures à monter par mois.

Résultat. Avec ce système et conformément au dernier recensement, on aurait, toutes les nuits, 4.000 ou 5.000 citoyens sur pied, veillant sur la cité, et mille fois plus intéressés à bien faire le service que les hommes soldés qu'on emploie aujourd'hui. Toutes les rues de Paris seraient gardées, et la dépense inscrite au budget de la ville pour ce service deviendrait inutile.

* *
*

A la date du 29 mars 1848, le colonel L..... M......, domicilié à Paris, rue Saint-Lazare, 119, adressa au Préfet de Police un rapport très détaillé sur l'organisation « *d'une garde civique* ».

Il convient d'extraire de ce projet les lignes suivantes :

Le maintien de l'ordre et de la tranquillité dans la ville de Paris a été successivement confié à une garde spéciale dont le nom a changé suivant les époques.

Avant la Révolution de 1789, cette garde s'appelait le guet. Depuis, elle a eu pour mission de protéger l'Assemblée constituante, la Convention et le Directoire. Plus tard, elle a formé le noyau de la garde consulaire. Sous l'Empire, la garde de Paris était composée de deux régiments, habillés l'un en rouge et l'autre en vert; après la conspiration du général Mallet, ils furent licenciés et remplacés par un corps spécial de gendarmerie qui fit le service jusqu'en 1830. A cette époque, on créa la garde municipale. La révolution de Février vient de la dissoudre : les causes de son organisation, les éléments qui la composaient ne sont plus en harmonie avec la pensée du Gouvernement et avec les institutions républicaines.

La dernière révolution a prouvé que les baïonnettes sont impuissantes devant un soulèvement populaire et national.

Ce principe doit servir de point de départ pour l'organisation de la nouvelle garde civique, dont la mission consisterait à veiller au maintien de la tranquillité publique et à la protection des citoyens contre les malfaiteurs.

Ce corps de troupe aurait à exercer une surveillance de jour et de nuit; il serait organisé militairement et placé sous les ordres du Préfet de Police.

L'effectif de l'ancienne garde municipale s'élevait à plus de 4,000 hommes. On pourrait réduire le chiffre de la garde civique projetée à environ 2,500 hommes, tant à pied qu'à cheval.

La garde civique se composerait de :

3 bataillons à pied (de 4 compagnies par bataillon);

2 escadrons à cheval formant 2 compagnies de 100 chevaux chacune (soit 200 chevaux par escadron).

Grand état-major. — 1 colonel commandant, 1 lieutenant-colonel et 22 officiers.

Petit état-major. — 6 adjudants, 1 tambour, 1 maître de musique, 28 musiciens, etc., en tout : 103 hommes.

Cadre d'une compagnie à pied. — 5 officiers, 22 sous-officiers et 130 gardes.

Cadre d'une compagnie à cheval. — 5 officiers, 19 sous-officiers, 3 trompettes et 78 gardes.

Habillement, équipement et armement :

1° *Des gardes à pied.* — Une tunique en drap vert dragon, croisée sur la poitrine avec deux rangs de boutons et liséré cramoisi. Le collet en drap cramoisi; deux pattes près des poches avec liséré cramoisi; le bout de la manche terminé par une patte de drap cramoisi comme celle de la troupe de ligne.

Un pantalon vert avec bande cramoisie.

Une veste en drap bleu, allongée en pointe et cachant les hanches; le collet montant, en drap imperméable.

Boutons jaunes, bombés, avec inscription au milieu : *Garde civique de Paris*, et, autour, deux branches de laurier.

Un képi avec visière bleue en drap sur carton, liséré ou cordonnet jaune sur les côtés; un galon jaune à la partie supérieure et une petite plaque en cuivre avec les armes de la République. Ce serait le képi de grande tenue. Pour le service quotidien, les gardes auraient un képi bleu avec liséré jaune, mais sans carton ni plaque.

Souliers avec la guêtre en cuir noir.

Mousqueton de cavalerie sans baïonnette. Sabre d'infanterie, ancien modèle, avec ceinturon noir et plaque de cuivre aux armes de la République. Cartouchière mobile s'adaptant au ceinturon.

Un sac noir comme ceux des bataillons de Vincennes.

Tous les gardes porteraient des épaulettes de couleur jaune avec le dessus recouvert de lames de cuivre. Le rang supérieur des franges serait en fil d'or pour les sous-officiers.

Les marques distinctives du grade seraient les mêmes que dans l'armée.

Les galons jaunes placés au képi des gradés seraient mélangés de fil d'or pour les sous-officiers.

2° *Des gardes à cheval.* — Tunique en drap vert avec brandebourgs noirs, dans la forme dite polonaise; collet, pattes et liséré en drap cramoisi. Pantalon vert avec bande cramoisie et sous-pieds. Veste bleue comme dans la garde à pied, et manteau de cavalerie, en drap vert.

PROJET DE GARDE CIVIQUE POUR LEDRU-ROLLIN, MINISTRE DE L'INTÉRIEUR, ET JEANRON, DIRECTEUR DES MUSÉES NATIONAUX; 30-31 mars 1848.
(Projet de RAFFET.)

La même coiffure que celle des gardes à pied.

Demi-bottes pour pantalons, avec éperons noirs.

Harnachement semblable à celui de la cavalerie légère.

Armement semblable à celui de la cavalerie légère, mais avec mousqueton. Le sabre et le ceinturon noir avec plaque aux armes de la République.

Les marques distinctives des grades de sous-officier et de brigadier seraient indiquées sur les manches, comme dans les régiments de hussards.

3° *Des officiers.* — L'habillement des officiers serait le même que celui des gardes. Ils auraient en plus un caban de drap vert avec doublure cramoisie, et des galons de grade sur les manches, comme les officiers d'infanterie.

Coiffure semblable à celle de la troupe, mais avec la différence que les grades seraient indiqués par divers rangs de galons à la partie supérieure du képi.

Épaulettes de la couleur des boutons, et à bouillons pour les grades inférieurs.

Les officiers des gardes à pied auraient le même sabre que les officiers d'infanterie, et le sabre de la cavalerie légère serait adopté pour les officiers des gardes à cheval. Une ceinture en soie cramoisie compléterait l'uniforme de grande tenue.

Le harnachement des officiers supérieurs et des gardes à cheval serait, à quelques modifications près, le même que celui de la cavalerie légère.

Les officiers des gardes à cheval ne porteraient pas d'épaulettes. Les marques distinctives du grade seraient placées sur les manches.

Solde. — Les officiers et les gardes auraient la même solde que la garde municipale.

Recrutement. — Enrôlements volontaires. Engagements pour 7 ans. Présentation annuelle, par tous les corps, de sujets méritants avec les mêmes conditions que pour la gendarmerie, la taille exceptée.

Les sous-officiers des régiments de ligne pourraient être reçus comme caporaux et brigadiers.

L'avancement pour le grade d'officier serait pris moitié au corps et moitié dans l'armée, avec certaines exceptions. Le colonel et le lieutenant-colonel ne pourraient être choisis que parmi les officiers de la garde civique.

Administration. — Ce serait la même que celle des corps de l'armée, où l'intendance a la police administrative.

.·.

29 *mars* 1848. — Lettre du citoyen Debussy, chef de bataillon, rue de la Fidélité, 4, au citoyen Caussidière pour lui annoncer qu'il a mûri un projet de surveillance qui ne coûterait rien aux finances de la Ville de Paris.

Il obéit à un sentiment désintéressé, car « c'est le désir du bien public, qui a toujours dirigé ses pensées, qui le pousse à offrir son projet au Préfet de Police ».

Il propose d'organiser un service de cantonniers et de gardiens, au sujet duquel il fournira ultérieurement tous les renseignements nécessaires.

Il espère pouvoir démontrer que son projet rendra les plus grands services « sous le rapport de l'hygiène et de la sécurité générale ».

On n'aurait plus besoin de garde municipale ou urbaine, on réaliserait d'importantes économies, et enfin on assurerait l'existence d'une foule considérable de personnes.

Si l'administration donne suite à sa proposition, il demandera au Préfet de Police de lui adjoindre une commission composée d'hommes capables et compétents, qui sera chargée d'élaborer un rapport.

Voici comment termine ce zélé citoyen : « J'ai la conviction que ce rapport sera digne d'être soumis à votre approbation et qu'il fera honneur à votre administration éclairée. »

Le 29 mars 1848, le Préfet de Police reçut également un projet relatif à la formation d'un régiment de 2.400 hommes destiné à veiller, jour et nuit, à la sécurité de Paris.

Voici les grandes lignes de ce projet, au bas duquel se trouve la signature du citoyen Fulchic, Inspecteur général des omnibus :

On compte à Paris 50,000 maisons, non compris les monuments nationaux, etc.,

Pour faire un bon service, il faut un effectif de 2.400 hommes et une compagnie de surnuméraires chargés de remplacer les gardes qui seraient malades, fatigués ou obligés de s'absenter pour affaires.

1.200 gardes de sûreté assureront le service de jour; ils auront chacun à surveiller cinquante maisons environ. 12 inspecteurs divisionnaires seront chargés de contrôler cette surveillance.

Pour le service de nuit, 1.200 autres gardes remplaceront ceux qui auront fait le service de jour; ils seront également contrôlés par 12 inspecteurs divisionnaires.

Organisation du corps des gardes de sûreté.

Admission des inspecteurs divisionnaires. — Il seront pris parmi les officiers et sous-officiers en retraite ou en congé. Ils devront avoir 25 ans au moins et 45 ans au plus. Ils présenteront des certificats de bonne vie et mœurs et d'excellents états de services.

Admission des gardes de sûreté. — Mêmes conditions. Ils devront avoir servi dans l'armée.

Traitement. — Chaque garde de sûreté aura 4 francs par jour; sur cette somme il sera prélevé 0 fr. 25, savoir : 1° — 0 fr. 06 pour former le traitement des 24 inspecteurs divisionnaires, à raison de 2.000 fr., soit 48.000 fr. (le surplus servira à couvrir les frais d'administration); 2° — 0 fr. 14 pour constituer une caisse de retraite; 3° — 0 fr. 05 pour l'entretien de l'habillement.

En réalité, le garde de sûreté ne recevra que 3 fr. 75 par journée de travail. La solde des jours de repos appartiendra de droit aux surnuméraires.

Tenue et armement. — Habit gris ardoisé, collet droit, boutons bombés en métal jaune avec inscription : *Sûreté, probité.* Pantalon de même drap que l'habit. Schako recouvert d'une toile vernie, portant un numéro de 1 à 2.400; au-dessous, inscription du numéro de bataillon, de 1 à 12. Souliers et guêtres. Un couteau de chasse supporté par un ceinturon en cuir verni.

Tenue de nuit. — Une capote de drap bleu, une cartouchière pouvant contenir 30 cartouches et une carabine bronzée.

Attributions. — Chaque garde de sûreté prendra son service à 6 heures du matin; il ne sera armé que du couteau de chasse.

Il exercera une surveillance incessante sur la voie publique et devra, en cas d'incendie, prévenir le poste le plus voisin et aller chercher les pompiers. A la fin de son service, il dressera un rapport de tout ce qui se sera passé dans la journée.

Service de nuit. — Ce service commencera à 6 heures du soir et finira à 6 heures du matin. Jusqu'à 10 heures, les gardes de sûreté devront veiller sur les maisons du périmètre qui leur aura été attribué; puis, ils se rendront à la mairie de leur arrondissement, porteurs de leurs cartouchières et de leurs carabines. L'inspecteur divisionnaire organisera des patrouilles de 5 hommes, y compris le chef qui sera pris à l'ancienneté. Dix patrouilles parcourront sans cesse les rues de l'arrondissement.

Service des patrouilles. — Elles devront s'assurer que les portes d'allées et les portes charretières sont fermées aux heures réglementaires; remettre dans son chemin un étranger égaré; empêcher tout enlèvement clandestin de meubles ou d'effets; ne tolérer aucun vagabond couché sur la voie publique ou dans les halles et marchés; voir s'il ne se trouve pas de malfaiteurs; parmi les personnes arrêtées devant les portes, veiller à ce qu'il ne soit pas placardé d'affiches contraires aux vues du Gouvernement.

En cas d'incendie, le chef de patrouille placera à la porte de la maison deux factionnaires pour empêcher les malfaiteurs d'entrer; il enverra deux hommes prévenir les deux mairies ou postes les plus rapprochés, et ira lui-même avertir les pompiers.

Attributions de l'inspecteur divisionnaire de jour. — Il devra parcourir toute l'étendue de son arrondissement et s'informer auprès des propriétaires et des boutiquiers de la manière dont les gardes ont fait leur service. Il prendra individuellement les rapports des gardes, afin d'en faire un rapport général qu'il adressera à qui de droit.

Attributions de l'inspecteur divisionnaire de nuit. — De 6 heures à 10 heures, il parcourra son arrondissement pour voir si les gardes de sûreté sont bien à leur poste. A 10 heures, il se rendra à la mairie pour y procéder à l'appel des hommes et organiser les patrouilles qui devront se mettre en route immédiatement. A la rentrée de chaque patrouille, il se fera rendre compte de tout ce qui sera survenu pendant le trajet. A six heures, il renverra les hommes et rédigera un rapport général pour l'envoyer à qui de droit.

Remplacements de jour ou de nuit. — Chaque inspecteur divisionnaire aura 4 gardes de sûreté surnuméraires spécialement affectés à sa division; par ce moyen, il pourvoira au remplacement des hommes malades ou dans l'obligation de s'absenter. Si la somme provenant des remplacements demandés volontairement ne suffit pas pour faire vivre les surnuméraires, il pourra exiger que chaque garde donne un jour de repos à leur profit.

Résumé. — On peut évaluer la population de Paris à un million d'habitants; mais le nombre des contribuables ne dépasse pas 640.000. Si l'on impose ces derniers d'un centime et demi par jour, on aura un total de 3.504.000 fr. pour l'année.

Solde d'un garde à 4 fr. par jour, ensemble 3.504.000 fr. pour douze mois.

La retenue de 0 fr. 06 centimes par jour appliquée à tous les gardes donnera un revenu annuel de   52.000 fr.

Montant des traitements de 24 inspecteurs divisionnaires   48.000 fr.

Reste 4.000 fr.

Ce reliquat servira à faire face aux frais d'administration du corps des gardes de sûreté.

. .

A la fin de mars 1848, en prévision de l'organisation du corps des gardiens de Paris, l'Administration fit confectionner le costume dont nous donnons la reproduction dans la dernière planche coloriée de ce chapitre.

Comme on le voit, cet uniforme se compose de :

1 chapeau noir, haut de forme;

1 cravate noire;

1 ceinturon;

1 tunique de drap bleu foncé à revers, avec deux rangs de boutons en métal blanc (sur chacun des revers, un écusson de drap bleu clair, entouré d'un liséré tricolore, portant une lettre, un numéro et le vaisseau parisien);

1 gilet même drap, à un rang de boutons en métal blanc;

1 pantalon, même drap;

4 pardessus, même drap.

Ce costume, qui devait servir de modèle-type, ne fut pas adopté.

∗∗

Dans le projet de costume destiné aux gardiens de Paris, soumis au Ministre de l'Intérieur le 9 avril 1848, figure cette mention :

Petit bâton noir, d'environ deux pieds, orné d'une poignée en cuivre portant comme inscription : *La Loi.*

Ce bâton ne fut pas adopté.

∗∗

Voici une curieuse lettre adressée, le 17 avril 1848, au Maire de Paris par un fabricant de chapeaux de la rue Geoffroy-Langevin, qui proposait un modèle de coiffure pour les gardiens de Paris :

Citoyen Maire,

Le patriotisme du Gouvernement provisoire, dont vous êtes un membre, se signale, chaque jour, par les mesures les plus propres à développer le sentiment républicain qui doit être l'âme des institutions et des mœurs.

Ce développement dépend de bien des causes, et celles qui paraissent les plus futiles peuvent devenir quelquefois les plus influentes. Tels ont été, dans tous les temps, divers signes de reconnaissance et de ralliement arborés par divers peuples; tel fut, vers 1789, le chapeau, désigné sous le nom de chapeau *Andraumane* (sic), qu'adoptèrent, comme marque distinctive, les Patriotes Français fondateurs de la République. (1)

Ce chapeau ne cessa d'être en honneur depuis 1789 jusqu'à l'époque de l'Empire. Il disparut alors forcément de toutes les têtes; mais, par une exception singulière, il resta, un peu modifié dans la forme, sur la tête de l'Empereur qui le porta si haut et si bien, qu'il le rendit le symbole de la gloire et le fit appeler, par un nouveau baptême, chapeau Napoléon.

J'ai pensé, Citoyen Maire, que le chapeau auquel se rattachaient tant de souvenirs nationaux, étant arrangé et mis en harmonie avec le costume de nos jours, méritait de reparaître sous la dénomination de *chapeau républicain*, et j'en ai confectionné un modèle que je demande à vous soumettre pour la coiffure des gardiens de Paris; ce chapeau, qui est en feutre verni, offrirait le triple avantage de résister à l'intempérie des saisons, de donner par sa signification politique une nouvelle et constante impulsion à l'opinion patriotique, et de procurer en ce moment, à l'industrie des chapeliers, des moyens de travail qui feraient

(1) C'est le chapeau *à l'androsmane.*

vivre un grand nombre d'ouvriers et de familles que la crise actuelle prive de toutes ressources.

Je vous prie, Citoyen Maire, de peser ces considérations dans votre sagesse, et de me faire connaître votre décision.

Agréez, Citoyen Maire, les respectueuses salutations que je vous adresse et qui partent d'un cœur tout républicain.   D.... aîné.

⁂

Dans une lettre datée du 25 avril 1848, M. Chaudezou, membre du conseil des prud'hommes, domicilié rue Saint-Sébastien, 46, fait connaître au Préfet de Police qu'il a été chargé par le Maire de Paris d'exécuter une plaque en métal pour le chapeau des gardiens de Paris. « Il vient d'apprendre, dit-il, que l'affaire est du ressort de la Préfecture de Police, et il s'empresse de se mettre à sa disposition pour cette commande. »

C'était une plaque de cuivre portant en relief les mots : « République Française ». Elle était facturée 1 fr. 50.

On ne donna aucune suite à ce projet.

⁂

Le sieur A..., se disant ancien préfet de police de la ville de Gand, écrivit, le 5 juillet 1848, une première lettre au général Cavaignac, Chef du Pouvoir exécutif, sous prétexte de lui parler de réformes et d'améliorations à apporter à l'administration de la police, mais en réalité pour faire à sa façon le tableau de la situation, rappeler les services qu'il avait rendus en Belgique, énumérer les lettres qu'il avait écrites aux ministres et au Préfet de Police pour leur donner des conseils dont il est assurément par trop prodigue, et enfin pour solliciter un emploi.

Voici quelques passages de cette lettre :

Si, sous l'Empire, le peuple s'était permis une seule petite barricade, le Préfet de Police aurait été immédiatement en rendre compte à Vincennes ; mais ces temps sont passés.

Il ne suffit pas d'être très honnête homme, homme d'esprit et de talent pour être Préfet de Police, il faut encore être bon physionomiste, posséder et savoir l'à propos et être doué d'une perspicacité et d'un jugement exceptionnels. On peut devenir avocat, procureur général, ministre, etc.; mais on naît diplomate.

Voilà pour le Préfet. Voyons maintenant ce qu'il dit de la police :

Une bonne police est la sécurité d'un gouvernement; elle peut tout empêcher, comme elle peut tout provoquer. Comme je l'ai écrit à M. Delamartine (sic), ne laissez jamais grossir l'émeute, car elle ressemble à la gale, elle pullule d'heure en heure; il n'y a que deux moyens de l'absorber : c'est par la raison ou par le ridicule.

Dans une nouvelle lettre datée du 9 du même mois, le sieur A... parle en ces termes de la réorganisation de la police :

Que de réformes à faire dans l'ordre de la Police! Le corps des gardiens de Paris est organisé de manière à rendre son action impuissante; il est formé d'agents dont la plupart sont dangereux.

Pourquoi, après l'avoir épuré et réorganisé, ne désignerait-on pas ce corps sous le nom de : Garde de Sûreté de la Ville de Paris?

Nouvelle direction à donner aux commissaires de police, sur lesquels devraient reposer l'ordre et la sécurité de la capitale.

Puis, quelques critiques sur la police des garnis et une proposition de rétablir les commissaires de bienfaisance.

Mais le sieur A... ne s'attarde pas trop à la recherche de la meilleure des polices; il revient à ses affaires personnelles et aux recommandations dont il peut s'autoriser. Il cite les noms de cinq généraux sous les ordres desquels il s'est, dit-il, trouvé placé lorsque la ville de Gand était en état de siège.

Il rappelle la conduite courageuse qu'il a tenue aux événements de juin, particulièrement dans la nuit du 26 au 27, à la malheureuse affaire du Carrousel, et il termine ainsi :

Je vous ai indiqué, Citoyen Président, une partie de mes moyens de police, mais il en reste beaucoup d'autres et surtout un bien important : c'est celui qui consiste à ramener les esprits égarés, à rétablir l'union et la concorde et à faire disparaître toute haine et toute vengeance par la pacification et le pardon; la police peut beaucoup dans cette noble mission.

.•.

30 juillet 1848. — Projet d'organisation de *gardiens de ville*, présenté par M. A. de C....

Sachant que le Préfet de Police est dans l'intention de réorganiser les gardiens de Paris, M. de C... prend la liberté de lui soumettre un exposé du service de surveillance adopté par plusieurs villes de l'Allemagne, où il a longtemps résidé.

Il profite de l'occasion pour rappeler qu'il est chargé de famille et que, malgré son dévouement à la République, il n'a pas encore obtenu l'emploi qu'il sollicite, depuis des mois, dans les services d'inspection de la Navigation ou des Halles et Marchés.

Voici l'exposé du projet de M. de C..., qui n'est, en quelque sorte, qu'une copie des règlements de police en usage dans l'Allemagne du Nord et dans les villes des bords du Rhin :

Organisation. — Les villes étant divisées en quatre quartiers (Nord, Sud, Est, Ouest), le service des gardiens est divisé de même.

Une division spéciale est attachée à chaque quartier ; les gardiens sont, autant que possible, pris parmi les habitants du quartier.

Ils sont subdivisés par escouade de neuf hommes, dont un chef ou officier de police subalterne (appelons-le caporal). Ce caporal a droit de verbaliser.

Chaque quartier est subdivisé en quatre parties : Nord-Est, Sud-Est, etc.

Chaque quartier est commandé par un officier de police dont les attributions ont beaucoup d'analogie avec celles de nos officiers de paix (appelons-le sergent).

Enfin les quatre quartiers sont commandés par un officier de police dont les fonctions sont à peu près les mêmes que celles de nos commissaires de police (appelons-le lieutenant).

Costume de nuit. — Casquette vernie, avec masque fourré et oreillères.

Tunique vert foncé, courte et doublée de peau de mouton.

Pantalon de drap, à tiges de bottes.

Bottines fourrées, avec semelles sans clous (1).

Manteau imperméable, en sautoir.

Ceinturon de cuir portant : 1° deux petites sacoches pour les pistolets ; 2° une giberne se fermant à clé, destinée à recevoir les marrons des rondes (la clef est entre les mains du chef de poste) (2) : 3° un petit sac à cartouches ; 4° une petite lanterne à esprit de vin, placée sur le devant et dont la lumière est invisible. Le gardien ne doit la découvrir que lorsqu'il reçoit une ronde ou conduit quelqu'un. En cas d'alerte ou d'incendie, cette lanterne le désigne à ses collègues et leur permet de lui prêter main-forte.

(1) « J'ignore, dit M. de C..., comment ces chaussures sont confectionnées ; mais je sais qu'il est difficile d'en trouver d'aussi solides et qui fassent moins de bruit en marchant. »

(2) Pièce de métal que les officiers déposaient à chaque poste en faisant leur ronde.

Suivant le grade, les chefs ont le collet et les parements brodés.

Costume de jour. — C'est le même costume, à l'exception de la casquette qui est remplacée par un chapeau à cornes. Pendant le jour, les gardiens ne portent pas le ceinturon; ils sont munis d'un lasso en cuir avec lequel ils attachent les malfaiteurs.

Armes. — 1 paire de pistolets de petit calibre.

1 fléau ou canne plombée, flexible (1).

1 sifflet dont le bruit sourd s'entend à une grande distance, sans être perçant.

En outre, les chefs portent l'épée.

Solde. — Les surnuméraires, qui ont pour costume une blouse d'uniforme, reçoivent un florin par jour (2).

Le traitement annuel des gardiens est de 400 florins, plus l'habillement et quelques indemnités.

On alloue par an 500 florins aux caporaux et 700 aux sergents. Ils touchent aussi leur habillement (3).

Ces sommes sont payées au moyen d'un impôt sur les maisons fixé d'après leur valeur intrinsèque, et d'une légère rétribution imposée aux citoyens qui donnent des bals, des concerts, des soirées ou des raouts, à l'occasion desquels les gardiens doivent exercer une surveillance spéciale.

Dans les grandes réunions, un poste soldé est fourni par les gardes de ville; et jamais en pareil cas on ne se sert de soldats, si ce n'est à la cour.

Corps de garde. — Un très petit corps de garde existe dans chaque rue. Il est garni des meubles suivants : un poêle, une table, des bancs, un chandelier, un bidon à esprit-de-vin et un bidon à eau-de-vie dont les hommes ont chacun une ration par nuit.

Les gardiens ne doivent pas dormir pendant la nuit; ils ne peuvent non plus, quel que soit le temps, se mettre à couvert lorsqu'ils sont de faction (4).

Service du chef de subdivision ou sergent. — Il donne les ordres aux caporaux, leur distribue les armes et les cartouches; fait les rondes de nuit; visite les corps de garde et rédige un rapport.

Chaque soir, il désigne le poste où se trouvera une réserve à sa disposition. Il est accompagné de deux gardiens.

Revêtu de ses insignes, il peut pénétrer chez tous les citoyens.

Service du chef d'escouade ou caporal. — Après avoir reçu les ordres du chef de subdivision, il se rend au poste où il donne la consigne. Sous aucun prétexte, il ne peut quitter le poste; il distribue les armes et les cartouches, et veille à tout.

Il a autorité sur les voitures, les malfaiteurs, les filles publiques, etc.

En cas d'incendie, dont il est prévenu par un coup de sifflet du gardien le plus rapproché, il répond par le même moyen et fait répéter cet avertissement de

---

(1) Ils n'ont pas d'autre arme pour le service de jour.
(2) Le florin vaut 2 fr. 13.
(3) M. de C..., ne donne aucun renseignement sur la solde des officiers.
(4) Il n'y a, par conséquent, ni lits de camp ni guérites.

gardien en gardien jusqu'au poste de pompiers. A ce signal, chaque gardien découvre sa lanterne, afin de servir de point de direction aux secours qui arrivent.

Il procède de même en cas d'arrestation ou lorsqu'il s'agit d'un passant en état d'ivresse.

Service de nuit. — En hiver, ce service commence à 9 heures et finit à 6 heures du matin; en été, il va de 10 heures du soir à 4 heures du matin.

A l'entrée de chaque rue, est placé un gardien, toujours le même; ce dernier, par conséquent, connaît bien les habitants et leur manière de vivre.

Les rues isolées ont deux gardiens.

La discipline est très sévère; on n'a pas d'exemple de corruption, car il faudrait corrompre tout un poste.

A son arrivée au poste, le gardien de nuit prépare ses armes et sa lanterne. Sa faction ne doit s'étendre que jusqu'au milieu de sa rue ou jusqu'à la rue la plus proche.

Il doit surveiller les passants, répondre à voix basse, ne jamais crier « qui vive », mais « au large », marcher continuellement, même lorsqu'il fait très mauvais temps.

Il veille à ce que les boutiques et les établissements publics soient fermés aux heures prescrites.

Il est tenu de diriger les personnes égarées, d'arrêter les voleurs, les ivrognes, etc., et, s'il aperçoit un incendie, de prévenir par un coup de sifflet. Il répètera ce cri d'alarme jusqu'à ce qu'il aura été entendu. En cas d'alerte ou d'attaque, il s'en servira également pour appeler du secours.

Il ne doit pas faire usage de ses armes à feu, si ce n'est dans le cas de légitime défense.

Les maisons de tolérance et les filles soumises sont sous sa surveillance expresse.

A la descente de garde, il remet son ceinturon pour que le chef de poste puisse prendre les marrons des rondes, les armes et les munitions.

Service de jour. — C'est le même qu'en France, avec cette seule différence qu'il y a, au commencement de chaque rue, un gardien qui exerce une surveillance continuelle.

* *

Le 31 juillet 1848, M. L... M...., alors domicilié à Château-Thierry (Aisne), adressa au Ministre de l'Intérieur un projet concernant l'organisation d'une garde de nuit, « projet qu'il a présenté, dit-il, il y a quelques années (1) ».

M. L... M... s'était borné à copier son projet de 1826; il en avait élagué plusieurs articles qui n'étaient plus en harmonie avec les

---

(1) Après la révolution de Juillet 1830, M. L... M..., avait transmis ce projet à M. Girod (de l'Ain), Préfet de Police.

temps nouveaux. Il va sans dire qu'il n'exigeait plus des candidats « un royalisme épuré », mais seulement un dévouement absolu à la cause de l'ordre.

A relever en entier l'article 13, ainsi conçu :

Les gardes de nuit seront armés d'un bâton ferré, d'un sabre dit briquet et auront une crécelle semblable à celle dont font usage les facteurs des postes aux lettres, et qui leur servira à s'appeler entre eux en cas de besoin.

Cette crécelle sera suspendue à une ceinture en cuir que porteront tous les gardes de nuit.

A l'avant-dernier paragraphe de l'article 15, on lit :

Il serait utile que chaque garde de nuit, pour donner l'alarme en cas d'incendie, fût porteur d'un petit cor dit Tyrolien, dont, sans jamais avoir été exercée, toute personne peut facilement tirer des sons.

En raison de l'accroissement de la population de la capitale, M. L... M..., proposait de doubler l'effectif du corps des gardes de nuit qu'il avait, en 1826, fixé à 2.400 hommes.

Ces 4.800 gardes de nuit devaient coûter annuellement 2.700.000 francs.

∴

A retenir une lettre du sieur Gautier, rue Barre-du-Bec, 10 et 12 (Taillanderie de l'Orme Saint-Gervais), relative à l'adoption d'un système de fermeture destiné à être adapté aux couteaux-poignards des gardiens de Paris. Au commencement de cette lettre, écrite dans les premiers jours du mois d'août 1848, le sieur Gautier s'exprime ainsi :

Les couteaux-poignards seront fixés à leurs fourreaux au moyen d'un bouton et d'un ressort intérieur adapté à la poignée et dont l'extrémité, en forme de pène de serrure, viendra agrafer le rebord de la garniture du fourreau, de manière à laisser à l'homme la facilité de se mettre immédiatement en défense. Par ce moyen, bon à cause de son extrême simplicité, et qui ne laisse voir extérieurement qu'un bouton en forme de lentille, l'homme, soit qu'il se couche, qu'il coure ou qu'il saute un fossé, n'a plus besoin de s'inquiéter de son arme, et il est parfaitement certain de ne pas être désarmé par surprise.

Sur sa demande, la Préfecture de Police confia 50 couteaux-poignards à M. Gautier pour les munir de son système de fermeture.

Ce travail fut exécuté à raison de 1 fr. 25 par couteau-poignard.

On s'en tint à cet essai; mais le projet d'adapter un système de fermeture aux sabres-baïonnettes des gardiens de la paix a été repris depuis. Il a fait récemment l'objet d'une discussion au Conseil municipal.

· ·

Le citoyen Carlotti, domicilié rue des Rigoles, 21, écrivit, le 9 août 1848, au Préfet de Police pour lui proposer de confier aux concierges la surveillance de Paris pendant la nuit.

Il trouvait la police insuffisante et ne voyait de remède que dans l'adoption de sa proposition.

Il faudrait, disait-il, que la police fût partout en même temps et que sa surveillance fût de tous les instants.

Pour atteindre ce but, je vous propose, Citoyen Préfet, une nouvelle organisation de la police; mon système a l'avantage d'augmenter le nombre des agents, sans occasionner aucun surcroît de dépenses.

Il y a, selon moi, une classe de citoyens qui pourraient être employés utilement à cet effet, sans nuire à la surveillance privée dont ils sont chargés actuellement, ce sont les concierges.

Dans presque toutes les maisons, il y a un concierge; il pourrait devenir le gardien extérieur de l'immeuble qu'il habite, et concourir, par là, à la formation d'une garde de sûreté de la ville. Ses fonctions l'obligent à la surveillance intérieure de la maison; mais cette surveillance serait bien plus efficace si le concierge avait, comme agent de l'autorité, mission d'intervenir sur la voie publique et de mettre la main sur les fauteurs de troubles.

Les propriétaires sont les premiers intéressés au maintien de l'ordre et de la tranquillité, autant pour eux que pour leurs locataires; aussi ne refuseraient-ils pas d'être imposés d'une contribution extraordinaire, selon l'importance de leur propriété, pour solder les concierges gardiens de la ville.

Ceux-ci, organisés en corps sédentaire, seraient appelés, à tour de rôle, à monter la garde devant leurs maisons; et, en cas de besoin, tous les concierges devraient prêter main-forte à celui d'entre eux qui serait de service.

Des inspecteurs de rondes, pris dans une autre classe de citoyens, rendraient compte tous les matins à la Préfecture de Police de tout ce qui se serait passé durant les 24 heures.

Cette organisation, à la fois simple et économique, remplacerait avec avantage les gardiens de Londres et rendrait d'éminents services aux habitants de Paris.

PROJET DE GARDE CIVIQUE POUR LEDRU-ROLLIN, MINISTRE DE L'INTÉRIEUR ET JACQUE, DIRECTEUR DES MUSÉES NATIONAUX; 30-31 mars 1848.

(D'après Raffet.)

Si vous accueillez favorablement l'idée que je prends la liberté de vous soumettre, je me tiens à votre disposition pour l'organisation de ce service (1).

*
**

Le 17 août 1848, le service de la Comptabilité proposa au Préfet de Police d'autoriser le paiement d'une somme de 83 fr. 40 due au sieur Ch. Révillon, graveur, rue Jean-Robert, n° 10.

M. Révillon avait gravé une matrice pour des plaques de ceinturon devant porter « Gardiens de Paris — Aide et Force à la Loi. »

Cette commande, faite verbalement par le Maire de Paris, est certifiée véritable par un conseiller de préfecture de la Seine, ex-secrétaire général de la Mairie de Paris.

Ce modèle de plaque de ceinturon ne fut pas adopté.

*
**

A la fin d'octobre 1848, parvint au Cabinet de M. Ducoux, Préfet de Police, une lettre dans laquelle M. Calemard de Lafayette, s'exprimait ainsi :

Le 8 mars dernier, j'eus l'honneur d'obtenir du citoyen Caussidière une audience dans laquelle je lui exposai sommairement le plan ci-annexé. Le citoyen Caussidière me dit que mon plan était bon et que je pouvais rendre de grands services. Il me demanda de le lui envoyer par écrit. J'ai l'honneur de vous soumettre le double de celui que je lui envoyai, qui, probablement, est resté dans un carton. Comme, en définitive, l'organisation des gardiens de Paris est, de l'avis général, défectueuse, pour ne pas dire nulle, je prends la liberté de vous soumettre le plan sommaire que je lui avais présenté . . . .

. . . .
Les agents de police ne doivent plus exercer leur mission protectrice comme le faisaient les sergents de ville avant la révolution de Février.

Un uniforme excentrique, une arme apparente, presque toujours inutile, n'imposent plus dans l'état de nos mœurs. L'ancien sergent de ville était devenu un paria, le nouvel agent de police doit être aux yeux de tous un protecteur vigi-

(1) Au sujet des concierges, nous trouvons les lignes suivantes dans l'intéressant ouvrage du lieutenant Cudet (*Histoire des corps de troupe qui ont été spécialement chargés du service de la Ville de Paris*; Paris, Léon Pillet, quai Voltaire, 33, 1887) :

« 1305. — On créa les concierges ou portiers de chaque maison, en ajoutant au service qu'ils font aujourd'hui celui d'entretenir, dans un récipient placé extérieurement à la porte, une réserve d'eau destinée à combattre les incendies ».

LES GARDIENS DE LA PAIX.   90

lant. Naguère, un commissaire de police ceint de son écharpe en imposait plus aux masses que cinquante agents affectant des manières brutales. Pour se faire obéir, le représentant de l'autorité doit surtout employer la force morale, la persuasion et tous les moyens qui peuvent lui attirer les sympathies du peuple. Il ne doit montrer de sévérité qu'envers les malheureux qui vivent constamment en hostilité avec la société. Pour arriver à ce but, il faut organiser dans Paris des gardiens de rues.

La question financière est facile à résoudre. Il n'est pas un propriétaire, un négociant, ou un citoyen payant une cote mobilière de 20 à 25 francs, qui ne soit disposé à sacrifier 5, 10, 15 ou 20 francs par an pour jouir d'une sécurité constante, pour dormir tranquille dans toute l'acception du mot. Aussi, est-on certain de trouver facilement la somme nécessaire pour la création du service proposé.

Chaque gardien devrait être domicilié dans la rue dont il serait chargé d'assurer la surveillance pendant la nuit. Il en connaîtrait bientôt tous les habitants et ne tarderait pas à être familiarisé avec leurs habitudes.

Le service de jour serait fait à tour de rôle par un seul gardien dans trois rues contiguës.

Quant au service de nuit, il serait, dans certaines rues, partagé entre les gardiens et des *patrouilles permanentes*. Au lieu de sillonner tout un quartier, une patrouille parcourrait sans cesse la même rue, où, en cas de besoin, les gardiens seraient toujours certains de la trouver. On pourrait même diviser cette patrouille en deux escouades qui surveilleraient chacune une moitié de la rue. En outre, pour faciliter la promptitude des secours, on ferait circuler des patrouilles à cheval sur les grandes voies, les boulevards et les quais.

Étant donné le nombre considérable de petites rues qui aboutissent à ces principales artères, une soixantaine de patrouilles suffiraient pour assurer le service dans tout Paris.

Tous les matins, des inspecteurs recueilleraient les rapports des gardiens; le dépouillement pourrait se faire avec rapidité, et à 10 heures, le Préfet de Police serait renseigné sur tout ce qui se serait passé la nuit précédente dans Paris.

Pour mettre à exécution ce système de police, on trouverait certainement des hommes sur lesquels on pourrait compter, parce qu'ils seraient appelés à faire un service qui les rendrait sympathiques à la population.

.·.

Le Ministère de l'Intérieur (Division de la Sûreté générale) transmit au Préfet de Police, le 30 décembre 1848, une lettre du sieur Richard domicilié rue Jacob, 42. Dans cette lettre, le signataire exposait un nouveau plan d'organisation des gardiens de Paris et indiquait les moyens à employer pour empêcher la construction des barricades.

C'est un fait bien connu, écrivait M. Richard, que ce sont presque toujours des gamins ou des hommes sans armes qui commencent à faire des barricades, et que la présence de quelques citoyens énergiques ou de gardiens de Paris résolus à leur tenir tête, entraverait l'action de ces faiseurs d'émeutes et éviterait ainsi beaucoup de malheurs.

Il faudrait donc, en les espaçant de la manière suivante, placer de nombreux gardiens de Paris dans les quartiers où se produisent subitement des troubles : deux à chaque carrefour et un par vingt maisons. Tous seraient porteurs d'un cornet se démontant en plusieurs parties pour que l'on puisse le mettre dans la poche. Ce cor (ou cornet) donnerait un son unique et aigu; il servirait également à signaler les incendies. On conviendrait de deux ou trois coups (ou sons), pour indiquer qu'il y a alerte dans l'un des deux cas énoncés. Ce mode, bien connu des citoyens, serait facilement mis en pratique. En cas de commencement de barricade, le gardien le plus rapproché ferait entendre le signal qui serait répété jusqu'au gardien le plus éloigné, de sorte qu'en moins de 5 minutes une vingtaine de gardiens pourraient se trouver réunis. Avec l'aide des habitants des maisons voisines, ils formeraient une force capable de faire obstacle aux constructeurs de barricades!

Comme conclusion, le sieur Richard proposait d'augmenter le nombre des gardiens de Paris et de créer parmi eux des caporaux sous-officiers, « afin d'obtenir une unité d'action dépendante de la discipline devant laquelle rien ne saurait résister ».

1849

On ne saurait passer sous silence une lettre adressée, le 8 janvier 1849, au Préfet de Police.

L'auteur, qui, par modestie sans doute, n'a pas voulu faire connaître son nom, déclare que l'organisation des gardiens de Paris fait grand honneur à celui qui en a eu l'idée. Le service est exécuté avec célérité, mais pendant le jour seulement. La nuit, certains quartiers sont de véritables repaires de malfaiteurs et de voleurs, parce que les postes y sont trop rares. Pour la nuit, il faudrait donc organiser un service de gardiens semblable à celui du jour.

A son avis, il y aurait lieu de placer au coin de chaque rue un poste de gardiens de Paris qui seraient munis chacun d'une lanterne rouge.

Après une nuit de service, ils auraient droit à un jour de repos.

« Pour encourager le service de ces nobles gens », l'auteur de la lettre propose d'augmenter leurs appointements et de donner aux plus méritants les épaulettes de sous-officier.

Mais laissons jusqu'à la fin la parole à cet excellent citoyen :

On devrait, dit-il, faire porter aux gradés seulement un plumet tricolore et un chapeau à la Napoléon.

Voilà des encouragements pour le zèle que ces braves ont montré sous la République. Ils savent mieux la défendre que qui que ce soit.

Vive Louis Napoléon !

Vive la République !

Vive la France !

Un bon citoyen, défenseur de la patrie, ami de l'ordre.

1850

Dans le projet dont il va être question, projet parvenu à la Préfecture de Police le 17 mars 1850, l'auteur, qui a gardé l'anonyme, fait un long exposé de la situation politique et de l'insécurité que présentait alors la capitale. Il trouve que l'armée a été beaucoup trop mêlée à la répression des dernières émeutes et conseille d'adopter le système constabulaire qui rend de si grands services en Angleterre (1).

A Paris, encore bien plus qu'à Londres, il faut, dit-il, à côté de l'armée, une force publique purement municipale, énergique, bien armée, répandue sur toute la surface de la ville; chargée de veiller jour et nuit à la sécurité des personnes et des propriétés, assez nombreuse pour garantir seule la circulation de la rue et réprimer toute tentative d'émeute.

---

(1) De même que sous le règne de Louis-Philippe, on s'occupait beaucoup, à cette époque, du système de police adopté en Angleterre.

L'année précédente, un officier de paix avait été chargé de présenter au Préfet un rapport sur l'organisation de la police anglaise.

Cet officier de paix, qui avait été envoyé deux fois à Londres pour procéder à certaines recherches, avait profité de son séjour dans la capitale du Royaume-Uni pour y étudier le fonctionnement de la police.

A son retour, il avait écrit ses impressions et en avait formé un dossier très important. Malheureusement, ces papiers avaient été brûlés le 24 février 1848, au moment de la prise de la Préfecture de Police, et il avait dû rassembler de nouveaux renseignements pour mener à bien le travail demandé.

A Paris, comme à Londres, la garde nationale et l'armée ne doivent être appelées qu'en cas d'insurrection, lorsque le caractère et le développement de la résistance rendent la police insuffisante. La prospérité de Paris est à ce prix.

Il résulte des comptes publiés récemment en Angleterre qu'avec les augmentations faites en 1849, la police de Londres a coûté pour ce dernier exercice 8.527.820 francs. Au premier janvier de la même année, le nombre des employés s'élevait à 5.492, dont 4.769 constables divisés en trois classes.

C'est une dépense moyenne annuelle de 1.552 fr. par homme. A Paris, on recruterait facilement de très bons agents, choisis parmi d'anciens sous-officiers et soldats, avec une moyenne de 1.000 fr. par an. 8.000 hommes, répartis par deux compagnies de 83 hommes (officier de paix, brigadiers et escouadiers compris) dans les 48 quartiers de Paris, faisant jour et nuit le service, coûteraient 8.000.000 fr.

La garde mobile est licenciée. Les économies réalisées sur ce point permettraient à l'État de supporter une part de la dépense; la ville en supporterait une autre; la troisième pèserait sur les habitants au moyen de centimes additionnels.

Les gardes de ville, organisés militairement, devraient être armés pour la défense et pour l'attaque. Le mousqueton à baïonnette-sabre (modèle d'artillerie) remplirait parfaitement le but.

PROPOSITION

Article 1. — Il sera créé à Paris quatre-vingt-seize compagnies de gardiens de ville de 83 hommes chaque, officier de Paix, brigadiers et escouadiers compris; ces gardiens seront répartis par deux compagnies par quartier; ils seront exclusivement affectés à la police municipale et chargés de veiller jour et nuit à la sûreté des personnes et des propriétés.

Article 2. — Les gardiens de ville seront choisis parmi les sous-officiers, anciens sous-officiers, caporaux ou brigadiers de la gendarmerie ou de l'armée. Ils relèveront du ministre de l'Intérieur et seront placés dans chaque quartier sous les ordres du maire et du commissaire de police; ils seront tenus de résider sur le territoire de leur compagnie.

Article 3. — Un règlement d'administration publique déterminera la solde, la retraite, l'avancement, l'uniforme, l'armement, le service et généralement tout ce qui concerne l'organisation des gardiens de ville.

Article 4. — Les dépenses occasionnées par cette nouvelle organisation seront supportées, un tiers par les habitants de Paris au moyen de centimes additionnels ajoutés à toutes les contributions, un tiers par l'État et un tiers par la Ville.

1854

A la fin de cette année, lors de la réorganisation du corps des sergents de ville, l'Administration reprit un projet de maisons de police (1)

---

(1) On sait qu'à Londres, les bâtiments des sections de police contiennent le poste, les voi-

dont on s'était déjà occupé sous le règne de Louis-Philippe. M. Vivien avait alors demandé la construction d'un édifice spécial au commissariat dans chaque quartier, comme pour la mairie et la justice de paix. « Souvent, disait-il, les commissaires occupent, dans les rues peu centrales du quartier, à des étages élevés, un appartement mal distribué et resserré ; s'ils changent de domicile, toutes les habitudes de la population sont dérangées. Les inconvénients disparaissent si, au logement du commissaire de police et du secrétaire étaient annexés : 1° un corps de garde ; 2° un poste de pompiers ; 3° des brancards, un poste de secours et un poste médical. »

Dans le rapport adressé à l'Empereur, le 17 septembre 1854, M. Billault, Ministre de l'Intérieur, faisait ressortir l'avantage qu'il y aurait à établir « dans chaque section un poste central pour lequel une construction spéciale pourrait, indépendamment du local destiné aux hommes de service, aux pompes à incendie, et à une réserve fournie par la garde de Paris, contenir le logement du commissaire de police de la section, celui de l'officier de paix, et de tout ou partie des hommes attachés avec lui à la surveillance de cette section. »

On apporta une telle activité dans l'étude de ce projet qu'au mois de novembre suivant il ne restait plus qu'à choisir les emplacements où devaient s'élever ces maisons de police. Mais les plans et les devis relatifs à la construction de ces édifices devaient bientôt être abandonnés à cause de la dépense considérable que nécessitait leur mise à exécution. M. E. Villeneuve (1), ancien conseiller général du département de la Seine, à qui nous empruntons une partie de ces renseignements, dit que « cette installation fut proposée dans les diverses commissions administratives, maîtresses de Paris sous l'Empire, mais

tures et chevaux nécessaires au transport des détenus, le greffe et une caserne pour les constables non mariés.

(1) *La Préfecture de Police*, par E. Villeneuve, conseiller général ; Paris, 1879, imprimerie Murat, rue de la Chaussée-d'Antin, 53.

qu'elle fut écartée pour des raisons politiques que la suspicion mutuelle des fonctionnaires et le besoin de centralisation expliquent suffisamment. »

En 1876, on s'occupa de nouveau de la question, et l'on trouve la remarque suivante dans le mémoire adressé à ce sujet au Conseil municipal par M. Léon Renault, Préfet de Police : « Ce plan, en quelque sorte idéal, dut, disait-il, être écarté dès le principe, en raison des sacrifices énormes que sa réalisation eût exigés. Déjà, il y a trente ou quarante ans, on évaluait à un demi-million le coût de chacun de ces édifices. Plus tard, l'accroissement de la valeur des terrains rendait les conditions encore plus défavorables et, à l'époque des grands travaux de Paris, on ne put obtenir le concours de la Préfecture de la Seine pour la création de ces établissements. »

Au cours de l'année 1878, ce projet fut encore une fois soumis à l'examen du Conseil municipal qui le prit alors en très sérieuse considération, si l'on en juge par ces lignes : « La Commission du budget a chargé son rapporteur d'insister énergiquement pour la prompte exécution du projet de maisons municipales, au moins à titre d'essai. La Commission de voirie pourrait, dès maintenant, s'entendre avec M. le Directeur des travaux à l'effet de rechercher les quartiers où la Ville possède des terrains propices, de même que ceux où il serait possible de faire des acquisitions à bon marché. »

Depuis longtemps, ce projet, si difficile à réaliser, a vivement sollicité l'attention de M. le Dr Auguste Voisin, Directeur des Secours publics, qui, dans un but des plus humanitaires, a maintes fois demandé qu'on réservât, dans les postes de police ou dans les futures maisons spéciales de police, des locaux spacieux pour son service.

En 1881, M. Auguste Voisin (1) estimait qu'il y avait lieu :

(1) Nous extrayons ces précieux renseignements du livre publié, en 1895, par M. Félix Damico sur l'organisation du service des Secours publics. Rappelons qu'il a déjà été question de cet ouvrage dans le chapitre 7 de la deuxième partie.

De faire établir dans les futurs postes de police un cabinet de médecin suffisamment vaste, réservé au médecin seul, et deux salles d'ambulance, l'une pour les femmes, l'autre pour les hommes, pouvant contenir chacune un lit monté et un lit de camp couvert d'une toile cirée;

De prendre les dispositions nécessaires pour que ces ambulances ou chambres de secours fussent absolument isolées des parties de la Maison réservées aux individus arrêtés; ces salles devraient être au rez-de-chaussée et le cabinet médical, situé au premier, serait relié à ce rez-de-chaussée par un escalier intérieur.

En attendant la construction de ces Maisons spéciales de police, de faire

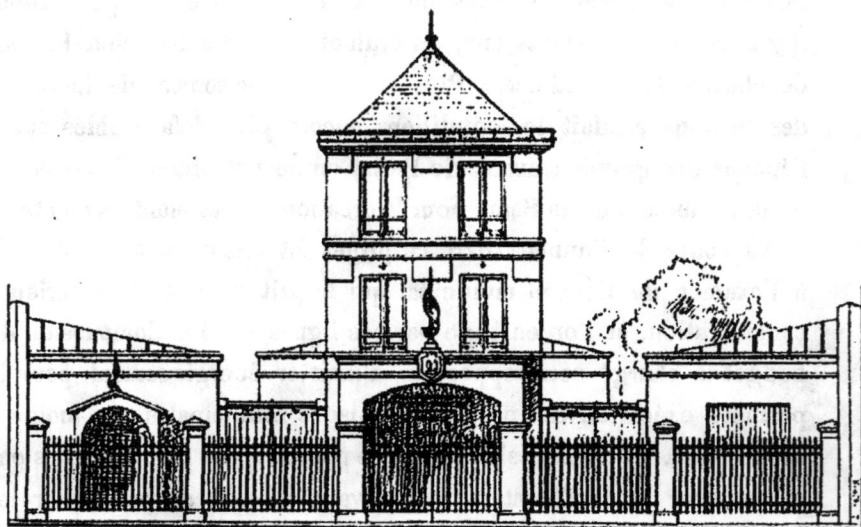

Projet d'une maison de police.

installer dans l'enceinte ou dans le voisinage immédiat de chacun des postes centraux actuels d'*arrondissement*, un cabinet médical suffisamment grand et tout à fait séparé de la partie du poste réservée aux individus arrêtés, — et deux salles d'ambulances pourvues chacune d'un lit de camp couvert d'une toile cirée;

De faire établir dans l'enceinte ou dans le voisinage immédiat de chacun des postes de police de *quartier*, un cabinet médical assez grand pour renfermer un lit et un lit de camp couvert de toile cirée;

D'attacher à chaque poste central d'arrondissement ou à chaque poste de police quatre médecins qui, à tour de rôle et suivant un roulement déterminé, séjourneraient jour et nuit dans l'ambulance; deux médecins adjoints seraient désignés pour chaque ambulance;

De faire faire des voitures sur le modèle de celles servant au transport des individus atteints de maladies contagieuses, mais un peu plus longues, afin de disposer une place pour le médecin;

PROJET DE COSTUME POUR LES GARDIENS DE PARIS (1848).

De faire construire, dans l'enceinte des Maisons de police projetées, une écurie et une remise pour la voiture et le cheval et deux chambres pour deux cochers; mais, en attendant l'établissement des Maisons de police, de faire construire dans l'enceinte des mairies où il y aurait de la place, une écurie et une remise pour deux chevaux et une voiture; quant aux mairies où la place manque, il serait installé ou loué dans le voisinage de chacune d'elles une écurie et une remise; de plus, il serait établi dans l'enceinte de la Préfecture de Police une ambulance complète.

Comme on le voit, les meilleurs arguments militent en faveur de ce projet, dont l'exécution exigerait malheureusement l'inscription d'une trop grande dépense au budget de la Ville de Paris.

1872

Le 24 février 1872, l'Administration reçut un projet très développé sur la réorganisation de la police municipale.

La première partie de ce projet est consacrée à une étude sur la société, les malfaiteurs et l'action préventive de la police. L'auteur fait ensuite l'historique des commissariats de police dont, à son avis, il aurait fallu augmenter le nombre, au fur et à mesure que s'élevait le chiffre de la population de la capitale. Il voudrait aussi qu'on établît des rapports plus suivis entre les commissaires de police et les officiers de paix.

Voici ses conclusions :

1° Ramener à 10.000 âmes la population de chaque quartier.

2° Porter à 10.500 le nombre des agents de la voie publique, non compris les services intérieurs et spéciaux : garnis, sûreté, voitures, etc.

Le corps, exclusivement recruté parmi les anciens militaires comme les sapeurs-pompiers et les gardes de Paris, serait discipliné et aguerri. Il formerait 3 divisions comprenant chacune 3.500 hommes. Chaque division ferait, au moyen d'un roulement, un certain nombre d'heures de service, et l'on pourrait ainsi exercer une surveillance incessante sur tous les points de la voie publique.

Cette surveillance serait effectuée d'abord par des plantons fixes assez rapprochés entre eux pour se réunir presque instantanément et se porter un mutuel secours, puis par des rondes ayant en même temps la mission de contrôler les agents.

Rien n'échapperait dès lors à la vigilance des gardiens de la paix. Le public n'aurait plus à se plaindre de ne les point trouver pour mettre fin aux discussions de toute nature qui se produisent sur la voie publique.

Il resterait toujours à la disposition de l'autorité supérieure une réserve de 700 hommes, qui, jointe à la garde municipale, serait largement suffisante pour tenir en échec les turbulents et donnerait le temps d'appeler l'armée, en cas de nécessité absolue. On conserverait à ce corps son armement actuel, c'est-à-dire le fusil et le sabre-baïonnette.

3° Soumettre les officiers de paix aux commissaires de police, en tant que service intéressant la sûreté générale. Rien ne s'opposerait, d'ailleurs, à ce qu'ils prévinssent simultanément leur chef direct et immédiat, qui, n'étant pas obligé d'agir, pourrait prendre les ordres de ses supérieurs et les transmettre ainsi à qui de droit.

Cette manière d'opérer aurait l'avantage de substituer à l'officier de paix qui s'occupe de la surveillance générale d'un arrondissement, le commissaire de police plus au courant des questions de personnes.

4° Élever au chiffre de 10.000 hommes la troupe dite garde de Paris (infanterie, cavalerie, artillerie). L'effectif de ce corps et la réserve des agents permettraient de n'avoir recours aux régiments d'infanterie que dans les cas extrêmes.

La troupe de ligne devrait être casernée hors Paris, afin d'éviter sa démoralisation.

5° Donner aux commissaires de police un pouvoir résultant d'une disposition légale et non de l'usage. Dans l'état actuel des choses, les fonctionnaires de cet ordre à Paris suppléent, sans droit réel, les juges d'instruction dont ils font tous les actes, sous le seul contrôle de leur conscience, et sans autre guide que leur intelligence et leur dévouement à la société.

1874

Dans le courant de cette année, on fit à la Préfecture de Police (salle des Garnis) l'essai d'un système de lits qui devaient être suspendus au plafond pendant le jour.

Ces *lits-cadres*, inventés par M. Maurice, ingénieur, furent également mis en service au camp de Meudon. Ils présentaient de précieux avantages au point de vue de l'hygiène et de la propreté des chambrées dont ils doublaient en quelque sorte la surface; les soldats étaient mieux couchés et pouvaient plus aisément vaquer à leurs travaux.

Le lit, le banc et la table système Maurice coûtaient 18 fr. 50. Un seul homme pouvait en un instant faire la manœuvre de ce lit, c'est-à-dire l'envoyer au plafond ou l'abaisser pour la nuit.

Le *lit-cadre* ne fut pas adopté pour le couchage des gardiens de la paix : on lui préféra le lit avec sommier en fer, qui est encore aujourd'hui en usage.

1876

Au mois de décembre 1876, on munit de lanternes sourdes un certain nombre de gardiens de la paix chargés du service des rondes de nuit. On les distribua de préférence à ceux qui avaient à surveiller les berges de la Seine.

Cet essai, qui fut aussi expérimenté dans la banlieue, donna des résultats satisfaisants.

En 1892, plusieurs Conseillers municipaux ont manifesté l'intention de reprendre ce projet, auquel aucune suite n'a été donnée jusqu'ici.

1887

Pétition de M. J... proposant la création d'un corps spécial de veilleurs de nuit.

Paris, le 1er août 1887.

Monsieur le Président du Conseil Municipal de Paris.

Monsieur le Président,

Nettoyer Paris de son amas de voleurs et d'assassins, lui faire une sécurité complète, rendre impossibles les vols, les assassinats, les attaques nocturnes, enrayer les incendies par un secours immédiat, tel est le but de la lettre que j'ai l'honneur de vous adresser.

Et voici le moyen absolument sûr d'y parvenir sans grever la caisse publique d'aucune dépense.

Créer un corps spécial, dit veilleurs de nuit.

Le veilleur de nuit, chargé de la surveillance de deux ou trois maisons selon les quartiers, prendrait sa faction sous le contrôle des rondes de nuit ordinaires, à partir de 11 heures du soir jusqu'à 5 heures du matin, en été, et 7 heures, en hiver. Il serait payé par les locataires des maisons dont il aurait la garde, et sa solde serait garantie par les propriétaires qui percevraient, en même temps que les loyers, le montant du faible impôt fixé à cet effet (quelques centimes par jour).

Dans les quartiers très pauvres, les riches et les boutiquiers seraient taxés un peu plus (et à leur convenance) pour établir la balance. Les veilleurs de nuit seraient nommés au choix par leurs mairies respectives, et on assurerait le pain à de nombreuses familles.

En admettant qu'en moyenne chaque veilleur de nuit touche de trois à quatre francs par nuit pour veiller sur 100 locataires, chaque locataire devra payer de 3 à 4 centimes par jour.

Est-ce trop cher, pour éviter tant de crimes, de vols et d'incendies, et faire de Paris, coupe-gorge, la capitale la plus sûre du monde entier?

Agréez, etc...

On voit que, presque à toutes les époques, l'organisation de la police municipale parisienne a vivement sollicité l'attention du public.

Indépendamment des projets que nous venons d'énumérer, il en est quantité d'autres pour lesquels nous n'avons pas trouvé de documents aussi précis, mais qui, nous le savons, ont été très sérieusement étudiés par l'Administration. Plusieurs même ont été examinés à différentes reprises, comme ceux qui ont trait à l'adoption de la bicyclette pour les agents, ou à la création de compagnies de gardiens de la paix à cheval.

Signalons, enfin, un projet dont il a été souvent question et qui est toujours d'actualité. On a, en effet, plus d'une fois exprimé le vœu de voir placer dans les postes de police (1) des plaques de marbre noir sur lesquelles seraient inscrits, en lettres d'or, les noms de tous les agents morts victimes du devoir.

(1) Il y a quelques années, des plaques semblables ont été placées dans les casernes des sapeurs-pompiers de la Ville de Paris.

Bâton d'officier de paix fleurdelysé (projet Charon). — Projet de bâton pour les gardiens de la paix, 1848.

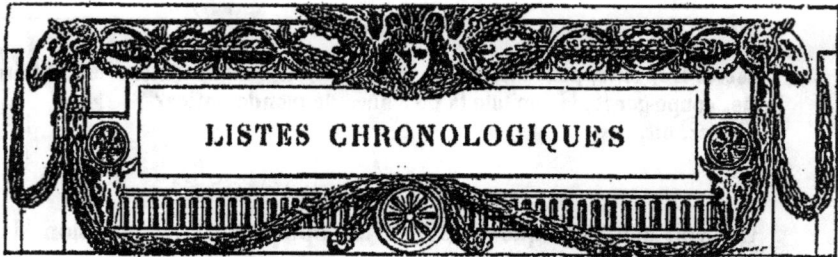

PRÉFETS DE POLICE

Consulat et 1er Empire.	I	**Dubois**, du 17 ventôse an VIII (8 mars 1800) au 14 octobre 1810.
1er Empire	II	**Pasquier**, du 14 octobre 1810 au 13 mai 1814.
	III	**Beugnot**, Directeur général de la police du royaume, exerçant les fonctions de Préfet de Police, du 13 mai au 3 décembre 1814.
1re Restauration . .	IV	**D'André**, Directeur général de la police du royaume, exerçant les fonctions de Préfet de Police, du 3 décembre 1814 au 14 mars 1815.
	V	**De Bourrienne**, du 14 mars au 20 mars 1815.
Cent-Jours	VI	**Réal**, du 20 mars au 3 juillet 1815.
	VII	**Courtin**, du 3 juillet au 9 juillet 1815.
	VIII	**Decazes**, du 9 juillet au 29 septembre 1815.
	IX	**Anglès**, du 29 septembre 1815 au 20 décembre 1821.
2me Restauration . .	X	**Delavau**, du 20 décembre 1821 au 6 janvier 1828.
	XI	**Debelleyme**, du 6 janvier 1828 au 13 août 1829.
	XII	**Mangin**, du 13 août 1829 au 30 juillet 1830.
	XIII	**Bavoux**, du 30 juillet au 1er août 1830.
	XIV	**Girod** (de l'Ain), du 1er août au 7 novembre 1830.
	XV	**Treilhard**, du 7 novembre au 26 décembre 1830.
	XVI	**Baude**, du 26 décembre 1830 au 21 février 1831.
	XVII	**Vivien**, du 21 février au 17 septembre 1831.
	XVIII	**Saulnier**, du 17 septembre au 15 octobre 1831.
Monarchie de Juillet.	XIX	**Gisquet**, Secrétaire général de la Préfecture de Police. Préfet de Police par intérim, du 15 octobre au 26 novembre 1831. Préfet de Police, du 26 novembre 1831 au 10 septembre 1836.
	XX	**Delessert** Gabriel, du 10 septembre 1836 au 24 février 1848.

(1) De mai 1814 à mars 1815, le Ministère de la Police générale et la Préfecture de Police formèrent la Direction générale de la Police du Royaume.

	XXI	**Sobrier**, délégué de la République Française au Département de la Police, du 24 février au 28 février 1848.
	XXII	**Caussidière**, délégué de la République Française au Département de la Police, du 24 février au 28 février 1848, avec Sobrier. — Seul délégué, du 28 février au 15 mars 1848. — Préfet de Police, du 15 mars au 18 mai 1848.
DEUXIÈME RÉPUBLIQUE.	XXIII	**Trouvé-Chauvel**, du 18 mai au 19 juillet 1848.
	XXIV	**Ducoux**, du 19 juillet au 14 octobre 1848.
	XXV	**Gervais** (DE CAEN), du 14 octobre au 20 décembre 1848.
	XXVI	COLONEL. **Rebillot**, du 20 décembre 1848 au 8 novembre 1849.
	XXVII	**Carlier**, du 8 novembre 1849 au 26 octobre 1851.
	XXVIII	**De Maupas**, du 26 octobre 1851 au 22 janvier 1852.
	XXIX	**Blot** Sylvain, Secrétaire général de la Préfecture de Police. Préfet de Police par intérim, du 23 janvier au 27 janvier 1852.
SECOND EMPIRE	XXX	**Pietri** (P.), du 27 janvier 1852 au 16 mars 1858.
	XXXI	**Boitelle**, du 16 mars 1858 au 21 février 1866.
	XXXII	**Pietri** (J.), du 21 février 1866 au 4 septembre 1870.
	XXXIII	**De Kératry**, du 4 septembre au 11 octobre 1870.
	XXXIV	**Adam** Edmond, du 11 octobre au 2 novembre 1870.
	XXXV	**Cresson**, du 2 novembre 1870 au 11 février 1871.
	XXXVI	**Choppin**, chef du cabinet du Préfet de Police. Préfet de Police par intérim, du 11 février au 15 mars 1871.
	XXXVII	GÉNÉRAL. **Valentin**, du 15 mars au 18 nov. 1871 (1).
	XXXVIII	**Renault** Léon, du 18 nov. 1871 au 10 févr. 1876.
TROISIÈME RÉPUBLIQUE.	XXXIX	**Voisin** Félix, Député, chargé des fonctions de Préfet de Police, du 10 février au 8 mars 1876. Préfet de Police, du 8 mars 1876 au 17 décembre 1877.
	XL	**Gigot** Albert, du 17 décembre 1877 au 3 mars 1879.
	XLI	**Andrieux** Louis, du 3 mars 1879 au 18 juillet 1881.
	XLII	**Camescasse**, du 18 juillet 1881 au 26 avril 1885.
	XLIII	**Gragnon** (A.), du 26 avril 1885 au 17 novembre 1887.
	XLIV	**Bourgeois** Léon, du 17 novembre 1887 au 9 mars 1888.
	XLV	**Lozé** Henry, du 9 mars 1888 au 11 juillet 1893.
	XLVI	**Lépine** Louis, nommé le 11 juillet 1893.

(1) Du 10 mars au 23 mai 1871, la Préfecture de Police fut transférée à Versailles.

Pendant cette période, on vit s'installer à l'ex-Préfecture de Police : **E. Duval**, comme général commandant, Délégué militaire, et **Raoul Rigault**, comme Délégué civil. Resté seul après la mort de Duval, tué, le 5 avril 1871, au combat de Châtillon, Raoul Rigault fut remplacé par **Cournet**, le 28 du même mois. Ce dernier eut pour successeur Ch. **Ferré**, qui occupa ce poste jusqu'au 24 mai.

SECRÉTAIRES GÉNÉRAUX

Consulat, 1er Empire, 1re Restauration, Cent-Jours.	I	Pils	23 ventôse an VIII (12 février 1800.)
Seconde Restauration . . .	II	De Dionne.	4 août 1815.
	III	De Fortis	1er octobre 1815.
	IV	Lambot de Fougères .	2 mars 1822.
	V	Locquet de Blossac . .	20 mars 1828.
Monarchie de Juillet . . .	VI	De Billing.	août 1830.
	VII	Gisquet	17 septembre 1831.
	VIII	Malleval (1).	20 novembre 1831.
	IX	Pinel	30 avril 1844.
Deuxième République . . .	X	Monier	17 mars 1848.
	XI	O'Reilly	1er août 1848.
	XII	Godeaux	20 décembre 1848.
	XIII	Reyre Clément	17 novembre 1849.
	XIV	Blot Sylvain.	12 novembre 1851.
	XV	Bourgeois d'Orvannes	2 avril 1852.
	XVI	Collet-Meygret.	22 mai 1852.
Second Empire	XVII	De Saulxures.	4 mars 1853.
	XVIII	Chevremont A.	19 mars 1858.
	XIX	Jarry	13 septembre 1859.
	XX	Duvergier	12 mai 1866.
	XXI	Dubost Antonin.	4 septembre 1870.
	XXII	Pouchet Georges. . . .	17 octobre 1870.
	XXIII	Renault Léon.	4 novembre 1870.
	XXIV	Fouquier	13 juillet 1871.
	XXV	Routier de Bullemont.	23 septembre 1872.
	XXVI	Vergniaud (par intérim)	26 janvier 1879.
Troisième République . . .	XXVII	Cambon Jules.	19 février 1879.
	XXVIII	Vel-Durand.	28 février 1882.
	XXIX	Gragnon A.	29 novembre 1883.
	XXX	Lozé Henry.	25 avril 1885.
	XXXI	Lépine Louis	11 novembre 1886.
	XXXII	Solnoury	16 mai 1891.
	XXXIII	Laurent Émile	4 mars 1892.

(1) Pendant les premiers jours qui suivirent la révolution de 1830, M. Malleval remplit, à titre provisoire, les fonctions de secrétaire général.

CHEFS DE LA POLICE MUNICIPALE

I	**Thouret** (1)........	21 février 1828 — 30 juillet 1830.
II	**Petit**............	1er septembre 1830 — 16 mai 1831.
III	**Carlier**.........	16 mai 1831 — 18 mars 1833.
IV	**Jolly**..........	18 mars 1833 — 31 décembre 1843.
V	**Elouin**.........	1er janvier 1844 — 30 septembre 1848.
VI	**Fresne**........	1er octobre 1848 — 20 décembre 1848.
VII	**Carlier**........	21 décembre 1848 — 1er novembre 1849.
VIII	**Descampeaux**......	10 novembre 1849 — 10 novembre 1851.
IX	**Blavier**........	10 novembre 1851 — 5 décembre 1851.
X	**Bruzelin**........	5 décembre 1851 — 10 janvier 1853.
XI	**Balestrino**.......	11 janvier 1853 — 31 août 1860.
XII	**Nusse**..........	1er septembre 1860 — 4 septembre 1870.
XIII	**Ansart**........	11 septembre 1870 — 28 février 1879.
XIV	**Caubet**.........	15 mai 1879 — 31 août 1889.
XV	**Gaillot** (2)........	1er septembre 1889.

(1) L'état ci-dessous, copie d'une pièce officielle, mentionne les noms des fonctionnaires qui, de 1800 à 1828, ont, sous des titres divers, dirigé les services confiés, le 21 février de cette dernière année, au premier chef de la police municipale, M. Thouret.

Henry, *chef de la police de sûreté,* de 1800 à 1801.

Santerre-Tersé, *officier de paix, chef,* de 1801 à 1801.

Veyrat, *inspecteur général,* de 1801 à 1813.

Frapilion, *inspecteur général,* de 1814 à 1815.

Foudras, *inspecteur général,* de 1815 à 1822.

Hinaux, *chef de la police centrale,* de 1822 à 1828.

(2) Par décret du 23 juillet 1893, le titre de Chef de la police municipale a été supprimé et remplacé par celui de Directeur.

TABLE DES ILLUSTRATIONS

GRAVURES EN COULEURS

GRAVURES HORS TEXTE EN NOIR

GRAVURES DANS LE TEXTE

PREMIÈRE PARTIE

TROISIÈME PARTIE

CHAPITRE PREMIER. — LIVRE D'OR DES GARDIENS DE LA PAIX.

QUATRIÈME PARTIE

RECUEIL DE PROJETS DIVERS SUR LA PO-
LICE MUNICIPALE PARISIENNE DEPUIS
1791.

TABLE DES MATIÈRES

www.ingramcontent.com/pod-product-compliance
Lightning Source LLC
Chambersburg PA
CBHW060538280326
41932CB00011B/1332